MICROEC

普通高等教育"十一五"国家级规

21世纪经济学系列教材

西方经济学

（微观部分·第七版）

组　编　教育部高教司

主　编　高鸿业

编写者　刘文忻（北京大学）　冯金华（上海财经大学）

尹伯成（复旦大学）　吴汉洪（中国人民大学）

中国人民大学出版社
·北京·

21 世纪经济学系列教材

学术顾问（按姓氏笔画为序）：

卫兴华　吴大琨　吴易风　宋　涛
陈　共　胡　钧　胡乃武　高成兴
高鸿业　黄　达　阎达五

主编：

杜厚文　林　岗

编委：

韦　伟　李子奈　杨瑞龙　邱华炳
易丹辉　周立群　周茂荣　洪银兴
姚开建　徐茂魁　高德步　高培勇
黄卫平　黄泰岩　彭　刚　舒　元

总　序

改革开放以来，经济社会的发展对中国经济学教育、教学产生了重要的影响，提出了新的要求。为了使经济学教育、教学根植于我国改革开放和现代化建设的肥沃土壤，服务于时代和实践的需求，中国人民大学出版社从本世纪初就开始组织国内知名经济学者编写适应新时期经济学教学的"21 世纪经济学系列教材"。

十多年来，21 世纪经济学系列教材已经逐步推出了许多适合中国特点的经济学教科书，影响了一批又一批的青年学子。这其中，我国经济学界杰出教育家、西方经济学学科主要奠基人之一高鸿业先生主编的《西方经济学》，已成为我国高校经济学专业的权威性教材，读者早已超过千万！中国马克思主义政治经济学的奠基人宋涛先生的《政治经济学教程》，对马克思主义政治经济学在中国的传播、普及和发展发挥了重要作用。该系列已经出版的其他教材，如孙久文教授的《区域经济学教程》、彭刚教授的《发展经济学教程》、王则柯教授的《博弈论教程》、黄卫平教授的《国际经济学教程》等等，都产生了广泛的影响，为中国的经济学教育作出了贡献。

近几年来，中国的经济学教育、教学面临新的形势，取得了长足的进步：一是我国经济学界教育思想、教育观念已经发生了重大转变，更加重视素质教育；二是教学内容有了重大改革，在学科专业调整建设、课程体系、教学内容改革方面取得了进展；三是教育、教学方法有了重大进步，更加重视理论联系实际，实验、实践、案例教学逐步加强，现代化教学手段被广泛应用。

有鉴于此，为了应对新的形势与变化，中国人民大学出版社在认真调查研究高等学校经济学专业本科培养方案和课程教学大纲的基础上，组织专家学者，经过反复研究论证、合理定位、精心写作、吐故纳新，进一步整合优化了"21 世纪经济学系列教材"。这套教材将涵盖经济学专业所有的基础课、主干课、核心课，使学生通过《政治经济学》《微观经济学》《宏观经济学》等基础理论教材的学习，掌握经济学的基础理论，培养厚实的经济学理论功底；通过《产业经济学》《区域经济学》《国际经济学》等应用类主干课程教材

1

的学习，掌握现实经济部门的运行和发展；通过《经济学说史》《经济思想史》《世界经济史》等经济史学类教材的学习，理解经济学的发展和演变规律；通过《计量经济学》《统计学》等经济学方法类教材的学习，掌握经济学的思考方法和具体的研究方法；通过《博弈论》《行为经济学》等专业教材的学习，了解经济学理论的前沿进展；通过《西方经济学典型题题解》《政治经济学学习与教学手册》等基础课程的配套教辅书的学习，牢固掌握所学经济学理论。

这套教材的编写特色主要体现在以下几个方面：

第一，作者阵容强大，教学经验丰富。作者大都是来自中国人民大学、北京大学、清华大学、南开大学、复旦大学、浙江大学、武汉大学等国内重点大学的学科带头人，有很高的科研水平和丰富的教学经验。

第二，在教材编写和内容安排上，强调基础知识、基本理论、基本技能。同时充分吸收国内外优秀教材的优点，定位明确，体系科学，概念准确，深入浅出。

第三，融合本学科现有的研究成果，反映本学科研究的最新进展，反映中国改革开放和现代化建设实践中的新成果，反映当今世界发生的深刻变革对经济学理论和实践产生的影响。

第四，教材重视加入现实经济生活中的案例、新闻素材等内容，使教材的可读性更强，更能够与当前中国经济现实结合起来，使学生能够学以致用。

中国人民大学出版社希望通过这套教材的出版，与广大教师、学生一起研究和探讨，进一步提高中国经济学教材的编写水平，提高经济学教学质量，为经济学的发展，为培养具有创新能力与实践能力、具有国际视野又了解中国国情的高层次经济学人才作出新的贡献。

第七版序言

本书是国家教育部组织统编的高校《西方经济学》教科书。由中国人民大学高鸿业教授和吴汉洪教授、北京大学刘文忻教授、上海财经大学冯金华教授以及复旦大学尹伯成教授共五名教学人员组成编写组，高鸿业教授任主编。

本书第一版至第六版顺次于 1996 年、2001 年、2004 年、2007 年、2011 年和 2014 年出版。第一版的序言指出："正如西方学者所承认的那样，西方经济学是一门具有演变性的学科。随着时间的流逝，西方经济学会出现新的内容以及不同的着重方面，反映这些情况的教科书必然也应如此。因此，本书在将来势必要进行修改和增删。"以第六版而言，其出书的时间距今已有三年多。有鉴于此，第七版的编撰成为应有之举。此外，使用本书的经验和改善本书的章节安排也使新版的编撰成为必要。

第七版的主要修改和增删之处可以被分为微观、宏观、总论和其他这四个部分加以说明：

第一，微观经济学部分的变动主要有：

（1）对原教材第六版第二章进行了一些调整。主要有：删去该章第五节"经济模型"，其主要内容并入第一章"引论"。删去原第八节"蛛网模型"。调整了第一节"微观经济学的特点"的内容，增强了对"微观经济学的研究对象"的阐述。将第四节中的"需求的变动"和"供给的变动"分别提前到第二节"需求"和第三节"供给"中进行说明，以使读者易于理解供求曲线的基本含义。在第四节"均衡价格"中，扩展了"需求和供给同时变动对均衡价格和均衡数量的影响"的分析。在该节结束处，增加了标题为"价格与资源配置"的内容，突出了市场价格机制在资源配置中的重要作用的观点。

（2）对原教材第六版第三章，调整了基数效用论关于推导需求曲线的内容，并增加了"消费者剩余的变化"的内容。调整了"正常品的替代效应和收入效应"的部分内容，更易于读者理解。

（3）对原教材第六版第四章的主要修订包括：调整了一些图示，使表述更直观、清晰。原第一节、第二节合并精简为第一节"厂商和生产的基本概念"。有些标题及其内容有所调整、简化，便于阅读。注重从内在联系来阐述不同生产函数的具体形式。增加了生产技术进步的作用的内容，涉及技术进步对短期边际产量曲线以及长期等产量曲线的影响，这些将有助于读者对理论的理解和实际运用。

（4）对原教材第六版第五章的主要修订包括：调整了第一节"成本的基本概念"的内容，扩展了对机会成本的阐述，增加了沉没成本的概念，增加了技术进步和要素价格变化对最小成本的影响。

（5）对原教材第六版第六章的主要修订是，扩展了第八节"完全竞争市场的福利"的内容，涉及对最低限价与销售从量税的福利分析。

（6）原教材第六版第九章"一般均衡论和福利经济学"第六节"完全竞争和帕累托最优状态"增加了对福利经济学第一定理和第二定理明确的和较为详细的说明。

（7）用可口可乐和百事可乐的具体例子重写了原教材第六版第十章"博弈论初步"第二节"完全信息静态博弈：纯策略均衡"中的广告大战，说明纳什均衡不仅有可能对参与人不是最优的，而且有可能对整个社会不是最优的。

（8）原教材第六版第十一章"市场失灵和微观经济政策"第三节"公共物品和公共资源"增加了对"俱乐部物品"的说明，并根据是否具有排他性和是否具有竞用性，把所有的物品用表格的形式分为"私人物品"、"公共物品"、"公共资源"和"俱乐部物品"四个大类。

第二，宏观经济学部分的变动主要有：

（1）对原教材第六版第十三章，将第四节、第六节乘数理论合并到本版的第三节、第四节；将第七节"四部门经济中国民收入的决定"删除后作为该章附录；增加一节"潜在国民收入与缺口"。

（2）对原教材第六版第十五章，除了明确说明 $AD-AS$ 模型的结构和应用外，增加了"考虑时间因素的 $AD-AS$ 模型"一节。

（3）将原教材第六版第十八章的标题改为"蒙代尔-弗莱明模型"，并将该章第四节"南—北关系的一种经济分析"作为该章附录来安排。

（4）将原教材第六版第十九章第三节"增长核算"的内容列入该章后面作为附录，将本版第十九章第三节变为"经济增长的决定因素"。

（5）对原教材第六版第二十一章第三节"实际经济周期理论"进行了改写。

（6）更新了宏观部分的一些数据。

第三，对引论部分和第二十二章的调整包括：

（1）第一章"引论"：第一节增加了第三目，将第六版第二章中"经济模型"的内容压缩移到这里，增加了第四目"理性人假定和经济原理"；将第六版的标题"正确对待西方经济学"改为"正确认识和对待西方经济学"，在内容上将第六版第二十二章第一节和第三节的内容适当压缩、改写后移到这里。

（2）对原教材第六版第二十二章内容作了较大修改：将第六版第二十二章第一节和第三节的内容适当压缩、改写后移到本版第一章；本版第二十二章第一节增加了"西方经济学在我国的教学传播"，并根据党的十九大精神改写了"借鉴西方经济学必须结合我国国情"；删除了第六版的第三节、第四节和第五节，并根据习近平同志在党的十九大上所作的报告和十九大通过的新党章精神重写了第三节、第四节和第五节。

第四，其他的修改。

（1）第七版同时利用多媒体技术对本书的专栏与案例等部分内容进行数字化处理并做长期更新，读者可以扫描本书封面的二维码关注微信公众号或者下载APP后获取。

（2）本书扩展了各章后的习题，并单独制作与教材配套的习题本，附在书后，从而方便教师与学生的使用。

同时，鉴于本书部分章节难度较高，编者对这部分章节做了加"星号"（*）的处理，读者可以根据自己的需要来学习。

本书加星号的章节有：

第三章第七节　不确定性和选择

第八章第七节　资本的供给曲线和利息的决定

第十章第三节　完全信息静态博弈：混合策略均衡

第十七章第五节　博弈论在宏观经济政策中的应用

第二十章第二节　投资

第二十章第三节　货币需求

第二十一章第四节　一个新古典宏观经济学的 *AD—AS* 模型

第二十一章第七节　一个新凯恩斯主义的 *AD—AS* 模型

本书编写者感谢下列同志[①]（排名不分先后）：

杨志坚（教育部），刘占昌（中宣部），舒元（中山大学），史晋川（浙江大学），石士钧（宁波大学），彭迪云（南昌大学），徐光远（云南大学），罗节礼（四川联合大学），邢艳霞（黑龙江大学），宛士春（青海大学），韩学瑜（新疆大学），刘长庚（湘潭大学），林元辉（广西大学），刘骏民（南开大学），何璋（北京师范大学），蒋长流（安徽大学），胡希宁（中共中央党校），孙新雷（郑州大学），黎诣远（清华大学），吴宇辉（吉林大学），丁冰（首都经济贸易大学），李景霞（山西财经学院），刘东（南京大学），田秋生（兰州大学），郭其友（厦门大学），杜月生（深圳大学），秦岭（辽宁大学），汪洪涛（同济大学），张东辉（山东大学），邵旦萍（浙江省委党校），杨玉生（辽宁大学），方胜春（上海师范大学），刘辑川（江西农业大学），陈劳琨（上海纺织大学），龙志和（西南交通大学），张若华（云南大学），张旭坤（杭州大学），张建华（华中科技大学），徐长生（华中科技大学），陈新（郑州大学），林勇（华南师范大学），张昌廷（河北经贸大学），刘凤良（中国人民大学），赵红梅（山西财经大学），石奇（南京财经大学），董长瑞（山东经济学院），刘文（山东财政学院），左峰（山东大学威海分校），徐则荣（首都经济贸易大学），牛勇平（中国煤炭经济学院），刘国亮（山东大学），李莉（西安财经学院），徐丹丹（北京工商大学），江世银（四川大学锦城学院），韩可卫（武汉工程大学），曾凡诠（江汉大学文理学院），黄颖（华中科技大学武昌分校），焦雨生（华中科技大学武昌分校），柯学其（湖北工业大学工程技术学院），彭定赟（武汉理工大学），张跃平（中南民族大学），

[①]　本书所列人员的工作单位是指该同志向本书提交意见时的工作单位。特此说明。

范小仲（中南民族大学），张伟（湖北大学），鲁盛康（湖北第二师范学院），陆向兰（武汉大学珞珈学院），李习平（湖北中医药大学），韦鸿（长江大学），张颖（中南大学），罗光强（湖南农业大学），高志仁（湖南师范大学），陈乐一（湖南大学），彭长（湖南财政经济学院），潘志强（湘潭大学），陈跃（湖南工业大学），朱玉林（中南林业科技大学），郑小兰（河北经贸大学），高永国（河北师范大学），李胜军（邢台学院），于振英（石家庄经济学院），裴育（南京审计学院），孙国锋（南京审计学院），管怀鎏（南通大学），王卫平（南通大学），赵春玲（南京财经大学），苏华山（南京财经大学），李政军（南京师范大学），申俊喜（南京师范大学），孙玉松（扬州大学），成新华（扬州大学），史修松（淮阴工学院），许忠荣（宿迁学院），盖锐（金陵科技学院），柏凌（三江学院），黄友军（三江学院），刘东皇（江苏理工大学），陈平（南昌大学科学技术学院），胡华兵（江西农业大学），郑享清（南昌大学），杨治平（九江学院），张平（九江学院），程国江（东华理工大学），陈胜祥（江西师范大学），邓久根（江西师范大学），席小炎（江西财经大学），李志刚（江西科技师范大学），吴光华（江西科技师范大学），刘雪梅（南昌理工学院），王昆（江西理工大学），揭新华（上饶师范学院），曾家健（赣南师范学院），王阳（北京理工大学珠海学院），黄河清（广东金融学院），赵卓（广东财经大学），魏作磊（广东外语外贸大学），彭仁贤（广东药学院），万勇（广东石油化工学院），龙游宇（韶关学院），熊启泉（华南农业大学），黄天柱（陕西科技大学），吕靖烨（西安科技大学），苏永乐（西安财经学院），赵云（西北大学现代学院），贾县民（西安外事学院），陈豫浩（福建江夏学院），朱红恒（河南财经政法大学），何伟（郑州升达经贸管理学院），刘金荣（黄淮学院），王菲（西亚斯国际学院），孙常辉（黄河科技学院），王晓东（河南中医学院），任志安（安徽财经大学），王华（合肥学院），周端明（安徽师范大学），朱剑峰（阜阳师范学院），张英彦（宿州学院），熊启滨（安徽科技学院），汪陈友（淮南师范学院），项桂娥（池州学院），姜辉（中国计量学院），段先盛（中国计量学院），孙景蔚（杭州电子科技大学），王勇（浙江万里学院），陈建（浙江万里学院），任建雄（浙江万里学院），周小和（浙江万里学院），龙勤泰（浙江农林大学），王成军（浙江农林大学），周建华（温州大学），王芳芳（温州大学），揭仕军（上海财经大学浙江学院），游建章（浙江大学宁波理工学院），李辉（大连财经学院），王力男（大连财经学院），刘伟（辽宁工程技术大学），仲维清（辽宁工程技术大学），卢铁玲（辽宁财贸学院），张丹（辽宁财贸学院），陈雁（辽宁财贸学院），盛彬彬（长春大学旅游学院），王新道（长春大学旅游学院），唐柳洁（云南财经大学），熊辉（云南财经大学），蔡四青（云南大学滇池学院），覃巍（广西大学），王鹏飞（广西民族师范学院），郭霄星（广西民族师范学院），纪明（广西师范学院），陆升军（广西师范学院），张恒（成都信息工程学院），李伟（四川师范大学），周正非（四川师范大学），郭志钢（西南石油大学），郑寿春（西南石油大学），谢薇（四川大学），詹蕾（四川大学），杨劬（成都理工大学），高辉（成都理工大学），赵修文（西华大学），黄琦（西华大学），宁一非（西南科技大学），李仁方（西南科技大学），曹正勇（四川农业大学），郑焕刚（四川大学锦城学院），于璐（四川大学），杜海涛（西南民族大学），钟大能（西南民族大学），郭玉坤（西南民族大学），廖周伟（西南交通大学），吴国艳（山东财经大学东方学院），陈雯（湖南财政经济学院），易经章

（中南大学），高志仁（湖南师范大学），王晓军（湖南人文科技学院），方阳娥（南京审计学院），梁香青（南京审计学院），李涛（南京审计学院），叶林祥（南京财经大学），黄雪琴（南京财经大学），周宁（南京财经大学），周春平（扬州大学），吴敏（金陵科技学院），马凌（金陵科技学院），周荣荣（三江学院），黄友军（三江学院），朱佩枫（南京中医药大学），熊季霞（南京中医药大学），周卫民（淮阴工学院），陈慧娟（淮阴工学院），谢海燕（南京审计大学金审学院），尹君（南京审计大学金审学院），赵平（淮海工学院），翟仁祥（淮海工学院），凡院连（中北学院），叶瑶（中北学院），刘芳（南京财经大学红山学院），华嘉会（南京财经大学红山学院），司增琸（江苏师范大学），丁浩（江苏师范大学），薛鹏（江南大学），徐海俊（江南大学），任保全（常州大学），姜国刚（常州大学），杨言午（无锡太湖学院），顾俊祺（无锡太湖学院），徐林萍（南京大学金陵学院），何斌锋（南京大学金陵学院），吴凤媛（东南大学成贤学院），戴竹青（东南大学成贤学院），王子敏（南京邮电大学），李婵娟（南京邮电大学），吴爱民（常熟理工学院），司子强（常熟理工学院），刘吉双（盐城师范学院），夏青（中国矿业大学），周春应（南京林业大学），许忠荣（宿迁学院），孙少琴（南京信息工程大学），周明伟（南京理工大学），黄胜华（江苏教育学院），罗霞（泰州学院），童霞（南通大学），罗序斌（江西师范大学），刘滨（江西农业大学），胡华兵（江西农业大学），吴春雅（江西农业大学），姚林如（南昌航空大学），蔡玉文（南昌航空大学），盛世明（上饶师范学院），陈俊（景德镇陶瓷大学），夏海清（景德镇陶瓷大学），何翔（江西农业大学南昌商学院），张黎莉（江西理工大学），马钦玉（江西理工大学），闫观谓（九江学院），彭春燕（宜春学院），曾凡诠（湖北商贸学院），焦雨生（武昌首义学院），梁世夫（中南民族大学），范小仲（中南民族大学），张伟（湖北大学），李立亚（湖北第二师范学院），汪朝阳（江汉大学），曾光（华中农业大学），杜为公（武汉轻工大学），张立勇（武汉东湖学院）。

　　上面列出的所有同志在本书前几版中都以会上发言或书信往来的方式对本书的编写提出了宝贵的意见，其中相当大的部分已为本书所采纳。以此而论，本书也可以说是全国众多高等院校协作的结果。对上述全体同志，本书编写组致以谢意。此外，许多教学人员和读者都向本书的撰写者提出了反馈意见，对此，我们也在此致谢。

　　本书的编写分工大致和过去相同，即：高鸿业撰写第一、第二十二章和各章结束语的评议部分并对全书修纂定稿；刘文忻撰写第二到第七章；冯金华撰写第八到第十一章；尹伯成撰写第十二到第十四章、第十七章并对第一章和第二十二章的部分内容进行了一定的修改；吴汉洪撰写第十五章、第十六章、第十八到第二十一章，并做了大量的联系和校对工作。虽然高鸿业教授在2007年逝世了，但是最新版本的主旨仍然和最初的版本保持一致：介绍西方主流经济学的理论框架并加以简要的评论，以便达到"洋为中用"的目的，而与此同时，又能避免它可能带来的不良的副作用。

　　本书被评为普通高等教育"十五"和"十一五"国家级规划教材，并于2002年获得北京市第七届哲学社会科学优秀成果一等奖和教育部全国普通高等学校优秀教材一等奖。2005年，本书被评为北京市普通高等学校精品教材。2007年，本书获第五届吴玉章人文社会科学奖一等奖。对所有这一切，本书的编写人员深感荣幸。

限于编写人员的知识水平和教学经验，本书的缺点和疏漏之处在所难免。因此，希望使用本书的同志继续向编写人员提出意见。

编写组

2017 年冬

目 录

第一章

引　论

这本教材的学习对象是西方经济学，因此，有必要对什么是西方经济学等问题先加以说明。

第一节　什么是西方经济学

一、西方经济学泛指的几类内容

西方经济学是一个内容相当广泛而松散的名词，迄今在世界上尚不存在一个众所同意的定义。它可以泛指大量与经济问题有关的各种不同的文献、资料和统计报告，其中包括教科书、官方文件、私营经济记录、专业或非专业著作、报纸杂志的文章和报道，等等。这些不同的文献、资料和统计报告一般说来至少应含有下列三种类别的内容。

第一，企事业的经营管理方法和经验，如市场分析、存货管理、产品质量控制、车间生产流程布局等。这类主题着重使用运筹学、数理统计和其他方法来研究经营企事业的有效手段和总结企事业的营运经验。例如，市场分析是使用经济计量学或其他研究方法来对某一种商品市场（如棉花）或某一类市场（如金融）进行剖析，报道该市场的一般情况，估计进入该市场的困难程度和盈利的可能性。存货管理研究如何用最低的成本来储备最优数量的设备零件、生产原料和制成品或半成品，以便能随时满足有关部门的良好运行所需要的数量。产品质量控制则论述如何使用数理统计或其他方法来检验和控制产品的质量以及各种控制方法的效益和成本，等等。

这一类别的内容可以牵涉到现代西方经济理论，也可与它无关。是否牵涉到或在多大程度上牵涉到经济理论，往往取决于被研究的问题的性质。例如，市场分析与经济理论具

1

有轻微程度的关系，而车间生产流程布局则是一个纯技术的问题，与经济理论完全无关。总之，这一方面的内容偏重于纯粹的企业管理技术，较少涉及与意识形态密切相关的经济理论。正是由于这一原因，同这一方面有关的课程和著作往往被认为是属于经济管理专业的范围。

第二，对一个经济部门或经济领域或经济问题的集中研究成果，如资源经济学、商业经济学、农业经济学、石油经济学，对税收、财政、通货膨胀问题的论述等。它们的研究对象关系到经济生活中的某一特定部门或领域。例如，石油经济学考察世界石油的资源、市场、成本、利润、开采的技术、面临的问题等，农业经济学则对农业作出类似研究。对税收问题的论述可以涉及税收的种类、征收的方法等与税收有关的一切方面。

由于研究对象的性质的差异，在这一类别的西方经济学中，纯技术分析比第一种类别少，经济理论的成分则比第一种类别多。对于一个部门或问题的全面研究不能局限于对该部门或问题的纯技术的论述，而必须涉及它与整个社会经济的联系以及管理它的经济政策。例如，石油经济学不能单纯论述石油资源分布、石油开采等技术事项，还必须对国际石油市场、各国的石油政策作出理论的分析，而对税收问题的研究往往牵涉到各种赋税的利弊和税收政策。一旦牵涉到利弊和效果，则会牵涉到对哪些人有利弊和有效果的问题，而判别利弊和政策的选择又往往需要理论依据。因此，有关第二种类别的西方经济学的课程和著作一般被放在经济学专业的领域之内，被当做这一专业的理论的应用部分。

第三，对经济理论的研究和考察，如微观经济学、宏观经济学、数理经济学、动态经济学、福利经济学、经济思想史等。这一方面的主要内容为经济理论以及根据经济理论而制定的经济政策和有关问题的解决途径。例如，宏观经济学企图建立理论或模型，以便说明社会经济中的各个总量之间的关系，从而为宏观经济政策奠定理论基础。

很显然，和上述第一种、第二种类别相比，第三种类别在理论上占有更大的比重，纯粹技术的成分则相对少些，仅限于一些分析的概念和方法以及某些具体的论点，而抽象成分则较多。例如，数理经济学和动态经济学的全部内容都属于经济理论的范围，只有它们所使用的数学方法或某些概念和个别论点才能被当做纯技术的部分。有关这一方面的课程和著作通常被看做经济学专业的基础和核心，是这一专业的最重要的组成部分。

上述三种类别不但没有明确的界限，而且缺乏统一的划分标准，它不过是一种粗略的区别方式。然而，从这种概括的划分方式中，我们可以看到：按照第一种、第二种和第三种类别的顺序，纯技术的内容越来越少，而经济理论的成分则越来越多。本书所涉及的西方经济学系就第三种类别而言的，也就是说，我们在这里所论述的主要是现代西方经济学偏重于理论的部分。即使就这种类别而言，内容仍然相当广泛，因为西方经济学中存在着许多不同的派别。其中一些派别居于统治的地位，其他一些派别则处于次要和受冷遇的状态。本书的内容主要包括居于统治地位的流行说法。它构成西方院校所讲授的经济学概论课程的基本内容，一般也被认为是西方经济学最基本和最重要的部分。

二、西方经济学的研究对象

这样理解的西方理论经济学的研究对象，通常被认为是经济资源的配置和利用，原因是人类一切经济活动都是为了满足他们的欲望以及由这些欲望引起的对各种产品和劳务的需求，人的欲望和需求是无穷无尽的，而满足这些需要的经济资源（包括它们生产的产品）在一定时期内总是有限的，这就是稀缺性。由于资源相对于需要而言的稀缺性，便产生了如何利用稀缺资源去生产"经济物品"（人类必须付出代价才能得到的物品）来更好满足人类需要的所谓选择问题。选择所要解决的问题包括：（1）生产什么（what）以及多少？（2）如何（how）生产？（3）为谁（for whom）生产？（4）何时（when）生产？

从经济资源具有稀缺性这个事实出发解决人类经济生活的上述四个基本问题，实际上就是要解决资源的合理配置和充分利用问题。资源配置和利用方式就是所谓经济体制问题。迄今为止人类的经济体制大体上经历了以下四种类型：一是自给自足经济，即每个家庭或者村落生产他们所需要的大部分物品，经济效率十分低下。二是计划经济，即生产资料归由政府代表的国家所有，政府用行政计划来解决生产什么、生产多少、如何生产以及为谁生产等问题。事实证明，这种经济体制的效率也很低下，由此产生了社会主义国家的经济体制改革问题。三是市场经济，其基本特征是产权明晰，经济决策高度分散，资源配置和利用由市场价格机制解决。事实表明这种机制效率较高，但市场在配置和利用资源的一些领域和时期也会失灵，需要政府出来发挥作用，这就有了第四类经济体制即混合经济，其基本特征是经济的私人所有和国家所有相结合，自由竞争和国家干预相结合，目前世界上大多数国家都采用这种经济体制。

（专栏 1-1 "亚当·斯密的市场经济观"，请读者扫描本书封面二维码获取。）

以经济资源的配置和利用为对象来划分，现代西方经济理论总体上又分为微观经济学和宏观经济学两大部分。微观经济学以单个经济单位（家庭、企业和单个产品市场）为考察对象，运用个量分析方法，研究单个经济单位的经济行为以及相应的经济变量如何决定，分析的是资源配置问题。由于资源配置在市场经济中是通过价格机制决定的，故微观经济理论又被称为价格理论。宏观经济学以整个国民经济活动为考察对象，运用总量分析方法，研究社会总体经济问题以及相应的经济变量如何决定，研究这些经济变量的相互关系。这些变量中的关键变量是国民收入，因此宏观经济学又被称为国民收入决定理论。宏观经济学研究国民收入的决定和波动，实际就是研究资源利用问题以及用什么政策改善资源的利用。

（专栏 1-2 "凯恩斯的经济理论"，请读者扫描本书封面二维码获取。）

认为经济学是一门研究经济资源配置和利用的科学，是经济学研究对象的传统说法。实际上，人类要不断满足日益增长的需要，除了要将已存在的经济资源配置利用好，还要考虑如何不断开发和增加利用新资源，也就是如何尽可能把本书第九章要讲到的生产可能性曲线向外、向右上方移动。经济增长理论中尽管有不少内容已涉及了这方面的研究，但整体说来，传统定义仍然是既有经济资源的配置和利用。这是西方经济学研究对象的传统定义的一个局限性。

微观经济学以研究资源配置为目标时假定资源利用不成问题，相反，宏观经济学以研究资源利用为目标时假定资源配置不成问题。由于分析问题的角度不同，故一些问题从微观看可行或者有效，但是从宏观看就不行或者无效，这一点本书以后会讲到。还有一点要注意，即微观经济学和宏观经济学不是仅从名称上就可以区分的。例如，价格、产出、消费、投资、供给、需求等名称在微观、宏观经济学中都出现，但含义不一样。例如价格这个词在微观经济学中指一个个商品的价格，而在宏观经济学中指物价总水平。前者是个量概念，后者是总量概念。

三、西方经济学的研究方法

西方经济学家在长期的理论研究中形成了一套方法。这套方法分散在本书以后各章内容中加以叙述。例如，第二章第四节中讲到的**均衡**、**局部均衡**和**一般均衡**方法；第九章第二节中讨论的**实证分析**和**规范分析**方法。此外，不管在微观经济学还是宏观经济学中都广泛使用边际增量分析方法。所谓边际增量分析，是指自变量每变动一单位量值会如何影响因变量，如微观经济学中的边际效用、边际成本、边际收益分析，宏观经济学中的边际消费倾向、资本边际效率分析等。这里不予细述。下面专门说一下西方经济学方法中的经济模型及与其相关的一些概念和方法。

经济模型是一种用来描述与研究的对象有关的经济变量之间依存关系的理论结构，或者说，把经济理论用变量的函数关系来表示，就叫做经济模型。因此，经济模型可用文字说明（叙述法），也可用数学方程表示（代数法），还可用几何图形表示（图示法）。经济现象包括各种主要变量和次要变量，错综复杂。如果在研究中把所有变量都考虑进来，则会使研究变得极其困难。为此，任何经济模型都是在一些假定前提下，舍弃掉若干次要因素或变量，把复杂现象简化和抽象成为数不多的主要变量，然后按一定函数关系把这些变量编成单一方程或联立方程组。借助于这样的模型，就可预测经济变化结果。下面可举下一章阐述的均衡价格模型为例来说明。

众所周知，决定一种商品市场价格的因素有很多，包括气候、消费者的偏好和收入、生产者的效率，甚至各种社会事件等。经济学家研究这一问题时，在众多因素中抽出该商品的需求、供给和价格三个基本因素，而假定其他因素都不变，于是就建立起图 2-6 这样一个用图形表示的均衡价格模型来说明商品的市场价格是由市场需求曲线和供给曲线的交点处的价格水平决定的。这个模型用文字表达为，一种商品的均衡价格是指该商品的市场需求量和市场供给量相等时的价格。这个模型用数学方程组表示为：

$$Q^d = \alpha - \beta \cdot P \tag{1.1}$$
$$Q^s = -\delta + \gamma \cdot P \tag{1.2}$$
$$Q^d = Q^s \tag{1.3}$$

式中，α、β、δ、γ 均为大于零的常数。（1.1）式和（1.2）式分别是需求函数（曲线）和供给函数（曲线）的方程，都表示经济行为（买与卖）参与者的行为所导致的结果，即行为方程式。（1.3）式是均衡条件，即均衡方程式。将（1.1）式和（1.2）式代入（1.3）式，就可得到价格和数量（成交量）的均衡解。

假定 $Q^d = 800 - 100P$，$Q^s = -400 + 200P$，$Q^d = Q^s$ 时可求得均衡价格 $\bar{P} = 4$，均衡数量 $\bar{Q} = 400$。

在上面这个模型中，P 和 Q 是模型所要求的解，被称为**内生变量**。内生变量是模型所要决定的变量，即需要在模型体系内得到说明的变量，而 α、β、δ、γ 这些变量是模型以外的因素所决定的已知变量，也是模型据以建立的外部条件，被称为**外生变量**。这里，外生变量也是**参数**或参变量。参数变了，即外生变量变了，内生变量就会相应变化。例如，在上述模型中，如果因为消费者收入增加使 $Q^d=800-100P$ 变成了 $Q^d=1\,100-100P$，而供给方程未变，则均衡价格和数量将变为 $\bar{P}=5$ 和 $\bar{Q}=600$；同样，如果需求方程未变而供给曲线由于生产成本上升从 $Q^s=-400+200P$ 变为 $Q^s=-700+200P$，则均衡价格和数量将变为 $\bar{P}=5$ 和 $\bar{Q}=300$。这就是图 2-7 和图 2-8 的情况。

可见，在上例中，在需求函数和供给函数中的外生变量被赋予确定值后，便可求得相应的均衡价格和数量。这种根据既定外生变量求得内生变量的分析方法，被称为**静态分析**，而在这些外生变量发生变化（即图 2-7 和图 2-8 中的需求曲线或供给曲线的位置发生移动）后，内生变量 $\bar{Q}$ 和 $\bar{P}$ 的量值也发生相应的变化。像这种研究外生变量变化对内生变量的影响，分析比较不同数值的外生变量变化对内生变量的影响，分析比较不同数值的外生变量下的内生变量的不同数值的方法，被称为**比较静态分析**。

以上分析之所以被冠以"静态"字样，是为了和"动态"相区分。所谓"**动态分析**"，是指对经济中发生变动的有关变量在一定时间中的变动进行分析，包括对这些经济变量在变动过程中的相互影响和彼此制约关系，以及它们在每一时点上的变动速率等进行分析。这种分析考察时间因素的影响，把经济变化当做一个连续过程来研究。而静态分析和比较静态分析则把变量所属的时间全抽象掉了，变量的调整时间被假设为零，如在上述均衡价格决定模型中，所有外生变量和内生变量都属于同一时间。大家所熟知的蛛网模型即为动态分析模型，考虑到本科教学的实际需要，本教材未予叙述。

四、理性人假定和经济原理

西方经济学家研究经济问题还有一个人类经济行为基本假定，即假定从事经济活动的人，不管是居民、厂商还是政府，都是理性人。尽管他们在经济生活中的作用不同，各具特点，但作为经济主体，都是理智的，既不会感情用事，也不肯轻信盲从，而是精于判断和计算，其基本动力都是追求利益最大化，或者说目标最优化。当然，这并不意味着所有从事经济活动的人的行为都一定能实现最优目标，他们并不总能做到深思熟虑。人们在许多场合往往是按习惯办事，受骗上当也是难免的。人们在作出经济决策时，除了考虑经济利益，还会受到社会、政治、文化、道德以及习惯等方面因素的影响或制约。经济理论分析之所以要作这样的假定，无非是因为要在影响人们经济行为的众多复杂因素中，抽出主要的基本因素，在此前提下可得出一些重要的公认的经济原理，主要包括：

第一，人们会对激励作出反应。有效的激励会鼓励人们刻苦研究，努力经营，积极工作。

第二，世上没有免费的午餐。人们要从事任何取得收益的经济活动，都须付出代价，因此，做事都要比较成本和收益，力求以最小的成本或者说代价获取最大的收益或者说满足。

第三，以较小的代价获取较大的利益，必然导致分工。专业化分工可提高经济活动的效率，但分工离不开交易，交易总是互利的，否则无法得到分工的利益。

第四，市场是联系与组织人类分工和交易的纽带，不仅会为经济活动提供信息和协调，还能使经济活动主体在竞争中得到激励和活力。

第五，制度是人们从事有序的市场经济活动不可或缺的行为规则，符合理性人假定要求的制度，能有效规范人们的经济行为，减少交易中的摩擦和成本，减少不确定性，增强活动的预见性。

第六，市场经济的健康发展离不开政府的合理定位和适度干预。产权的保护、经济制度的制定与监督执行以及社会任务发展计划的谋划、制订和执行等都需要一个有为政府起作用。

第二节　现代西方经济学的由来和演变

现代西方经济学最初起源于资产阶级古典经济学。1830年以后，资产阶级经济学从古典学派的阶段走上了庸俗的道路。马克思说，"资产阶级在法国和英国夺得了政权。从那时起，阶级斗争在实践方面和理论方面采取了日益鲜明的和带有威胁性的形式。它敲响了科学的资产阶级经济学的丧钟。现在问题不再是这个或那个原理是否正确，而是它对资本有利还是有害，方便还是不方便，违背警章还是不违背警章。"[①] 马克思所指的庸俗经济学在19世纪60年代以后逐渐退居次要地位，其主要任务在于反对当时的空想社会主义。庸俗经济学阶段大致结束于19世纪70年代。

在这一时期，西方经济学经历了一次以边际效用学派的兴起为代表的重大变动。那时，杰文斯在英国、门格尔在奥地利、瓦尔拉斯在瑞士，顺次建立了英国学派、奥地利学派、洛桑学派。这三个派别的学说并不完全一致，但是，它们具有一个重要的共同点，即放弃了斯密和李嘉图的劳动价值论并且提出边际效用价值论来与马克思的劳动价值论相抗衡。

到了1890年，英国剑桥大学教授马歇尔把三个派别的边际效用论和当时资产阶级经济学的一些其他说法如供求论、节欲论、生产费用论等综合在一起，构成了一个折中的理论体系。以马歇尔的理论体系为基础，再加上瓦尔拉斯、庇古、克拉克、威克斯蒂德等人提出的新论点，形成了以马歇尔和瓦尔拉斯为代表的西方经济思想。自从19世纪末期以来，以马歇尔和瓦尔拉斯为代表的西方经济学广泛流行于西方世界。他们把完全竞争和充分就业假设作为既存的条件，从供给与需求的角度来分析市场价格，以解决资源在生产上的配置、资源的报酬等问题，建立了一个理想化的资本主义经济模式，并且根据这一模式得出结论：价格制度不但能使每种生产要素都得到应有的报酬，能使每个消费者都得到最大的满足，而且在宏观经济的运行中，能够起自行调节的作用，消除或熨平周期性的经济波动。这套理论把资本主义说成是一个理想的社会。西方著名经济学者罗宾逊夫人承认：马歇尔"为私有制的企业制度提供了一幅安慰人心的图像"[②]。在这种宣扬资本主义的理论之下，自由放任、国家不干预经济生活的政策必然被解释为最好的政策，因为既然资本

---

① 马克思. 资本论：第一卷. 2版. 北京：人民出版社，2004：17.

② 罗宾逊. 序言//克赖格尔. 政治经济学的重建. 2版. 伦敦：麦克米伦公司，1978：9.（全书脚注中的英文版的很多书籍都被译成了中文，英文版可参见本书附录一"参考文献"。）

主义已经是一个"理想的社会",国家对经济生活的干预就只能使这个社会变坏,不能使它变得更好。尽管这种思想随着资本主义的发展而有所削弱,但是直到 20 世纪 30 年代,它仍然具有很大的影响。

在 20 世纪 30 年代,由于历史条件的变迁,传统的西方经济学先后经历了三次比较重大的修改和补充。

第一次修改和补充涉及垄断问题。尽管资本主义已于 19 世纪末 20 世纪初进入垄断阶段,但是,直到 20 世纪 30 年代初期,传统的西方经济学仍然把垄断当做"例外的现象"。这种理论和现实的背离严重地损害了传统的西方经济学在宣传上的作用。① 为了改变这种状态,西方经济学者张伯伦和罗宾逊分别提出了垄断竞争和不完全竞争理论,力图填补传统的垄断例外论的漏洞。② 虽然这些理论在当时的西方经济学界轰动一时,然而,他们修补传统的西方经济学的范围和程度,要远逊于其后的凯恩斯对传统的西方经济学所作的第二次修改和补充。

第二次修改和补充出现于 1936 年。那时,由于西方世界 1929 年后的大萧条状态,资本主义社会处于覆灭的危险中。在这种情况下,传统的西方经济学已经不能完全适应西方社会的需要。西方社会需要国家干预经济生活的政策。那么,西方国家以解决失业问题为目标来干预经济生活的理论根据是什么呢? 为了提供这种理论根据,凯恩斯于 1936 年出版了《就业、利息和货币通论》(一般被简称为《通论》)。③ 在这本书里,凯恩斯宣称:资本主义的自发作用不能保证资源的使用达到充分就业的水平,因此,资本主义国家必须干预经济生活以解决失业和经济的周期性波动问题。只要资本主义国家采用干预经济生活的政策来解决失业问题,资本主义就依然是传统经济学所颂扬的"理想的社会"。这样,凯恩斯不但维护了传统的西方经济学对资本主义的宣扬,而且为西方国家干预经济生活的政策奠定了理论基础。

希克斯于 1939 年出版的《价值与资本》④ 一书代表着对传统西方经济学的第三次修改和补充。该书牵涉到两个方面的问题:价值论与一般均衡论。

马歇尔的价值论被称为基数效用论,然而效用是难以用基数衡量的。而且根据边际效用递减的说法,货币的边际效用必须也是递减的。同样的一美元,对穷人的效用要大于对富人的效用,这样,如果从富人那里取走一美元而把它给予穷人,那么,整个社会的效用总量或福利便会增加。这种"转移支付"显然不利于资产阶级,从而也是资产阶级经济学必须加以否定的。

在《价值与资本》中,希克斯提出了序数效用论。序数论既可以避免基数论那些不利于资产阶级的假设条件,又能得到马歇尔用基数论所得到的需求曲线。序数论显然对资产阶级有利。因此,在《价值与资本》出版以后,序数论逐渐代替了基数论而成为西方正统经济思想的一个基本理论。此外,该书的出版也对瓦尔拉斯的一般均衡论起到了推广和普

① 斯拉法. 竞争条件下的收益规律. 经济学杂志, 1926 (1).
② 张伯伦. 垄断竞争理论. 6 版. 波士顿: 哈佛大学出版社, 1948. 罗宾逊. 不完全竞争经济学. 伦敦: 麦克米伦公司, 1933.
③ 凯恩斯. 就业、利息和货币通论. 伦敦: 麦克米伦公司, 1936.
④ 希克斯. 价值与资本. 牛津: 牛津大学出版社, 1939.

及的作用，以至一般均衡构成当今微观经济学的一个必要的组成部分。

第二次世界大战以后，凯恩斯主义的流行使得整个西方经济学的体系出现了干预和反干预以及由此造成的各种矛盾与不调和之处。

有鉴于此，以萨缪尔森为首的一些西方经济学者逐渐建立了新古典综合派的理论体系。该学派把包括第一次与第三次修改和补充的传统的西方经济学当做研究个量问题的微观经济学，把构成第二次修改和补充内容的凯恩斯主义理论称为考察总量问题的宏观经济学。它宣称：前者以充分就业为分析的前提，后者则着重研究各种不同水平的就业量的情况。因此，两种理论是相辅相成的，可以被纳入同一体系中，而传统的自由放任和凯恩斯的国家干预的主张不过是代表同一理论体系所涉及的两种不同的情况。与此同时，该学派还把现代资本主义说成是"混合经济"，由"私营"和"公营"两个部分组成，前者的不足之处可以由后者加以弥补。前者的作用系由微观经济学分析，后者的必要性则由宏观经济学论证。这样，新古典综合派不但可弥补西方经济理论体系内部的漏洞，而且可通过理论体系的一致性来维护资本主义是理想社会的说法。

新古典综合派的理论体系在第二次世界大战以后一直居于正统地位，并且在西方经济学界享有威信。这种状况大致在 20 世纪 60 年代中期以后由于历史条件的变迁而有所改变，改变之处在于下列四点：

首先，进入 20 世纪 70 年代以后，西方世界出现的滞胀，即失业与通货膨胀并存，给新古典综合派的宏观经济学部分以很大的打击。按照该学派宏观部分的理论，当经济活动处于充分就业状态时，通货膨胀率应该为零。如果经济活动小于充分就业水平，那么，不但不存在通货膨胀，而且价格水平会下降。只有当经济活动大于充分就业水平时，才会出现通货膨胀的现象。这就是说，该学派的理论表明，失业（经济活动小于充分就业水平）和通货膨胀是不可能同时共存的。这一结论显然违背了存在于西方的滞胀的事实。

该学派不但无法解释滞胀的存在，而且提不出解决这一问题的对策。对于这种困难局面，以萨缪尔森为首的新古典综合派早已承认无法摆脱。

理论的困难和政策的无能严重地动摇了新古典综合派的宏观理论的正确性。许多西方经济学中的其他派别纷纷对该学派进行抨击和责难，企图以自己的理论在整体或部分上取代或修补新古典综合派，并且按照自己的理论提出政策建议。[①] 参与抨击和责难的各个派别包括货币主义、供给学派、新剑桥学派、新奥地利学派、新制度学派、理性预期学派和与此相联系的新古典宏观经济学派以及新凯恩斯主义，其中在政策实践上影响较大的有货币主义和理性预期学派。

其次，一部分西方学者对新古典综合派所含有的原有的微观经济学部分的基本假设前提提出了质疑并且根据质疑提出了新的见解。在某些情况下，这种新见解甚至逐渐形成了新的经济学分支学科。例如，原有的微观经济学的一个基本假设前提是市场经济的参与者都具有完备的市场信息，对此，新出现的分支学科——信息经济学认为，这一前提是参与

---

① 在西方经济学中，"学派"这一名词可以指较严格意义上的不同派别，也可以指较为松散意义上的派别。本书所说的学派系就后者的意义而言的，它的含义仅仅是具有某些共同学术思想的人们。因此，不同学派之间的共同之处可以远多于它们之间的分歧。

者不可能完全做到的。因此，一些参与者掌握的信息可以多于另一些参与者。这样一来，掌握较多信息的参与者可能对掌握较少信息的参与者进行欺诈，而当欺诈存在时，市场经济就不可能达到"理想状态"。

再次，一些西方学者也分别从不同的角度和领域研究经济现象。这些研究成果有：人文经济学、演化经济学、国际政治经济学等等。它们顺次从人类学、社会学、国际政治等角度或领域解释经济现象，从而给原有的新古典综合派的学说增添了新的内容。

最后，西方学者使用了更多的研究方法。除了使用比以往更为复杂和高深的数学与计量经济学的方法以外，他们还试图设计出一套目标和操作程序来对实际的人进行试验，以便找出实际的人的经济行为。此外，他们也运用计算机来模拟不同条件下的人类的经济行为，企图探索这种行为所导致的结果。

目前，宏观和微观经济学的综合已经成为西方学者的共识，从而综合的字样便失去了它存在的意义。为此，以萨缪尔森为代表的新古典综合派已经放弃了"新古典综合"的名称，把自己称为现代经济学或现代主流经济学。[①]

总的来说，上述四点并未造成重大的影响。现代西方经济学和过去的新古典综合派无论在形式上还是在实质性的内容上都是基本相同的。政策的选择也仍然和过去一样，主要取决于各个时期经济形势的变化以及经验提供的数据。

第三节　正确认识和对待西方经济学

一、对西方经济学科学性的质疑

西方经济学理论是西方经济学家对西方资本主义市场经济的运行和发展历史及现实经验教训的总结与描述。对于这套理论的科学性，确实存在不少质疑。

第一，根据实践是检验真理的标准，西方经济学的理论体系不完全符合科学的要求。根据西方学者埃克纳的总结，西方经济学理论体系由四部分组成[②]，即无差异曲线、等产量曲线、向右上方倾斜的供给曲线和生产要素的边际产品曲线。然而这些理论结构都还没有被经济学家在实践上加以证实。[③] 这其实不是他一个人的看法。事实也确实如此。例如，无差异曲线理论认为，不同消费品满足消费者的需要时可以互相替代，多用一点 x 少用一点 y，或者多用一点 y 少用一点 x，能够带来同样的满足，x 和 y 之间具有边际替代关系。这种理论是否符合现实？显然，除了同种类并且具有相同或者相似的效用的商品之间会有某些替代性外，绝大多数商品之间不存在什么替代关系。鞋子和帽子怎么相互替代？老实说，别说鞋子和帽子，就是长裤和短裤也很难相互替代。同样，等产量曲线也很不靠谱。司机和汽车怎么可以相互替代？造房子的工人和钢筋、水泥怎么相互替代？西方经济学家提出这些理论，都只是要制造一些分析工具，目的无非是要说明，如果消费品之

---

① 萨缪尔森，诺德豪斯 . 经济学 . 19 版 . 纽约：麦格劳-希尔公司，2009.
② 埃克纳 . 为什么经济学还不是科学 . 纽约：夏普公司，1983：208.
③ 同②211.

间存在替代关系，消费者会用同样的钱买更多更好的东西来满足需要；同样，如果生产同样产品的生产要素可以相互替代，生产者一定会用同样的成本生产更多的产量。但是，这些工具其实只适用于极少数情况，比方说苹果和梨在满足水果需求时会有某种替代性，但这种替代并不具有普遍性。正是由于缺乏实践的检验，因此，西方学者在目前普遍地把西方经济学理论体系称为"共同认可的理论结构"或者"范式"（paradigm）[①]，而不是由实践检验过的真理。

第二，西方经济学还缺乏科学应当有的内部的一致性。在西方经济学中，互相矛盾的说法大量存在。例如，新古典宏观经济学与新凯恩斯主义之间的矛盾；传统新古典理论关于市场能够自我调节和凯恩斯的不能自我调节的对立；人们规避风险的倾向和企业家创新精神的抵触；作为实证的排除价值判断的理论部分和作为规范的带有价值判断因素的政策部分的冲突；如此等等。之所以会有如此多不同的甚至完全对立的理论，一是因为社会客观经济情况在不断变化，二是因为不同经济学流派的经济学家观察和思考问题的角度与方法不同。可能还有其他一些原因。因此，经济学很难像许多学科特别是自然科学那样具有内部的一致性。正如《西方经济学百科全书》所说，"经济学系从争论中演变出来。经济学家们从来都很难具有相同的见解。对经济学家一个有把握的预测是：在他们之间永远不会有相同的意见"[②]。

第三，苛刻的甚至是不合实际的假设条件。假设条件是科学研究所必需的，但假设条件通常要来自实际生活。可是，西方经济学中的许多假设条件不是这样。例如，假设消费品和资本品可以无限分割，这怎么可能呢？又如，假设收入分配对劳动生产率没有影响，这不是违反西方经济学的利己人假设吗？再如，完全竞争市场假定，买者和卖者无限多，产品同质，信息完全，资源能够充分流动。如果认真考虑一下，这些哪里是完全竞争的条件，分明是完全没有竞争的条件。众所周知，差别是产生竞争的条件。如果奥运会不设立奖牌，就没有竞争了，还有谁会拼命努力争创纪录？如果所有企业都不被允许有利益差别，都吃国家大锅饭，没有竞争了，经济还能发展吗？什么都一样了，显然就不是完全竞争，而是完全不竞争了。

二、数学工具的使用

经济学研究无疑需要运用数学工具，因为对经济问题的研究不但要做定性分析，还要做定量分析；经济规律也需要统计数字来揭示和证明。再者，人们从事经济活动总要求其决策优化，而优化在数学上就是求极大值极小值的问题。微积分、概率论、线性代数等数学工具是经济研究中常用的。不少经济理论用数学形式表述可以更加清晰。不重视运用数学工具是不对的。但这种运用应当是正确的、恰当的，而不能滥用、误用。

现在有一种不良倾向，即不管研究什么经济问题，都要搞一套数学模型，弄一个目标函数，列几个约束条件，然后再做一些数学推导，从中引申出几点结论，便大功告成。至

① 布劳 . 经济学方法论 . 伦敦：剑桥大学出版社，1983：30. 埃克纳 . 为什么经济学还不是科学 . 纽约：夏普公司，1983：4.

② 格林沃尔德 . 西方经济学百科全书 . 纽约：麦格劳-希尔公司，1982：323.

于结论是否正确，约束条件是否合理、是否从实际中来，则不去多管，只要数学公式成立，推导步骤正确，就是科学的了；而且数学公式越多，推导越复杂，科学性就越强，理论也就越深刻。这实在是经济学对数学的滥用、误用。实际上，经济生活是复杂的，受多种因素影响，而这些因素是多变的，很难用数学加以计算。经济行为是人的行为，人是活的，也很难受数学公式摆布。市场经济中充满不确定性和风险，就是最高深的概率论也很难对其进行精确计算。现代宏观经济学的奠基人凯恩斯说过，"近来出现的绝大多数的数理经济学不过是一些拼凑而成的东西，其不精确的程度和它们赖以建立的假设条件相同。这些东西使作者能在一堆杂乱的徒有其表而又无用的数学符号中忽视现实世界中的复杂性和相互依赖性。"①

显然，数学仅仅是一种科学方法，与西方经济学的内容无关。数学可以对正确的内容进行论证，也可以给错误的东西披上一层科学的外衣。一门学科是否为科学取决于其内容，而不是它是否使用数学方法。生物学、解剖学等并不大量使用数学，但没有人怀疑它们是科学。经济学需要数学作为研究工具，但决定经济学是否科学的是它的思想内容，而不是其数学工具。

三、西方经济学的意识形态问题

马克思主义公开承认，政治经济学具有阶级性，从而带有意识形态色彩。事实也是如此。自亚当·斯密以来，没有一个经济学家对此提出过明确的反对意见。英国经济学家索洛说："社会科学家和其他人一样，也具有阶级利益、意识形态的倾向以及一切种类的价值判断。但是，所有社会科学研究，和材料力学或化学分子结构的研究不同，都与上述的利益、意识形态和判断有关。不管社会科学家的意愿如何，不论他是否觉察这一切，甚至他力图避免它们，他对研究主题的选择、他提出的问题、他的分析框架、他使用的语言很可能在某种程度上反映了他的利益、意识形态和价值判断。"②

尽管如此，西方学者对意识形态问题还是持尽量加以隐讳的态度，特别是在教科书中，它们往往以科学著作自居，很少甚至根本不谈意识形态问题。这往往会使初学者产生误解，以为西方经济学只从事经济变量之间关系的实证研究，并不涉及意识形态。但实际上不是如此。

首先，实证研究本身并不能摆脱意识形态的影响，因为实证研究涉及对资料、数据和事实的选择，而这种选择又取决于研究者的目的、价值判断和意识形态。其次，即使对同样的事实，也可以作出不同的解释。最后，西方经济学并不全然进行实证研究。福利经济学就是一个显著的例子。此外，西方经济学不可避免要涉及政策建议，而政策建议就与意识形态有关。

根据一般人所接受的定义，意识形态是"某一社会集体所具有的思想、观点、态度和感情的体系"③。按照这一定义，任何一个"共同认可的理论结构"都含有意识形态成分。

① 凯恩斯. 就业、利息和货币通论. 伦敦：麦克米伦公司，1936：298.

② 索洛. 经济学中的科学和意识形态//克伦道尔，埃考斯. 当代经济问题论文集. 波士顿：利特尔·布朗公司，1972：11.

③ 威尔辛斯基. 马克思主义、社会主义和共产主义百科辞典. 伦敦：麦克米伦公司，1984：239.

因此，如果全盘接受了西方主流经济学这个"共同认可的理论结构"，那么，其思想必然被限制在资本主义是永恒的范围以内，因为这一"共同认可的理论结构"把资本主义当做一个理想的社会，能给人以选择的自由，实现帕累托最优状态。这就是西方经济学的意识形态可能导致的后果。这是我们必须注意到的一点。

四、现行西方经济学面临的挑战

前面说过，西方经济学理论是西方经济学家对西方资本主义市场经济运行和发展历史及现实情况的经验总结。如果实际情况发生变化，现行的理论就会受到挑战。目前，西方主流经济学理论就遇到了这种情况。

例如，传统的西方经济学理论告诉我们，由理性的投资者构成的"有效"市场发出的价格信号通常是正确的。然而，2008 年由美国次贷危机引发的严重金融危机告诉人们，事实并不是这样。这场危机就是在过分金融自由化的环境下，美国金融生态环境出现了社会信用恶化、监管缺失、市场秩序混乱、信息不对称、道德风险等一系列问题的情况下产生的。它告诉人们，经济自由是必要的，但必须和有效的监管相结合，否则经济学关于经济人具有完全理性的假定就会脱离实际，产生像这场次贷危机这样的大问题。这场金融危机还告诉我们，虚拟经济不能离开实体经济而发展。虚拟经济指资本以脱离实体经济的价值形态，以票据方式持有权益，按特定规律运动以获取价值增值所形成的经济活动，而实体经济则指物质产品和精神产品的生产、销售以及提供相关服务的经济活动，既包括工、农、交通运输、邮电、建筑等生产活动，也包括商业、教育、文化、艺术等产品和服务的生产。虚拟经济产生于实体经济发展的内在需要，为实体经济服务，可提高实体经济运行的效率，为企业分散风险，降低实体经济波动导致的不确定性。但是虚拟经济发展与投机活动共存，因此虚拟经济比实体经济更容易形成泡沫。这场金融危机告诉人们，虚拟经济的发展必须以实体经济的发展为基础，基于实体经济发展的需要，不能过分脱离实体经济发展的实际需要。

又如，现代信息技术的发展对现有的传统西方经济学的一些理论也形成了挑战。包括互联网技术的发展使原有的一些生产理论和成本理论对一些经济现象失去了解释力，关于GDP 增长和失业率关系的奥肯法则似乎也出现了问题（因为失业率没有变化时 GDP 也会增加）。智能技术的发展和应用可能对原有的失业理论和经济周期理论的发展产生多大影响，也有待观察。总之，新技术革命带来的社会经济新变化必然要求现有经济学理论有相应的变化和发展。更值得重视的是大数据技术的兴起将对经济学研究和发展带来的巨大影响。大数据的规模性、多样性将会使经济学研究不再是基于相关经济现象的样本数据，而是基于所有数据；不再探索难以捉摸的因果关系，而更注重相关关系；不再注重静态分析，而注重动态的、及时的分析与预测，从而会对基于统计检验的计量经济学和经济模型形成很大的挑战。

五、正确对待西方经济学

资本主义经济制度是一种资本剥削雇佣劳动的制度，但这种剥削是通过发展现代商品经济来实现的。资本主义生产是资本价值增殖和商品生产的统一。同样，西方经济学一方面是资本主义的意识形态，作为西方社会上层建筑的一部分，必然要在意识形态上宣传资本主义经济制度的合理性、优越性和永恒性，宣传资本主义私有制度才是符合人性的、最有活力的；另一方面它又是西方经济学家对现代商品经济运行经验的总结，也是社会化大生产规律的反映。这些都是人类文明成果的一部分。对于这些，应当加以借鉴，因为我国社会主义经济制度和资本主义经济制度尽管有所区别，但都实行市场经济，都是社会化大生产，都需要市场对资源配置起决定性作用，都需要政府的政策进行适度调节，因此西方经济学中那些市场经济运行经验的总结和国家调节经济的政策建议与经验教训对我们都有参考价值。

因此，我们对西方经济学应当持有的正确态度是，对于那些为资本主义私有制辩护的意识形态的东西，对于那些宣传资本主义制度才是符合人性的、合理的、最有活力的东西，必须加以揭露和批判，而对于那些现代商品经济运行经验的总结，那些反映社会化大生产规律的东西，应当加以吸收和借鉴。当然，西方经济学中哪些是属于和社会主义相对立的资本主义意识形态的一面，哪些是对发展我们社会主义市场经济有用的经验总结和管理方法的一面，西方经济学文献并不会直接标明出来，需要我们通过认真研究才能作出判断。为此，我们就必须认真学习这些理论，弄清其精神实质。根本否定或者全盘照搬的方法和态度都是要不得的。

第四节　有关学习西方经济学的几点建议

目前我国高校中与财经管理有关的专业几乎都开设了西方经济学这门课程，内容基本上都是由新古典综合派发展而来的现代西方主流经济学的那套东西。本书的内容体系大体上也是如此。看起来这一内容体系相当庞杂。就如何学习本书而言，我们提出以下几点建议供参考。

第一，把握基本理论主线。西方微观经济学研究资源配置。在市场经济中，资源配置是通过价格机制实现的，而价格是由供求决定的，因此供给与需求的分析是微观经济学的主线。产品和生产要素的供求在不同市场结构（垄断和竞争的情况）中的表现和作用构成微观经济学的主要内容。宏观经济学研究资源利用。在市场经济中资源利用表现为国民收入的决定。宏观经济学分析国民收入如何决定，由简单到复杂、由抽象到具体的三个模型即收入—支出模型、$IS—LM$ 模型和 $AD—AS$ 模型就构成宏观经济学的一条主线。国民收入的波动和调控政策同样是在这些模型中实现的。可见，要掌握看起来似乎很庞杂的内容体系，关键是首先要掌握微观、宏观的这些主线。

第二，把握基本分析方法。西方经济学家对研究西方经济学提出了许多方法，如实证、规范方法，总量、个量方法，静态、动态方法，均衡、非均衡方法，等等，这些在本书各章中都会讲到。这里给大家讲的一个方法是所谓的边际分析方法。这个方法在微观、宏观经济学中都常用到，因为经济学离不开成本和收益的对比研究，而经济学中这种对比必须是边际的对比而不是平均的对比。例如边际成本等于边际收益时利润才最大。懂得边际效用就很容易懂得边际替代率。因此弄懂边际分析方法对理解许多经济理论都很有帮助。

第三，学会使用配套书籍。西方经济学的基本教材的内容大多限于基本理论框架以及主要理论观点的阐述，不可能穷尽理论产生背景、案例分析以及练习题等，但是这些理论产生背景、案例分析以及练习题等又都是帮助理解和消化经济理论所必需的。为此一些教材往往还编写一些配套书籍，本书同样如此。本书编者不但编写了微观、宏观的分册教材，还出版了它们的简写版本《微观经济学原理》、《宏观经济学原理》以及更加简明的《经济学基础》，并编写出版了《西方经济学学习与教学手册》《西方经济学典型题题解》等配套书。这些书籍虽然不属于基本教材，但是对学习都有好处。就拿《西方经济学典型题题解》来说，这些习题不论采取何种形式，都有助于加深对西方经济学基本理论的理解，有助于学会对基本理论的应用。

第四，学会理论联系实际。学习西方经济理论，要联系思考中国经济改革、开放和发展中的诸多现实问题。当前以习近平同志为核心的党中央提出的经济新常态判断、供给侧改革策略、五大发展理念、"一带一路"开放战略以及十九大文件等，都为我们提出了更多需要理论联系实际的课题。当然，由于我国的国情和西方发达国家不一样，从社会制度、历史方位和发展阶段等各方面看我国都有自己的特点，因此用西方经济理论考察中国的经济问题时不能简单套用或者类比，而只有结合我国的实际情况作深入思考，才能得出一些正确的结论。

第五节　结束语

本章要点可以归结如下：

（1）西方经济学是一个内容相当广泛而松散的名词。本书所涉及的西方经济学是指西方经济理论。

（2）西方经济学的研究对象，通常被认为是经济资源的配置和利用。经济资源的配置和利用方式是所谓的经济体制问题。迄今为止人类的经济体制大体上经历了自给自足、计划经济、市场经济和混合经济四种类型。以经济资源的配置和利用为对象来划分，现代西方经济理论大体上可划分为微观经济学和宏观经济学两大部分。

（3）西方经济学从产生到现在经历了一个相当长时间的演变过程。

（4）西方经济学作为资本主义社会上层建筑的一部分，具有既是资本主义的意识形态，又是资本主义市场经济运行的经验总结的双重性质，因此，我们对西方经济学应持有的正确态度是，一方面在总体上对它要加以鉴别和批评，另一方面对西方经济学内容中关于市场经济运行经验的总结及国家政策调控的手段和经验教训要加以借鉴。

（5）就如何学习本书而言，我们提出了一些建议供参考：第一，把握基本理论主线；第二，把握基本分析方法；第三，学会使用配套书籍；第四，学会理论联系实际。

本章是全书的一个引论，主要是概括介绍一下西方经济学的研究对象、西方经济学的大体演变过程以及如何正确对待西方经济学等问题。这里值得我们注意的是介绍西方经济学的研究对象时所涉及的四种资源配置方式的内容，其中说到市场经济机制在资源配置中的效率较高，我们在领会这一点时可结合我国改革开放的实际。我国的经济改革取向是社会主义市场经济化。应当认为我国经济改革不断深化实际上就是不断朝市场化道路逐步迈进。党的十八届三中全会提出的一个重大理论观点是，要使市场在资源配置中起决定性作用和更好发挥政府作用。正如习近平同志所说，市场经济本质上就是市场决定资源配置的经济。健全社会主义市场经济必须遵循这条规律，着力解决市场体系不完善、政府干预过多和监管不到位的问题。作出"使市场在资源配置中起决定性作用"的定位，有利于在全党全社会树立关于政府和市场关系的正确观念，有利于转变经济发展方式，有利于转变政府职能，有利于抑制消极腐败现象。[①] 在党的十九大报告中，习近平再次提出要"构建市场机制有效、微观主体有活力、宏观调控有度的经济体制，不断增强我国经济创新力和竞争力"，要"加快完善社会主义市场经济体制。经济体制改革必须以完善产权制度和要素市场化配置为重点，实现产权有效激励、要素自由流动、价格反应灵活、竞争公平有序、企业优胜劣汰"。只有真正认识"使市场在资源配置中起决定性作用"的定位，才能夺取我国经济改革的更大胜利，实现中华民族伟大复兴的"中国梦"。

---

① 习近平. 关于《中共中央关于全面深化改革若干重大问题的决定》的说明.

第二章

需求、供给和均衡价格

作为学习微观经济学的起点，本章将在第一节介绍微观经济学的研究对象及其理论体系的框架等基础性内容，还将通过"对微观经济学的鸟瞰"，使得读者对本书将要展开的微观经济学各章内容之间的相互关系及其内在逻辑有一个大致的了解。

在市场经济中，需求和供给是价格机制运行的重要力量。任何商品的价格都是在需求和供给的相互作用下形成的，需求、供给和价格影响着每一个经济个体的决策行为，进而影响着经济社会的资源配置。本章从第二节起，将介绍基于买方行为的需求和基于卖方行为的供给这两个概念，以及在市场上由买卖双方的供求行为相互作用决定的均衡价格理论。此外，本章还将介绍供求弹性知识。最后，介绍对需求、供给和均衡价格运用的几个事例。

第一节　微观经济学的特点

一、微观经济学的研究对象

微观经济学以对经济个体的行为分析为基础，研究现代西方经济社会市场机制的运行和对经济资源的配置作用，以及相关的改善途径。

1. 稀缺性与选择

人类在经济活动中都面临一个基本的事实，那就是资源的稀缺性。稀缺性是指一个经济社会拥有的资源是有限的，因此不能生产人们希望拥有的所有产品和劳务。稀缺性一方面源于自然禀赋、要素投入、技术水平及其所决定的生产出来的产品和劳务的数量是有限的，另一方面源于人类对自身欲望的追求是无限的。无论是对一个社会来说，还是对经济个体来说，都存在着资源稀缺性的问题。譬如，受收入和时间的限制，我们每个人都不可能得到希望消费的每一件物品，也不可能参与所有希望参加的活动。当然，一个经济社会也不可能提供所有居民希望享用的全部产品和劳务。

任何欲望的实现，都离不开对经济资源的耗费。由于资源的稀缺性，每一经济个体都必然会面临选择以及如何选择的问题。比如，某企业家拥有一笔资金，他既可以将这笔资金全部投资于 A 项目，也可以将其全部投资于 B 项目，而资金的有限性使得他只能从中选择一个投资项目而放弃另一个投资项目。再比如，某人很想外出旅游一段日子，但他必须放弃那段时间的工作与相应的收入，即他需要在外出旅游享受快乐与继续工作获取收入之间作出选择，因为对于任何人来说时间都是稀缺的。

既然经济资源的稀缺性使得经济个体必须进行选择，那么，经济个体应该如何进行选择呢？或者说，从微观经济学的角度看，经济个体选择的思维方式及其行为又具有哪些特点呢？

2. 理性选择与权衡取舍

我们知道，在西方经济学中有一个基本的假设条件，即"合乎理性的人"的假设条件，亦被简称为"理性人"或"经济人"的假设条件。西方经济学家认为，这个假设条件是对从事经济活动的所有人的基本特征的一般抽象，这个被抽象出来的"理性人"的基本特征是指：每一个从事经济活动的人都是利己的。也可以说，每一个从事经济活动的人所采取的行为都是力图以自己最小的经济代价去获取自己最大的经济利益。

据此，当资源稀缺性使得每一个人都必须在各种可能的生产或消费活动中作出取舍时，每个人的选择行为便都是理性的。个人的理性选择是指经济个体总是选择能够给自己带来最大经济利益的经济活动。要做到这一点，经济个体就需要对其可能从事的各种经济活动进行成本—收益比较，以权衡取舍。仍然考虑上面的例子，对于那位企业家来说，就需要通过对 A、B 两个项目进行成本—收益比较分析，从中选择一个能够给自己带来最大利润的项目。对于那位计划旅游的消费者来说，就需要对旅游所需付出的成本（包括因旅游而失去的工资收入）与旅游所能获得的快乐进行比较，以决定自己是否去旅游或者选择旅游的最佳天数，从而使自己能够获得最大的效用。

经济学家指出，在经济个体进行成本—收益分析时，应该从机会成本的角度来计算成本。因为资源的稀缺性使得任何一种产品的生产总是以放弃其他产品的生产作为代价的，这种放弃或代价就是机会成本。而且，机会成本是以放弃的在其他各种可能的产品生产中所获得的最高收入来衡量的。以机会成本来考量成本，是经济个体实现自身利益最大化的基础。[①]

经济学家还指出了边际分析在成本—收益分析中的重要性。"边际"可以理解成"边界"或"边缘"的意思，边际分析意味着经济个体总是通过对选择变量（如产量、消费量）的"边界"即"边际"意义上的调整，来实现最大的经济利益。比如，理性的厂商不是简单地调整总成本和总收益，而是通过对边际成本与边际收益的比较，来对每一单位的

---

① 关于机会成本概念的具体介绍，请阅读本书第五章第一节。

新增产量进行权衡取舍，从而实现最大的利润。①

3. 市场经济：个人利益与社会利益

在市场经济中，每个人的理性选择都只追逐他自己的最大利益，并在买卖交易活动中实现各自的最大利益目标。就消费者而言，他购买商品只是为了实现自己的最大效用，他并不追求生产者的利益。同样，就生产者而言，他生产和销售产品只是为了实现自己的最大利润，他也不会去追求消费者的利益。

进一步地，在市场的交易活动中，当一个人作出买或卖的理性选择时，他便与无数个生产他所需要的产品的人们联系起来，或者与无数个购买他所销售的产品的人们联系起来，而所有的这些人都作出了追求自身最大利益的理性选择。那么，就一个经济社会而言，整体的社会利益又会如何呢？

按照资产阶级古典政治经济学家亚当·斯密在其1776年出版的著作《国富论》中提出的著名的被称为"看不见的手"的原理的说法，人们在追逐自己的利益的时候，被一只"看不见的手"引导着，结果却经常促进了社会的利益。②西方经济学家认为，微观经济学论述了这只"看不见的手"即市场的作用，正是市场价格机制的自发调节，引导着买者和卖者的行为，并在竞争性市场条件下实现了社会福利的最大化。

4. 政府的作用

尽管"看不见的手"的作用如此重要，但它也不是万能的，市场经济还需要政府。其原因在于，首先，市场经济需要政府对产权的保护，以及对市场经济秩序和规则的维护。其次，市场经济还存在一些自身无法解决的问题，即市场失灵问题，它也需要政府来解决。譬如，在现实的经济活动中存在由垄断势力导致的低效率，这就需要政府对垄断企业进行管制。又如，由企业生产的外部性导致的诸如环境污染等问题，也需要政府出面进行干预。诸如此类的一系列市场失灵问题都需要政府予以解决。③ 最后，从经济社会的效率和公平两大目标的角度而言，政府在促进效率和公平方面都发挥着重要的作用。

5. 微观经济学对个体经济单位考察的三个层次

微观经济学的具体考察对象是个体经济单位，个体经济单位包括单个消费者、单个生产者和单个市场等。

围绕微观经济学的研究对象，微观经济学对个体经济单位的考察是在三个逐步深入的层次上进行的。第一个层次是分析单个消费者和单个生产者的经济行为。它分析单个消费者如何进行最优的消费决策以获得最大的效用，单个生产者如何进行最优的生产决策以获取最大的利润。第二个层次是分析单个市场的均衡价格的决定。这种单个市场均衡价格的决定，是作为单个市场中所有的消费者和所有的生产者最优经济行为的相互作用的结果而出现的。第三个层次是分析所有单个市场均衡价格的同时决定。这种决定是作为所有单个市场相互作用的结果而出现的，或者说，是作为经济社会中全部市场上的全部消费者和全部生产者的最优经济行为相互作用的结果而出现的。

---

① 关于建立在边际分析基础上的厂商追求利润最大化原则的论述，请阅读本书第六章第二节。
② 亚当·斯密. 国富论：上册. 北京：中国人民大学出版社，2016：560.
③ 关于市场失灵和微观经济政策的具体内容，请阅读本书第十一章。

显然，微观经济分析所涉及的经济变量都是经济个量及其相互关系，也正是从这个意义上，它才被称为微观经济学或个量分析。

二、对微观经济学的鸟瞰

在学习微观经济学之初，可以对它所涉及的领域作一鸟瞰，以便大致了解微观经济学理论体系的框架。下面用图 2-1 加以说明。

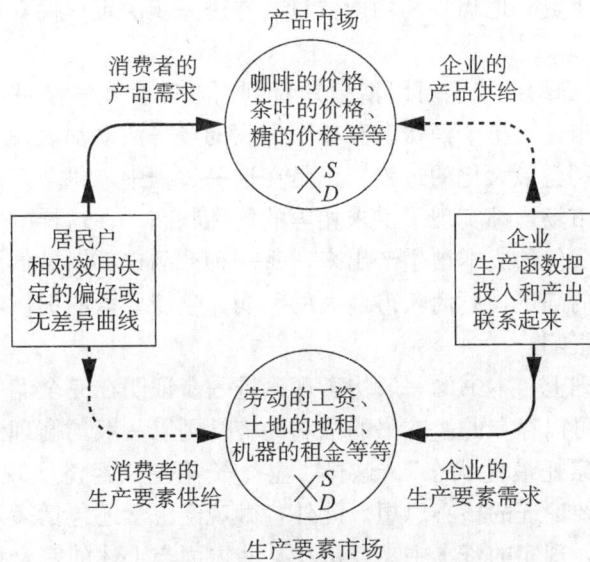

图 2-1　产品市场和生产要素市场的循环流动图

首先要指出的是，在该图中出现的一些专门术语和基本原理，在本书后面的有关内容中都会得到详细的说明。在此，初学者只需要对该图的内容有一个大致的了解，从而对微观经济学的理论体系掌握一个粗略的轮廓。

该图的左、右两个方框分别表示居民户和企业。居民户指的是消费者，企业指的是厂商。这里的每一个消费者和每一个厂商都具有双重的身份：单个消费者和单个厂商分别以产品的需求者和产品的供给者的身份出现在产品市场上，又分别以生产要素的供给者和生产要素的需求者的身份出现在生产要素市场上。图的上方和下方分别表示产品市场和生产要素市场。消费者和厂商的经济活动通过产品市场和生产要素市场的供求关系的相互作用而联系起来。图中的一切需求关系都用实线表示，一切供给关系都用虚线表示。

从图中的居民户方面看，出于对自身经济利益的追求，消费者的经济行为首先表现为在生产要素市场上提供生产要素，如提供一定数量的劳动、土地等，以取得收入，然后，在产品市场上购买所需的产品，如一定数量的咖啡、茶叶等，最后在消费中得到最大的效用满足。从图中的企业方面看，同样也是出于对自身经济利益的追求，厂商的经济行为首先表现为在生产要素市场上购买生产所需的生产要素，如雇用一定数量的工人、租用一定数量的土地等，然后，进入生产过程，生产出一定数量的产品如咖啡、茶叶等，最后通过产品的出售获得最大的利润。

在图的上半部，消费者对产品（如咖啡、茶叶）的需求和厂商对产品（如咖啡、茶叶）的供给相遇于产品市场，由此便决定了每一种产品（如咖啡、茶叶）市场的均衡价格和均衡数量。在完全竞争的产品市场的长期均衡条件下，厂商的超额利润为零，产品市场的均衡价格会降至长期平均成本的最低水平，也就是说，厂商是以最低的价格出售产品的。在图的下半部，消费者对生产要素（如劳动、土地）的供给和厂商对生产要素（如劳动、土地）的需求相遇于生产要素市场，由此又决定了每一种生产要素（如劳动、土地）市场的均衡价格（如工资、地租）和均衡数量，并进一步决定厂商对生产要素供给者的报酬支付。

通过对图 2-1 的介绍，我们可以清楚地看到：在完全竞争条件下，无论是在产品市场，还是在生产要素市场，单个消费者和单个厂商的经济活动都表现为在市场机制的作用下各自追求自身经济利益最大化的过程。正是在这一过程中，每个产品市场和每个生产要素市场，进而所有的市场，都实现了供求相等的均衡状态。在这样的完全竞争的均衡状态中，每一种产品都以最低的成本被生产出来，每一种产品也都以最低的价格在市场上被出售，消费者获得最大的满足，厂商获得最大的利润，生产要素的提供者根据各自对生产的贡献都得到了相应的报酬。

在以上内容的基础上，本书的一般均衡理论进一步证明在完全竞争条件下所有单个市场同时均衡的状态是可以存在的。本书的福利经济学则以一般均衡理论为出发点，论述一般均衡状态符合"帕累托最优状态"。这样，整个资本主义经济实现了有效的资源配置。这就是微观经济学所要论证的核心思想。此外，微观经济学还包括微观经济政策分析。因为西方经济学家认为，现实的资本主义经济在某些方面与上述的完全竞争经济的最优状态是有偏离的，这就需要执行一定的微观经济政策来加以矫正，以克服"市场失灵"，使得现实的经济更有效运行。

按照上面介绍的微观经济学的理论体系的框架，本书上篇微观经济学部分的内容是这样安排的：作为微观经济理论分析的出发点，第二章首先简要介绍价格理论的两个基本概念——市场的需求和供给，以及由需求和供给决定的市场均衡价格。第三章消费者选择介绍消费者行为理论，其内容涉及图 2-1 的左上方。第四章生产技术、第五章成本和第六章及第七章的市场论介绍生产者行为理论和市场理论，其内容涉及图 2-1 的右上方。以上六章所涉及的领域都是产品市场，也就是图 2-1 的上半部分。第八章转入对生产要素市场的分析。该章首先分别介绍了生产要素的需求者即生产者的经济行为和生产要素的供给者即消费者的经济行为，也就是图 2-1 的右下方和左下方，然后介绍了生产要素市场由供求所决定的均衡价格。第八章的生产要素市场理论亦被称为分配理论，涉及的是图 2-1 的下半部分。此外，第九章介绍一般均衡论和福利经济学。第十一章介绍市场失灵和微观经济政策。这两章涉及图 2-1 的整体。[①]

---

① 关于第十章博弈论初步。在 20 世纪后半叶，博弈论发展成为微观经济学的一个重要研究领域，1994 年的诺贝尔经济学奖被授予三位博弈论专家。博弈论丰富了对寡头厂商等经济个体的策略决策行为的分析，故本书专设第十章予以介绍。

第二节 需 求

在市场经济中，价格是经济活动参与者相互之间联系和传递经济信息的机制，并且，价格机制使经济资源得到有效配置。例如，当某种稀缺的昂贵原料被用来生产一种产品时，这种产品的生产成本进而在市场上的价格必然就会很高。于是，生产者就会节省对这种原料的使用，甚至会有积极性去寻找某种新技术，以减少或替代对这种原料的使用。而且，消费者也会因为产品的高价而自愿减少对产品的需求量。既然在市场经济中价格的作用如此重要，那么，市场价格是如何形成的呢？

我们在上节对图2-1的分析中已经清楚地看到，消费者和厂商的经济行为的相互联系表现为产品市场和生产要素市场供求关系的相互作用，而正是这种供求关系的相互作用形成了市场的均衡价格。任何商品的价格都是由需求和供给这两种市场力量共同决定的，因此，作为微观经济学分析的起点，本节和下一节将分别介绍竞争性市场的需求和供给这两个基本概念。竞争性市场的主要特征是：市场上有无数的买者和卖者，买卖双方就同一种无差别的商品进行交易，所以，任何个人的买进或卖出的行为都不会对商品的市场价格产生影响。也就是说，每一个买者或卖者都只能是市场价格的接受者。①

本节将利用需求曲线这一分析工具，介绍竞争性市场的需求、需求定理，以及需求的变动等基本概念。

一、价格与需求数量：需求曲线

1. 需求函数

一种商品的需求数量是指消费者在一定时期内愿意并且能够购买的这种商品的数量。正如我们所见，在现实经济生活中，一种商品的需求数量受到多种因素的影响，其中主要的因素有：该商品的价格、消费者的收入水平、相关商品的价格、消费者的偏好、消费者对该商品的价格预期，以及消费者的人数等。它们各自对商品的需求数量的影响如下：

关于商品的自身价格。一般说来，一种商品的价格越高，该商品的需求量就会越小；相反，价格越低，需求量就会越大。

关于消费者的收入水平。对于大多数商品来说，当消费者的收入水平提高时，就会增加对商品的需求量；相反，当消费者的收入水平下降时，就会减少对商品的需求量。

关于相关商品的价格。当一种商品自身的价格保持不变，而与它相关的其他商品的价格发生变化时，这种商品的需求量也会发生变化。例如，在夏天的西瓜市场上，当产自本地的西瓜的价格不变而产自外地的西瓜的价格上升时，人们往往就会增加对本地西瓜的购买，从而使得本地西瓜的需求量上升。

关于消费者的偏好。当消费者对某种商品的偏好程度增强时，该商品的需求量就会增加；相反，当偏好程度减弱时，需求量就会减少。

---

① 关于完全竞争市场的条件，请阅读本书第六章第一、二节的相关内容。

关于消费者对商品的价格预期。当消费者预期某种商品的价格在下一期会上升时，就会增加对该商品的现期需求量；当消费者预期某种商品的价格在下一期会下降时，就会减少对该商品的现期需求量。

关于消费者人数的变化。一个商品市场上消费者人数的增减会直接影响该市场上需求量的多少。

所谓需求函数表示一种商品的需求数量和影响该需求数量的各种因素之间的相互关系。也就是说，在以上的分析中，影响需求数量的各因素是自变量，需求数量是因变量。一种商品的需求数量是所有这些影响因素的函数。但是，如果我们对影响一种商品需求数量的所有因素同时进行分析，就会使问题变得复杂起来。在处理这种复杂的多变量的问题时，通常可以将问题简化，即一次把注意力集中在一个影响因素上，而同时假定其他影响因素保持不变。在这里，由于一种商品的价格是决定需求数量的最基本的因素，所以，我们假定其他因素保持不变，仅仅分析一种商品的价格对该商品需求数量的影响，即把一种商品的需求数量仅仅看成是这种商品的价格的函数，于是，可以得到一个简单的**需求函数**：

$$Q^d = f(P) \tag{2.1}$$

式中，P 为商品的价格；Q^d 为商品的需求数量。

由需求函数（2.1）式可知，随着市场价格 P 的各种变化，消费者会不断调整自己的需求数量 Q；一般说来，对应每一个市场价格 P，都会有一个市场的需求数量 Q 与其相匹配。由此，我们给出需求的概念：**一种商品的需求是指在其他因素不变的条件下消费者在一定时期内在各种可能的价格水平愿意并且能够购买的该商品的数量。**根据此定义可知，需求必须是指消费者具有购买欲望又有购买能力的有效需求。倘若消费者对商品只有购买欲望却没有购买能力，比如无钱支付，则不构成有效需求。

由需求函数（2.1）式和相应的需求的定义出发，我们会问这样一个问题：既然在商品市场上价格与需求数量呈现出一一对应的关系，那么，这种对应关系会有什么规律吗？这对于我们了解市场需求及市场机制运行是至关重要的。下面，我们利用需求曲线来分析和回答这个问题。

2. 需求曲线

我们先来看一个某商品市场的需求表，即表 2-1。

从表 2-1 可以清楚地看到某商品的价格与需求量之间的函数关系。譬如，当商品价格为 1 元时，商品的需求量为 700 单位；当价格上升为 2 元时，需求量下降为 600 单位；当价格进一步上升为 3 元时，需求量下降为更少的 500 单位；如此等等。

表 2-1　　　　　　　　　　　　　　　某商品的需求表

价格—需求量组合	A	B	C	D	E	F	G
价格（元）	1	2	3	4	5	6	7
需求量（单位数）	700	600	500	400	300	200	100

商品的需求曲线是根据需求表中商品不同的价格—需求量组合在平面坐标图上所绘制的一条曲线。图 2-2 是根据表 2-1 绘制的一条需求曲线。

在图 2-2 中，横轴表示商品的数量，纵轴表示商品的价格。需要指出的是，与数学上的习惯相反，微观经济学在分析需求曲线和供给曲线时，通常以纵轴表示自变量 P，以横轴表示因变量 Q。

图中的需求曲线是这样得到的：根据表 2-1 中每一个商品的价格—需求量组合，在平面坐标图中描绘相应的各点 A、B、C、D、E、F、G，然后顺次连接这些点，便得到需求曲线 $Q^d = f(P)$。它表示在不同价格水平上消费者愿意而且能够购买的商品数量。所以，需求曲线是以几何图形来表示商品的价格和需求量之间的函数关系。

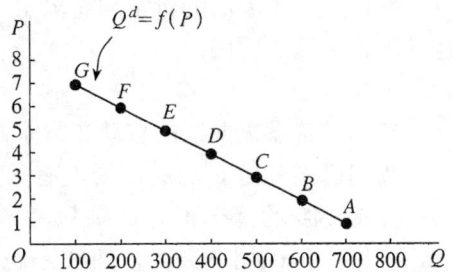

图 2-2　某商品的需求曲线

微观经济学在论述需求函数时，一般都假定商品的价格和相应的需求数量的变化具有无限分割性，即具有连续性。正是由于这一假定，在图 2-2 中才可以将商品的各个价格—需求量的组合点 A、B、C……连接起来，从而构成一条平滑的、连续的需求曲线。

图 2-2 中的需求曲线是一条直线，实际上，需求曲线可以是直线型的，也可以是曲线型的。当需求函数为线性函数时，相应的需求曲线是一条直线，直线上各点的斜率是相等的。当需求函数为非线性函数时，相应的需求曲线是一条曲线，曲线上各点的斜率是不相等的。在微观经济分析中，为了简化分析过程，在不影响结论的前提下，大多使用线性需求函数。线性需求函数的通常形式为：

$$Q^d = \alpha - \beta \cdot P \tag{2.2}$$

式中，α、β 为常数，且 α、$\beta > 0$。[①] 该函数所对应的需求曲线为一条直线。

3. 需求定理

建立在需求函数 $Q = f(P)$ 基础上的需求表 2-1 和需求曲线图 2-2 都反映了商品市场的价格变动与所引起的需求量变动两者之间的关系。在需求表 2-1 中，商品的需求量随着商品价格的上升而减少。在图 2-2 中，需求曲线有一个明显的特征，即需求曲线是向右下方倾斜的；或者说，需求曲线的斜率为负。它们都表示商品的价格和需求量呈反方向变动的关系。

由此，我们得到需求定理：**在其他因素保持不变的条件下，一种商品的价格上升，则对该商品的需求量减少；一种商品的价格下降，则对该商品的需求量增加。简言之，商品的价格和需求量呈反方向变动。**[②]

---

① 在需求函数 $Q^d = \alpha - \beta \cdot P$ 中，α 表示需求曲线在横轴上的截距，即：当 $P = 0$ 时，$Q^d = \alpha$。$-\beta$ 表示需求曲线相对于价格轴的斜率，即：$-\beta = \dfrac{\Delta Q^d}{\Delta P}$，或者 $-\beta = \lim\limits_{\Delta P \to 0} \dfrac{\Delta Q^d}{\Delta P} = \dfrac{\mathrm{d}Q^d}{\mathrm{d}P}$。

② 在一般的情况下，商品的价格和需求量之间呈反方向变动的关系。但是，在吉芬商品的特殊场合，价格和需求量之间呈同方向变动的关系。关于这一点，详见本书第三章第五节。

至于需求曲线为什么一般是向右下方倾斜的，或者说，商品市场的价格和需求量之间呈反方向变动的具体原因是什么，将在第三章消费者选择中得到深入的分析和说明。本节只是描述了关于商品的价格和需求量这两个变量相互关系的现象特征，而并没有解释关于这种现象特征的原因。

二、沿着需求曲线的移动和需求曲线位置的移动

我们已经知道，商品市场上有很多因素影响着商品的需求数量。如上所述，在其他因素保持不变的情况下，如果只考虑某商品的价格变化对该商品需求数量的影响，那么，我们就可以用一条需求曲线来表示。但是，如果我们需要考虑除某商品价格以外的其他因素变化对该商品需求数量的影响，那就要用需求曲线位置的移动来表示。也就是说，我们需要区分沿着需求曲线的移动和需求曲线位置的移动，下面给出具体的分析说明。

1. 需求量的变动：沿着需求曲线的移动

在其他因素保持不变的条件下，仅由商品自身价格变化所导致的商品需求数量的变化，被称为需求量的变动。在几何图形中，需求量的变动表现为沿着一条既定的需求曲线的移动。

仍以图 2-2 来说明：在图中有一条既定的需求曲线，当商品的价格由 1 元逐步上升为 7 元导致商品的需求数量由 700 单位逐步减少为 100 单位时，商品的价格—需求量组合沿着既定的需求曲线由 A 点出发经过 B、C、D、E、F 点，运动到 G 点。显然，需求量的变动是用沿着既定需求曲线 $Q^d = f(P)$ 的价格—需求量组合点的移动来表示的，也就是说，它并不体现整个需求状态的变化。

2. 需求的变动：需求曲线位置的移动

事实上，除了商品的自身价格以外，还有其他一系列因素会影响该商品的需求数量，例如，消费者收入水平的变动、相关商品价格的变动、消费者偏好的变化、商品预期价格的变化，以及消费者人数的变化等。除商品自身价格以外的其他因素变化所导致的商品需求数量的变化，被称为需求的变动。在几何图形中，需求的变动表现为需求曲线的位置发生移动。

具体地说，在一个商品市场上，如果在任何一个既定的价格水平上其他因素的变动使得该商品的需求数量都增加了，则称为需求的增加。需求的增加表现为需求曲线的位置向右移动。相反，如果其他因素的变动使得在任何一个既定的价格水平上该商品的需求数量都减少了，则称为需求的减少。需求的减少表现为需求曲线位置的向左移动。显然，需求变动所引起的需求曲线位置的移动，表示整个需求状态的变化。

以图 2-3 为例加以说明。原有的需求曲线为 D_1。在商品价格不变的前提下，如果其他因素的变化如消费者的收入增加使得需求增加，则表现为需求曲线 D_1 向右移动到 D_2 曲线的位置。相反，

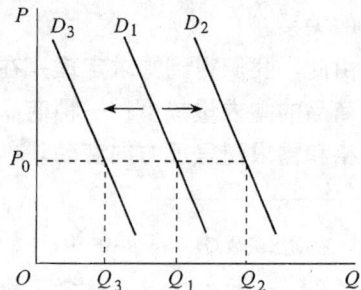

图 2-3 需求的变动和需求曲线的移动

如果其他因素的变化如消费者的收入减少使得需求减少，则表现为需求曲线 D_1 向左移动到 D_3 曲线的位置。这种需求曲线位置的移动表示在每一个既定的价格水平需求数量都增加或者减少了。例如，在任何一个既定的价格水平如 P_0，消费者的收入增加使得需求数量由与 D_1 曲线对应的 Q_1 增加为与 D_2 曲线对应的 Q_2；反之，消费者的收入减少则使得需求数量由与 D_1 曲线对应的 Q_1 减少为与 D_3 曲线对应的 Q_3。显然，需求的变动所引起的需求曲线位置的移动，表示整个需求状态的变化。

最后，需要指出的是，围绕竞争性市场均衡价格决定模型，本节关注的是该模型所涉及的一个基本概念即竞争性市场的需求。至于如何理解个体需求及其与市场需求之间的关系，将在第三章第六节予以介绍。

第三节　供　给

本节将利用供给曲线这一分析工具，介绍竞争性市场的供给、供给定理，以及供给的变动等基本概念。

一、价格与供给数量：供给曲线

1. 供给函数

一种商品的供给数量是指生产者在一定时期内愿意而且能够提供出售的这种商品的数量。一种商品的供给数量取决于多种因素的影响，其中主要的因素有：该商品的价格、生产的成本、生产的技术水平、相关商品的价格、生产者对未来的预期，以及生产者的人数等。它们各自对商品的供给量的影响如下：

关于商品的自身价格。一般说来，一种商品的价格越高，生产者提供的产量就越大；相反，商品的价格越低，生产者提供的产量就越小。

关于生产的成本。在商品自身价格不变的条件下，生产成本上升会减少利润，从而使得商品的供给量减少；相反，生产成本下降会增加利润，从而使得商品的供给量增加。

关于生产的技术水平。在一般的情况下，生产技术水平的提高可以降低生产成本，增加生产者的利润，生产者会提供更多的产量。

关于相关商品的价格。在一种商品的价格不变而其他相关商品的价格发生变化时，该商品的供给量会发生变化。例如，对蔬菜大棚种植户来说，在黄瓜价格不变而西红柿价格上升时，就可能减少黄瓜的种植面积和产量，而增加西红柿的种植面积和产量。

关于生产者对未来的预期。如果生产者对未来的预期看好，如预期商品的价格会上涨，生产者往往会扩大生产，增加商品供给。如果生产者对未来的预期是悲观的，如预期商品的价格会下降，生产者往往会缩减生产，减少商品供给。

关于生产者的人数。一个商品市场上生产者数量增加，会使市场上该产品的供给数量增加；或者相反。

一种商品的供给数量是所有影响这种商品供给数量的因素的函数。如果假定其他因素均不发生变化，仅考虑一种商品的价格变化对其供给数量的影响，即把一种商品的供给数量只看成是这种商品价格的函数，则可以得到一个简单的**供给函数**：

$$Q^s = f(P) \tag{2.3}$$

式中，P 为商品的价格；Q^s 为商品的供给数量。

由供给函数（2.3）式可知，随着市场价格 P 的变化，生产者会不断调整商品的供给数量 Q；一般说来，在每一个市场价格水平 P，都会对应一个市场的供给数量 Q。据此，我们给出供给的概念：**一种商品的供给是指在其他因素不变的条件下生产者在一定时期内在各种可能的价格水平愿意并且能够提供出售的该商品的数量。**显然，供给指的是有效供给，即要求生产者既具有提供出售商品的愿望，又具备提供出售商品的能力。倘若只有愿望而没有能力，则不构成有效供给。

2. 供给曲线

由供给函数（2.3）式和相应的供给的定义出发，我们会思考这样一个问题：在商品的供给量随着商品价格的变化而变化的过程中，会呈现哪些基本的特征呢？为此，我们先来看一个某商品市场的供给表，即表 2-2。

表 2-2   某商品的供给表

价格—供给量组合	A	B	C	D	E
价格（元）	2	3	4	5	6
供给量（单位数）	0	200	400	600	800

表 2-2 清楚地表示了商品的价格和供给量之间的函数关系。例如，当价格为 6 元时，商品的供给量为 800 单位；当价格下降为 4 元时，商品的供给量减少为 400 单位；当价格进一步下降为 2 元时，商品的供给量减少为零。

商品的供给曲线是根据供给表中的商品的价格—供给量组合在平面坐标图上所绘制的一条曲线。图 2-4 便是根据表 2-2 所绘制的一条供给曲线。

图中的横轴表示商品数量，纵轴表示商品价格。在平面坐标图上，把根据供给表中商品的价格—供给量组合所得到的相应的坐标点 A、B、C、D、E 连接起来的线，就是该商品的供给曲线 $Q^s = f(P)$。它表示在不同的价格水平上生产者愿意而且能够提供出售的商品数量。供给曲线是以几何图形表示商品的价格和供给量之间的函数关系。和需求曲线一样，供给曲线也是一条平滑的和连续的曲线，它是建立在商品的价格和相应的供给数量的变化具有无限分割性即连续性的假设上的。

如同需求曲线一样，供给曲线可以是直线型的，也可以是曲线型的。如果供给函数是线性函数，则相应的供给曲线是直线型的，如图 2-4 中的供给曲线。如果供给函数是非线性函数，则相应的供给曲线就是曲线型的。直线型供给曲线上的各点的斜率是相等的，

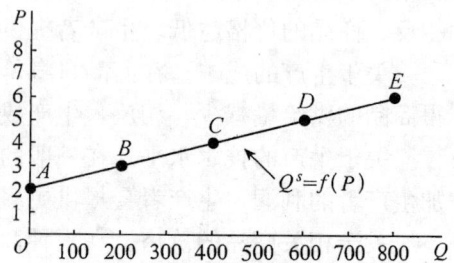

图 2-4   某商品的供给曲线

曲线型供给曲线上的各点的斜率则不相等。在微观经济分析中，使用较多的是线性供给函数。它的通常形式为：

$$Q^s = -\delta + \gamma \cdot P \tag{2.4}$$

式中，δ、γ 为常数，且 δ、$\gamma > 0$。[①] 与该函数相对应的供给曲线为一条直线。

3. 供给定理

我们可以看到，在供给表 2-2 中，商品的供给量随着商品价格的上升而上升。在图 2-4 中，供给曲线呈现向右上方倾斜的基本特征；或者说，供给曲线的斜率为正。无论是供给表还是供给曲线都告诉我们：商品的价格和供给量呈同方向变动的关系。

由此，我们得到供给定理：**在其他因素保持不变的条件下，一种商品的价格上升，则该商品的供给量增加；一种商品的价格下降，则该商品的供给量减少。简言之，商品的价格和供给量呈同方向变动。**

至此，我们描述了关于商品市场的价格和供给量这两个变量之间相互关系的现象特征，至于商品的价格和供给量之间呈同方向变动的具体原因，或者说，为什么供给曲线一般是向右上方倾斜的，将在第六章完全竞争市场中得到深入的分析和说明。

二、沿着供给曲线的移动和供给曲线位置的移动

商品市场上的供给数量受很多因素影响。在其他因素保持不变的情况下，如果我们只考虑某商品的价格变化对该商品供给数量的影响，那么，我们就可以如前面所分析的那样，用一条供给曲线来表示。但是，如果我们需要考虑除某商品价格以外的其他因素变化对该商品供给量的影响，那么，就要用供给曲线位置的移动来表示。也就是说，我们需要区分沿着供给曲线的移动和供给曲线位置的移动，下面展开具体的分析说明。

1. 供给量的变动：沿着供给曲线的移动

在其他因素保持不变的条件下，仅由商品自身价格变化所导致的商品供给量的变化，被称为供给量的变动。在几何图形中，供给量的变动表现为沿着一条既定的供给曲线的移动。

仍以图 2-4 来说明：图中有一条既定的供给曲线。随着商品价格上升所引起的供给数量的逐步增加，A 点沿着既定的供给曲线逐步运动到 E 点。显然，供给量的变动是用沿着既定供给曲线上的价格—供给量组合点的移动来表示的。由于这种价格—供给量组合点的移动都发生在既定的同一条供给曲线上，故可以认为它并不体现整个供给状态的变化。

2. 供给的变动：供给曲线位置的移动

在商品的自身价格保持不变时，其他一些因素也会影响商品市场的供给数量。这些其

---

① 在供给函数 $Q^s = -\delta + \gamma \cdot P$ 中，$-\delta$ 是供给曲线（严格地说，是供给曲线的延长线）在横轴上的截距，它表示商品价格为零时的供给量；它意味着：能使生产者提供产量的价格必定是 $P > \dfrac{\delta}{\gamma}$。$\gamma$ 表示供给曲线相对于价格轴的斜率，即：$\gamma = \dfrac{\Delta Q^s}{\Delta P}$，或者 $\gamma = \lim\limits_{\Delta P \to 0} \dfrac{\Delta Q^s}{\Delta P} = \dfrac{\mathrm{d}Q^s}{\mathrm{d}P}$。

他因素可以是生产成本的变动、生产技术的变化、相关商品价格的变动、生产者对未来预期的变化，以及生产者人数的变化等。除商品自身价格以外的其他因素变化所导致的商品供给数量的变化，被称为供给的变动。在几何图形中，供给的变动表现为供给曲线的位置发生移动。

　　具体地说，在一个商品市场上，如果在任何一个既定的价格水平，其他因素的变动使得商品的供给数量都增加了，则称为供给的增加。供给的增加表现为供给曲线的位置向右移动。相反，如果其他因素的变动使得任何一个既定的价格水平上的供给数量都减少了，则称为供给的减少。供给的减少表现为供给曲线位置的向左移动。

　　以图 2-5 为例加以说明。原有的供给曲线为 S_1。在除商品自身价格以外的其他因素变动的影响下，若供给增加，则供给曲线 S_1 向右移动到 S_2 曲线的位置；若供给减少，则供给曲线 S_1 向左平移到 S_3 曲线的位置。由供给变化引起的供给曲线位置的移动，表示在每一个既定的价格水平供给数量都增加或者减少了。比如，在任意一个既定的价格水平如 P_0，生产成本下降使得供给数量由与 S_1 曲线对应的 Q_1 增加为与 S_2 曲线对应的 Q_2；反之，生产成本上升使得供给数量由与 S_1 曲线对应的 Q_1 减少为与 S_3 曲线对应的 Q_3。显然，供给的变动所引起的供给曲线位置的移动，表示整个供给状态的变化。

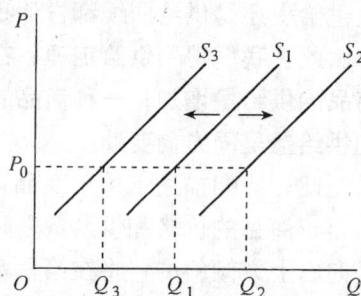

图 2-5　供给的变动和供给曲线的移动

　　最后，与前面对市场需求的分析类似，在此需要指出的是，围绕竞争性市场均衡价格决定模型，本节关注的是该模型所涉及的另一个基本概念即竞争性市场的供给。至于如何理解个体供给及其与市场供给之间的关系，我们将在第六章第四节展开分析。

第四节　均衡价格

　　我们已经知道，需求曲线说明了消费者对某种商品在每一价格水平的需求量是多少，供给曲线说明了生产者对某种商品在每一价格水平的供给量是多少。但是，它们都没说明这种商品本身的市场价格究竟是如何决定的。那么，商品的价格是如何决定的呢？微观经济学中的商品价格是指商品的均衡价格。商品的均衡价格是在商品的市场需求和市场供给这两种相反力量的相互作用下形成的。下面，我们将需求曲线和供给曲线结合在一起分析竞争性市场均衡价格的形成及其变动。

一、均衡的含义

　　在西方经济学中，均衡是一个被广泛运用的重要的概念。**均衡的最一般的含义是指经济事物中有关的变量在一定条件的相互作用下所达到的一种相对静止的状态。**经济事物之所以能够处于这样一种静止状态，是由于在此状态中有关该经济事物的各参与者的力量能够相互制约和相互抵消，也由于在此状态中有关该经济事物的各方面的经济行为者的愿望在一定条件下都能得到满足。正因为如此，西方经济学家认为，经济学的研究往往在于寻找在一定条件下经济事物的变化最终趋于相对静止之点的均衡状态。

在微观经济分析中，市场均衡可以分为局部均衡和一般均衡。**局部均衡**是就单个市场或部分市场的供求与价格之间的关系和均衡状态进行分析。**一般均衡**是就一个经济社会中的所有市场的供求与价格之间的关系和均衡状态进行分析。一般均衡假定各种商品的供求和价格都是相互影响的，一个市场的均衡只有在其他所有市场都达到均衡状态的条件下才能实现。

二、均衡价格的决定

在西方经济学中，**一种商品的均衡价格是指该种商品的市场需求量和市场供给量相等时的价格**。在均衡价格水平上的相等的供求数量被称为**均衡数量**。从几何意义上说，一种商品市场的均衡出现在该商品的市场需求曲线和市场供给曲线的交点上，该交点被称为均衡点。均衡点上的价格和相等的供求量分别被称为均衡价格和均衡数量。在市场的均衡价格水平上需求量和供给量相等的状态，也被称为市场出清的状态。

现在把前面图2-2中的需求曲线和图2-4中的供给曲线结合在一起，用图2-6说明一种商品的市场均衡价格的决定。

在图2-6中，D 曲线为市场的需求曲线，S 曲线为市场的供给曲线。需求曲线 D 和供给曲线 S 相交于 E 点，E 点为均衡点。在均衡点 E，均衡价格 $\overline{P}=4$ 元，均衡数量 $\overline{Q}=400$。显然，在均衡价格4元的水平，消费者的购买量和生产者的销售量是相等的，都为400单位。也可以反过来说，在均衡数量400的水平，消费者愿意支付的最高价格和生产者愿意接受的最低价格是相等的，都为4元。因此，这样一种状态便是一种使买卖双方都感到满意并愿意持续下去的均衡状态。

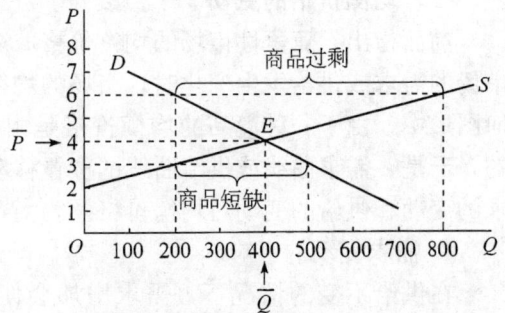

图2-6 均衡价格的决定

均衡价格的决定也可以用与图2-6相对应的表2-3来说明。由表2-3清楚可见，商品的均衡价格为4元，商品的均衡数量为400单位。

商品的均衡价格是如何形成的呢？

商品的均衡价格表现为商品市场上需求和供给这两种相反的力量共同作用的结果，它是在市场供求力量的自发调节下形成的。当市场价格偏离均衡价格时，市场上会出现需求量和供给量不相等的非均衡状态。一般说来，在市场机制的作用下，这种供求不相等的非均衡状态会逐步消失，实际的市场价格会自动地回复到均衡价格水平。

表2-3　　　　　　　　　　某商品市场均衡价格的决定

价格（元）	6	5	4←均衡	3	2
需求量（单位数）	200	300	**400**	500	600
供给量（单位数）	800	600	**400**	200	0

仍用图 2-6 或相应的表 2-3 来说明均衡价格的形成。当市场的实际价格高于均衡价格如为 6 元时，商品的需求量为 200 单位，供给量为 800 单位。这种供给量大于需求量的商品过剩或超额供给的市场状况，一方面会使需求者压低价格来购买商品，另一方面又会使供给者减少商品的供给量。这样，该商品的市场价格必然下降，一直下降到均衡价格 4 元的水平。与此同时，随着价格由 6 元下降为 4 元，商品的需求量逐步地由 200 单位增加为 400 单位，商品的供给量逐步地由 800 单位减少为 400 单位，从而达到供求量相等的均衡数量 400 单位。相反地，当市场的实际价格低于均衡价格如为 3 元时，商品的需求量为 500 单位，供给量为 200 单位。这种需求量大于供给量的商品短缺或超额需求的市场状况，一方面会使需求者提高价格来得到他所要购买的商品量，另一方面又会使供给者增加商品的供给量。这样，该商品的市场价格必然上升，一直上升到均衡价格 4 元的水平。在价格由 3 元上升为 4 元的过程中，商品的需求量逐步地由 500 单位减少为 400 单位，商品的供给量逐步地由 200 单位增加为 400 单位，最后达到供求量相等的均衡数量 400 单位。由此可见，当市场上的实际价格偏离均衡价格时，市场上总存在着变化的力量，使买卖双方各自作出调整，最终达到市场的均衡或市场出清。

三、均衡价格的变动

前面指出，竞争性市场的均衡价格取决于市场的需求和供给的相互作用，这意味着当市场的需求或供给发生变化时，市场的均衡价格水平也会随之发生变化。换句话说，在几何图形中，由于一种商品的均衡价格是由该商品市场的需求曲线和供给曲线的交点决定的，于是，需求曲线或供给曲线的位置移动都会使均衡价格水平发生变动。下面将说明需求的变动和供给的变动对均衡价格及均衡数量的影响。

1. 需求变动的影响

在供给不变的情况下，需求增加会使需求曲线向右平移，从而使得均衡价格和均衡数量都提高；需求减少会使需求曲线向左平移，从而使得均衡价格和均衡数量都下降。如图 2-7 所示。

在图 2-7 中，既定的供给曲线 S 和最初的需求曲线 D_1 相交于 E_1 点。在均衡点 E_1，均衡价格为 P_1，均衡数量为 Q_1。需求增加使需求曲线 D_1 向右平移至 D_2 曲线的位置，D_2 曲线与 S 曲线相交于 E_2 点。在均衡点 E_2，均衡价格上升为 P_2，均衡数量增加为 Q_2。相反，需求减少使需求曲线 D_1 向左平移至 D_3 曲线的位置，D_3 曲线与 S 曲线相交于 E_3 点。在均衡点 E_3，均衡价格下降为 P_3，均衡数量减少为 Q_3。

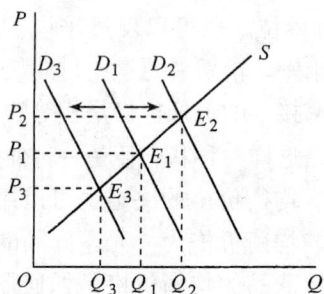

图 2-7　需求的变动对均衡的影响

2. 供给变动的影响

在需求不变的情况下，供给增加会使供给曲线向右平移，从而使得均衡价格下降，均衡数量增加；供给减少会使供给曲线向左平移，从而使得均衡价格上升，均衡数量减少。如图 2-8 所示。

在图2-8中，既定的需求曲线D和最初的供给曲线S_1相交于E_1点。在均衡点E_1的均衡价格和均衡数量分别为P_1和Q_1。供给增加使供给曲线S_1向右平移至S_2曲线的位置，并与D曲线相交于E_2点。在均衡点E_2，均衡价格下降为P_2，均衡数量增加为Q_2。相反，供给减少使供给曲线S_1向左平移至S_3曲线的位置，且与D曲线相交于E_3点。在均衡点E_3，均衡价格上升为P_3，均衡数量减少为Q_3。

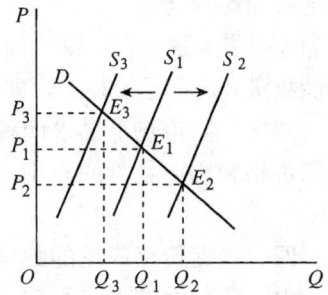

图2-8 供给的变动对均衡的影响

综上所述，可以得到供求定理：**在其他条件不变的情况下，需求变动分别引起均衡价格和均衡数量的同方向变动；供给变动引起均衡价格的反方向变动，引起均衡数量的同方向变动。**

3. 需求和供给同时变动的影响

事实上，市场的需求和供给经常会同时发生变化，这种情况下的均衡价格和均衡数量的变化往往是不明确的，它需要结合供求变化的具体情况来考虑。以图2-9为例，假定由消费者收入水平上升引起的需求增加与由厂商技术进步引起的供给增加同时发生，而且，图2-9（a）、图2-9（b）两分图都同样表示了这种变化：需求的增加使得两分图中的需求曲线都由D_1向右移动到D_2的位置；供给的增加使得两分图中的供给曲线都由S_1向右移动到S_2的位置。最后，我们却发现，图2-9（a）中的均衡价格由P_1上升到P_2，而图2-9（b）中的均衡价格却由P_1下降到P_2。其原因究竟何在呢？

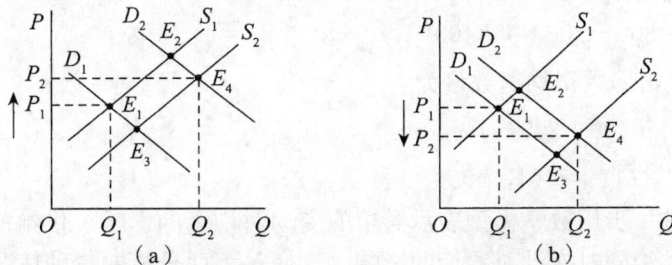

图2-9 需求和供给同时变动对均衡的影响

我们知道，如果仅仅考虑需求增加的影响，那么，市场的均衡价格应该是上升的，正如图2-9（a）、图2-9（b）两分图中的均衡点E_1、E_2所示；如果仅仅考虑供给增加的影响，那么，均衡价格应该是下降的，正如图2-9（a）、图2-9（b）两分图中的均衡点E_1、E_3所示。显然，需求的增加和供给的增加各自对均衡价格产生的作用是相反的。因此，在需求增加与供给增加这两种力量的共同作用下，均衡价格到底是上升还是下降，取决于这两种力量的比较。

仔细观察与比较图2-9（a）、图2-9（b）两分图可以发现，图2-9（a）中需求的增加相对比较大，其效果占主导地位，所以，最终的均衡价格（如均衡点E_1、E_4所示）由P_1上升到P_2。而图2-9（b）中供给的增加相对比较大，其效果占主导地位，所以，最终的均衡价格（如均衡点 E_1、E_4 所示）反而由 P_1 下降到 P_2。① 此外，显而易见的是，无论是需求的增加还是供给的增加，都是商品数量的增加，所以，在图 2-9（a）、图 2-9（b）两分图中，均衡数量必定都是增加的，即都由 Q_1 增加到 Q_2。

总之，当市场上供求两种力量同时发生变化时，需要综合具体情况来分析供求变化对均衡价格和均衡数量的影响。②

四、均衡价格决定的数学模型

由本节前面的内容可知，关于均衡价格决定模型，我们既可以用文字语言的形式来陈述，也可以用几何图形来表示。此外，我们还可以用数学方程组的形式来表示均衡价格决定模型③。下面是一个给定具体需求函数和供给函数条件下的均衡价格模型，我们将以此来计算和分析均衡价格的决定与变动。

假定：$Q^d = 800 - 100P$

$Q^s = -400 + 200P$

$Q^d = Q^s$

求：均衡价格 $\overline{P}$ 和均衡数量 $\overline{Q}$。

解：将供求函数代入均衡条件得：

$$800 - 100P = -400 + 200P$$

解得均衡价格 $\overline{P} = 4$。

将 $\overline{P} = 4$ 代入需求函数得均衡数量为：

$$\overline{Q} = \overline{Q}^d = 800 - 100 \times 4 = 400$$

或将 $\overline{P} = 4$ 代入供给函数得均衡数量为：

$$\overline{Q} = \overline{Q}^s = -400 + 200 \times 4 = 400$$

所以，均衡解 $(\overline{P}, \overline{Q}) = (4, 400)$。

下面，我们进一步用数学模型表示需求的变动对均衡的影响、供给的变动对均衡的影响，以及需求和供给同时变动对均衡的影响。这便是下面分析的三种情况。

第一种情况：需求的变动对均衡的影响。

我们假定：在以上的模型中，供给函数不变，即仍为 $Q^s = -400 + 200P$；需求曲线由于收入水平提高而向右平移，即需求曲线的横截距变大，例如需求函数由原来的 $Q^d = 800 - 100P$ 改变为 $Q^d = 1\,100 - 100P$。于是，根据均衡条件有

$$1\,100 - 100P = -400 + 200P$$

解得：$\overline{P} = 5$，且 $\overline{Q} = 600$。

显然，与原模型相比，收入增加导致的需求增加，不仅使得均衡价格提高，而且使得

---

① 需求的价格弹性和供给的价格弹性的大小，也会对供求同时变化时均衡价格和均衡数量的变动产生影响，在此不再涉及。读者在学习了本章第五节的弹性知识后，可对此问题进行思考分析。

② 感兴趣的读者可以自己作图来分析当需求和供给同时发生变化时对均衡价格和均衡数量影响的其他各种情况。

③ 读者可阅读本书第一章第一节有关经济模型的内容。

均衡数量增加。

第二种情况：供给的变动对均衡的影响。

我们假定：在原模型中，需求函数不变，即仍为 $Q^d = 800 - 100P$；供给曲线由于生产成本的增加而向左平移，即供给曲线的横截距变小，例如供给函数由原来的 $Q^s = -400 + 200P$ 改变为 $Q^s = -700 + 200P$。于是，根据均衡条件有

$$800 - 100P = -700 + 200P$$

解得：$\overline{P} = 5$，且 $\overline{Q} = 300$。

显然，与原模型相比，生产成本上升导致的供给减少，不仅使得均衡价格提高，而且使得均衡数量减少。

第三种情况：需求的变动和供给的变动同时发生对均衡的影响。

假定原模型中的需求和供给同时发生变动，即消费者收入的增加和厂商生产成本的增加同时发生：需求函数变为 $Q^d = 1\,100 - 100P$，且供给函数变为 $Q^s = -700 + 200P$。于是，根据均衡条件有

$$1\,100 - 100P = -700 + 200P$$

解得：$\overline{P} = 6$，且 $\overline{Q} = 500$。

比较以上三种情况可见，在第一种情况中，只考虑消费者收入增加导致的需求增加，则均衡价格上升为5；在第二种情况中，只考虑厂商生产成本增加导致的供给减少，则均衡价格也上升为5。而在第三种情况中，在以上需求的增加和供给的减少这两种力量同时发生作用时，则均衡价格上升到一个更高的水平，为6。

在以上均衡价格数学模型的分析中，在既定的需求函数和供给函数的条件下，求解均衡价格和均衡数量，这属于静态分析。当消费者收入增加、厂商生产成本增加导致模型的外生变量发生变化时，求解相应的内生变量即均衡价格和均衡数量，并对不同条件下的均衡状态进行比较分析，这便属于比较静态分析。

五、价格与资源配置

本章至此介绍了竞争性市场的需求、供给和均衡价格的基本原理。这些基本原理对于我们分析和思考现实的市场经济活动很有用。在实际的市场经济中，需求和供给共同决定了各种商品的价格；价格影响着每个消费者和生产者的决策行为，价格是引导资源配置的信号。

我们知道，稀缺资源的有效配置是经济学研究的中心问题。在市场经济中，价格机制对资源配置发挥着重要作用。譬如，对于消费者来说，通过对各种商品价格的比较，理性地决定不同商品的购买数量，并且根据商品价格的变化及时调整商品的购买组合，从而在有限的收入条件下获得尽可能大的效用。对于生产者来说，当产品的市场价格较高且有利润时，生产者就有激励增加该产品的产量；相反，当产品的市场价格较低且有亏损时，生产者就会减少该产品的产量。正是价格这一信号自发地引导着经济个体的行为和经济社会的资源配置。

对于一个经济社会来说，在竞争性商品市场上，无数的买者和卖者各自追求个人利益的经济决策是分散的，而价格机制协调与引导着市场趋向需求量和供给量相等的均衡状态，实现稀缺资源的有效配置。

至于市场经济中价格机制对资源配置的重要作用，本书将进行系统的阐述。

（专栏 2 - 1 "羊肉价格的上涨"，请读者扫描本书封面二维码获取。）

（专栏 2 - 2 "2014 年国际石油价格的暴跌"，请读者扫描本书封面二维码获取。）

第五节　需求弹性和供给弹性

一、弹性的一般含义

我们已经知道，当一种商品的价格发生变化时，这种商品的需求数量会发生变化。除此之外，当消费者的收入水平或者相关商品的价格等其他因素发生变化时，这种商品的需求数量也会发生变化。同样地，当一种商品的价格发生变化，或者这种商品的生产成本等其他因素发生变化时，这种商品的供给数量会发生变化。由此，我们会很自然地想知道，譬如，当一种商品的价格下降 1% 时，这种商品的需求量和供给量究竟分别会上升和下降多少？又如，当消费者的收入水平上升 1% 时，商品的需求量究竟增加了多少？等等。弹性概念就是专门为解决这一类问题而设立的。

弹性概念在经济学中得到了广泛的应用。一般说来，只要两个经济变量之间存在函数关系，我们就可用弹性来表示因变量对自变量变化的反应敏感程度。具体地说，它是这样一个数字，它告诉我们，当一个经济变量发生 1% 的变动时，由它引起的另一个经济变量变动的百分比。例如，弹性可以表示当一种商品的价格上升 1% 时，相应的需求量变化的百分比具体是多少。

在经济学中，弹性的一般公式为：

$$弹性系数 = \frac{因变量的变动比例}{自变量的变动比例}$$

设两个经济变量之间的函数关系为 $Y = f(X)$，则弹性的一般公式还可以表示为：

$$e = \frac{\frac{\Delta Y}{Y}}{\frac{\Delta X}{X}} = \frac{\Delta Y}{\Delta X} \cdot \frac{X}{Y} \tag{2.5}$$

式中，e 为弹性系数；ΔX、ΔY 分别为变量 X、Y 的变动量。该式表示：当自变量 X 变化百分之一时，因变量 Y 变化百分之几。

若经济变量的变化量趋于无穷小，即：当（2.5）式中的 $\Delta X \to 0$ 且 $\Delta Y \to 0$ 时，则弹性公式为：

$$e = \lim_{\Delta X \to 0} \frac{\frac{\Delta Y}{Y}}{\frac{\Delta X}{X}} = \frac{\frac{dY}{Y}}{\frac{dX}{X}} = \frac{dY}{dX} \cdot \frac{X}{Y} \tag{2.6}$$

通常将（2.5）式称为**弧弹性**公式，将（2.6）式称为**点弹性**公式。

需要指出的是，由弹性的定义公式可以清楚地看到，弹性是两个变量各自变化比例的一个比值，所以，弹性是一个具体的数字，它与自变量和因变量的度量单位无关。

本节将以需求的价格弹性为重点，考察与需求和供给有关的几个弹性概念。

二、需求的价格弹性的含义

需求方面的弹性主要包括需求的价格弹性、需求的交叉价格弹性和需求的收入弹性。其中，需求的价格弹性又被简称为需求弹性。下面将详细考察需求的价格弹性。

需求的价格弹性表示在一定时期内一种商品的需求量变动对于该商品的价格变动的反应程度。或者说，它表示在一定时期内一种商品的价格变化百分之一时所引起的该商品的需求量变化的百分比。其公式为：

$$需求的价格弹性系数 = -\frac{需求量变动率}{价格变动率}①$$

需求的价格弹性可以分为弧弹性和点弹性。

需求的价格弧弹性表示某商品需求曲线上两点之间的需求量的变动对于价格的变动的反应程度。简单地说，它表示需求曲线上两点之间的弹性。假定需求函数为 $Q = f(P)$，ΔQ 和 ΔP 分别表示需求量的变动量和价格的变动量，以 e_d 表示需求的价格弹性系数，则需求的价格弧弹性的公式为：

$$e_d = -\frac{\frac{\Delta Q}{Q}}{\frac{\Delta P}{P}} = -\frac{\Delta Q}{\Delta P} \cdot \frac{P}{Q} \tag{2.7}$$

在通常情况下，由于商品的需求量和价格是呈反方向变动的，即 $\frac{\Delta Q}{\Delta P}$ 为负值，所以，为了便于比较，就在（2.7）式中加了一个负号，以使需求的价格弹性系数 e_d 取正值。

当需求曲线上两点之间的变化量趋于无穷小时，需求的价格弹性要用点弹性来表示。也就是说，它表示需求曲线上某一点的需求量变动对于价格变动的反应程度。在（2.7）式的基础上，需求的价格点弹性的公式为：

$$e_d = \lim_{\Delta P \to 0} -\frac{\Delta Q}{\Delta P} \cdot \frac{P}{Q} = -\frac{dQ}{dP} \cdot \frac{P}{Q} \tag{2.8}$$

比较（2.7）式和（2.8）式可见，需求的价格弧弹性和点弹性的本质是相同的。它们的区别仅在于：前者表示需求曲线上两点之间价格变动时的弹性，而后者表示在需求曲线的某一点上价格变动量无穷小时的弹性。

三、需求的价格弹性：弧弹性

1. 需求的价格弧弹性的计算

图 2-10 是需求函数 $Q^d = 2\,400 - 400P$ 的几

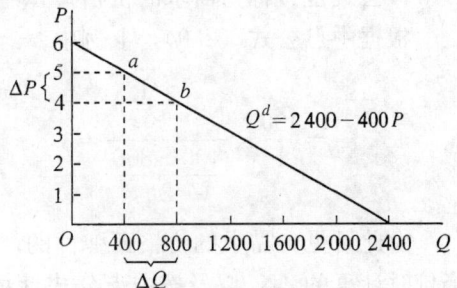

图 2-10　需求的价格弧弹性

---

① 关于公式中的负号，会在下面对（2.7）式的解释中得到说明。

何图形。

图中需求曲线上 a、b 两点的价格分别为 5 和 4，相应的需求量分别为 400 和 800。当商品的价格由 5 下降为 4 时，或者当商品的价格由 4 上升为 5 时，应该如何计算相应的弧弹性值呢？根据（2.7）式，相应的弧弹性分别计算如下。

由 a 点到 b 点（即降价时）：

$$e_d = -\frac{\Delta Q}{\Delta P} \cdot \frac{P}{Q} = -\frac{Q_b - Q_a}{P_b - P_a} \cdot \frac{P_a}{Q_a} = -\frac{800 - 400}{4 - 5} \times \frac{5}{400} = 5$$

由 b 点到 a 点（即涨价时）：

$$e_d = -\frac{\Delta Q}{\Delta P} \cdot \frac{P}{Q} = -\frac{Q_a - Q_b}{P_a - P_b} \cdot \frac{P_b}{Q_b} = -\frac{400 - 800}{5 - 4} \times \frac{4}{800} = 2$$

显然，由 a 点到 b 点和由 b 点到 a 点的弧弹性系数值是不相同的。其原因在于：尽管在上面两个计算中，ΔQ 和 ΔP 的绝对值都相等，但由于 P 和 Q 所取的基数值不相同，所以，两种计算结果便不相同。这样一来，在需求曲线的同一条弧上，涨价和降价产生的需求的价格弹性系数值便不相等。所以，要根据涨价和降价的具体情况，来求得不同的 e_d 值。

但是，如果仅仅是一般地计算需求曲线上某一段的需求的价格弧弹性，而不是具体地强调这种需求的价格弧弹性是作为涨价还是降价的结果，则为了避免不同的计算结果带来的不便，一般通常取两点价格的平均值 $\left(\frac{P_1 + P_2}{2}\right)$ 和两点需求量的平均值 $\left(\frac{Q_1 + Q_2}{2}\right)$ 来分别代替（2.7）式中的 P 值和 Q 值，因此，需求的价格弧弹性计算公式（2.7）又可以写为：

$$e_d = -\frac{\Delta Q}{\Delta P} \cdot \frac{\dfrac{P_1 + P_2}{2}}{\dfrac{Q_1 + Q_2}{2}} \tag{2.9}$$

该公式也被称为需求的价格弧弹性的中点公式。

根据中点公式（2.9），上例中 a、b 两点间的需求的价格弧弹性为：

$$e_d = \frac{400}{1} \times \frac{\dfrac{5 + 4}{2}}{\dfrac{400 + 800}{2}} = 3$$

由此可见，需求的价格弧弹性的计算可以有三种情况，它们分别是涨价时计算的 e_d、降价时计算的 e_d，以及按中点公式计算的 e_d。至于到底应该采用哪一种计算方法，需要视具体情况和需要而定。

2. 需求的价格弧弹性的五种类型

我们已经知道，需求的价格弹性是告诉我们，当商品的价格变动 1％时，需求量的变动究竟有多大的百分比。于是，我们完全可以设想：在商品的价格变化 1％的前提下，需求量的变化率可能大于 1%，这时有 $e_d > 1$；需求量的变化率也可能小于 1%，这时有 $e_d < 1$；需求量的变化率也可能恰好等于 1%，这时有 $e_d = 1$。进一步讲，由于 $e_d > 1$ 表示需求量的变动率大于价格的变动率，即需求量对于价格变动的反应是比较敏感的，所以，$e_d > 1$ 被称为**富有弹性**。由于 $e_d < 1$ 表示需求量的变动率小于价格的变动率，即需求量对于价格变动的反应欠敏感，所以，$e_d < 1$ 被称为**缺乏弹性**。$e_d = 1$ 是一种巧合的情况，它表示需求量和价格的变动率刚好相等。$e_d = 1$ 被称为**单一弹性或单位弹性**。以上这三种类型的需求的价格弧弹性分别如图 2-11（a）、图 2-11（b）和图 2-11（c）所示。

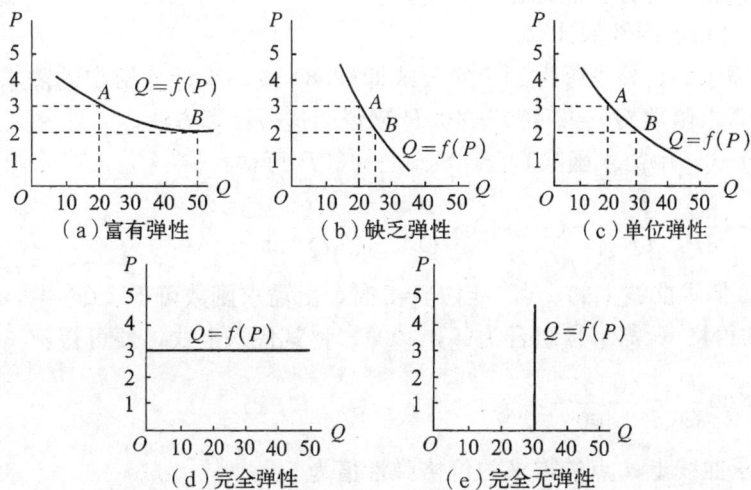

图 2-11 需求的价格弧弹性的五种类型

读者可以根据需求的价格弧弹性的中点公式（2.9），计算出图 2-11（a）、图 2-11（b）和图 2-11（c）中每条需求曲线 A、B 两点之间的需求的价格弧弹性系数值顺次大约为 2.1、0.6 和 1，也就是说，它们顺次是 $e_d > 1$、$e_d < 1$ 和 $e_d = 1$。

比较图 2-11（a）和图 2-11（b）可以看出，就需求的价格弧弹性而言，富有弹性的需求曲线相对比较平坦，缺乏弹性的需求曲线相对比较陡峭。但是，特别需要引起注意的是，尽管在经济学中，往往把富有弹性的需求绘制成一条相对平坦的曲线和把缺乏弹性的需求绘制成一条相对陡峭的曲线已成为一种习惯，这种绘制方法通常也是可行的，但是，在有些场合，这种绘制方法便会成为一种不好的甚至错误的方法。譬如，在图 2-11（a）中横轴上每 0.5 厘米的刻度由 10、20、30、40、50 改为 11、12、13、14、15 以后，平坦的需求曲线就是缺乏弹性的了。所以在使用这种绘制方法时必须十分小心。关于这一点，在以后分析需求曲线的斜率和需求的价格点弹性的关系时，会得到进一步的说明。

再看图 2-11（d）和图 2-11（e）。图 2-11（d）中需求曲线为一条水平线。水平的需求曲线表示在既定的价格水平（如图中的 $P = 3$）需求量是无限的。从需求的价格弹性的角度看，对于水平的需求曲线来说，只要价格有一个微小的上升，就会使无穷大的需求量一下子减少为零。也就是说，相对于无穷小的价格变化率，需求量的变化率是无穷大的，即有 $e_d = \infty$，这种情况被称为**完全弹性**。图 2-11（e）中的需求曲线是一条垂直线。垂直的需求曲线表示相对于任何价格水平需求量都是固定不变的（如图中总是有 $Q = 30$）。

从需求的价格弹性的角度看，对于垂直的需求曲线来说，无论价格如何变化，需求量的变化量总是为零，即有 $e_d=0$，这种情况被称为**完全无弹性**。

利用图 2-11 以弧弹性为例分析的需求弹性的五种情况，是区分需求弹性大小的五种基本类型。在需求的价格点弹性的事例中，这五种基本类型也同样存在。下面的分析会说明这一点。

最后，需要指出，这五种基本类型也适用于其他任何一个具体的弹性概念。

四、需求的价格弹性：点弹性

1. 需求的价格点弹性的计算

可以利用需求的价格点弹性的定义公式即(2.8)式，来计算给定的需求曲线上某一点的弹性。仍用需求函数 $Q^d=2\,400-400P$ 来说明这一计算方法。

根据(2.8)式，由需求函数 $Q^d=2\,400-400P$ 可得：

$$e_d=-\frac{\mathrm{d}Q}{\mathrm{d}P}\cdot\frac{P}{Q}=-(-400)\cdot\frac{P}{Q}=400\frac{P}{Q}$$

在图 2-10 需求曲线上的 a 点，当 $P=5$ 时，由需求函数可得：$Q^d=2\,400-400\times5=400$，即相应的价格—需求量组合为(5，400)。将其代入上式，便可得：

$$e_d=400\frac{P}{Q}=\frac{400\times5}{400}=5$$

即图 2-10 需求曲线上 a 点的需求的价格弹性值为 5。

同样地，在图 2-10 需求曲线上的 b 点，当 $P=4$ 时，由需求函数可得 $Q^d=2\,400-400\times4=800$，即相应的价格—需求量组合为(4，800)，于是有：

$$e_d=400\frac{P}{Q}=\frac{400\times4}{800}=2$$

即图 2-10 中需求曲线上 b 点的需求的价格弹性值为 2。

除此之外，还可以根据需求的价格点弹性的几何意义来计算相应的点弹性值。

2. 需求的价格点弹性的几何意义

下面，我们分别从线性需求曲线和非线性需求曲线的不同角度，来分析需求的价格点弹性的几何意义。

先考虑线性需求曲线的点弹性。用图 2-12 来说明。

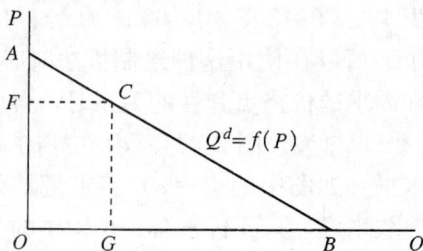

图 2-12　线性需求曲线的点弹性

在图中，线性需求曲线分别与纵坐标轴和横坐标轴相交于 A、B 两点，令 C 点为该需求曲线上的任意一点。从几何意义看，根据点弹性的定义，C 点的需求的价格弹性可以表示为：

$$e_d = -\frac{\mathrm{d}Q}{\mathrm{d}P} \cdot \frac{P}{Q} = \frac{GB}{CG} \cdot \frac{CG}{OG} = \frac{GB}{OG} = \frac{CB}{AC} = \frac{FO}{AF} \tag{2.10}$$

由此可得出这样一个结论：线性需求曲线上的任何一点的弹性，都可以通过由该点出发向价格轴或数量轴引垂线的方法来求得。具体地，在图 2-10 的例子中，线性需求曲线上 a、b 两点的弹性值可按以下方法来分别计算。

在 a 点：

由 a 点向数量轴作垂线，再根据 (2.10) 式中的 $e_d = \dfrac{GB}{OG}$，可得 $e_d = \dfrac{2\,000}{400} = 5$。

或者，由 a 点向价格轴作垂线，再根据 (2.10) 式中的 $e_d = \dfrac{FO}{AF}$，可得 $e_d = \dfrac{5}{1} = 5$。

类似地，在 b 点：

$$e_d = \frac{1\,600}{800} = 2 \qquad 或者 \qquad e_d = \frac{4}{2} = 2$$

对比一下，可以发现，在此用几何方法计算出的 a、b 两点的弹性值与前面直接用点弹性定义公式计算出的弹性值是相同的。

显然，线性需求曲线上的点弹性有一个基本特征：在线性需求曲线上的点的位置越高，相应的点弹性系数值就越大；相反，位置越低，相应的点弹性系数值就越小。这一特征在图 2-13（a）中得到了充分的体现。在图 2-13（a）中，随着需求曲线上的点的位置由最低的 A 点逐步上升到最高的 E 点，相应的点弹性由 $e_d = 0$ 逐步增加到 $e_d = \infty$。具体地分析，在该线性需求曲线的中点 C，有 $e_d = 1$，因为 $CA = EC$。在中点以下部分的任意一点如 B 点，有 $e_d < 1$，因为 $BA < EB$。在中点以上部分的任意一点如 D 点，有 $e_d > 1$，因为 $DA > ED$。在线性需求曲线的两个端点，即需求曲线与数量轴和价格轴的交点 A 点和 E 点，则分别有 $e_d = 0$ 和 $e_d = \infty$。可见，向右下方倾斜的线性需求曲线上每一点的弹性都是不相等的。这一结论对于除了即将要说明的两种特殊形状的线性需求曲线以外的所有线性需求曲线都是适用的。

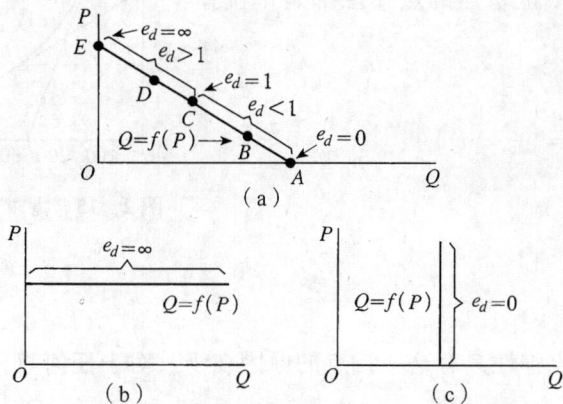

图 2-13 线性需求曲线点弹性的五种类型

在图 2-13（b）和图 2-13（c）中各有一条特殊形状的线性需求曲线。图 2-13（b）中一条水平的需求曲线上的每一点的点弹性均为无穷大，即 $e_d=\infty$。图 2-13（c）中一条垂直的需求曲线上的每一点的点弹性均为零，即 $e_d=0$。可见，对于线性需求曲线上每一点的点弹性都不相等的结论来说，水平的和垂直的需求曲线是两种例外。

再考虑非线性需求曲线的点弹性。用图 2-14 来说明。

关于非线性需求曲线上的任何一点的弹性的几何意义，可以先过该点作需求曲线的切线，然后用与推导线性需求曲线的点弹性的几何意义类似的方法来得到。具体地，为了计算图中非线性需求曲线上 C、F 两点的弹性值，先过 C、F 两点分别作两条切线，各自交 P 轴和 Q 轴于 A、B 点和 A'、B' 点。再从 C、F 两点出发向 Q 轴引垂线，各自交 Q 轴于 G、H 两点。读者可以依据与图 2-12 中类似的推导方法，自己证明：

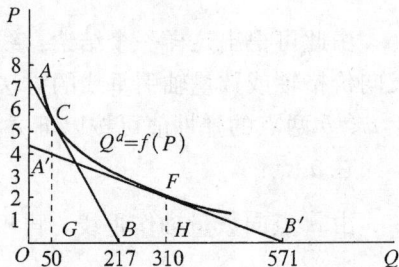

图 2-14　非线性需求曲线的点弹性

在 C 点有：

$$e_d=\frac{GB}{OG}=\frac{167}{50}=3.34$$

在 F 点有：

$$e_d=\frac{HB'}{OH}=\frac{261}{310}\approx0.84$$

当然，也可以通过 C、F 两点分别向 P 轴引垂线的方法，来分别求得 C、F 两点的需求点弹性。在此从略。

显然，就非线性需求曲线而言，曲线的不同形状和曲线上的点的位置不同，都会影响需求点弹性系数值的大小。

在非线性需求曲线中，直角双曲线的点弹性是很有特点的。那就是曲线上的每点都有 $e_d=1$。在图 2-15 中，需求函数 $Q=\dfrac{500}{P}$ 的几何图形是一条直角双曲线，曲线上每点的点弹性都是单位弹性 $e_d=1$。例如，

在 a 点：

$$e_d=\frac{250-125}{125}=1$$

在 b 点：

$$e_d=\frac{500-250}{250}=1$$

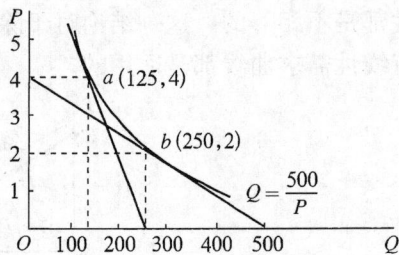

图 2-15　需求直角双曲线的点弹性

如此等等。

需求直角双曲线的点弹性具有这一特点的原因在于：对于任何直角双曲线的需求函数 $Q=\dfrac{K}{P}$（其中，K 为大于零的常数）来说，不管价格的变化率是多少，需求量总是以相同

的比率呈反方向变化，从而使得需求曲线上每点的点弹性系数 $-\dfrac{\dfrac{\mathrm{d}Q}{Q}}{\dfrac{\mathrm{d}P}{P}}$ 的值均为 1。[①]

最后，要注意的是，在考察需求的价格弹性问题时，需求曲线的斜率和需求的价格弹性是两个紧密联系却又不相同的概念，必须严格加以区分。

首先，经济学使用弹性而不是曲线的斜率来衡量因变量对自变量反应的敏感程度，由于弹性没有度量单位，所以，弹性之间大小的比较很方便。不同的是，斜率是可以有度量单位的，例如，草莓的价格变化（以人民币元计）所引起的草莓需求量的变化（以千克计），等等。此外，不同的物品往往又会使用不同的计量单位。所以，为了比较弹性数值的大小，度量单位的消除是很有必要的。其次，由前面对需求的价格点弹性的分析可以清楚地看到，需求曲线在某一点的斜率为 $\dfrac{\mathrm{d}P}{\mathrm{d}Q}$。而根据需求的价格点弹性的计算公式，需求的价格点弹性不仅取决于需求曲线在该点的斜率的倒数值 $\dfrac{\mathrm{d}Q}{\mathrm{d}P}$，还取决于该点的价格—需求量的比值 $\dfrac{P}{Q}$。所以，这两个概念虽有联系，但区别也是很明显的。这种区别在图 2-13（a）中得到了充分体现：图中线性需求曲线上每点的斜率都是相等的，但每点的点弹性值都是不相等的。

由此可见，直接把需求曲线的斜率和需求的价格弹性等同起来是错误的。严格区分这两个概念，不仅对于线性需求曲线的点弹性来说，而且对于任何形状的需求曲线的弧弹性和点弹性来说，都是有必要的。[②]

五、需求的价格弹性和厂商的销售收入

在实际的经济生活中会发生这样一些现象：有的厂商提高自己的产品价格，能使自己的销售收入得到提高，而有的厂商提高自己的产品价格，却反而使自己的销售收入降低了。这意味着，以降价促销来增加销售收入的做法，对有的产品适用，对有的产品却不适用。如何解释这些现象呢？这便涉及商品的需求的价格弹性的大小和厂商的销售收入两者之间的相互关系。

我们知道，厂商的销售收入等于商品的价格乘以商品的销售量。在此假定厂商的商品销售量等于市场上对其商品的需求量。这样，厂商的销售收入就又可以表示为商品的价格乘以商品的需求量，即厂商销售收入 $=P \cdot Q$，其中，P 表示商品的价格，Q 表示商品的销售量即需求量。

前面已经讲过，商品的需求的价格弹性表示商品需求量的变化率对于商品价格的变化率的反应程度。这意味着，当一种商品的价格 P 发生变化时，这种商品需求量 Q 的变化

[①] 读者可以证明，根据弧弹性的中点公式（2.9），也可以得出直角双曲线的需求函数的弧弹性均为 $e_d=1$。

[②] 从广泛的意义上说，凡是考察具有函数关系的两个经济变量之间的弹性时，严格区分该函数的斜率和弹性这两个概念都是有必要的。

情况，进而提供这种商品的厂商的销售收入 $P \cdot Q$ 的变化情况，将必然取决于该商品的需求的价格弹性的大小。所以，在商品的需求价格弹性和提供该商品的厂商的销售收入之间存在着密切的关系。这种关系可归纳为以下三种情况。

第一种情况：对于 $e_d > 1$ 的富有弹性的商品，降低价格会增加厂商的销售收入；相反，提高价格会减少厂商的销售收入，即厂商的销售收入与商品的价格呈反方向变动。这是因为，当 $e_d > 1$ 时，厂商降价所引起的需求量的增加率大于价格的下降率。这意味着价格下降所造成的销售收入的减少量必定小于需求量增加所带来的销售收入的增加量。所以，降价最终带来的销售收入 $P \cdot Q$ 值是增加的。相反，在厂商提价时，最终带来的销售收入 $P \cdot Q$ 值是减少的。这种情况如图 2-16（a）所示。

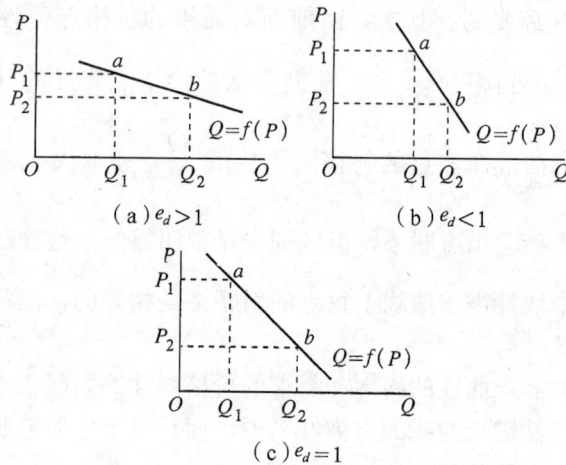

图 2-16　需求弹性与销售收入

图 2-16（a）中需求曲线上 a、b 两点之间的需求是富有弹性的，两点之间的价格变动率引起一个较大的需求量的变动率。具体地看，当价格为 P_1，需求量为 Q_1 时，销售收入 $P \cdot Q$ 相当于矩形 OP_1aQ_1 的面积；当价格为 P_2，需求量为 Q_2 时，销售收入 $P \cdot Q$ 相当于矩形 OP_2bQ_2 的面积。显然，前者面积小于后者面积。这就是说，若厂商从 a 点运动到 b 点，则降价会使销售收入增加；若从 b 点运动到 a 点，则提价会使销售收入减少。

可以具体举例说明这种情况。假设某商品的 $e_d = 2$。开始时，商品的价格为 10 元，需求量是 100，厂商的销售收入＝10 元×100＝1 000 元。当商品的价格上升 1%，即价格为 10.10 元时，由于 $e_d = 2$，所以，相应的需求量的下降率为 2%，即需求量下降为 98，厂商的销售收入＝10.10 元×98＝989.80 元。显然，厂商提价后的销售收入反而下降了。

第二种情况：对于 $e_d < 1$ 的缺乏弹性的商品，降低价格会使厂商的销售收入减少；相反，提高价格会使厂商的销售收入增加，即销售收入与商品的价格呈同方向变动。其原因在于：当 $e_d < 1$ 时，厂商降价所引起的需求量的增加率小于价格的下降率。这意味着需求量增加所带来的销售收入的增加量并不能全部抵消价格下降所造成的销售收入的减少量。所以，降价最终使销售收入 $P \cdot Q$ 值减少。相反，在厂商提价时，最终带来的销售收入 $P \cdot Q$ 值是增加的。用图 2-16（b）来说明这种情况。图中需求曲线上 a、b 两点之间的

需求是缺乏弹性的，两点之间的价格变动率引起一个较小的需求量的变动率。价格分别为 P_1 和 P_2 时，销售收入分别为矩形 OP_1aQ_1 的面积和矩形 OP_2bQ_2 的面积，且前者面积大于后者面积。这就是说，当厂商降价，即由 a 点运动到 b 点时，销售收入是减少的；相反，当厂商提价，即由 b 点运动到 a 点时，销售收入是增加的。

第三种情况：**对于 $e_d = 1$ 的具有单位弹性的商品，降低价格或提高价格对厂商的销售收入都没有影响。** 这是因为，当 $e_d = 1$ 时，厂商变动价格所引起的需求量的变动率和价格的变动率是相等的。这样一来，由价格变动所造成的销售收入的增加量或减少量刚好等于由需求量变动所带来的销售收入的减少量或增加量，所以，无论厂商是降价还是提价，销售收入 $P \cdot Q$ 值都是固定不变的。如图 2－16（c）所示。图中需求曲线上 a、b 两点之间的需求弹性为单位弹性。价格为 P_1 时的销售收入即矩形 OP_1aQ_1 的面积等于价格为 P_2 时的销售收入即矩形 OP_2bQ_2 的面积。显然，不管厂商是因降价由 a 点运动到 b 点，还是因提价由 b 点运动到 a 点，其销售收入量都是不变的。

读者可以自己举出具体数字例子，分别说明第二种和第三种情况。

以上三种情况都是以需求的弧弹性为例进行分析的。事实上，经数学证明，对这三种情况分析所得到的结论，对需求的点弹性也是适用的。[①]

与以上三种情况相对应，在西方经济学中，也可以根据商品的价格变化所引起的厂商的销售收入的变化，来判断商品的需求的价格弹性的大小。如果某商品价格变化引起厂商销售收入反方向的变化，则该商品是富有弹性的。如果某商品价格变化引起厂商销售收入同方向的变化，则该商品是缺乏弹性的。如果厂商的销售收入不随商品价格的变化而变化，则该商品具有单位弹性。

将 $e_d = \infty$ 和 $e_d = 0$ 的两种特殊情况考虑在内，商品的需求的价格弹性和厂商的销售收入之间的综合关系如表 2－4 所示。

表 2－4　　　　　　　　　　需求的价格弹性和厂商的销售收入

销售收入　弹性　价格	$e_d > 1$	$e_d = 1$	$e_d < 1$	$e_d = 0$	$e_d = \infty$
降价	增加	不变	减少	同比例于价格的下降而减少	在既定价格下，收益可以无限增加，因此，厂商不会降价
涨价	减少	不变	增加	同比例于价格的上升而增加	收益会减少为零

最后，再指出一点，因为厂商的销售收入就等于消费者的购买支出，所以，以上关于

---

① 假定需求函数为 $Q = f(P)$，于是，厂商的销售收入为 $P \cdot Q = P \cdot Q(P)$，进一步可以得到以下式子：
$$\frac{\mathrm{d}(P \cdot Q)}{\mathrm{d}P} = Q + P \cdot \frac{\mathrm{d}Q}{\mathrm{d}P} = Q\left(1 + \frac{P}{Q} \cdot \frac{\mathrm{d}Q}{\mathrm{d}P}\right) = Q(1 - e_d)$$
由上式可得：当 $e_d \lessgtr 1$ 时，有 $\frac{\mathrm{d}(P \cdot Q)}{\mathrm{d}P} \gtrless 0$。

需求的价格弹性和厂商的销售收入之间关系的分析和结论，对于需求的价格弹性和消费者的购买支出之间的关系同样适用。

六、影响需求的价格弹性的因素

影响需求的价格弹性的因素有很多，其中主要有以下几个。

第一，**商品的可替代性**。一般说来，一种商品的可替代品越多，相近程度越高，则该商品的需求的价格弹性往往就越大；相反，该商品的需求的价格弹性往往就越小。例如，在苹果市场，当国光苹果的价格上升时，消费者就会减少对国光苹果的需求量，增加对相近的替代品如香蕉苹果的购买。这样，国光苹果的需求弹性就比较大。又如，对于食盐来说，没有很好的可替代品，加之食盐又是生活必需品，所以，食盐价格的变化所引起的需求量的变化几乎等于零，它的需求的价格弹性是极其微小的。

对一种商品所下的定义越明确、越狭窄，这种商品的相近的替代品往往就越多，需求的价格弹性也就越大。譬如，某种特定商标的豆沙馅面包的需求要比一般的甜馅面包的需求更有弹性，甜馅面包的需求又比一般的面包的需求更有弹性，而面包的需求的价格弹性比一般的面粉制品的需求的价格弹性又要大得多。

第二，**商品用途的广泛性**。一般说来，一种商品的用途越是广泛，它的需求的价格弹性就可能越大；相反，用途越是狭窄，它的需求的价格弹性就可能越小。这是因为，如果一种商品具有多种用途，当它的价格较高时，消费者只购买较少的数量用于最重要的用途上。当它的价格逐步下降时，消费者的购买量就会逐渐增加，将商品越来越多地用于其他的各种用途上。

第三，**商品对消费者生活的重要程度**。一般说来，生活必需品的需求的价格弹性较小，非必需品的需求的价格弹性较大。例如，面粉的需求的价格弹性较小，电影票的需求的价格弹性较大。

第四，**商品的消费支出在消费者预算总支出中所占的比重**。消费者在某商品上的消费支出在预算总支出中所占的比重越大，该商品的需求的价格弹性可能就越大；反之，则越小。例如，火柴、盐、铅笔、肥皂等商品的需求的价格弹性就是比较小的。这是因为，消费者每月在这些商品上的支出是很小的，消费者往往不太重视这类商品价格的变化。

第五，**所考察的消费者调节需求量的时间**。一般说来，所考察的调节时间越长，则需求的价格弹性可能就越大。这是因为，在消费者决定减少或停止对价格上升的某种商品的购买之前，他一般需要花费时间去寻找和了解该商品的替代品。例如，当石油价格上升时，消费者在短期内通常不会较大幅度地减少石油需求量。但设想在长期内，消费者可能找到替代品，于是，石油价格上升会导致石油的需求量较大幅度地下降。

需要指出，一种商品需求的价格弹性的大小是各种影响因素综合作用的结果。所以，在分析一种商品的需求的价格弹性的大小时，要根据具体情况进行全面的综合分析。

（专栏 2-3 "春节期间商家的降价与提价"，请读者扫描本书封面二维码获取。）

七、弹性概念的扩大

根据本节一开始给出的弹性概念的一般公式可知，在任何两个具有函数关系的经济变量之间都可以建立弹性，以研究这两个经济变量变动的相互影响。在西方经济学中有许多弹性，下面将先后考察供给的价格弹性、需求的交叉价格弹性和需求的收入弹性。

1. 供给的价格弹性

在西方经济学中，供给方面的弹性包括供给的价格弹性、供给的交叉价格弹性和供给的预期价格弹性等。在此考察的是供给的价格弹性，它通常被简称为供给弹性。

供给的价格弹性表示在一定时期内一种商品的供给量变动对于该商品价格变动的反应程度。或者说，它表示在一定时期内一种商品的价格变化百分之一时所引起的该商品供给量变化的百分比。它是商品的供给量变动率与价格变动率之比。

与需求的价格弹性一样，供给的价格弹性也分为弧弹性和点弹性。

供给的价格弧弹性表示某商品供给曲线上两点之间的弹性。供给的价格点弹性表示某商品供给曲线上某一点的弹性。假定供给函数为 $Q = f(P)$，以 e_s 表示供给的价格弹性系数，则供给的价格弧弹性的公式为：

$$e_s = \frac{\frac{\Delta Q}{Q}}{\frac{\Delta P}{P}} = \frac{\Delta Q}{\Delta P} \cdot \frac{P}{Q} \tag{2.11}$$

供给的价格点弹性的公式为：

$$e_s = \lim_{\Delta P \to 0} \frac{\Delta Q}{\Delta P} \cdot \frac{P}{Q} = \frac{\mathrm{d}Q}{\mathrm{d}P} \cdot \frac{P}{Q} \tag{2.12}$$

在通常情况下，商品的供给量和商品的价格是呈同方向变动的，供给量的变化量和价格的变化量的符号是相同的。所以，在上面两个公式中，$\frac{\Delta Q}{\Delta P}$ 和 $\frac{\mathrm{d}Q}{\mathrm{d}P}$ 两项均大于零，作为计算结果的 e_s 为正值。

供给的价格弹性根据 e_s 值的大小也分为五种类型。$e_s > 1$ 表示富有弹性；$e_s < 1$ 表示缺乏弹性；$e_s = 1$ 表示单一弹性或单位弹性；$e_s = \infty$ 表示完全弹性；$e_s = 0$ 表示完全无弹性。[①]

供给的价格弹性的计算方法和需求的价格弹性是类似的。给定具体的供给函数，则可以根据要求，由(2.11)式求出价格上升或价格下降时的供给的价格弧弹性，也可以由中点公式一般地求出供给的价格弧弹性。供给的价格弧弹性的中点公式为：

$$e_s = \frac{\Delta Q}{\Delta P} \cdot \frac{\frac{P_1 + P_2}{2}}{\frac{Q_1 + Q_2}{2}} \tag{2.13}$$

供给的价格点弹性可以直接用(2.12)式求出。

供给的价格点弹性也可以用几何方法来求得。在此，利用图 2-17 以线性供给函数为例加以说明。图 2-17 是线性供给函数 $Q^s = -2\,000 + 1\,000P$ 的几何图形。

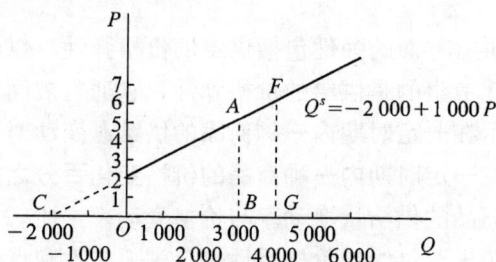

图 2-17　线性供给曲线的点弹性（一）

根据(2.12)式，供给曲线上 A 点的点弹性为：

$$e_s = \frac{\mathrm{d}Q}{\mathrm{d}P} \cdot \frac{P}{Q} = \frac{CB}{AB} \cdot \frac{AB}{OB} = \frac{CB}{OB} = \frac{5\,000}{3\,000} \approx 1.67$$

同理，在 F 点有：

$$e_s = \frac{CG}{OG} = \frac{6\,000}{4\,000} = 1.5$$

从线性供给曲线的点弹性的几何意义出发，可以进一步找出线性供给曲线点弹性的有关规律。如图 2-18 所示。

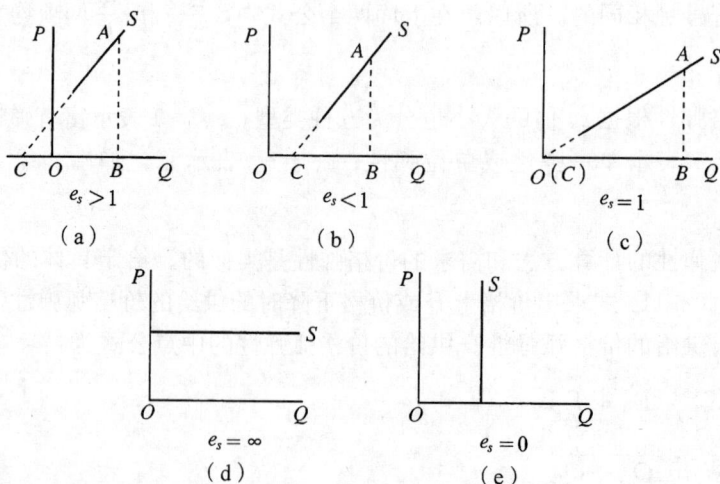

图 2-18　线性供给曲线的点弹性（二）

图 2-18(a) 线性供给曲线上的所有点弹性均大于1。例如在 A 点，因为 $CB > OB$，所以 $e_s > 1$。图 2-18(b) 线性供给曲线上的所有点弹性均小于1。例如在 A 点，因为 $CB < OB$，所以 $e_s < 1$。图 2-18(c) 线性供给曲线上的所有点弹性均为1。例如在 A 点，因为 $CB = OB$，所以 $e_s = 1$。

46

由此可以得出这样的规律：若线性供给曲线的延长线与坐标横轴的交点（如图 2-18 中的 C 点）位于坐标原点的左边，则该供给曲线上任何一点的弹性都是大于 1 的。若交点位于坐标原点的右边，则该供给曲线上任何一点的弹性都是小于 1 的。若交点恰好就是坐标原点，则该供给曲线上任何一点的弹性均为 1。

除此之外，图 2-18(d) 有一条水平的供给曲线，曲线上所有的点弹性均为无穷大，即 $e_s = \infty$。图 2-18(e) 有一条垂直的供给曲线，曲线上所有的点弹性均为零，即 $e_s = 0$。这两种特殊的情况和前面分析的三种情况一起，构成了线性供给曲线点弹性的五种类型。

关于曲线型供给曲线的点弹性的几何意义，可以先过所求点作供给曲线的切线，其后的过程推导与线性供给曲线是相同的。例如，图 2-19 中曲线型供给曲线上 A 点的切线交横轴于 C 点，则 A 点的供给弹性为：

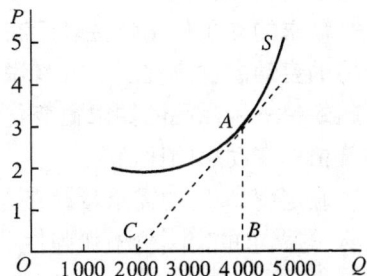

图 2-19   曲线型供给曲线的点弹性

$$e_s = \frac{\mathrm{d}Q}{\mathrm{d}P} \cdot \frac{P}{Q} = \frac{CB}{AB} \cdot \frac{AB}{OB} = \frac{CB}{OB}$$

$$= \frac{2\,000}{4\,000} = 0.5$$

同样地，可以根据曲线型供给曲线上所求点的切线与坐标横轴的交点是位于坐标原点的左边，还是位于坐标原点的右边，或者恰好就是坐标原点，来分别判断该点的供给是富有弹性的，还是缺乏弹性的，或者具有单位弹性。

在影响供给的价格弹性的众因素中，时间因素是一个很重要的因素。当商品的价格发生变化时，厂商对产量的调整需要一定的时间。在很短的时间内，厂商若要根据商品的涨价及时地增加产量，或者根据商品的降价及时地缩减产量，都存在不同程度的困难，相应地，供给的价格弹性是比较小的。但是，在长期内，生产规模的扩大与缩小，甚至转产，都是可以实现的，供给量可以对价格变动作出较充分的反应，供给的价格弹性也就比较大了。

除此之外，在其他条件不变时，生产成本随产量变化而变化的情况及产品的生产周期的长短，也是影响供给的价格弹性的另外两个重要因素。就生产成本来说，如果产量增加只引起边际成本的轻微的提高，则意味着厂商的供给曲线比较平坦，供给的价格弹性可能比较大；相反，如果产量增加引起边际成本的较大的提高，则意味着厂商的供给曲线比较陡峭，供给的价格弹性可能比较小。[①] 就产品的生产周期来说，在一定的时期内，对于生产周期较短的产品，厂商可以根据市场价格的变化较及时地调整产量，供给的价格弹性相应就比较大；相反，生产周期较长的产品的供给的价格弹性就往往较小。

---

① 读者在学习了本书第六章的内容以后，就可以理解这一说法。

2. 需求的交叉价格弹性

如前所述，一种商品的需求量受多种因素的影响，相关商品的价格就是其中的一个因素。假定其他的因素都不发生变化，仅仅研究一种商品的价格变化和它的相关商品的需求量变化之间的关系，则需要运用需求的交叉价格弹性的概念。需求的交叉价格弹性也简称为需求的交叉弹性。

需求的交叉价格弹性表示在一定时期内一种商品的需求量的变动对于它的相关商品的价格的变动的反应程度。或者说，它表示在一定时期内一种商品的价格变化百分之一时所引起的另一种商品的需求量变化的百分比。它是该商品的需求量的变动率和它的相关商品的价格的变动率的比值。

假定商品 X 的需求量 Q_X 是它的相关商品 Y 的价格 P_Y 的函数，即 $Q_X = f(P_Y)$，则商品 X 的需求的交叉价格弧弹性公式为：

$$e_{XY} = \frac{\frac{\Delta Q_X}{Q_X}}{\frac{\Delta P_Y}{P_Y}} = \frac{\Delta Q_X}{\Delta P_Y} \cdot \frac{P_Y}{Q_X} \qquad (2.14)$$

式中，ΔQ_X 为商品 X 的需求量的变化量；ΔP_Y 为相关商品 Y 的价格的变化量；e_{XY} 为当商品 Y 的价格发生变化时，商品 X 的需求的交叉价格弹性系数。

当商品 X 的需求量的变化量 ΔQ_X 和相关商品价格的变化量 ΔP_Y 均为无穷小时，则商品 X 的需求的交叉价格点弹性公式为：

$$e_{XY} = \lim_{\Delta P_Y \to 0} \frac{\Delta Q_X}{\Delta P_Y} \cdot \frac{P_Y}{Q_X} = \frac{\mathrm{d}Q_X}{\mathrm{d}P_Y} \cdot \frac{P_Y}{Q_X} \qquad (2.15)$$

需求的交叉价格弹性系数的符号取决于所考察的两种商品的相关关系。

商品之间的相关关系可以分为两种，一种为替代关系，另一种为互补关系。一般可以简单地说，**如果两种商品之间可以互相代替以满足消费者的某一种欲望，则称这两种商品之间存在着替代关系，这两种商品互为替代品。**如苹果和梨就是互为替代品。**如果两种商品必须同时使用才能满足消费者的某一种欲望，则称这两种商品之间存在着互补关系，这两种商品互为互补品。**如网球和网球拍就是互为互补品。

若两种商品之间存在着替代关系，则一种商品的价格与它的替代品的需求量之间呈同方向的变动，相应的需求的交叉价格弹性系数为正值。这是因为，例如，当苹果的价格上升时，人们会在减少苹果的购买量的同时，增加对苹果的替代品如梨的购买量。**若两种商品之间存在着互补关系，则一种商品的价格与它的互补品的需求量之间呈反方向的变动，相应的需求的交叉价格弹性系数为负值。**这是因为，例如，当网球拍的价格上升时，人们会减少对网球拍的需求量，这样，作为网球拍的互补品的网球的需求量也会因此而下降。**若两种商品之间不存在相关关系，则意味着其中任何一种商品的需求量都不会对另一种商品的价格变动作出反应，相应的需求的交叉价格弹性系数为零。**

同样的道理，反过来，可以根据两种商品之间的需求的交叉价格弹性系数的符号，来判断两种商品之间的相关关系。若两种商品的需求的交叉价格弹性系数为正值，则这两种商品之间为替代关系。若为负值，则这两种商品之间为互补关系。若为零，则这两种商品之间无相关关系。

3. 需求的收入弹性

前面所考察的需求的价格弹性、供给的价格弹性和需求的交叉价格弹性都是就商品的供求数量与商品的价格相互之间的关系进行研究。实际上，弹性关系并不仅限于商品的供求数量和价格之间，弹性概念被广泛地运用于各种相关的经济变量之间。需求的收入弹性就是建立在消费者的收入量和商品的需求量之间关系上的一个弹性概念，它也是一个在西方经济学中被广泛运用的弹性概念。

需求的收入弹性表示在一定时期内消费者对某种商品的需求量的变动对于消费者收入量变动的反应程度。或者说，它表示在一定时期内消费者的收入变化百分之一时所引起的商品需求量变化的百分比。它是商品的需求量的变动率和消费者的收入量的变动率的比值。

假定某商品的需求量 Q 是消费者收入水平 M 的函数，即 $Q=f(M)$，则该商品的需求的收入弹性公式为：

$$e_M = \frac{\frac{\Delta Q}{Q}}{\frac{\Delta M}{M}} = \frac{\Delta Q}{\Delta M} \cdot \frac{M}{Q} \tag{2.16}$$

或

$$e_M = \lim_{\Delta M \to 0} \frac{\Delta Q}{\Delta M} \cdot \frac{M}{Q} = \frac{\mathrm{d}Q}{\mathrm{d}M} \cdot \frac{M}{Q} \tag{2.17}$$

（2.16）式和（2.17）式分别为需求的收入弧弹性和点弹性公式。

根据商品的需求的收入弹性系数值，可以给商品分类。首先，商品可以分为两类，分别是**正常品**和**劣等品**（亦称低档品）。其中，正常品是指消费者对该商品的需求量与收入呈同方向变化的商品；劣等品是指消费者对该商品的需求量与收入呈反方向变化的商品。对于消费者来说，大多数的商品都是正常品。然后，还可以将正常品再进一步区分为**必需品**和**奢侈品**两类。以上的商品分类方法，可以用需求的收入弹性来表示。具体地说，$e_M > 0$ 的商品为正常品，因为 $e_M > 0$ 意味着消费者对该商品的需求量与收入水平呈同方向变化。$e_M < 0$ 的商品为劣等品，因为 $e_M < 0$ 意味着消费者对该商品的需求量与收入水平呈反方向变化。在正常品中，$e_M < 1$ 的商品为必需品，$e_M > 1$ 的商品为奢侈品。这是因为，例如，当消费者的收入水平下降时，尽管消费者对必需品和奢侈品的需求量都会有所减少，但对必需品的需求量的减少是有限的，或者说，是缺乏弹性的；而对奢侈品的需求量的减少是较多的，或者说，是富有弹性的。

在需求的收入弹性的基础上，如果具体地研究消费者用于购买食物的支出量对于消费者收入量变动的反应程度，就可以得到食物支出的收入弹性。西方经济学中的**恩格尔定律**指出：在一个家庭或一个国家中，食物支出在收入中所占的比例随着收入的增加而减少。[1] **用弹性概念来表述恩格尔定律可以是：对于一个家庭或一个国家来说，富裕程度越**

---

[1] 恩格尔（1821—1896 年）是德国的统计学家，他于 1857 年在一个研究报告中提出了该定律。恩格尔以后的经济学家有时也用食物支出的收入弹性来表述该定律。

高，则食物支出的收入弹性就越小；反之，则越大。许多国家经济发展过程的统计资料表明恩格尔定律是成立的。

除了上述在西方经济学文献中经常出现的弹性概念外，根据所研究的具体经济问题的不同需要，经济学家也经常建立其他各种弹性关系。例如，一些经济学家研究一个国家的电力消耗量和国民生产总值（GNP）之间的弹性关系，这对于如何根据对一国经济增长的预测来合理安排本国的电力工业的发展是有实际意义的。

（专栏 2-4 "我国居民收入和恩格尔系数"，请读者扫描本书封面二维码获取。）

第六节　运用需求、供给和均衡价格的事例

运用需求、供给及其所决定的均衡价格的基本原理，可以描述和解释实际的市场经济活动。本节介绍这方面的几个事例。

一、易腐商品的售卖

有些商品，尤其是一些食品，由于具有易腐的特点，必须在一定的时间内被销售出去，否则，销售者会蒙受经济损失。那么，对于这类商品的销售者来说，应该如何定价，才能既保证全部数量的商品能在规定的时间内卖完，又能使自己获得尽可能多的收入呢？下面以夏天的鲜鱼的销售为例来分析这类问题。

夏天的鲜鱼必须在当天被卖掉。如果鲜鱼的销售者能够准确地知道市场上的消费者在一天内在各个价格水平对其鲜鱼的需求数量，或者说，如果他能准确地了解市场一天内对其鲜鱼的需求曲线，那么，他就可以根据这一需求曲线以及准备出售的全部的鲜鱼的数量，来决定能使其获得最大收入的最优价格。用图 2-20 来具体说明。

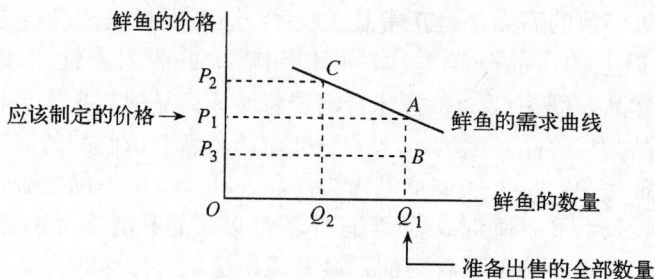

图 2-20　鲜鱼的定价

图 2-20 表示的是某鲜鱼销售者所面临的对他的鲜鱼的需求曲线。从图中的既定鲜鱼的需求曲线上，可以了解一天内在每一个价格水平上的鲜鱼需求数量。假定销售者在一天内需要卖掉的鲜鱼数量为 Q_1，则他应该根据需求曲线将价格定在 P_1 的水平。这样，他就能卖掉全部鲜鱼，并得到他所能得到的最大收入。

这是因为，根据鲜鱼的需求曲线，如果价格定得过高，为 P_2，则销售者将有 Q_2Q_1 数量的鲜鱼卖不出去。此外，由于鲜鱼的需求一般是富有弹性的，销售者还会因定价过高

导致的销售量大幅度减少而使总收入减少。总收入的减少量相当于图中矩形 OP_1AQ_1 和 OP_2CQ_2 的面积之差。相反，如果价格定得过低，为 P_3，则销售者虽然能卖掉全部鲜鱼，但总收入却因单位价格过低而减少，减少量相当于图中的矩形 P_3P_1AB 的面积。由此可见，对于准备出售的鲜鱼量 Q_1 而言，唯有 P_1 的价格水平是能给销售者带来最大收入的最优价格。

上例告诉我们，对于鲜鱼等易腐商品的销售者来说，准确了解其出售商品的需求曲线是多么重要。因为只有这样，销售者才能在有限的时间段内及时卖出全部商品并获得尽可能高的销售收入。其实，不仅对易腐商品的销售者而言，对任何产品的销售者而言，深入市场，准确了解消费者的需求状况，都是其作出利润最大化决策的前提。至于这一点，将在本书第六、七章市场理论的分析中得到充分的体现。

二、价格放开

在我国经济体制改革中，为了增加那些在市场上供给数量相对缺乏的政府限价商品的生产，有一种看法认为：只要把政府的限价取消，这类商品的供给量就会增加。事实是否如此，需要根据商品的供给的价格弹性作具体的分析。

在多数情况下，商品的供给曲线向右上方倾斜，相应的供给的价格弹性系数大于零。对于供给的价格弹性大于零的原限价商品来说，随着政府限价的取消，商品的供给量会得到提高。尤其是，如果商品的供给的价格弹性很大，限价的取消可以带来供给量的大幅度增加。例如在图 2-21(a)中，政府原先对某商品的限价为 P_1，在这个价格上供给量 Q_1 小于需求量 Q_2，市场上该商品是短缺的。政府的限价取消以后，随着市场实际价格的上升，供给量会逐步地提高，需求量会逐步地减少，最后在价格 P_e 和数量 Q_e 的水平上实现供求相等的均衡状态。

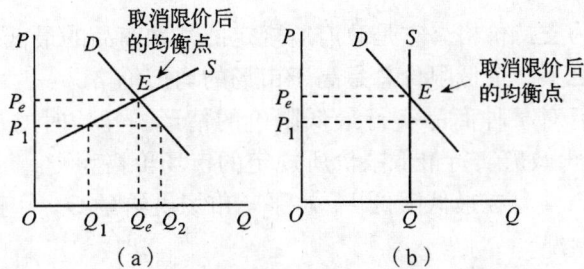

图 2-21　取消限价和供给的价格弹性

但是，在考虑这一问题时，还应该考虑到某些特殊的情况。某些商品的生产由于受到资源条件和技术水平等因素的限制，供给数量在较长的时期内是固定不变的。这就是说，这些商品的供给曲线是一条垂直线，相应的供给的价格弹性为零。在这样的特殊情况下，限价的取消不会带来供给量的改变，而只能使商品的市场价格上涨。例如在图 2-21(b)中，供给曲线为一条垂直线，政府原先的限价为 P_1，政府取消限价的结果是使实际的市场价格上涨到 P_e 的均衡水平，而供给数量却没有增加。所以，在这种情况下，要增加那些原先由政府限价生产的商品的产量，除了取消政府限价之外，还应该根据具体情况作出综合分析，从根本上消除制约产量增长的因素。

三、最高限价和最低限价

政府根据不同的经济形势会采取不同的经济政策，在此介绍有关政府的价格政策的两种做法：最高限价和最低限价。

1. 最高限价

最高限价也被称为限制价格。它是政府所规定的某种商品的最高价格，即防止商品价格上升到限价水平之上。最高限价总是低于市场的均衡价格。

图 2-22 表示政府对某种商品实行最高限价的情形。开始时，该商品市场的均衡价格为 P_e，均衡数量为 Q_e。假设政府实行最高限价政策，规定该商品的市场最高限价为 P_0。由图中可见，最高限价 P_0 低于均衡价格 P_e，且在最高限价 P_0 的水平，市场需求量 Q_2 大于市场供给量 Q_1，市场上出现供不应求的情况。

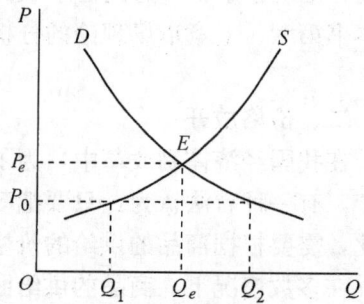

政府实行最高限价的目的往往是为了抑制某些产品的价格上涨，尤其是为了应对通货膨胀。有时，为了限制某些行业，特别是限制一些垄断性很强的公用

图 2-22　最高限价

事业的价格，政府也会采取最高限价的做法。但政府实行最高限价的做法也会带来一些不良的影响。最高限价下的供不应求会导致市场上消费者排队抢购和黑市交易盛行。在这种情况下，政府往往又不得不采取配给的方法来分配产品。此外，生产者也可能粗制滥造，降低产品质量，形成变相涨价。

2. 最低限价

最低限价也被称为支持价格。它是政府所规定的某种商品的最低价格，即防止商品价格下跌到此限价水平之下。最低限价总是高于市场的均衡价格。

图 2-23 表示政府对某种商品实行最低限价的情形。开始时的市场均衡价格为 P_e，均衡数量为 Q_e。以后，政府实行最低限价所规定的市场价格为 P_0。由图中可见，最低限价 P_0 高于均衡价格 P_e，且在最低限价 P_0 水平，市场供给量 Q_2 大于市场需求量 Q_1，市场上出现产品过剩的情况。

政府实行最低限价的目的通常是为了扶持某些行业的发展。农产品的支持价格就是一些西方国家所普遍采取的旨在扶持农业的发展的政策，在实行这一政策时，政府通常收购市场上过剩的农产品。除了农产品的支持价格以外，政府也可以采取其他办法来扶植农业的发展，这一点在下一个问题中还会提及。

在此，我们已经对最高限价和最低限价的目的、效果和可能产生的不良影响进行了分析，作为进一步的考察，我们还将在以后的第六章第八节对最高限价

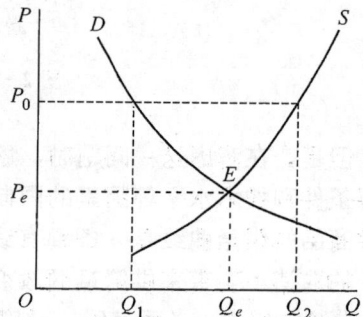

图 2-23　最低限价

和最低限价的福利效应展开分析。

四、谷贱伤农

在农业生产活动中，存在着这么一种经济现象：在丰收的年份，农民的收入反而减少了。这种现象在我国民间被形象地称为"谷贱伤农"。其实，这种表面看起来难以理解的现象，是可以用需求的价格弹性原理来加以解释的。

在前面分析需求的价格弹性与厂商的销售收入时，我们得到这样一个结论：对于缺乏弹性的商品来说，商品的价格与厂商的销售收入呈同方向的变化。现在，我们可以把这一结论具体运用到农产品的场合。其实，造成这种"谷贱伤农"经济现象的根本原因在于：农产品（如谷类）的需求的价格弹性往往是小于1的，即当农产品（如谷类）的价格发生变化时，农产品的需求往往是缺乏弹性的。下面，我们具体地利用图2-24来解释这种经济现象。

在图2-24中，农产品的需求曲线 D 是缺乏弹性的。农产品的丰收使供给曲线由 S_1 的位置向右平移至 S_2 的位置，在缺乏弹性的需求曲线的作用下，农产品的均衡价格大幅度地由原先的 P_1 下降到 P_2。由于农产品均衡价格的下降幅度大于农产品均衡数量的增加幅度，因而最后农民的总收入量减少。总收入的减少量相当于图中矩形 $OP_1E_1Q_1$ 和 $OP_2E_2Q_2$ 的面积之差。

类似地，在歉收年份，同样由于缺乏弹性的需求曲线的作用，农产品均衡数量减少的幅度将小于由它所引起的均衡价格的上升幅度，最后致使农民的总收入量增加。在图2-24中，只需先假定农产品的歉收使供给曲线由 S_2 的位置向左平移至 S_1 的位置，随后便可以具体地说明这种与丰收年份相反的情况。

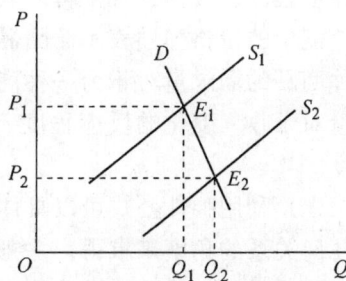

图2-24 缺乏弹性的需求
曲线和谷贱伤农

基于以上的经济事实及其经验，在一些国家，为了保护农场主和农民的利益，为了保护和支持农业的发展，政府纷纷采取了支持农产品价格的一些做法，其中包括：在一定的条件下，通过适当减少某些农产品的种植面积，来减少这些农产品的供给，从而将这些农产品的价格维持在一定的水平，以保证农场主和农民的收入。①

第七节 结 束 语

本章要点可以归结如下：

---

① 正文中的"谷贱伤农"现象产生的根本原因在于农产品（如谷类）的需求通常是缺乏弹性的。但是，如果在某些特殊的场合，个别农产品的需求是富有弹性的，那么，当这种农产品丰收使得价格下降时，其需求量会以更大的幅度增加，最终农民的收入将不是减少而是增加的。

（1）一种商品的需求指消费者在一定的时期内在各种可能的价格水平愿意而且能够购买的商品数量。市场的需求可以用一条需求曲线来表示。需求曲线一般向右下方倾斜，它表示商品的需求量与价格呈反方向的变化。

一种商品的供给指生产者在一定的时期内在各种可能的价格水平愿意而且能够提供出售的商品数量。市场的供给可以用一条供给曲线来表示。供给曲线一般向右上方倾斜，它表示商品的供给量与价格呈同方向的变化。

（2）除商品价格以外的其他因素的变化，会导致需求曲线或者供给曲线的位置发生移动。它们也分别被称作需求的变动和供给的变动。

（3）均衡价格指能够使商品市场上需求量与供给量相等的价格。均衡价格是在市场机制的作用下自发形成的。需求的变化会引起均衡价格同方向的变化，供给的变化会引起均衡价格反方向的变化。

（4）当两个经济变量之间存在函数关系时，可以用弹性来表示因变量对于自变量变化的反应程度。任何弹性都可以表示为弧弹性或者点弹性。

需求的价格弹性表示商品需求量对于价格变化的反应程度。需求的交叉价格弹性表示一种商品的需求量对于另一种商品的价格变化的反应程度。需求的收入弹性表示商品的需求量对于收入变化的反应程度。供给的价格弹性表示商品的供给量对于价格变化的反应程度。

（5）利用弹性公式可以具体计算弧弹性和点弹性的数值。此外，点弹性的数值还可以从几何关系的角度来求得。一般地，弹性系数按大小可以归纳为五类，它们是：富有弹性、缺乏弹性、单位弹性，以及完全弹性与完全无弹性。

（6）就需求的价格弹性而言，对于富有弹性的商品，则商品的价格与厂商的销售收入呈反方向的变化，也就是说，厂商降低商品价格便可以增加销售收入。对于缺乏弹性的商品，则商品的价格与厂商的销售收入呈同方向的变化，也就是说，厂商提高商品价格便可以增加销售收入。对于具有单位弹性的商品，则商品价格的变化对厂商的销售收入无影响。

（7）如果两种商品之间为替代关系，则需求的交叉价格弹性系数大于零；如果两种商品之间为互补关系，则需求的交叉价格弹性系数小于零；如果两种商品之间无相关关系，则需求的交叉价格弹性系数等于零。

（8）对于正常品来说，需求的收入弹性大于零；对于劣等品来说，需求的收入弹性小于零。在正常品中，必需品的需求的收入弹性小于1；而奢侈品的需求的收入弹性大于1。

（9）恩格尔定律：对于一个国家或一个家庭而言，随着收入水平的提高，购买食物的支出在总收入中所占的比重不断下降。用弹性概念表述该定律可以是：对于一个家庭或一个国家而言，富裕程度越高，则食物支出的收入弹性越小；反之，则越大。

本章的内容又可以被分为两个部分：一个部分为对微观经济学的整个理论框架的鸟瞰，即第一节的内容；另一个部分是介绍与供求曲线有关的基础知识，即第二节到第六节的内容。关于本章所包含的这两个部分的内容，我们应注意下列三点：

第一，在对理论框架作一鸟瞰的部分中，可以看到微观经济学的整个理论体系所企图证明的结果，即：以利己心为动力的资本主义市场经济，通过供求关系，能以最有效率的方式或接近于最有效率的方式来配置资源，使得整个社会得到最大的福利。如果接受这一论证的结果，那么，既然资本主义已经是如此理想的制度，那就没有必要去推行社会主义的市场经济。

这里的问题是：上述的论证结果并不符合事实。它之所以不符合事实，是由于两个方面的原因。一方面，资本主义国家的经济实践表明，这一制度并不能使社会得到最大的福利。失业、危机、贫富悬殊、金融动荡、道德败坏等都是显见的例子。关于这一方面的事例，由于读者可以经常接触到，那么本书不拟进行过多的论述。另一方面的原因是：上述的论证结果是根据违反事实的假设条件而得到的。由于假设条件脱离现实，所以由此而得到的结论也必然如此。既然本书的主要任务在于介绍西方经济理论，那么本书必须对理论据以成立的假设条件加以说明。这些假设条件的说明将陆续在本书适当的章节中，特别是在各章的结束语中出现。

第二，在这个结束语中，我们对本章第一节提到的西方经济学的"理性人"或"经济人"的最基本假设加以说明。"理性人"或"经济人"的含义是完全利己的人。换言之，就是随时随地追求自己的利益，并使之最大化的人。

为了论证亚当·斯密的"看不见的手"原理，西方学者必须作出"理性人"的假设，因为只有这种人才符合该原理的要求。此外，正如我们在以下各章中所看到的那样，只有这种随时随地使自己的利益最大化的人才能使西方学者把微积分学中的寻求极大值的数学方法应用到西方经济学的分析之中，以便得到肯定的解答或答案。否则，如果放弃这个假设条件，而认为参与经济活动的人仅仅是部分地利己（例如，80%利己），那么，西方学者便不能提供肯定的答案，因为微积分的数学方法不能对追求 80%最大化的问题给出解答。

关于在经济中生活的现实的人是否符合"理性人"的假设，西方学者依然在争论之中。[①] 限于篇幅，我们在这里不能对此加以详细的论述，但是，总的来说，西方学者倾向于承认，在假设的"理性人"和现实的人之间存在着差距，从而，根据这一假设得到的结果不过是一种理想化的状态，或是一种极端的状态，以便衡量理论与现实之间的距离。在这里，为了避免对"理性人"的假设的误解，有必要对下列两点加以注意：

首先，虽然西方学者一般承认，由于"理性人"的假设条件难以符合现实，所以据此得到的结果不过是一种理想化或极端的状态，但是，当他们把这种结果应用于实际的经济问题时，他们往往并不明确指出这一点，有时甚至把这种理想化或极端的结果用于指导实践。对于这种做法存在的问题，读者应加以注意。

其次，从字面的意义上看，"理性人"似乎应被解释为"实事求是"的人，或"讲道理"的人，或"做事合情合理"的人。由于这一原因，不熟悉西方经济学术语的人们经常误解"理性人"的真正含义，以致会认为"理性人"是一种符合事实的假设。现在我们看到，事实并非如此。

第三，通过供求关系，尽管资本主义市场经济不能以最有效率的方式配置资源，但它能够通过供求关系来配置资源。马克思在《资本论》中也使用了供求关系来说明资本主义的资源配置以及配置中的缺点。这里的差别不在于供求是否能配置资源，而在于是否能以

[①] 勒克斯．亚当·斯密的错误．伦敦：香勃拉出版公司，1990.

最优方式配置资源。

　　虽然我们否定供求关系能以最优的方式配置资源，但是，我们并不否定它的重要作用。事实上，在包括社会主义市场经济在内的一切市场经济中，供求关系都是配置资源的一个非常重要的手段。因此，本章包含的有关供求曲线的基本知识也适用于我国，而且已经在我国的经济理论和实践中广泛地加以使用。

第三章

消费者选择

上一章介绍了需求曲线和供给曲线的基本特征，即需求曲线一般向右下方倾斜，供给曲线一般向右上方倾斜，但并没有说明形成这些特征的背后原因是什么。在微观经济学里，构造需求曲线和供给曲线是分别以对消费者行为和生产者行为的分析为依据的。作为上一章内容的深入，本章将分析需求曲线背后的消费者的选择行为，并从对消费者选择行为的分析中推导出需求曲线。之后的三章（即第四章、第五章、第六章）将分析供给曲线背后的生产者行为，即从对生产者决策行为的分析中推导出供给曲线，并把需求曲线和供给曲线结合在一起，进一步分析产品市场的均衡状态。通过第三章到第六章的分析，将使得供求曲线的相互作用及其结果（即均衡价格）体现为产品市场中的消费者行为和生产者行为的相互作用及其结果。

第一节　效用论概述

由于消费者选择行为的目标是在一定的约束条件下追求自身的最大效用，所以，消费者选择理论亦可被称为效用论。本节将从效用这一概念出发介绍相关的基础知识。

一、效用的概念

效用是指对商品满足人的欲望的能力评价，或者说，效用是指消费者在消费商品时所感受到的满足程度。一种商品对消费者是否具有效用，取决于消费者是否有消费这种商品的欲望，以及这种商品是否具有满足消费者欲望的能力。效用这一概念与人的欲望是联系在一起的，是消费者对商品满足自己欲望的能力的一种主观心理评价。

二、基数效用和序数效用

既然效用是用来表示消费者在消费商品时所感受到的满足程度的，那么，就产生了对这种"满足程度"即效用大小的度量问题。在这一问题上，西方经济学家先后提出了基数效用和序数效用的概念，并在此基础上形成了分析消费者行为的两种方法，它们分别是**基数效用论者的边际效用分析方法和序数效用论者的无差异曲线分析方法。**

从 19 世纪 70 年代起至 20 世纪初期，西方经济学家普遍使用基数效用的概念。基数效用论者认为，效用如同长度、重量等概念一样，可以具体地用数字来衡量，效用之间的具体数量比较是有意义的。表示效用大小的计量单位被称作"**效用单位**"。例如，对某一个人来说，吃一顿丰盛的晚餐和看一场高水平的足球赛的效用分别为 5 效用单位和 10 效用单位，于是这两种消费的效用之和为 15 效用单位，且后者的效用是前者的效用的 2 倍。

到了 20 世纪 30 年代，序数效用的概念为大多数西方经济学家所使用。序数效用论者认为，效用是一个有点类似于香、臭、美、丑那样的概念，效用的大小是无法具体度量的，效用之间的比较只能通过顺序或等级来表示。仍就上面的例子来说，消费者要回答的是偏好哪一种消费，即哪一种消费的效用排第一，哪一种消费的效用排第二。或者是说，要回答的是宁愿吃一顿丰盛的晚餐，还是宁愿看一场高水平的足球赛。进一步地，序数效用论者还认为，对效用的绝对数值意义上的衡量是困难的，人们确实很难说出某种消费的效用比另一种消费的效用究竟具体大多少。而且，序数效用论者指出，以序数来表示效用比以基数来度量效用所受到的限制要少；对于消费者行为的大多数分析而言，不使用基数效用的概念也能得到说明，基数效用的假设并不是必需的。

在本节的余下部分，我们将介绍基数效用论者的边际效用分析法，具体分析消费者效用最大化的均衡条件，说明边际效用递减规律在推导需求曲线中的基础作用。这部分内容将使消费者理性选择的基本原则易于为读者所理解。本章从第二节起将介绍序数效用论者的无差异曲线分析法。

三、基数效用论和边际效用分析法概述

基数效用论者提出了边际效用递减规律。边际效用递减规律是基数效用论者分析消费者行为，并进一步推导消费者需求曲线的基础。

1. 边际效用递减规律

（1）关于总效用和边际效用。

基数效用论者将效用区分为总效用（total utility）和边际效用（marginal utility），它们的英文简写分别为 *TU* 和 *MU*。**总效用**是指消费者在一定时间内从一定数量商品的消费中所得到的效用量的总和。**边际效用**是指消费者在一定时间内增加一单位商品的消费所得到的效用量的增量。假定消费者对一种商品的消费数量为 Q，则总效用函数为：

$$TU = f(Q) \tag{3.1}$$

相应的边际效用函数为：

$$MU = \frac{\Delta TU(Q)}{\Delta Q} \tag{3.2}$$

当商品的增加量趋于无穷小，即 $\Delta Q \to 0$ 时有：

$$MU = \lim_{\Delta Q \to 0} \frac{\Delta TU(Q)}{\Delta Q} = \frac{dTU(Q)}{dQ} \qquad\qquad (3.3)$$

这里要指出的是，在西方经济学中，边际分析是最基本的分析方法之一，"边际"概念则是很重要的一个基本概念。边际效用是本书出现的第一个边际概念。在此，我们有必要强调一下，边际量的一般含义是表示一单位的自变量的变化量所引起的因变量的变化量。边际量的一般定义公式为：

$$边际量 = \frac{因变量的变化量①}{自变量的变化量} \qquad\qquad (3.4)$$

在此涉及的边际效用函数的定义公式，即（3.2）式和（3.3）式，是（3.4）式的两种具体形式。以后，还会涉及各种具体形式的边际概念。

下面，我们利用表 3-1 来具体说明总效用与边际效用之间的关系。由表中可见，当商品的消费量由 0 增加为 1 时，总效用由 0 增加为 10 效用单位，总效用的增量即边际效用为 10 效用单位（因为 10−0＝10）。当商品的消费量由 1 增加为 2 时，总效用由 10 效用单位上升为 18 效用单位，总效用的增量即边际效用下降为 8 效用单位（因为 18−10＝8）。依此类推，当商品的消费量增加为 6 时，总效用达到最大值，为 30 效用单位，而边际效用已递减为 0（因为 30−30＝0）。此时，消费者对该商品的消费已达到饱和点。当商品的消费量再增加为 7 时，边际效用会进一步递减为负值，即−2 效用单位（因为 28−30＝−2），总效用便下降为 28 效用单位了。

表 3-1　　　　　　　　　　　　某商品的效用表　　　　　　　　货币的边际效用 λ＝2

商品数量 (1)	总效用 (2)	边际效用 (3)	价格 (4)
0	0		
1	10	10	5
2	18	8	4
3	24	6	3
4	28	4	2
5	30	2	1
6	30	0	0
7	28	−2	

根据表 3-1 所绘制的总效用和边际效用曲线如图 3-1 所示。

图中的横轴表示商品的数量，纵轴表示效用量，TU 曲线和 MU 曲线分别为总效用曲线和边际效用曲线。由于边际效用被定义为消费品的一单位变化量所带来的总效用的变化量，又由于图中的商品消费量是离散的，所以，图中 MU 曲线上的每一个值都记在相应的两个消费数量的中点上。

在图中，MU 曲线是向右下方倾斜的，它反映了边际效用递减规律，相应地，TU 曲

---

① 关于边际量的概念，以及边际量、总量和平均量之间的关系，在以后的第四章第二节会作详细的分析。

线是以递减的速率先上升后下降的。具体而言，边际效用与总效用之间的相互关系为：当边际效用为正值时，总效用曲线呈上升趋势；当边际效用递减为零时，总效用曲线达最高点；当边际效用继续递减为负值时，总效用曲线呈下降趋势。从数学意义上讲，如果效用曲线是连续的，则每一消费量上的边际效用值就是总效用曲线上相应的点的斜率。这一点也体现在边际效用的定义公式（3.3）中。

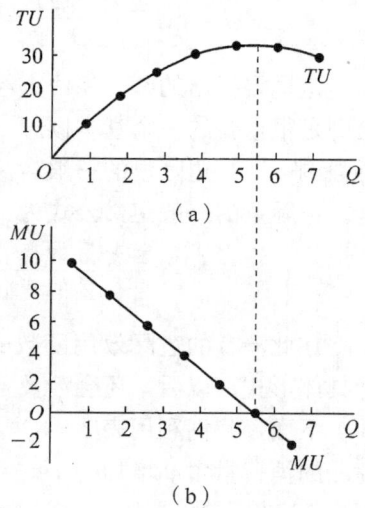

图 3-1　某商品的效用曲线

（2）关于边际效用递减规律及其原因。

边际效用递减规律的内容是：在一定时间内，在其他商品的消费数量保持不变的条件下，随着消费者对某种商品消费量的增加，消费者从该商品连续增加的每一消费单位中所得到的效用增量即边际效用是递减的。通常被用来体现该规律的例子类似如下：在一个人饥饿的时候，吃第一个包子给他带来的效用是很大的。以后，随着这个人所吃的包子数量的连续增加，虽然总效用是不断增加的，但每一个包子给他带来的效用增量即边际效用是递减的。当他完全吃饱的时候，包子的总效用达到最大值，而边际效用却降为零。如果他还继续吃包子，就会感到不适，这意味着包子的边际效用进一步降为负值，总效用也开始下降。具体地，可以进一步用表 3-1 中的第（1）、（2）和（3）栏来说明。譬如，这个人吃第一个包子时，他对第一个包子所带给自己的效用的评价为 10，即第一个包子的边际效用为 10 效用单位。当他吃第二个包子时，他对第二个包子的效用的评价下降为 8 效用单位，即第二个包子的边际效用为 8 效用单位，但这时他吃两个包子的总效用＝10＋8＝18 效用单位。类似地，当他吃第三个包子时，他对第三个包子的效用的评价进一步下降为 6 效用单位，即第三个包子的边际效用为 6 效用单位，而此时吃三个包子的总效用＝10＋8＋6＝24 效用单位。依此类推，直至他吃第六个包子时，边际效用递减为零，总效用达到最大值 30 效用单位。而到吃第七个包子时，边际效用递减为－2 效用单位，总效用开始下降为 30－2＝28 效用单位。

为什么在消费过程中会呈现出边际效用递减规律呢？边际效用递减规律成立的原因，首先，可以是随着相同消费品的连续增加，从人的生理和心理的角度讲，从每一单位消费品中所感受到的满足程度和对重复刺激的反应程度是递减的。其次，还可以是在一种商品具有几种用途时，消费者总是将第一单位的消费品用在最重要的用途上，将第二单位的消费品用在次重要的用途上，如此等等。这样，消费品的边际效用便随着消费品的用途重要性的下降而递减。最后，还有很重要的一点，在现实生活中消费者对任何一种商品的消费都有饱和点，与这一事实相对应的另一个事实就是边际效用递减。因为只有当消费商品的边际效用逐步递减为零时，消费者才达到消费饱和点。

2. 关于货币的边际效用

经济学家认为，货币如同商品一样，也具有效用。消费者用货币购买商品，就是用货币的效用去交换商品的效用。商品的边际效用递减规律对于货币也同样适用。通常，对于

60

一个消费者来说，随着货币收入量的不断增加，货币的边际效用是递减的。这就是说，随着某消费者货币收入的逐步增加，每增加一元钱给该消费者所带来的边际效用一般是越来越小的。

但是，在分析消费者行为时，又通常假定货币的边际效用是不变的。这是因为，在一般情况下，消费者的收入是给定的，而且，单位商品的价格只占消费者总货币收入量中的很小部分，所以，当消费者对某种商品的购买量发生很小的变化时，所支出的货币的边际效用的变化是非常小的，可以略去不计。这样，货币的边际效用便通常被假定为是一个不变的常数。

3. 消费者均衡

消费者均衡是研究单个消费者如何把有限的货币收入分配在各种商品的购买中以获得最大的效用。也可以说，它是研究单个消费者在既定收入下实现效用最大化的均衡条件。这里的均衡是指消费者实现最大效用时既不想再增加、也不想再减少任何商品购买数量的这么一种相对静止的状态。

在基数效用论者那里，消费者实现效用最大化的均衡条件是：如果消费者的货币收入水平是固定的，市场上各种商品的价格是已知的，那么，消费者应该使自己所购买的各种商品的边际效用与价格之比相等。或者说，消费者应使自己花费在各种商品购买上的最后一元钱所带来的边际效用相等。

假定：消费者用既定的收入 I 购买 n 种商品，$P_1, P_2, \cdots, P_n$ 分别为 n 种商品的既定价格，λ 为不变的货币的边际效用。用 $X_1, X_2, \cdots, X_n$ 分别表示 n 种商品的数量，用 $MU_1, MU_2, \cdots, MU_n$ 分别表示 n 种商品的边际效用，则上述的**消费者效用最大化的均衡条件**可以用公式表示为：

$$P_1X_1 + P_2X_2 + \cdots + P_nX_n = I \tag{3.5}$$

$$\frac{MU_1}{P_1} = \frac{MU_2}{P_2} = \cdots = \frac{MU_n}{P_n} = \lambda① \tag{3.6}$$

上面的（3.5）式是限制条件；（3.6）式是在限制条件下消费者实现效用最大化的均衡条件。（3.6）式表示消费者应选择最优的商品组合，使得自己花费在各种商品上的最后一元钱所带来的边际效用相等，且等于货币的边际效用。

下面以消费者购买两种商品为例，具体说明消费者效用最大化的均衡条件。

与（3.5）式和（3.6）式相对应，在购买两种商品情况下的**消费者效用最大化的均衡条件**为：

$$P_1X_1 + P_2X_2 = I \tag{3.7}$$

$$\frac{MU_1}{P_1} = \frac{MU_2}{P_2} = \lambda \tag{3.8}$$

为什么说只有当消费者实现了 $\frac{MU_1}{P_1} = \frac{MU_2}{P_2} = \lambda$ 的均衡条件时，才能获得最大的效用

---

① 关于效用最大化均衡条件的数学推导，请阅读本书第78页注②。

呢？或者说，该均衡条件的经济含义是什么呢？

先从 $\dfrac{MU_1}{P_1}=\dfrac{MU_2}{P_2}$ 的关系分析：

当 $\dfrac{MU_1}{P_1}<\dfrac{MU_2}{P_2}$ 时，这说明对于消费者来说，用同样的一元钱购买商品 1 所得到的边际效用小于购买商品 2 所得到的边际效用。这样，理性的消费者就会调整这两种商品的购买数量：减少对商品 1 的购买量，增加对商品 2 的购买量。在这样的调整过程中，一方面，在消费者用减少 1 元钱的商品 1 的购买来相应地增加 1 元钱的商品 2 的购买时，由此带来的商品 1 的边际效用的减少量是小于商品 2 的边际效用的增加量的，这意味着消费者的总效用是增加的；另一方面，在边际效用递减规律的作用下，商品 1 的边际效用会随着其购买量的不断减少而递增，商品 2 的边际效用会随着其购买量的不断增加而递减。消费者一旦将其购买组合调整到用同样一元钱购买这两种商品所得到的边际效用相等，即达到 $\dfrac{MU_1}{P_1}=\dfrac{MU_2}{P_2}$，他便得到了由减少商品 1 的购买和增加商品 2 的购买所带来的总效用增加的全部好处，即消费者此时获得了最大的效用。

相反，当 $\dfrac{MU_1}{P_1}>\dfrac{MU_2}{P_2}$ 时，这说明对于消费者来说，用同样的一元钱购买商品 1 所得到的边际效用大于购买商品 2 所得到的边际效用。根据相同的道理，理性的消费者会进行与前面相反的调整过程，即增加对商品 1 的购买，减少对商品 2 的购买，直至 $\dfrac{MU_1}{P_1}=\dfrac{MU_2}{P_2}$，从而获得最大的效用。

再从 $\dfrac{MU_i}{P_i}=\lambda(i=1,2)$ 的关系分析：

当 $\dfrac{MU_i}{P_i}<\lambda(i=1,2)$ 时，这说明消费者用一元钱购买第 i 种商品所得到的边际效用小于所付出的这一元钱的边际效用。也可以理解为，消费者这时购买的第 i 种商品的数量太多了，事实上，消费者总可以把这一元钱用在至少能产生相等的边际效用的其他商品的购买上，以获得尽可能大的效用。这样，理性的消费者就会减少对第 i 种商品的购买，在边际效用递减规律的作用下，直至 $\dfrac{MU_i}{P_i}=\lambda(i=1,2)$ 的条件实现为止。

相反，当 $\dfrac{MU_i}{P_i}>\lambda(i=1,2)$ 时，这说明消费者用一元钱购买第 i 种商品所得到的边际效用大于所付出的这一元钱的边际效用。也可以理解为，消费者对第 i 种商品的消费量是不足的，消费者应该继续购买第 i 种商品，以获得更多的效用。这样，理性的消费者就会增加对第 i 种商品的购买。同样，在边际效用递减规律的作用下，直至 $\dfrac{MU_i}{P_i}=\lambda(i=1,$ $2)$ 的条件实现为止。

下面以表 3-2 为例，进一步具体说明（3.7）式和（3.8）式的消费者的均衡条件。

表 3 - 2　　　　　　　　　　　　　　某消费者的边际效用表

商品数量（Q）	1	2	3	4	5	6	7	8
商品 1 的边际效用（MU_1）	11	**10**	9	8	7	6	5	4
商品 2 的边际效用（MU_2）	19	17	15	13	12	**10**	8	6

在表 3 - 2 中，假设某消费者在某一时期内将 8 元钱全部用于商品 1 和商品 2 的购买，两商品的价格分别为 $P_1 = 1$ 元，$P_2 = 1$ 元。那么，能给该消费者带来最大效用的购买组合应该是什么呢？

在商品的边际效用 MU 连续下降的情况下，消费者只有使每一元钱所带来的效用尽可能最大，才能最后使总效用最大。具体地看，根据表 3 - 2，理性的消费者将会用第一元钱购买第一单位的商品 2，由此得到 19 效用单位，他不会用第一元钱去购买第一单位的商品 1，因为这样只能得到 11 效用单位。同理，根据追求最大效用的原则，他将用第二、第三、第四和第五元钱去购买第二、第三、第四和第五单位的商品 2，分别获得 17、15、13 和 12 效用单位。再用第六元钱去购买第一单位的商品 1，获得 11 效用单位。最后，用第七、第八元钱去购买第二单位的商品 1 和第六单位的商品 2，这时，分别花费在这两种商品上的最后一元钱所带来的边际效用是相等的，都是 10 效用单位。至此，该消费者的全部收入 8 元都用完，并以最优购买组合 $X_1 = 2$ 单位和 $X_2 = 6$ 单位，实现了效用最大化的均衡条件：

$$P_1 X_1 + P_2 X_2 = 1 \times 2 + 1 \times 6 = 8$$

$$\frac{MU_1}{P_1} = \frac{MU_2}{P_2} = \frac{10}{1} = \lambda$$

此时，消费者获得了最大的总效用，为 107 效用单位。

如果消费者购买 4 单位的商品 1 和 4 单位的商品 2，就会出现 $\frac{MU_1}{P_1} = \frac{8}{1} < \frac{13}{1} = \frac{MU_2}{P_2}$ 的情况，则消费者自然会减少对商品 1 的购买和增加对商品 2 的购买。相反，如果消费者购买 1 单位的商品 1 和 7 单位的商品 2，就会出现 $\frac{MU_1}{P_1} = \frac{11}{1} > \frac{8}{1} = \frac{MU_2}{P_2}$ 的情况，则消费者自然会增加对商品 1 的购买和减少对商品 2 的购买。以上两种调整过程都各自要持续到消费者以（$X_1 = 2$，$X_2 = 6$）的购买组合实现效用最大化的均衡条件为止。

4. 推导需求曲线

边际效用递减规律是基数效用论者推导消费者的需求曲线的基础。

基数效用论者指出，消费者对商品愿意支付的最高价格应该取决于商品的边际效用。具体而言，某一单位的某种商品的边际效用越大，则消费者为购买这一单位的该种商品所愿意支付的最高价格就越高；反之，某一单位的某种商品的边际效用越小，则消费者为购买这一单位的该种商品所愿意支付的最高价格就越低。由于边际效用递减规律的作用，随着消费者对某一种商品消费数量的连续增加，该商品的边际效用递减，相应地，消费者为购买每一单位的该种商品所愿意支付的最高价格也越来越低。这意味着，建立在边际效用递减规律上的需求曲线是向右下方倾斜的。基数效用论者关于推导需求曲线的这般理解是很直观的。[①]

进一步地，基数效用论从消费者效用最大化的均衡条件出发来具体推导需求曲线。其中，边际效用递减规律是构造消费者需求曲线的基础。

根据前面的效用最大化均衡条件（3.6）式，考虑消费者购买一种商品的情况，那么，效用最大化均衡条件可以写为

$$\frac{MU}{P}=\lambda \tag{3.9}$$

（3.9）式意味着：由于对于任何一种商品来说，随着需求量的不断增加，边际效用是递减的，因此，为了保证均衡条件（3.9）式的实现，在货币边际效用 λ 不变的前提下，消费者愿意支付的最高价格 P 必定同比例于 MU 的递减而递减。（3.9）式还表示：**消费者应该选择最优的商品购买数量，使得最后一元钱购买该商品所得到的边际效用与所付出的最后一元钱的货币的边际效用相等**。下面仍以表 3-1 为例来说明。

假定表 3-1 中货币的边际效用 $\lambda=2$。为了实现 $\frac{MU}{P}=\lambda$ 的均衡条件，当商品的消费量为 1 时，边际效用为 10，则消费者为购买第一单位的商品所愿意支付的最高价格为 5（即 $10\div2=5$）。当商品的消费量增加为 2 时，边际效用递减为 8，则消费者为购买第二单位的商品所愿意支付的最高价格下降为 4（即 $8\div2=4$）……直至商品的消费量增加为 5 时，边际效用进一步递减为 2，消费者为购买第 5 单位的商品所愿意支付的最高价格降为 1（即 $2\div2=1$）。显然，随着商品消费数量的不断增加，消费者愿意支付的最高价格 P 同比例于 MU 的递减而递减。

当然，也可以反过来，从商品价格变化的角度来理解和推导需求曲线。根据均衡条件（3.9）式，在表 3-1 中，如果给定的商品市场的价格较高，为 5，则消费者对商品的最优购买数量是 1，从而使得消费者用最后一元钱购买商品所得到的边际效用（即 $10\div5=2$）等于所付出的最后一元钱的货币的边际效用（$\lambda=2$）；如果给定的商品市场的价格下降为 4，则消费者对商品的最优购买数量增加为 2，从而仍然使得消费者用最后一元钱购买商品所得到的边际效用（即 $8\div4=2$）等于所付出的最后一元钱的货币的边际效用（$\lambda=2$）。依此类推，直至当商品市场的价格下降为 1 元时，消费者对商品的最优购买数量增加为 5。

很清楚，在效用最大化的 $\frac{MU}{P}=\lambda$ 均衡条件下，随着商品市场价格的不断下降，消费者对该商品的最优购买数量即需求量是不断增加的。

根据以上分析，将表 3-1 中第（1）栏和第（4）栏的对应关系描绘在图 3-2 中，便得到单个消费者对该商品的需求曲线。图中的需求曲线是向右

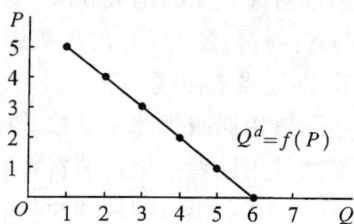

图 3-2　单个消费者的需求曲线

① 马歇尔. 经济学原理：第一册. 北京：中国社会科学出版社，2007：201-202.

下方倾斜的，它体现了需求定理，即在其他因素不变的条件下，商品的价格和需求量呈反方向的变动。而且，需求曲线上的每一点都是能够给消费者带来最大效用的商品的价格—需求量组合点。

此外，效用最大化均衡条件（3.9）式还可以改写为

$$MU=\lambda P \tag{3.10}$$

（3.10）式表示：**消费者应该选择最优的商品购买数量，使得最后一单位商品所带来的边际效用与为购买这一单位商品所付出的货币的总效用相等。**我们还可以根据均衡条件（3.10）式来理解对需求曲线的推导。在表 3-1 中，当商品的价格为 5 时，消费者的最优购买数量应该是 1，这样才能使得最后一单位商品所带来的边际效用 MU 与为购买这单位商品所付出的货币的总效用 λP 相等，即等于 10。当商品的价格下降为 4 时，消费者的最优购买数量应该增加为 2，这样，最后一单位商品所带来的边际效用 MU 与为购买这单位商品所付出的货币的总效用 λP 才能相等，即等于 8，如此等等。由此，我们同样得到了图 3-2 中向右下方倾斜的需求曲线。①

总之，由以上分析可以清楚地看到：无论是根据效用最大化的均衡条件（3.9）式，还是根据（3.10）式，来推导消费者的需求曲线，边际效用递减规律都发挥着基础性的作用。正是在边际效用递减规律的作用下，消费者需要根据商品价格的不断变化，来对商品的最优购买数量作出相反方向的调整，即若商品价格上涨，则最优的商品购买数量下降；或者反之。唯有如此，消费者才能实现效用最大化的均衡。

5. 消费者剩余

我们知道，随着消费者对某种商品消费数量的不断增加，该商品的边际效用是递减的，所以，消费者对每一单位该商品的支付意愿也是递减的。消费者的支付意愿是指消费者对商品所愿意支付的最高价格。但是，事实上，消费者在购买商品时是按实际的市场价格来支付的，于是，在消费者愿意支付的最高价格和实际的市场价格之间就产生了一个差额，这个差额构成消费者剩余。举一个例子来说明：假定包子的市场价格为 3 元。当某消费者在一个包子都没有的情况下购买第一个包子时，第一个包子的边际效用是很大的，他认为值得付 5 元去购买，即他愿意支付的最高价格为 5 元。于是，当这个消费者以市场价格 3 元购买第一个包子时，就创造了额外的 2 元的消费者剩余。随着消费者对包子消费量的逐个增加，包子的边际效用是递减的，他为购买第二个、第三个和第四个包子所愿意支付的最高价格分别递减为 4.5 元、4 元和 3.5 元。这样，他为购买总共四个包子所愿意支付的最高总金额＝5 元＋4.5 元＋4 元＋3.5 元＝17 元。但他实际按市场价格支付的总金额＝3 元×4＝12 元，两者的差额＝17 元－12 元＝5 元，这个差额就是消费者剩余。也正是从这种感觉上，他认为购买 4 个包子是值得的，能使自己的境况得到改善。由此可见，**消费者剩余是消费者在购买一定数量的某种商品时愿意支付的最高总价格和实际支付的总**

① 在正文中推导出的需求曲线向右下方倾斜。必须指出，这里不考虑商品价格变化对消费者实际收入水平的影响，即假定一种商品的消费支出只占消费者收入的很小一部分，于是，商品价格变化对消费者实际收入水平的影响很小，以至可略去不计。这样的话，替代效应就是需求曲线向右下方倾斜的全部原因，即需求曲线总是向右下方倾斜。请参见本章第五节替代效应和收入效应的内容。

价格之间的差额。

消费者剩余可以用几何图形来表示，即用消费者需求曲线以下、市场价格线以上的面积来表示，如图 3-3 中的阴影部分面积所示。具体地看，在图 3-3 中，需求曲线以反需求函数的形式 $P^d = f(Q)$ 给出，它可以用来表示消费者对每一单位商品所愿意支付的最高价格。假定该商品的市场价格为 P_0，消费者的购买量为 Q_0。那么，根据消费者剩余的定义，我们可以推断，在商品数量 0 到 Q_0 区间需求曲线以下的面积表示消费者为购买 Q_0 数量的商品所愿意支付的最高总金额（即总价格），即相当于图中的面积 $OABQ_0$；而实际支付

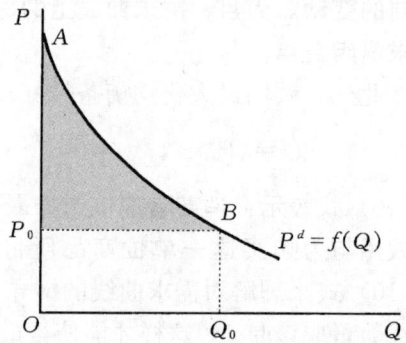

图 3-3 消费者剩余

的总金额（即总价格）等于市场价格 P_0 乘以购买量 Q_0，即相当于图中的矩形面积 OP_0BQ_0。这两块面积的差额即图中的阴影部分面积 P_0AB，就是消费者剩余。

消费者剩余也可以用数学公式来表示。令反需求函数为 $P^d = f(Q)$，价格为 P_0 时的消费者的需求量为 Q_0，则消费者剩余为：

$$CS = \int_0^{Q_0} f(Q) \mathrm{d}Q - P_0 Q_0 \tag{3.11}$$

式中，CS 为消费者剩余的英文简写，式子右边的第一项即积分项表示消费者愿意支付的最高总金额，第二项表示消费者实际支付的总金额。

以上，我们利用单个消费者的需求曲线得到了单个消费者剩余，这一分析可以扩展到整个市场：类似地，我们可以由市场的需求曲线得到整个市场的消费者剩余，市场的消费者剩余可以用市场需求曲线以下、市场价格线以上的面积来表示，如图 3-4 所示。[①] 图中，市场均衡价格和均衡数量分别为 P_0 和 Q_0，市场的消费者剩余表示为阴影部分的面积。[②]

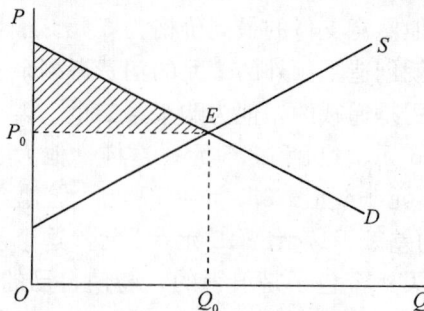

图 3-4 市场的消费者剩余

---

① 关于单个消费者的需求曲线和市场需求曲线之间的关系，将在本章第六节予以具体说明。

② 在此给出的消费者剩余这一概念，在后面由无差异曲线分析法推导出的需求曲线那里也是成立的，故在后面不再赘述。

最后需要指出，消费者剩余是消费者的主观心理评价，它反映消费者通过购买和消费商品所感受到的状态的改善。因此，消费者剩余通常被用来度量和分析社会福利问题。

6. 消费者剩余的变化

当商品价格发生变化时，消费者剩余会如何变化呢？我们用图3-5来进行分析。

在图3-5中，假定商品的市场价格由 P_1 上升为 P_2，相应地，消费者对商品的需求量由 Q_1 减少为 Q_2。当商品的市场价格为 P_1 时，消费者剩余相当于近似三角形 P_1AB 的面积；当市场价格上升为 P_2 时，消费者剩余相当于近似三角形 P_2AC 的面积。显然，价格上升使得消费者剩余减少了；图中两个三角形的面积之差即近似梯形的阴影部分面积，便表示由于价格上升而导致的消费者剩余的损失。

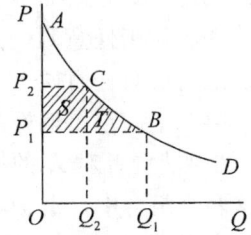

图 3-5　消费者剩余的变化

具体地看，图中表示消费者剩余损失的阴影面积由两部分构成，一部分是标记为 S 的矩形的面积，另一部分是标记为 T 的近似三角形的面积。其中，矩形的阴影面积 S 表示消费者为了继续购买商品数量 Q_2 而不得不支付更高价格所遭受的福利损失，或者说，消费者必须多支付 $(P_2 - P_1)Q_2$ 的货币量，才能继续购买商品数量 Q_2。近似三角形的阴影面积 T 表示由于价格上升导致消费量减少 Q_2Q_1 而导致的福利损失。

相反，如果假定商品的市场价格由 P_2 下降为 P_1，那么，图中近似梯形的阴影面积则表示消费者剩余的增加。其中，矩形的阴影面积 S 表示消费者能够以更低价格继续购买商品数量 Q_2 而增加的福利，或者说，消费者为此可以少支付 $(P_2 - P_1)Q_2$ 的货币量；近似三角形的阴影面积 T 表示由于价格下降带来的消费增量 Q_2Q_1 而增加的福利。

第二节　无差异曲线

序数效用论者用无差异曲线分析方法来考察消费者的选择行为，并在此基础上推导出消费者的需求曲线，深入地阐述需求曲线的经济含义。

一、关于偏好的假定

序数效用论者认为，商品给消费者带来的效用的大小应该用顺序或等级来表示。为此，序数效用论者提出了消费者偏好的概念。所谓偏好，就是爱好或喜欢的意思。序数效用论者认为，对于各种不同的商品组合，消费者的偏好程度是有差别的，正是这种偏好程度的差别，反映了消费者对这些不同的商品组合的效用水平的评价。准确地说，**偏好是指消费者对任意两个商品组合所做的一个排序**。具体地讲，给定 A、B 两个商品组合，如果某消费者对 A 商品组合的偏好程度大于 B 商品组合，那么也就是说，这个消费者认为 A 组合的效用水平大于 B 组合，A 组合给该消费者带来的满足程度大于 B 组合；或者说，该消费者认为，在效用水平的排序上，A 组合排第一，B 组合排第二。

序数效用论者提出了关于消费者偏好的三个基本的假定：

第一个假定是**偏好的完全性**。偏好的完全性指消费者总是可以比较和排列所给出的两个不同的商品组合。换言之，对于任何两个商品组合 A 和 B，消费者总是可以作出，而且只能作出以下三种判断中的一种：对 A 的偏好大于对 B 的偏好；或者对 B 的偏好大于对 A 的偏好；或者对 A 和 B 的偏好相同（即 A 和 B 是无差异的）。偏好的完全性的假定保证消费者对于任意两个商品组合的偏好的表达方式是完备的（即完全的），即消费者总是可以把自己对任意两个商品组合的偏好评价准确地表达出来。

第二个假定是**偏好的可传递性**。偏好的可传递性指对于任何三个商品组合 A、B 和 C，如果消费者对 A 的偏好大于对 B 的偏好，对 B 的偏好大于对 C 的偏好，那么，在 A、C 这两个组合中，消费者必定有对 A 的偏好大于对 C 的偏好。偏好的可传递性假定保证了消费者偏好的一致性，因而也是理性的。

第三个假定是**偏好的非饱和性**。该假定指如果两个商品组合的区别仅在于其中一种商品的数量不相同，那么，消费者总是偏好含有这种商品数量较多的那个商品组合，即消费者对每一种商品的消费都没有达到饱和点。或者说，对于任何一种商品，消费者总是认为数量多比数量少好。此外，这个假定还意味着，消费者认为值得拥有的商品都是"好的东西"（goods），而不是"坏的东西"（bads）。在这里，"坏的东西"指诸如空气污染、噪声等只能给消费者带来负效用的东西。在我们以后的分析中，不涉及"坏的东西"。

二、无差异曲线及其特点

为了简化分析，假定消费者只消费两种商品。这样，我们就可以直接在二维平面图上讨论无差异曲线。

无差异曲线是用来表示消费者偏好相同的两种商品的所有组合的。或者说，它是表示能够给消费者带来相同的效用水平或满足程度的两种商品的所有组合的。下面用表 3-3 和图 3-6 具体说明无差异曲线的构建。

表 3-3   某消费者的无差异表

商品组合	无差异表 a		无差异表 b		无差异表 c	
	X_1	X_2	X_1	X_2	X_1	X_2
A	20	130	30	120	50	120
B	30	60	40	80	55	90
C	40	45	50	63	60	83
D	50	35	60	50	70	70
E	60	30	70	44	80	60
F	70	27	80	40	90	54

表 3-3 是某消费者关于商品 1 和商品 2 的无差异表列，表中列出了关于这两种商品各种不同的组合。该表由三个子表即无差异表 a、无差异表 b 和无差异表 c 组成，每一个子表中都包含六个商品组合，且假定每一个子表中六个商品组合的效用水平是相同的。以无差异表 a 为例：表 a 中有 A、B、C、D、E 和 F 六个商品组合。在 A 组合中，商品 1

和商品 2 的数量各为 20 和 130；在 B 组合中，商品 1 和商品 2 的数量各为 30 和 60；如此等等。而且，消费者对这六个组合的偏好程度是无差异的。同样地，消费者对无差异表 b 中的所有六个商品组合的偏好程度也都是相同的，无差异表 c 中六个商品组合给消费者带来的满足程度也都是相同的。

但需要注意的是，无差异表 a、无差异表 b 和无差异表 c 各自所代表的效用水平的大小是不一样的。只要对表中的商品组合进行仔细观察和分析，就可以发现，根据偏好的非饱和性假设，或者说，根据商品数量"多比少好"的原则，可以得出结论：无差异表 a 所代表的效用水平低于无差异表 b，无差异表 b 又低于无差异表 c。

根据表 3-3 绘制的无差异曲线如图 3-6 所示。图中的横轴和纵轴分别表示商品 1 的数量 X_1 和商品 2 的数量 X_2，曲线 U_1、U_2 和 U_3 顺次代表与无差异表 a、无差异表 b 和无差异表 c 相对应的三条无差异曲线。这三条无差异曲线是这样得到的：以无差异曲线 U_1 为例，先根据无差异表 a 描绘出相应的六个商品组合点 A、B、C、D、E 和 F，然后用曲线把这六个点连接起来（在假设商品数量可以无限细分的假定下），便形成了平滑的无差异曲线 U_1。用相同的方法，可以根据无差异表 b 和无差异表 c，分别绘制出无差异曲线 U_2 和 U_3。

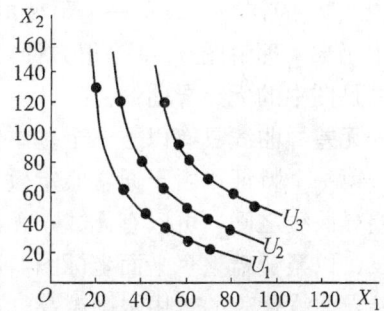

图 3-6　某消费者的无差异曲线

需要指出，在表 3-3 中我们只列出了三个无差异子表，相应地，在图 3-6 中我们只得到了三条无差异曲线。实际上，我们可以假定消费者的偏好程度无限多，也就是说，我们可以有无穷个无差异子表，从而得到无数条无差异曲线。表 3-3 和图 3-6 只不过是一种分析的简化而已。

除以上的方法之外，无差异曲线也可以从三维空间的几何图形中得到说明。在图 3-7 中，水平面的两个坐标轴 OX_1 和 OX_2 分别表示商品 1 和商品 2 的数量，高度坐标轴表示效用水平。在图中水平面上的任何一点都表示两种商品的一个组合，与每一商品组合相对应的效用水平都可以在效用曲面 OAZB 上找到。例如，在水平面的 P' 点上，相应的商品组合是商品 1 和商品 2 的数量分别为 X_{11} 和 X_{21}，由 P' 出发垂直向上可以在效用曲面上找到与该商品组合相对应的效用水平为 PP'。如果由商品组合 P' 点出发，在保持效用水平不变的前提下，用商品 1 去替代商品 2，或用商品 2 去替代商品 1，就会在水平面上得到一条曲线 $R'P'S'$。显然，该曲线上所有的商品组合的效用水平均相同，即在图中有 $RR'=PP'=SS'$。所以，水平面上的 $R'P'S'$ 曲线就是一条无差异曲线。在图中，我们还画出了另一条无差异曲线 $T'Q'V'$，它的效用水平高于无差异曲线 $R'P'S'$。

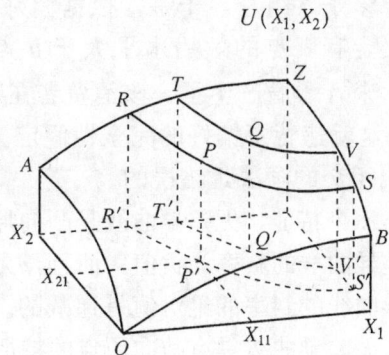

图 3-7　效用曲面和无差异曲线

在此，我们引入效用函数的概念。**效用函数表示某一商品组合给消费者所带来的效用水平**。假定消费者只消费两种商品，则效用函数为：

$$U=f(X_1,X_2) \tag{3.12}$$

式中，X_1 和 X_2 分别为两种商品的数量；U 为效用水平。在此基础上，与无差异曲线相对应的效用函数为：

$$U=f(X_1,X_2)=U^0 \tag{3.13}$$

式中，U^0 为常数，表示一个不变的效用水平。该效用函数有时也被称为**等效用函数**。用效用函数来理解图 3-7 是很方便的：（3.12）式对应的是图中的效用曲面；（3.13）式对应的是图中的无差异曲线。

无差异曲线具有以下三个基本特征：

第一个特征，由于通常假定效用函数是连续的，所以，在同一坐标平面上的任何两条无差异曲线之间，可以有无数条无差异曲线。可以这样想象：我们可以画出无数条无差异曲线，以至覆盖整个平面坐标图。所有这些无差异曲线之间的相互关系是：离原点越远的无差异曲线代表的效用水平越高，离原点越近的无差异曲线代表的效用水平越低。如同在图 3-7 中，无差异曲线 $T'Q'V'$ 的效用水平高于无差异曲线 $R'P'S'$。

第二个特征，在同一坐标平面图上的任何两条无差异曲线均不会相交。这一点可用图 3-8 来说明。

在图中，两条无差异曲线相交于 a 点，这种画法是错误的。其理由在于：根据无差异曲线的定义，由无差异曲线 U_1 可得 a、b 两点的效用水平是相等的即无差异的，由无差异曲线 U_2 可得 a、c 两点的效用水平是相等的即无差异的。于是，根据偏好的可传递性的假定，必定有 b 和 c 这两点的效用水平是相等的。但是，观察和比较图中 b 和 c 这两点的商品组合，可以发现 c 组合中的每一种商品的数量都多于 b 组合，于是，根据偏好的非饱和性假定，必定有 c 点的效用水平大于 b 点的效用水平。

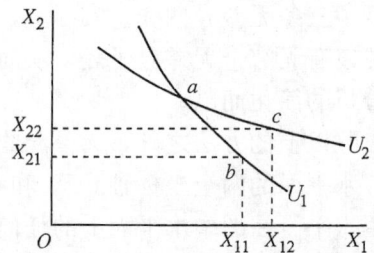

图 3-8　违反偏好假定的无差异曲线

这样一来，矛盾产生了：该消费者在认为 b 点和 c 点无差异的同时，又认为 c 点要优于 b 点，这就违背了偏好的完全性假定。由此证明：对于任何一个消费者来说，两条无差异曲线相交的画法是错误的。

第三个特征，无差异曲线是凸向原点的。这就是说，无差异曲线不仅向右下方倾斜，即无差异曲线的斜率为负值，而且，无差异曲线是以凸向原点的形状向右下方倾斜的，即无差异曲线的斜率的绝对值是递减的。这一特征在图 3-6 和图 3-7 中都表现得很明显。为什么无差异曲线具有凸向原点的特征呢？它取决于商品的边际替代率递减规律。这将在下一个问题中得到详细说明。

三、商品的边际替代率

1. 商品的边际替代率的含义

可以想象一下，当一个消费者沿着一条既定的无差异曲线上下滑动的时候，两种商品的数量组合会不断地发生变化，而效用水平却保持不变。这就说明，在维持效用水平不变的前提条件下，消费者在增加一种商品消费数量的同时，必然会放弃一部分另一种商品的消费数量，即两商品的消费数量之间存在着替代关系。由此，经济学家建立了商品的边际替代率（英文简写为 MRS）的概念。**在维持效用水平不变的前提下，消费者增加一单位某种商品的消费数量时所需要放弃的另一种商品的消费数量，被称为商品的边际替代率。**商品 1 对商品 2 的边际替代率的定义公式为：

$$MRS_{12} = -\frac{\Delta X_2}{\Delta X_1} \tag{3.14}$$

式中，ΔX_1 和 ΔX_2 分别为商品 1 和商品 2 的变化量。由于 ΔX_1 是增加量，ΔX_2 是减少量，两者的符号肯定是相反的，所以，为了使 MRS_{12} 的计算结果是正值，以便于比较，就在公式中加了一个负号。

当商品数量的变化趋于无穷小时，则商品的边际替代率公式为：

$$MRS_{12} = \lim_{\Delta X_1 \to 0} -\frac{\Delta X_2}{\Delta X_1} = -\frac{dX_2}{dX_1} \tag{3.15}$$

显然，由（3.15）式可知，**无差异曲线上某一点的边际替代率就是无差异曲线在该点的斜率的绝对值。**

2. 商品的边际替代率递减规律

西方经济学家指出，在两商品的替代过程中，普遍存在这么一种现象，这种现象被称为商品的边际替代率递减规律。具体地说，**商品的边际替代率递减规律是指：在维持效用水平不变的前提下，随着一种商品的消费数量的连续增加，消费者为得到每一单位的这种商品所需要放弃的另一种商品的消费数量是递减的。**之所以会普遍发生商品的边际替代率递减的现象，其原因在于：随着一种商品的消费数量的逐步增加，消费者想要获得更多的这种商品的愿望就会递减，从而，他为了多获得一单位的这种商品而愿意放弃的另一种商品的数量就会越来越少。

从几何意义上讲，由于无差异曲线上某一点的两商品的边际替代率就是无差异曲线在该点的斜率的绝对值，所以，在连续的意义上，边际替代率递减规律决定了无差异曲线的斜率的绝对值是递减的，即无差异曲线是凸向原点的。

下面，再利用图 3-9 从商品离散的角度来具体说明商品的边际替代率递减规律和无差异曲线形状之间的关系。在图中，当消费者沿着既定的无差异曲线由 a 点运动到 b 点时，商品 1 的增加量为 ΔX_1，相应的商品 2 的减少量为 ΔX_2。这两个变量的比值的绝对值即 $-\frac{\Delta X_2}{\Delta X_1}$，就是由 a 点运动到 b 点的 MRS_{12}。在图中，由于无差异曲线是凸向原点的，这就保证了当商品 1 的数量一单位一单位地逐步增加时，即在消费者由 a 点经 b、c、d 点运动到 e 点的过程中，每增加一单位的商品 1 所需放弃的商品 2 的数量是递减的。

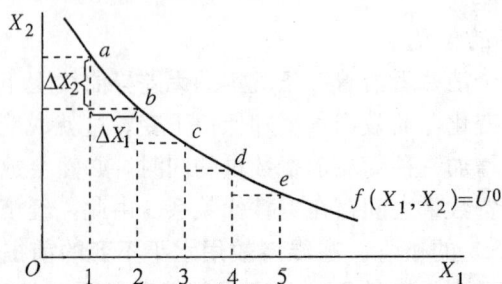

图3-9 商品的边际替代率递减规律和无差异曲线的形状

四、无差异曲线的特殊形状

无差异曲线的形状表明在维持效用水平不变的前提下一种商品对另一种商品的替代程度。由边际替代率递减规律决定的无差异曲线的形状是凸向原点的,这是无差异曲线的一般形状。下面,考虑两种特殊的情况,相应的无差异曲线有着特殊的形状。

1. 完全替代品的情况

完全替代品指两种商品之间的替代比例固定不变的情况。因此,在完全替代的情况下,两商品之间的边际替代率 MRS_{12} 就是一个常数,相应的无差异曲线是一条斜率不变的直线。例如,在某消费者看来,一杯牛奶和一杯咖啡之间是无差异的,两者总是可以以1:1的比例相互替代,相应的无差异曲线如图3-10(a)所示。

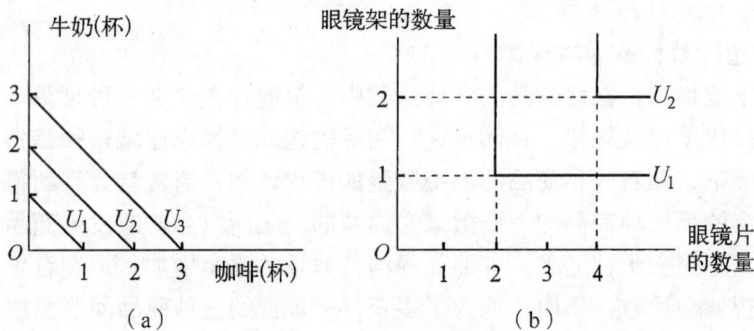

图3-10 完全替代品和完全互补品的无差异曲线

假定某消费者只消费两种商品,而且这两种商品之间是完全替代的关系,则相应的效用函数的通常形式为:

$$U(x_1,x_2)=ax_1+bx_2 \tag{3.16}$$

式中,x_1、x_2 分别表示两种商品的数量;常数 a、$b>0$。该效用函数也被称为线性效用函数,与其相对应的无差异曲线是一条直线。而且,在任何一条直线型的无差异曲线上,两商品的边际替代率都保持不变,即均有 $MRS_{12}=a/b$。

2. 完全互补品的情况

完全互补品指两种商品必须按固定不变的比例同时被使用的情况。因此，在完全互补的情况下，相应的无差异曲线为直角形状。例如，一副眼镜架必须和两片眼镜片同时配合，才能构成一副可供使用的眼镜，则相应的无差异曲线如图 3-10（b）所示。图 3-10（b）中无差异曲线 U_1 的水平部分表示，对于一副眼镜架而言，只需要两片眼镜片即可，任何超量的眼镜片都是多余的。换言之，消费者不会放弃这一副眼镜架去换取额外的眼镜片，所以，相应的 $MRS_{12}=0$。图 3-10（b）中无差异曲线 U_1 的垂直部分表示，对于两片眼镜片而言，只需要一副眼镜架即可，任何超量的眼镜架都是多余的。换言之，消费者会放弃所有超量的眼镜架，只保留一副眼镜架与两片眼镜片相匹配，所以，相应的 $MRS_{12}=\infty$。

假定某消费者只消费两种商品，而且这两种商品之间是完全互补的关系，则相应的效用函数的通常形式为：

$$U(x_1, x_2) = \min\{ax_1, bx_2\} \tag{3.17}$$

式中，x_1、x_2 分别表示两种商品的数量；常数 a、$b>0$；符号 min 表示效用水平由括号中最小的一项决定。只有在无差异曲线的直角点上，两种互补商品刚好按固定比例被消费，所以，在任何一条关于完全互补品的无差异曲线的直角点上，都有 $U=ax_1=bx_2$。

第三节 效用最大化与消费者选择

无差异曲线描述了消费者对不同商品组合的偏好，它仅仅表示了消费者的消费意愿。这种意愿构成分析消费者行为的一个方面。另一方面，消费者在购买商品时，必然会受到自己的收入水平和市场上商品价格的限制，这就是预算约束。预算约束可以用预算线来说明。

一、预算线

1. 预算线的含义

预算线又被称为**预算约束线、消费可能线和价格线**。预算线表示在消费者的收入和商品的价格给定的条件下，消费者的全部收入所能购买到的两种商品的各种组合。

假定某消费者的一笔收入为 120 元，全部用来购买商品 1 和商品 2，其中，商品 1 的价格 $P_1=4$ 元，商品 2 的价格 $P_2=3$ 元。那么，全部收入都用来购买商品 1 可得 30 单位，全部收入都用来购买商品 2 可得 40 单位。由此作出的预算线为图 3-11 中的线段 AB。

图中预算线的横截距 OB 和纵截距 OA 分别表示全部收入用来购买商品 1 和商品 2 的数量。预算线的斜率是两商品的价格之比的负值即 $-\dfrac{P_1}{P_2}$，因为预算线的斜率可以写为：

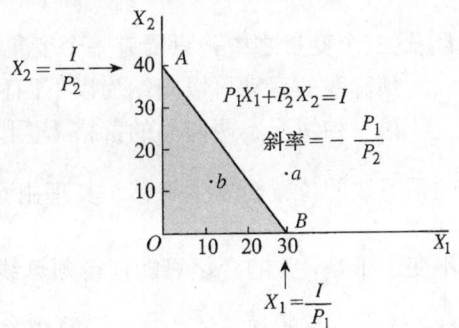

图 3-11 预算线

$$-\frac{OA}{OB} = -\frac{\dfrac{120}{P_2}}{\dfrac{120}{P_1}} = -\frac{P_1}{P_2}$$

下面，我们由以上的具体例子转向对预算线的一般分析。

假定以 I 表示消费者的既定收入，以 P_1 和 P_2 分别表示商品 1 和商品 2 的既定价格，以 X_1 和 X_2 分别表示商品 1 和商品 2 的数量，那么，相应的预算等式为：

$$P_1X_1 + P_2X_2 = I \tag{3.18}$$

该式表示：消费者购买商品 1 和商品 2 的总支出等于他的全部收入。而且，可以用 $\dfrac{I}{P_1}$ 和 $\dfrac{I}{P_2}$ 来分别表示全部收入仅购买商品 1 或商品 2 的数量，它们分别表示预算线的横截距和纵截距。此外，（3.18）式可以改写成如下形式：

$$X_2 = -\frac{P_1}{P_2}X_1 + \frac{I}{P_2} \tag{3.19}$$

（3.19）式的预算线方程告诉我们，预算线的斜率为 $-\dfrac{P_1}{P_2}$，纵截距为 $\dfrac{I}{P_2}$。

除此之外，从图 3-11 中还可以看到，预算线 AB 把平面坐标图划分为三个区域：预算线 AB 以外的区域中的任何一点，如 a 点，是消费者利用全部收入都不可能实现的商品购买的组合点。预算线 AB 以内的区域中的任何一点，如 b 点，表示消费者的全部收入在购买该点的商品组合以后还有剩余。唯有预算线 AB 上的任何一点，才是消费者的全部收入刚好花完所能购买到的商品组合点。图中的阴影部分的区域（包括直角三角形的三条边），被称为消费者的预算可行集或预算空间。

2. 预算线的变动

从以上分析可知，只要给定消费者的收入 I 及两商品的价格 P_1 和 P_2，则相应的预算线的位置和形状也就决定了。这是因为，预算线的横、纵截距分别为 $\dfrac{I}{P_1}$、$\dfrac{I}{P_2}$，预算线的斜率为 $-\dfrac{P_1}{P_2}$。由此自然可以推断，在消费者的收入 I、商品 1 的价格 P_1 和商品 2 的价格 P_2 这三个变量之中，只要有一个变量发生变化，原有的预算线就会发生变动。

预算线的变动可以归纳为以下四种情况。

第一种情况：两商品的价格 P_1 和 P_2 不变，消费者的收入 I 发生变化。这时，相应的预算线的位置会发生平移。其理由是，P_1 和 P_2 不变，意味着预算线的斜率 $-\dfrac{P_1}{P_2}$ 保持不变。于是，I 的变化只能使得预算线的横、纵截距 $\dfrac{I}{P_1}$ 和 $\dfrac{I}{P_2}$ 发生变化。如图 3-12(a) 所示，假定原有的预算线为 AB，消费者收入 I 增加，使预算线由 AB 向右平移至 $A'B'$；相反，消费者收入 I 减少，使预算线 AB 向左平移至 $A''B''$。前者表示消费者的全部收入用来购买任何一种商品的数量都因收入的增加而增加；相反，后者表示消费者的全部收入用来购买任何一种商品的数量都因收入的减少而减少。

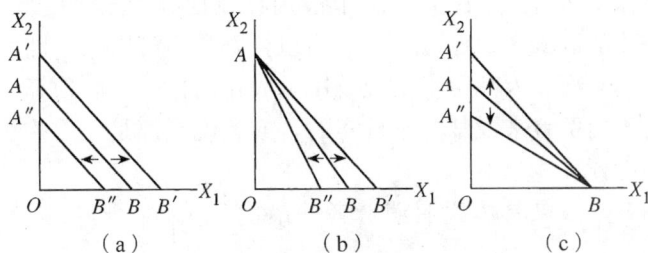

图 3 - 12 预算线的变动

第二种情况：消费者的收入 I 不变，两种商品的价格 P_1 和 P_2 同比例同方向发生变化。这时，相应的预算线的位置也会发生平移。其理由是，P_1 和 P_2 同比例同方向的变化，并不影响预算线的斜率 $-\dfrac{P_1}{P_2}$，而只能使预算线的横、纵截距 $\dfrac{I}{P_1}$ 和 $\dfrac{I}{P_2}$ 发生变化。仍如图 3 - 12（a）所示：P_1 和 P_2 的同比例上升，使预算线 AB 向左平移至 $A''B''$；相反，P_1 和 P_2 的同比例下降，却使得预算线 AB 向右平移至 $A'B'$。前者表示消费者的全部收入用来购买其中任何一种商品的数量都同比例于价格的上升而减少，而后者则表示消费者的全部收入用来购买其中任何一种商品的数量都同比例于价格的下降而增加。

第三种情况：消费者的收入 I 不变，商品 1 的价格 P_1 发生变化而商品 2 的价格 P_2 保持不变。这时，预算线的斜率 $-\dfrac{P_1}{P_2}$ 会发生变化，预算线的横截距 $\dfrac{I}{P_1}$ 也会发生变化，但是，预算线的纵截距 $\dfrac{I}{P_2}$ 保持不变。如图 3 - 12（b）所示：P_1 下降，使得预算线由 AB 移至 AB'。它表示消费者的全部收入用来购买商品 1 的数量因 P_1 的下降而增加，但全部收入用来购买商品 2 的数量并未受到影响。相反，P_1 上升，使得预算线由 AB 移至 AB''。它表示消费者的全部收入用来购买商品 1 的数量因 P_1 的上升而减少，但全部收入用来购买商品 2 的数量并未受到影响。

同样的道理，在图 3 - 12（c）中，仅由商品 2 价格 P_2 的下降与上升，分别引起预算线由 AB 移至 $A'B$ 和 $A''B$。读者可以自己分析其理由和经济含义。

第四种情况：消费者的收入 I 与两种商品的价格 P_1 和 P_2 都同比例同方向发生变化。这时预算线不发生变化。其理由是，此时预算线的斜率 $-\dfrac{P_1}{P_2}$ 以及预算线的截距 $\dfrac{I}{P_1}$ 和 $\dfrac{I}{P_2}$ 都不会发生变化。它表示消费者的全部收入用来购买任何一种商品的数量都未发生变化。

二、效用最大化和消费者选择

在已知消费者偏好和预算约束的前提下，就可以分析消费者对最优商品组合的选择。具体的做法是，把前面考察过的消费者的无差异曲线和预算线结合在一起，来分析消费者追求效用最大化的购买选择行为。

消费者的最优购买选择行为必须满足两个条件：第一，最优的商品购买组合必须是消费者最偏好的商品组合。也就是说，最优的商品购买组合必须是能够给消费者带来最大效用的商品组合。第二，最优的商品购买组合必须位于给定的预算线上。

关于第二点，只要再看一下图 3-11 中被预算线划分的三个区域，马上就可以明白。这就是：预算线左边的区域中的任何一个商品组合都是不可取的，因为消费者的收入未花完，消费者应该将其全部收入都用于实现效用最大化的目标。而预算线右边的区域中的任何一个商品组合对于消费者来说都是不现实的，或者说，都是无力购买的。所以，最优的购买组合只能出现在预算线上。

下面，利用图 3-13 来具体说明消费者的最优购买选择行为。

首先，把要分析的问题准确表述如下：假定消费者的偏好给定，再假定消费者的收入和两种商品的价格给定，那么，消费者应该如何选择最优的商品组合，以获得最大的效用呢？认真考虑一下这个问题，可以得到以下两点：第一，消费者偏好给定的假定，意味着给定了一个由该消费者的无数条无差异曲线所构成的无差异曲线簇。为了简化分析，我们从中抽取三条，这便是图 3-13 中三条无差异曲线 U_1、U_2 和 U_3 的由来。第二，消费者的收入和两商品的价格给定这一假定，意味着给定了该消费者的一条预算线，这便是图 3-13 中唯一的一条预算线 AB 的由来。

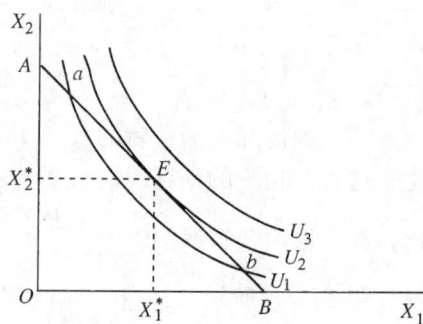

图 3-13　消费者的均衡

然后，在图 3-13 中找出该消费者实现效用最大化的最优商品组合。面对图 3-13 中的一条预算线和三条无差异曲线，我们说，只有预算线 AB 和无差异曲线 U_2 的切点 E，才是消费者在给定的预算约束下能够获得最大效用的均衡点。在均衡点 E 处，相应的最优购买组合为 $(X_1^*，X_2^*)$，所实现的最大效用水平由无差异曲线 U_2 表示。

为什么唯有 E 点才是消费者效用最大化的均衡点呢？这是因为，就无差异曲线 U_3 来说，虽然它代表的效用水平高于无差异曲线 U_2，但它与既定的预算线 AB 既无交点又无切点。这说明消费者在既定的收入水平下无法实现无差异曲线 U_3 上的任何一点的商品组合的购买。就无差异曲线 U_1 来说，虽然它与既定的预算线 AB 相交于 a、b 两点，这表明消费者利用现有收入可以购买 a 点或 b 点的商品组合，但是，这两点的效用水平低于无差异曲线 U_2，因此，理性的消费者不会用全部收入去选择购买无差异曲线 U_1 上 a 点或 b 点的商品组合。事实上，就 a 点或 b 点来说，若消费者能改变购买组合，选择 AB 线段上位于 a 点右边或 b 点左边的任何一点的商品组合，则都可以达到比 U_1 更高的无差异曲线，以获得比 a 点或 b 点的效用更大的效用。这种沿着 AB 线段由 a 点往右或由 b 点往左的运动，最后必定在 E 点达到均衡。显然，只有当既定的预算线 AB 和无差异曲线 U_2 相切于 E 点时，消费者才在既定的预算约束条件下获得最大的满足。故 E 点就是消费者实现效用最大化的均衡点。

最后，找出消费者效用最大化的均衡条件。在切点 E，无差异曲线和预算线两者的斜率是相等的。我们已经知道，无差异曲线的斜率的绝对值就是两商品的边际替代率 MRS_{12}，预算线的斜率的绝对值可以用两商品的价格之比 $\dfrac{P_1}{P_2}$ 来表示。由此，在均衡点 E 有：

$$MRS_{12} = \frac{P_1}{P_2} \tag{3.20}$$

这就是消费者效用最大化的均衡条件。它表示：在一定的预算约束下，为了实现最大的效用，消费者应该选择最优的商品组合，使得两商品的边际替代率等于两商品的价格之比。也可以这样理解：在消费者的均衡点上，消费者愿意用一单位的某种商品去交换的另一种商品的数量（即 **MRS_{12}**），应该等于该消费者能够在市场上用一单位的这种商品去交换得到的另一种商品的数量（即 $\boldsymbol{\dfrac{P_1}{P_2}}$）。

为什么说只有当 $MRS_{12} = \dfrac{P_1}{P_2}$ 时，消费者才能获得最大的满足呢？

因为如果 $MRS_{12} = -\dfrac{\mathrm{d}X_2}{\mathrm{d}X_1} = \dfrac{1}{0.5} > \dfrac{1}{1} = \dfrac{P_1}{P_2}$，那么，从不等式右边看，在市场上，消费者减少 1 单位的商品 2 的购买，就可以增加 1 单位的商品 1 的购买。而从不等式的左边看，消费者偏好认为，在减少 1 单位的商品 2 时，只需增加 0.5 单位的商品 1，就可以维持原有的满足程度。这样，消费者就因多得到 0.5 单位的商品 1 而使总效用增加。所以，在这种情况下，理性的消费者必然会不断地减少对商品 2 的购买和增加对商品 1 的购买，以便获得更大的效用。例如，在图 3-13 中的 a 点，无差异曲线的斜率的绝对值大于预算线的斜率的绝对值，即 $MRS_{12} > \dfrac{P_1}{P_2}$，于是，消费者会沿着预算线 AB 减少对商品 2 的购买和增加对商品 1 的购买，逐步达到均衡点 E。

相反，如果 $MRS_{12} = -\dfrac{\mathrm{d}X_2}{\mathrm{d}X_1} = \dfrac{0.5}{1} < \dfrac{1}{1} = \dfrac{P_1}{P_2}$，那么，从不等式的右边看，在市场上，消费者减少 1 单位的商品 1 的购买，就可以增加 1 单位的商品 2 的购买。而从不等式的左边看，消费者偏好认为，在减少 1 单位的商品 1 时，只需增加 0.5 单位的商品 2，就可以维持原有的满足程度。这样，消费者就因多得到 0.5 单位的商品 2 而使总效用增加。所以，在这种情况下，理性的消费者必然会不断地减少对商品 1 的购买和增加对商品 2 的购买，以便获得更大的效用。例如，在图 3-13 中的 b 点，无差异曲线的斜率的绝对值小于预算线的斜率的绝对值，即 $MRS_{12} < \dfrac{P_1}{P_2}$，于是，消费者会沿着预算线 AB 减少对商品 1 的购买和增加对商品 2 的购买，逐步向均衡点 E 靠近。

很清楚，只有当消费者将两种商品的消费量调整到 $MRS_{12} = \dfrac{P_1}{P_2}$，或者说，调整到由消费者主观偏好决定的两商品的边际替代率和市场上的两商品的价格之比相等时，消费者才处于一种既不想再增加也不想再减少任何一种商品购买量的这样一种均衡状态。这时，消费者获得了最大的满足。

至此，我们简单介绍了基数效用论者如何运用边际效用分析法研究消费者的选择行为，也详细介绍了序数效用论者如何运用无差异曲线分析法研究消费者的选择行为。在此需要指出的是，虽然它们各自运用的是不同的分析方法，但两者所得出的消费者的均衡条件实质上是相同的。以下的推导将说明这一点。

由于在保持效用水平不变即一条无差异曲线给定的前提下，消费者增加一种商品的数量所带来的效用增加量和相应减少另一种商品的数量所带来的效用减少量必定是相等的，即有：

$$|MU_1 \cdot \Delta X_1| = |MU_2 \cdot \Delta X_2|$$

上式可以写为：

$$MRS_{12} = -\frac{\Delta X_2}{\Delta X_1} = \frac{MU_1}{MU_2} \tag{3.21}$$

或

$$MRS_{12} = \lim_{\Delta X_1 \to 0} -\frac{\Delta X_2}{\Delta X_1} = \frac{MU_1}{MU_2} \text{①} \tag{3.22}$$

根据以上两个式子，序数效用论者关于消费者的均衡条件即（3.20）式可以改写为：

$$MRS_{12} = \frac{MU_1}{MU_2} = \frac{P_1}{P_2} \tag{3.23}$$

或

$$\frac{MU_1}{P_1} = \frac{MU_2}{P_2} = \lambda \tag{3.24}$$

式中，λ 为货币的边际效用。而（3.24）式与基数效用论者关于消费者的均衡条件是相同的［见（3.6）式和（3.8）式］。②

---

① 假设效用函数为 $U = U(X_1, X_2)$，则 $U = U(X_1, X_2) = U^0$（常数）代表一条无差异曲线的方程。在等式两边取全微分，有：$\frac{\partial U}{\partial X_1}dX_1 + \frac{\partial U}{\partial X_2}dX_2 = 0$。

$$\therefore \quad -\frac{dX_2}{dX_1} = \frac{\frac{\partial U}{\partial X_1}}{\frac{\partial U}{\partial X_2}} = \frac{MU_1}{MU_2}，即有 MRS_{12} = -\frac{dX_2}{dX_1} = \frac{MU_1}{MU_2}。$$

② 下面是关于效用最大化的数学模型。

设消费者的效用函数 $U = U(X_1, X_2)$，预算约束为 $I = P_1 X_1 + P_2 X_2$，求消费者在预算约束下的效用最大化的最优商品数量组合。相应的拉格朗日函数为：

$$L(X_1, X_2, \lambda) = U(X_1, X_2) + \lambda(I - P_1 X_1 - P_2 X_2)$$

式中，λ 为拉格朗日乘数。效用最大化的一阶条件为：

$$\frac{\partial L}{\partial X_1} = U_1 - \lambda P_1 = 0$$

$$\frac{\partial L}{\partial X_2} = U_2 - \lambda P_2 = 0$$

$$\frac{\partial L}{\partial \lambda} = I - P_1 X_1 - P_2 X_2 = 0$$

式中，$U_i = \frac{\partial U}{\partial X_i}$，$i = 1, 2$。

由一阶条件中的前两个式子可得：$\frac{U_1}{U_2} = \frac{P_1}{P_2}$

式中，$\frac{U_1}{U_2}$ 可以表示商品的边际替代率。所以，效用最大化的必要条件为：两商品的边际替代率等于两商品的价格之比。

由一阶条件中的前两个式子还可得：$\frac{U_1}{P_1} = \frac{U_2}{P_2} = \lambda$

式中，拉格朗日乘数 λ 表示货币的边际效用。所以，效用最大化的必要条件也可表述为：消费者花费在各种商品上的最后一元钱所带来的边际效用都相等，且等于货币的边际效用。

由一阶条件的三个式子，可求出两商品的需求函数 $X_i = X_i(P_1, P_2, I)$，$i = 1, 2$。

这里，略去了该最大化问题的二阶条件。

（专栏 3-1"受欢迎的自助餐"，请读者扫描本书封面二维码获取。）

第四节 价格变化和收入变化对消费者均衡的影响

本节属于比较静态分析，将先后考察商品价格变化和消费者收入变化对消费者均衡的影响，并在此基础上分别推导出消费者的需求曲线和恩格尔曲线。

一、价格变化：价格—消费曲线

在其他条件均保持不变时，一种商品价格的变化会使消费者效用最大化的均衡点的位置发生移动，并由此可以得到价格—消费曲线。**价格—消费曲线是在消费者的偏好、收入以及其他商品价格不变的条件下，与某一种商品的不同价格水平相联系的消费者效用最大化的均衡点的轨迹。** 具体以图 3-14 来说明价格—消费曲线的形成。

在图中，假定商品 1 的初始价格为 P_1^1，相应的预算线为 AB，它与无差异曲线 U_1 相切于效用最大化的均衡点 E_1。如果商品 1 的价格由 P_1^1 下降为 P_1^2，相应的预算线由 AB 移至 AB'，于是，AB' 与另一条较高的无差异曲线 U_2 相切于均衡点 E_2。如果商品 1 的价格再由 P_1^2 继续下降为 P_1^3，相应的预算线由 AB' 移至 AB''，于是，AB'' 与另一条更高的无差异曲线 U_3 相切于均衡点 E_3……不难发现，随着商品 1 的价格的不断变化，可以找到无数个诸如 E_1、E_2 和 E_3 那样的均衡点，它们的轨迹就是价格—消费曲线。

二、消费者的需求曲线

由消费者的价格—消费曲线可以推导出消费者的需求曲线。

分析图 3-14（a）中价格—消费曲线上的三个均衡点 E_1、E_2 和 E_3，可以看出，在每一个均衡点上，都存在着商品 1 的价格与商品 1 的需求量之间一一对应的关系。这就是：在均衡点 E_1 处，商品 1 的价格为 P_1^1，则商品 1 的需求量为

图 3-14 价格—消费曲线和消费者的需求曲线

X_1^1。在均衡点 E_2 处，商品 1 的价格由 P_1^1 下降为 P_1^2，则商品 1 的需求量 X_1^1 增加为 X_1^2。在均衡点 E_3 处，商品 1 的价格进一步由 P_1^2 下降为 P_1^3，则商品 1 的需求量由 X_1^2 再增加为 X_1^3。根据商品 1 的价格和需求量之间的这种对应关系，把每一个 P_1 数值和相应的均衡点上的 X_1 数值绘制在商品的价格—数量坐标图上，便可以得到单个消费者的需求曲线。这便是图 3-14（b）中的需求曲线 $X_1 = f(P_1)$。在图 3-14（b）中，横轴表示商品 1 的

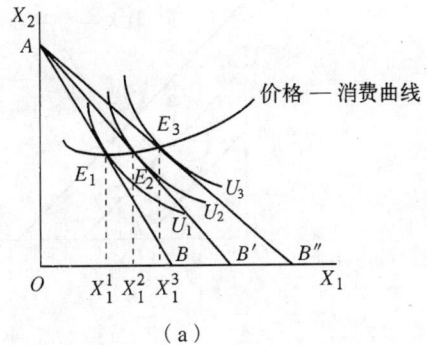

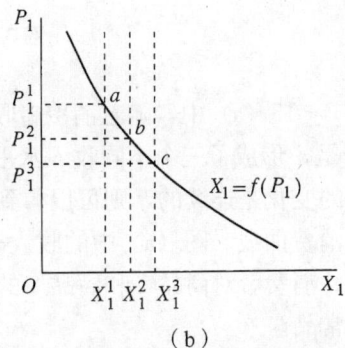

数量 X_1，纵轴表示商品 1 的价格 P_1。图 3-14（b）中需求曲线 $X_1 = f(P_1)$ 上的 a、b、c 点分别和图 3-14（a）中价格—消费曲线上的均衡点 E_1、E_2、E_3 相对应。

至此，我们介绍了序数效用论者如何从对消费者选择行为的分析中推导出消费者的需求曲线。由图 3-14 可见，序数效用论者所推导的**需求曲线**一般是向右下方倾斜的，它表示商品的价格和需求量呈反方向变化。尤其是，需求曲线上与每一价格水平相对应的商品需求量都是可以给消费者带来最大效用的均衡数量。

三、收入变化：收入—消费曲线

在其他条件不变而仅有消费者的收入水平发生变化时，也会改变消费者效用最大化的均衡量的位置，并由此可以得到收入—消费曲线。**收入—消费曲线是在消费者的偏好和商品的价格不变的条件下，与消费者的不同收入水平相联系的消费者效用最大化的均衡点的轨迹。**

以图 3-15 来具体说明收入—消费曲线的形成。

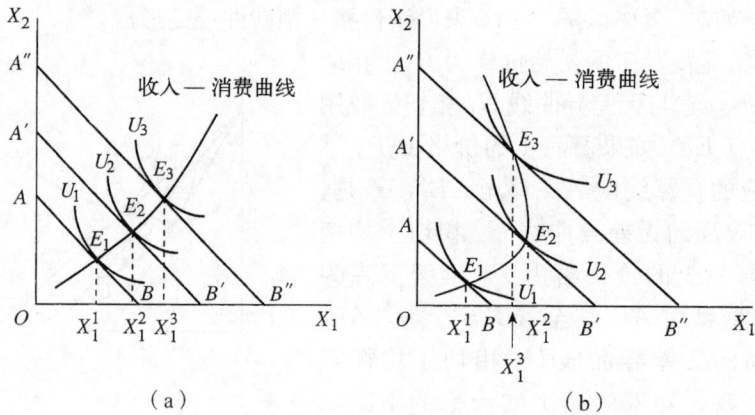

图 3-15　收入—消费曲线

在图 3-15（a）中，随着消费者收入水平的不断提高，预算线由 AB 移至 $A'B'$，再移至 $A''B''$，于是，形成了三个不同收入水平下的消费者效用最大化的均衡点 E_1、E_2 和 E_3。如果收入水平的变化是连续的，则可以得到无数个这样的均衡点的轨迹，这便是图 3-15（a）中的收入—消费曲线。图（a）中的收入—消费曲线是向右上方倾斜的，它表示：随着收入水平的提高，消费者对商品 1 和商品 2 的需求量都是上升的，所以，图 3-15（a）中的两种商品都是正常品。

在图 3-15（b）中，采用与图 3-15（a）中类似的方法，随着收入水平的连续提高，描绘出了另一条收入—消费曲线。但是图 3-15（b）中的收入—消费曲线是向后弯曲的，它表示：随着收入水平的提高，消费者对商品 1 的需求量开始时是增加的，但在收入上升到一定水平之后，消费者对商品 1 的需求量反而减少了。这说明，在一定的收入水平上，对于消费者来说，商品 1 由正常品变成了劣等品。我们可以在日常经济生活中找到这样的例子。譬如，对某些消费者来说，在收入水平较低时，土豆是正常品；而在收入水平较高时，土豆就有可能成为劣等品。因为，在他们变得较富裕的时候，他们可能会减少对土豆的消费量，而增加对其他肉类与食物的消费量。

80

四、恩格尔曲线

由消费者的收入—消费曲线可以推导出消费者的恩格尔曲线。

恩格尔曲线表示消费者在每一收入水平对某商品的需求量。与恩格尔曲线相对应的函数关系为 $X=f(I)$，其中，I 为收入水平；X 为某种商品的需求量。

图 3-15 中的收入—消费曲线反映了消费者的收入水平和商品的需求量之间存在着一一对应的关系：以商品 1 为例，当收入水平为 I_1 时，商品 1 的需求量为 X_1^1；当收入水平提高为 I_2 时，商品 1 的需求量增加为 X_1^2；当收入水平再提高为 I_3 时，商品 1 的需求量变动为 X_1^3……把这种一一对应的收入和需求量的组合描绘在相应的平面坐标图中，便可以得到相应的恩格尔曲线，如图 3-16 所示。

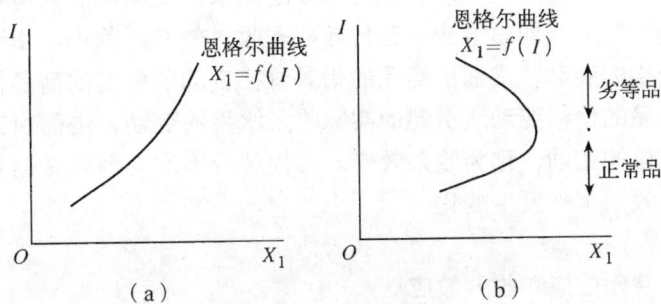

图 3-16　恩格尔曲线

图 3-16（a）和图 3-15（a）是相对应的，图中的商品 1 是正常品，商品 1 的需求量 X_1 随着收入水平 I 的上升而增加。图 3-16（b）和图 3-15（b）是相对应的，在一定的收入水平上，图中的商品 1 由正常品转变为劣等品。或者说，在较低的收入水平范围，商品 1 的需求量与收入水平呈同方向的变动，恩格尔曲线斜率为正；在较高的收入水平范围，商品 1 的需求量与收入水平呈反方向的变动，恩格尔曲线斜率为负。

第五节　替代效应和收入效应

一种商品价格的变化会引起该商品的需求量的变化，这种变化可以被分解为替代效应和收入效应两个部分。本节将分别讨论正常品和劣等品的替代效应和收入效应，并以此进一步说明这两类商品的需求曲线的形状特征。

一、替代效应和收入效应的含义

当一种商品的价格发生变化时，会对消费者产生两种影响：一是使消费者的实际收入水平发生变化。在这里，实际收入水平的变化被定义为效用水平的变化。[1] 二是使商品的

---

    ① 在分析商品价格变化的替代效应和收入效应时，关于消费者实际收入水平的变动可以有两种定义方式。其一，将其定义为消费者效用水平的变动。其二，将其定义为消费者所购买的商品组合的变动。本书的分析采用前一种定义方式，即以消费者的效用水平来表示实际收入水平。

相对价格发生变化。这两种变化都会改变消费者对该种商品的需求量。

例如，在消费者购买商品 1 和商品 2 两种商品的情况下，当商品 1 的价格下降时，一方面，对于消费者来说，虽然货币收入不变，但是现有的货币收入的购买力增强了，也就是说实际收入水平提高了。实际收入水平的提高，会使消费者改变对这两种商品的购买量，从而达到更高的效用水平，这就是收入效应。另一方面，商品 1 价格的下降，使得商品 1 相对于价格不变的商品 2 来说，较以前便宜了。商品相对价格的这种变化，会使消费者增加对商品 1 的购买而减少对商品 2 的购买，这就是替代效应。显然，替代效应不考虑实际收入水平变动的影响，所以，替代效应不改变消费者的效用水平。当然，也可以同样地分析商品 1 的价格提高时的替代效应和收入效应，只是情况刚好相反罢了。

综上所述，一种商品价格变动所引起的该商品需求量变动的总效应可以被分解为替代效应和收入效应两个部分，即总效应＝替代效应＋收入效应。其中，**由商品的价格变动所引起的商品相对价格的变动，进而由商品的相对价格变动所引起的商品需求量的变动，称为替代效应。由商品的价格变动所引起的实际收入水平的变动，进而由实际收入水平变动所引起的商品需求量的变动，称为收入效应。替代效应不改变消费者的效用水平，收入效应则表示消费者的效用水平发生变化。**

二、正常品的替代效应和收入效应

以图 3－17 为例分析正常品价格下降时的替代效应和收入效应。

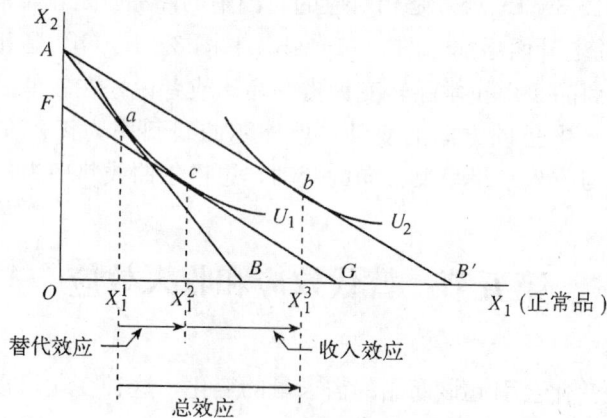

图 3－17　正常品的替代效应和收入效应

图 3－17 中的横轴 OX_1 和纵轴 OX_2 分别表示商品 1 和商品 2 的数量，其中，商品 1 是正常品。在商品价格变化之前，消费者的预算线为 AB，该预算线与无差异曲线 U_1 相切于 a 点，a 点是消费者效用最大化的一个均衡点。在均衡点 a 上，相应的商品 1 的需求量为 X_1^1。现假定商品 1 的价格 P_1 下降使预算线的位置由 AB 移至 AB'。新的预算线 AB' 与另一条代表更高效用水平的无差异曲线 U_2 相切于 b 点，b 点是商品 1 的价格下降以后的消费者的效用最大化的均衡点。在均衡点 b 上，相应的商品 1 的需求量为 X_1^3。比较 a、b 两个均衡点，商品 1 的需求量的增加量为 $X_1^1 X_1^3$，这便是商品 1 的价格 P_1 下降所引起的

总效应。这个总效应可以被分解为替代效应和收入效应两个部分。

为了将总效应分解为替代效应和收入效应，我们需要利用补偿预算线这一分析工具。

什么是补偿预算线？补偿预算线用来表示：当商品的价格发生变化导致消费者的实际收入水平发生变化时，设想给予消费者一定数量的货币补偿以使消费者回到原有的实际收入水平即原有的效用水平。[①]让我们再回到图 3-17：由于商品 1 的价格下降，消费者效用最大化的均衡点由 a 点移至 b 点，即消费者由原来的无差异曲线 U_1 的效用水平上升到无差异曲线 U_2 的更高效用水平。下面，为了表示使消费者回到原有的实际收入水平即原有的效用水平，我们作一条平行于预算线 AB' 且与无差异曲线 U_1 相切于 c 点的补偿预算线 FG。在切点 c 可见，消费者回到了原有的无差异曲线 U_1 的效用水平，即回到了原有的实际收入水平。

通过补偿预算线 FG，我们可以将总效应 $X_1^1 X_1^3$ 分解为两部分，其中，替代效应为 $X_1^1 X_1^2$，收入效应为 $X_1^2 X_1^3$。下面予以具体分析。

首先，通过比较效用最大化的两个均衡点 a、c 来寻找替代效应。很清楚，均衡点 a、c 均处于无差异曲线 U_1 上，即效用水平不变。此外，预算线 AB 和补偿预算线 FG 先后与无差异曲线 U_1 相切于均衡点 a、c，且它们各自以预算线的不同斜率表示了商品的相对价格的变化：与预算线 AB 相比，补偿预算线 FG 的斜率的绝对值较小，它表示在商品 2 的价格保持不变而商品 1 的价格下降的情况下，商品 1 的相对价格下降了。于是，消费者就会增加对商品 1 的购买并减少对商品 2 的购买，或者说，用商品 1 来替代商品 2。所以，与均衡点 a、c 相对应的需求量的变化量 $X_1^1 X_1^2$ 就是替代效应，显然，它是由商品的相对价格的变化导致的，而实际收入水平即效用水平保持不变。在这里，正常品的价格 P_1 下降所引起的需求量的增加量 $X_1^1 X_1^2$ 是一个正值，即替代效应的符号为正。也就是说，正常品的替代效应与价格呈反方向的变动。

然后，通过比较效用最大化的两个均衡点 c、b 来寻找收入效应。很直观，由于总效应是 $X_1^1 X_1^3$，减去替代效应 $X_1^1 X_1^2$，收入效应自然就是 $X_1^2 X_1^3$。但是，仅仅这样来理解收入效应是不够的。我们更应该看到，过切点 c 的补偿预算线 FG 与过切点 b 的预算线 AB' 是平行的，即它们的斜率是相同的，这表示在 c、b 两个均衡点的商品 1 的相对价格保持不变（即均为新的相对价格）。此外，比较 c、b 两个均衡点还可以发现，无差异曲线的位置由 U_1 上升到 U_2，它表示消费者的效用水平提高了，或者说，商品 1 的价格 P_1 下降使得消费者的实际收入水平上升了，从而使得消费者对正常品 X_1 的需求量由 X_1^2 增加到 X_1^3。正因为如此，与均衡点 c、b 相对应的需求量的增加量 $X_1^2 X_1^3$ 就是收入效应。显然，它是由实际收入水平的变化（表现为效用水平的变化）引起的，而商品的相对价格保持不变。在这里，正常品价格 P_1 下降所引起的需求量的增加量 $X_1^2 X_1^3$ 是一个正值，即收入效应的符号为正。也就是说，正常品的收入效应与价格呈反方向的变动。

综上所述，对于正常品来说，替代效应与价格呈反方向的变动，收入效应也与价格呈

---

① 补偿预算线所涉及的货币补偿，可以是设想在商品价格上升时给予消费者一定数量的货币补偿，也可以是设想在商品价格下降时从消费者那里取走一定数量的货币即负补偿。总之，通过货币补偿使得消费者能回到商品价格变化之前的原有的实际收入水平即原有的效用水平。补偿预算线只是一种分析工具，这种货币补偿事实上并没有发生。

反方向的变动，在它们的共同作用下，总效应必定与价格呈反方向的变动。正因为如此，正常品的需求曲线是向右下方倾斜的。①

三、正常品和劣等品的区别与收入效应

在分析劣等品的替代效应和收入效应之前，我们有必要先看一下正常品和劣等品的区别，以及由此带来的这两类商品的各自收入效应的特点。

商品可以分为正常品和劣等品两大类。正常品和劣等品的区别在于：正常品的需求量与消费者的收入水平呈同方向的变动，即：正常品的需求量随着消费者收入水平的提高而增加，随着消费者收入水平的下降而减少。劣等品的需求量与消费者的收入水平呈反方向的变动，即：劣等品的需求量随着消费者收入水平的提高而减少，随着消费者收入水平的下降而增加。

相应地，可以推知：当某正常品的价格下降（或上升）导致消费者实际收入水平提高（或下降）时，消费者会增加（或减少）对该正常品的需求量。也就是说，正常品的收入效应与价格呈反方向的变动。这就是上面的结论，也是在图 3-17 中 c 点必定落在 a、b 两点之间的原因。而对于劣等品来说，当某劣等品的价格下降（或上升）导致消费者的实际收入水平提高（或下降）时，消费者会减少（或增加）对该劣等品的需求量。也就是说，劣等品的收入效应与价格呈同方向的变动。这意味着，在类似于图 3-17 的分析中，c 点的位置会发生变化。

由于正常品和劣等品的区别不对它们各自的替代效应产生影响，所以，对于所有的商品来说，替代效应与价格都是呈反方向的变动的。

四、劣等品的替代效应和收入效应

以下用图 3-18 来分析劣等品价格下降时的替代效应和收入效应。

图中的横轴 OX_1 和纵轴 OX_2 分别表示商品 1 和商品 2 的数量，其中，商品 1 是劣等品。商品 1 的价格 P_1 变化前的消费者的效用最大化的均衡点为 a 点，P_1 下降以后的消费者的效用最大化的均衡点为 b 点，因此，价格下降所引起的商品 1 的需求量的增加量为 $X_1^1 X_1^2$，这便是总效应。然后，通过作与预算线 AB' 平行且与无差异曲线 U_1 相切的补偿预算线 FG，便可将总效应分解成替代效应和收入效应。具体地看，P_1 下降引起的商品相对价格的变化，使消费者由均衡点 a 运动到均衡点 c，相应的需求增加量为 $X_1^1 X_1^3$，这就是替

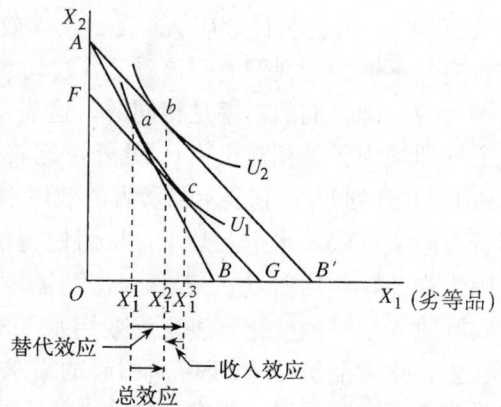

图 3-18 劣等品的替代效应和收入效应

---

① 关于替代效应和收入效应，较高深的西方数理经济学教材结合斯拉茨基方程（Slutsky equation）有较详尽的论述，本书从略。读者可以从本书附录提供的参考文献中找到论述这一问题的资料。

代效应，$X_1^1 X_1^3$ 为正值。而 P_1 下降引起的消费者的实际收入水平的变动，使消费者由均衡点 c 运动到均衡点 b，需求量由 X_1^3 减少到 X_1^2，这就是收入效应。收入效应 $X_1^2 X_1^3$ 为负值，其原因在于：价格 P_1 下降所引起的消费者的实际收入水平的提高，会使消费者减少对劣等品商品 1 的需求量。由于收入效应是一个负值，所以，图中的 b 点必定落在 a、c 两点之间。

图 3-18 中的商品 1 的价格 P_1 下降所引起的商品 1 的需求量的变化的总效应为 $X_1^1 X_1^2$，它是正的替代效应 $X_1^1 X_1^3$ 和负的收入效应 $X_1^2 X_1^3$ 之和。由于替代效应 $X_1^1 X_1^3$ 的绝对值大于收入效应 $X_1^2 X_1^3$ 的绝对值，或者说，由于替代效应的作用大于收入效应的作用，所以，总效应 $X_1^1 X_1^2$ 为正值。

综上所述，对于劣等品来说，替代效应与价格呈反方向的变动，收入效应与价格呈同方向的变动，而且，在大多数场合，替代效应的作用大于收入效应的作用（如图 3-18 所示），所以，总效应与价格呈反方向的变动，相应的需求曲线是向右下方倾斜的。

五、一个特例：吉芬品的替代效应和收入效应

我们来思考一个问题：在上面对劣等品的一般分析中，劣等品的替代效应的作用大于收入效应的作用，所以，总效应与价格呈反方向的变动，相应的需求曲线向右下方倾斜。但是，如果某劣等品的收入效应的作用大于替代效应的作用，那么又会如何呢？答案自然是：这种劣等品的总效应与价格呈同方向的变化，其需求曲线将向右上方倾斜。其实，这就是劣等品中的特殊物品，这类收入效应的作用大于替代效应的作用的劣等品被称为吉芬品，它以英国人罗伯特·吉芬先生（1837—1910）的名字命名。吉芬发现，1845 年爱尔兰发生灾荒，土豆价格上升，但是土豆的需求量反而增加了。在当时，这个难以解释的反常经济现象被称为"吉芬难题"。

下面用图 3-19 来分析吉芬品的替代效应和收入效应。

为什么吉芬品的需求曲线向右上方倾斜呢？下面用图 3-19 来分析这个问题。

图中的横轴 OX_1 和纵轴 OX_2 仍分别表示商品 1 和商品 2 的数量，其中，商品 1 是吉芬品。商品 1 的价格 P_1 下降前后的消费者的效用最大化的均衡点分别为 a 点和 b 点，相应的商品 1 的需求量的减少量为 $X_1^1 X_1^2$，这就是总效应。通过补偿预算线 FG 可得：与均衡点 a、c 相对应的 $X_1^2 X_1^3$ 为替代效应，为正值；与均衡点 c、b 相对应的 $X_1^1 X_1^3$ 是收入效应，为负值。而且，负的收入效应 $X_1^1 X_1^3$ 的绝对值大于正的替代效应 $X_1^2 X_1^3$ 的绝对值，所以，最后形成的总效应 $X_1^1 X_1^2$ 为负值。在图中，a 点必定落在 b、c 两点之间。

很清楚，吉芬品是一种特殊的劣等品。作为劣等品，吉芬品的替代效应与价格呈反方向的变动，收入效应则与价格呈同方向的变动。吉芬品的特殊性就在于：它的收入效应的作用很大，以至超过了替代效应

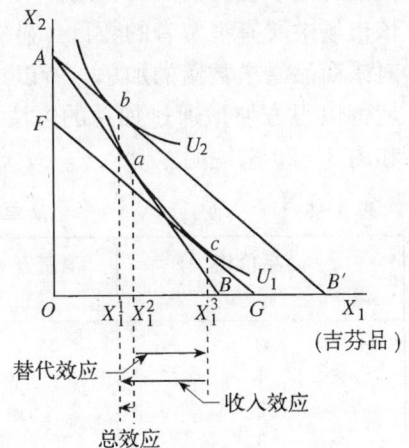

图 3-19 吉芬品的替代效应和收入效应

的作用，从而使得总效应与价格呈同方向的变动。这也就是吉芬品的需求曲线呈现出向右上方倾斜的特殊形状的原因。

运用以上分析的结论就可以解释"吉芬难题"了。在19世纪中期的爱尔兰，购买土豆的消费支出在大多数贫困家庭的收入中占一个较大的比例，于是，土豆价格的上升导致贫困家庭的实际收入水平大幅度下降。在这种情况下，变得更穷的人们不得不大量地增加对劣等品土豆的购买，这样形成的收入效应是很大的，它超过了替代效应，造成了土豆的需求量随着土豆价格的上升而增加的特殊现象。

现将本节分析正常品、劣等品和吉芬品的替代效应与收入效应所得到的结论综合于表3-4。

表3-4 商品价格变化所引起的替代效应和收入效应

商品类别	替代效应与价格的关系	收入效应与价格的关系	总效应与价格的关系	需求曲线的形状
正常品	反方向变化	反方向变化	反方向变化	向右下方倾斜
劣等品	反方向变化	同方向变化	反方向变化	向右下方倾斜
吉芬品	反方向变化	同方向变化	同方向变化	向右上方倾斜

第六节 市场需求曲线

基数效用论和序数效用论各自从对单个消费者选择行为的分析中，推导了单个消费者对某种商品的需求曲线。本节将在此基础上进一步推导市场需求曲线和相应的市场需求函数。

商品的市场需求是指在一定时期内在各种不同的价格水平上市场中所有消费者对某种商品的需求量。商品的市场需求不仅依赖于每一个消费者对该商品的需求数量，还依赖于该市场中所有消费者的数目。显然，**商品市场的需求数量是每一个价格水平上所有消费者对该商品需求数量的加总。**所以，只要有了商品市场上每个消费者的需求表或需求曲线，就可以很方便地通过加总的方法，得到该商品市场的需求表或需求曲线。下面用表3-5和图3-20来说明。

表3-5 从单个消费者的需求表到市场需求表

商品价格 （1）	消费者A的需求量 （2）	消费者B的需求量 （3）	市场需求量 （4）＝（2）＋（3）
0	20	30	50
1	16	24	40
2	12	18	30
3	8	12	20
4	4	6	10
5	0	0	0

在表 3-5 中，假设某商品市场上只有 A、B 两个消费者，他们各自在每一个价格水平的需求量分别为表中第（2）、（3）栏。通过把每一个价格水平上的 A、B 两个消费者的需求量加总，便得到每一个价格水平上的市场需求量，为表中第（4）栏。

图 3-20 是根据表 3-5 绘制的需求曲线。图中的市场需求曲线是 A、B 两个消费者的需求曲线的水平加总，即在每一个价格水平上，都有市场需求量 $Q^d = Q_A^d + Q_B^d$。

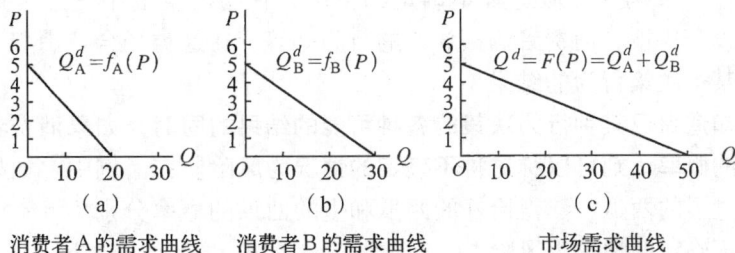

（a）消费者 A 的需求曲线　　（b）消费者 B 的需求曲线　　（c）市场需求曲线

图 3-20　从单个消费者的需求曲线到市场需求曲线

假定某商品市场上有 n 个消费者，他们各自具有不同的个人需求函数，则根据以上分析，可得该商品的市场需求函数为：

$$D(P) = \sum_{i=1}^{n} D_i(P) \quad i = 1, 2, \cdots, n \tag{3.25}$$

式中，$D_i(P)$ 为单个消费者 i 的需求函数；$D(P)$ 为市场需求函数。

由于**市场需求曲线是单个消费者的需求曲线的水平加总**，所以，如同单个消费者的需求曲线一样，**市场需求曲线一般也是向右下方倾斜的**。市场需求曲线表示某商品市场在一定时期内在各种不同的价格水平上所有消费者愿意而且能够购买的该商品的数量。更重要的是，根据前面的分析可知，**市场需求曲线上的每个点都表示在相应的价格水平上可以给全体消费者带来最大的效用水平或满足程度的市场需求量**。

（专栏 3-2"互联网和消费者选择"，请读者扫描本书封面二维码获取。）

*第七节　不确定性和选择

本章至此以前的内容都是分析确定情况下的消费者行为，没有涉及不确定情况下的消费者行为。然而，在现实经济生活中存在着各种不确定因素。在充满不确定因素的经济活动中，消费者在风险情况下的态度及其行为决策，将是本节所要介绍的主要内容。

一、不确定性与风险

为了分析不确定条件下的消费者选择行为，首先介绍两个基本的概念：不确定性与风险。

在前面对消费者选择的分析中，实际上暗含了一个假设条件，即完全信息的假设条件。完全信息假设条件的意思是：从事经济活动的个人掌握了与其所从事的经济活动有关的所有变量的全部信息。因此，他们对自己经济行为的后果的了解是准确无误的，即不存在不确定性。**不确定性是指经济行为者在事先不能准确地知道自己的某个决策的结果，或者说，经济行为者的一个决策的可能结果不止一种。**例如，某消费者去买西瓜。假定西瓜的生熟程度分为三等：熟过了的西瓜、熟得恰好的西瓜和生的西瓜；再假定西瓜只能买整个，而且买者只有付了钱以后才能将西瓜切开。于是，在该消费者付完钱、切开西瓜之前，他并不能确切地知道他买的西瓜到底是生还是熟，即面临三种可能的生熟结果，这就是不确定性的一个事例。类似这种不确定的情况，在经济生活中是经常可以碰到的，例如，消费者的投资决策、消费者购买彩票的行为等等。在这类场合，消费者事先都不能准确地知道自己某个决策行为的结果。

消费者在知道自己某种行为决策的各种可能的结果的同时，如果消费者还知道各种可能的结果发生的概率，则可以称这种不确定的情况为风险。在上例中，如果该消费者还知道他购买到熟过了的西瓜、熟得恰好的西瓜和生的西瓜的概率分别为 5％、35％和 60％的话，则称这种不确定的情况为风险。

在微观经济学中，对不确定条件下消费者行为的分析通常仅指对风险条件下消费者行为的分析。下面，我们将会明白"概率"是在不确定条件下讨论消费者选择行为的一个不可或缺的基本要素。

本章本节之前的确定条件下的消费者选择理论，显然无法被用来说明不确定条件下的消费者行为。如何建立起一套理论及方法来分析消费者在面临风险情况下的经济行为，便是本节所要介绍的内容。

二、不确定性和彩票

消费者在各种风险事例中会面临各种不同的可能的结果，从经济学的角度看，任何一个可能的结果都可以被抽象地表示为一笔等价的货币量。据此，经济学家指出，对各种具体的不确定情况下消费者行为的分析，均可以抽象为对消费者购买彩票的决策行为的分析。

那么，在经济学中，又是如何来描述一张彩票的呢？

假设某消费者持有 100 元的初始货币财富量，他面临是否购买某种彩票的决策。具体情况是：一张彩票的购买支出是 5 元；该彩票只有两种可能的结果，即中彩得 200 元和不中彩得 0 元，其概率分别为 2.5％和 97.5％。面对这样一张彩票，他可以不买，也可以买。如果消费者不买彩票，那么，他总是可以稳妥地持有 100 元的初始货币量，当然，也不必支付 5 元的彩票购买成本。这样，他在避免买彩票所可能遭受的损失的同时，也失去了买彩票所可能得到的更多货币。如果消费者买彩票，那么，他就有两种可能的结果：一种结果是中彩，使得他拥有 295 元，因为初始货币持有量 100 元－彩票的购买支出 5 元＋奖金 200 元＝295 元；另一种结果是没中彩，使得他只持有 95 元，因为初始货币持有量 100 元－彩票的购买支出 5 元＝95 元。

在经济分析中，可以用符号来表示消费者所面临的具有不确定结果的彩票。假定某消费者所面临的一种彩票具有两种可能的结果，并且，事后发生且仅仅只发生一种结果。令第一种结果发生时消费者拥有的货币财富量为 W_1，第二种结果发生时消费者拥有的货币财富量为 W_2；第一种和第二种结果发生的概率分别为 p 和 $1-p$，其中 $0<p<1$。那么，

在经济分析中，此彩票就被表示为：$L=(p, 1-p; W_1, W_2)$。再考虑到两种结果不会同时发生，所以，在知道了第一种结果的概率的同时，也就知道了第二种结果的概率。于是，该彩票也通常被简洁地表示为：$L=(p; W_1, W_2)$。将这种表示方法具体运用到上面的例子中，则有 $L=(0.025; 295, 95)$。

仍需指出，其实，消费者中彩所得的奖金既可以是物品，也可以是一笔钱，等等。由于消费者的任何中奖所得总是可以被表示为一定的货币量，所以，在经济学分析中，彩票的每种可能的结果都被抽象为一笔货币量。

三、期望效用和期望值的效用

在分析不确定条件下的消费者行为时，期望效用和期望值的效用是两个基本概念。下面仍以彩票为例来介绍这两个概念。

1. 期望效用

如同在确定条件下消费者行为追求的目标是为了获得最大的效用一样，在不确定条件下消费者行为追求的目标也是为了得到最大的效用。但是，在不确定情况下，由于消费者事先并不知道哪种结果事实上会发生，所以，他是在事先作出最优的决策，以使他的期望效用最大化。

对于一张彩票 $L=(p; W_1, W_2)$ 来说，**彩票的期望效用函数为**：

$$E(U(p; W_1, W_2)) = pU(W_1) + (1-p)U(W_2) \tag{3.26}$$

式中，p 和 $1-p$ 分别为 W_1 和 W_2 发生的概率。

以上的彩票的期望效用函数也可简写为：

$$E(U(W_1, W_2)) = pU(W_1) + (1-p)U(W_2) \tag{3.27}$$

期望效用函数也被称为冯·诺依曼-摩根斯坦效用函数。[①] 由 (3.26) 式和 (3.27) 式可见，**消费者的期望效用就是消费者在不确定条件下可能得到的各种结果的效用的加权平均数**。

由于期望效用函数的建立，因此，对不确定条件下的消费者面临风险的行为的分析，就成了对消费者追求期望效用最大化的行为的分析。

2. 期望值的效用

对于一张彩票 $L=(p; W_1, W_2)$ 来说，**彩票的期望值为**：

$$pW_1 + (1-p)W_2 \tag{3.28}$$

由 (3.28) 式可知，彩票的期望值是彩票不同结果下的消费者所拥有的货币财富量的加权平均数。相应地，**彩票期望值的效用为**：

$$U(pW_1 + (1-p)W_2) \tag{3.29}$$

---

① 约翰·冯·诺依曼（John von Neumann）是一位数学家，奥斯卡·摩根斯坦（Oscar Morgenstern）是一位经济学家，他们在 20 世纪 40 年代共同建立了冯·诺依曼-摩根斯坦方法，为分析不确定情况下的消费者行为奠定了基础；见冯·诺依曼，摩根斯坦. 博弈论与竞争行为. 普林斯顿：普林斯顿大学出版社，1947。

四、消费者的风险态度

面对风险，每个消费者的态度是不相同的，所以，他们各自的行为选择也是不一样的。以购买彩票为例，有的消费者可能害怕风险，他们一般不会去买彩票，而是稳妥地保持自己现已拥有的货币财富量。有的消费者可能喜欢冒险，他们总是去买彩票。有的消费者可能对风险采取中立态度，他们觉得买或不买彩票都是无所谓的。在现实生活中，许多的事例都是类似的。例如，不同的消费者的风险态度，也会对消费者在面临风险情况下购买保险的行为产生影响。很清楚，消费者对待风险的态度，影响着消费者在不确定情况下的行为决策。

西方经济学家将消费者对待风险的态度分为三类：风险回避者、风险爱好者和风险中立者。这三类风险态度的判断标准如下。

以消费者面临一张彩票 $L=(p;W_1,W_2)$ 为例来分析。首先，假定消费者在无风险条件下（即不购买彩票的条件下）可以持有的确定的货币财富量等于彩票的期望值即 $pW_1+(1-p)W_2$。那么，如果某消费者认为在无风险条件下持有这笔确定的货币财富量的效用大于在风险条件下彩票的期望效用，即 $U(pW_1+(1-p)W_2)>pU(W_1)+(1-p)U(W_2)$，则该消费者为**风险回避者**。如果某消费者认为在无风险条件下持有这笔确定的货币财富量的效用小于在风险条件下的彩票的期望效用，即 $U(pW_1+(1-p)W_2)<pU(W_1)+(1-p)U(W_2)$，则该消费者为**风险爱好者**。如果某消费者认为在无风险条件下持有这笔确定的货币财富量的效用等于在风险条件下的彩票的期望效用，即 $U(pW_1+(1-p)W_2)=pU(W_1)+(1-p)U(W_2)$，则该消费者为**风险中立者**。

与以上的分析相对应，假定消费者的效用函数为 $U=U(W)$，其中，W 为货币财富量，且效用函数 $U=U(W)$ 为增函数，那么，消费者的风险态度也可以根据其效用函数的特征来判断。风险回避者的效用函数是严格向上凸出的，如图 3-21 所示。风险爱好者的效用函数是严格向下凸出的，如图 3-22 所示。风险中立者的效用函数是线性的，如图 3-23 所示。由图中可见，风险回避者、风险爱好者和风险中立者的效用函数 $U=U(W)$，分别满足前面提到的关于这三种风险态度的判断标准，即它们分别满足彩票的期望值的效用 $U(pW_1+(1-p)W_2)$ 大于、小于和等于彩票的期望效用 $pU(W_1)+(1-p)U(W_2)$。[①]

具体分析图 3-21。图中的效用函数 $U(W)$ 是严格向上凸出的，效用曲线上任意两点间的弧都高于这两点间的弦。根据该消费者的效用曲线 $U(W)$，消费者在无风险条件下持有一笔确定的货币财富量的效用 $U(pW_1+(1-p)W_2)$ 相当于图中 A 点的高度，而拥有一张具有风险的彩票的期望效用 $pU(W_1)+(1-p)U(W_2)$ 相当于图中 B 点的高度。显然 A 点高于 B 点。所以，严格向上凸出的效用函数 $U=U(W)$ 满足风险回避者的判断条件。至于对图 3-22 和图 3-23 的分析，与对图 3-21 的分析类似，在此从略。

最后需要指出的是，在理论分析中，消费者对待风险的态度可以分为以上三类。但一般说来，在实际经济生活中，大多数的消费者都是风险回避者。

---

① 从数学的角度讲，令消费者的效用函数为 $U=U(W)$，且 $U'(W)>0$。当 $U''(W)<0$ 时，消费者为风险回避者；当 $U''(W)>0$ 时，消费者为风险爱好者；当 $U''(W)=0$ 时，消费者为风险中立者。

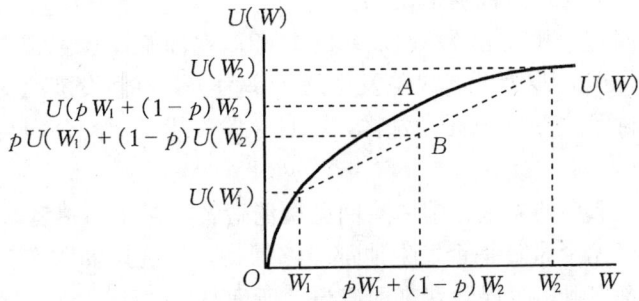

图3-21　风险回避者的效用函数 $U(W)$

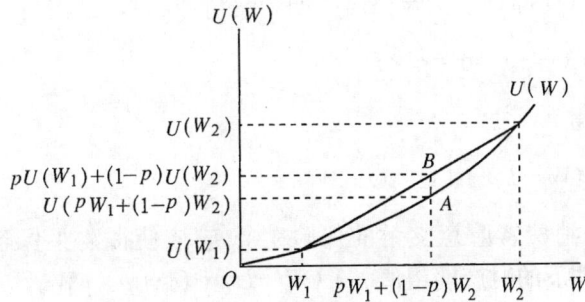

图3-22　风险爱好者的效用函数 $U(W)$

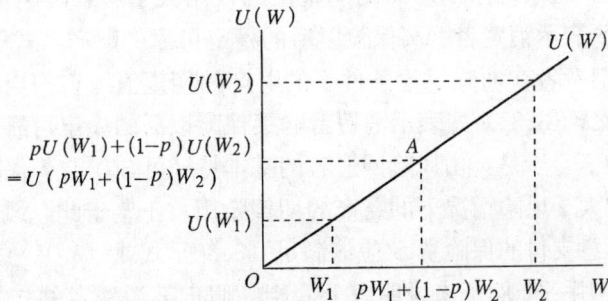

图3-23　风险中立者的效用函数 $U(W)$

五、风险与保险

在现实生活中，消费者总面临着风险条件下的选择。经验表明，在一般的情况下，消费者都是风险回避者。因此，风险回避型消费者便会采用购买保险的手段，来回避或化解自己所面临的风险。

在面临风险的情况下，风险回避型消费者愿意放弃一部分收入去购买保险，以消除风险，从而使自己处于一种稳定可靠的状态。在购买保险的经济活动中，风险回避型消费者是保险的需求方，保险公司是保险的供给方。下面，我们来讨论消费者和保险公司是如何在自愿互利的原则下进行保险商业活动的。[①]

假定某消费者拥有一笔价值为 W 万元的财产；他面临财产遭受失窃、火灾等风险。如果风险发生，他将损失 L 万元，风险发生的概率为 p。再假设该消费者为回避财产风险愿意向保险公司支付保险费 S 万元，这样，一旦风险发生，保险公司将赔付消费者的全部财产损失。

首先，考察保险活动的需求方即风险回避型消费者。对于消费者来说，他愿意付出一笔钱购买保险，使得无论风险是否发生他都能够保持一笔稳定的财产 $W-S$。现在的问题是，消费者到底愿意支付多少保险费来回避自己所面临的风险呢？也就是说，他愿意支付的保险费 S 到底是多少？直观地看，其原则就是：消费者愿意支付的保险费 S 应该等于他的财产的期望损失（亦即等于保险公司的期望赔付金额），也就是

$$S=p \cdot L+(1-p) \cdot 0=p \cdot L \tag{3.30}$$

根据上式，可进一步得

$$W-S=p \cdot (W-L)+(1-p) \cdot W \tag{3.31}$$

（3.31）式告诉我们，消费者愿意支付的保险费 S 应该使得购买保险后稳定可靠的财产 $W-S$ 等于在风险条件下的财产期望值 $p \cdot (W-L)+(1-p) \cdot W$。

由此可见，消费者愿意支付的保险费 S 的决定原则可以用以上两个式子来表示。其中，（3.30）式易于理解，下面来探讨（3.31）式的经济含义。我们已经知道，风险回避者的基本特征是，他们总认为风险条件下的彩票的期望值的效用大于彩票的期望效用。在此例中，（3.31）式左边的 $W-S$ 表示消费者购买保险以后的稳定可靠的财产，式子右边的 $p \cdot (W-L)+(1-p) \cdot W$ 表示消费者在面临风险条件下的财产的期望值（它相当于在风险条件下的彩票的期望值），换言之，（3.31）式表示消费者购买保险以后的稳定可靠的财产刚好等于风险条件下的财产的期望值。于是，由风险回避者的基本特征可知，购买保险以后消费者的稳定可靠财产的效用一定大于风险情况下的财产的期望效用。正鉴于此，风险回避型消费者愿意购买保险，而且他愿意支付的保险费 S 应该满足（3.30）式或（3.31）式。

下面，我们具体运用一个例子来说明以上原则。假定某消费者的初始财产为 50 万元，他面临诸如失窃、火灾等风险；如果风险发生，他将损失 20 万元，风险发生的概率为 10%；财产损失的期望值为 2（$=20×0.1$)万元。如果该消费者支付的保险费等于财产损失的期望值，即 2 万元，则他的具体情况如表 3-6 所示。

表 3-6

	风险发生	风险不发生	财产期望值
不购买保险	30 万元	50 万元	48 万元
购买保险	48 万元	48 万元	48 万元
概率	0.1	0.9	

---

① 这是指精算公平保险（actuarially fair insurance），即交易双方都没有从概率上吃亏或占对方的便宜，其定义为保险费(S)等于损失的期望值，即 $S=p \cdot L+(1-p) \cdot 0=pL$。

由表 3-6 可知，如果消费者购买保险，他支付的保险费 $S=2$ 万元，那么，不管风险是否发生，扣除保险费后他都持有稳定的收入 48（$=50-2$）万元。也就是说，他刚好使得购买保险条件下的稳定可靠的财产量等于风险条件下的财产的期望值即 48 万元。而根据风险回避者的基本特征可知，由于该消费者在购买保险条件下的稳定可靠财产量的效用等于在风险条件下的财产的期望值的效用，所以其必然大于在不购买保险条件下的财产的期望效用。[①]

总之，对于风险回避的消费者而言，只要购买保险的支出等于财产的期望损失，消费者总是愿意购买保险，以使自己不管风险是否发生都能保持稳定可靠的财产，或者说，使自己在遭受损失时能够得到全部的补偿，从而消除了风险。

此外，我们还可以这样来理解消费者购买保险的行为：在面临风险而没有购买保险的条件下，如果损失发生，则消费者的收入会急剧下降到很低的水平，此时收入的边际效用是很高的；如果损失不发生，则消费者的收入会保持在一个高水平，此时收入的边际效用是很低的。所以，在面临风险的条件下，理性的消费者应该通过购买保险，将损失不发生情况下的收入转移到损失发生情况下的收入中去，从而提高他的总效用水平。

最后，考察保险的供给方即保险公司。在此，需要指出，保险公司是风险中立的，保险公司追求的是利润最大化。为了分析的方便，假定保险公司的运营成本为零，于是保险公司追求利润最大化的目标便可以改写为追求收益最大化的目标。根据前面所描述的例子，如果损失不发生，保险公司无须支付补偿费，则保险公司的收益为 S；如果损失发生，保险公司需支付补偿费，且补偿费等于消费者的损失 L，则保险公司的收益为 $S-L$。由此，我们可得保险公司的期望收益为：

$$p \cdot (S-L)+(1-p) \cdot S=-p \cdot L+S \tag{3.32}$$

因此，只要保险公司的期望收益

$$-p \cdot L+S \geqslant 0 \tag{3.33}$$

则保险公司就愿意接受这项投保业务。换言之，由（3.33）式可知，只要 $S \geqslant p \cdot L$，即消费者支付的保险费 S 大于或等于财产的期望损失 $p \cdot L$，则保险公司就愿意接受这项投保业务。由（3.33）式还可推知，只要 $p \leqslant S/L$，即损失发生的概率 p 小于或等于 S/L，则保险公司就愿意接受这项投保业务。[②]

第八节　结　束　语

本章要点可以归结如下：

---

① 表中的数字也说明，这一保险事例符合精算公平保险的要求，因为 p（风险发生的概率）$=0.1=\dfrac{S}{L}=\dfrac{2 \text{万元}}{20 \text{万元}}$。

② 由此可知，保险公司能够接受的最低保险费为 $S=p \cdot L$。这就意味着，若 $S>p \cdot L$，则保险公司便可以获得利润。至于追求效用最大化的消费者，为了回避风险所愿意支付的最高保险费如何确定，则需运用"确定性等价"这一概念，在此从略。

（1）追求效用最大化是消费者的行为目标。分析消费者选择的理论分为基数效用论与序数效用论，其中，基数效用论者运用边际效用分析法研究消费者行为；序数效用论者运用无差异曲线分析法研究消费者行为。在当代西方经济学中，占主导地位的是序数效用论者的分析方法。本章主要介绍序数效用论的无差异曲线分析法。

（2）基数效用论的边际效用递减规律是指：在一定时期内，在其他条件不变的前提下，随着消费者对某一种商品消费量的连续增加，该消费者从连续增加的每一单位商品消费中所得到的边际效用是递减的。以边际效用递减规律为基础，消费者效用最大化的均衡条件是：消费者应该使得自己花费在每种商品购买上的最后一元钱所带来的边际效用相等，且等于货币的边际效用。根据消费者效用最大化均衡条件推导出的消费者的需求曲线是向右下方倾斜的。

（3）序数效用论运用无差异曲线分析法考察消费者行为。在消费者的偏好、收入和商品价格给定的条件下，消费者唯一的预算线与无差异曲线簇中的一条无差异曲线的切点表示消费者均衡。在消费者效用最大化的均衡点上，预算线和无差异曲线的斜率相等，即两商品的边际替代率等于两商品的价格之比。序数效用论的效用最大化的均衡条件与基数效用论的效用最大化的均衡条件在本质上是相同的。

（4）由消费者效用最大化均衡点出发，可以得到与某一种商品的不同价格水平相联系的消费者效用最大化的均衡点的轨迹，这就是价格—消费曲线。由价格—消费曲线出发，可进一步推导消费者的需求曲线。消费者的需求曲线一般是向右下方倾斜的。需求曲线表示：需求曲线上与每一个价格水平相联系的商品需求量都是可以给消费者带来最大效用的最优消费量。由一个商品市场上所有单个消费者的需求曲线的水平加总，便可以得到该商品市场的需求曲线。

（5）由消费者效用最大化均衡点出发，可以得到与消费者的不同收入水平相联系的消费者效用最大化的均衡点的轨迹，这就是收入—消费曲线。由收入—消费曲线出发，可进一步推导恩格尔曲线。正常品的恩格尔曲线的斜率为正，劣等品的恩格尔曲线的斜率为负。

（6）消费者剩余是消费者在购买一定数量的某种商品时愿意支付的最高总价格和实际支付的总价格之间的差额。单个消费者剩余可以用其需求曲线以下、市场价格线以上的面积来表示。市场消费者剩余是市场上所有消费者剩余的加总。市场消费者剩余可以用市场需求曲线以下、市场价格线以上的面积来表示。商品价格的变化会导致消费者剩余的变化。

（7）商品的总效应等于替代效应加收入效应。任何商品的价格都与替代效应呈反方向变化。正常品的价格与收入效应呈反方向的变化，而劣等品的价格与收入效应呈同方向的变化。于是，对于正常品来说，商品的价格与总效应呈反方向变化，即正常品的需求曲线向右下方倾斜。对于劣等品来说，大多数劣等品的替代效应的作用大于收入效应的作用，故大多数劣等品的价格与总效应呈反方向变化，即它们的需求曲线也向右下方倾斜。对于劣等品中的一类特殊商品吉芬品来说，它们的替代效应的作用小于收入效应的作用，故吉芬品的价格与总效应呈同方向变化，即吉芬品的需求曲线向右上方倾斜。

（8）消费者的风险态度可以区分为三类：风险回避、风险爱好和风险中立。这三类风险态度的判断条件是：假定消费者不购买彩票情况下的确定性收入等于彩票的期望值，如果对于消费者而言，彩票的期望值的效用分别大于、小于或等于彩票的期望效用，那么，消费者的风险态度分别为风险回避、风险爱好或风险中立。

结合本章介绍的消费者选择的内容，似乎有必要对下列两点加以说明。

第一，基数效用论大致流行于第二次世界大战以前，英国牛津大学的埃奇渥斯和剑桥大学的马歇尔都是其代表性人物。

从专业技术上看，基数论被认为具有三大缺点。首先，效用是一个主观的心理概念，从而它的大小能否加以衡量构成一个难以解决的问题。例如，某人可能认为米饭比馒头好吃，但是，好吃的量的大小却很难用精确的数量表达出来。虽然基数论者认为，效用和重量、长度等相同，其大小都可以加以衡量，甚至建议将"尤特尔"（util）作为衡量单位，但西方学者对此一直持怀疑态度。其次，效用既然是一个主观的心理概念，那么，不同人的效用之间的可比性就构成一个更难以解决的问题。例如，即使甲、乙两人各自从吃馒头中得到的效用可以用各自的效用单位加以衡量，我们也仍然不能判别在甲、乙二人之间，究竟谁得到更大的效用。最后，基数论的成立依赖于边际效用递减，而边际效用的递减又被认为是一种"先验的"规律，即不能加以证明而仅凭大家的经验和内省所认同的规律。这种脆弱的理论基础被认为有损于基数论的科学性。不仅如此，边际效用递减还在意识形态上使资产阶级特别是很富有的阶层处于不利的地位。因为正如马歇尔所指出的那样，货币（金钱）也必须服从边际效用递减的规律[①]，既然如此，那么由于富人持有的货币量远大于穷人，所以前者的边际效用小于后者。如果把一美元钱从富人手中转移到穷人手中，那么整个社会的效用（福利）便会增加。这样，边际效用的递减可以成为收入平均化的理论根据。

第二，有鉴于基数论的上述三大缺点，在第二次世界大战以后，在希克斯的《价值与资本》的推动下，序数论取代了基数论的地位，其理由据说是序数论能够不依赖于效用的可衡量性和边际效用的递减而推导出向右下方倾斜的需求曲线。实际上，序数论的这种优点仅仅是形式上的，此外，序数论本身也存在着自己的缺点。对此，下面将加以说明。

首先，本章第二节表明，序数论要求消费者对不同的商品组合判别出他的偏好的次序，即能判别出 $A \succ B$、$A \prec B$ 或 $A \sim B$。这里的问题是：如果 A、B 之间没有可以共同衡量的东西，消费者如何能加以判别？而如果存在着这种东西，它又是什么？此外，虽然序数论者声称不依赖于"边际效用递减"来推导出需求曲线，但是序数论却使用了本章第二节介绍的"边际替代率递减"的说法。这一递减说法的根据何在？

围绕着这两个问题，西方学者在 20 世纪 40 年代前后展开了争论；争论的结局和西方经济学历次的争论一样，都是不了了之。然而，由此而得到的总体印象是：序数论仅仅在形式上改变了基数论的说法，二者在实质上是相同的。

其次，序数论虽然在形式上摆脱了基数论的缺点，但是，它自己也存在着难以弥补的漏洞，具体说来，漏洞至少有四个。

（1）无差异曲线表示可以给消费者带来相同满足程度的两种商品的各种组合。建立无差异曲线要有一个前提：消费者总是可以通过两商品之间的替代来维持一定的满足程度。但事实上，人们的欲望具有不同的类别，不同类别的欲望要从不同类别的商品的消费中才

---

① 马歇尔. 经济学原理. 8 版. 伦敦：麦克米伦公司，1920：95 - 96.

能得到满足。一位对效用论颇有研究的西方学者指出：人的欲望可以被区分为生理欲望、社会欲望和个人欲望这三种类别，而每一类别的欲望只能由属于该类别的商品才能加以满足，从而，不同类别的商品是不能相互替代的。[①] 对于一个饿着肚子而又爱好音乐的消费者而言，几十张音乐会的门票也许抵不上一顿午餐；而对于立志于接受大学教育（社会欲望）的人，很难用大量的食品使他放弃大学文凭。这里必须说明：在无差异曲线中，消费者不能把不同数量的商品换成钱，然后加以比较，他们只能比较从不同数量的商品消费中所得到的效用量或满足程度。因此，对于人们的各种不同类别的欲望，很难说社会上所有的商品都可以相互替代，如无差异曲线所要求的那样。

（2）在本章对序数效用论的论述中，我们用两种商品的组合来说明消费者的偏好和无差异曲线。然而，在现实生活中，这种组合当然不限于两种商品，而应把社会上全部商品的品种都包括在内。根据序数效用论者关于偏好的假设，对于任何商品组合，消费者总是可以表达自己的偏好程度，即判断出效用的等级大小。或者说，消费者总是可以在自己的偏好序列上，为每一个商品组合找到一个相应的点。其实，在商品数量众多的条件下，消费者很难甚至不可能对各种商品组合的偏好加以判断和比较，如序数效用论者所假设的那样。例如，按照序数效用论的说法，消费者总是可以判断出两千克面包和一千克土豆的搭配所带来的效用比一千克面包和两千克土豆的搭配所带来的效用大、小或两者相等。如果一个社会里的产品数量不太多，消费者判断不同的组合的优劣，表达自己的偏好，也许是可能的。然而，在实际生活中，在消费者面对着成千上万的产品种类的各种不同组合的情况下，要想使消费者都准确表达自己的偏好是不现实的。

（3）根据商品的边际替代率递减规律的假定，无差异曲线应该是凸向原点的。但现实并不能对这一假定作出保证。

在两种商品（X_1 和 X_2）的情况下，要想保证无差异曲线凸向原点，必须满足下列条件[②]：

---

① 乔治斯库-洛京. 效用//格林沃尔德. 西方经济学百科全书. 纽约：麦格劳-希尔公司，1982：940.

② 假设效用函数为 $U=U(X_1, X_2)$，则无差异曲线的方程为

$$U(X_1, X_2)=c=\text{常数} \tag{1}$$

对（1）式两边取全微分，可以得到：$\dfrac{\partial U}{\partial X_1}\mathrm{d}X_1+\dfrac{\partial U}{\partial X_2}\mathrm{d}X_2=0$ $\tag{2}$

因此 $\dfrac{\mathrm{d}X_2}{\mathrm{d}X_1}=-\dfrac{\partial U}{\partial X_1}\bigg/\dfrac{\partial U}{\partial X_2}=-\dfrac{U_1}{U_2}$ $\tag{3}$

如果无差异曲线凸向原点，则有：$\dfrac{\mathrm{d}^2 X_2}{\mathrm{d}X_1^2}=\dfrac{\mathrm{d}}{\mathrm{d}X_1}\left(-\dfrac{U_1}{U_2}\right)>0$ $\tag{4}$

∴ $\dfrac{\mathrm{d}^2 X_2}{\mathrm{d}X_1^2}=-\dfrac{U_2^2 U_{11}-2U_1 U_2 U_{12}+U_1^2 U_{22}}{U_2^3}>0$ $\tag{5}$

由于 $U_2^2>0$，所以，$-(U_2^2 U_{11}-2U_1 U_2 U_{12}+U_1^2 U_{22})>0$，因此得到

$$U_2^2 U_{11}-2U_1 U_2 U_{12}+U_1^2 U_{22}<0 \tag{6}$$

熟悉数学的读者可以看到，满足（6）式即可满足效用最大化的二阶条件。所有这一切都是西方学者认可的事实。例如，参阅阿契鲍尔德，李普赛. 数理经济学引论. 纽约：哈珀与罗公司，1976：255-256；蒋中一. 数理经济学的基本方法. 3版. 纽约：麦格劳-希尔公司，1984：400-403；亨德森，邝特. 微观经济理论. 3版. 纽约：麦格劳-希尔公司，1980：8-15。

$$U_2^2U_{11}-2U_1U_2U_{12}+U_1^2U_{22}<0$$

在上述条件中，U_1 和 U_2 分别为 X_1 和 X_2 的边际效用；U_{11} 和 U_{22} 分别为 X_1 和 X_2 的边际效用的增量；U_{12} 为 X_1 和 X_2 的"交叉"边际效用的增量，即消费 X_1 后再消费 X_2 的总效用的增量。

考察上述条件中的第一项，U_2^2 是一个正数，因为任何正负数值的平方必然是正数；上式第三项中的 U_1^2 也是一个正数，其原因与 U_2^2 相同。在上式第二项中，在 X_1 和 X_2 达到满足的饱和点以前，U_1 和 U_2（顺次代表 X_1 和 X_2 的边际效用）均可以被看做是正数值。在此情况下，上面的不等式是否能得到满足取决于 U_1、U_2 的数值以及 U_{11}、U_{22}、U_{12} 的数值和符号（即正值或负值）。由于在一般的情况下，没有办法肯定这些数值和符号，所以不能保证上面的不等式得以满足，从而，无差异曲线未必凸向原点。因此，不能保证整个序数论分析的结论是正确的。

（4）在序数论中，价格不进入效用函数。事实上，价格也不可能进入效用函数，因为效用论的目的是通过需求曲线决定价格。如果价格进入效用函数，那便是用价格来决定价格，从而失掉了效用论存在的意义。这就是说：商品价格并不影响消费者对该商品效用大小的判别。这也就意味着：消费者之所以喜爱某一高价商品如龙虾，纯然是由于龙虾的味道和营养，而不是由于龙虾的高价使消费者很少能享用它，从而使消费者倍加珍惜龙虾。上述说法显然违反事实。在一般的情况下，很少有消费者能撇开价格因素，而单独考虑商品效用的大小。只有不懂世故的幼童，根本不知道价格是怎样一回事，才会脱离价格而判别他对商品的喜爱程度。

总之，虽然序数论在形式上弥补了基数论的缺点，但是，它在实际上仍然是一个比较牵强的说法。

价值论在世界范围内一向是一个存在争议的主题；目前，争论仍在进行中，有兴趣的读者可以参阅本书末所罗列的有关的阅读书目。在这里，我们必须指出：我们并不反对效用的存在，甚至在一定的限度内承认边际效用递减的事实。我们所反对的仅仅是把它们用于决定商品的价值，即效用价值论。此外，无差异曲线本身是一个有用的分析工具。在合适的情况下，它也可被用来考察我们的经济问题。

第四章

生产技术

在上一章，我们从消费者选择行为的分析中推导出了消费者的需求曲线；从本章开始，我们将从生产者行为的分析中推导供给曲线。

厂商进行生产既要考虑技术问题，也要考虑经济问题。生产技术决定生产成本，进而影响厂商所追求的利润的大小。据此，本章将考察企业的生产技术，然后第五章将考察由企业的生产技术所决定的经济成本，最后在第六章将成本和收益结合在一起，考察厂商追求利润最大化的决策行为，并推导生产者的供给曲线。

本章的内容是这样安排的：第一节介绍有关厂商和生产的基本概念；第二节以一种可变生产要素的短期生产函数，考察短期生产技术规律及不同生产阶段的特点；第三节以两种可变生产要素的长期生产函数，考察反映长期生产技术特征的等产量曲线和规模报酬。第四节是结束语。

第一节　厂商和生产的基本概念

一、厂商

在微观经济学中，**生产者亦称厂商或企业**，指能够作出统一的生产决策的单个经济单位。下面介绍厂商的组织形式和厂商的目标。

1. 厂商的组织形式

厂商主要有三种组织形式：个人企业、合伙制企业和公司制企业。

个人企业指单个人独资经营的厂商组织。个人企业家通常既是所有者也是经营管理者。个人业主的利润动机明确且强烈，生产决策自由灵活，企业规模一般比较小，易于管理。但个人企业往往资金有限，限制了生产的发展，而且较易于破产。

合伙制企业指两个人以上合资经营的厂商组织。相对个人企业而言，合伙制企业的资金较多，规模较大；分工和专业化得到一定的加强。但由于多人所有并参与管理，不利于协调统一；其资金和生产规模仍有限，在一定程度上不利于生产的发展；合伙人之间的契约关系欠稳定。

公司制企业指按照公司法建立和经营的具有法人资格的厂商组织。它是现代企业的一种重要组织形式。公司由股东所有，公司的经营权掌握在董事会监督下的总经理手里。在资本市场上，公司制企业是一种非常有效的融资组织形式，它主要利用发行公司债券和公司股票来筹集资金。其中，公司债券是由公司发行的一种债权凭证，它以公司许诺在将来某一特定时间偿还一笔固定数量货币和定期付息的方式，从居民户和其他厂商那里借款融资。公司债券所有者不是公司的所有者，也不参与公司的管理。公司股票是由公司发行的一定数量的具有一定票面价值的投资凭证。股票所有者是公司股东即所有者，股东有权参与公司的管理和索取公司的利润，也有义务承担公司的损失。由于公司制企业能够通过发行债券和股票的形式筹集大量资金，所以，公司制企业往往资金雄厚，有利于实现规模生产，有利于强化分工与协作。公司制企业的组织形式相对稳定，有利于生产的长期发展。但公司制企业组织可能由于规模庞大，给企业内部的管理协调带来一定的困难。公司所有权和管理权的分离也带来了一系列问题，特别是管理者在经营活动中能否体现所有者意愿的问题。

2. 厂商的目标

在微观经济学中，关于厂商行为的基本假设是：厂商追求利润最大化的目标，它是经济学"理性人"假设在厂商理论中的体现。从本章开始的生产者行为分析都被置于此基本假设之下。

但是，在现实生产活动中，厂商偏离利润最大化目标的现象也时有发生。譬如，在现代公司制企业组织中，所有权和经营权是分离的，所有者和经理之间是委托—代理的契约关系。由于两者的信息不对称，经理就有可能偏离利润最大化目标，而追求个人效用最大化。再譬如，由于企业的内部矛盾和利益冲突，个别企业可能不得不放弃利润最大化目标，而追求企业内部各方满意度最大化。关于对利润最大化目标的偏离问题，经济学家进行了深入研究并提出了一系列解决方案。[①]

总之，有一点是很清楚的：从长期看，倘若一个企业不以利润最大化为目标，则终将被激烈竞争的市场所淘汰；实现利润最大化是任何一个企业竞争生存的基本准则。据此，在以下对生产者行为的分析中，我们始终使用厂商的目标是追求利润最大化这一基本假设。

二、生产

为了追求最大的利润，任何厂商都会采用适当的技术进行生产。**生产技术**指生产过程中投入量与产出量之间的数量关系，它通常用生产函数来表示。利用生产函数可以分析投

---

① 关于此问题的具体描述，可阅读本书第十一章第四节。

入量变化所导致的产量变化的基本特征和规律。

1. 生产函数

厂商的生产过程可以被看成是从投入生产要素到生产出产品的过程。生产要素一般划分为四个类型：劳动、土地、资本和企业家才能。劳动是人类在生产活动中提供的体力和智力的总和。土地不仅指土地本身，还包括地上和地下的一切自然资源，如森林、江河湖泊、海洋、矿藏等。资本可以是货币形态的，也可以是实物形态的。资本的实物形态，又称为资本品或投资品，如厂房、机器设备、动力燃料、原材料等。企业家才能指企业家组织建立和经营管理企业的才能。通过对生产要素的运用，厂商可以提供各种实物产品，如房屋、食品、机器、日用品等，也可以提供各种劳务，如金融、旅游、医疗、理发服务等。

生产函数表示在一定时期内在给定的技术条件下，生产中所使用的各种生产要素的数量与所能生产的最大产量之间的关系。 任何生产函数都是以给定的生产技术为前提的。一旦生产技术发生变化，则会形成新的生产函数。新的生产函数可以表示为要素投入量的变化、产量的变化或要素投入量和产量均发生变化。

假定 X_1，X_2，…，X_n 顺次表示某产品生产过程中所使用的 n 种生产要素的投入数量，Q 表示所能生产的最大产量，则生产函数为

$$Q = f(X_1, X_2, \cdots, X_n) \tag{4.1}$$

该生产函数表示在一定时期内在既定的生产技术下的生产要素组合（X_1，X_2，…，X_n）所能生产的最大产量为 Q。**"最大产量"** 是对生产函数的本质规定，它强调生产函数所体现的生产技术是有效率的，其产量是在现有条件下不可能再增大的产量。

为了简化分析，通常假定生产中只使用劳动和资本两种生产要素。若以 L 表示劳动投入数量，以 K 表示资本投入数量，则生产函数为

$$Q = f(L, K) \tag{4.2}$$

任何一种生产活动都可以用生产函数来表示，如一个企业或一家饭店均存在各自的生产函数；此外，运用生产函数还可以分析诸如一所学校或医院等的运行情况。所以，估计和研究各种生产函数对经济理论研究和实际经济活动都具有重要意义。

2. 生产的短期和长期

厂商的生产可以区分为短期和长期，它们各自的生产技术特征和规律是不相同的。如何区分生产的短期和长期呢？**生产的短期指生产者来不及调整全部生产要素的数量，至少有一种生产要素的数量是固定不变的生产周期。** 由此，短期生产的要素投入区分为固定要素投入和可变要素投入。诸如机器设备、厂房等在短期内无法进行数量调整的要素为固定要素投入；诸如劳动、原材料、燃料等在短期内可以进行数量调整的要素为可变要素投入。**生产的长期指生产者可以调整全部生产要素的生产周期。** 例如，生产者在长期可以通过对全部要素投入量的调整，来缩小或扩大生产规模，甚至进入或退出一个行业的生产。由于在长期生产中每种要素投入数量都是可以调整的，因而也就不存在可变要素投入与固定要素投入的区分。

生产的短期和长期的区分是以能否变动全部要素投入数量为标准的。对于不同产品的

生产而言，其短期和长期的时期长度各异。比如，一个大型炼油厂的规模变动可能需要三年才能完成，而一个豆腐作坊的规模变动可能仅需一个月即可。也就是说，炼油厂的短、长期的分界线为三年，而豆腐作坊的短、长期的分界线仅为一个月。

接下来的第二、三节，将分别以一种可变要素的生产函数来考察短期的生产技术特征，以两种可变要素的生产函数来考察长期的生产技术特征。

第二节　短期生产函数

假定资本投入量是固定的，以 $\bar{K}$ 表示，劳动投入量是可变的，以 L 表示，则生产函数可以写成

$$Q = f(L,\bar{K}) \tag{4.3}$$

这便是一种可变生产要素的短期生产函数，它表示：在生产技术和资本投入量给定的条件下，由可变要素劳动投入量变化所导致的最大产量的变化。那么，随着劳动投入量的变化，产量的变化会呈现出哪些基本特征和规律？厂商的生产要素的合理投入区间又应该在哪里？这需要从劳动的总产量、平均产量和边际产量三者及其相互关系的角度来考察，这将构成本节短期生产理论的主要内容。

一、总产量、平均产量和边际产量的概念

由短期生产函数 $Q = f(L,\bar{K})$ 可以得到劳动的总产量（total product）、平均（average product）和边际产量（marginal product），它们的英文缩写顺次是 TP_L、AP_L 和 MP_L。

劳动的总产量 $\boldsymbol{TP_L}$ 表示与可变要素劳动的每一投入数量相对应的最大总产量。其定义公式为

$$TP_L = f(L,\bar{K}) \tag{4.4}$$

劳动的平均产量 $\boldsymbol{AP_L}$ 表示平均每一单位可变要素劳动的投入量所生产的产量。其定义公式为

$$AP_L = \frac{TP_L(L,\bar{K})}{L} \tag{4.5}$$

劳动的边际产量 $\boldsymbol{MP_L}$ 表示增加一单位可变要素劳动的投入量所增加的产量。其定义公式为

$$MP_L = \frac{\Delta TP_L(L,\bar{K})}{\Delta L} \tag{4.6}$$

或者

$$MP_L = \lim_{\Delta L \to 0}\frac{\Delta TP_L(L,\bar{K})}{\Delta L} = \frac{\mathrm{d}TP_L(L,\bar{K})}{\mathrm{d}L} \tag{4.7}$$

类似地，对于劳动投入量固定、资本投入量可变的短期生产函数 $Q=f(\bar{L}, K)$ 来说，相应的资本的总产量、平均产量和边际产量的定义公式分别是

$$TP_K = f(\bar{L}, K) \tag{4.8}$$

$$AP_K = \frac{TP_K(\bar{L}, K)}{K} \tag{4.9}$$

$$MP_K = \frac{\Delta TP_K(\bar{L}, K)}{\Delta K} \tag{4.10}$$

或者

$$MP_K = \lim_{\Delta K \to 0} \frac{\Delta TP_K(\bar{L}, K)}{\Delta K} = \frac{\mathrm{d}TP_K(\bar{L}, K)}{\mathrm{d}K} \tag{4.11}$$

根据以上概念及其定义，可以编制一个关于一种可变要素的短期生产函数的总产量、平均产量和边际产量的表列，表 4-1 就是一个例子。表中的短期生产函数为 $Q=f(L, \bar{K})$，资本投入量固定为 $\bar{K}=3$；随着劳动投入量的变化，劳动的总产量、平均产量和边际产量的变化如表 4-1 所示。

表 4-1　　　一种可变生产要素（劳动）的短期生产：总产量、平均产量和边际产量

劳动投入量 L	资本投入量 $\bar{K}$	劳动的总产量 TP_L	劳动的平均产量 $AP_L = \dfrac{TP_L}{L}$	劳动的边际产量 $MP_L = \dfrac{\Delta TP_L}{\Delta L}$
0	3	0	0	
1	3	3	3	3
2	3	8	4	5
3	3	12	4	4
4	3	15	$3\frac{3}{4}$	3
5	3	17	$3\frac{2}{5}$	2
6	3	17	$2\frac{5}{6}$	0
7	3	16	$2\frac{2}{7}$	−1
8	3	13	$1\frac{5}{8}$	−3

图 4-1 是根据表 4-1 绘制的产量曲线图。在图中，劳动的总产量 TP_L 曲线、平均产量 AP_L 曲线和边际产量 MP_L 曲线均明显呈现出先升后降的形状。

仔细观察表 4-1 和图 4-1，或许会产生一个令人困惑的问题：随着劳动投入量的不断增加，为什么总产量不是始终增加的？或者说，为什么总产量最终反而下降了呢？我们

会在本节的分析中给出答案。在此，先介绍边际报酬递减规律。

二、边际报酬递减规律

1. 边际报酬递减规律

在短期生产中普遍存在这么一种现象：在技术水平和其他因素不变的条件下，在连续等量地将某一种可变生产要素投入增加到其他一种或几种数量固定不变的生产要素上去的过程中，该可变要素的边际产量先是递增的，在这种可变要素的投入量增加到一定数量之后，其边际产量便是递减的了。这就是短期生产的**边际报酬递减规律**。此规律亦被称为**边际产量递减规律**或**边际收益递减规律**。[①] 边际报酬递减规律在表 4-1 和图 4-1 中都得到体现，边际产量 MP_L 曲线明显是先上升而后下降的。

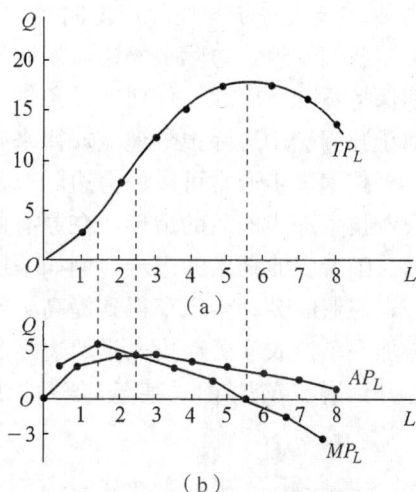

图 4-1 一种可变生产要素的短期
生产函数的产量曲线（一）

边际报酬递减规律成立的原因在于：在任何产品的短期生产中，一种可变要素和其他固定要素之间均存在一个最佳的投入数量组合，换言之，可变要素投入量与固定要素投入量应该相互匹配。设想：在固定要素资本的投入量给定和可变要素劳动的投入量为零的初始点，远远没有达到最佳投入数量组合，于是，在劳动投入量连续增加且逐步接近最佳投入数量组合的过程中，劳动的边际产量是递增的；一旦劳动投入量的增加实现了最佳投入数量组合，其边际产量就会达到最大值；在这之后，随着劳动投入量的继续增加且越来越偏离最佳投入数量组合，劳动的边际产量便呈现出递减的趋势了。

举一个现实生产中的例子：对于给定的 10 亩麦田来说，在技术水平和其他因素不变的条件下，考虑仅仅化肥使用量变动（即一种可变要素变动）所导致的边际产量效果。如果只施用 1 千克化肥，可想而知，其作用是微不足道的，这一千克化肥所带来的总产量的增加量即边际产量是很小的。之后，在连续等量地增加化肥且达到最佳施用量的过程中，化肥的边际产量会逐步提高即递增，直至达到化肥施用的最佳效果即最大的边际产量。但是，在超过化肥最佳施用量之后还继续增加化肥投入，施用化肥的边际产量就会下降即递减。甚至，倘若施用过多的化肥，还会烧坏庄稼，对小麦生长带来不利的影响，导致负的边际产量。

边际报酬递减规律强调的是：在短期生产中，随着一种可变要素投入量的持续增加，**其边际产量最终必然会递减**，甚至会出现边际产量为负的糟糕情形。正是基于此，该规律被命名为边际产量"递减"规律，以提醒人们注意这一点。换言之，可变要素投入量并不总是越多越好，而是要恰当，要与固定要素投入量相匹配。

[①] 就边际报酬递减规律而言，其"报酬"一般被视为实物产量，故此规律亦被称为边际产量递减规律。若将"报酬"视为产品收益且假定产品价格不变，则此规律也可被称为边际收益递减规律。

2. 技术进步与边际产量曲线

我们知道，边际报酬递减规律发生作用有前提条件：一是生产技术给定，二是其他因素保持不变。因此，任何前提条件的变化都会导致边际产量曲线的变动。理解这一点，有助于我们应用边际报酬递减规律来解释一些实际经济现象。

技术进步通常可以使得边际产量曲线向上移动，如图 4 - 2 所示。假定图中描述的是农业技术进步前后的情形。在原有的农业技术水平，农业劳动的边际产量由 MP_L^1 曲线表示。随着农业技术的进步，例如采用了改良的种子、更有效的化肥、更高效的农业机械等等，农业的劳动生产率得到提高。新技术所带来的农业劳动生产率的提高可以表现为：每增加一单位农业劳动投入量的边际产量都比原先提高了，即农业劳动的边际产量曲线可能上升到诸如 MP_L^2 曲线甚至 MP_L^3 曲线的位置。[①]

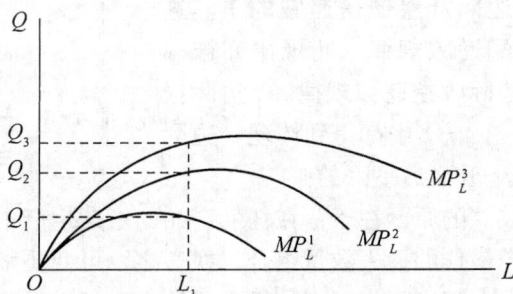

图 4 - 2　技术进步与边际产量曲线

比较原技术和新技术的边际产量曲线可以看到，譬如，当农业劳动投入量为 L_1 时，在技术进步前，劳动的边际产量沿 MP_L^1 曲线已经递减为 Q_1，而在技术进步后，劳动的边际产量却沿 MP_L^2 曲线递增为 Q_2。依此类推，如果发生持续的技术进步，也可能使得农业劳动的边际产量曲线上移到譬如 MP_L^3 曲线的位置，于是，农业劳动投入量为 L_1 时的边际产量将继续上升为 Q_3。

毫无疑问，在技术进步的作用下，农业劳动的边际产量变化会带来总产量变化，即总产量曲线通常也会上移。正如现实生产活动所示，长期持续的农业技术进步带来了农作物总产量的大幅度增长。[②]

除了"技术水平给定"的要求之外，边际报酬递减规律还要求"其他因素保持不变"，可以包括可变要素劳动是同质的、外部生产环境是基本稳定的等等。类似地，如果"其他因素"发生变化，那么，它们同样会影响边际产量曲线的位置。比如，工人经过培训之后操作技能大幅提高，可以使边际产量曲线上移；再比如，农作物遭受严重的自然灾害，可以使边际产量曲线下移；等等。

无论在上述哪一种情况中，只要一旦技术水平给定和其他因素保持不变，则边际产量递减规律就总是会发生作用。这一点在图 4 - 2 中得到体现：每一条边际产量 MP_L 曲线都

　　[①]　至于劳动的边际产量 MP_L^2 曲线和 MP_L^3 曲线的具体位置（包括其最高点的位置），需视具体情况而定。图 4 - 2 描述的是技术进步使得劳动的边际产量曲线上升的其中一种可能的情况。

　　[②]　这一点也是理解本章专栏 4 - 1 的内容的基础。

是先上升后下降的，这是因为每一条边际产量曲线所对应的技术水平和其他因素都是给定的。

最后，需要说明的是，我们在图4-2中分析的仅是技术进步导致边际产量曲线变动的一种情形。至于在经济理论研究和分析实际经济问题中所涉及的边际产量曲线的各种变化形态，则均需视具体情况而定。

三、总产量、平均产量和边际产量的相互关系

下面利用图4-3来说明短期生产中各类产量的变化特征及其相互之间的关系。[①]

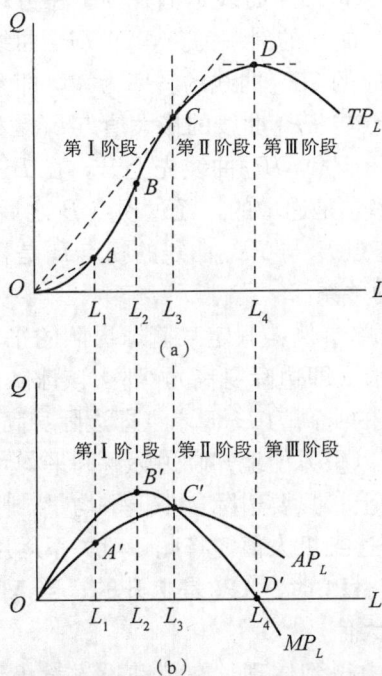

图4-3 一种可变生产要素的短期生产函数的产量曲线（二）

由图4-3（b）可见，劳动的边际产量MP_L曲线先上升，并在B'点达到最高点，之后便呈下降的趋势，它体现了边际报酬递减规律。下面将以短期生产的此技术规律为基础，分析总产量和平均产量各自的特征，以及各类产量曲线之间的相互关系。

1. 边际产量和总产量的关系

由于劳动的边际产量是指增加一单位劳动所增加的产量，因此，可以推知：在劳动的边际产量为正值的生产阶段（其间边际产量由递增变为递减），则每增加一单位劳动投入量都能使总产量得到增加。在此阶段，相对于固定的资本投入量而言，劳动投入量过少，因此增加劳动投入量有利于资本作用的发挥。劳动的边际产量一旦递减为零，就意味着固定资本量实现了充分利用，从而使得总产量达到最大值。之后，在劳动的边际产量继续递

---

① 为了便于作图，在图4-3中，假定图4-3（a）的纵轴的单位刻度大于图4-3（b）的纵轴的单位刻度；图4-3（a）、图4-3（b）的横轴的单位刻度是相同的。这一假定对于本章后面类似的图都适用。

减为负值的生产阶段，则每增加一单位劳动投入量都会使得总产量下降。显然，在此阶段，劳动投入量相对过多。总之，边际产量和总产量之间的一般关系可以简单表述为：**只要边际产量是正的，则总产量总是增加的；只要边际产量是负的，则总产量总是减少的；当边际产量为零时，则总产量达到最大值点。**

关于边际产量和总产量之间的上述一般关系，可以用数学公式和几何图形来表示。

从数学公式的表达形式看，边际产量 $MP_L = \dfrac{\mathrm{d}TP_L}{\mathrm{d}L}$，即 TP_L 曲线的斜率就是相应的 MP_L 值。于是，在图 4-3 中可见，在劳动投入量小于 L_4 的生产区间，MP_L 均为正值，则相应的 TP_L 曲线的斜率为正，即 TP_L 曲线是上升的。在劳动投入量大于 L_4 的生产区间，MP_L 均为负值，则相应的 TP_L 曲线的斜率为负，即 TP_L 曲线是下降的。在劳动投入量恰好为 L_4 时，MP_L 为零，则相应的 TP_L 曲线的斜率为零，即 TP_L 曲线达到最大值。这就是说，MP_L 曲线为零值时的 D' 点与 TP_L 曲线的最大值点 D 是相互对应的。

此外，在图 4-3 中，边际产量 MP_L 曲线先上升，在 B' 点达到最大值，然后再下降。于是，相应的 TP_L 曲线的斜率先是递增的，经过拐点 B 之后，TP_L 曲线的斜率是递减的。这就是说，MP_L 曲线的最大值点 B' 与 TP_L 曲线的拐点 B 是相互对应的。

2. 边际产量和平均产量的关系

先看一个大家都熟悉的简单事例：假定某篮球男队的平均身高为 1.95 米。如果新加入的一名队员的身高为 2.05 米（即边际身高），那么该球队的平均身高就会因此而提高。相反，如果新加入的一名队员的身高为 1.85 米（即边际身高），那么该球队的平均身高就会因此而下降。由此，我们可以很方便地知晓边际量和平均量之间的一般关系：只要边际量大于平均量，则平均量被拉上；只要边际量小于平均量，则平均量被拉下。此外，当边际量等于平均量时，则平均量达到极大值。将此一般关系运用于边际产量和平均产量，则可以用公式表示为：**当 $MP_L > AP_L$ 时，AP_L 是上升的；当 $MP_L < AP_L$ 时，AP_L 是下降的；当 $MP_L = AP_L$ 时，AP_L 达到极大值。**[①]

以上关系在图 4-3（b）中得到体现：在劳动投入量小于 L_3 的区间，MP_L 曲线高于 AP_L 曲线，则 AP_L 曲线是上升的，即平均产量被拉上。相反，在劳动投入量大于 L_3 的区间，MP_L 曲线低于 AP_L 曲线，则 AP_L 曲线是下降的，即平均产量被拉下。此外，由于 MP_L 曲线是先上升后下降的（即边际报酬递减规律），所以，在劳动投入量恰好等于 L_3 时，MP_L 曲线与 AP_L 曲线相交于 AP_L 曲线的极大值点 C'。

此外，由图中还可见，不管是从产量曲线上升还是下降的趋势而言，MP_L 曲线的变动都要快于 AP_L 曲线的变动。

---

① 关于这一点，可以用数学方法证明如下。

AP_L 曲线的斜率可以表示为：

$$\frac{\mathrm{d}AP_L}{\mathrm{d}L} = \frac{\mathrm{d}}{\mathrm{d}L}\left(\frac{TP_L}{L}\right) = \frac{\frac{\mathrm{d}TP_L}{\mathrm{d}L} \cdot L - TP_L}{L^2} = \frac{1}{L}\left(TP_L' - \frac{TP_L}{L}\right) = \frac{1}{L}(MP_L - AP_L)$$

因为 $L > 0$，所以，当 $MP_L > AP_L$ 时，AP_L 曲线的斜率为正，即 AP_L 曲线是上升的；当 $MP_L < AP_L$ 时，AP_L 曲线的斜率为负，即 AP_L 曲线是下降的；当 $MP_L = AP_L$ 时，AP_L 曲线的斜率为零，即 AP_L 曲线达到极值点（在此为极大值点）。

3. 平均产量和总产量的关系

根据平均产量的定义公式 $AP_L = \dfrac{TP_L\ (L,\ \overline{K})}{L}$ 可以得到，在图 4-3（a）中，例如，当劳动投入量为 L_1 时，平均产量 $= \dfrac{AL_1}{OL_1}$，它就是线段 OA 的斜率，其数值等于图 4-3（b）中 $A'L_1$ 的高度。推而广之，可得一般结论：**连接坐标原点与 TP_L 曲线上任何一点的连线的斜率，均可以表示为相应的平均产量值。**

设想：将坐标原点连续地与 TP_L 曲线上所有的点相连接，便可以得到无数条连线。其中有一条连线最陡峭（即斜率最大），就是从原点出发与 TP_L 曲线相切于 C 点的切线。它提示：在切点 C 相对应的劳动投入量 L_3 上，平均产量是最大的，即 AP_L 曲线达到极大值点 C'。这就是说，TP_L 曲线上的切点 C 和 AP_L 曲线的最高点 C' 是相互对应的；当然，MP_L 曲线与 AP_L 曲线也必定相交于 AP_L 曲线的极大值点 C'。

四、短期生产的三个阶段

根据产量变化的特征，可以将短期生产划分为三个阶段，如图 4-3 所示。

第 Ⅰ 阶段是劳动投入量从零增加到 L_3 的区间。在此阶段，边际产量 MP_L 上升达到最大值点 B' 之后下降；相应地，总产量 TP_L 始终是上升的，尽管上升的速率由递增变为递减。此外，边际产量 MP_L 始终大于平均产量 AP_L，从而使得平均产量 AP_L 保持上升趋势并达到最高点 C'。这说明：相对于固定资本量而言，此阶段的劳动投入量相对较少；生产者只要增加劳动投入量，就可以增加平均产量 AP_L 和总产量 TP_L。因此，在第 Ⅰ 阶段，任何厂商都会连续增加劳动投入量，直至将生产扩展到第 Ⅱ 阶段，由此得到产量增加的全部好处。

第 Ⅲ 阶段是劳动投入量从 L_4 开始继续增加的区间。在此阶段，平均产量 AP_L 继续下降；边际产量 MP_L 甚至已经下降为负值；总产量 TP_L 也呈现下降趋势。这说明：相对于固定资本量而言，此阶段的劳动投入量过多；换言之，减少劳动投入量是有利的。因此，在第 Ⅲ 阶段，即使劳动要素是免费供给的，理性的生产者也不会增加劳动投入量，而是通过减少劳动投入量将生产收缩退回到第 Ⅱ 阶段，由此扭转极其不利的生产局面。

由此可见，在短期生产中，厂商既不会将生产停留在第 Ⅰ 阶段，也不会将生产扩展到第 Ⅲ 阶段。事实上，厂商都是在第 Ⅱ 阶段进行生产，这样不仅可以得到在第 Ⅰ 阶段持续增加劳动投入所带来的全部好处，而且可以避免将劳动投入增加到第 Ⅲ 阶段所带来的不利影响。总之，**第 Ⅱ 阶段是理性厂商短期生产的决策区间，或称生产要素的合理投入区间。**

最后，在图 4-3 中可见，在第 Ⅱ 阶段的起点，平均产量 AP_L 曲线达到最高点，且与边际产量 MP_L 曲线相交。在第 Ⅱ 阶段的终点，总产量 TP_L 曲线达到最大值，相应的边际产量 MP_L 等于零，即边际产量 MP_L 曲线与水平轴相交。至于追求利润最大化的厂商究竟应该在第 Ⅱ 阶段选择哪一点进行生产，还有待以后结合成本函数以及收益和利润进行深入的分析。

（专栏 4-1 "关于边际报酬递减规律"，请读者扫描本书封面二维码获取。）

第三节　长期生产函数

假定厂商使用两种可变要素劳动和资本来生产一种产品，则生产函数可以写成

$$Q=f(L, K) \tag{4.12}$$

式中，L、K 分别表示劳动、资本的可变投入数量。这便是两种可变要素的长期生产函数。

该生产函数表示长期内在技术水平不变的条件下，两种可变要素投入的各种组合所能生产的最大产量。显然，由（4.12）式可知，只要劳动和资本中的任何一种或者两种可变要素投入数量发生变化，产量就会发生变化。也就是说，长期生产中可能呈现出无数多的要素组合与产量之间的复杂关系。那么，如何描述长期生产的要素投入组合和产出之间的基本联系呢？为此，本节将介绍有关长期生产的两个基本分析工具：一是等产量曲线，它从两种可变要素相互替代的角度来考察长期生产的技术特征；二是规模报酬，它从两种可变要素都以相同比例变化的角度来考察长期生产的技术特征。

一、等产量曲线

1. 等产量曲线及其特征

假定长期生产的产量给定为 Q^0，则（4.12）式的长期生产函数可以写为

$$Q=f(L, K)=Q^0 \tag{4.13}$$

对（4.13）式稍加观测，就可以推知：如果产量 Q^0 给定，那么，厂商在长期就可以灵活地选择要素投入组合。例如，当资本短缺时，厂商就可以使用较多的劳动和较少的资本，即以劳动替代资本来生产 Q^0 的产量；又如，当劳动成本提高时，厂商就可以使用较多的资本和较少的劳动，即以资本替代劳动来生产 Q^0 的产量。这一直观的想法是构造和理解等产量曲线的基础，下面利用图 4-4 和图 4-5 来具体说明。

图 4-4 是关于长期生产函数 $Q=f(L, K)$ 的三维空间图。由图中的坐标原点出发，水平面的两个坐标轴 OL 和 OK 分别表示劳动投入量和资本投入量，高度纵坐标轴 OQ 表示产量，$OKQ'L$ 为产量曲面。产量曲面上的任何一点都代表由相应的一个要素投入组合生产的一个最大产量。例如，产量曲面上的一点 P，它表示产量水平为 $PP'=RR'$；将 P 点垂直投影到 L—K 平面上，便得到 P' 点，并由 P' 点可知生产 $PP'=RR'$产量的劳动投入量和资本投入量分别为 OL_1 和 OK_1。

那么，我们是否可以找到生产 RR' 产量水平的所有的要素投入组合呢？这是可以的。设想：

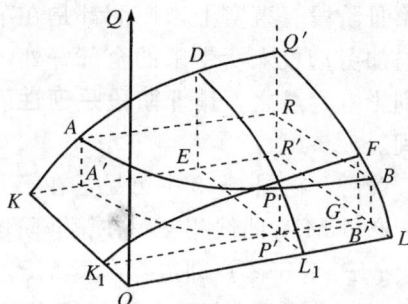

图 4-4　由产量曲面到等产量曲线

108

在产量水平 RR' 的高度，用一个平行于 $L-K$ 平面的平面去切产量曲面 $OKQ'L$，就会得到一条曲线 APB。APB 曲线是在产量曲面上表示 RR' 产量水平的所有点的轨迹，即有诸如 $RR'=AA'=PP'=BB'$ 等。把 APB 曲线垂直投影到 $L-K$ 平面上，便得到曲线 $A'P'B'$。$A'P'B'$ 曲线表示生产同一产量水平 RR' 的两种可变要素的各种不同组合的轨迹。例如，在 $A'P'B'$ 曲线上的三点 A'、P'、B'，尽管各自的要素投入组合是不相同的，但是它们都能生产相等的产量水平 RR'。据此，我们称 $A'P'B'$ 曲线为一条等产量曲线。

进一步设想：如果在纵坐标轴 OQ 的每一个产量水平的高度，都用一个平行于 $L-K$ 平面的平面去切产量曲面 $OKQ'L$，会得到无数条（类似于 APB 曲线的）曲线，再将每一条这样的曲线各自垂直投影到 $L-K$ 平面，那么就会得到无数条（类似于 $A'P'B'$ 曲线的）等产量曲线，它们被称为等产量曲线簇。

把由三维空间图中得到的等产量曲线转换到二维平面坐标图中，可以得到在分析长期生产时通常所使用的等产量曲线，如图 4-5 所示，我们在图中保留了三条等产量曲线。

等产量曲线是在技术水平不变的条件下，生产同一产量水平的两种生产要素投入量的所有不同组合的轨迹。图中有三条等产量曲线，分别代表生产产量 $Q_1=50$、$Q_2=100$ 和 $Q_3=150$ 的各要素投入组合。以等产量曲线 Q_2 为例，它表示 100 单位的产量既可以使用 A 点的要素投入组合 $(L_1，K_1)$ 生产出来，也可使用 B 点的要素投入组合 $(L_2，K_2)$ 或者 C 点的要素投入组合 $(L_3，K_3)$ 生产出来；事实上，等产量曲线 Q_2 上任何一点的要素投入组合都可以生产 100 单位的产量。此类分析可推广至其他任何一条等产量曲线。

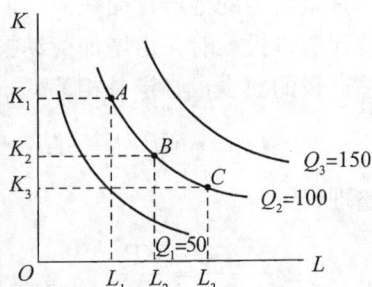

图 4-5 等产量曲线

仅从分析工具的角度看，等产量曲线和无差异曲线的特征是相似的。由图 4-5 可见，等产量曲线具有以下特征：第一，在一个坐标平面上可以有无数条等产量曲线。每一条等产量曲线都代表一个产量水平，不同的等产量曲线代表不同的产量水平。等产量曲线与原点之间的距离表示产量水平的高低，离原点越近（或越远）的等产量曲线代表的产量水平越低（或越高）。第二，同一坐标平面上的任何两条等产量曲线都不会相交。第三，等产量曲线是凸向原点的。

2. 边际技术替代率

由等产量曲线可以得到边际技术替代率，其英文缩写为 $MRTS$。

想象一下，在图 4-5 中，为了生产 100 单位的产量，厂商可以沿着既定的等产量曲线 Q_2 由 A 点下滑到 C 点，即不断增加劳动投入量以替代资本投入量；相反，厂商也可以沿着既定的等产量曲线 Q_2 由 C 点上升到 A 点，即不断增加资本投入量以替代劳动投入量。无论是在要素替代的哪种场合，理性的厂商都会思考这样的问题：为了生产 100 单位的产量，每增加一单位劳动投入量（或资本投入量）究竟可以替代几单位的资本投入量（或劳动投入量）呢？如何通过恰当的要素替代达到最优的要素组合呢？为此，引入边际技术替代率的概念。**在维持产量水平不变的条件下，增加一单位某种要素的投入量时所需**

要减少的另一种要素的投入量，被称为两要素的边际技术替代率。劳动对资本的边际技术替代率的定义公式为：

$$MRTS_{LK} = -\frac{\Delta K}{\Delta L} \tag{4.14}$$

式中，ΔL 和 ΔK 分别表示劳动投入的增加量和资本投入的减少量；由于它们的符号是相反的，故在公式中加一个负号使得 $MRTS_{LK}$ 取正值，以便于比较。

或者，在等产量曲线某一点上的劳动对资本的边际技术替代率的定义公式为：

$$MRTS_{LK} = \lim_{\Delta L \to 0} -\frac{\Delta K}{\Delta L} = -\frac{dK}{dL} \tag{4.15}$$

显然，由（4.15）式可知，等产量曲线上某一点的边际技术替代率就是等产量曲线在该点斜率的绝对值。

此外，边际技术替代率还可以表示为两要素的边际产量之比。这是因为边际技术替代率是就给定的等产量曲线而言的，于是，在维持产量水平不变的前提下，当用劳动投入来替代资本投入时，由增加劳动投入量所带来的总产量的增加量与由此减少资本量所带来的总产量的减少量必定是相等的，即有：

$$|\Delta L \cdot MP_L| = |\Delta K \cdot MP_K|$$

整理得：

$$-\frac{\Delta K}{\Delta L} = \frac{MP_L}{MP_K}$$

由边际技术替代率的定义公式得：

$$MRTS_{LK} = -\frac{\Delta K}{\Delta L} = \frac{MP_L}{MP_K} \tag{4.16}$$

或者有：

$$MRTS_{LK} = -\frac{dK}{dL} = \frac{MP_L}{MP_K} \tag{4.17}$$

可见，边际技术替代率还可以表示为两要素的边际产量之比。[①]

3. 边际技术替代率递减规律

在长期生产中普遍存在这么一种现象：在维持产量不变的前提下，在一种可变要素的

---

① 关于这一点，也可以用微分方法证明如下。

假设等产量曲线的生产函数为：$Q = f(L, K) = Q^0$

在等式两边取全微分得：$\frac{\partial f}{\partial L} dL + \frac{\partial f}{\partial K} dK = dQ^0 = 0$

$\therefore -\frac{dK}{dL} = \frac{\partial f}{\partial L} / \frac{\partial f}{\partial K} = \frac{MP_L}{MP_K}$

由边际技术替代率的定义公式可得：$MRTS_{LK} = -\frac{dK}{dL} = \frac{MP_L}{MP_K}$

投入量不断增加的过程中，每一单位这种可变要素所能替代的另一种可变要素的数量是递减的。这一现象被称为边际技术替代率递减规律。由图 4-6 可见，在两要素投入组合沿着既定的等产量曲线 Q^0 由 a 点顺次运动到 b、c 和 d 点的过程中，劳动投入量由 L_1 顺次等量地增加到 L_2、L_3 和 L_4，即有 $L_2-L_1=L_3-L_2=L_4-L_3$，而相应的资本投入的减少量顺次为 $K_1-K_2>K_2-K_3>K_3-K_4$。显然，在产量不变的条件下，劳动对资本的边际技术替代率是递减的。

边际技术替代率递减的主要原因是：在产量给定的前提下，在资本投入量很多和劳动投入量很少的情况下（如图 4-6 中的 a 点），用劳动去替代资本相对是比较容易的，少量的劳动就可以替代较大数量的资本；但是，在劳动投入增加到相当多的数量和资本投入被替代到只剩相当少的数量的情况下（如图 4-6 中的 d 点），再用劳动去替代资本就将是很困难的了。

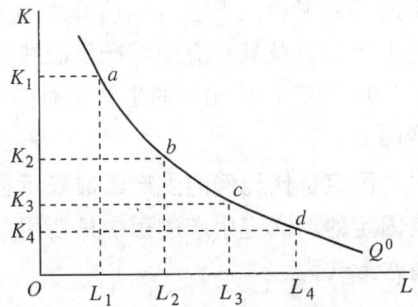

图 4-6 边际技术替代率递减

前面提到，等产量曲线一般具有凸向原点的特征。这一特征是由边际技术替代率递减规律所决定的。因为由（4.15）式可知，等产量曲线上每一点的边际技术替代率就是等产量曲线在该点的斜率的绝对值，所以，在边际技术替代率递减规律的作用下，等产量曲线的斜率的绝对值是递减的，即等产量曲线展示出凸向原点的一般特征。

4. 技术进步与等产量曲线

在长期生产中通常会发生技术进步，它使生产效率得到提高。如何在长期生产分析中体现技术进步的作用呢？等产量曲线便是一个可利用的分析工具。我们知道，构成等产量曲线的前提是技术水平不变。由此设想：如果生产技术进步了，那么，在图 4-4 三维空间图中原有的产量曲面的高度就会整体提升，相应地，反映在图 4-5 二维平面图中原有的等产量曲线簇的位置就会整体向原点移动。

图 4-7 是体现技术进步的简化图示。起初，等产量曲线 $Q=200$ 表示生产 200 单位产量的所有资本和劳动的投入组合。由于发生了技术进步，原有的等产量曲线 $Q=200$ 移动到新的等产量曲线 $Q'=200$ 的位置。新的等产量曲线表示可以用更少的要素投入来生产相同的产量水平：例如，比较（等产量曲线 Q' 上的）a 点与（等产量曲线 Q 上的）b 点可知，为了生产 200 单位产量，在资本投入量 K_1 水平，原来的劳动投入量为 L_2，而技术进步以后的劳动投入量减少为 L_1；或者，比较（等产量曲线 Q' 上的）a 点与（等产量曲线 Q 上的）c 点可知，为了生产 200 单位产量，在劳动投入量 L_1 水平，技术进步以后的资本投入量由原来的 K_2 减少为 K_1。更一般的情况是，比较（等产量曲线 Q' 上的）a 点与（等产量曲线 Q 上的）b、c 点之间的任意一点如 d 点，则技术进步以后生产 200 单位产量的劳动和资本投入量都减少了。

二、不同形状的等产量曲线

生产要素的相互替代是长期生产的一个技术特征。从生产要素替代的角度看，有两种极端的情况：一种极端的情况是两种要素总是以固定的比例进行替代，也被称为完全替代。另一种极端的情况是两种要素之间完全不能替代，即两要素的投入比例是固定的。而一般的情况介于以上两种极端情况之间，那就是两种要素之间可以进行替代，而且替代的比例是变化的，即呈现出边际技术替代率递减的现象。下面将先后介绍这三种替代情况下的生产函数及其对应的等产量曲线。

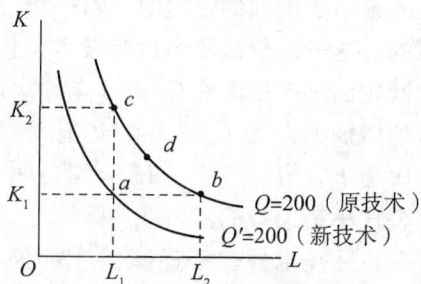

图 4-7　技术进步与等产量曲线

1. 固定替代比例的生产函数（也被称为线性生产函数）

固定替代比例的生产函数表示在每一产量水平上任何两种生产要素之间的替代比例都是固定的。 假定生产过程中只使用劳动和资本两种生产要素，固定替代比例的生产函数的通常形式为

$$Q=aL+bK \tag{4.18}$$

式中，常数 a、$b>0$。固定替代比例的线性生产函数所对应的等产量曲线是一条直线。直线型的等产量曲线上所有点的边际技术替代率均为常数，即 $MRTS_{LK}=a/b$。[1]

假定劳动和资本之间的替代比例固定为 2：1，则相应的等产量曲线如图 4-8（a）所示。图中每一条等产量曲线上的任意一点的 $MRTS_{LK}$ 均为常数，即总有 $MRTS_{LK}=1/2$。

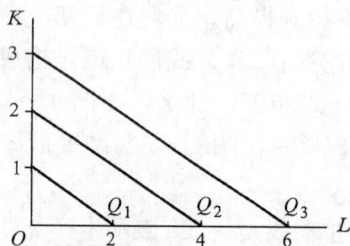

（a）固定替代比例的等产量曲线　　　　（b）固定投入比例的等产量曲线

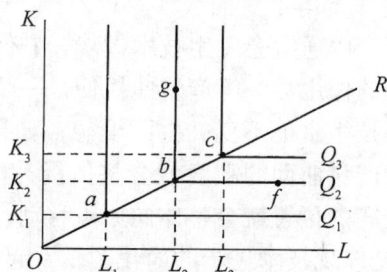

图 4-8　特定形状的等产量曲线

2. 固定投入比例的生产函数（也被称为里昂惕夫生产函数[2]）

固定投入比例的生产函数表示在每一个产量水平上任何一对要素投入量之间的比例都是固定的。 假定生产过程中只使用劳动和资本两种要素，固定投入比例的生产函数的通常形式为

---

① 令固定替代比例的线性生产函数为 $Q=aL+bK$，则有 $MRTS_{LK}=-\dfrac{\mathrm{d}K}{\mathrm{d}L}=\dfrac{MP_L}{MP_K}=\dfrac{a}{b}$。

② 华西里·里昂惕夫（Wassily Leontief，1906—1999 年），著名的俄裔美籍经济学家。里昂惕夫是投入—产出分析研究的先驱。他因发展了投入—产出分析方法并为这种方法在经济领域问题上的运用作出贡献，于 1973 年荣获诺贝尔经济学奖。里昂惕夫在投入—产出分析方法的研究中，运用一些生产函数来表示不同经济部门之间的相关性。

$$Q = \min\left\{\frac{L}{u},\ \frac{K}{v}\right\} \tag{4.19}$$

式中，常数 u、$v > 0$，分别为劳动和资本的生产技术系数，它们分别表示生产一单位产量所需要的固定的劳动投入量和固定的资本投入量。（4.19）式表示：产量 Q 取决于 $\frac{L}{u}$ 与 $\frac{K}{v}$ 这两个比值中最小的那一个。通常假定（4.19）式中 L、K 都满足最小的要素投入组合的效率要求，故有

$$Q = \frac{L}{u} = \frac{K}{v} \tag{4.20}$$

进一步地，可以有

$$\frac{K}{L} = \frac{v}{u} \tag{4.21}①$$

（4.21）式清晰地体现了该生产函数的固定投入比例的性质，即两种要素的投入比例总是等于两种要素的生产技术系数之比 v/u。

固定投入比例生产函数的等产量曲线是直角型的，如图 4-8（b）所示。图中有一条从原点出发的射线 OR，它与三条直角型的等产量曲线 Q_1、Q_2 和 Q_3 分别相交于直角顶点 a、b 和 c。以直角型的等产量曲线 Q_2 为例，直角顶点 b 的要素组合（L_2，K_2）是生产 Q_2 产量的最小要素投入组合；在两条直角边上的其他任何一点都不是生产 Q_2 产量的最小的要素投入组合，例如，g 点表示资本投入量过多，f 点表示劳动投入量过多。此外，如果厂商生产的产量由 Q_2 增加为 Q_3，或者减少为 Q_1，则厂商会沿着射线 OR 由 b 点移至 c 点，或者移至 a 点，它表示两要素投入量均以相同的比例增减，故要素投入比例保持不变，即有

$$\frac{K_1}{L_1} = \frac{K_2}{L_2} = \frac{K_3}{L_3} = \frac{v}{u}$$

或者说，射线 OR 上的每一点均满足（4.20）式。所以，从原点出发经过等产量曲线直角顶点 a、b 和 c 点的射线 OR 表示所有产量水平的最小要素投入量的组合；无论是增产还是减产，厂商的有效生产都一定沿着射线 OR 运行。

3. 柯布-道格拉斯生产函数

柯布-道格拉斯（Cobb-Douglas）生产函数由数学家柯布和经济学家道格拉斯于 20 世纪 30 年代初共同提出。柯布-道格拉斯生产函数的一般形式为

$$Q = AL^{\alpha}K^{\beta} \tag{4.22}$$

式中，常数 A、α、$\beta > 0$。

柯布-道格拉斯生产函数所对应的等产量曲线满足

---

① 固定投入比例的生产函数也可写成如下形式：$Q = \min\{aL,\ bK\}$，式中，常数 a、$b > 0$。显然，该式与（4.19）式在本质上是一致的。对该固定投入比例的生产函数来说，在任意一条等产量曲线的直角顶点上，均有 $Q = aL = bK$。

$$Q=AL^{\alpha}K^{\beta}=Q^0 \qquad\qquad (4.23)$$

由上式可见，产量 Q^0 是给定的常数，故 L 与 K 呈反方向的变化。而且，该生产函数所对应的等产量曲线是凸向原点的，即满足边际技术替代率递减规律，也被称为等产量曲线的"常态"，即如图 4-6 所示，它体现了生产要素替代的一般情形。

不仅如此，柯布-道格拉斯生产函数还以简洁的形式，描述了经济学家所关心的其他一些经济性质。譬如，该生产函数中的参数 α、β 的经济含义是：当 $\alpha+\beta=1$ 且劳动和资本各自按其边际产量获得实物报酬时，α 和 β 分别表示劳动和资本的实物所得在总产量中所占的份额。根据柯布和道格拉斯两人对美国 1899—1922 年期间有关经济资料的分析和估算，α 值约为 0.75，β 值约为 0.25，即在这一期间的总产量中，劳动和资本的实物所得的相对份额分别为 75％ 和 25％。此外，根据参数 α 和 β 之和，还可以判断规模报酬的情况。若 $\alpha+\beta>1$，则为规模报酬递增；若 $\alpha+\beta=1$，则为模报酬不变；若 $\alpha+\beta<1$，则为规模报酬递减。[①]

总之，柯布-道格拉斯生产函数以其良好的性质，被广泛应用于经济理论研究以及对实际生产活动的分析中。

三、规模报酬

在长期的生产中，企业的生产规模发生变化，自然会使得产量也发生变化。我们或许会思考类似这样的问题：如果企业的生产规模扩大一倍，其产量是否一定也增加一倍呢？这就需要用规模报酬的概念来分析。在这里，企业生产规模的变化指生产中的全部要素投入量以相同的比例发生变化。规模报酬分析是考察当企业内部各种生产要素投入量按相同比例变化时所带来的产量变化。规模报酬变化可以分为规模报酬不变、递增和递减三种情况。

关于规模报酬不变。**产量增加的比例等于各种要素投入量增加的比例，称为规模报酬不变。** 例如，当劳动和资本投入量都增加 100％ 时，产量也增加 100％。一般可以预计两个相同的工人使用两台相同的机器所生产的产量，是一个这样的工人使用一台这样的机器所生产的产量的两倍，这就是规模报酬不变的情况。

关于规模报酬递增。**产量增加的比例大于各种要素投入量增加的比例，称为规模报酬递增。** 例如，当劳动和资本投入量都增加 100％ 时，产量的增加大于 100％。产生规模报酬递增的主要原因是企业生产规模扩大所带来的生产效率的提高。它可以表现为：生产规模扩大以后，企业能够利用更先进的技术和机器设备等，而较小规模的企业可能无法做到；随着对较多的人力和机器的使用，企业内部的生产分工能够更合理和专业化；此外，人数较多的技术培训和具有一定规模的生产经营管理，也可以提高效率。

关于规模报酬递减。**产量增加的比例小于各种要素投入量增加的比例，称为规模报酬递减。** 例如，当劳动和资本投入量都增加 100％ 时，产量的增加小于 100％。产生规模报酬递减的主要原因是企业生产规模过大，以致生产的各个方面难以协调，从而降低了生产效率。它可以表现为：过大的生产规模可能破坏了企业内部的合理分工与协作，庞大的经

---

① 关于规模报酬的具体分析，请见下文。

营管理机构导致了低效率，以及获取生产决策所需的各种信息愈加不易，等等。

　　以上规模报酬的三种情况可以用等产量曲线来表示，如图4-9中的三幅分图所示。在每幅分图中，都有三条等产量曲线 Q_1、Q_2、Q_3 与一条从原点出发的射线 OR 相交。当劳动和资本投入组合沿着过原点的射线 OR 变动时，它表示劳动和资本投入量均按相同的比例增减，以生产更高或更低的产量。

　　图4-9（a）表示规模报酬不变。在 A 点，厂商使用10单位劳动和5单位资本，生产100单位产量。在 B 点，厂商使用20单位劳动和10单位资本，生产200单位产量，即劳动和资本投入量是原来的两倍，产量也是原来的两倍。在 C 点，劳动和资本投入量是原来的三倍，产量也是原来的三倍。在规模报酬不变的情况下，图中有线段 $OA=AB=BC$。

　　图4-9（b）表示规模报酬递增。从 D 点到 E 点，产量从100单位增加到200单位，以相同比例增加的劳动和资本投入量却不到原来的两倍；在 F 点，产量增加到300单位，劳动和资本投入量更是小于原来的三倍。在规模报酬递增的情况下，图中有线段 $OD>DE>EF$。

　　图4-9（c）表示规模报酬递减。图中等产量曲线之间的距离越来越大，即有 $OG<GH<HI$。

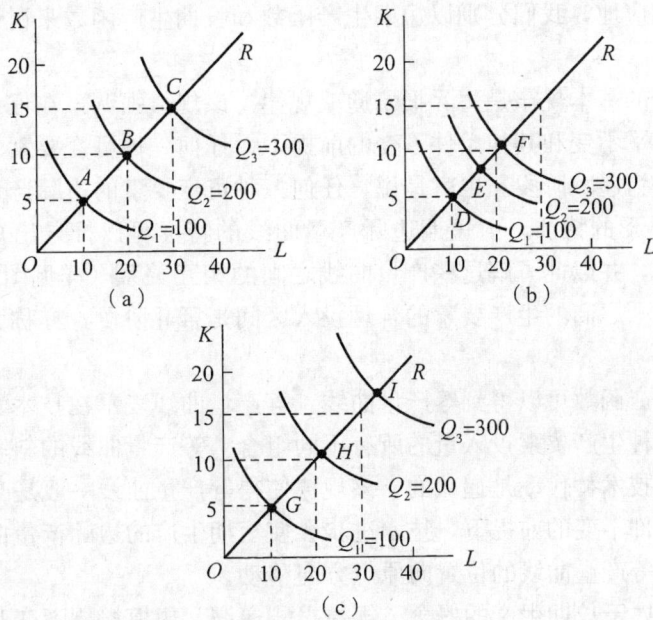

图4-9　规模报酬

　　我们也可用以下数学公式来定义规模报酬的三种情况。

　　令生产函数为 $Q=f(L，K)$，且常数 $\lambda>1$，于是有：

　　如果 $f(\lambda L，\lambda K)=\lambda f(L，K)$，则为规模报酬不变。

　　如果 $f(\lambda L，\lambda K)>\lambda f(L，K)$，则为规模报酬递增。

如果 $f(\lambda L，\lambda K) < \lambda f(L，K)$，则为规模报酬递减。①

一般说来，在长期生产过程中，企业的规模报酬变化呈现出如下规律：当企业从最初很小的生产规模开始逐步扩大时，企业面临规模报酬递增的阶段。在企业得到了由规模报酬递增所带来的全部好处以后，便会进入规模报酬不变的阶段：企业可以通过新建相同规模的工厂而在较长的时期内保持在规模报酬不变的阶段。在这以后，企业若继续扩大已有的工厂规模，就会进入规模报酬递减的阶段。

第四节 结 束 语

本章要点可以归结如下：

（1）生产者或厂商指能够作出统一的生产决策的个体经济单位。厂商进行生产所追求的目标是利润最大化。

（2）厂商的生产可以分为短期生产和长期生产。短期指在生产中厂商至少有一种生产要素的数量来不及调整的时期；长期指在生产中厂商对于所有的生产要素的数量都可以进行调整的时期。相应地，我们分别以短期生产函数和长期生产函数来讨论短期生产和长期生产的技术特征。

（3）短期生产的基本规律是边际报酬递减规律。该规律强调：在任何一种产品的短期生产中，在技术水平不变和其他条件不变的前提下，任何一种可变要素的边际产量都必然会从递增阶段发展为递减阶段。也就是说，任何一种可变要素的边际产量曲线都呈现出先上升后下降的倒 U 形的特征。由短期边际产量曲线的特征可以推导出短期总产量曲线与短期平均产量曲线，并以此了解这些产量曲线之间的相互关系（详见图 4-3）。短期生产可以分为三个阶段，厂商的生产要素的合理投入区间是第Ⅱ阶段，亦称为厂商短期生产的决策区间。

（4）由长期生产函数可以得到等产量曲线。等产量曲线表示在技术水平不变的条件下生产同一产量的两种生产要素投入量的所有不同组合。等产量曲线的斜率可以用边际技术替代率表示，边际技术替代率是递减的。该规律使得等产量曲线一般是凸向原点的。

（5）在其他条件不变的前提下，技术进步会使短期生产的边际产量曲线的位置向上移动，使长期生产的等产量曲线的位置向原点方向移动。

（6）规模报酬属于长期生产的概念。规模报酬递增、规模报酬不变和规模报酬递减分别指长期生产中全部生产要素增加的比例小于、等于或大于它所导致的产量增加的比例。在企业扩大规模的长期生产过程中，一般会先后经历规模报酬递增、规模报酬不变和规模报酬递减这样三个阶段。

关于本章所介绍的生产技术理论，似乎有下列两点值得读者加以注意：

---

① 规模报酬的三种情况也可以用齐次生产函数来定义。令生产函数 $Q = f(L，K)$ 为 r 次齐次函数，即满足 $f(\lambda L，\lambda K) = \lambda^r f(L，K)$，那么，若令 $\lambda > 1$，则齐次度 $r > 1$ 表示规模报酬递增，$r = 1$ 表示规模报酬不变，$r < 1$ 表示规模报酬递减。

第一，人类的生产活动总是在一定形态的社会中进行。除了鲁滨逊式的童话故事以外，很少发现个人长期单独进行生产的事例。既然生产必须在一定形态的社会中进行，那么，生产必然会受到它所在社会的形态的制约。例如，资本主义社会以追求剩余价值为生产的动机，因此，这一社会的生产必须首先服从剩余价值规律，简言之，寻求利润最大化。

然而，本章所介绍的生产是一般性的生产，即抽掉了生产关系后所剩下的生产的一般条件。这些条件既然为一切社会所共有，那么，显然不能从这些条件中找到某一具体社会的生产的特点，正如人们不能从人类的共同点来识别具体个人的特征一样。这一事例告诉我们，本章所描绘的生产和资本主义生产的实际情况有一定的距离。

正是由于本章所介绍的内容是生产的一般，所以它的内容也与社会主义市场经济的生产有关。例如，它可以提醒我们：在社会主义市场经济中，为了降低生产成本，必须寻求生产要素的最优组合。又如，社会主义的企业同样存在着规模报酬的递增、递减和不变的问题，因此，在扩大原有企业的规模和新建同样企业之间进行选择的时候，必须把这一点考虑在内。

第二，尽管本章所介绍的一般性生产对社会主义市场经济有借鉴意义，但是，由于这种对一般性生产的论述抽象掉了现实的生产中的两个技术性的重要内容，所以本章的生产论与现实尚有相当大的差距，从而它对我国的借鉴意义受到限制。现把两个被抽象掉的技术性的内容分述如下：

首先，本章第三节关于等产量曲线的介绍表明，不同数量的生产要素的组合可以得到相同的产量。然而，在现实生活中，具备一定数量的生产要素并不足以使生产得以进行。除此以外，还需要掌握生产的技术。事实上，每一种生产要素的组合都代表一定的技术；一般说来，较多劳动和较少资本的组合往往意味着水平较低的技术，而较少的劳动和较多的资本则代表比较先进的技术。因此，等产量曲线的存在就等于假设一切厂商都已经掌握了从简陋到先进的全部生产技术。关于这一点，西方学者承认，"新古典经济学（即本书所介绍的居于正统地位的西方经济学。——引者）的技术概念已经被包含在生产函数之中。该函数的'存在'意味着技术对任何人都是免费的，从而可以为一切生产者所使用。"[1] 正是由于这一原因，厂商才能像下一章第二节所介绍的那样，来寻求最优的生产要素的组合。这显然是过分简单化的说法。

在现实的市场经济中，由于取得技术必须付出代价，又由于技术的商业秘密的性质，任何厂商都不可能掌握由简陋到先进的全部技术。例如，可口可乐的配方是一个严防外泄和高度机密的数据。在这种限制下，厂商所掌握的技术非常有限，而只能在有限技术的条件下谋取利润。此外，生产某些产品（如高质量的钢材）的技术，往往要求特殊的设备和环境。如果设备和环境不够完善，即使投入大量的人力也无济于事。这就是说，生产要素必须具有严格的固定比例，从而，等产量曲线会呈现出如图 4-8（b）所示的情况，而不会成为向原点凸出的平滑曲线。若是如此，在下一章的分析中，在等产量曲线和等成本线之间就不会存在一个切点。这样，产量最大化和成本最小化便没有现实的根据。

---

① 李德尔. 对正统经济学的批判. 伦敦：麦克米伦公司，1998：41.

其次，本章介绍的生产理论也抽象掉了企业家的技术创新的作用。早在 1911 年，西方著名的经济学家熊彼特就已经提到这一点。他认为[①]，资本主义市场经济的发展主要取决于厂商的技术创新，而企业家正是技术创新的执行者。因此，在推动市场经济发展的过程中，企业家的技术创新起着关键性的作用。然而，在本章所介绍的生产理论中，如果企业家发挥作用，他的任务仅仅是在各种已知的技术中选择最适合自己的一种，根本谈不上技术创新。

我们在上面指出了西方的生产理论的缺陷，其目的并不在于把它全部推翻，而是想说明生产理论与现实之间存在着很大的差异。因此，当把该理论用于中国的现实时，我们必须对此加以考虑。

---

① 熊彼特. 经济发展理论. 波士顿：哈佛大学出版社，1934.

第五章

成　本

上一章介绍了厂商的生产技术，本章将考察由生产技术决定的厂商的生产成本。成本是下一章分析厂商追求利润最大化行为的基础。

首先，需指出的是，成本最小化是对成本的基本规定，它对于理解本章的内容是至关重要的。其次，还有一点很直观：厂商采取什么样的生产技术，就会产生与之相匹配的生产成本。由于短期和长期的生产技术特征各不相同，因此，短期成本和长期成本各具特点。鉴于此，本章的内容安排如下：第一节介绍成本的基本概念；第二节从成本最小化的角度来推导和理解生产的总成本；第三节以短期生产的边际报酬递减规律为基础，考察短期各类成本曲线的特征；第四节以长期生产的规模经济和规模不经济的变化规律为基础，考察长期各类成本曲线的特征。第五节是结束语。

第一节　成本的基本概念

企业的生产成本通常被看成是厂商对所购买的生产要素的货币支出。然而在经济学中，仅从这样的角度来理解成本概念是不够的，本节将介绍有关成本的几个基本概念。

一、机会成本

1. 什么是机会成本

机会成本是用来表示稀缺性和选择之间关系的基本概念。

从经济资源的稀缺性这一前提出发，当人们使用一定的经济资源生产某种产品时，这些经济资源就不可能被同时用于其他的生产用途。这就是说，人们对任何一种产品的生产，都是以放弃使用相同的经济资源在其他产品生产中所能获得的收入为代价的。所谓的代价就是成本。那么，这个代价即成本究竟应该以什么标准来衡量呢？经济学家指出，它必须以使用相同的经济资源在其他各种生产用途中所能获得的最高收入来衡量。于是，便产生了机会成本的概念。**企业的机会成本是指生产者所放弃的使用相同的生产要素在其他生产用途中所能获得的最高收入。**从机会成本的角度来考量生产成本，将有利于经济资源的有效配置。

举一个例子。假定某厂商利用一组经济资源既可以生产 A 产品，也可以生产 B 产品或 C 产品。在面临这三种选择时，如果该厂商决定生产 A 产品，那么，它就放弃了利用相同的经济资源在 B 或 C 产品生产中所能得到的收入。如果相同的经济资源被用在 B、C 产品的生产中所能得到的收入分别为 900 万元、1 000 万元，那么，我们可以说，该厂商生产 A 产品的机会成本就是它所放弃的在生产 B 或 C 产品中所能得到的最高收入，即 1 000 万元。换言之，如果该厂商生产 A 产品的收入小于 1 000 万元，那么，它选择生产 A 产品显然就是一个错误的决定，而正确的选择是：它应该把相同的经济资源投放到 C 产品的生产中，从而获得尽可能高的收入（即 1 000 万元）。由此可见，机会成本的概念是与稀缺资源的有效配置密切联系在一起的。企业的生产成本应该从机会成本的角度来理解，这是经济学效率要求的基本体现。

事实上，机会成本概念并不仅仅局限于对厂商生产成本的分析，它被广泛运用于对各种经济活动的分析之中。

2. 显成本和隐成本

由于资源的稀缺性，生产者对任何资源的使用都是有代价的。从这个意义上讲，厂商的所有生产成本都是机会成本。

企业的生产成本可具体分为显成本和隐成本两部分。无论是显成本还是隐成本，都需要以机会成本的概念来理解和度量。

企业生产的**显成本**指厂商在生产要素市场上购买或租用他人所拥有的生产要素的实际支出。也就是说，显成本是需要企业支出货币的投入成本。例如，某厂商雇用了一定数量的工人、从银行获得了一定数量的贷款，并租用了一定数量的土地。为此，这个厂商就需要向工人支付工资、向银行支付利息、向土地所有者支付地租，这些货币支出便构成了该厂商生产的显成本。重要的是，从机会成本的角度讲，该厂商的这笔显成本的支出总价格必须等于这些生产要素所有者将相同的生产要素投入到其他用途中时所能得到的最高收入，否则，该厂商就不能购买或租用到这些生产要素，并保持对它们的使用权。

企业生产的**隐成本**指厂商自己所拥有的且被用于自己企业生产过程中的那些生产要素的总价格。或者说，隐成本是指不需要企业支出货币的投入成本。例如，为了进行生产，某企业所有者还动用了自己所拥有的资金和土地，并亲自管理企业。观察现实生产活动，我们会发现，企业对自己所拥有的生产要素往往是无偿使用的，即企业所有者通常并不领取相应的利息、地租和工资。从机会成本的角度看，这种不计报酬的做法是错误的。因为当厂商利用自有的生产要素进行生产时，便放弃了使用相同的生产要素在其他生产用途中所能得到的最高收入，这便是厂商从事当前生产的机会成本。所以，应该将厂商使用自有要素所应得的各类货币收入计入成本。但是，由于事实上这笔成本往往不发生货币支付而被忽视，故被称为隐成本。

此外，经济学家还指出，既然厂商借用他人的资本需要支付利息，租用他人的土地需要支付地租，聘用他人来管理企业需要支付薪金，那么，同样的道理，当厂商使用自有生产要素时，也应该得到报酬。所不同的是，企业所有者应该自己向自己支付利息、地租和薪金。当然，这笔报酬也必须按照厂商自有生产要素在其他用途中所能得到的最高收入来支付。否则，该厂商会把自有生产要素转移出自己的企业，以便在其他生产机会中获得更高的报酬。

二、会计利润和经济利润

什么是利润？简言之，利润是总收益和总成本之间的差额。但是，由于关注企业财务报告的会计人员所使用的成本概念与关注企业行为的经济学家所使用的成本概念有所不同，因此，有必要先区分会计成本和经济成本。

会计师所关注的企业成本通常是仅指显成本的**会计成本**。而经济学家所关注的企业成本是从机会成本角度考虑的、包含了显成本和隐成本两部分的**经济成本，即所有机会成本**。

据此，**会计利润**等于总收益减去会计成本（即减去显成本）；而**经济利润**是会计利润再减去隐成本，或者说，经济利润等于总收益减去经济成本（即减去显成本和隐成本之和）。可想而知，会计利润是大于经济利润的，两者的区别在于：会计利润包含了隐成本，而经济利润扣除了隐成本。

当然，对于实际经营活动的财务报告来说，会计成本和会计利润的科目都是有意义的。但是，对于企业的生产决策而言，厂商必须考虑稀缺资源的机会成本，进行权衡比较，以有效地使用有限的资源。总之，经济学家关注的是经济成本（即机会成本）和经济利润；生产者所追求的最大的利润指的就是最大的经济利润。经济利润也被称为超额利润。

在经济学中，还需要区分经济利润和正常利润。从机会成本的角度看，当一个企业所有者同时又具备企业家才能时，企业所有者也应对自己所提供的企业家才能给予报酬支付，这部分报酬支付通常被称为**正常利润**。显然，正常利润是生产成本的一部分，它以隐成本计入成本。而且，企业所有者在自己企业从事经营管理所得到的报酬应该等于他所放弃的在其他企业从事经营管理所可以得到的最高报酬。

由于正常利润属于成本，因此，经济利润中不包含正常利润。这意味着，当厂商的经济利润为零时，厂商的正常利润已全部实现了。

三、沉没成本

厂商在进行生产决策时需要考虑机会成本，但是，却不需要考虑沉没成本。

什么是沉没成本？沉没成本是已经支付而且无法回收的成本。例如，专用设备的成本支出、埋在地底下的自来水管道的成本支出，等等。这类成本一旦支出，便无法回收。或者说，即便厂商退出生产也无法使沉没成本消失。所以，沉没成本不应该影响厂商的未来生产决策。

举一个例子。某厂商已经为专用设备支出的成本为1 000万元，该设备除了在该企业使用之外，别无他用，即其机会成本为零。该厂商预计未来其他生产成本的总支出将为

2 000 万元，且总收益将为 2 500 万元。那么，该厂商应该选择生产还是不生产呢？

也许有人会建议该厂商选择不生产，其理由是：考虑到已支出的专用设备成本 1 000 万元，再加上未来的其他生产成本支出 2 000 万元，最终的总成本会高达 3 000 万元，它超过预期的未来总收益 2 500 万元，故进行生产是不值得的。

其实以上的选择是错误的。因为他们忽视了一个重要的事实：在专用设备上已支出的 1 000 万元是沉没成本，无论如何都无法回收。既然如此，那么，只要未来的收益大于未来的成本，进行生产就是有利的，即可获得 500 万元的利润。如果囿于沉没成本 1 000 万元而选择不生产，那么该厂商就放弃了 500 万元的未来利润，而 1 000 万元的沉没成本并不会因此而消失。所以，在沉没成本总是存在的前提下，该厂商选择生产要比不生产强，换言之，厂商在进行生产决策时不需要考虑沉没成本。[①]

我们还可以用日常的生活经验来理解沉没成本。譬如，在星期天，你在路途上耗费两小时到达某剧场，然后买票进入剧场。但演出开始后不久，你沮丧地发现演出很无趣。那么，你是应该强迫自己待在剧场里继续忍受下去，还是选择离开？其实，你已耗费的两小时和票钱都是无法挽回的，类似于沉没成本，它们不会因为你的忍受而得到任何补偿。既然如此，你当然应该选择离开，去开始更愉快的活动。所以，不要因为可惜"沉没成本"而放弃对其他更好项目的选择。

（专栏 5-1"服装店的张老板是盈利的还是亏损的?"，请读者扫描本书封面二维码获取。）

第二节　成本最小化

对于追求利润最大化的厂商而言，每一产量水平的生产成本都必须是最小的，即成本最小化是对生产成本的基本规定。所以，在微观经济学中，成本最小化问题是成本分析的起点。本节将从成本最小化问题出发来推导与理解短期和长期的总成本。

一、等成本线

为了分析成本最小化问题，需要先介绍等成本线。

等成本线是一个和消费者选择理论中的预算线非常相似的分析工具。[②] **等成本线是在既定的成本和生产要素价格条件下，生产者可以购买到的两种生产要素的各种不同数量组合的轨迹。**假定生产要素市场上既定的劳动的价格即工资率为 w，既定的资本的价格即利息率为 r，厂商既定的成本支出为 C，则成本方程为：

$$C = wL + rK \tag{5.1}$$

---

① 在现实生产经营活动中，企业财务有可能会摊销沉没成本，即每年分摊提取折旧。尽管这种摊销资本支出的方法在财务上是可行的，但是，沉没成本的性质并没有因此而发生变化。企业的经营者们知道沉没成本是不会消失的，在对未来进行生产决策时不需要考虑沉没成本。

② 由于本节的等成本线和第三章第三节的预算线是十分相似的分析工具，而且，我们在前面对预算线已经展开了详尽的介绍，所以，本节对等成本线的介绍将会简要一些。读者在需要时，可以参考前面有关预算线的内容。

由成本方程可得：

$$K = -\frac{w}{r}L + \frac{C}{r} \qquad (5.2)$$

根据以上式子可以得到等成本线，如图 5-1 所示。由于（5.2）式的成本方程是线性的，所以，等成本线必定是一条直线。图中横截距 $\frac{C}{w}$ 表示既定的全部成本都购买劳动时的数量，纵截距 $\frac{C}{r}$ 表示既定的全部成本都购买资本时的数量，连接这两点的线段就是等成本线。它表示既定的全部成本所能购买到的劳动和资本的各种组合。

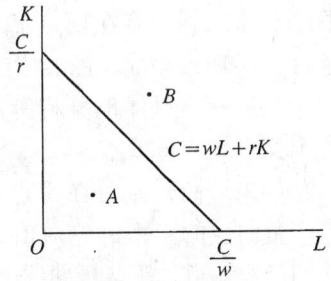

图 5-1 等成本线

根据（5.2）式，等成本线的纵截距为 $\frac{C}{r}$，等成本线的斜率为 $-\frac{w}{r}$，即为两种生产要素价格之比的负值。

在图 5-1 中，等成本线以内区域中的任何一点，如 A 点，表示既定的全部成本都用来购买该点的劳动和资本的组合以后还有剩余。等成本线以外的区域中的任何一点，如 B 点，表示用既定的全部成本购买该点的劳动和资本的组合是不够的。唯有等成本线上的任何一点，才表示用既定的全部成本能刚好购买到的劳动和资本的组合。

由于给定成本和要素价格，便有一条等成本线与其相对应，所以，任何关于成本和要素价格的变动，都会使等成本线发生变化。关于这种变动的具体情况，与第三章第三节对预算线的分析类似，读者可以自己参照进行分析。

二、成本最小化

1. 成本最小化

假定在一定的技术条件下厂商使用两种可变生产要素劳动和资本生产一种产品，且劳动的价格 w 和资本的价格 r 是给定的。如果企业要以最小的成本来生产既定的产量 Q，那么，它应该如何选择最优的劳动投入量和资本投入量的组合呢？简言之，厂商如何实现既定产量下的成本最小化呢？

把厂商的等产量曲线和等成本线置于同一个平面坐标系中，就可以确定厂商在既定产量条件下实现最小成本的最优要素组合点，即生产的均衡点。下面用图 5-2 来说明。

图中有一条等产量曲线 Q 和三条等成本线 AB、$A'B'$ 和 $A''B''$。唯一的等产量曲线 Q 代表既定的产量。三条等成本线具有相同的斜率（即表示既定的两要素的价格），但代表三个不同的成本量，其中，等成本线 AB 代表的成本大于等成本线 $A'B'$ 代表的成本，等成本线 $A'B'$ 代表的成本大于等成本线 $A''B''$ 代表的成本。唯一的等产量曲线 Q 与其中一条等成本线 $A'B'$ 相切于 E 点，这就是生产的均衡点或最优要素组合点。它表示：在既定的产量条件下，生产者应该选择 E 点的要素组合（L_1，K_1），才能实现最小的成本。

这是因为，等成本线 $A''B''$ 虽然代表的成本较低，但它与既定的等产量曲线 Q 既无交点又无切点，它无法实现等产量曲线 Q 所代表的产量。等成本线 AB 虽然与既定的等产量曲线 Q 相交于 a、b 两点，但它代表的成本过高，通过沿着等产量曲线 Q 由 a 点向 E 点或

者由 b 点向 E 点的移动，都可以生产相同的产量而使成本下降。所以，只有在切点 E 的要素组合，才是在既定产量条件下实现最小成本的要素组合。

再进一步具体地分析等产量曲线 Q 与等成本线 AB 的两个交点 a 点和 b 点。

如果厂商开始时在 a 点进行生产。由图可见，在 a 点，等产量曲线的斜率的绝对值大于等成本线的斜率的绝对值。我们已经知道，等产量曲线上某一点的斜率的绝对值等于该点上的两要素的边际技术替代率，等成本线的斜率的绝对值等于两要素的价格之比，所以，在 a 点，两要素的边际技术替代率大于两要素的价格之比。譬如说，当 $MRTS_{LK}=$

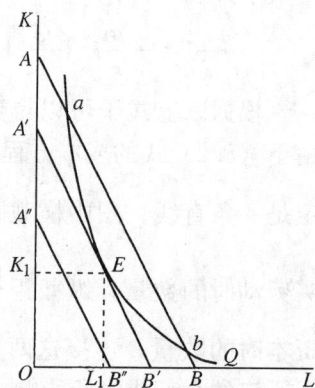

图 5-2　成本最小化

$-\dfrac{\mathrm{d}K}{\mathrm{d}L}=\dfrac{3}{1}>\dfrac{2}{1}=\dfrac{w}{r}$ 时，根据不等式的左边，在生产过程中，

在维持产量水平不变的前提下，厂商可以用 1 单位的劳动去替代 3 单位的资本（因为 $MRTS_{LK}=-\dfrac{\mathrm{d}K}{\mathrm{d}L}=\dfrac{3}{1}$）。而根据不等式的右边，在生产要素市场上，3 单位资本的购买成本却可以购买到 1.5 单位的劳动（因为 $\dfrac{w}{r}=\dfrac{2}{1}$），于是，厂商节省了 0.5 单位劳动的购买成本而使成本变小。

相反，如果厂商开始时在 b 点进行生产。由图可见，在 b 点，等产量曲线的斜率的绝对值小于等成本线的斜率的绝对值，它表示在 b 点上的两要素的边际技术替代率小于两要素的价格之比。譬如说 $MRTS_{LK}=-\dfrac{\mathrm{d}K}{\mathrm{d}L}=\dfrac{2}{4}<\dfrac{2}{1}=\dfrac{w}{r}$。这时，厂商可以在生产过程中用 2 单位的资本去替代 4 单位劳动，并保持相同的产量水平（因为 $MRTS_{LK}=-\dfrac{\mathrm{d}K}{\mathrm{d}L}=\dfrac{2}{4}$），而在生产要素市场上 4 单位劳动的购买成本却可以购买到 8 单位的资本（因为 $\dfrac{w}{r}=\dfrac{2}{1}$）。于是，厂商节省了 6 单位资本的购买成本而使成本变小。

由此可见，只要 $MRTS_{LK}>\dfrac{w}{r}$，厂商就会不断地用劳动去替代资本，即在图中沿着等产量曲线 Q 由 a 点不断向 E 点靠近；只要 $MRTS_{LK}<\dfrac{w}{r}$，厂商就会不断地用资本去替代劳动，即在图中沿着等产量曲线 Q 由 b 点不断向 E 点靠近。在以上的调整中，厂商可以不断以更低的成本来生产相同的产量 Q，最后，厂商在 $MRTS_{LK}=\dfrac{w}{r}$ 时实现生产的均衡。在图中，既定的等产量曲线 Q 和等成本线 $A'B'$ 的切点 E 便是生产的均衡点。

综上所述，由于边际技术替代率反映了两要素在生产中的技术替代比率，要素的价格之比反映了两要素在市场购买中的替代比率，所以，只要两者不相等，厂商总可以通过对要素组合的重新选择，以更小的总成本去生产给定的产量。只有在两要素的边际技术替代率和两要素的价格之比相等时，生产者才能实现生产的均衡。在图中则是唯一的等产量曲

线 Q 和其中一条等成本线 $A'B'$ 的切点 E 才是厂商的生产均衡点。于是，在生产均衡点 E 有：

$$MRTS_{LK} = \frac{w}{r} \qquad (5.3)$$

它表示：厂商应该选择最优的生产要素组合，使得两要素的边际技术替代率等于两要素的价格之比，从而实现既定产量条件下的最小成本。

由于边际技术替代率可以表示为两要素的边际产量之比，所以，上式可以写为：

$$MRTS_{LK} = \frac{MP_L}{MP_K} = \frac{w}{r} \quad ① \qquad (5.4)$$

进一步，可以有：

$$\frac{MP_L}{w} = \frac{MP_K}{r} \qquad (5.5)$$

它表示：为了实现既定产量条件下的最小成本，厂商应该通过对两要素投入量的不断调整，使得花费在每一种要素上的最后一单位的成本支出所带来的边际产量相等。

2. 成本最小化：进一步的思考

我们已经知道，成本最小化的均衡点是等产量曲线和等成本线的切点（如图 5 - 2 所示）。其中，等产量曲线代表了一定的技术水平，等成本线的斜率表示要素的相对价格。因此，如果生产的技术水平发生变化，或者要素的相对价格发生变化，则会影响等产量曲线或等成本线，进而影响成本最小化均衡点的位置。下面分别予以讨论。

（1）关于技术进步与最小的总成本。

在图 5 - 3 中，假定厂商要生产的产量给定为 200 单位。原有技术水平下的等产量曲线为 $Q = 200$，该等产量曲线与等成本线 AB 相切于均衡点 E。技术进步以后，原有的等产量曲线 $Q = 200$ 向原点方向移至等产量曲线 $Q' = 200$ 的位置，新的等产量曲线 $Q' = 200$

---

① 可以用数学方法求得实现既定产量条件下最小成本的要素组合。即在 $Q = f(L, K) = Q^0$ 的限制条件下，求使得 $wK + rL$ 具有最小值的最优生产要素组合解。相应的拉格朗日方程为：

$M(L, K, \mu) = wL + rK + \mu[Q^0 - f(L,K)]$（$\mu$ 为拉格朗日乘数）

成本最小化的一阶条件为：

$$\frac{\partial M}{\partial L} = w - \mu \cdot \frac{\partial f}{\partial L} = 0 \qquad (1)$$

$$\frac{\partial M}{\partial K} = r - \mu \cdot \frac{\partial f}{\partial K} = 0 \qquad (2)$$

$$\frac{\partial M}{\partial \mu} = Q^0 - f(L, K) = 0 \qquad (3)$$

由 (1) 式、(2) 式得：

$$MRTS_{LK} = \frac{\partial f}{\partial L} \Big/ \frac{\partial f}{\partial K} = \frac{MP_L}{MP_K} = \frac{w}{r} \qquad (4)$$

(4) 式便是既定产量条件下实现最小成本的最优要素组合原则。

根据 (1) 式、(2) 式、(3) 式，可以求出最优的两要素的投入函数，即厂商的要素需求函数 $L^* = L(w, r, Q^0)$，$K^* = K(w, r, Q^0)$，以及成本函数 $C^* = C(w, r, Q^0) = wL(w, r, Q^0) + rK(w, r, Q^0)$。

本注释略去了最小化问题的二阶条件。

与等成本线 $A'B'$ 相切于均衡点 E'。

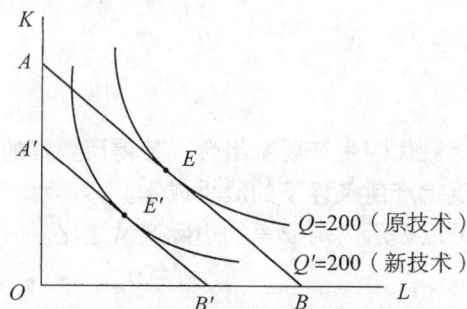

图 5-3 技术进步与最小的总成本

比较分别过均衡点 E 和 E' 的两条等成本线可见,同样是生产 200 单位的产量,等成本线 $A'B'$ 所表示的成本显然小于等成本线 AB 所表示的成本。由此可见,技术进步使得厂商生产相同产量时的最小总成本降低了,即节省了总成本支出。

(2)关于要素价格变化与最小的总成本。

在图 5-4 中,假定厂商要生产的产量给定为 100 单位,以等产量曲线 $Q=100$ 表示;劳动的价格和资本的价格给定,以等成本线 AB 的斜率表示。等产量曲线 $Q=100$ 与等成本线 AB 相切于均衡点 E,即厂商生产 100 单位的最优要素组合是(L_1,K_1),其最小总成本就是等成本线 AB 所代表的成本。

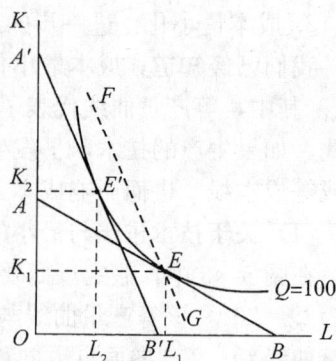

图 5-4 要素价格变化与最小的总成本

如果资本的价格不变而劳动的价格上升,那么,等成本线的斜率就会变得更陡峭。面对劳动价格的上升,厂商会减少劳动的使用量,而增加资本的使用量,即以资本来替代劳动,于是,等产量曲线 $Q=100$ 与劳动价格上升以后的更陡峭的等成本线 $A'B'$ 相切于均衡点 E'。在新的均衡点 E',厂商的劳动使用量由原来的 L_1 减少至 L_2,资本使用量由原来的 K_1 增加到 K_2;生产 100 单位产量的最小总成本由等成本线 $A'B'$ 表示。

设想一下,在劳动的价格上升以后,如果厂商不是进行要素替代,而是继续使用原有的要素组合(L_1,K_1)来生产 100 单位的产量,那么,其生产成本将由过均衡点 E(且平行于等成本线 $A'B'$)的等成本线 FG(虚线)表示。比较等成本线 FG 与等成本线 $A'B'$,明显可见,厂商通过要素替代将劳动价格上升所带来的成本增量降到最低水平。这就是说,厂商通过用资本替代劳动对劳动价格上升作出了反应,在新的要素价格水平下再次实现了生产 100 单位产量的最小总成本。

三、对偶问题:产量最大化

与成本最小化密切相关的问题是产量最大化。理性的厂商在产量给定的条件下会追求成本最小化，而在成本给定的条件下会追求产量最大化。作为对成本最小化问题的进一步理解，在此分析产量最大化问题。

厂商如何实现既定成本条件下的产量最大化呢？在图 5-5 中，有一条等成本线 AB 和三条等产量曲线 Q_1、Q_2 和 Q_3。等成本线 AB 的位置和斜率取决于既定的成本量 C 和既定的两要素的价格之比的负值 $-\dfrac{w}{r}$。由图中可见，唯一的等成本线 AB 与其中一条等产量曲线 Q_2 相切于 E 点，该点就是生产的均衡点。它表示：在既定成本条件下，厂商应该按照 E 点的生产要素组合进行生产，即劳动投入量和资本投入量分别为 L_1 和 K_1，这样，厂商就会获得最大的产量。

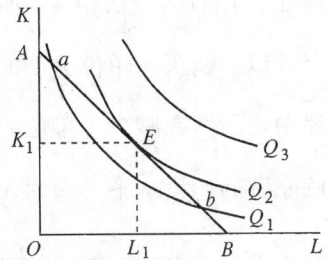

图 5-5　产量最大化

为什么 E 点就是最优的生产要素组合点呢？这就需要分析代表既定成本的唯一的等成本线 AB 与三条等产量曲线 Q_1、Q_2 和 Q_3 之间的关系。先看等产量曲线 Q_3，其代表的产量虽然高于等产量曲线 Q_2 代表的产量，但唯一的等成本线 AB 与等产量曲线 Q_3 既无交点又无切点。这表明产量 Q_3 是厂商在既定成本下无法实现的产量，因为厂商利用既定的成本只能购买到位于等成本线 AB 上或等成本线 AB 以内区域的要素组合。再看等产量曲线 Q_1，等产量曲线 Q_1 虽然与唯一的等成本线 AB 相交于 a、b 两点，但等产量曲线 Q_1 所代表的产量是比较低的。因为此时厂商在不增加成本的情况下，只需由 a 点出发向右或由 b 点出发向左沿着既定的等成本线 AB 改变要素组合，就可以增加产量。所以，只有在唯一的等成本线 AB 和等产量曲线 Q_2 的切点 E 的要素组合，才是实现既定成本条件下的最大产量的要素组合。任何更高的产量在既定成本条件下都是无法实现的，任何更低的产量都是无效率的。

再进一步具体地分析等成本线 AB 和等产量曲线 Q_1 的两个交点 a 点和 b 点。

如果厂商开始时在 a 点进行生产。由图可见，在 a 点，等产量曲线的斜率的绝对值大于等成本线的斜率的绝对值，它表示在 a 点两要素的边际技术替代率大于两要素的价格之比，即有 $MRTS_{LK} > \dfrac{w}{r}$。譬如说，在 a 点，$MRTS_{LK} = -\dfrac{\mathrm{d}K}{\mathrm{d}L} = \dfrac{4}{1} > \dfrac{1}{1} = \dfrac{w}{r}$。这时，由不等式右边的 $\dfrac{w}{r} = \dfrac{1}{1}$ 可知，在生产要素市场上，厂商在不改变总成本支出的情况下，减少 1 单位的资本购买就可以增加 1 单位的劳动购买，而由不等式左边的 $MRTS_{LK} = -\dfrac{\mathrm{d}K}{\mathrm{d}L} = \dfrac{4}{1}$ 可知，在生产过程中，厂商在减少 1 单位的资本投入量时，只需增加 0.25 单位的劳动投入量，就可以维持原有的产量水平。结果，整个不等式告诉我们，厂商因为在生产中多得到 0.75 单位的劳动投入量而使总产量增加。所以，只要 $MRTS_{LK} > \dfrac{w}{r}$，厂商就会在不改变总成本支出的条件下不断地用劳动去替代资本，表现在图中就是厂商的生产会沿着等成本线 AB 由 a 点不断向 E 点靠近。

如果厂商开始时在 b 点进行生产。由图可见，在 b 点，等产量曲线的斜率的绝对值小于等成本线的斜率的绝对值，这表示在 b 点两要素的边际技术替代率小于两要素的价格之比，即有 $MRTS_{LK} < \dfrac{w}{r}$。譬如说，在 b 点，$MRTS_{LR} = -\dfrac{\mathrm{d}K}{\mathrm{d}L} = \dfrac{1}{4} < \dfrac{1}{1} = \dfrac{w}{r}$。与上面的厂商在 a 点时的做法相反，此时，厂商会在不改变总成本支出的情况下，在生产要素市场上，以少购买 1 单位劳动的成本支出去多购买 1 单位的资本（因为 $\dfrac{w}{r} = \dfrac{1}{1}$）。而在生产过程中，厂商在减少 1 单位的劳动投入量时，只需增加 0.25 单位的资本投入量，就可以维持原有的产量水平（因为 $MRTS_{LK} = -\dfrac{\mathrm{d}K}{\mathrm{d}L} = \dfrac{1}{4}$）。结果，整个不等式告诉我们，厂商因为在生产中多得到 0.75 单位的资本投入量而使总产量增加。所以，只要 $MRTS_{LK} < \dfrac{w}{r}$，厂商就会在不改变总成本支出的条件下不断地用资本去替代劳动，表现在图中就是厂商的生产会沿着等成本线 AB 由 b 点不断向 E 点靠近。

综上所述，**只有在两要素的边际技术替代率和两要素的价格之比相等时，生产者才能实现生产的均衡**。在图 5-5 中则是唯一的等成本线 AB 和等产量曲线 Q_2 的切点 E 才是厂商的生产均衡点。于是，在生产均衡点 E 有：

$$MRTS_{LK} = \frac{w}{r} \tag{5.6}$$

因为边际技术替代率可以表示为两要素的边际产量之比，所以，上式可以写为：

$$MRTS_{LK} = \frac{MP_L}{MP_K} = \frac{w}{r} \quad ① \tag{5.7}$$

进一步，可以有：

$$\frac{MP_L}{w} = \frac{MP_K}{r} \tag{5.8}$$

---

① 可以用数学方法求得实现既定成本条件下最大产量的要素组合。即在 $wL + rK = C^0$ 的限制条件下，求得使 $Q = f(L, K)$ 具有最大值的最优要素组合解。为解决这一问题，建立拉格朗日方程：

$N(L, K, t) = f(L, K) + t(C^0 - wL - rK)$ （t 为拉格朗日乘数）

产量最大化的一阶条件为：

$$\frac{\partial N}{\partial L} = \frac{\partial f}{\partial L} - tw = 0 \tag{1}$$

$$\frac{\partial N}{\partial K} = \frac{\partial f}{\partial K} - tr = 0 \tag{2}$$

$$\frac{\partial N}{\partial t} = C^0 - wL - rK = 0 \tag{3}$$

由 (1) 式、(2) 式得：

$$MRTS_{LK} = \frac{\partial f}{\partial L} \Big/ \frac{\partial f}{\partial K} = \frac{MP_L}{MP_K} = \frac{w}{r} \tag{4}$$

(4) 式便是既定成本条件下实现最大产量的要素组合原则。

根据(1)式、(2)式、(3)式，可以求出最优的两要素的投入函数 $K^* = K(w, r, C^0)$，$L^* = L(w, r, C^0)$。

本注释略去了最大化问题的二阶条件。

128

它表示：**厂商可以通过对两要素投入量的不断调整，使得最后一单位的成本支出无论用来购买哪一种生产要素所获得的边际产量都相等，从而实现既定成本条件下的最大产量。**

以上就是厂商在既定成本条件下实现最大产量的均衡原则。该原则与厂商在既定产量条件下实现最小成本的均衡原则是相同的，见（5.3）式、（5.4）式和（5.5）式。这也体现了成本最小化问题和产量最大化问题之间的对偶关系，其实，它们都是厂商追求利润最大化的具体行为方式。

此外，利用图 5-6 可以进一步说明成本最小化和产量最大化之间的对偶关系。在生产技术和要素价格不变的前提下，先考虑成本最小化问题：令约束条件产量 Q 给定（以等产量曲线 Q 表示），则 E 点是实现最小成本的均衡点，相应的劳动和资本投入量分别为 L_1 和 K_1，生产产量 Q 的最小成本由等成本线 AB 表示。再考虑产量最大化问题：令约束条件成本给定，且令给定的约束成本值就是前面实现的最小成本，即等成本线 AB 所表示的成本，于是，可以看到图中的 E 点还是实现最大产量的均衡点，相应的劳动和资本投入量仍然分别为 L_1 和 K_1，实现的最大产量则由等产量曲线 Q 表示。所以，成本最小化和产量最大化之间的对偶关系可以进一步理解为：在其他条件不变的前提下，如果将其中任何一个问题所实现的最小成本或最大产量作为另一个问题的约束条件，那么，这两个问题的最优要素组合是相同的，或者说，这两个最优化问题的均衡点 E 的位置是相同的。

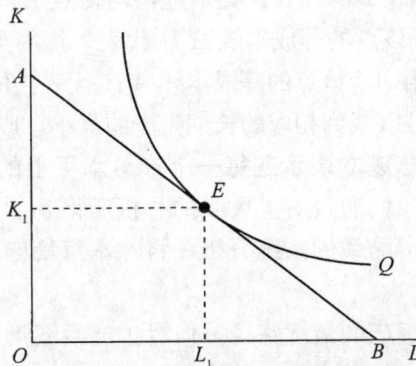

图 5-6 对偶关系：成本最小化和产量最大化

四、扩展线和生产总成本

下面将先介绍扩展线，然后利用扩展线来推导和理解长期总成本和短期总成本。

1. 扩展线

成本最小化和产量最大化分析是推导和理解扩展线的基础。

在生产要素的价格、生产技术和其他条件不变时，如果企业改变成本，等成本线就会发生平移；如果企业改变产量，等产量曲线就会发生平移。这些不同的等产量曲线将与不同的等成本线相切，形成一系列不同的生产均衡点，这些生产均衡点的轨迹就是扩展线。
如图 5-7 所示，图中的曲线 ON 是一条扩展线。显然，扩展线上每一个生产均衡点都满足成本最小化或产量最大化的均衡原则：两要素的边际技术替代率等于两要素的价格之

比，即有

$$MRTS_{LK} = \frac{w}{r} \tag{5.9}$$

或者 $$MRTS_{LK} = \frac{MP_L}{MP_K} = \frac{w}{r} \tag{5.10}$$

此外，由于生产要素的价格保持不变，两要素的价格之比是固定的，所以，在扩展线上的所有生产均衡点的边际技术替代率都是相等的。

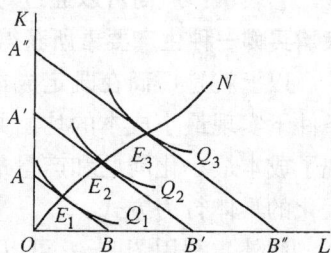

图 5-7 扩展线

扩展线表示：在生产要素价格、生产技术和其他条件不变的情况下，当生产的成本或产量发生变化时，厂商必然会沿着扩展线来选择最优的生产要素组合，从而实现既定产量条件下的最小成本，或实现既定成本条件下的最大产量。**扩展线是厂商在长期扩张或收缩生产时所必须遵循的最优路径。**

2. 扩展线与长期总成本

扩展线是厂商长期生产的最优路径，利用扩展线从成本最小化角度出发，便可以得到长期生产的总成本。在图 5-7 中，我们把扩展线上的 E_1、E_2 和 E_3 三点看成是分别对应三个不同产量的成本最小化的均衡点，于是，均衡点 E_1 表示生产 Q_1 产量的最小成本 C_1 由与等产量曲线 Q_1 相切于该点的等成本线 AB 代表，类似地，均衡点 E_2 表示生产 Q_2 产量的最小成本 C_2 由与等产量曲线 Q_2 相切于该点的等成本线 $A'B'$ 代表，均衡点 E_3 表示生产 Q_3 产量的最小成本 C_3 由与等产量曲线 Q_3 相切于该点的等成本线 $A''B''$ 代表。依此类推，在扩展线上连续变化的每一个产量水平上，都可以找到相应的长期生产的最小总成本。

由此，可得结论：**长期总成本表示在每一个产量水平上的最小的生产成本。**"最小的生产成本"这一性质，便是我们通过对扩展线的分析所得到的对长期总成本的初步但也是本质的认识。至于对长期成本曲线的系统分析，将在本章第四节展开。

3. 扩展线与短期总成本

虽然扩展线是厂商长期生产的最优路径，但对扩展线图形稍加处理，仍然可以从成本最小化角度分析得到短期生产的总成本，具体见图 5-8。

在图 5-8 中，三条等产量曲线 Q_1、Q_2 和 Q_3 顺次与三条等成本线 AB、$A'B'$、$A''B''$ 相切于 F、G 和 H 三点，连接这三点的曲线 OR 为厂商生产的扩展线。现在，为了分析短期生产成本问题，假定在短期内厂商的资本投入量固定为 $\overline{K}_0$，它用与横轴平行的直线 $\overline{K}_0 J$ 表示。在这种短期生产的情况下，厂商只能沿着水平线 $\overline{K}_0 J$ 来调整可变要素劳动的投入量，以适应产量的变化。

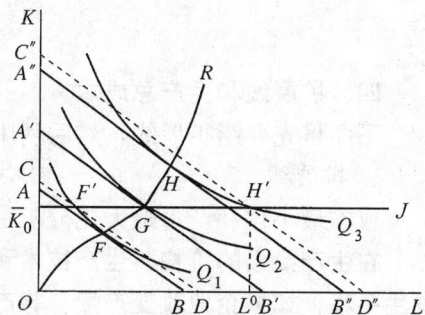

图 5-8 扩展线和短期总成本

如果厂商生产的产量为 Q_2，那么，厂商选择的最优要素组合为 G 点，G 点不仅是等产量曲线 Q_2 和水平线 $\overline{K}_0 J$ 的交点，而且恰好是等产量曲线 Q_2 和等成本线 $A'B'$ 的切点。因此，G 点既是厂商短期的生产要素最优组合点，又是厂商长期的生产要素最优组合点。在 G 点，

130

生产 Q_2 产量的最小成本既是短期总成本又是长期总成本，它们都由与等产量曲线 Q_2 相切于 G 点的等成本线 $A'B'$ 代表。

如果厂商将产量由 Q_2 增加到 Q_3，在长期内，厂商可以达到扩展线上的生产均衡点 H。但是，在短期内，厂商做不到这一点。由于受固定资本投入量 $\overline{K}_0$ 的限制，厂商所能作出的最好选择是达到等产量曲线 Q_3 和水平线 $\overline{K}_0 J$ 的交点 H'。在 H' 点，劳动投入量为 L^0，生产 Q_3 产量的最小成本由过 H' 点的等成本线 $C''D''$ 代表。这是因为，在固定资本投入量 $\overline{K}_0$ 的约束下，当厂商只能沿着水平线 $\overline{K}_0 J$ 来选择劳动的投入量时：如果厂商选择的劳动投入量小于 L^0，那么，厂商将无法生产 Q_3 的产量；如果厂商选择的劳动投入量大于 L^0，那么，其生产成本将大于等成本线 $C''D''$ 代表的成本。所以，唯有选择劳动投入量 L^0，才是生产 Q_3 产量的最小成本。此外，在图中明显可见，对于生产同一个产量 Q_3 来说，短期总成本（由过 H' 点的等成本线 $C''D''$ 代表）大于长期总成本（由与等产量曲线 Q_3 相切于 H 点的等成本线 $A''B''$ 代表）。

类似地，如果厂商将产量由 Q_2 减少为 Q_1，由于受固定的资本投入量 $\overline{K}_0$ 的约束，厂商不能达到扩展线上的长期均衡点 F，而只能达到等产量曲线 Q_1 与水平线 $\overline{K}_0 J$ 的交点 F'。F' 点表示生产 Q_1 产量的短期最小成本由过 F' 点的等成本线 CD 代表。显然，对于生产同一个产量 Q_1 来说，短期总成本（由过 F' 点的等成本线 CD 代表）也大于长期总成本（由与等产量曲线 Q_1 相切于 F 点的等成本线 AB 代表）。

从以上分析中可以清楚地看到，水平线 $\overline{K}_0 J$ 与等产量曲线 Q_1、Q_2 和 Q_3 有三个相交点 F'、G 和 H'，过这三点的等成本线 CD、$A'B'$ 和 $C''D''$ 分别表示短期内生产 Q_1、Q_2 和 Q_3 产量的最小总成本。设想一下：假定产量的变化是连续的，则可以从水平线 $\overline{K}_0 J$ 上读出在短期生产每一个产量的最小总成本。

由此可见，**短期总成本表示在每一个产量水平上的最小生产成本**。与前面的长期总成本分析类似，"最小的生产成本"这一性质，是通过扩展线图形得到的关于短期总成本的初步但也是本质的认识。至于对短期成本曲线的系统分析，将在下一节展开。

（专栏 5 - 2 "**餐企联合建 B2B 采购平台**"，请读者扫描本书封面二维码获取。）

第三节　短期成本曲线

在上一节，我们利用扩展线分别从长期和短期的角度探讨了对应于每一个产量的最小生产成本，也就是说，建立了产量和成本之间的一一对应关系。那么，我们进一步要问的是：随着产量的连续变化，成本的具体变化又具有哪些特征呢？这便是本章第三节短期成本曲线和第四节长期成本曲线将要阐述的内容。

厂商的生产技术及其特征决定厂商的成本曲线的特征。本节主要考察的问题是：随着产量的变化，各类短期成本曲线所呈现的特征及其相互之间的关系。我们将会看到短期生产的边际报酬递减规律对于理解短期成本曲线的特征是至关重要的。

一、由短期生产函数到短期总成本函数

由厂商的短期生产函数出发，可以得到相应的短期总成本函数；且由厂商的短期总产量曲线出发，也可以得到相应的短期总成本曲线。下面，给出具体的分析与推导。

1. 由短期生产函数到短期总成本函数

假定厂商在短期内使用劳动和资本这两种要素生产一种产品，其中，劳动投入量是可变的，资本投入量是固定的，则短期生产函数为：

$$Q = f(L, \overline{K}) \tag{5.11}$$

（5.11）式表示：在资本投入量固定的前提下，可变要素劳动投入量 L 和产量 Q 之间存在着一一对应关系。这种关系可以理解为：厂商可以通过对劳动投入量的调整来实现不同的产量水平。也可以反过来理解为：厂商根据不同的产量水平的要求，来确定相应的劳动的投入量。根据后一种理解，且假定生产要素市场上劳动的价格 w 和资本的价格 r 是给定的，则可以用下式来表示厂商在每一产量水平上的短期总成本：

$$STC(Q) = w \cdot L(Q) + r \cdot \overline{K} \tag{5.12}$$

式中，$w \cdot L(Q)$ 为可变成本部分；$r \cdot \overline{K}$ 为固定成本（也称不变成本）部分，两部分之和构成厂商的短期总成本，STC 是短期总成本的英文简写。如果以 $\Phi(Q)$ 表示可变成本 $w \cdot L(Q)$，以 b 表示固定成本 $r \cdot \overline{K}$，则短期总成本函数可以写成以下形式：

$$STC(Q) = \Phi(Q) + b \tag{5.13}$$

至此，我们由（5.11）式的短期生产函数出发，写出了相应的短期总成本函数。显然，短期总成本是产量的函数。

2. 由短期总产量曲线到短期总成本曲线

在以上分析的基础上，进一步利用（5.12）式可以很方便地由厂商的短期总产量曲线求得相应的短期总成本曲线。其具体做法如下：以第四章生产函数的图 4-1（a）的短期总产量曲线图为例，在图中的总产量 TP_L 曲线上，找到与每一个总产量相对应的可变要素劳动投入量 L（参见表 4-1），再用所得到的 L 去乘已知的劳动价格 w（在此假定 $w = 2$），便可得到每一总产量水平的可变成本 $w \cdot L(Q)$。将这种总产量与可变成本之间的对应关系描绘在平面

图 5-9　短期总成本曲线

坐标图中，即可得到短期可变成本曲线，如图 5-9 所示。图中的横轴 Q 代表产量，纵轴 C 代表成本，由原点出发的曲线 $w \cdot L(Q)$ 就是短期可变成本曲线。

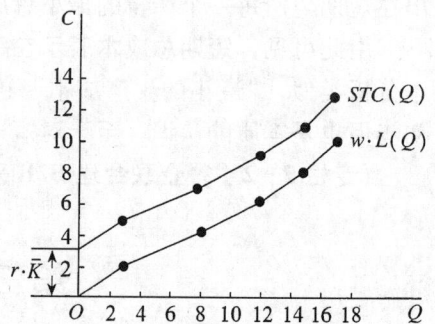

由于短期固定成本为 $r \cdot \overline{K}$，所以，将短期可变成本曲线向上垂直平移 $r \cdot \overline{K}$ 单位，便得到短期总成本曲线 $STC(Q)$，在此有 $STC(Q) = w \cdot L(Q) + r \cdot \overline{K}$。显然，图 4-1(a) 的短期总产量曲线和图 5-9 的短期总成本曲线之间存在着相互对应的关系。①

---

① 由于厂商在短期内不可能将生产推进到图 4-3 中的劳动的边际产量为负的生产的第Ⅲ阶段，所以，按照一般的习惯，图 5-9 中短期总成本曲线是由图 4-1（a）中生产的第Ⅰ、Ⅱ阶段的短期总产量曲线推导而来的。

下面将具体分析各类短期成本曲线的特征及其相互之间的关系。

二、短期成本的分类

在短期，厂商的成本有不变成本部分和可变成本部分之分。具体地讲，厂商的短期成本有以下七种：总不变成本、总可变成本、总成本、平均不变成本、平均可变成本、平均总成本和边际成本。它们的英文缩写顺次为：TFC、TVC、TC、AFC、AVC、AC 和 MC。

总不变成本 TFC 是厂商在短期内为生产一定数量的产品对不变生产要素所支付的总成本。例如，建筑物和机器设备的折旧费等就属于总不变成本。由于在短期内不管企业的产量为多少，这部分不变要素的投入量都是不变的，所以，总不变成本是一个常数，它不随着产量的变化而变化。即使在产量为零时，总不变成本也仍然存在。如图 5-10（a）所示，图中的横轴 Q 表示产量，纵轴 C 表示成本，总不变成本 TFC 曲线是一条水平线。它表示在短期内，无论产量如何变化，总不变成本 TFC 都是固定不变的。

总可变成本 TVC 是厂商在短期内为生产一定数量的产品对可变生产要素所支付的总成本。例如，厂商对原材料、燃料动力和工人工资的支付等就属于总可变成本。总可变成本 TVC 曲线如图 5-10（b）所示，它是一条由原点出发向右上方倾斜的曲线。TVC 曲线表示：由于在短期内厂商是根据产量的变化不断地调整可变要素的投入量，所以，总可变成本随着产量的变动而变动。当产量为零时，总可变成本也为零。在这以后，总可变成本随着产量的增加而增加。总可变成本的函数形式为：

$$TVC = TVC(Q) \tag{5.14}$$

总成本 TC 是厂商在短期内为生产一定数量的产品对全部生产要素所支付的总成本。它是总不变成本和总可变成本之和。总成本 TC 曲线如图 5-10（c）所示，它是从纵轴上相当于总不变成本 TFC 高度的点出发的一条向右上方倾斜的曲线。TC 曲线表示：在每一个产量上的总成本由总不变成本和总可变成本共同构成。总成本用公式表示为：

$$TC(Q) = TFC + TVC(Q) \tag{5.15}$$

平均不变成本 AFC 是厂商在短期内平均每生产一单位产品所支付的不变成本。平均不变成本 AFC 曲线如图 5-10（d）所示，它是一条向两轴渐近的双曲线。[①] AFC 曲线表示：在总不变成本固定的前提下，随着产量的增加，平均不变成本是越来越小的。平均不变成本用公式表示为：

$$AFC(Q) = \frac{TFC}{Q} \tag{5.16}$$

平均可变成本 AVC 是厂商在短期内平均每生产一单位产品所支付的可变成本。用公式表示为：

---

① 为了便于作图，在图 5-10 中，假定图 5-10（a）、图 5-10（b）和图 5-10（c）中纵轴的单位刻度均大于图 5-10（d）、图 5-10（e）、图 5-10（f）和图 5-10（g）中纵轴的单位刻度，所有分图的横轴的单位刻度是相同的。这一假定对于本章后面类似的图都适用。

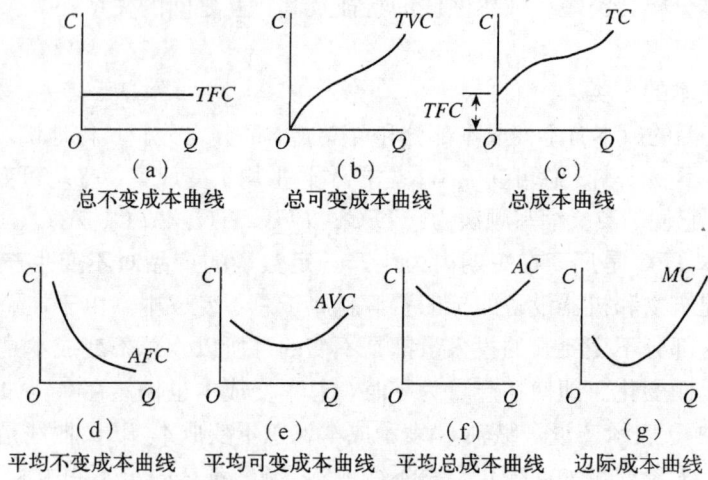

图 5 - 10　各类短期成本曲线

$$AVC(Q) = \frac{TVC(Q)}{Q} \tag{5.17}$$

平均总成本 AC 是厂商在短期内平均每生产一单位产品所支付的全部成本。它等于平均不变成本和平均可变成本之和。用公式表示为：

$$AC(Q) = \frac{TC(Q)}{Q} = AFC(Q) + AVC(Q) \tag{5.18}$$

边际成本 MC 是厂商在短期内增加一单位产量时所增加的总成本。用公式表示为：

$$MC(Q) = \frac{\Delta TC(Q)}{\Delta Q} \tag{5.19}$$

或者　　$$MC(Q) = \lim_{\Delta Q \to 0} \frac{\Delta TC(Q)}{\Delta Q} = \frac{\mathrm{d}TC}{\mathrm{d}Q} \tag{5.20}$$

由（5.20）式可知，在每一个产量水平上的边际成本 MC 值就是相应的总成本 TC 曲线的斜率。

平均可变成本 AVC 曲线、平均总成本 AC 曲线和边际成本 MC 曲线顺次如图 5 - 10（e）、图 5 - 10（f）和图 5 - 10（g）所示。这三条曲线都呈现出 U 形的特征。它们表示：随着产量的增加，平均可变成本、平均总成本和边际成本都是先递减，各自达到自身的最低点之后再递增。最后，需要指出的是，从以上各种短期成本的定义公式可知，由一定产量水平上的总成本（包括 TFC、TVC 和 TC）曲线出发，是可以得到相应的平均成本（包括 AFC、AVC 和 AC）曲线和边际成本（即 MC）曲线的。这一点将在本节稍后的内容中得到进一步的体现。

三、短期成本曲线的综合图

在图 5 - 10 中，分别画出了 7 条不同类型的短期成本曲线。现在，我们把这些不同类型的短期成本曲线置于同一幅图中，以分析不同类型的短期成本曲线相互之间的关系。这项工作将通过表 5-1 和图 5-11 来完成。

表 5-1 是某厂商的短期成本表列。表中的平均成本和边际成本的各栏均可以分别由相应的总成本的各栏推算出来。该表体现了各种短期成本之间的相互关系。

表 5-1　　　　　　　　　　　　　　短期成本表

产量 Q	总成本			平均成本			边际成本 MC
	总不变成本 TFC	总可变成本 TVC	总成本 TC	平均不变成本 AFC	平均可变成本 AVC	平均总成本 AC	
0	1 200	0	1 200				
1	1 200	600	1 800	1 200.0	600.0	1 800.0	600
2	1 200	800	2 000	600.0	400.0	1 000.0	200
3	1 200	900	2 100	400.0	300.0	700.0	100
4	1 200	1 050	2 250	300.0	262.5	562.5	150
5	1 200	1 400	2 600	240.0	280.0	520.0	350
6	1 200	2 100	3 300	200.0	350.0	550.0	700

图 5-11 是根据表 5-1 绘制出的短期成本曲线图，它是一幅典型的短期成本曲线的综合图。

仔细观察图 5-11，除了发现那些在图 5-10 中已经得到体现的短期成本曲线的特征以外，还可以发现以下特征。

先分析图 5-11（a）。由图中可见，TC 曲线是一条由水平的 TFC 曲线与纵轴的交点出发的向右上方倾斜的曲线。在每一个产量上，TC 曲线和 TVC 曲线两者的斜率都是相同的，并且，TC 曲线和 TVC 曲线之间的垂直距离都等于固定的总不变成本 TFC。这显然是由于 TC 曲线是通过把 TVC 曲线向上垂直平移 TFC 的距离而得到的。

此外，在图 5-11（a）中，TC 曲线和 TVC 曲线在同一个产量水平（2.5 单位）各自存在一个拐点 B 和 C。在拐点以前，TC 曲线和 TVC 曲线的斜率是递减的；在拐点以后，TC 曲线和 TVC 曲线的斜率是递增的。

图 5-11　短期成本曲线

再分析图 5-11（b）。由图中可见，不仅 AVC 曲线、AC 曲线和 MC 曲线均呈 U 形特征，而且，MC 曲线与 AVC 曲线相交于 AVC 曲线的最低点 F，与 AC 曲线相交于 AC 曲线的最低点 D。

最后，将图 5-11（a）和图 5-11（b）结合在一起分析。我们可以发现，图 5-11（b）中 MC 曲线的最低点 A 恰好对应图 5-11（a）中 TC 曲线的拐点 B 和 TVC 曲线的拐点 C，或者

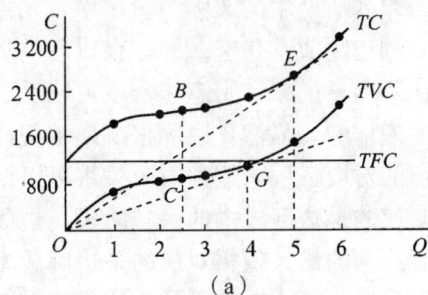

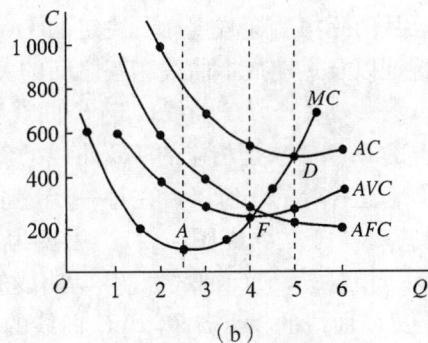

说，A、B、C 三点同时出现在同一个产量水平（2.5 单位）。在图 5-11（b）中的 AVC 曲线达到最低点 F 时，图 5-11（a）中的 TVC 曲线恰好有一条从原点出发的切线，与 TVC 曲线相切于 G 点。或者说，G、F 两点同时出现在同一个产量水平（4 单位）。类似地，在图 5-11（b）中的 AC 曲线达到最低点 D 时，图 5-11（a）中的 TC 曲线恰好有一条从原点出发的切线，与 TC 曲线相切于 E 点。或者说，E、D 两点同时出现在同一个产量水平（5 单位）。

至于短期成本曲线所体现出的这些特征的原因，将在下面运用短期生产的边际报酬递减规律进行深入的解释。

四、短期成本变动的决定因素：边际报酬递减规律

边际报酬递减规律是短期生产的一条基本规律，因此，它也决定了短期成本曲线的特征。

边际报酬递减规律是指在短期生产过程中，在生产技术水平和其他条件不变的前提下，随着一种可变要素投入量的连续增加，它所带来的边际产量先是递增的，达到最大值以后再递减。对于这一规律，我们也可以从产量变化所引起的边际成本变化的角度来理解：假定生产要素的价格是固定不变的，在开始时的边际报酬递增阶段，增加一单位可变要素投入所产生的边际产量递增，则意味着可以反过来说：在这一阶段增加一单位产量所需要的边际成本是递减的。在以后的边际报酬递减阶段，增加一单位可变要素投入所产生的边际产量递减，则意味着也可以反过来说：在这一阶段增加一单位产量所需要的边际成本是递增的。显然，边际报酬递减规律作用下的短期边际产量和短期边际成本之间存在着一定的对应关系。这种对应关系可以简单地表述如下：**在短期生产中，边际产量的递增阶段对应的是边际成本的递减阶段，边际产量的递减阶段对应的是边际成本的递增阶段，与边际产量的最大值相对应的是边际成本的最小值。**[①] **正因为如此，在边际报酬递减规律作用下的边际成本 MC 曲线表现出先降后升的 U 形特征。**

从边际报酬递减规律所决定的 U 形的 MC 曲线出发，可以解释其他的短期成本曲线的特征以及短期成本曲线相互之间的关系。

第一，关于 TC 曲线、TVC 曲线和 MC 曲线之间的相互关系。由于在每一个产量水平上的 MC 值就是相应的 TC 曲线的斜率，又由于在每一产量上的 TC 曲线和 TVC 曲线的斜率是相等的，所以，在每一产量水平的 MC 值同时就是相应的 TC 曲线和 TVC 曲线的斜率。[②] 于是，在图 5-11 中表现为：与边际报酬递减规律作用的 MC 曲线的先降后升的特征相对应，TC 曲线和 TVC 曲线的斜率也由递减变为递增。而且，MC 曲线的最低点 A 与 TC 曲线的拐点 B 和 TVC 曲线的拐点 C 相对应。

第二，关于 AC 曲线、AVC 曲线和 MC 曲线之间的相互关系。我们已经知道，对于任何一对边际量和平均量而言，只要边际量小于平均量，边际量就把平均量拉下；只要边

---

① 这一对应关系将在本书第 140 页得到进一步的数学证明。

② 这一点也可以证明如下：

∵ $TC(Q) = TVC(Q) + TFC$

∴ $MC = \dfrac{\mathrm{d}TC}{\mathrm{d}Q} = \dfrac{\mathrm{d}TVC}{\mathrm{d}Q} + 0$

际量大于平均量，边际量就把平均量拉上；当边际量等于平均量时，平均量必达本身的极值点。将这种关系具体到 AC 曲线、AVC 曲线和 MC 曲线的相互关系上，可以推知，由于在边际报酬递减规律作用下的 MC 曲线有先降后升的 U 形特征，所以，AC 曲线和 AVC 曲线也必定有先降后升的 U 形特征。而且，如图 5-11 所示：U 形的 MC 曲线与 U 形的 AC 曲线相交于 AC 曲线的最低点 D，与 U 形的 AVC 曲线相交于 AVC 曲线的最低点 F。在 AC 曲线的下降段，MC 曲线低于 AC 曲线；在 AC 曲线的上升段，MC 曲线高于 AC 曲线。类似地，在 AVC 曲线的下降段，MC 曲线低于 AVC 曲线；在 AVC 曲线的上升段，MC 曲线高于 AVC 曲线。[①]

此外，对产量变化的反应，边际成本 MC 要比平均总成本 AC 和平均可变成本 AVC 敏感得多。反映在图 5-11 中，不管是下降还是上升，MC 曲线的变动都快于 AC 曲线和 AVC 曲线。

最后，比较图中 AC 曲线的最低点 D 与 AVC 曲线的最低点 F，可以发现，AVC 曲线降到最低点 F 时，AC 曲线还没有降到最低点 D，而且 D 点高于 F 点。这是因为：在平均总成本中不仅包括平均可变成本，还包括平均不变成本。正是由于平均不变成本的作用，AC 曲线的最低点 D 的出现既慢于又高于 AVC 曲线的最低点 F。

五、由总成本曲线到平均成本曲线和边际成本曲线

以上，我们已经讨论了短期的七条成本曲线及其特征。在此，我们再换一个角度，即由总成本曲线（TFC 曲线、TVC 曲线和 TC 曲线）出发，用几何方法推导出相应的平均成本曲线（即 AFC 曲线、AVC 曲线和 AC 曲线）和边际成本曲线（MC 曲线）。

首先，由 TFC 曲线推导 AFC 曲线可用图 5-12 说明。因为 $AFC(Q)=\dfrac{TFC}{Q}$，所以，在任何产量水平上的 AFC 值都可以由连接原点到 TFC 曲线上相应的点的线段的斜率给出。在图 5-12 （a）中，在产量水平 Q_1 上的 AFC 值可由线段 Oa 的斜率给出，即 $AFC_1=\dfrac{aQ_1}{OQ_1}$。同样地，在产量水平 Q_2 上，有 $AFC_2=\dfrac{bQ_2}{OQ_2}$；在产量水平 Q_3 上，有 $AFC_3=\dfrac{cQ_3}{OQ_3}$。由于总

---

① AC 曲线和 MC 曲线之间的关系可以用数学证明如下：
$$\frac{\mathrm{d}AC}{\mathrm{d}Q}=\frac{\mathrm{d}}{\mathrm{d}Q}\left(\frac{TC}{Q}\right)=\frac{TC'\cdot Q-TC}{Q^2}=\frac{1}{Q}\left(TC'-\frac{TC}{Q}\right)=\frac{1}{Q}(MC-AC)$$

由于 $Q>0$，所以，当 $MC<AC$ 时，AC 曲线的斜率 $\dfrac{\mathrm{d}AC}{\mathrm{d}Q}$ 为负，AC 曲线是下降的；当 $MC>AC$ 时，AC 曲线的斜率 $\dfrac{\mathrm{d}AC}{\mathrm{d}Q}$ 为正，AC 曲线是上升的；当 $MC=AC$ 时，AC 曲线的斜率 $\dfrac{\mathrm{d}AC}{\mathrm{d}Q}$ 为零，AC 曲线达到极值点（在此为极小值点）。

类似地，AVC 曲线和 MC 曲线之间的关系可以用数学证明如下：
$$\frac{\mathrm{d}AVC}{\mathrm{d}Q}=\frac{\mathrm{d}}{\mathrm{d}Q}\left(\frac{TVC}{Q}\right)=\frac{TVC'\cdot Q-TVC}{Q^2}=\frac{1}{Q}\left(TVC'-\frac{TVC}{Q}\right)=\frac{1}{Q}(MC-AVC)$$

由于 $Q>0$，所以，当 $MC<AVC$ 时，AVC 曲线的斜率 $\dfrac{\mathrm{d}AVC}{\mathrm{d}Q}$ 为负，AVC 曲线是下降的；当 $MC>AVC$ 时，AVC 曲线的斜率 $\dfrac{\mathrm{d}AVC}{\mathrm{d}Q}$ 为正，AVC 曲线是上升的；当 $MC=AVC$ 时，AVC 曲线的斜率 $\dfrac{\mathrm{d}AVC}{\mathrm{d}Q}$ 为零，AVC 曲线达到极值点（在此为极小值点）。

不变成本是固定的，即 $aQ_1 = bQ_2 = cQ_3$，而产量 $OQ_1 < OQ_2 < OQ_3$，因此，$AFC_1 > AFC_2 > AFC_3$。这说明，随着产量的增加，平均不变成本 AFC 是递减的。图 5-12（b）是根据图 5-12（a）绘制出的相应的 AFC 曲线，图中的 $a'Q_1$、$b'Q_2$ 和 $c'Q_3$ 分别代表 AFC_1、AFC_2 和 AFC_3。

其次，由 TVC 曲线推导 AVC 曲线可用图 5-13 说明。因为 $AVC(Q) = \dfrac{TVC(Q)}{Q}$，所以，在任何产量水平上的 AVC 值都可以由连接原点到 TVC 曲线上相应的点的线段的斜率给出。在图 5-13（a）中，在产量水平 Q_1、Q_2 和 Q_3 上的 AVC 值分别由线段 Oa、Ob 和 Oc 的斜率给出。其中，在 Q_2 的产量上，一条由原点出发的直线与 TVC 曲线相切于 b 点，而且，在原点与 TVC 曲线上点的所有连线中，这条直线是最平坦的一条。这说明：随着产量的不断增加，连接原点到 TVC 曲线上相应的点的线段的斜率在 b 点之前是递减的，在 b 点之后是递增的，而在 b 点是最小的。或者说，随着产量的不断增加，AVC 值先是递减的，在达到最小值以后再递增。图 5-13（b）是根据图 5-13（a）绘制出的 AVC 曲线。图 5-13（b）中的 $a'Q_1$、$b'Q_2$ 和 $c'Q_3$ 值分别等于图 5-13（a）中从原点出发的直线 Oa、Ob 和 Oc 的斜率，它们分别表示生产 Q_1、Q_2 和 Q_3 产量的平均可变成本 AVC。图中的 AVC 曲线呈先降后升的 U 形，在 b' 点达到最小值；图 5-13（a）中的 TVC 曲线上的切点 b 和图 5-13（b）中的 AVC 曲线的最低点 b' 是相对应的。

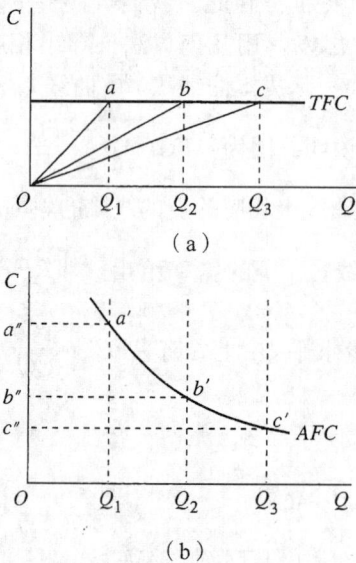

图 5-12　由 TFC 曲线到 AFC 曲线

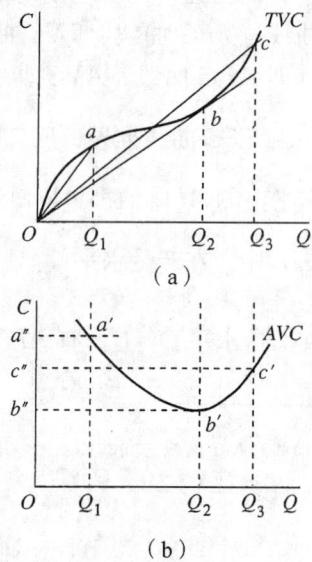

图 5-13　由 TVC 曲线到 AVC 曲线

再次，由 TC 曲线推导 AC 曲线可以用图 5-14 来说明。与上面推导 AVC 曲线类似，因为 $AC(Q) = \dfrac{TC(Q)}{Q}$，所以，任何产量水平上的 AC 值都可以由连接原点到 TC 曲线上相应的点的线段的斜率给出。在图 5-14（a）中，在产量水平 Q_1、Q_2 和 Q_3 上的 AC 值顺次由线段 Oa、Ob 和 Oc 的斜率给出，TC 曲线在 b 点有一条由原点出发的切线。这表明，随着产量的不断增加，连接原点和 TC 曲线上的点的线段的斜率，在 b 点之前是递减的，在 b 点之后是递增的，在 b 点达到最小值。与此相对应，在图 5-14（b）中，AC 曲线呈先降后升的 U 形，该曲线在 b′点达到最小值。图 5-14（a）中的 TC 曲线上的切点 b 与图 5-14（b）中的 AC 曲线的最低点 b′是相对应的。

最后，由 TC 曲线和 TVC 曲线推导 MC 曲线可以用图 5-15 说明。前面已经指出，任何产量水平上的 MC 值既可由 TC 曲线又可由 TVC 曲线上相应的点的斜率给出。由图 5-15（a）中 TC 曲线和 TVC 曲线的先降后升的斜率，可得图 5-15（b）中相应的 U 形的 MC 曲线，而且图 5-15（a）中 TC 曲线和 TVC 曲线上的拐点 a 和 a′，与图 5-15（b）中的 MC 曲线的最低点 a″是相对应的。

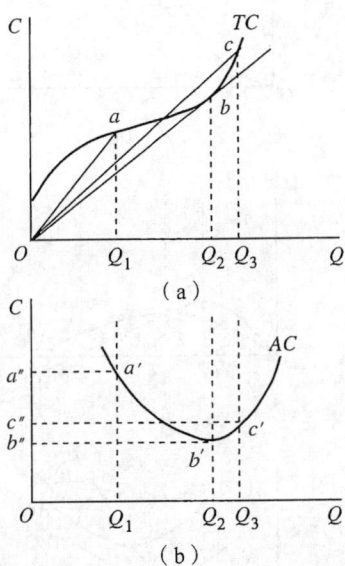

图 5-14　由 TC 曲线到 AC 曲线　　　图 5-15　由 TC 曲线和 TVC 曲线到 MC 曲线

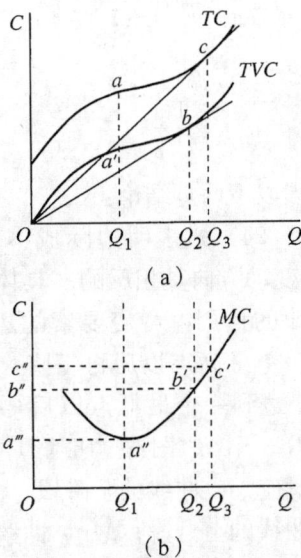

此外，在图 5-15（a）中，TVC 曲线有一条从原点出发的切线，切点为 b，这意味着 AVC 此时达到最小值。由此推知，与该切点 b 相对应的图 5-15（b）中 MC 曲线上的 b′点，应该是 MC 曲线和 AVC 曲线的交点。类似地，与图 5-15（a）中的 TC 曲线上的切点 c 相对应，图 5-15（b）中的 MC 曲线上的 c′点也应该是 MC 曲线和 AC 曲线的交点。

六、短期产量曲线与短期成本曲线之间的关系

前面已经指出，短期生产的边际报酬递减规律决定了短期成本曲线的特征。在此，我们将进一步分析短期生产条件下的生产函数和成本函数之间的对应关系，或者说，分析短期产量曲线和短期成本曲线之间的关系。

假定短期生产函数为：

$$Q = f(L, \overline{K}) \tag{5.21}$$

短期成本函数为：

139

$$TC(Q)=TVC(Q)+TFC \tag{5.22}$$

式中　　$TVC(Q)=w\cdot L(Q)$ （5.23）

且假定生产要素劳动的价格 w 是给定的。

1. 边际产量和边际成本之间的关系

根据（5.22）式和（5.23）式，有：

$$TC(Q)=TVC(Q)+TFC=w\cdot L(Q)+TFC$$

式中，TFC 为常数。

由上式可得：

$$MC=\frac{\mathrm{d}TC}{\mathrm{d}Q}=w\,\frac{\mathrm{d}L}{\mathrm{d}Q}+0$$

即：

$$MC=w\cdot\frac{1}{MP_L} \tag{5.24}$$

由此可得以下两点结论：

第一，（5.24）式表明边际成本 MC 和边际产量 MP_L 两者的变动方向是相反的。具体地讲，由于边际报酬递减规律的作用，可变要素的边际产量 MP_L 先上升，达到一个最高点以后再下降，所以，边际成本 MC 先下降，达到一个最低点以后再上升。这种对应关系如图 5-16（b）、图 5-16（c）所示[①]：MP_L 曲线的上升段对应 MC 曲线的下降段；MP_L 曲线的下降段对应 MC 曲线的上升段；MP_L 曲线的最高点 a 对应 MC 曲线的最低点 b。

第二，由以上的边际产量和边际成本的对应关系可以推知，总产量和总成本之间也存在着对应关系。如图 5-16（a）、图 5-16（d）所示：当总产量 TP_L 曲线下凸时，总成本 TC 曲线和总可变成本 TVC 曲线是下凹的；当总产量 TP_L 曲线下凹时，总成本 TC 曲线和总可变成本 TVC 曲线是下凸的；当总产量 TP_L 曲线存在一个拐点 c 时，总成本 TC 曲线和总可变成本 TVC 曲线也各存在一个拐点 d 和 e。

2. 平均产量和平均可变成本之间的关系

根据（5.23）式有：

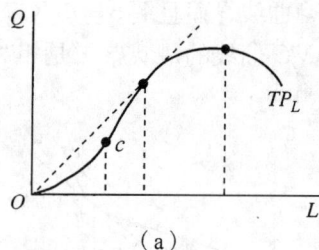

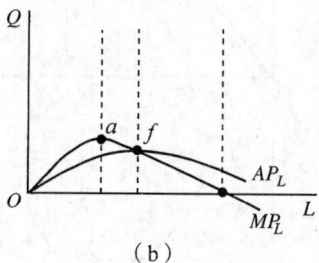

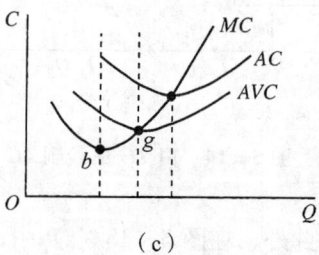

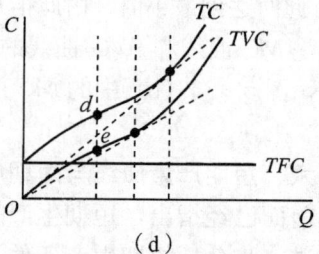

图 5-16　短期生产函数和短期成本
函数之间的对应关系

① 为了便于作图，在图 5-16 中，假定图 5-16（a）中纵轴的单位刻度大于图 5-16（b）中纵轴的单位刻度，图 5-16（d）中纵轴的单位刻度大于图 5-16（c）中纵轴的单位刻度。

$$AVC = \frac{TVC}{Q} = w\frac{L}{Q}$$

即

$$AVC = w \cdot \frac{1}{AP_L} \qquad\qquad (5.25)$$

由此可得以下两点结论：

第一，(5.25) 式表明平均可变成本 AVC 和平均产量 AP_L 两者的变动方向是相反的。这种对应关系如图 5-16（b）、图 5-16（c）所示：当 AP_L 曲线呈递增时，AVC 曲线呈递减；当 AP_L 曲线呈递减时，AVC 曲线呈递增；AP_L 曲线的最高点 f 对应 AVC 曲线的最低点 g。

第二，由于 MC 曲线与 AVC 曲线交于 AVC 曲线的最低点，MP_L 曲线与 AP_L 曲线交于 AP_L 曲线的最高点，所以，如图 5-16（b）、图 5-16（c）所示，MC 曲线和 AVC 曲线的交点 g 与 MP_L 曲线和 AP_L 曲线的交点 f 是对应的。

在本节结束时，可以根据图 5-16 考虑这样一个问题：在第四章第二节分析短期生产函数时指出，在短期内厂商一定是在生产的第 Ⅱ 阶段进行生产，在这一阶段上，MP_L 不仅递减，而且小于或等于 AP_L（见图 4-3）。现在，根据短期生产函数和短期成本函数之间的对应关系，是否可以这样说：在短期内厂商一定是在边际成本 MC 不仅递增而且大于或等于平均可变成本 AVC 的阶段进行生产呢？这个推论是正确的。下一章的分析会证明这一点。

第四节　长期成本曲线

本节将对厂商的长期成本进行分析。我们将顺次对长期总成本、长期平均成本和长期边际成本进行分析，并进一步考察这三条长期成本曲线之间的相互关系。

在长期内，厂商可以根据产量的要求调整全部的生产要素投入量，甚至进入或退出一个行业，因此，厂商所有的成本都是可变的。厂商的长期成本可以分为长期总成本、长期平均成本和长期边际成本。它们的英文缩写顺次为 LTC、LAC 和 LMC。

为了区分短期成本和长期成本，从本节开始，在短期总成本、短期平均成本和短期边际成本的英文缩写前都冠之以"S"，如短期总成本写为 STC 等，在长期成本的英文缩写前都冠之以"L"，如长期总成本写为 LTC 等。

一、长期总成本函数和长期总成本曲线

厂商在长期对全部要素投入量的调整意味着对企业的生产规模的调整。也就是说，从长期看，厂商总是可以在每一个产量水平上选择最优的生产规模进行生产。**长期总成本 LTC 是指厂商在长期中在每一个产量水平上通过选择最优的生产规模所能达到的最低总成本。**相应地，长期总成本函数写成以下形式：

$$LTC = LTC(Q) \qquad\qquad (5.26)$$

根据对长期总成本函数的规定，可以由短期总成本曲线出发，推导长期总成本曲线。

在图 5 - 17 中，有三条短期总成本曲线 STC_1、STC_2 和 STC_3，它们分别代表三个不同的生产规模。由于短期总成本曲线的纵截距表示相应的总不变成本 TFC 的数量，因此，从图中三条短期总成本曲线的纵截距可知，STC_1 曲线所表示的总不变成本小于 STC_2 曲线，STC_2 曲线所表示的总不变成本又小于 STC_3 曲线，而总不变成本的高低（如厂房、机器设备等）往往表示生产规模的大小。因此，从三条短期总成本曲线所代表的生产规模看，STC_1 曲线最小，STC_2 曲线居中，STC_3 曲线最大。

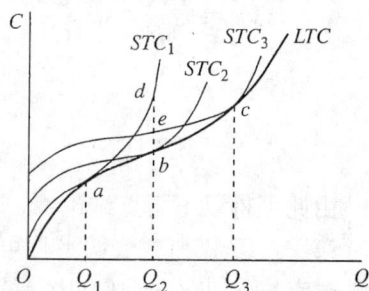

图 5 - 17 最优生产规模的选择和长期总成本曲线

假定厂商生产的产量为 Q_2，那么厂商应该如何调整生产规模以降低总成本呢？在短期内，厂商可能面临 STC_1 曲线所代表的过小的生产规模或 STC_3 曲线所代表的过大的生产规模，于是，厂商只能按较高的总成本来生产产量 Q_2，即在 STC_1 曲线上的 d 点或 STC_3 曲线上的 e 点进行生产。但在长期，情况就会发生变化。厂商在长期可以变动全部的要素投入量即选择最优的生产规模，于是，厂商必然会选择 STC_2 曲线所代表的生产规模进行生产，从而将总成本降低到所能达到的最低水平，即厂商是在 STC_2 曲线上的 b 点进行生产。类似地，在长期内，如果厂商生产的产量为 Q_1，那么，厂商会选择 STC_1 曲线所代表的生产规模，在 a 点进行生产；如果厂商生产的产量为 Q_3，那么，厂商会选择 STC_3 曲线所代表的生产规模，在 c 点进行生产。这样，厂商就在每一个既定的产量水平实现了最低的总成本。

虽然在图中只有三条短期总成本曲线，但在理论分析上可以假定有无数条短期总成本曲线。这样一来，厂商可以在任何一个产量水平上，都找到相应的一个最优的生产规模，都可以把总成本降到最低水平。也就是说，可以找到无数个类似于 a、b 和 c 的点，这些点的轨迹就形成了图中的长期总成本 LTC 曲线。显然，**长期总成本曲线是无数条短期总成本曲线的包络线**。在这条包络线上，在连续变化的每一个产量水平上，都存在着 LTC 曲线和一条 STC 曲线的切点，该 STC 曲线所代表的生产规模就是生产该产量的最优生产规模，该切点所对应的总成本就是生产该产量的最低总成本。所以，LTC 曲线表示长期内厂商在每一产量水平上由最优生产规模带来的最小生产总成本。

长期总成本 LTC 曲线是从原点出发向右上方倾斜的。它表示：当产量为零时，长期总成本为零，以后随着产量的增加，长期总成本是增加的。而且，长期总成本 LTC 曲线的斜率先递减，经过拐点之后，又变为递增。这一特征会在以下内容中得到说明。

二、长期平均成本函数和长期平均成本曲线

长期平均成本 LAC 表示厂商在长期内按产量平均计算的最低总成本。 长期平均成本函数可以写为：

$$LAC(Q) = \frac{LTC(Q)}{Q} \qquad\qquad (5.27)$$

1. 长期平均成本曲线的推导

在分析长期总成本曲线时强调指出，厂商在长期是可以实现每一个产量水平上的最小总成本的。因此，根据（5.27）式便可以推知：厂商在长期实现每一产量水平的最小总成本的同时，必然也就实现了相应的最小平均成本。所以，长期平均成本曲线可以根据（5.27）式由长期总成本曲线画出。具体的做法是：把长期总成本 LTC 曲线上每一点的长期总成本值除以相应的产量，便得到这一产量上的长期平均成本值。再把每一个产量和相应的长期平均成本值描绘在产量和成本的平面坐标图中，便可得到长期平均成本 LAC 曲线。此外，长期平均成本曲线也可以根据短期平均成本曲线求得。为了更好地理解长期平均成本曲线和短期平均成本曲线之间的关系，以下着重介绍后一种方法。

在图 5-18 中有三条短期平均成本曲线 SAC_1、SAC_2 和 SAC_3，它们各自代表了三个不同的生产规模。在长期，厂商可以根据产量要求，选择最优的生产规模进行生产。假定厂商生产 Q_1 的产量，则厂商会选择 SAC_1 曲线所代表的生产规模，以 OC_1 的平均成本进行生产。而对于产量 Q_1 而言，平均成本 OC_1 是低于其他任何生产规模下的平均成本的。假定厂商生产的产量为 Q_2，则厂商会选择 SAC_2 曲线所代表的生产规模进行生产，相应的最小平均成本为 OC_2；假

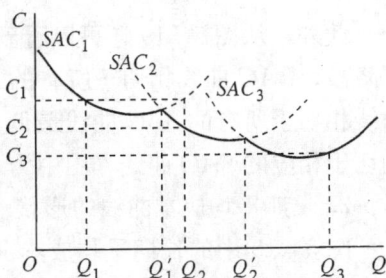

图 5-18 最优生产规模的选择

定厂商生产的产量为 Q_3，则厂商会选择 SAC_3 曲线所代表的生产规模进行生产，相应的最小平均成本为 OC_3。

如果厂商生产的产量为 Q_1'，则厂商既可选择 SAC_1 曲线所代表的生产规模，也可选择 SAC_2 曲线所代表的生产规模。因为这两个生产规模都以相同的最低平均成本生产同一个产量。这时，厂商有可能选择 SAC_1 曲线所代表的生产规模，因为该生产规模相对较小，厂商的投资可以少一些。厂商也有可能考虑到今后扩大产量的需要，而选择 SAC_2 曲线所代表的生产规模。厂商的这种考虑和选择，对于其他的类似的两条 SAC 曲线的交点所对应的产量，如 Q_2' 的产量，同样是适用的。

在长期生产中，厂商总是可以在每一产量水平上找到相应的最优的生产规模进行生产。而在短期内，厂商做不到这一点。假定厂商现有的生产规模由 SAC_1 曲线代表，而其需要生产的产量为 Q_2，那么，厂商在短期内就只能以 SAC_1 曲线上的 OC_1 的平均成本来生产，而不可能以 SAC_2 曲线上的更低的平均成本 OC_2 来生产。

由以上分析可见，沿着图 5-18 中所有的 SAC 曲线的实线部分，厂商总是可以找到长期内生产某一产量的最低平均成本。由于在长期内可供厂商选择的生产规模是很多的，在理论分析中，可假定生产规模可以无限细分，从而可以有无数条 SAC 曲线，于是，便得到图 5-19 中的长期平均成本 LAC 曲线。显然，**长期平均成本曲线是无数条短期平均成本曲线的包络线**。在这条包络线上，在连续变化的每一个产量水平，都存在 LAC 曲线和一条 SAC 曲线的切点，该 SAC 曲线所代表的生产规模就是生产该产量的最优生产规

模，该切点所对应的平均成本就是相应的最低平均成本。LAC 曲线表示厂商在长期内在每一产量水平上，通过选择最优生产规模所实现的最小的平均成本。

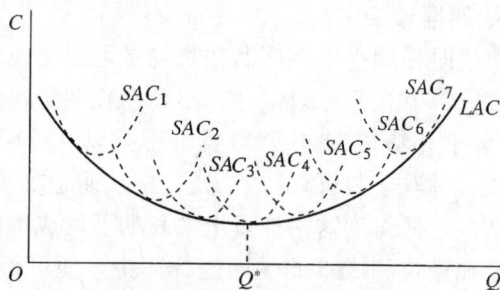

图 5-19　长期平均成本曲线

此外，从图 5-19 还可以看到，LAC 曲线呈现出 U 形的特征。而且，在 LAC 曲线的下降段，LAC 曲线相切于所有的 SAC 曲线最低点的左边；在 LAC 曲线的上升段，LAC 曲线相切于所有的 SAC 曲线最低点的右边。只有在 LAC 曲线的最低点上，LAC 曲线才相切于相应的 SAC 曲线（图中为 SAC_4 曲线）的最低点。

2. 长期平均成本曲线的形状

图 5-19 中的长期平均成本曲线呈先降后升的 U 形，长期平均成本曲线的 U 形特征是由长期生产中的规模经济和规模不经济决定的。

在企业生产扩张的开始阶段，厂商由于扩大生产规模而使经济效益得到提高，这便是规模经济。在生产扩张到一定的规模以后，厂商继续扩大生产规模，就会使经济效益下降，这便是规模不经济。或者说，厂商产量增加的倍数大于成本增加的倍数，为规模经济；相反，厂商产量增加的倍数小于成本增加的倍数，为规模不经济。由于规模经济和规模不经济都是由厂商变动自己的企业生产规模引起的，所以，也被称作**内在经济和内在不经济**。一般来说，在企业的生产规模由小到大的扩张过程中，会先后出现规模经济和规模不经济。正是**长期生产的规模经济和规模不经济的作用，**决定了长期平均成本 **LAC** 曲线**表现出先下降后上升的 U 形特征。**正如图 5-19 所示：在产量小于 Q^* 的生产阶段，由于规模经济的作用，LAC 曲线不断下降；在产量大于 Q^* 的生产阶段，由于规模不经济的作用，LAC 曲线不断上升。只有在产量等于 Q^* 时，规模经济的作用全部释放，LAC 曲线降到最低点，此时的生产规模用 SAC_4 曲线表示。

在上一章分析生产函数时我们曾指出，企业长期生产表现出规模报酬先是递增的，然后是递减的。规模报酬的这种变化规律，也是造成 LAC 曲线先降后升特征的一个原因。需要指出的是，规模报酬分析是以厂商以相同的比例变动全部要素投入量为前提的，即各生产要素投入量之间的比例保持不变。而事实上，厂商长期生产的规模经济和规模不经济，既可以产生于各生产要素投入量之间的比例保持不变的境况，也可以产生于各生产要素投入量之间的比例发生变化的境况。或者说，规模经济和规模不经济的内涵包含了规模报酬的变化。因此，在更一般的意义上，我们说长期生产的规模经济和规模不经济的技术特征是 LAC 曲线呈 U 形特征的决定因素。

3. 长期平均成本曲线的位置移动

上面提到的企业的规模经济和规模不经济（即企业的内在经济和内在不经济）是就一条给定的长期平均成本 LAC 曲线而言的。至于长期平均成本 LAC 曲线的位置变化的原因，则需要用企业的外在经济和外在不经济的概念来解释。**企业的外在经济是由于厂商的生产活动所依赖的外界环境得到改善而产生的。**例如，整个行业的发展，可以使行业内的单个厂商从中受益。相反，**如果厂商的生产活动所依赖的外界环境恶化了，则为企业的外在不经济。**例如，整个行业的发展，使得生产要素的价格上升，交通运输紧张，从而给行业内的单个厂商的生产带来困难。**外在经济和外在不经济是由企业以外的因素引起的，它影响厂商的长期平均成本 LAC 曲线的位置。**在图 5-20 中，企业的外在经济使 LAC_1 曲线向下移至 LAC_2 曲线的位置。相反，企业的外在不经济使 LAC_2 曲线向上移至 LAC_1 曲线的位置。

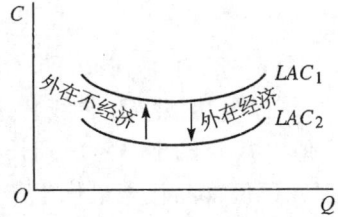

图 5-20　长期平均成本曲线的移动

通过由规模经济和规模不经济决定的长期平均成本曲线的 U 形特征，不仅可以解释下面将要分析的长期边际成本曲线的形状特征，而且可以进一步解释前面所分析的长期总成本曲线的形状特征。这些都将在下面的有关内容中得到说明。

（专栏 5-3"油轮的规模"，请读者扫描本书封面二维码获取。）

三、长期边际成本函数和长期边际成本曲线

长期边际成本 LMC 表示厂商在长期内增加一单位产量所引起的最低总成本的增量。长期边际成本函数可以写为：

$$LMC(Q) = \frac{\Delta LTC(Q)}{\Delta Q} \tag{5.28}$$

或

$$LMC(Q) = \lim_{\Delta Q \to 0} \frac{\Delta LTC(Q)}{\Delta Q} = \frac{dLTC(Q)}{dQ} \tag{5.29}$$

显然，每一产量水平上的 LMC 值都是相应的 LTC 曲线的斜率。

1. 长期边际成本曲线的推导

长期边际成本 LMC 曲线可以由长期总成本 LTC 曲线得到。因为 $LMC = \frac{dLTC}{dQ}$，所以，只要把每一个产量水平上的 LTC 曲线的斜率值描绘在产量和成本的平面坐标图中，便可得到长期边际成本 LMC 曲线。

长期边际成本 LMC 曲线也可以由短期边际成本 SMC 曲线得到。下面将对这种方法予以具体说明。

从推导长期总成本曲线的图 5-17 中可见，长期总成本曲线是无数条短期总成本曲线的包络线。在长期的每一个产量水平，LTC 曲线都与一条代表最优生产规模的 STC 曲线

145

相切，这说明在切点上这两条曲线的斜率是相等的。由于 LTC 曲线的斜率是相应的 LMC 值（因为 $LMC=\dfrac{\mathrm{d}LTC}{\mathrm{d}Q}$），$STC$ 曲线的斜率是相应的 SMC 值（因为 $SMC=\dfrac{\mathrm{d}STC}{\mathrm{d}Q}$），因此可以推知，在长期内的每一个产量水平上，$LMC$ 值都与代表最优生产规模的 SMC 值相等。根据这种关系，便可以由 SMC 曲线推导 LMC 曲线。但是，与长期总成本曲线和长期平均成本曲线的推导不同，长期边际成本曲线不是短期边际成本曲线的包络线。它的推导如图 5－21 所示。

在图 5－21 中，在 Q_1 的产量上的最优生产规模由 SAC_1 曲线和 SMC_1 曲线代表，且短期边际成本 SMC 值由 P 点给出。考虑到长期内每一个产量水平上的 LMC 值都与代表最优生产规模的 SMC 值相等，所以，在 Q_1 的产量上，PQ_1 既是最优的短期边际成本，又是长期边际成本，即有 $LMC=SMC_1=PQ_1$。同理，在 Q_2 的产量上，有 $LMC=SMC_2=RQ_2$。在 Q_3 的产量上，有 $LMC=SMC_3=SQ_3$。在生产规模可以无限细分的条件下，可以得到无数个类似于 P、R 和 S 的点，将这些点连接起来便得到一条平滑的长期边际成本 LMC 曲线。

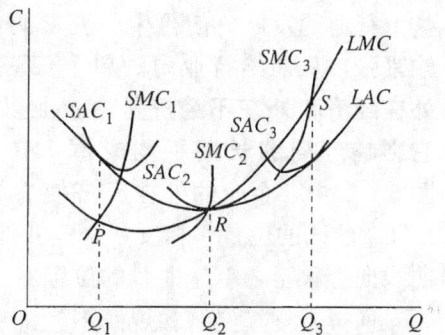

图 5－21　长期边际成本曲线

2. 长期边际成本曲线的形状

如图 5－21 所示，长期边际成本曲线呈 U 形，它与长期平均成本曲线相交于长期平均成本曲线的最低点 R。其原因在于：根据边际量和平均量之间的关系，当 LAC 曲线处于下降段时，LMC 曲线一定处于 LAC 曲线的下方，也就是说，此时 $LMC<LAC$，LMC 将 LAC 拉下；相反，当 LAC 曲线处于上升段时，LMC 曲线一定位于 LAC 曲线的上方，也就是说，此时 $LMC>LAC$，LMC 将 LAC 拉上。因为 LAC 曲线在规模经济和规模不经济的作用下呈先降后升的 U 形，这就使得 LMC 曲线也必然呈先降后升的 U 形，并且，两条曲线相交于 LAC 曲线的最低点 R。[①]

进一步地，根据 LMC 曲线的形状特征，可以解释 LTC 曲线的形状特征。因为 LMC 曲线呈先降后升的 U 形，且 LMC 值又是 LTC 曲线上相应的点的斜率，所以，LTC 曲线的斜率必定要随着产量的增加表现出先递减达到拐点以后再递增的特征，如图 5－17 所示。

至此可以清楚地看到，厂商在长期生产中随着产量的变化而对生产规模不断进行调整的过程中所展示的规模经济和规模不经济的规律，是理解长期平均成本曲线进而长期边际

---

① LAC 曲线和 LMC 曲线之间的关系可以用数学证明如下：

$$\frac{\mathrm{d}LAC}{\mathrm{d}Q}=\frac{\mathrm{d}}{\mathrm{d}Q}\left(\frac{LTC}{Q}\right)=\frac{LTC'\cdot Q-LTC}{Q^2}=\frac{1}{Q}\left(LTC'-\frac{LTC}{Q}\right)=\frac{1}{Q}(LMC-LAC)$$

由于 $Q>0$，所以，当 $LMC<LAC$ 时，LAC 曲线的斜率 $\dfrac{\mathrm{d}LAC}{\mathrm{d}Q}$ 为负，LAC 曲线是下降的；当 $LMC>LAC$ 时，LAC 曲线的斜率 $\dfrac{\mathrm{d}LAC}{\mathrm{d}Q}$ 为正，LAC 曲线是上升的；当 $LMC=LAC$ 时，LAC 曲线的斜率 $\dfrac{\mathrm{d}LAC}{\mathrm{d}Q}$ 为零，LAC 曲线达到极值点（在此为极小值点）。

成本曲线和长期总成本曲线的各自特征及其相互关系的重要基础。这再次说明了生产技术特征决定生产成本特征。

四、干中学：降低长期成本

我们已经知道，导致长期成本下降的原因有多种。首先，长期的生产成本通常总是低于短期的生产成本。因为厂商在长期可以选择最优的生产规模进行生产，而在短期会受到既定生产规模的限制。这一点在推导 LTC 曲线和 LAC 曲线的过程中已经得到体现（参见图 5-17 和图 5-19）。除此之外，厂商利用规模经济，也能降低长期生产成本，这表现为 LAC 曲线的下降部分（参见图 5-19）。当然，如果厂商能幸运地得到外在经济的好处，其生产成本也会下降，具体表现为 LAC 曲线的位置下移（参见图 5-20）。下面，再介绍与降低长期成本有关的一个概念：干中学。

1. 干中学和学习曲线

在现实的生产活动中，人们往往能从生产实践中获得知识和技能，从而提高生产效率，降低生产成本。所谓的干中学是指工人、工程技术人员和生产管理者等从经验中获得生产技能与知识，从而降低长期生产成本。一般说来，随着企业生产一种产品的时间的增长，或者说，随着该产品累计的生产数量的增多，工人的熟练程度和生产技能就会逐步提高，工程技术人员也会根据经验不断改进工艺设计，管理者也会学会更有效地组织协调生产流程的各个环节，如此等等，这些都是**干中学**的效果，从而使得长期生产成本下降。

干中学可以用学习曲线来表示。假定某机械制造公司生产某种机器设备，随着该机器设备被一批批地生产出来，干中学得到体现，我们用图 5-22 的学习曲线来加以描述。图中的横轴表示机器设备的累计生产批次，纵轴表示每批机器设备的劳动投入量（小时），图中向右下方倾斜的曲线便是学习曲线。**学习曲线**表示：随着累计的生产批次的增加，即随着累计产品数量的增加，生产每批机器设备所投入的劳动量是递减的，这意味着每批次生产的平均成本是下降的。① 由图 5-22 还可以看到，学习曲线的斜率是递减的。它表示：

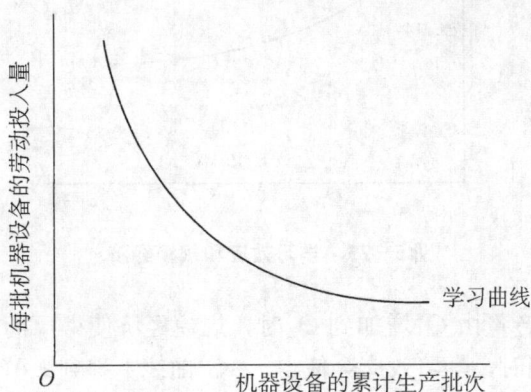

图 5-22　学习曲线

---

① 在图 5-22 中，横轴表示累计的生产批数。其实，根据实际情况，横轴也可以表示为累计的产量，例如，大型油轮的累计产量，相应地，纵轴表示每单位产品的劳动使用量。它们都表示随着累计的产品数量的增加，学习效应导致的单位产品的劳动投入量的减少。

在生产的开始阶段，即在累计生产批次的较低阶段，干中学的效应是比较大的；随着累计生产批次的增加，干中学的效应逐步变小；当累计生产批次足够大即干中学的效应得到充分体现时，学习曲线便变得平坦，甚至有可能几乎成为一条与横轴平行的水平线。

学习曲线所体现的学习效应，可以用公式表示为

$$L = A + BN^{-\beta} \tag{5.30}$$

式中，L 为单位产出的劳动投入量；N 为累计的产量；常数 A、$B > 0$；通常有 $0 < \beta < 1$。由式中的 N 可知：当 $N = 1$ 时，则 $L = A + B$，它表示生产第一单位产品的劳动投入量为 $A + B$，此时不存在学习效应。之后，随着 N 的不断增加，L 会逐步变小，这便是学习效应。由式中的 β 还可知：如果 $\beta = 0$，则 $L = A + B$，它表示随着累计产量 N 的增加，单位产出的劳动投入量保持不变，所以，不存在学习效应。如果 $\beta = 1$，则 $L = A + B/N$，它表示当累计产量 $N \to \infty$ 时，有 $L = A$，即学习效应得到充分体现，$L = A$ 就是干中学所能达到的单位产出的最低劳动投入量。在一般情况下，有 $0 < \beta < 1$，所以，β 值的大小反映了学习效应的大小。

2. 学习效应和规模经济

在长期，干中学使得单位产出的劳动投入量下降，这意味着生产的边际成本和平均成本都是下降的，所以，还可以利用长期平均成本 LAC 曲线来表示学习效应。于是，随之需要考虑的问题是，在长期产量增加的过程中，导致长期平均成本 LAC 下降的原因可以有两个：其一是规模经济，其二是学习效应。显然，它们是两条不同的影响途径，需要加以区分。下面用图 5-23 加以说明。

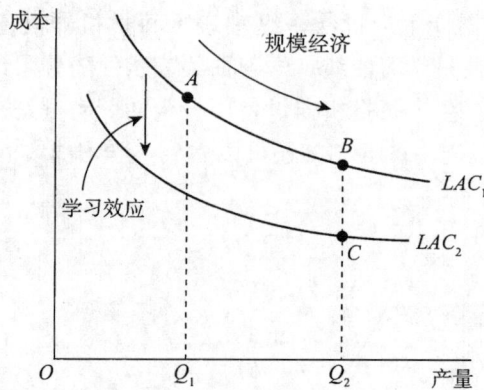

图 5-23　学习效应和规模经济

在图 5-23 中，当产量由 Q_1 增加到 Q_2 时，规模经济使得厂商的生产沿着 LAC_1 曲线由 A 点下移到 B 点；同时，学习效应会使得 LAC_1 曲线下移到 LAC_2 曲线的位置。综合考虑，厂商生产 Q_2 时的生产应该处于 LAC_2 曲线上的 C 点。于是，厂商在长期既得到了规模经济的好处，又得到了干中学的好处。

在实际生产活动中，干中学是非常重要的。譬如说，当一个企业准备进入一个新行业或者引入一个新产品时，通常会预计初期阶段的生产成本很高，但倘若还能考虑到长期生

产的学习效应，那么，便可预测到未来的生产成本会逐步下降，甚至可能有较大幅度的下降。在这样的场合，对学习效应的考虑会直接影响厂商是否进入一个新行业或者引入一个新产品的重要决策，以及对未来生产的具体设计和策划。

第五节　结　束　语

本章要点可以归结如下：

（1）机会成本是用来表示稀缺性和选择之间关系的基本概念。企业的**机会成本是指生产者所放弃的使用相同的生产要素在其他生产用途中所能获得的最高收入**。企业的生产成本具体分为显成本和隐成本两部分。**显成本**指厂商在生产要素市场上购买或租用他人所拥有的生产要素的实际支出。显成本是需要企业支出货币的投入成本。**隐成本**指厂商自己所拥有的且被用于自己企业生产过程中的那些生产要素的总价格。隐成本是不需要企业支出货币的投入成本。无论是企业生产的显成本还是隐成本，都需要从机会成本的角度来理解和度量。

（2）关注企业财务报告的会计人员所使用的成本概念与关注企业行为的经济学家所使用的成本概念有所不同。**会计成本**仅指显成本；**经济成本**是从机会成本角度考虑的、包含了显成本和隐成本两部分的成本。据此，**会计利润**等于总收益减去会计成本；**经济利润**是会计利润再减去隐成本，或者说，经济利润等于总收益减去经济成本即减去机会成本。生产者所追求的最大的利润指的就是最大的经济利润。

（3）厂商在进行生产决策时不需要考虑沉没成本。沉没成本是已经支付而且无法回收的成本。即便厂商退出生产也无法使沉没成本消失。所以，沉没成本不应该影响厂商的未来生产决策。

（4）成本最小化是对厂商生产成本的基本规定。厂商实现既定产量条件下的最小成本的生产均衡点发生在等产量曲线和等成本线的切点。在均衡点上，两要素的边际技术替代率等于两要素的价格之比，它还进一步表示：只有当厂商将最后一单位的货币成本无论用来购买哪一种要素所带来的边际产量都相等时，才能实现既定产量条件下的最小成本。厂商的成本最小化问题和产量最大化问题之间存在着对偶关系。由成本最小化和产量最大化问题出发，可以得到扩展线。扩展线上的每一点都满足两要素的边际技术替代率等于两要素的价格之比。扩展线是厂商长期生产的最优路径。由成本最小化出发，利用扩展线可以推导和理解长期总成本和短期总成本。

（5）短期成本有七种：总成本 TC、总不变成本 TFC、总可变成本 TVC，平均总成本 AC、平均不变成本 AFC、平均可变成本 AVC，以及边际成本 MC。在理解七条短期成本曲线的各自特征及其相互之间的关系时，关键是抓住短期生产的基本规律即边际报酬递减规律。根据该规律，我们可以由先上升后下降的倒 U 形的短期生产的边际产量 MP 曲线出发，推导出相应的先下降后上升的呈 U 形的短期边际成本曲线。并且，进一步由边际成本曲线出发，推导和理解其他六条短期成本曲线（详见图 5-11）。

（6）长期成本有三种：长期总成本 LTC、长期平均成本 LAC 和长期边际成本 LMC。

在理解三条长期成本曲线的各自特征及其相互之间的关系时，关键是抓住：在长期，厂商在每一个产量上都是通过对最优生产规模的选择来将生产成本降到最低水平的。也就是说，在长期，厂商通过对最优生产规模的选择，使得每一单位的产量都以最小的成本被生产出来。由此，可以推导出长期总成本 LTC 曲线是无数条短期总成本 STC 曲线的包络线，长期平均成本 LAC 曲线也是无数条短期平均成本 SAC 曲线的包络线，并进一步推导出长期边际成本 LMC 曲线。

此外，企业长期生产的规模经济和规模不经济（即内在经济和内在不经济）决定了长期平均成本 LAC 曲线的 U 形特征；企业长期生产的外在经济和外在不经济决定了长期平均成本 LAC 曲线位置的高低。而且，由长期平均成本 LAC 曲线的 U 形特征出发，可以进一步解释三条长期成本曲线之间的相互关系。

（7）干中学是指工人、工程技术人员和生产管理者等从经验中获得生产技能和知识。干中学能降低长期的生产成本，被称为学习效应。在长期生产的产量增加过程中，规模经济和学习效应都会使得长期平均成本 LAC 下降，但是，它们是两个需要区分的不同概念。

关于本章介绍的成本理论，下列三点有必要加以注意：

第一，本章是上一章的延续和引申。在上一章中，西方学者根据假设的生产函数的特点得到厂商的总产量曲线、平均产量曲线和边际产量曲线，而本章则根据这三条曲线得到了总成本曲线、平均成本曲线和边际成本曲线。作为上一章的延续和引申，本章也具有和上一章相似的缺点和有用之处，即脱离社会形态的影响而论述一般性的成本。一方面，这种论述的缺点是脱离了资本主义的本质而仅从技术方面考察厂商的成本。这样，我们就难以从成本论中认识到资本主义厂商的成本方面的特色。例如，在资本主义厂商的成本中，存在着大量远高于社会主义厂商的"纯粹的流通费用"①；在本章中则根本看不到这一点。另一方面，作为一般性的成本的论述，它的有用之处是向我们提供了在社会主义市场经济中也会出现的各种成本的范畴，如总成本、平均成本、边际成本、不变成本和可变成本等等。这些成本的考虑对社会主义企业的合理决策会起到一定的作用。

第二，本章引入了"机会成本"这一有用的概念，而没有接触过西方经济学的人往往不会考虑到这一点。"机会成本"的概念告诉我们，任何稀缺资源的使用，不论在实际中是否为之支付代价，总会形成"机会成本"，即为了这种使用所牺牲的其他使用能够带来的益处。因此，这一概念拓宽和深化了对消耗在一定生产活动中的经济资源的成本的理解。对相同的经济资源在不同的生产用途中所得到的不同收入的比较，将使得经济资源从所得收入相对低的生产用途上，转移到所得收入相对高的生产用途上，或者说，将使得经济资源从生产效率低的用途上，转移到生产效率高的用途上；否则，便是一种浪费。因此，以机会成本来估算生产中的各种成本，对于社会主义条件下的整个经济或单个部门、单个企业的资源的合理配置问题，不仅在经济理论的研究方面，而且在实际应用方面，都具有参考价值。

第三，还应指出：在长期平均成本 LAC 曲线的形状问题上，在西方经济学的分析中，它总是被假定为 U 形的，也就是说，长期平均成本 LAC 曲线总是被假定存在着一个最低

---

① 马克思．资本论：第二卷．2 版．北京：人民出版社，2004：146-170.

点。下一章的内容将会说明，微观经济分析所要得到的一个很重要的结论是：资本主义制度下的完全竞争的生产成本是最低的，而长期平均成本 LAC 曲线的 U 形假定是使这一结论得以成立的一个关键性的假定。但事实上，西方学者对企业实际情况的研究表明[1]，在不少行业中企业的长期平均成本 LAC 曲线并非 U 形，而是大致呈 L 形。由此可见，作为微观经济学的一个关键性的假定，它在一定程度上不符合事实。对于这一点，我们在下一章的结束语中还将加以论述。

和上一章的结束语一样，我们在这里虽然也指出了成本理论与现实之间的差距，但其目的并不在于推翻成本理论，而是想提醒读者，在把成本理论应用于我国时，必须为这种差距留有余地。

---

① 例如，参见霍尔，赫契．价格理论和企业行为//牛津经济论文集．1939：22－25.

第六章

完全竞争市场

本章和下一章的内容构成市场理论。市场理论的中心问题是分析不同类型市场中厂商追求利润最大化的行为，以及不同类型市场均衡价格和均衡产量的决定。本章分析完全竞争市场，下一章分析不完全竞争市场。

第一节　厂商和市场的类型

什么是市场？一个市场可以是一个有形的买卖商品的交易场所，也可以是利用现代化通信工具进行商品交易的接洽点。从本质上讲，**市场是物品买卖双方相互作用并得以决定其交易价格和交易数量的一种组织形式或制度安排**。

任何一种交易商品都有一个市场。经济中有多少种交易商品，相应地就有多少个市场。例如，可以有石油市场、土地市场、大米市场、自行车市场、铅笔市场等等。经济中所有的市场可以分为生产要素市场和产品市场这两类。我们在本章和下一章研究产品市场，至于生产要素市场将在第八章进行研究。

在经济分析中，根据不同的市场结构的特征，将市场划分为**完全竞争市场、垄断竞争市场、寡头市场和垄断市场**四种类型。决定市场类型划分的主要因素有以下四个：第一，市场上厂商的数目；第二，厂商所生产的产品的差别程度；第三，单个厂商对市场价格的控制程度；第四，厂商进入或退出一个行业的难易程度。其中，第一个因素和第二个因素是最基本的决定因素。在以后的分析中，我们可以体会到，第三个因素是第一个因素和第二个因素的必然结果，第四个因素是第一个因素的延伸。关于完全竞争市场、垄断竞争市场、寡头市场和垄断市场的划分及其相应的特征可以用表 6－1 来概括。

表 6 - 1 市场类型的划分和特征

市场类型	厂商数目	产品差别程度	对价格的控制程度	进出一个行业的难易程度	接近哪种商品市场
完全竞争	很多	完全无差别	没有	很容易	一些农产品
垄断竞争	很多	有差别	有一些	比较容易	一些轻工产品、零售业
寡 头	几个	有差别或无差别	相当程度	比较困难	钢、汽车、石油
垄 断	唯一	唯一的产品，且无相近的替代品	很大程度，但经常受到管制	很困难，几乎不可能	公用事业，如水、电

　　表 6 - 1 只是一个简单的说明，读者能从表中获得一个初步的印象就可以了。在以后对每一类市场进行考察时，我们会对每一类市场的特征作出详细的分析。

　　与市场这一概念相对应的另一个概念是行业。**行业指为同一个商品市场生产和提供商品的所有厂商的总体。**市场和行业的类型是一致的。譬如，石油市场对应的是石油行业；又譬如，完全竞争市场对应的是完全竞争行业，垄断竞争市场对应的是垄断竞争行业，如此等等。

　　为什么在研究厂商追求利润最大化的行为时要区分不同的市场结构呢？我们知道，厂商的利润取决于收益和成本。其中，厂商的成本主要取决于厂商的生产技术方面的因素（已在第四章生产技术和第五章成本中涉及），而厂商的收益则取决于市场对其产品的需求状况。在不同类型的市场条件下，厂商所面临的对其产品的需求状况是不相同的，所以，在分析厂商的利润最大化决策时，需要区分不同的市场类型。

第二节　利润最大化

　　本节首先介绍完全竞争市场的条件，然后介绍完全竞争厂商的需求曲线和收益曲线，最后分析完全竞争厂商实现利润最大化的均衡原则。

一、完全竞争市场的条件

完全竞争市场须具备以下四个条件：

　　第一，**市场上有大量的买者和卖者。**由于市场上有无数的买者和卖者，所以，相对于整个市场的总需求量和总供给量而言，每一个买者的需求量和每一个卖者的供给量都是微不足道的，都好比是一桶水中的一滴水。任何一个买者买与不买，或买多与买少，以及任何一个卖者卖与不卖，或卖多与卖少，都不会对市场的价格水平产生任何影响。于是，在这样的市场中，每一个消费者和每一个厂商对市场价格都没有任何控制力量，他们每一个人都只能被动地接受既定的市场价格，他们被称为**价格接受者。**

　　第二，**市场上每一个厂商提供的商品都是完全同质的。**这里的商品同质指厂商之间提供的商品是完全无差别的，它不仅指商品的质量、规格、商标等完全相同，还指购物环境、售后服务等方面完全相同。这样一来，对于消费者来说，无法区分产品是由哪一个厂商生产的，或者说，购买任何一个厂商的产品都是一样的。在这种情况下，如果有一个厂商单独提价，那么，其产品就会完全卖不出去。当然，单个厂商也没有必要单独降价。因为在一般情况下，单个厂商总是可以按照既定的市场价格实现属于自己的那一个相对来说很小的销售份额。所以，厂商既不会单独提价，也不会单独降价。可见，完全竞争市场的第二个条件，进一步强化了在完全竞争市场上每一个买者和卖者都是既定市场价格的接受者的说法。

第三，**所有的资源都具有完全的流动性**。这意味着厂商进入或退出一个行业是完全自由和毫无困难的。所有资源都可以在各厂商之间和各行业之间完全自由地流动，不存在任何障碍。这样，任何一种资源都可以被及时地投向能获得利润的生产，并及时地从亏损的生产中退出。在这样的过程中，缺乏效率的企业将被市场淘汰，取而代之的是具有效率的企业。

第四，**信息是完全的**。即市场上的每一个买者和卖者都掌握与自己的经济决策有关的一切信息。这样，每一个消费者和每一个厂商都可以根据自己所掌握的完全信息，作出自己的最优经济决策，从而获得最大的经济利益。而且，由于每一个买者和卖者都知道既定的市场价格，都按照这一既定的市场价格进行交易，这也就排除了由于信息不通畅而可能导致的一个市场同时按照不同的价格进行交易的情况。

符合以上四个假定条件的市场被称为完全竞争市场。经济学家指出，完全竞争市场是一个非个性化的市场。因为市场中的每一个买者和卖者都是市场价格的被动接受者，而且，他们中的任何一个成员都既不会也没有必要去改变市场价格；每个厂商生产的产品都是完全相同的，毫无自身的特点；所有的资源都可以完全自由地流动，不存在同种资源之间的报酬差距；市场上的信息是完全的，任何一个交易者都不具备信息优势。因此，完全竞争市场中不存在交易者的个性。所有的消费者都是相同的，都是无足轻重的，相互之间意识不到竞争；所有的生产者也都是相同的，也都是无足轻重的，相互之间也意识不到竞争。因此，我们说，完全竞争市场中不存在现实经济生活中的那种真正意义上的竞争。

由以上分析可见：理论分析中所假设的完全竞争市场的条件是非常苛刻的。在现实经济生活中，真正符合以上四个条件的市场是不存在的。通常只是将一些农产品市场，如大米市场、小麦市场等，看成是比较接近完全竞争市场的。既然在现实经济生活中并不存在完全竞争市场，为什么还要建立和研究完全竞争市场模型呢？西方经济学家认为，这是因为，从对完全竞争市场模型的分析中，可以得到关于市场机制及其配置资源的一些基本原理，而且，该模型也可以为其他类型市场的经济效率分析和评价提供一个参照。

二、完全竞争厂商的需求曲线

市场上对某一个厂商的产品的需求状况，可以用该厂商所面临的需求曲线来表示，该曲线也被简称为厂商的需求曲线。在完全竞争市场条件下，厂商的需求曲线是什么形状的呢？在完全竞争市场上，由于厂商是既定市场价格的接受者，所以，**完全竞争厂商的需求曲线是一条由既定市场价格水平出发的水平线**，如图 6-1 所示。在图 6-1 (a) 中，市场的需求曲线 D 和供给曲线 S 相交的均衡点 E 所决定的市场的均衡价格为 P_e，相应地，在

图 6-1（b）中，由给定的价格水平 P_e 出发的水平线 d 就是厂商的需求曲线。① 假定厂商的销售量等于需求量，那么，水平的需求曲线 d 意味着：在给定的市场价格 P_e，在单个完全竞争厂商的眼里，它所面临的市场需求量是无限大的，它可以出售任意数量的商品。而且，无论其销售量是多少，都不能改变既定的市场价格 P_e。水平的需求曲线 d 还表示：完全竞争厂商的需求具有完全的弹性，若单个厂商的商品价格高于 P_e，则会一个商品都卖不出去。总之，完全竞争厂商只能接受既定的市场价格，厂商既不能也没必要去改变这一价格水平。

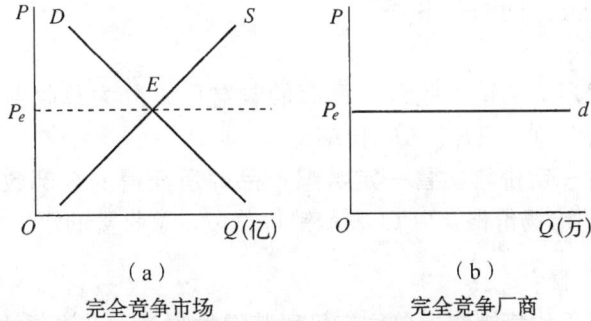

（a）
完全竞争市场

（b）
完全竞争厂商

图 6-1　完全竞争厂商的需求曲线

　　需要提请注意的是，在完全竞争市场中，单个消费者和单个厂商无力影响市场价格，他们中的每一个人都是被动地接受既定的市场价格，但这些并不意味着完全竞争市场的价格是固定不变的。在其他一些因素的影响下，如消费者收入水平的普遍提高、先进技术的推广、政府有关政策的作用等，众多消费者的需求量和众多生产者的供给量发生变化时，市场的供求曲线的位置就有可能发生移动，从而形成市场的新的均衡价格。在这种情况下，我们就会得到由新的均衡价格水平出发的一条水平线，如图 6-2 所示。在图中，开始时市场需求曲线为 D_1，供给曲线为 S_1，市场均衡价格为 P_1，相应的厂商的需求曲线

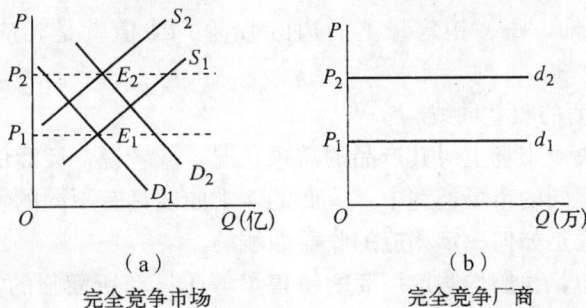

（a）
完全竞争市场

（b）
完全竞争厂商

图 6-2　完全竞争市场价格的变动和厂商的需求曲线

---

　　① 由于图 6-1（a）表示市场的供求状况，图 6-1（b）表示一个厂商所面临的需求状况，而一个厂商所面临的需求量仅占市场总需求量的极小一个份额，所以，图 6-1（a）中的数量横轴的单位刻度（例如以亿表示）远远大于图 6-1（b）中的数量横轴的单位刻度（例如以万表示）。在以后类似的图中，均作此处理。

是由价格水平 P_1 出发的一条水平线 d_1。以后，当市场需求曲线的位置由 D_1 移至 D_2，同时供给曲线的位置由 S_1 移至 S_2 时，市场均衡价格上升为 P_2，于是相应的厂商的需求曲线是由新的价格水平 P_2 出发的另一条水平线 d_2。不难看出，厂商的需求曲线可以出自各个不同的市场的均衡价格水平，但它们总是呈水平线的形状。

三、完全竞争厂商的收益曲线

在此，我们先一般性地介绍厂商的收益这一概念，然后具体分析完全竞争厂商收益曲线的一些特征及其相互之间的关系。

1. 厂商的收益

厂商的收益就是厂商的销售收入。厂商的收益可以分为总收益、平均收益和边际收益，它们的英文简写分别为 TR、AR 和 MR。

总收益指厂商按一定价格出售一定数量产品时所获得的全部收入。在完全竞争市场上，以 P 表示既定的市场价格，以 Q 表示销售总量，总收益的定义公式为：

$$TR(Q) = P \cdot Q \tag{6.1}$$

平均收益指厂商平均每销售一单位产品所获得的收入。平均收益的定义公式为：

$$AR(Q) = \frac{TR(Q)}{Q} \tag{6.2}$$

边际收益指厂商增加一单位产品销售所获得的总收入的增量。边际收益的定义公式为：

$$MR(Q) = \frac{\Delta TR(Q)}{\Delta Q} \tag{6.3}$$

或者

$$MR(Q) = \lim_{\Delta Q \to 0} \frac{\Delta TR(Q)}{\Delta Q} = \frac{\mathrm{d}TR(Q)}{\mathrm{d}Q} \tag{6.4}$$

由 (6.4) 式可知，每一销售量上的边际收益 MR 值就是相应的总收益 TR 曲线的斜率。

2. 完全竞争厂商的收益曲线

厂商的收益取决于市场上对其产品的需求状况，或者说，厂商的收益取决于厂商的需求曲线的特征。在不同的市场类型中，厂商的需求曲线具有不同的特征。下面将说明完全竞争厂商的需求曲线是如何决定相应的收益曲线的。

在以后的分析中，我们均假定厂商的销售量等于厂商所面临的需求量。[①] 这样，完全竞争厂商的水平的需求曲线又可以表示：在每一个销售量上，厂商的销售价格是固定不变的，于是，我们必然会有厂商的平均收益等于边际收益，且等于既定的市场价格的结论，即必有 $AR = MR = P$。这一点可以利用表 6-2 予以具体说明。表 6-2 是某厂商的收益表。由表中可见，在所有的销售量水平，产品的市场价格都是固定的，均为 $P = 1$（因为

---

① 此假定是一个合理的假定，因为此假定意味着厂商是根据市场上对其产品的需求量来决定其销售量的。

单个完全竞争厂商的销售量变化不可能对产品的市场价格产生影响）。这样一来，厂商每销售一单位产品的平均收益是不变的，它等于价格 $P=1$，而且，每增加一单位产品销售所增加的收益即边际收益是不变的，也等于价格 $P=1$。也就是说，有 $AR=MR=P=1$。此外，在表中，随着销售量的增加，由于产品价格保持不变，所以，总收益是以不变的速率上升的。

图 6 - 3 是根据表 6 - 2 绘制的收益曲线图，该图体现了完全竞争厂商的收益曲线的特征。由图可见，**完全竞争厂商的平均收益 AR 曲线、边际收益 MR 曲线和需求曲线 d 三条线重叠，它们都用同一条由既定价格水平出发的水平线来表示。**其理由是显然的：在厂商的每一个销售量水平都有 $AR=MR=P$，且厂商的需求曲线本身就是一条由既定价格水平出发的水平线。此外，**完全竞争厂商的总收益 TR 曲线是一条由原点出发的斜率不变的上升直线。**其理由在于，在每一个销售量水平，MR 值都是 TR 曲线的斜率，且 MR 值等于固定不变的价格水平。关于这一点，也可以用公式说明如下：

$$MR=\frac{\mathrm{d}TR}{\mathrm{d}Q}=\frac{\mathrm{d}(P\cdot Q)}{\mathrm{d}Q}=P$$

表 6 - 2   某完全竞争厂商的收益

销售量 Q	价格 P	总收益 $TR=P\cdot Q$	平均收益 $AR=\dfrac{TR}{Q}$	边际收益 $MR=\dfrac{\Delta TR}{\Delta Q}$
100	1	100	1	1
200	1	200	1	1
300	1	300	1	1
400	1	400	1	1
500	1	500	1	1

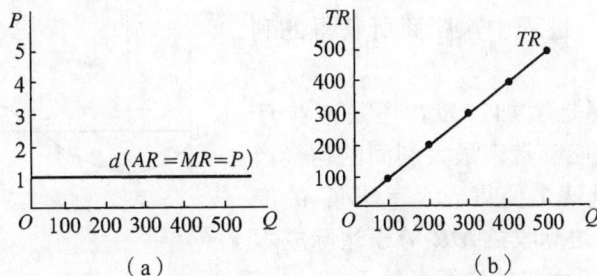

(a)   (b)

图 6 - 3 某完全竞争厂商的收益曲线

四、利润最大化的均衡条件

厂商进行生产的目的是追求最大化的利润，那么，厂商实现利润最大化的原则是什么呢？或者说，什么是厂商实现利润最大化的均衡条件呢？下面，我们将以完全竞争厂商的短期生产为例推导利润最大化的均衡条件。

先利用图6-4来寻找厂商实现最大利润的生产均衡点。[①] 在图中，有某完全竞争厂商的一条短期生产的边际成本 SMC 曲线和一条由既定价格水平 P_e 出发的水平的需求曲线 d，这两条线相交于 E 点。我们说，E 点就是厂商实现最大利润的生产均衡点，相应的产量 Q^* 就是厂商实现最大利润时的均衡产量。这是因为，具体地看，当产量小于均衡产量 Q^*，例如为 Q_1 时，厂商的边际收益大于边际成本，即有 $MR > SMC$。这表明厂商增加一单位产量所带

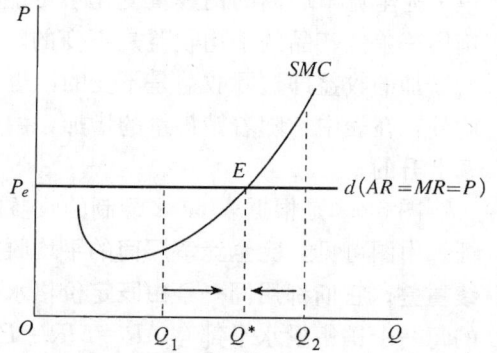

图6-4 利润最大化（一）

来的总收益的增加量大于所付出的总成本的增加量，也就是说，厂商增加产量是有利的，可以使利润得到增加。所以，如图中指向右方的箭头所示，只要 $MR > SMC$，厂商就会增加产量。同时，随着产量的增加，厂商的边际收益 MR 保持不变而厂商的边际成本 SMC 是逐步增加的，最后，$MR > SMC$ 的状况会逐步变成 $MR = SMC$ 的状况。在这一过程中，厂商得到了扩大产量所带来的全部好处，获得了它所能得到的最大利润。相反，当产量大于均衡产量 Q^*，例如为 Q_2 时，厂商的边际收益小于边际成本，即有 $MR < SMC$。这表明厂商增加一单位产量所带来的总收益的增加量小于所付出的总成本的增加量，也就是说，厂商增加产量是不利的，会使利润减少。所以，如图中指向左方的箭头所示，只要 $MR < SMC$，厂商就会减少产量。同时，随着产量的减少，厂商的边际收益仍保持不变，而厂商的边际成本 SMC 是逐步下降的，最后 $MR < SMC$ 的状况会逐步变成 $MR = SMC$ 的状况。在这一过程中，厂商所获得的利润逐步达到最高水平。

由此可见，不管是增加产量，还是减少产量，厂商都是在寻找能够带来最大利润的均衡产量，而这个均衡产量就是使得 $MR = SMC$ 的产量。所以，我们说，**边际收益 MR 等于边际成本 MC 是厂商实现利润最大化的均衡条件。**

下面，利用图6-5来进一步说明边际收益等于边际成本的利润最大化的均衡条件。

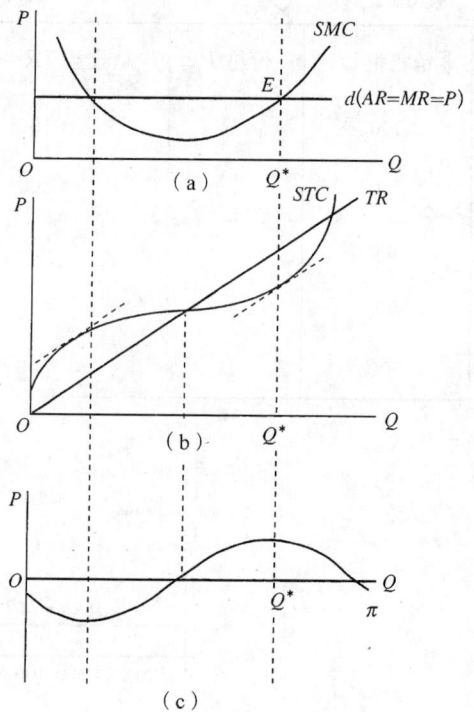

图6-5 利润最大化（二）

---

① 在图6-4中，纵轴 P 表示价格。由于纵轴表示的是货币数量，所以，它可以同时被用来表示收益 R、成本 C 和利润 π 等货币量。在以后类似的图中，均作相同的处理。

在图 6-5（a）中，MR 曲线和 SMC 曲线的交点 E 就是利润最大化的均衡点[①]，相应的利润最大化产量是 Q^*。与图 6-5（a）相对应，在图 6-5（b）中，在均衡产量水平 Q^*，总收益 TR 曲线和短期总成本 STC 曲线的斜率相等（取决于在 Q^* 时有 $MR = SMC$），这两条曲线之间的垂直距离表示厂商所实现的最大利润。在图 6-5（c）中，利润 π 曲线在均衡产量水平 Q^* 处达到最高点。

在此需指出一点，虽然以上是以完全竞争厂商的短期生产为例推导利润最大化的均衡条件，但是，这一均衡条件不仅对于不完全竞争市场的厂商，而且对于长期生产，也都是适用的。总之，一般地说，边际收益等于边际成本是厂商实现最大利润的均衡条件，通常写为 $MR = MC$。

$MR = MC$ 的利润最大化的均衡条件，也可以用数学方法证明如下。

令厂商的利润等式为：

$$\pi(Q) = TR(Q) - TC(Q) \tag{6.5}$$

满足上式利润最大化的一阶条件为：

$$\frac{\mathrm{d}\pi(Q)}{\mathrm{d}Q} = \frac{\mathrm{d}TR(Q)}{\mathrm{d}Q} - \frac{\mathrm{d}TC(Q)}{\mathrm{d}Q}$$
$$= MR(Q) - MC(Q) = 0$$

即 $$MR(Q) = MC(Q) \tag{6.6}$$

所以，厂商应该根据 $MR = MC$ 的原则来确定最优的产量，以实现最大的利润。[②] 最后，需要说明的是 $MR = SMC$ 的均衡条件，有时也被称为利润最大或亏损最小的均衡条件。这是因为，当厂商实现 $MR = MC$ 的均衡条件时，并不意味着厂商一定能获得利润。从更广泛的意义上讲，实现 $MR = MC$ 的均衡条件，能保证厂商处于由既定的成本状况（由给定的成本曲线表示）和既定的收益状况（由给定的收益曲线表示）所决定的最好的境况。这就是说，如果在 $MR = MC$ 时，厂商是获得利润的，则厂商所获得的一定是最大的利润；相反，

[①] 图 6-5（a）中左边的 MR 曲线和 SMC 曲线的另一个交点不是利润最大化的均衡点。恰恰相反，它是利润最小化的点。这一结论在图中是显而易见的。至于其原因，详见本页注释[②]。

[②] 正文中略去了利润最大化的二阶条件。

满足上述（6.5）式利润最大化的二阶条件为：

$$\frac{\mathrm{d}^2\pi(Q)}{\mathrm{d}Q^2} = MR'(Q) - MC'(Q) < 0$$

即有 $MR'(Q) < MC'(Q)$

由利润最大化的一阶条件和二阶条件可以得到这样的结论：厂商应该选择最优的产量使得边际收益等于边际成本，即 $MR = MC$，且边际收益曲线的斜率小于边际成本曲线的斜率，即 $MR' < MC'$，这样，厂商才能获得最大的利润。

显然，用数学方法证明的厂商利润最大化的均衡条件，除了有 $MR = MC$ 的一阶条件以外，还有 $MR' < MC'$ 的二阶条件。但习惯上往往将利润最大化的均衡条件简称为 $MR = MC$。

本书正文尽管略去了二阶条件，但事实上，正如有些读者已经发现的，在所有的有关分析中，厂商的利润最大化的均衡点都出现在 $MR = MC$ 且 $MR' < MC'$ 的产量点上。如在图 6-5（a）中，在 Q^* 的均衡量上，不仅有 $MR(Q^*) = MC(Q^*)$，且有 $MR'(Q^*) = 0$，$MC'(Q^*) > 0$，即满足 $MR'(Q^*) < MC'(Q^*)$。显然，图 6-5（a）中左边的 MR 曲线和 SMC 曲线的交点不是利润最大化的均衡点。因为在该点上，虽然 $MR = SMC$，但 $MR' > SMC'$，即利润最大化的二阶条件不成立，它恰恰满足利润最小化的二阶条件。

如果在 $MR=MC$ 时，厂商是亏损的，则厂商所遭受的一定是最小的亏损。

第三节　完全竞争厂商的短期均衡和短期供给曲线

一、完全竞争厂商的短期均衡

在完全竞争厂商的短期生产中，市场的价格是给定的，而且，固定要素的投入量是无法变动的，即生产规模是给定的。因此，**在短期，厂商是在给定的生产规模下，通过对产量的调整来实现 $MR=SMC$ 的利润最大化的均衡条件。**

当厂商实现 $MR=SMC$ 时，有可能获得利润，也有可能亏损，把各种可能的情况都考虑在内，完全竞争厂商的短期均衡可以具体表现为图6-6中的五种情况。

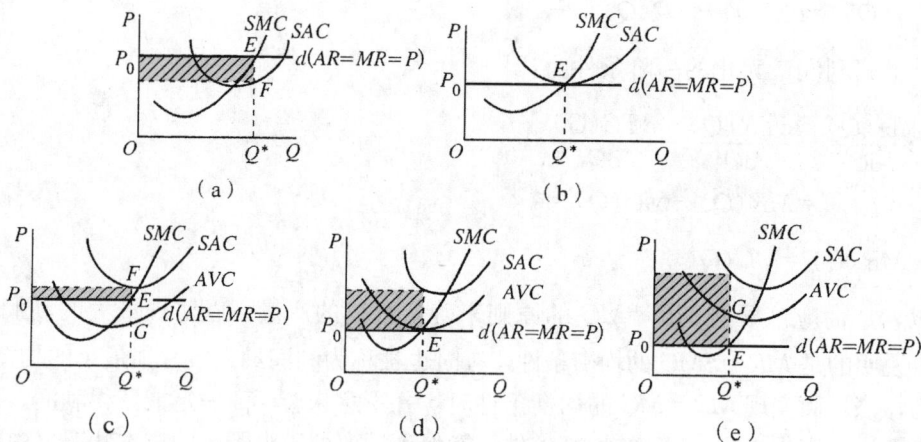

图6-6　完全竞争厂商短期均衡的各种情况

在图6-6（a）中，根据 $MR=SMC$ 的利润最大化的均衡条件，厂商利润最大化的均衡点为 MR 曲线和 SMC 曲线的交点 E，相应的均衡产量为 Q^*。在 Q^* 的产量上，平均收益为 EQ^*，平均成本为 FQ^*。由于平均收益大于平均成本，厂商获得利润。在图中，厂商的单位产品的利润为 EF，产量为 OQ^*，两者的乘积 $EF\cdot OQ^*$ 等于总利润量，它相当于图中的阴影部分的面积。

在图6-6（b）中，厂商的需求曲线 d 与 SAC 曲线相切于 SAC 曲线的最低点，这一点是 SAC 曲线和 SMC 曲线的交点。这一点恰好也是 $MR=SMC$ 的利润最大化的均衡点 E。在均衡产量 Q^* 上，平均收益等于平均成本，都为 EQ^*，厂商的利润为零，但厂商的正常利润实现了。由于在这一均衡点 E 上，厂商既无利润，也无亏损，所以，该均衡点也被称为厂商的**收支相抵点。**

在图6-6（c）中，由均衡点 E 和均衡产量 Q^* 可知，厂商的平均收益小于平均成本，厂商是亏损的，其亏损量相当于图中的阴影部分的面积。但由于在 Q^* 的产量上，**厂商的平均收益 AR 大于平均可变成本 AVC，所以，厂商虽然亏损，但仍继续生产。**这是因为，只有这样，厂商才能在用全部收益弥补全部可变成本以后还有剩余，以弥补在短期内总是存在的不变成本的一部分。所以，在这种亏损情况下，生产好于不生产。

在图 6-6（d）中，厂商的需求曲线 d 与 AVC 曲线相切于 AVC 曲线的最低点，这一点是 AVC 曲线和 SMC 曲线的交点。这一点恰好也是 $MR=SMC$ 的利润最大化的均衡点。在均衡产量 Q^* 上，厂商是亏损的，其亏损相当于图中的阴影部分的面积。此时，**厂商的平均收益 AR 等于平均可变成本 AVC，厂商可以继续生产，也可以不生产，也就是说，厂商生产或不生产的结果都是一样的。**这是因为，如果厂商生产，则全部收益只能弥补全部的可变成本，不变成本得不到任何弥补。如果厂商不生产，厂商虽然不必支付可变成本，但是全部不变成本仍然存在。由于在这一均衡点上，厂商处于关闭企业的临界点，所以，该均衡点也被称为**停止营业点**或**关闭点**。

在图 6-6（e）中，在均衡产量 Q^* 上，厂商的亏损量相当于阴影部分的面积。此时，**厂商的平均收益 AR 小于平均可变成本 AVC，厂商将停止生产。**这是因为，在这种亏损情况下，如果厂商还继续生产，则全部收益连可变成本都无法全部弥补，就更谈不上对不变成本的弥补了。而事实上只要厂商停止生产，可变成本就可以降为零。显然，此时不生产好于生产。

由以上分析可见，**厂商短期生产与否的决策与固定成本无关，它只取决于市场价格 P**（亦等于厂商的平均收益 AR）**和平均可变成本 AVC 的比较。**在 $MR=SMC$ 利润最大化原则所确定的产量水平，只要 $P>AVC$，厂商就会进行生产，如图 6-6（a）、图 6-6（b）、图 6-6（c）所示；只要 $P<AVC$，厂商就会停止生产，因为企业停产会使境况变好，如图 6-6（e）所示。当市场价格 P 等于最低的平均可变成本 AVC 时，厂商则处于停止生产的临界点，如图 6-6（d）所示，故等于最低平均可变成本的市场价格有时也被称为企业的**停产价格**。

综上所述，完全竞争厂商短期均衡的条件是：

$$MR=SMC \tag{6.7}$$

式中，$MR=AR=P$。在短期均衡时，厂商的利润可以大于零，也可以等于零，或者小于零。

二、完全竞争厂商的短期供给曲线

回忆一下，所谓供给曲线是用来表示在每一个价格水平厂商愿意而且能够提供的产品的数量。在完全竞争市场上，厂商的短期供给曲线可以利用短期边际成本 SMC 曲线来表示，关于这一点的具体说明如下。

对完全竞争厂商来说，有 $P=MR$，所以，完全竞争厂商的短期均衡条件 $MR=SMC$ 又可以写成 $P=MC(Q)$。此式可以这样理解：在每一个给定的价格水平 P，完全竞争厂商应该选择最优的产量 Q，使得 $P=MC(Q)$ 成立，从而实现最大的利润。这意味着在价格 P 和厂商的最优产量 Q（即厂商愿意而且能够提供的产量）之间存在着一一对应的关系，而厂商的 SMC 曲线恰好准确地表明了这种商品的价格和厂商的短期供给量之间的关系。我们将图 6-6 关于厂商短期均衡的五种可能的情况置于一幅图中进行分析，见图 6-7（a）。

仔细地分析一下可以看到，当市场价格分别为 P_1、P_2、P_3 和 P_4 时，厂商根据 $MR=SMC$（即 $P=SMC$）的原则，选择的最优产量顺次为 Q_1、Q_2、Q_3 和 Q_4。很清楚，SMC 曲线上的 E_1、E_2、E_3 和 E_4 点明确地表示了这些不同的价格水平与相应的不同的最优产量之间的对应关系。但必须注意到，厂商只有在$P \geqslant AVC$时，才会进行生产，而在$P < AVC$时，厂商会停止生产。所以，**厂商的短期供给曲线应该用SMC曲线上大于和等于AVC曲线最低点的部分来表示，即用SMC曲线上大于和等于停止营业点的部分来表示。**如图6-7（b）所示，图中SMC曲线上的实线部分就是完全竞争厂商的短期供给曲线$S = S(P)$，该线上的a、b、c和d点分别与图6-7（a）中SMC曲线上的E_1、E_2、E_3和E_4点相对应。

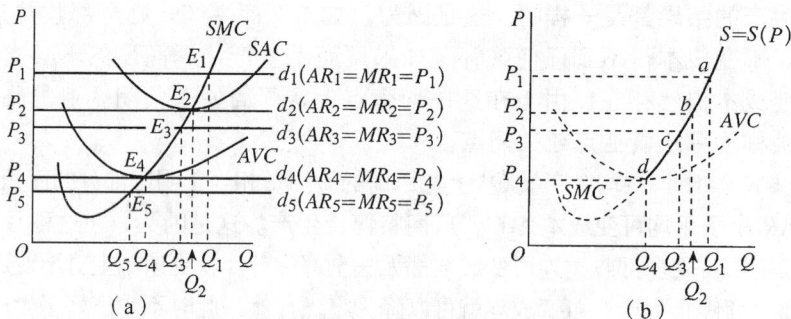

图6-7 由完全竞争厂商的短期边际成本曲线到短期供给曲线

由图6-7（b）可见，**完全竞争厂商的短期供给曲线是向右上方倾斜的，它表示了商品的价格和供给量之间同方向变化的关系。**更重要的是，**完全竞争厂商的短期供给曲线表示厂商在每一个价格水平的供给量都是能够给它带来最大利润或最小亏损的最优产量。**

至此，我们便完成了自第四章生产技术开始的从厂商追求利润最大化行为的考察中推导完全竞争厂商的短期供给曲线的分析内容。

（专栏6-1"航空公司的淡季航班"，请读者扫描本书封面二维码获取。）

第四节 完全竞争行业的短期供给曲线

本节的主要内容是：首先由完全竞争厂商的短期供给曲线出发，推导完全竞争行业的短期供给曲线。然后，在短期供给曲线的基础上，介绍短期生产者剩余的概念。

一、完全竞争行业的短期供给曲线

在任何价格水平上，一个行业的供给量都等于行业内所有厂商的供给量的总和。据此，假定生产要素的价格不变，则一个行业的短期供给曲线由该行业内所有厂商的短期供给曲线的水平加总得到。[①]下面，用图6-8具体加以说明。

---

① 若考虑到行业产量变化对生产要素价格的影响，那么，关于完全竞争行业的短期供给曲线是行业内所有厂商的短期供给曲线水平相加所构成的这一结论，就成了一种粗略的或不准确的说法了。这是因为，生产要素价格的变化，会使厂商的短期生产成本发生变化和相应的短期成本曲线的位置发生移动，从而使得厂商的短期供给曲线的位置发生移动，并进一步影响行业的供给曲线的构成和位置。但由于本节仅仅是为了说明完全竞争行业和厂商的短期供给曲线之间的基本关系，所以，设立了生产要素价格不变这一假定。

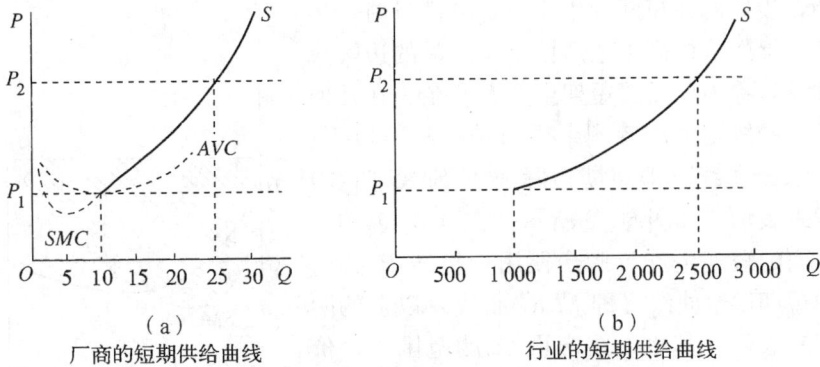

（a）
厂商的短期供给曲线

（b）
行业的短期供给曲线

图 6-8　完全竞争行业的短期供给曲线

在图中，假定某完全竞争行业中有 100 个相同的厂商，每个厂商都具有相同的短期成本曲线和相应的短期供给曲线，用图 6-8（a）中的实线 S 表示。将这 100 个相同的厂商的短期供给曲线水平相加，便得到图 6-8（b）中的行业的短期供给曲线 S。很清楚，在每一个价格水平，行业的供给量都等于这 100 个厂商的供给量的总和。例如，当价格为 P_1 时，每个厂商的供给量都为 10，则行业的供给量为 1 000（=10×100），当价格为 P_2 时，每个厂商的供给量都为 25，则行业的供给量为 2 500（=25×100），如此等等。

我们可以将厂商的短期供给函数和行业的短期供给函数之间的关系用公式表示为：

$$S(P) = \sum_{i=1}^{n} S_i(P) \tag{6.8}$$

式中，$S_i(P)$ 为第 i 个厂商的短期供给函数；$S(P)$ 表示行业的短期供给函数。如果行业内的 n 个厂商具有相同的短期供给函数，则（6.8）式可以写成：

$$S(P) = n \cdot S_i(P) \tag{6.9}$$

显然，完全竞争行业的短期供给曲线保持了完全竞争厂商的短期供给曲线的基本特征。这就是，**行业的短期供给曲线也是向右上方倾斜的，它表示市场的产品价格和市场的短期供给量呈同方向的变动。而且，行业的短期供给曲线上与每一价格水平相对应的供给量都是可以使全体厂商在该价格水平获得最大利润或实现最小亏损的最优产量。**

二、短期生产者剩余

生产者剩余是与消费者剩余相对应的概念，这两个概念通常结合在一起使用，并被广泛地运用于有关经济效率和社会福利问题的分析之中。在此，我们介绍短期生产者剩余的概念，包括厂商的短期生产者剩余和市场的短期生产者剩余。

1. 厂商的短期生产者剩余

利用厂商的短期供给曲线，可以得到厂商的短期生产者剩余。

在短期，厂商的生产者剩余指厂商在提供一定数量的某种产品时实际接受的总支付和愿意接受的最小总支付之间的差额。厂商的短期生产者剩余的含义是：在生产中，只要每一单位产品的价格高于生产该单位产品的边际成本，厂商进行生产就是有利的。鉴于此，

163

在经济学中，当厂商在短期中生产一定的产量时，把每一单位产品上的价格高于生产该单位产品的边际成本的部分加总，称为厂商的短期生产者剩余。在几何图形中，厂商的短期生产者剩余用市场价格线以下、厂商的短期供给曲线（即短期边际成本 SMC 曲线）以上的面积来表示，如图 6-9 所示：在 0 到 Q_0 的产量范围，厂商的短期生产者剩余便用价格线 P_0J 以下、厂商的短期供给曲线（即 SMC 曲线）以上的阴影部分面积来表示。其中，在产量 Q_0 的范围内，价格线 P_0J 以下的矩形面积 OP_0EQ_0 表示总收益，即厂商实际接受的总支付；短期供给曲线（即 SMC 曲线）以下的面积 $OHEQ_0$ 表示厂商愿意接受的最小总支付。这两块面积之间的差额即阴影部分的面积，构成厂商的短期生产者剩余。

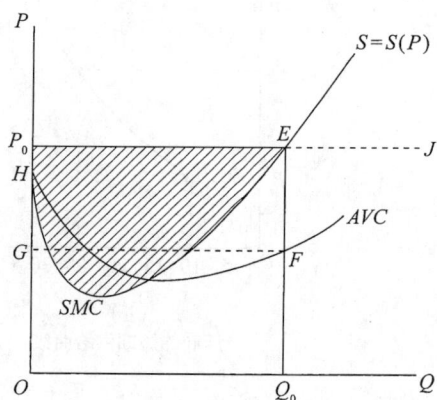

图 6-9　厂商的短期生产者剩余

厂商的短期生产者剩余也可以用数学公式来定义。令厂商的短期反供给函数为 $P^s = f(Q)$，且市场价格为 P_0 时厂商的供给量为 Q_0，则厂商的短期生产者剩余为：

$$PS = P_0 Q_0 - \int_0^{Q_0} f(Q)\mathrm{d}Q \tag{6.10}$$

或者

$$PS = P_0 Q_0 - \int_0^{Q_0} SMC(Q)\mathrm{d}Q \tag{6.11}$$

在以上两式中，PS 为生产者剩余的英文简写，式子右边的第一项都表示总收益，即厂商实际接受的总支付，第二项都表示厂商愿意接受的最小总支付。

此外，在短期内，由于所有产量的边际成本之和就等于总可变成本，因此，厂商的短期生产者剩余也可以用厂商的总收益和总可变成本之间的差额来表示，即 $PS = TR - TVC$。与此相对应，在图 6-9 中，厂商的短期生产者剩余也可以由矩形面积 GP_0EF 给出，它等于总收益（相当于矩形面积 OP_0EQ_0）减去总可变成本（相当于矩形面积 $OGFQ_0$）。其实，从本质上讲，在短期中，由于固定成本不变，所以，只要总收益大于总可变成本，厂商进行生产就是有利的，就能得到生产者剩余。（在前面分析完全竞争厂商在短期是否继续生产的问题时，我们已经阐述了相应的观点。）

最后，由于厂商的短期生产者剩余 $PS = TR - TVC$，即有 $PS = TR - TVC = \pi + TFC$，因此，若 $\pi \geqslant 0$，则厂商的短期生产者剩余 $PS \geqslant TFC$，若 $\pi < 0$，则厂商的短期生产者剩余 $PS < TFC$。

2. 市场的短期生产者剩余

利用市场的短期供给曲线，可以得到市场的短期生产者剩余。

市场的生产者剩余是市场上所有厂商的生产者剩余的加总。正因为如此，市场的短期生产者剩余用市场价格线以下、行业的短期供给曲线以上的面积来表示，如图 6-10 所示。在图中，D 曲线是市场的需求曲线，S 曲线是市场的短期供给曲线，市场的短期均衡价格和均衡数量分别为 P_0 和 Q_0，图中的阴影部分的面积便是市场的短期生产者剩余。

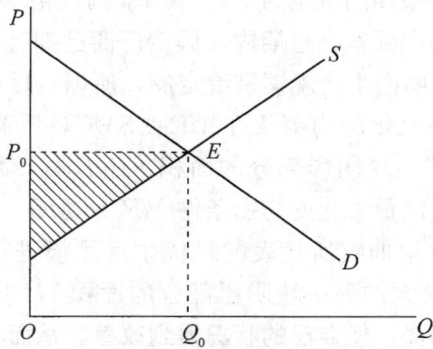

图 6 - 10　市场的短期生产者剩余

第五节　完全竞争厂商的长期均衡

在完全竞争厂商的长期生产中，所有的生产要素都是可变的，厂商是通过对全部生产要素的调整，来实现 $MR=LMC$ 的利润最大化的均衡原则的。在完全竞争市场价格给定的条件下，厂商在长期生产中对全部生产要素的调整可以表现为两个方面，一方面表现为对最优的生产规模的选择，另一方面表现为进入或退出一个行业的决策。下面结合这两方面的调整加以分析。

一、厂商对最优生产规模的选择

首先，我们分析厂商在长期生产中对最优生产规模的选择。下面利用图6-11加以说明。

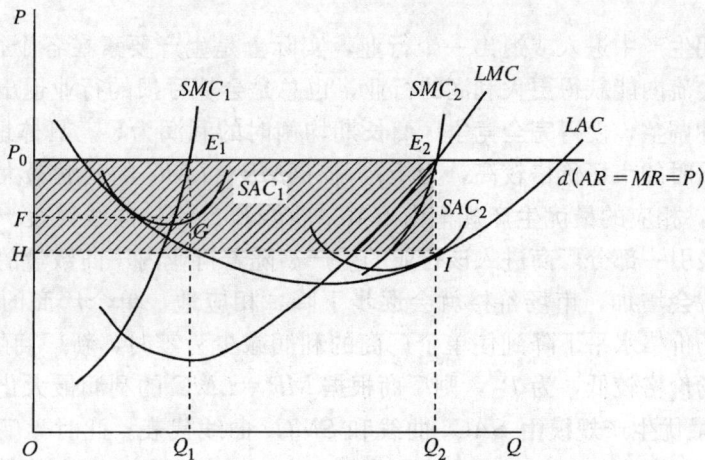

图 6 - 11　长期生产中厂商对最优生产规模的选择

165

在图中，假定完全竞争市场的价格为 P_0。在 P_0 的价格水平，厂商应该选择哪一个生产规模，才能获得最大的利润呢？在短期内，假定厂商已拥有的生产规模以 SAC_1 曲线和 SMC_1 曲线表示。由于在短期内生产规模是给定的，所以，厂商只能在既定的生产规模下进行生产。根据短期利润最大化的均衡条件 $MR = SMC$，厂商选择的最优产量为 Q_1，所获得的利润为图中较小的那一块阴影部分的面积 FP_0E_1G。而在长期内，情况就不相同了。在长期内，根据长期利润最大化的均衡条件 $MR = LMC$，厂商会达到长期均衡点 E_2，并且选择 SAC_2 曲线和 SMC_2 曲线所代表的最优生产规模进行生产，相应的最优产量为 Q_2，所获得的利润为图中较大的那一块阴影部分的面积 HP_0E_2I。很清楚，在长期，厂商通过对最优生产规模的选择，使自己的状况得到改善，从而获得了比在短期内所能获得的更大的利润。

二、厂商进出一个行业

接下来，我们分析厂商在长期生产中进入或退出一个行业的决策及其对单个厂商利润的影响。以图 6 - 12 来说明。

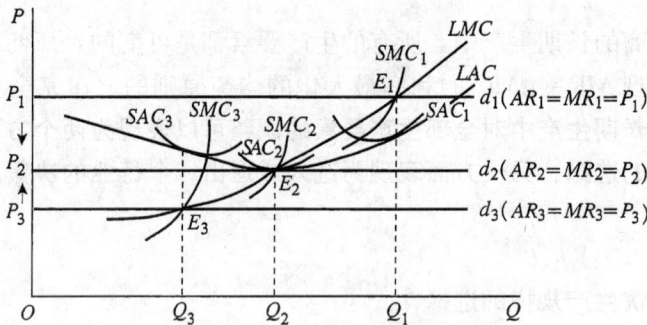

图 6 - 12　长期生产中厂商进入或退出行业

厂商在长期生产中进入或退出一个行业，实际上是生产要素在各个行业之间的调整，生产要素总是会流向能获得更大利润的行业，也总是会从亏损的行业退出。正是行业之间生产要素的这种调整，使得完全竞争厂商长期均衡时的利润为零。具体地说，以图 6 - 12 为例，如果开始时的市场价格较高，为 P_1，根据 $MR = LMC$ 的利润最大化原则，厂商选择的产量为 Q_1，相应的最优生产规模由 SAC_1 曲线和 SMC_1 曲线代表。此时，厂商获得利润，这便会吸引一部分厂商进入该行业的生产。随着行业内厂商数量的逐步增加，市场上的产品供给就会增加，市场价格就会逐步下降，相应地，单个厂商的利润就会逐步减少。只有当市场价格水平下降到使单个厂商的利润减少为零时，新厂商的进入才会停止。相反，如果市场价格较低，为 P_3，则厂商根据 $MR = LMC$ 的利润最大化原则选择的产量为 Q_3，相应的最优生产规模由 SAC_3 曲线和 SMC_3 曲线代表。此时，厂商是亏损的，这使得行业内原有厂商中的一部分退出该行业的生产。随着行业内厂商数量的逐步减少，市场的产品供给就会减少，市场价格就会逐步上升。相应地，单个厂商的亏损就会减少。只有当市场价格水平上升到使单个厂商的亏损消失即利润为零时，原有厂商的退出才会停止。总之，不管是新厂商的进入，还是原有厂商的退出，最后，这种调整一定会使市场价格达到等于长期平均成本的最低点的水平，即图中的价格水平 P_2。在这一价格水平，行业内的每个厂商既无利润，也不亏损，但都实现了正常利润。于是，厂商失去了进入或退出该行业的动力，行业内的每个厂商都实现了长期均衡。

图中的 E_2 点是完全竞争厂商的长期均衡点。在厂商的长期均衡点 E_2，LAC 曲线达最低点，相应的 LMC 曲线经过该点；厂商的需求曲线 d_2 与 LAC 曲线相切于该点；代表最优生产规模的 SAC_2 曲线与 d_2 曲线和 LAC 曲线相切于该点，相应的 SMC_2 曲线经过该点。总之，**完全竞争厂商的长期均衡出现在 LAC 曲线的最低点。这时，生产的平均成本降到长期平均成本的最低点，商品的价格也等于最低的长期平均成本。**

最后，我们得到完全竞争厂商的长期均衡条件为：

$$MR = LMC = SMC = LAC = SAC \tag{6.12}$$

式中，$MR = AR = P$。此时，单个厂商的利润为零。

第六节　完全竞争行业的长期供给曲线

我们知道，一个行业的总产量是行业内所有厂商的产量的加总。在短期，完全竞争行业内厂商的数量是固定的，所以，正如前面所分析的那样，我们能够很方便地将行业内既定数量的厂商的短期供给曲线水平加总，这样便得到了行业的短期供给曲线。但是，在长期，完全竞争厂商会根据盈亏情况自由进出一个行业，行业内厂商的数量是不断变化的，所以，我们无法通过简单加总的方法来推导完全竞争行业的长期供给曲线，或者说，我们无法知道应该把哪些厂商的供给加总起来。此外，完全竞争行业的长期均衡应该是这样一种状态：任何厂商都没有激励进入或退出该行业。也就是说，处于长期均衡状态的行业的总供给量能够使得行业内每个厂商的 $MR = MC = AC$，即每个厂商最大化的经济利润均等于零；每个厂商的生产都处于长期平均成本 LAC 曲线的最低点。

至此为止，始终假定生产要素的价格是给定不变的。但是，在长期，在厂商根据盈亏情况进入或退出一个行业的过程中，整个行业产量的变化会对两类市场产生影响：一方面，它使得产品市场的供给发生变化，从而影响产品市场的价格（前面分析完全竞争厂商的长期均衡时已涉及）；另一方面，它使得生产要素市场的需求发生变化，从而可能影响生产要素市场的价格。所以，当我们从行业长期生产的角度分析问题时，不仅要考虑产品市场价格的变化，还要考虑生产要素市场价格的变化。根据行业产量变化对生产要素市场价格所可能产生的不同影响，在此将完全竞争行业区分为**成本不变行业、成本递增行业和成本递减行业**，这三类行业的长期供给曲线各具自身的特征。本节的主要内容是推导这三类行业的长期供给曲线，并在此基础上介绍长期生产者剩余的概念。

一、成本不变行业的长期供给曲线
成本不变行业是这样一种行业，该行业的产量变化所引起的生产要素需求的变化，不

对生产要素的价格产生影响。这可能是因为这个行业对生产要素的需求量，只占生产要素市场需求量的很小一部分。在这种情况下，行业的长期供给曲线是一条水平线。下面用图 6-13 进行分析。

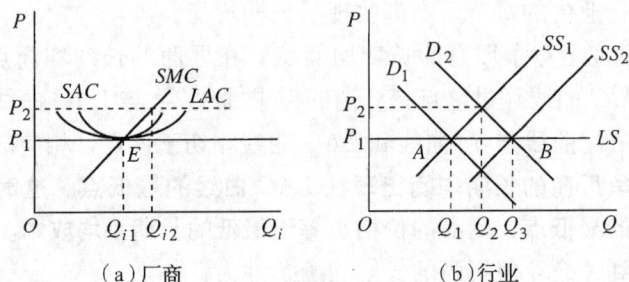

（a）厂商　　　　　　（b）行业

图 6-13　成本不变行业的长期供给曲线

我们应该由完全竞争厂商和行业的长期均衡点出发，来推导完全竞争行业的长期供给曲线。在图 6-13 中，由市场需求曲线 D_1 和市场短期供给曲线 SS_1 的交点 A 决定的市场均衡价格为 P_1。在价格水平 P_1，完全竞争厂商在 LAC 曲线的最低点 E 实现长期均衡，每个厂商的利润均为零。由于行业内不再有厂商的进入和退出，故称 A 点为行业的一个长期均衡点。此时，厂商的均衡产量为 Q_{i1}，行业均衡产量为 Q_1，且有 $Q_1 = \sum_{i=1}^{n} Q_{i1}$。

假定外生因素的影响使市场需求增加，D_1 曲线向右移至 D_2 曲线的位置，且与 SS_1 曲线相交，相应的市场价格水平由 P_1 上升到 P_2。在新的价格水平 P_2，厂商在短期内沿着代表既定生产规模的 SMC 曲线，将产量由 Q_{i1} 提高到 Q_{i2}，并获得利润。

从长期看，由于单个厂商获得利润，新厂商便受到吸引而加入该行业，导致行业供给增加。行业供给增加会产生两方面的影响。一方面，它会增加对生产要素的需求。但由于是成本不变行业，所以，生产要素的价格不发生变化，企业的成本曲线的位置不变。另一方面，行业供给增加会使厂商的 SS_1 曲线不断向右平移，随之，市场价格逐步下降，单个厂商的利润也逐步减少。这个过程一直要持续到单个厂商的利润消失为止，即 SS_1 曲线一直要移动到 SS_2 曲线的位置，从而使得市场价格又回到了原来的长期均衡价格水平 P_1，单个厂商又在原来的 LAC 曲线的最低点 E 实现长期均衡。所以，D_2 曲线和 SS_2 曲线的交点 B 是行业的又一个长期均衡点。此时有 $Q_3 = \sum_{i=1}^{n} Q_{i1}$。市场的均衡产量的增加量为 Q_1Q_3，它是由新加入的厂商提供的，但行业内每个厂商的均衡产量仍为 Q_{i1}。

连接 A、B 这两个行业的长期均衡点的直线 LS 就是行业的长期供给曲线。**成本不变行业的长期供给曲线是一条水平线。**它表示：成本不变行业是在不变的均衡价格水平提供产量，该均衡价格水平等于厂商的不变的长期平均成本的最低点。市场需求的变化会引起行业长期均衡产量的同方向的变化，但长期均衡价格不会发生变化。

二、成本递增行业的长期供给曲线

成本递增行业是这样一种行业，该行业产量增加所引起的生产要素需求的增加，会导致生产要素价格的上升。成本递增行业是较为普遍的情况，这是因为经济资源总是稀缺的，所以，对生产要素需求的增加，一般会使生产要素的价格上升。成本递增行业的长期供给曲线是一条向右上方倾斜的曲线，下面用图 6-14 进行分析。

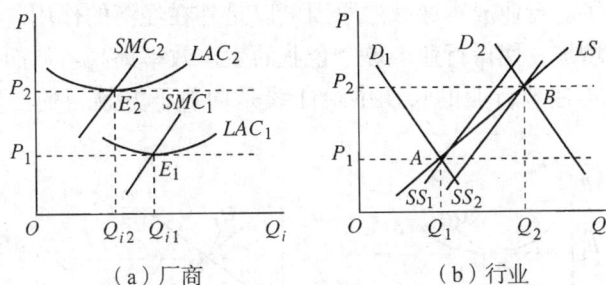

图 6-14　成本递增行业的长期供给曲线

  在图中，开始时单个厂商的长期均衡点 E_1 和行业的长期均衡点 A 是相互对应的。它们表示：在市场均衡价格水平 P_1，厂商在 LAC_1 曲线的最低点实现长期均衡，且每个厂商的利润都为零。

  假定市场需求增加使市场需求曲线向右移至 D_2 曲线的位置，并与原市场短期供给曲线 SS_1 相交形成新的更高的价格水平。在此价格水平，厂商在短期内将仍以 SMC_1 曲线所代表的既定的生产规模进行生产，并由此获得利润。

  在长期，新厂商会由于利润的吸引而进入该行业的生产，整个行业供给增加。一方面，行业供给增加，会增加对生产要素的需求。与成本不变行业不同，在成本递增行业，生产要素需求的增加使得生产要素的市场价格上升，从而使得厂商的成本曲线的位置上升，即图中的 LAC_1 曲线和 SMC_1 曲线的位置向上移动。另一方面，行业供给增加直接表现为市场的 SS_1 曲线向右平移。那么，这种 LAC_1 曲线和 SMC_1 曲线的位置上移及 SS_1 曲线的位置右移的过程，一直要持续到什么水平才会停止呢？如图 6-14 所示，它们分别达到 LAC_2 曲线和 SMC_2 曲线的位置及 SS_2 曲线的位置，从而分别在 E_2 点和 B 点实现厂商的长期均衡和行业的长期均衡。此时，在由 D_2 曲线和 SS_2 曲线决定的新的市场均衡价格水平 P_2，厂商在 LAC_2 曲线的最低点实现长期均衡，每个厂商的利润又都为零，且 $Q_2 = \sum_{i=1}^{n} Q_{i2}$。[①]

  连接 A、B 这两个行业长期均衡点的线 LS 就是行业的长期供给曲线。**成本递增行业的长期供给曲线是向右上方倾斜的。**它表示：在长期，行业的产品价格和供给量呈同方向的变动。市场需求的变动不仅会引起行业长期均衡价格的同方向的变动，同时还会引起行业长期均衡产量的同方向的变动。

  在经济生活中，成本递增行业是比较普遍的现象，所以，向右上方倾斜的长期供给曲线也被广泛用来分析一些经济问题。

---

  ①　在此需说明，图 6-14（a）中的厂商的长期均衡产量 Q_{i2} 小于原来的厂商的长期均衡产量 Q_{i1}。实际上，Q_{i2} 可以小于、大于、等于 Q_{i1}，这要视具体情况而定。这一说明对图 6-15 同样适用。

三、成本递减行业的长期供给曲线

成本递减行业是这样一种行业，该行业产量增加所引起的生产要素需求的增加，反而使生产要素的价格下降了。行业成本递减的原因可以是外在经济的作用。这可能主要是因为生产要素行业的产量的增加，使得行业内单个企业的生产效率提高，从而使得所生产出的生产要素的价格下降。成本递减行业的长期供给曲线是向右下方倾斜的。下面用图 6-15 进行分析。

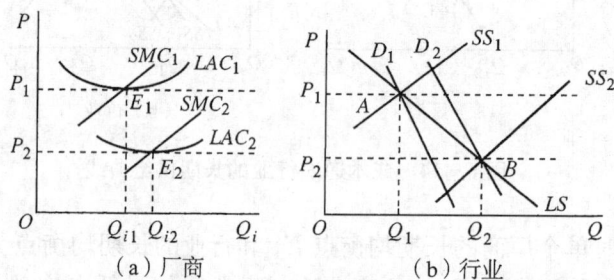

图 6-15 成本递减行业的长期供给曲线

与对图 6-14 的分析相似，开始时，厂商在 E_1 点实现长期均衡，行业在 A 点实现长期均衡，E_1 点和 A 点是相互对应的。所不同的是，在图 6-15 中，在市场价格上升，因而新厂商由于利润的吸引而加入该行业的过程中，一方面，在成本递减行业的前提下，行业供给增加所导致的对生产要素需求的增加，反而使得生产要素的市场价格下降了，它使得图中原来的 LAC_1 曲线和 SMC_1 曲线的位置向下移动；另一方面，行业供给增加仍直接表现为 SS_1 曲线的位置向右移动。这两种变动一直要持续到厂商在 E_2 点实现长期均衡和行业在 B 点实现长期均衡为止。此时，在由 D_2 曲线和 SS_2 曲线决定的新价格水平 P_2，厂商在 LAC_2 曲线的最低点实现长期均衡，每个厂商的利润又都恢复为零，且 $Q_2 = \sum_{i=1}^{n} Q_{i2}$。

连接 A、B 这两个行业长期均衡点的线 LS 就是行业的长期供给曲线。**成本递减行业的长期供给曲线是向右下方倾斜的。**它表示：在长期，行业的产品价格和供给量呈反方向的变动。市场需求的增加会引起行业长期均衡价格的反方向的变动，同时还会引起行业长期均衡产量的同方向的变动。

四、长期生产者剩余

我们已经知道，市场的短期生产者剩余可以用市场价格线以下、行业短期供给曲线以上的部分来表示（参见图 6-10）。类似地，市场的长期生产者剩余也可以用市场价格线以下、行业长期供给曲线以上的部分来表示，如图 6-16 所示：在市场需求曲线与行业长期供给曲线共同作用下的市场的均衡价格和均衡数量分别为 P_0 和 Q_0，阴影部分的面积就是市场的长期生产者剩余。由图可以想到，如果是成本不变行业，其长期供给曲线就是一条水平线，那么，就不会有长期生产者剩余。唯有在成本递增行业的长期供给曲线斜率为正的情况下，才会产生图 6-16 中所示的市场的长期生产者剩余。

尽管市场的短期生产者剩余和市场的长期生产者剩余的图示很相似，即都可以用市场价格线以下、行业供给曲线以上的部分来表示，但是，两者的含义是不相同的。

在短期，厂商的生产者剩余可以表示为厂商的利润 π 加固定成本 TFC，并在此基础上，加总形成市场的生产者剩余。但是，在长期，厂商没有固定成本即 $TFC=0$，且厂商长期均衡时利润 $\pi=0$。显然，从短期生产者剩余的角度，无法说明长期生产者剩余这一概念。

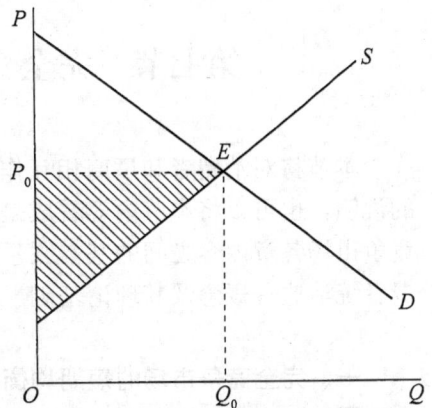

图 6-16　市场的长期生产者剩余

长期生产者剩余可以用李嘉图租金的概念来加以说明。[①] 早在1817年李嘉图便描述了这种情况。在完全竞争的某种谷物市场上，假定厂商们拥有的土地的肥沃程度是有差别的：有的是肥沃的土地，其耕种成本低；有的是贫瘠的土地，其耕种成本高。如果农产品的价格较低，则只有肥沃的土地被投入使用；如果农产品的价格提高，则贫瘠的土地才能被投入使用。在长期，随着农产品需求的增加、农产品价格的提高，行业内原有的土地肥沃的厂商获得利润。于是，在利润的吸引下，更多的新厂商进入，贫瘠的土地也被逐步投入使用。在市场实现长期均衡时，面对同一个均衡价格水平，"边际"意义上的那个使用最贫瘠土地的厂商的经济利润为零，新厂商的进入停止；但是，行业内那些土地肥沃程度优于"边际"厂商且耕种成本低于"边际"厂商的其他所有厂商均获得了利润。换言之，其他所有厂商所获得的利润不会因为新厂商的自由加入而消失，即能长期保持所获得的利润，这就是厂商的长期生产者剩余。由此可见，厂商的长期生产者剩余是由于厂商们之间投入要素的差异所导致的成本不同而产生的。在市场长期均衡时，拥有稀缺的高质量要素投入的厂商能获得利润，即获得长期生产者剩余，尽管"边际"意义上的那个拥有低质量要素投入的厂商的利润为零。将所有这些厂商的长期生产者剩余相加，便是市场的长期生产者剩余。

在图 6-16 中，斜率为正的行业长期供给曲线上的每一点都可以代表在不同的市场价格水平某些厂商的最低的长期平均成本。当市场的均衡价格为 P_0 时，对于每一个厂商来说，P_0-AC 都代表每一单位产量的利润，将其加总便得到所有厂商的总利润即市场的长期生产者剩余，如图中阴影部分的面积所示。可见，市场的长期生产者剩余可以用市场价格线以下、行业长期供给曲线以上的部分来表示。而且，图中的市场长期供给曲线向右上方倾斜，即它是成本递增行业的长期供给曲线，它意味着要素的价格即生产成本会随要素需求的增加而上升，也就是说，厂商使用的投入要素是稀缺的。

---

① 早在 19 世纪早期，大卫·李嘉图就第一个描述了长期生产者剩余，亦被称为李嘉图租金。参见大卫·李嘉图的《政治经济学及赋税原理》(1817)，1965 年再版（伦敦：登特父子公司）。

第七节　完全竞争市场的短期均衡和长期均衡

本节将对消费者和厂商相互作用下的完全竞争市场的短期均衡和长期均衡作一个简要的说明，也可以将本节内容看成是对前面所学习过的消费者选择、生产技术、成本和完全竞争市场各章内容之间的基本联系所作的一个简单的小结。在此基础上，本节还将介绍消费者统治这一概念及其理论基础。

一、完全竞争市场的短期均衡和长期均衡

图 6-17 是一组完全竞争市场均衡的综合图，我们利用该图进行具体的分析。[①]

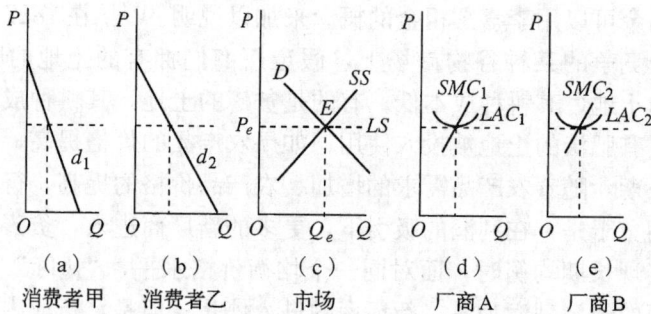

图 6-17　完全竞争市场均衡的综合图

图 6-17 (a)、图 6-17 (b) 中分别有甲、乙两个消费者的需求曲线 d_1、d_2。根据消费者选择理论，我们知道，单个消费者的需求曲线 d_1 和 d_2 各自是从单个消费者追求自身效用最大化的行为中推导出来的，单个消费者的需求曲线上的每一点都表示在一定价格水平上能够给单个消费者带来最大效用的需求量。图 6-17 (c) 中的市场需求曲线 D 是由图 6-17 (a)、图 6-17 (b) 中两个消费者的需求曲线 d_1 和 d_2 水平加总而得到的。无疑，市场需求曲线 D 上的每一点同样都表示在一定价格水平下能够给市场上每一个消费者带来最大效用的需求量。

图 6-17 (d)、图 6-17 (e) 中分别有 A、B 两个完全竞争厂商的成本曲线。根据生产技术理论、成本理论和完全竞争市场理论，我们知道，由单个完全竞争厂商追求利润最大化的行为可以推导出厂商的短期供给曲线，它是厂商的 SMC 曲线上大于和等于 AVC 曲线最低点的部分（图中略去 AVC 曲线），所以，我们可以把图中的 SMC_1 曲线和 SMC_2 曲线分别看成是厂商 A 和 B 的短期供给曲线。单个厂商短期供给曲线上的每一点都表示在一定价格水平上可以给单个厂商带来最大利润的供给量。图 6-17 (c) 中的行业短期供

给曲线 SS 是由图 6-17（d）、图 6-17（e）中的两个厂商的短期供给曲线即 SMC_1 曲线和 SMC_2 曲线水平加总而得到的。显然，市场短期供给曲线 SS 上的每一点同样都表示在一定价格水平上可以给行业中每一个厂商带来最大利润的供给量。

在图 6-17（c）中，市场需求曲线 D 和市场短期供给曲线 SS 相交于 E 点，E 点是市场的一个短期均衡点，相应的均衡价格为 P_e，均衡数量为 Q_e。仔细观察一下，可以发现，E 点同时又是市场的一个长期均衡点，因为有一条成本不变行业的水平的长期供给曲线 LS 与市场需求曲线 D 也相交于 E 点。[①] 由市场的长期均衡点 E 出发，我们可以得到哪些结论呢？由 E 点可知，市场的长期均衡价格和长期均衡数量分别为 P_e 和 Q_e。就市场长期均衡价格 P_e 而言，它等于厂商的 LAC 曲线的最低点。这表明，在完全竞争市场的长期均衡点上，所有厂商的生产成本都降到了最低的水平，它等于最低的长期平均成本，而且，市场的长期均衡价格也降到了这一最低的水平。再就市场长期均衡数量 Q_e 而言，它既等于市场上所有消费者的需求量之和，又等于市场上所有厂商的供给量之和，所以，市场刚好出清，既不存在供不应求，又不存在产品过剩。更重要的是，此时，一方面，所有的厂商都以最低的成本提供产品，并且都获得了最大的利润（尽管利润为零），另一方面，所有的消费者都以最低的价格购买产品，并各自都得到了最大的效用。

正因为如此，西方学者提出，完全竞争市场长期均衡状态的形成及其特征表明，完全竞争的市场机制能够以有效的方式配置经济资源。这部分内容构成了对完全竞争市场经济的"看不见的手"的原理进行论证的一个重要组成部分。

二、消费者统治说法的理论基础

消费者统治是流行于西方经济学文献中的一个概念，它是指在一个经济社会中消费者在商品生产这一最基本的经济问题上所起的决定性的作用。这种作用表现为：消费者用货币购买商品是向商品投"货币选票"。"货币选票"的投向和数量，取决于消费者对不同商品的偏好程度，体现了消费者的经济利益和意愿。而生产者为了获得最大的利润，必须依据"货币选票"的情况来安排生产，决定生产什么、生产多少以及如何生产等。这说明，生产者是根据消费者的意志来组织生产、提供产品的。西方学者认为，这种消费者统治的经济关系，可以促使社会的经济资源得到合理的利用，从而使全社会的消费者都得到最大的满足。

而我们从前面的分析中已经知道，完全竞争市场的长期均衡状态表明社会的经济资源得到了有效的配置，经济中的全体消费者都获得了最大的效用。正是基于此，微观经济学中对完全竞争市场的长期均衡状态的分析通常被用来作为对消费者统治说法的一种证明。

第八节　完全竞争市场的福利

经济学家指出，完全竞争市场实现了福利最大化，即总剩余最大化。在这里，总剩余等于市场的消费者剩余与生产者剩余的总和。本节将首先考察完全竞争市场的福利最大

---

① 在此运用成本递增行业或成本递减行业的长期供给曲线进行分析也都是可以的，都不影响结论。

化。然后，对价格控制和销售税的福利效应进行分析。

一、完全竞争市场的福利最大化

在此，利用图 6－18 来分析完全竞争市场的福利。在图中，E 是完全竞争市场的均衡点，均衡价格和均衡数量分别为 P^* 和 Q^*；市场的消费者剩余为图中浅色的阴影部分面积，市场的生产者剩余为图中深色的阴影部分面积，市场的总剩余为消费者剩余和生产者剩余之和，即图中全部的阴影部分面积。

图中的总剩余表示完全竞争市场的均衡实现了福利最大化。原因在于：在图中，在任何小于 Q^* 的数量上，譬如在 Q_1 的数量上，市场的总剩余都不是最大的，因为可以通过增加交易量来增加福利。具体地看，在第 Q_1 单位的数量上，由需求曲线可知消费者愿意支付的最高价格 P_d 高于市场的均衡价格 P^*，所以，消费

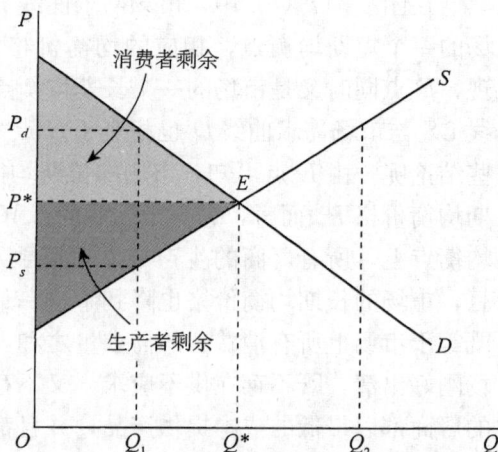

图 6－18　完全竞争市场的总剩余

者是愿意增加这一单位产品的购买的，并由此获得更多的消费者剩余；与此同时，由供给曲线可知生产者能够接受的最低价格 P_s 低于市场的均衡价格 P^*，所以，生产者也是愿意增加这一单位产品的销售的，并由此获得更多的生产者剩余。所以，在自愿互利的交易原则下，只要市场的交易数量小于均衡数量 Q^*，市场的交易数量就会增加，并在交易过程中使得买卖双方的福利都增加，市场的总福利也由此增大。这一交易数量扩大的过程一直会持续到均衡的交易数量 Q^* 实现为止，市场的总福利也就达到了不可能再增大的地步，即不可能在一方利益增大而另一方利益不受损的情况下增加市场的总剩余。也就是说，完全竞争市场均衡实现了福利最大化。

那么，反过来，在任何大于 Q^* 的数量上，譬如在 Q_2 的数量上，情况又会如何呢？事实上，Q_2 的交易数量是不可能发生的。原因很简单：在第 Q_2 单位的数量上，消费者愿意支付的最高价格低于市场的均衡价格 P^*，生产者能够接受的最低价格高于市场的均衡价格 P^*，这种使双方都受损的买卖是不可能成交的。所以，自愿互利的市场交易最后达到的均衡数量为 Q^*，相应的均衡价格为 P^*，完全竞争市场的均衡实现了最大的福利。

总之，完全竞争市场的交易实现了最大的福利，或者说，完全竞争市场机制的运行是有效的。

下面，我们将分析政府的价格控制和销售税的福利效应。

二、价格控制

政府的价格控制通常包括最高限价和最低限价。我们已在第二章第六节从运用供求和均衡价格的角度，介绍了这两种价格控制的目的、做法及其效果。在此，我们将进一步分析这两种价格控制的福利效应。

1. 最高限价

我们用图 6-19 来分析最高限价的福利效应。

在图中，在无价格控制时，市场的均衡价格和均衡数量分别为 P^* 和 Q^*，消费者剩余为三角形 GP^*E 的面积，生产者剩余为三角形 P^*FE 的面积。假定政府认为价格水平 P^* 过高并实行了最高限价政策，规定市场的最高价格为 P_0，它低于市场的均衡价格 P^*。于是，在最高限价 P_0 处，生产者的产量减少为 Q_1，消费者的需求量增加为 Q_2，商品短缺的现象发生了。在最高限价政策下，消费者和生产者各自的损益如何？总剩余又会发生什么变化？

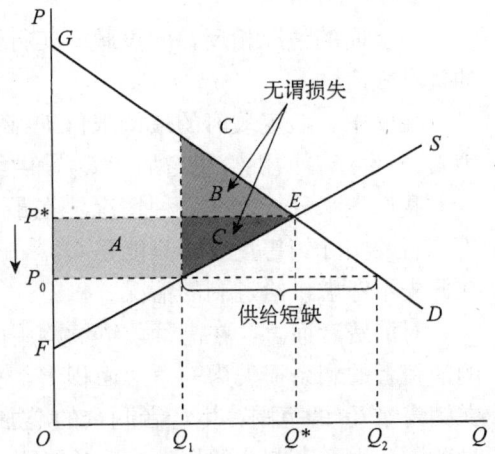

首先看消费者。由于厂商的供给数量只有 Q_1，所以，消费者只能购买到 Q_1 数量的商品，一部分原有的消费者将买不到商品。其中，对仍能买到商品的消费者来说，他们的消费者剩余由于商品价格的下降而增加了，其增加量为矩形面积 A；对没有买到商品的原有消费者来说，他们的消费者剩余的损失为三角形面积 B。总体来说，市场上消费者剩余的变化量为 $A-B$。

然后看生产者。由于厂商的供给数量只有 Q_1，这意味着一部分原有生产者将退出生产。其中，对继续生产的厂商而言，它们的生产者剩余由于商品价格的下降而减少了，其损失为矩形面积 A；对退出生产的厂商而言，它们的生产者剩余的损失为三角形面积 C。总体来说，市场上生产者剩余的变化量为 $-A-C$。

最后，分析市场总剩余的变化。市场总剩余的变化等于市场上消费者剩余的变化量加生产者剩余的变化量，即为 $(A-B)+(-A-C)=-B-C$。其中，由于降价导致的生产者剩余的损失（$-A$）转化为消费者剩余的增加（A）；$-B-C$ 表示最高限价导致的市场总剩余的损失。在经济学中，这两个三角形 B 和 C 构成的面积被称为社会福利的**无谓损失**。

进一步考虑，由于政府实行最高限价的目的是更多地顾及消费者的福利，因而，由图中可见，市场上消费者剩余的增加量 A 大于损失量 B，总的说来，消费者的福利是增加了，即政府最高限价的目的达到了。但是，如果消费者的需求是缺乏弹性的，消费者对价格下降可能无法作出充分的回应，那么，就会出现另一种局面，见图 6-20。在图中，陡峭的需求曲线表示消费需求对价格的变化

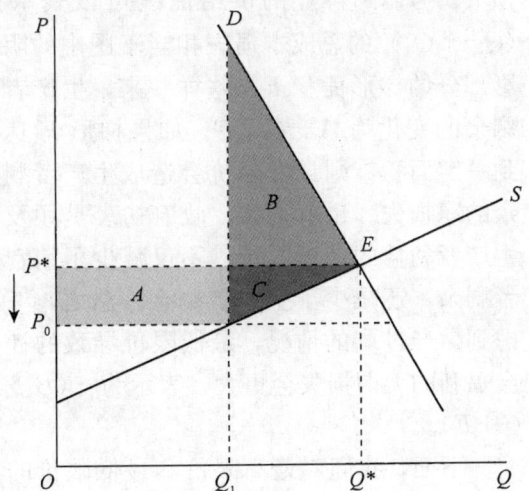

图 6-19　最高限价

图 6-20　需求弹性和最高限价

175

是缺乏弹性的，于是，市场上消费者剩余的损失量 B 大于增加量 A，这样的最高限价既减少了生产者剩余，又减少了消费者剩余，这无疑是很糟糕的。

2. 最低限价

与上面的情况相反，假设政府实行了最低限价，下面我们利用图 6 - 21 来分析该政策的福利效应。

在图中，假定政府的最低限价 P_0 高于市场均衡价格 P^*，于是，消费者的需求量减少为 Q_1，生产者的供给量增加为 Q_2，供给过剩的现象发生了。

我们先来分析这样一种情况：在最低限价 P_0 下，由于市场需求量减少为 Q_1，因此，生产者的实际销售量至多只能是 Q_1。在此，假定厂商的实际产量也是 Q_1。换言之，我们在此先不考虑供给过剩的情况。

对消费者而言，在高价位继续购买商品的消费者的剩余损失为矩形面积 A，退出购买的消费者的剩余损失为三角形面积 B，总的消费者剩余的变化为 $-A-B$。对生产者而言，在销售量 Q_1 的范围，生产者剩余的增加量为矩形面积 A，在销售量从 Q^* 减少到 Q_1 的产量范围，生产者剩余的损失为三角形面积 C，总的生产者剩余的变化为 $A-C$。最后，市场总剩余的变化等于 $(-A-B) + (A-C) = -B-C$。其中，由于提价导致的消费者剩余的损失 $(-A)$ 转化为生产者剩余的增加 (A)，这也反映政府实行最低限价的目的往往是更多地顾及生产者的福利；与前面的最高限价一样，最低限价导致的社会福利的无谓损失也表示为 $-(B+C)$。

但是，需要指出的是，以上分析的情况是比较乐观的，也就是说，生产者能够准确预测到在最低限价 P_0 他们只能卖出 Q_1 数量的商品，并且，他们提供的产量也是 Q_1，此时市场的无谓损失是 $-(B+C)$。如果情况不是这样，即生产者在最低限价 P_0 按照他们的供给意愿来进行生产，那么，社会福利的无谓损失就会更大。如图 6 - 21 所示，在最低限价 P_0，生产者将产量增加为 Q_2，于是，供给过剩的现象发生了！由于市场需求量只有 Q_1，生产者将有 $(Q_2 - Q_1)$ 数量的产品卖不出去，即没有销售收入来弥补这部分产品的成本损失。考虑到行业的供给曲线可以表示行业的总边际成本，所以，卖不出去的产量 $(Q_2 - Q_1)$ 的总成本损失相当于图中的阴影部分的梯形面积 F。这样一来，生产者剩余的变化为 $A-C-F$。如果梯形 F 达到一定面积，则最低限价会造成生产者剩余的净损失。也就是说，政府初衷是顾及生产者利益的最低限价，不仅减少了消费者剩余，还减少了生产者剩余。总之，考虑到生产过剩的情况，最低限价导致的社会福利的无谓损失会更大，表示为 $-(B+C+F)$。

下面，我们对最高限价和最低限价的福利效应作一综合分析。

虽然这两种限价政策对价格调控的方

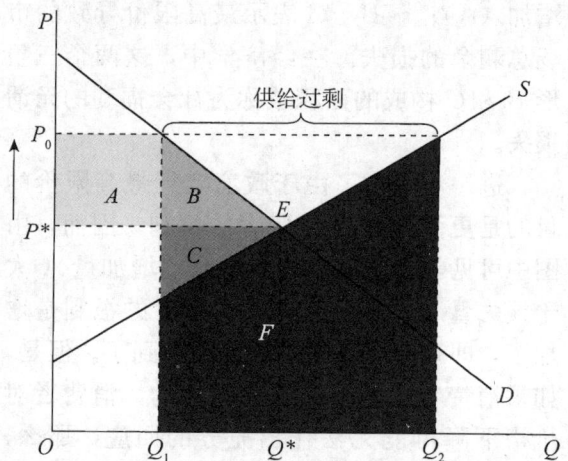

图 6 - 21　最低限价

向是相反的，但是，它们都使得市场交易量减少。具体地看，在图 6-19 中，最高限价导致需求量 Q_2 大于供给量 Q_1（即供给短缺）；在图 6-21 中，最低限价导致供给量 Q_2 大于需求量 Q_1（即供给过剩）。于是，根据市场交易的短边决定原则，最高限价下的市场交易量取决于小的供给量 Q_1（因为消费者只能购买到 Q_1 数量的商品），最低限价下的市场交易量取决于小的需求量 Q_1（因为销售量通常总是等于需求量）。很清楚，这两种限价政策都使市场交易量由均衡数量 Q^* 减少为 Q_1，使得一部分生产者或一部分消费者退出了市场交易活动。

如前所述，只有当完全竞争市场买卖双方的交易达到供求相等的均衡数量 Q^* 时，市场福利才是最大的（参见图 6-18）。由于两种限价政策都使市场交易量由 Q^* 减少为 Q_1，它们限制了市场的交易，从而导致了社会福利的损失。事实上，在产量 Q_1 到 Q^* 的范围，消费者愿意支付的最高价格都高于生产者愿意接受的最低价格，买卖双方进行自愿交易是互利的。但是，限价政策却使得这部分交易无法实现：要么是最高限价下的生产者因为价格过低而只愿意提供 Q_1 数量的产品，要么是最低限价下的消费者因为价格过高而只愿意购买 Q_1 数量的商品。于是，市场交易规模都只能限制在 Q_1，它小于 Q^*。正因为如此，经济学家指出，这两种价格控制都由于限制了市场机制的有效运行而导致了社会福利的无谓损失。

最后需要指出，正如本书在第二章第六节中所述：各国政府在一定时期都会采取某些限价政策，这些政策的实行往往是基于经济形势的需要和为了实现一些经济目标，都是必要的。但是，实行限价政策也会带来一些负面影响。在本节，我们又进一步分析了限价政策的福利效应：虽然低于均衡价格的最高限价增进了部分消费者的利益，高于均衡价格的最低限价增进了部分生产者的利益，但它们的代价是都导致了社会福利的无谓损失。由此，经济学家指出，在设计和执行限价政策时，需要综合考虑与权衡限价政策的利弊，兼顾效率与公平，合理且精心地设计与实施，并且可以配套实施一些其他做法，以期收到尽可能好的限价政策的效果。

三、销售税

我们在此分析销售税的福利效应。如果政府征收销售税，譬如说，对每一单位商品征收 t 元的销售税，那么，我们会思考以下的问题：商品价格是否也上涨 t 元呢？销售税最终由谁来承担呢？是由消费者还是由生产者来承担？最后，销售税的福利效应如何？下面来分析和回答这些问题。

我们以从量税来分析销售税的影响。从量税是对每销售一单位商品计征一定货币量的税收。在图 6-22 中，无从量税时某商品市场的均衡价格和均衡数量分别为 P^* 和 Q^*。现假定政府对销售每一单位商品征收 t 元的从量税。由于征收销售从量税，这便使得消费者支付的商品买价高于生产者得到的净价格，两者之间的差额刚好等于须上缴的销售每一单位商品的从量税额 t 元。这种关系在图 6-22 中表现为：在消费者的需求曲线和生产者的供给曲线之间打进了一个垂直的"楔子" FH，该"楔子"的高度就是单位商品的从量税额 t，即消费者支付的买价为 P_d，生产者得到的净价格是 P_s，P_d 和 P_s 之间的垂直距离就是单位商品的从量税额 t，相应的商品交易量为 Q_1。由这个基本分析框架出发，可以进一步对销售税展开分析。①

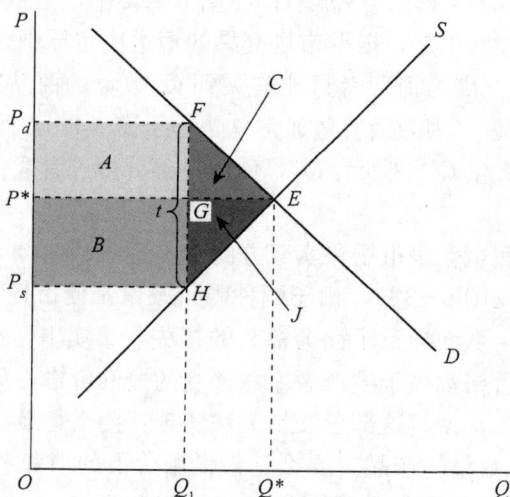

图 6 - 22　销售税的福利效应

第一，销售税导致商品价格上升。在图中，商品价格由原来的均衡价格 P^* 上升到 P_d，相应地，消费者的需求量和生产者的供给量都由原来的均衡数量 Q^* 减少到 Q_1，即市场的交易规模缩小为 Q_1。需要注意的是，商品价格上升的幅度小于单位商品的从量税额，即 $(P_d - P^*) < t$。这就是说，尽管单位商品的从量税额为 t，但商品价格的上涨幅度并不等于 t，事实上，其上升的幅度通常总是小于 t。

第二，销售税是由消费者和生产者共同承担的。由图可见，由于征收销售从量税，消费者支付的商品买价由 P^* 上升到 P_d，多支付的部分相当于 FG，这就是消费者承担的单位商品的税额；生产者得到的净价格由 P^* 减少为 P_s，减少的部分相当于 GH，这就是生产者承担的单位商品的税额；两者之和就是单位商品的税额，即 $FG + GH = t$。

第三，在以上分析的基础上，我们进一步分析销售税的福利效应。销售税导致的市场价格上升以及市场交易规模缩小，使得消费者和生产者的剩余都减少：消费者剩余的损失为矩形面积 A 加三角形面积 C，表示为 $-A-C$；生产者剩余的损失为矩形面积 B 加三角形面积 J，表示为 $-B-J$。政府的财政收入由于销售税而增加，其获得的销售税总额等于单位商品的从量税额乘以销售量，即 $(P_d - P_s) \cdot Q_1 = t \cdot Q_1$，即等于图中两个矩形面积 $A + B$。考虑到政府的税收收入通常用于社会公共项目的支出，亦可视为社会福利。

---

① 在图 6 - 22 中，在需求曲线和供给曲线之间打入了一个垂直的"楔子"，其高度等于单位商品的从量税额 t。利用此图，我们既可以分析税款由生产者支付的情况，也可以分析税款由消费者支付的情况。这是因为，若单独考虑税款由生产者支付的情况，则可以将图中的供给曲线 S 垂直向上平移 t 元，或者说，将供给曲线 S 垂直向上平移到过 F 点的位置。若单独考虑税款由消费者支付的情况，则可以将图中的需求曲线 D 垂直向下平移 t 元，或者说，将需求曲线 D 垂直向下平移到过 H 点的位置。由此可以发现，在以上两种情况中，消费者支付的买价总是 P_d，生产者得到的净价格总是 P_s；商品交易量也总为 Q_1；而且消费者和生产者各自承担的单位商品的税额不会发生变化。正因为如此，在经济分析中，通常将对销售从量税的分析图示简化为图 6 - 22 的形式，使得我们可以方便地对从量税展开一般分析，其结论既适用于税款由生产者支付的情况，也适用于税款由消费者支付的情况。

于是，从市场整体的角度看，福利变化量＝消费者剩余的变化量＋生产者剩余的变化量＋政府的销售税收入＝$(-A-C)+(-B-J)+(A+B)=-C-J$。具体地看，在消费者剩余的损失（$-A-C$）和生产者剩余的损失（$-B-J$）中，$-A-B$ 转化为政府收入 $A+B$，而余下的 $-C-J$ 则表示福利的无谓损失。所以，销售税最终导致了市场福利的减少。

此外，我们会联想并思考这样一个问题：如果消费者或者生产者对于销售税所导致的商品价格的上升反应强烈，那么，市场需求量或供给量的减少就会更多，市场福利的无谓损失就会更大。这就是说，销售税的福利效应与需求弹性及供给弹性之间有着密切的联系：需求弹性或供给弹性越大，则销售税所导致的福利无谓损失就越大。这种关系在图 6-23 和图 6-24 中得到了体现。

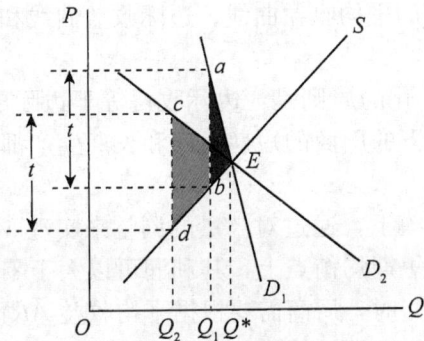

图 6-23 需求弹性与无谓损失

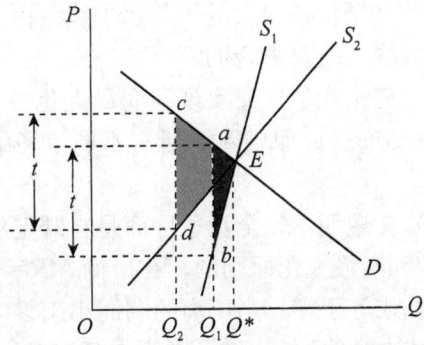

图 6-24 供给弹性与无谓损失

在图 6-23 中，供给曲线 S 保持不变，需求曲线有两条，且需求曲线 D_2 的弹性大于需求曲线 D_1 的弹性。也就是说，在需求曲线 D_2 的情况下，消费者对销售税所导致的商品价格的上升反应更强，需求量的减少更多，从而导致市场交易规模更小，最终使得福利的无谓损失（相当于三角形 Ecd 的阴影面积）明显大于需求曲线 D_1 情况下的福利的无谓损失（相当于三角形 Eab 的阴影面积）。

在图 6-24 中，需求曲线 D 保持不变，供给曲线有两条。弹性较大的供给曲线 S_2 表示生产者对销售税所导致的商品价格的上升反应更强，供给量的减少更多，从而导致市场交易规模更小，最终使得福利的无谓损失（相当于三角形 Ecd 的阴影面积）明显大于弹性较小的供给曲线 S_1 情况下福利的无谓损失（相当于三角形 Eab 的阴影面积）。

最后，经济学家指出，税收在多数情况下会引起福利损失即效率损失，并据此提出税收应遵循效率损失最小的原则。譬如，在征收销售税时，可以考虑尽量对需求弹性或供给弹性较小的商品征收销售税，以降低福利的无谓损失。再譬如，在对不同商品课税时，要想使总福利损失最小即效率损失最小，就应该使得对不同商品征得的最后一单位税收所引起的效率损失相等，即使得各商品的边际税收的效率损失相等。

第九节　结　束　语

本章要点可以归结如下：

（1）在经济研究中，划分市场结构的标准主要有如下几个：市场上厂商的数目；行业中厂商各自所生产的产品的差别程度；单个厂商对市场价格的控制程度；厂商进入或退出一个行业的难易程度。根据这些标准，市场结构可以分为四类，它们是完全竞争市场、垄断竞争市场、寡头市场和垄断市场。

（2）在一个完全竞争市场中，有大量的买者和卖者；市场上每一个厂商生产的商品都是无差别的；所有的经济资源都可以在各行业之间完全自由流动；市场上从事交易活动的每一个人所掌握的信息都是完全的。由此可知，在完全竞争市场上的每一个消费者和每一个生产者都是既定市场价格的接受者，而且，厂商在长期均衡时经济利润等于零。

（3）在完全竞争市场上，厂商所面临的对其产品的需求曲线，即厂商的需求曲线，是从既定的市场价格出发的一条水平线。由此，厂商的平均收益曲线、边际收益曲线和厂商的需求曲线三线是重合的。

（4）完全竞争厂商实现利润最大化或亏损最小化的原则是：边际收益等于边际成本，即 $MR = MC$。此原则对于所有不同市场结构条件下的厂商的短期生产和长期生产都是适用的。

（5）在短期，完全竞争厂商是在既定的生产规模下，通过对产量的调整来实现 $MR = SMC$ 的利润最大化原则的。在厂商 $MR = SMC$ 的短期均衡点上，其利润可以大于零，或小于零，或等于零。当厂商的利润小于零（即亏损）时，厂商需要根据平均收益 AR 与平均可变成本 AVC 的比较，来决定是否继续生产。当 $AR > AVC$ 时，则厂商虽然亏损，但仍继续生产；当 $AR < AVC$ 时，则厂商必须停止生产；当 $AR = AVC$ 时，则厂商处于生产与不生产的临界点。

（6）以完全竞争厂商的短期均衡分析为基础，可推导完全竞争厂商的短期供给曲线。完全竞争厂商的短期供给曲线 $Q^s = f(P)$ 是厂商短期边际成本 SMC 曲线的一部分，具体地说，它是厂商短期边际成本 SMC 曲线上大于和等于平均可变成本 AVC 曲线最低点的那一部分。

完全竞争厂商的短期供给曲线的经济含义是：由于它是向右上方倾斜的，所以，它表示厂商的供给量与商品价格呈同方向的变化。此外，该曲线还表示厂商在每一价格水平上的供给量都是可以给它带来最大利润或最小亏损的最优产量。

（7）将完全竞争厂商的短期供给曲线水平加总，便可以得到完全竞争行业的短期供给曲线。显然，在完全竞争市场上，行业的短期供给曲线保持了厂商的短期供给曲线的基本特征与性质，这便是：完全竞争行业的短期供给曲线也是向右上方倾斜的，所以，它表示整个行业的供给量与商品价格呈同方向的变化。此外，行业的短期供给曲线还表示在每一价格水平上的行业供给量都是可以给行业内的每一个厂商带来最大利润或最小亏损的最优的行业生产量。

（8）利用厂商的短期供给曲线，可以得到厂商的短期生产者剩余。在短期，厂商的生产者剩余指厂商在提供一定数量的某种产品时实际接受的总支付和愿意接受的最小总支付之间的差额。市场的短期生产者剩余是市场上所有厂商短期生产者剩余的加总。

（9）在长期，完全竞争厂商是通过对全部生产要素的调整，来实现 $MR = LMC$ 的利润最大化原则的。厂商对全部生产要素的调整可以表现为两个方面：一方面，厂商在每一个产量水平上都选择最优的生产规模进行生产；另一方面，厂商可以根据经营的盈亏情况，选择进入或退出一个行业。当行业内每一个厂商都盈利时，新的厂商便会加入该行业的生产；当行业内每一个厂商都亏损时，行业内原有厂商的一部分就会退出该行业的生产。显然，完全竞争厂商长期均衡时利润一定刚好等于零。据此，完全竞争厂商的长期均衡一定发生在长期平均成本 LAC 曲线的最低点。在这个最低点上，生产者的平均成本降到了 LAC 曲线的最低水平，消费者购买商品的价格也降到了 LAC 曲线的最低水平。

（10）在推导完全竞争行业的长期供给曲线时，需要考虑当一部分厂商进入或退出一个行业时，它们对生产要素市场的需求以至对生产要素市场的价格所产生的影响。当一部分厂商进入一个行业并增加对生产要素的需求时，生产要素市场的价格可以保持不变，或者上升，或者下降。由此，相应地便有成本不变行业、成本递增行业和成本递减行业。在此基础上，可推导出成本不变行业的长期供给曲线是一条水平线，成本递增行业的长期供给曲线是向右上方倾斜的，以及成本递减行业的长期供给曲线是向右下方倾斜的。

（11）厂商的长期生产者剩余可以利用李嘉图租金的概念来加以说明，它是由于厂商之间投入要素的差异所导致的成本不同而产生的。在市场长期均衡时，拥有稀缺的高质量要素投入的厂商能获得并保持利润，即获得长期生产者剩余。将市场上所有厂商的长期生产者剩余加总，便得到市场的长期生产者剩余，它可以利用成本递增行业的向右上方倾斜的行业长期供给曲线来表示。

（12）完全竞争市场实现了最大的福利，即完全竞争市场机制的运行是有效的。最高限价和最低限价限制了市场机制的有效运行，导致市场交易规模偏离了有效的市场交易规模，从而导致了市场福利的无谓损失。销售税也导致了市场福利的无谓损失。政府在设计和实施相关政策时应结合其利弊予以综合考虑。

在本章中，西方学者通过对完全竞争厂商和行业的短期和长期均衡的分析，推导出完全竞争厂商和行业的短期供给曲线以及行业的长期供给曲线，说明了完全竞争市场的价格和产量的决定。在此基础上，西方学者强调了完全竞争市场能以最低的成本进行生产来使消费者得到最大的满足。

本章所建立的完全竞争经济的理论模式为资本主义市场经济描绘了一个完美的境界。但是，我们在指出本章内容中存在的一些不符合事实的地方以后，就可以发现，用这样一个高度抽象的理想经济模型来逼近资本主义市场经济的现实情况不能令人信服。

第一，关于完全竞争市场的假设条件是很抽象的。如：市场上的产品完全没有差别；厂商可以没有任何障碍地自由进入或退出一个行业；市场上的大量交易者中的任何一个人都完全掌握与自己的经济决策有关的所有信息；等等。姑且就完全相同的产品这一假设条件而论，衣服有不同的原料与样式，烟酒有不同的品牌和口味，即使鸡蛋也有大小和品种之分。西方学者也承认，如果以上述条件为根据，那么，除了证券市场能比较接近这种模式以外，完全竞争市场在现实经济生活中是根本不存在的。

第二，特别应该指出的是：贯穿市场论始终的另一个重要假定是，任何一个厂商都是按 $MR=MC$ 的利润最大化的均衡条件来安排生产的。事实上，在现实的企业的生产经营活动中，厂商并不一定遵照这一准则来安排生产，甚至完全不按照这一准则来安排生产。

而且，厂商往往对于自己所面临的需求曲线和成本曲线的准确形状并非很了解。西方经济学者赖斯特写道：西方国家的学生向他们的老师提出抗议，因为他们的作为企业主的爸爸并不像老师们所说的，"按照边际收益和边际成本相等来求得最大利润"。①

第三，即使厂商按照 $MR=MC$ 的公式来取得最大利润，我们也不能保证厂商已经达到了利润最大化的要求，因为短期利润与长期利润并不是相互独立即无关的；有时，短期利润的增加可以减少长期利润。例如，假设短期利润为 10 万元。如果厂商把其中的 4 万元用于技术改造，那么，它下一年的利润可以达到 20 万元，而本年的利润则缩小为 6 万元。这样，该厂商的长期利润（在这里为两年利润之和）为 26 万元。如果厂商不进行技术改造，那么，长期利润（两年利润之和）为 20 万元。由此可见，单凭 $MR=MC$ 的公式，厂商未必能达到利润真正最大化的要求。在我国和西方的经济实践中，存在着大量的企业的"短期行为"损害其长期利益的事例，其原因即在于此。

第四，西方学者在论证消费者统治时使用了 U 形的 LAC 曲线。只有当 LAC 曲线为 U 形的时候，LAC 曲线才能和价格线相切于 LAC 曲线的最低点，从而使西方学者得出资本主义制度能以最低的成本进行生产这一结论。

然而，我们在第五章的结束语中已经指出：实际的情况表明，在许多行业中，LAC 曲线不是 U 形的，而是 L 形的。既然如此，那么，在相当大的产量范围内，厂商的 LAC 曲线的水平线段与水平的价格线合二为一，无法找到二者的相切之点，即无法找到厂商的唯一长期均衡点，因此，西方学者所宣扬的长期均衡点的种种好处也就难以存在。

第五，在西方社会中，消费者是否真正进行"统治"很值得怀疑。首先，消费者统治的基础是他的货币选票，而货币选票是按货币单位计算的，即每一美元消费的款项都代表一张选票。消费量大者的选票多于消费量小者的选票。由于消费量的大小主要取决于收入的多寡，所以富人的选票多于穷人。因此，在收入悬殊的情况下，作为消费者的富人才是真正的皇帝，而穷消费者不过是居于次要地位的统治者。其次，能够自己独立进行决策的人才是真正的统治者。然而在西方，厂商为了拓宽产品的销路，往往进行大规模的广告宣传来影响消费者的决策。例如，某些消费者可能喜欢喝茶而不喜欢喝咖啡。在咖啡厂商的鼓动下，消费者可能把他的偏好从茶改变为咖啡。在这种情况下，消费者成为被生产者牵着鼻子走的"统治者"。美国经济学家加尔布雷思把这种情况称为"生产者统治"。②

所有上述五种批评都来自西方经济学的文献，也都为西方学者所承认。鉴于这一事实，西方经济学教科书往往说明，完全竞争市场不过是一种设想的理想状态，其存在的目的是便于衡量现实与理想的差距。以此而论，完全竞争市场模型是无可厚非的。然而，在为数众多的文献中，西方学者却忘掉了这一点。他们往往把这一模型和西方的现实混为一谈，其原因可能来自学术上的疏漏，也可能出于意识形态的考虑。不论其动机如何，这种做法都值得我们加以警惕。

对完全竞争模型的指责并不意味着否定竞争的有益作用。这一有益作用不但在理论上为一切经济学者所认可，也为各国的经济实践所证实。

---

① 赖斯特. 关于工资—就业问题的边际分析的缺陷. 美国经济评论，1946（36）.

② 加尔布雷思. 新工业国. 2 版. 波士顿：霍顿-米夫林公司，1971.

根据马克思主义政治经济学，资本家或企业之间的竞争使价值规律得以运行，商品必须按社会必要劳动时间进行交换。这样，效率较高、劳动消耗低于社会必要劳动时间的企业便会得到较多的剩余价值，从而获得发展的优势，而效率较低、劳动消耗高于社会必要劳动时间的企业便会受到惩罚，甚至为竞争所淘汰。正是在这一过程中，竞争在相当大的范围内，培植了企业的进取心、毅力和大胆进取的精神，从而提高了企业的效率。由于这些原因，马克思把竞争称为"资产阶级经济的重要推动力"[①]。很显然，在马克思主义政治经济学中，竞争被认为是提高企业效率的一个决定性因素。我国经济体制改革的一个重要举措便是引入竞争机制，并且取得了显著的效果。

　　以西方经济学而论，从亚当·斯密的"看不见的手"原理一直到目前的完全竞争模型都在强调竞争的有益作用。从西方经济的实践来看，竞争的效果也是明显的。经合组织根据多年的经验，得出了结论："多年以来，在经合组织中，竞争被认为是导向经济效率的基本环节。"[②] 一篇总结英国私有化成果的文章写道："英国的私有化越来越偏向于把国有变为私有的转变，而忽视甚至减少了对竞争的促进。我们认为，国有和私有企业的经营状态并不能证实这种偏向是对的。这些事实突出表现了竞争的作用，而使人怀疑在没有竞争条件下的私有化究竟有多大价值。"[③]

　　总之，竞争是重要和有效的，但绝不像完全竞争模型所说的那么神奇。这也许是我们对本章所应得出的结论。

---

① 马克思恩格斯全集：第46卷下．中文1版．北京：人民出版社，1980：47.
② 经合组织．竞争与经济发展．巴黎：经合组织出版署，1991：3.
③ 吉利，赖瓦西，汤普逊．政治与经济政策．伦敦：霍顿与斯特劳顿公司，1987：277.

第七章

不完全竞争市场

在西方经济学中，不完全竞争市场是相对于完全竞争市场而言的，除完全竞争市场以外的所有的或多或少带有一定垄断因素的市场都被称为不完全竞争市场。不完全竞争市场分为三个类型，它们是垄断市场、寡头市场和垄断竞争市场。其中，垄断市场的垄断程度最高，寡头市场居中，垄断竞争市场最低。本章的主要内容是分别说明这三类不完全竞争市场的价格和产量的决定，并就包括完全竞争市场在内的不同市场组织的经济效益进行比较。

第一节 垄 断

一、垄断市场的条件

垄断市场是指整个行业中只有唯一的一个厂商的市场组织。具体地说，垄断市场的条件主要有这样三点：第一，市场上只有唯一的一个厂商生产和销售商品；第二，该厂商生产和销售的商品没有任何相近的替代品；第三，其他任何厂商进入该行业都极为困难或不可能。在这样的市场中，排除了任何的竞争因素，独家垄断厂商控制了整个行业的生产和市场的销售，所以，**垄断厂商可以控制和操纵市场价格。**

形成垄断的原因主要有以下几个：第一，独家厂商控制了生产某种商品的全部资源或基本资源的供给。这种对生产资源的独占，排除了经济中的其他厂商生产同种产品的可能性。第二，独家厂商拥有生产某种商品的专利权。这便使得独家厂商可以在一定的时期内垄断该产品的生产。第三，政府的特许。政府往往在某些行业实行垄断的政策，如铁路运输部门、供电供水部门等，于是，独家企业就成了这些行业的垄断者。第四，自然垄断。

有些行业的生产具有这样的特点:一方面,从企业生产的角度看,企业的规模经济需要在达到一个产量水平很高的生产规模时才能得到充分的体现,以至整个行业的产量只有由一个企业来生产时才有可能达到这样的生产规模。而另一方面,从市场需求的角度看,只要发挥这一企业在这一生产规模上的生产能力,就可以满足整个市场对该种产品的需求。于是,在这类产品的生产中,行业内总会有某个厂商凭借雄厚的经济实力和其他优势,最先达到这一生产规模,从而垄断整个行业的生产和销售。这就是**自然垄断**。

如同完全竞争市场一样,垄断市场的假设条件也很严格。在现实的经济生活里,垄断市场也几乎是不存在的。在西方经济学中,由于完全竞争市场的经济效率被认为是最高的,从而完全竞争市场模型通常被用来作为判断其他类型市场的经济效率高低的标准,那么,垄断市场模型就是从经济效率最低的角度来提供这一标准的。

二、垄断厂商的需求曲线和收益曲线

1. 垄断厂商的需求曲线

由于垄断市场中只有一个厂商,所以,**市场的需求曲线就是垄断厂商所面临的需求曲线,它是一条向右下方倾斜的曲线。**仍假定厂商的销售量等于市场的需求量,于是,向右下方倾斜的垄断厂商的需求曲线表示:垄断厂商可以通过减少销售量的办法来提高市场价格,也可以通过增加销售量的办法来压低市场价格,即垄断厂商可以通过改变销售量来控制市场价格,而且,垄断厂商的销售量与市场价格呈反方向的变动。

2. 垄断厂商的收益曲线

厂商所面临的需求状况直接影响厂商的收益,这便意味着厂商的需求曲线的特征将决定厂商的收益曲线的特征。垄断厂商的需求曲线是向右下方倾斜的,其相应的平均收益 AR 曲线、边际收益 MR 曲线和总收益 TR 曲线的一般特征如图 7-1 所示:第一,由于厂商的平均收益 AR 总是等于商品的价格 P,所以,在图中,垄断厂商的 AR 曲线和需求曲线 d 重合,为同一条向右下方倾斜的曲线。第二,由于 AR 曲线是向右下方倾斜的,则根据平均量和边际量之间的相互关系可以推知,垄断厂商的边际收益 MR 总是小于平均收益 AR。因此,图中 MR 曲线位于 AR 曲线的左下方,且 MR 曲线也向右下方倾斜。第三,由于每一销售量上的边际收益 MR 值就是相应的总收益 TR 曲线的斜率,所以,在图中,当 $MR>0$ 时,TR 曲线的斜率为正;当 $MR<0$ 时,TR 曲线的斜率为负;当 $MR=0$ 时,TR 曲线达到最大值点。

垄断厂商的需求曲线 d 可以是直线型的〔如图 7-1(a)所示〕,也可以是曲线型的。图 7-1 体现了当垄断厂商的需求曲线为直线型时 AR 曲线、MR 曲线和 TR 曲线相互之间的一般关系。在此,需要指出的

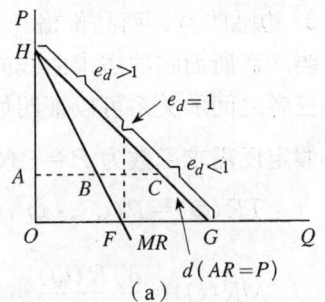

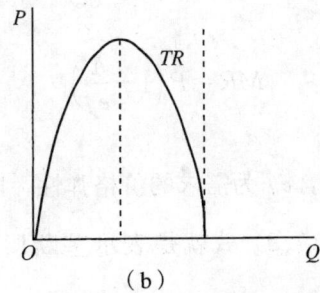

图 7-1 垄断厂商的需求曲线和收益曲线

是，当垄断厂商的需求曲线 d 为直线型的时，相应的 MR 曲线还有其他一些基本的特征，关于这一点的具体分析如下：

假定线性的反需求函数为：

$$P(Q)=a-bQ \tag{7.1}$$

式中，常数 a、$b>0$。由上式可得总收益函数和边际收益函数分别为：

$$TR(Q)=P(Q) \cdot Q=aQ-bQ^2 \tag{7.2}$$

$$MR(Q)=\frac{\mathrm{d}TR(Q)}{\mathrm{d}Q}=a-2bQ \tag{7.3}$$

根据（7.1）式和（7.3）式可求得需求曲线和边际收益曲线的斜率分别为：

$$\frac{\mathrm{d}P(Q)}{\mathrm{d}Q}=-b \tag{7.4}$$

$$\frac{\mathrm{d}MR(Q)}{\mathrm{d}Q}=-2b \tag{7.5}$$

由此可得以下结论：当垄断厂商的需求曲线 d 为直线型的时，d 曲线和 MR 曲线的纵截距是相等的（在此均为 a）。此外，MR 曲线的斜率（在此为 $-2b$）是 d 曲线的斜率（在此为 $-b$）的两倍，在图中表现为 MR 曲线的横截距是 d 曲线横截距的一半，或 MR 曲线平分由纵轴到需求曲线 d 的任何一条水平线［如在图 7-1（a）中有 $OF=FG$、$AB=BC$ 等等］。

3. 边际收益、商品价格和需求的价格弹性

当厂商所面临的需求曲线向右下方倾斜时，厂商的边际收益、商品价格和需求的价格弹性三者之间的关系可以证明如下。

假定反需求函数为 $P=P(Q)$，则可以有

$$TR(Q)=P(Q) \cdot Q$$

$$MR(Q)=\frac{\mathrm{d}TR(Q)}{\mathrm{d}Q}=P+Q \cdot \frac{\mathrm{d}P}{\mathrm{d}Q}=P\left(1+\frac{\mathrm{d}P}{\mathrm{d}Q} \cdot \frac{Q}{P}\right)$$

即 $\quad MR=P\left(1-\frac{1}{e_d}\right) \tag{7.6}$

式中，e_d 为需求的价格弹性，即 $e_d=-\frac{\mathrm{d}Q}{\mathrm{d}P} \cdot \frac{P}{Q}$。

（7.6）式就是表示垄断厂商的边际收益、商品价格和需求的价格弹性之间关系的式子。

由（7.6）式可得以下三种情况：

当 $e_d>1$ 时，有 $MR>0$。此时，TR 曲线斜率为正，表示厂商的总收益 TR 随着销售量 Q 的增加而增加。

186

当 $e_d < 1$ 时，有 $MR < 0$。此时，TR 曲线斜率为负，表示厂商的总收益 TR 随着销售量 Q 的增加而减少。

当 $e_d = 1$ 时，有 $MR = 0$。此时，TR 曲线斜率为零，表示厂商的总收益 TR 达到极大值点。

以上三种情况在图 7-1 中都得到了体现。①

最后需要指出的是，以上对垄断厂商的需求曲线和收益曲线所作的分析，对于其他非完全竞争市场条件下的厂商同样适用。只要非完全竞争市场条件下厂商所面临的需求曲线是向右下方倾斜的，相应的厂商的各种收益曲线就具有以上所分析的基本特征。

三、垄断厂商的短期均衡

垄断厂商为了获得最大的利润，也必须遵循 $MR = MC$ 的原则。**在短期内，垄断厂商无法改变固定要素投入量，垄断厂商是在既定的生产规模下通过对产量和价格的调整，来实现 $MR = SMC$ 的利润最大化的原则**。这可用图 7-2 来说明。

图中的 SMC 曲线和 SAC 曲线代表垄断厂商的既定的生产规模，d 曲线和 MR 曲线分别代表垄断厂商的需求和收益状况。垄断厂商根据 $MR = SMC$ 的利润最大化的均衡条件，将产量和价格分别调整到 Q_1 和 P_1 的水平。在短期均衡点 E 上，垄断厂商的平均收益为 FQ_1，平均成本为 GQ_1，平均收益大于平均成本，垄断厂商获得利润。单位产品的平均利润为 FG，总利润量相当于图中阴影部分的矩形面积。

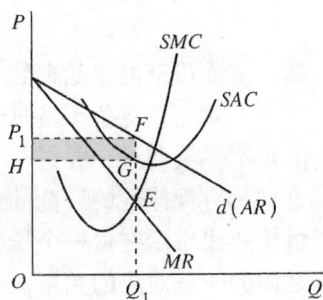

图 7-2　垄断厂商的短期均衡（一）

为什么垄断厂商只有在 $MR = SMC$ 的均衡点上，才能获得最大的利润呢？

这是因为，只要 $MR > SMC$，垄断厂商增加一单位产量所得到的收益增量就会大于所付出的成本增量。这时，厂商增加产量是有利的。随着产量的增加，如图所示，MR 会下降，而 SMC 会上升，两者之间的差额会逐步缩小，最后达到 $MR = SMC$ 的均衡点，厂商也由此得到了增加产量的全部好处。而当 $MR < SMC$ 时，情况正好与上面相反。所以，垄断厂商的利润在 $MR = SMC$ 处达到最大值。

如果认为垄断厂商在短期内总能获得利润，这就错了。垄断厂商在 $MR = SMC$ 的短期均衡点上，可以获得最大的利润，也可能是亏损的（尽管亏损额是最小的）。造成垄断厂商短期亏损的原因，可能是既定的生产规模的成本过高（表现为相应的成本曲线的位置过高），也可能是垄断厂商所面临的市场需求过小（表现为相应的需求曲线的位置过低）。垄断厂商短期均衡时的亏损情况如图7-3所示。

在图 7-3 中，垄断厂商遵循 $MR = SMC$ 的原则，将产量和价格分别调整到 Q_1 和 P_1 的水平。在短期均衡点 E，垄断厂商是亏损的，单位产品的平均亏损额为 GF，总亏损额

---

① 读者可能已经注意到，在此利用 (7.6) 式分析商品的需求的价格弹性和厂商的总收益之间的关系所得到的结论，与在第二章第五节中分析商品的需求的价格弹性与厂商的销售收入之间的关系所得到的结论本质上是相同的。

等于图中阴影部分的矩形面积。与完全竞争厂商相同，在短期生产亏损的情况下，若 $AR > AVC$，垄断厂商就继续生产；若 $AR < AVC$，垄断厂商就停止生产；若 $AR = AVC$，垄断厂商则认为生产和不生产都一样。在图 7-3 中，平均收益 FQ_1 大于平均可变成本 IQ_1，所以，垄断厂商是继续生产的。至于垄断厂商在短期亏损时还可能选择退出或生产与不生产都一样的另外两种状态，读者可以自己作图加以分析。[①]

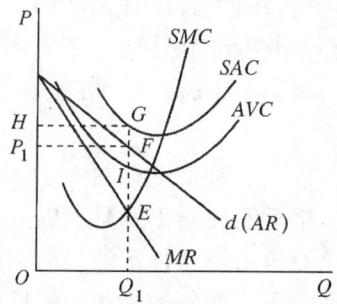

图 7-3　垄断厂商的短期均衡（二）

由此可以得到垄断厂商的短期均衡条件为：

$$MR = SMC \tag{7.7}$$

垄断厂商在短期均衡点上可以获得最大利润，可以利润为零，也可以蒙受最小亏损。

四、垄断厂商的供给曲线

在上一章完全竞争市场理论中，从完全竞争厂商的短期边际成本曲线推导出完全竞争厂商的短期供给曲线，并进一步得到行业的短期供给曲线。但是，在垄断市场条件下并不存在这种具有规律性的厂商的供给曲线。

供给曲线表示在每一个价格水平生产者愿意而且能够提供的产品数量。它表现产量和价格之间的一一对应的关系。

在完全竞争市场条件下，每一个厂商都无法控制市场价格，它们都是在每一个既定的市场价格水平，根据 $P = SMC$ 的均衡条件来确定唯一的能够带来最大利润（或最小亏损）的产量。例如，在图 6-7 中，随着完全竞争厂商所面临的呈水平线形状的需求曲线的位置上下平移，价格 P_1 对应的唯一的均衡产量为 Q_1，价格 P_2 对应的唯一的均衡产量为 Q_2，如此等等。这种价格和产量之间一一对应的关系，是构造完全竞争厂商和行业的短期供给曲线的基础。

但是，垄断市场条件下的情况就不相同了。垄断厂商是通过对产量和价格的同时调整来实现 $MR = SMC$ 的原则的，而且，P 总是大于 MR。随着厂商所面临的向右下方倾斜的需求曲线的位置的移动，厂商的价格和产量之间不再必然存在如完全竞争条件下那样的一一对应的关系，而是有可能出现一个价格水平对应几个不同的产量水平，或一个产量水平对应几个不同的价格水平的情形。

例如，在图 7-4（a）中，MC 曲线是固定的。当垄断厂商的需求曲线为 d_1、边际收益曲线为 MR_1 时，由均衡点 E_1 决定的产量为 Q_1，价格为 P_1。当需求曲线移为 d_2、边际收益曲线移为 MR_2 时，由均衡点 E_2 决定的产量为 Q_2，价格为 P_2，且 $P_2 = P_1$。于是，同一个价格水平 $P_1 = P_2$ 对应两个不同的产量 Q_1 和 Q_2。在图 7-4（b）中，MC 曲线仍是固定的，d_1 曲线、MR_1 曲线和 d_2 曲线、MR_2 曲线分别为两组不同的需求曲线和边际收益曲线。比较 $MR_1 = SMC$ 和 $MR_2 = SMC$ 的两个均衡点 E_1 和 E_2（为同一均衡点），可

---

① 在此对垄断厂商短期均衡的分析只涉及获得利润和亏损这两种情况。事实上，在垄断厂商的短期均衡点上，还可能有利润恰好等于零。当厂商的利润为零时，必有 $AR = SAC$。关于这种情况的分析，正文中从略。

以发现，同一个产量水平 $Q_1 = Q_2$ 对应的却是两个不同的价格 P_1 和 P_2。因此，在垄断市场条件下无法得到如完全竞争市场条件下那样的具有规律性的可以表示产量和价格之间一一对应关系的厂商和行业的短期供给曲线。

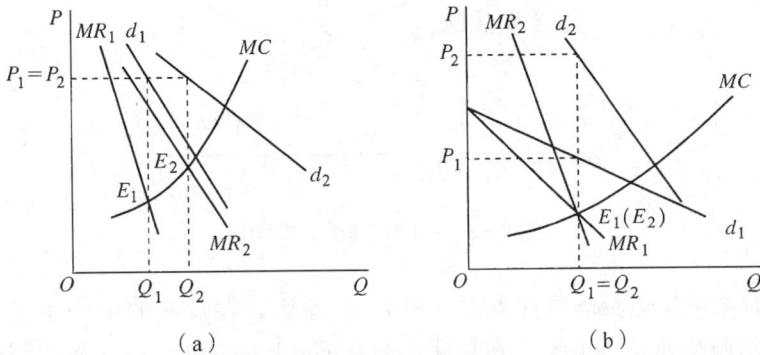

图 7-4　垄断厂商的产量和价格

由此可以得到更一般的结论：凡是在或多或少的程度上带有垄断因素的不完全竞争市场中，或者说，凡是在单个厂商对市场价格具有一定的控制力量，相应地，单个厂商的需求曲线向右下方倾斜的市场中，是不存在具有规律性的厂商和行业的短期和长期供给曲线的。其理由跟上面对垄断厂商不存在短期供给曲线的分析相同。这一结论也适用于下面两节将要分析的垄断竞争市场和寡头市场。

五、垄断厂商的长期均衡

垄断厂商在长期内可以调整全部生产要素的投入量即生产规模，从而实现最大的利润。垄断行业排除了其他厂商进入的可能性，因此，与完全竞争厂商不同，如果垄断厂商在短期内获得利润，那么，其利润在长期内不会因为新厂商的加入而消失，垄断厂商在长期内是可以保持利润的。

垄断厂商在长期内对生产的调整一般可以有三种可能的结果：第一种结果，垄断厂商在短期内是亏损的，但在长期，又不存在一个可以使其获得利润（或至少使亏损为零）的最优生产规模，于是，该厂商退出生产。第二种结果，垄断厂商在短期内是亏损的，在长期内，该厂商通过对最优生产规模的选择，摆脱了亏损的状况，甚至获得利润。第三种结果，垄断厂商在短期内利用既定的生产规模获得了利润，在长期中，该厂商通过对生产规模的调整，使自己获得更大的利润。至于第一种情况，不需要再分析。对第二种情况和第三种情况的分析是相似的，下面利用图 7-5 着重分析第三种情况。[①]

图中的 d 曲线和 MR 曲线分别表示垄断厂商所面临的市场需求曲线和边际收益曲线，LAC 曲线和 LMC 曲线分别为垄断厂商的长期平均成本曲线和长期边际成本曲线。

假定开始时垄断厂商短期是在由 SAC_1 曲线和 SMC_1 曲线所代表的生产规模上进行生

---

①　在此略去对第二种情况的分析。感兴趣的读者可以参照正文中对第三种情况的分析，自己作图对第二种情况进行分析。

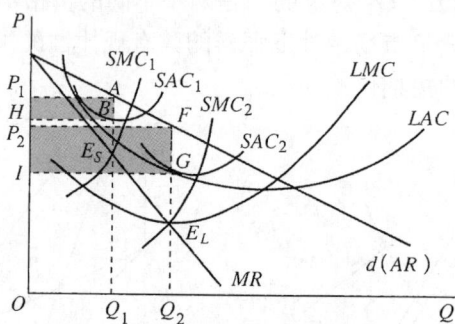

图 7-5 垄断厂商的长期均衡

产。在短期内，垄断厂商只能按照 $MR=SMC$ 的原则，在现有的生产规模上将均衡产量和均衡价格分别调整到 Q_1 和 P_1。在短期均衡点 E_S 上，垄断厂商获得的利润为图中较小的阴影部分面积 HP_1AB。

在长期中，垄断厂商通过对生产规模的调整，能进一步增大利润。按照 $MR=LMC$ 的长期均衡原则，垄断厂商的长期均衡点为 E_L，长期均衡产量和均衡价格分别为 Q_2 和 P_2，垄断厂商所选择的相应的最优生产规模由 SAC_2 曲线和 SMC_2 曲线所代表。此时，垄断厂商获得了比短期更大的利润，其利润量相当于图中较大的阴影部分面积 IP_2FG。

由此可见，**垄断厂商之所以能在长期内获得更大的利润，原因在于在长期内企业的生产规模是可调整的，而且市场对新加入厂商是完全关闭的。**

如图 7-5 所示，在垄断厂商的 $MR=LMC$ 的长期均衡产量上，代表最优生产规模的 SAC 曲线和 LAC 曲线相切于 G 点，相应的 SMC 曲线、LMC 曲线和 MR 曲线相交于 E_L 点。所以，垄断厂商的长期均衡条件为：

$$MR=LMC=SMC \tag{7.8}$$

垄断厂商在长期均衡点上一般可获得利润。

最后，由于垄断厂商所面临的需求曲线就是市场的需求曲线，垄断厂商的供给量就是全行业的供给量，所以，本节所分析的垄断厂商的短期和长期的均衡价格与均衡产量的决定，就是垄断市场的短期和长期的均衡价格与均衡产量的决定。

六、价格歧视

在有些情况下，垄断厂商会对同一种产品收取不同的价格，这种做法往往会增加垄断厂商的利润。**以不同价格销售同一种产品，被称为价格歧视。**[①]

垄断厂商实行价格歧视，必须具备以下基本条件：

第一，市场的消费者具有不同的偏好，且这些不同的偏好可以被区分开。这样，厂商才有可能对不同的消费者或消费群体收取不同的价格。

---

① 要注意区分差别定价和价格歧视。如果同一种产品由于成本不同而以不同的价格出售，则属于差别定价的做法，而不是价格歧视。严格地说，价格歧视要求所出售的同种产品具有相同的成本。

第二，不同的消费群体或不同的销售市场是相互隔离的。这样就排除了中间商由低价处买进商品，转手又在高价处出售商品而从中获利的情况。

价格歧视可以分为一级、二级和三级价格歧视，下面分别予以考察。

1. 一级价格歧视

如果厂商对每一单位产品都按消费者所愿意支付的最高价格出售，这就是一级价格歧视。一级价格歧视也被称作完全价格歧视。一级价格歧视如图 7-6 所示：当厂商销售第一单位产品 Q_1 时，消费者愿意支付的最高价格为 P_1，于是，厂商就按此价格出售第一单位产品。当厂商销售第二单位产品时，厂商又按照消费者愿意支付的最高价格 P_2 出售第二单位产品。依此类推，直到厂商销售量为 Q_m 为止，即以价格 P_m 销售第 m 单位的产品。这时，垄断厂商得到的总收益相当于图中阴影部分的面积。而如果厂商不实行价格歧视，都按同一个价格 P_m 出售 Q_m 的产量，总收益仅为 OP_mBQ_m 的面积。

下面，我们进一步利用图 7-7 分析一级价格歧视所产生的影响。

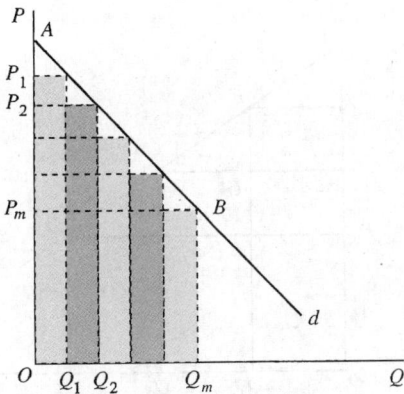

图 7-6　一级价格歧视（一）

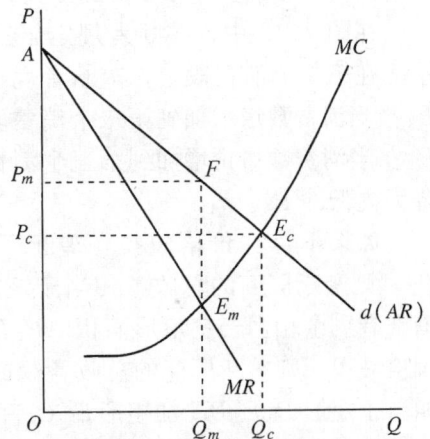

图 7-7　一级价格歧视（二）

在图中，如果垄断厂商不实行价格歧视，则垄断厂商由需求曲线 d 和边际收益 MR 曲线出发，根据 $MR=MC$ 原则所确定的均衡价格为 P_m，均衡数量为 Q_m，市场上消费者剩余为图中的三角形面积 P_mAF。如果垄断厂商实行一级价格歧视，且假定产量和价格的变化是连续的，则垄断厂商将由需求曲线 d 出发，来确定每一单位商品的不同销售价格。由此可以发现：

第一，垄断厂商实行一级价格歧视时的产量将为 Q_c，它大于无价格歧视时的产量 Q_m。具体地看，厂商在实行一级价格歧视时，在产量小于 Q_m 的范围内，消费者为每一单位产品所愿意支付的最高价格（由 d 曲线得到）均大于 P_m，所以，垄断厂商增加产量是有利的。需要注意的是，在产量达到 Q_m 以后，在 Q_m 到 Q_c 的产量范围，消费者为每一单位产品所愿意支付的最高价格（由 d 曲线得到）虽然小于 P_m 但仍然大于 MC，所以，垄断厂商增加产量还可以获利。因此，垄断厂商始终有动力将产量一直增加到 Q_c 为止。在第 Q_c 单位的产量上，d 曲线和 MC 曲线相交，即有 $P=MC$，垄断厂商也由此获得了将产量增加到 Q_c 的全部好处。反之，在大于 Q_c 的产量范围，均有 $P<MC$，故垄断厂商是不

可能将生产推进到此产量范围的。总之，实行一级价格歧视的垄断厂商在产量 Q_c 实现了 $P=MC$，它大于无价格歧视时的产量 Q_m。第二，在一级价格歧视下，垄断厂商的总收益相当于 OAE_cQ_c 的面积，由此获得了比在无价格歧视下按同一价格 P_m 销售全部产量 Q_m 时更大的利益。第三，一级价格歧视使得消费者剩余全部被垄断厂商所占有，转化为垄断厂商的收益（或利润）。

总之，在一级价格歧视下，垄断厂商占有了全部的消费者剩余。此外，在 Q_c 的产量上，有 $P=MC$，它居然实现了完全竞争厂商的均衡条件，达到了完全竞争厂商的均衡产量。从这一点可以说，一级价格歧视下的资源配置是有效的。

2. 二级价格歧视

二级价格歧视不如一级价格歧视那么严重。一级价格歧视要求垄断者对每一单位的产品都制定一个价格，而**二级价格歧视要求对不同的消费数量段规定不同的价格**。例如，当消费者购买 6 单位产品时，其价格为 6 元；当消费者再购买 4 单位产品时，这新增的 4 单位产品购买量的价格便下降为 5 元；如此等等。

在图 7-8 中，垄断者规定了三个不同的价格水平。在第一个消费段上，垄断者规定的价格最高，为 P_1；当消费数量增加到第二个消费段时，价格下降为 P_2；当消费数量再增加到第三个消费段时，价格便下降为更低的 P_3。

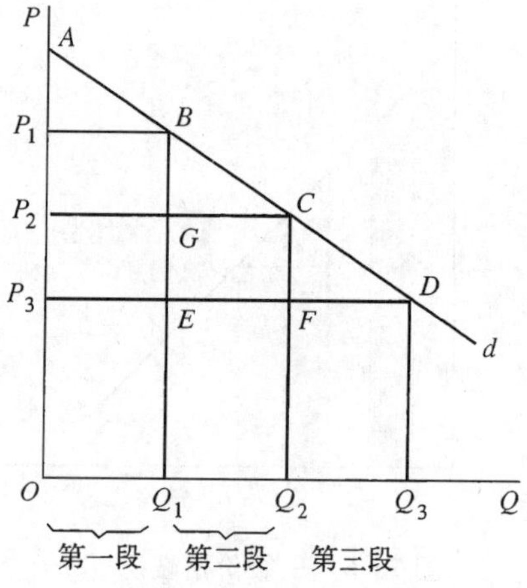

如果不存在价格歧视，垄断厂商的产品价格为 P_3，则垄断厂商的总收益相当于矩形面积 OP_3DQ_3，消费者剩余相当于三角形面积 AP_3D。如果实行二级价格歧视，则垄断厂商的总收益（或利润）的增加量相当于矩形 P_3P_1BE 加矩形 $EGCF$ 的面积，这一面积恰好就是消费者剩余的损失量，留给消费者的剩余仅相当于三角形 AP_1B、BGC 和 CFD 的面积之和。

由此可见，实行二级价格歧视的垄断厂商的收益（或利润）会增加，部分消费者剩余被垄断者占有。此外，垄断者会达到或接近 $P=MC$ 的有效资源配置的产量。

图 7-8 二级价格歧视

3. 三级价格歧视

垄断厂商对同一种产品在不同的市场上（或对不同的消费群体）收取不同的价格，这就是三级价格歧视。例如，同种产品，在富人区的价格高于在贫民区的价格；同样的教科书，学生们打折购买。更一般地，同种产品，国内市场和国外市场的价格不一样；城市市场和乡村市场的价格不一样；"黄金时间段"和"非黄金时间段"的价格不一样；等等。

下面具体分析三级价格歧视的做法。分析中假定某垄断厂商在两个分割的市场上出售同种产品。

首先，厂商应该根据 $MR_1=MR_2=MC$ 的原则来确定产量和价格。其中，MR_1 和 MR_2 分别表示市场 1 和市场 2 的边际收益，MC 表示产品的边际成本。这是因为，第一，就不同的市场而言，厂商应该使各个市场的边际收益相等。只要各市场之间的边际收益不相等，厂商就可以通过不同市场之间的销售量的调整来获得更大的利益。例如，当 $MR_1 > MR_2$ 时，厂商自然会减少市场 2 的销售量而增加市场 1 的销售量，以获得更大的利益。这种调整一直会持续到 $MR_1 = MR_2$ 为止。第二，厂商应该使生产的边际成本 MC 等于各市场相等的边际收益。只要两者不等，厂商就可以通过增加或减少产量来获得更大的利益，直至实现 $MR_1 = MR_2 = MC$ 的条件。

其次，根据（7.6）式，在市场 1 有

$$MR_1 = P_1 \left(1 - \frac{1}{e_{d1}}\right)$$

在市场 2 有

$$MR_2 = P_2 \left(1 - \frac{1}{e_{d2}}\right)$$

再根据 $MR_1 = MR_2$ 的原则，可得

$$P_1 \left(1 - \frac{1}{e_{d1}}\right) = P_2 \left(1 - \frac{1}{e_{d2}}\right)$$

整理得

$$\frac{P_1}{P_2} = \frac{1 - \dfrac{1}{e_{d2}}}{1 - \dfrac{1}{e_{d1}}} \tag{7.9}$$

由（7.9）式可知，三级价格歧视要求厂商在需求的价格弹性较小的市场上制定较高的产品价格，在需求的价格弹性较大的市场上制定较低的产品价格。实际上，对那些对价格变化反应不敏感的消费者制定较高的价格，而对那些对价格变化反应敏感的消费者制定较低的价格，是有利于垄断者获得更大的利润的。[1][2]

第二节　垄断竞争

一、垄断竞争市场的条件

完全竞争市场和垄断市场是理论分析中的两种极端的市场组织。在现实经济生活中，通常存在的是垄断竞争市场和寡头市场。其中，垄断竞争市场与完全竞争市场比较接近。

垄断竞争市场是这样一种市场组织，一个市场中有许多厂商生产和销售有差别的同种产品。根据垄断竞争市场的这一基本特征，西方经济学家提出了生产集团的概念。因为在完全竞争市场和垄断市场条件下，行业的含义是很明确的，它是指生产同一种无差别的产品的厂商的总和。而在垄断竞争市场，产品差别这一重要特点使得上述意义上的行业不存在。为此，在垄断竞争市场理论中，**把市场上大量的生产非常接近的同种产品的厂商的总**

---

[1]　关于三级价格歧视对资源配置的影响的分析比较复杂，在正文中不涉及。

[2]　关于对垄断厂商的管制问题，请读者阅读本书第十一章第一节的内容。

和称作生产集团。例如，汽车加油站集团、快餐食品集团、美容美发集团等。

具体地说，垄断竞争市场的条件主要有以下三点：

第一，在生产集团内有大量的企业生产有差别的同种产品，这些产品彼此之间都是非常接近的替代品。例如，牛肉方便面和鸡肉方便面是有差别的同种产品，二者具有较密切的替代性。

在这里，产品差别不仅指同一种产品在质量、构造、外观、销售服务条件等方面的差别，还指商标、广告方面的差别和以消费者的想象为基础的任何虚构的差别。例如，虽然在两家不同饭馆出售的同一种菜肴（如清蒸鱼）在实质上没有差别，然而，消费者在心理上却认为一家饭馆的清蒸鱼比另一家饭馆的清蒸鱼鲜美很多，即存在着虚构的产品差别。

一方面，由于市场上的产品之间存在着差别，或者说，由于带有自身特点的产品都是唯一的，因此，每个厂商对自己的产品的价格都具有一定的垄断力量，从而使得市场中具有垄断的因素。一般说来，产品的差别越大，厂商的垄断程度也就越高。另一方面，由于有差别的产品相互之间又是很相似的替代品，或者说，每一种产品都会遇到大量的其他的相似产品的竞争，因此，市场中又具有竞争的因素。如此，便构成了垄断因素和竞争因素并存的垄断竞争市场的基本特征。例如，不同品牌的香烟、饮料和方便面市场等。

第二，一个生产集团中的企业数量非常多，以至每个厂商都认为自己行为的影响很小，不会引起竞争对手的注意和反应，因而自己也不会受到竞争对手的任何报复措施的影响。例如，盒饭、理发行业。

第三，厂商的生产规模比较小，因此，进入和退出一个生产集团比较容易。

在现实生活中，垄断竞争的市场组织在零售业和服务业中是很普遍的。例如，轻工业、餐饮业、修理业、糖果零售业、美发美容业等。

在垄断竞争生产集团中，各个厂商的产品是有差别的，厂商们相互之间的成本曲线和需求曲线未必相同。但是在垄断竞争市场模型中，西方学者总是假定生产集团内的所有厂商都具有相同的成本曲线和需求曲线，并以**代表性企业**进行分析。这一假定使分析得以简化，而又不影响结论的实质。

二、垄断竞争厂商的需求曲线

由于垄断竞争厂商可以在一定程度上控制自己产品的价格，即通过改变自己所生产的有差别的产品的销售量来影响商品的价格，所以，如同垄断厂商一样，垄断竞争厂商所面临的需求曲线也是向右下方倾斜的。所不同的是，由于各垄断竞争厂商的产品相互之间都是很接近的替代品，市场中的竞争因素又使得垄断竞争厂商的需求曲线具有较大的弹性，因此，**垄断竞争厂商向右下方倾斜的需求曲线是比较平坦的，相对地比较接近完全竞争厂商的水平形状的需求曲线。**

垄断竞争厂商所面临的需求曲线有两种，它们通常被区分为 d 需求曲线和 D 需求曲线。下面用图 7-9 分别说明这两种需求曲线。

关于 d 需求曲线。d 需求曲线表示：在垄断竞争生产集团内的某个厂商改变产品价格，而其他厂商的产品价格都保持不变时，该厂商的产品价格和销售量之间的关系。在图 7-9 中，假定某垄断竞争厂商开始时处于价格为 P_1 和产量为 Q_1 的 A 点上，它想通过降价来增加自己产品的销售量。因为该厂商认为，它降价以后不仅能增加自己产品的原有买者的购买量，而且能把买者从生产集团内的其他厂商那里吸引过来。并且，该垄断竞争厂商认为其他厂商不会对它的降价行为作出反应。随着它的商品价格由 P_1 下降为 P_2，它的销售量会沿着 d_1 需求曲线由 Q_1 增加为 Q_2。因此，它预期自己的生产可以沿着 d_1 需求曲线由 A 点运动到 B 点，即产量可以有较大的增加。所以，d 需求曲线也被称为主观需求曲线或预期的需求曲线。

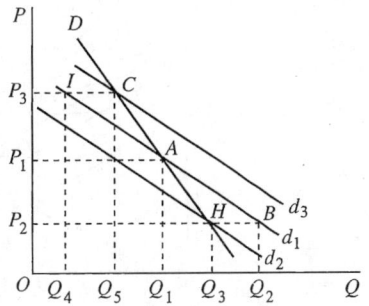

图 7-9　垄断竞争厂商的需求曲线

关于 D 需求曲线。D 需求曲线表示：在垄断竞争生产集团内的某个厂商改变产品价格，而且集团内的其他所有厂商也使产品价格发生相同变化时，该厂商的产品价格和销售量之间的关系。在图 7-9 中，如果某垄断竞争厂商将价格由 P_1 降为 P_2，集团内其他所有厂商也都将价格由 P_1 降为 P_2，于是，该垄断竞争厂商的实际销售量是 D 需求曲线上的 Q_3，Q_3 小于它的预期销售量即 d_1 需求曲线上的 Q_2。这是因为集团内其他厂商的买者没有被该厂商吸引过来，每个厂商的销售量增加仅来自整个市场的价格水平的下降。所以，该垄断竞争厂商降价的结果是使自己的销售量沿着 D 需求曲线由 A 点运动到 H 点。同时，d_1 需求曲线也相应地从 A 点沿着 D 需求曲线向下平移到 H 点，即向下平移到 d_2 需求曲线的位置。d_2 需求曲线表示当整个生产集团将价格固定在新的价格水平 P_2 以后，该垄断竞争厂商单独变动价格时在各个价格下的预期销售量。

所以，关于 D 需求曲线，还可以说，它表示垄断竞争生产集团内的单个厂商在每一市场价格水平的实际销售份额。若生产集团内有 n 个垄断竞争厂商，不管全体 n 个厂商将市场价格调整到何种水平，D 需求曲线总是表示每个厂商的实际销售份额为市场总销售量的 $\frac{1}{n}$。所以，D 需求曲线也被称为实际需求曲线或份额需求曲线。

从以上的分析中我们可以得到关于 d 需求曲线和 D 需求曲线的一般关系：第一，当垄断竞争生产集团内的所有厂商都以相同方式改变产品价格时，整个市场价格的变化会使得单个垄断竞争厂商的 d 需求曲线的位置沿着 D 需求曲线发生平移。第二，由于 d 需求曲线表示单个垄断竞争厂商单独改变价格时所预期的产品销售量，D 需求曲线表示每个垄断竞争厂商在每一市场价格水平实际所面临的市场需求量，所以，d 需求曲线和 D 需求曲线相交意味着垄断竞争市场的供求相等状态。第三，很显然，d 需求曲线的弹性大于 D 需求曲线的弹性，即前者较之于后者更平坦一些。

三、垄断竞争厂商的短期均衡

西方经济学家通常以垄断竞争生产集团内的代表性企业来分析垄断竞争厂商的短期均衡和长期均衡。以下分析中的垄断竞争厂商均指代表性企业。

在短期内，垄断竞争厂商是在现有的生产规模下通过对产量和价格的调整，来实现 $MR = SMC$ 的均衡条件。现用图 7-10 来分析垄断竞争厂商的短期均衡的形成过程。

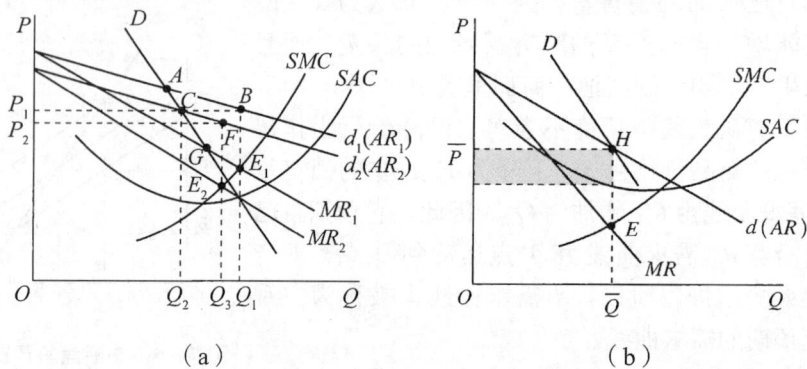

图 7-10 垄断竞争市场代表性企业的短期均衡

在图 7-10 (a) 中，SAC 曲线和 SMC 曲线表示代表性企业的现有生产规模，d 曲线和 D 曲线表示代表性企业的两种需求曲线，MR_1 曲线是相对于 d_1 曲线的边际收益曲线，MR_2 曲线是相对于 d_2 曲线的边际收益曲线。假定代表性企业最初在 d_1 曲线和 D 曲线相交的 A 点上进行生产。就该企业在 A 点的价格和产量而言，与实现最大利润的 $MR_1 = SMC$ 的均衡点 E_1 所要求的产量 Q_1 和价格 P_1 相差很远。于是，该厂商决定将生产由 A 点沿着 d_1 需求曲线调整到 B 点，即将价格降低为 P_1，将产量增加为 Q_1。

然而，由于生产集团内每一个企业所面临的情况都是相同的，而且，每个企业都是在假定自己改变价格而其他企业不会改变价格的条件下采取了相同的行动，即都把价格降为 P_1，都计划生产 Q_1 的产量，于是，事实上，当整个市场的价格降为 P_1 时，每个企业的产量都毫无例外地是 Q_2（取决于份额需求曲线 D），而不是 Q_1（取决于主观需求曲线 d）。也就是说，首次降价的结果是使代表性企业的经营位置 A 点沿 D 曲线运动到 C 点，相应地，每个企业的 d_1 曲线也都向下平移到过 C 点的 d_2 曲线的位置。

在 C 点的位置上，d_2 曲线与 D 曲线相交，相应的边际收益曲线为 MR_2。很清楚，C 点上的代表性企业的产品价格 P_1 和产量 Q_2 仍然不符合在新的市场价格水平下的 $MR_2 = SMC$ 的均衡点 E_2 上的价格 P_2 和产量 Q_3 的要求（即 F 点的价格和产量）。因此，该企业会再一次降价。与第一次降价相似，每一个企业都按自己的主观预期将沿着 d_2 曲线由 C 点运动到 F 点；而事实上，整个生产集团内的每个厂商都将沿着市场份额需求曲线 D 由 C 点运动到 G 点。相应地，d_2 曲线向下平移到过 G 点的位置，并与 D 曲线相交（图中从略）。依此类推，代表性企业为实现 $MR = SMC$ 的利润最大化的原则，会继续降低价格，d 曲线会沿着 D 曲线不断向下平移，并在每一个新的市场价格水平与 D 曲线相交。

上述的过程一直要持续到代表性企业没有理由再继续降价为止，即一直要持续到企业所追求的 $MR = SMC$ 的均衡条件实现为止。如图 7-10 (b) 所示，代表性企业连续降价行为的最终结果是，将使得 d 曲线和 D 曲线的交点 H 上的产量和价格，恰好是 $MR = SMC$ 时的均衡点 E 所要求的产量 $\overline{Q}$ 和价格 $\overline{P}$。此时，企业便实现了短期均衡，并获得了利润，其利润量相当于图中的阴影部分面积。当然，垄断竞争厂商在短期均衡点上并非一定能获得最大的利润，也可能是最小的亏损。这取决于均衡价格是高于还是低于 SAC。在企业亏损时，

只要均衡价格高于 AVC，企业在短期内总是继续生产；只要均衡价格低于 AVC，企业在短期内就会停产。关于其他短期均衡时的盈亏情况，读者可以在图 7-10（b）的基础上，并参考图 7-3，自己作图并进行分析。

总之，垄断竞争厂商短期均衡的条件是：

$$MR = SMC \tag{7.10}$$

在短期均衡的产量上，必定存在一个 d 曲线和 D 曲线的交点，它意味着市场上的供求是相等的。此时，垄断竞争厂商可能获得最大利润，可能利润为零，也可能蒙受最小亏损。

四、垄断竞争厂商的长期均衡

在长期内，垄断竞争厂商不仅可以调整生产规模，还可以加入或退出生产集团，这便意味着，垄断竞争厂商在长期均衡时的利润必定为零。这就是说，在垄断竞争厂商的长期均衡产量上，d 需求曲线必定与 LAC 曲线相切。简单地看，这些情况与完全竞争厂商是相似的。但由于垄断竞争厂商所面临的是两条向右下方倾斜的需求曲线，因此，垄断竞争厂商的长期均衡的实现过程及其状态具有自身的特点。

垄断竞争厂商的长期均衡的形成过程可以用图 7-11 来说明。

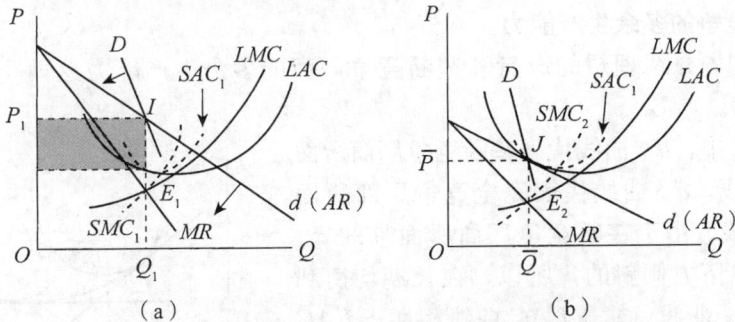

图 7-11 垄断竞争市场代表性企业的长期均衡

在图 7-11（a）中，假定代表性企业开始时在 I 点上经营。在 I 点所对应的产量 Q_1 上，最优生产规模由 SAC_1 曲线和 SMC_1 曲线所代表；企业的边际收益 MR 曲线、长期边际成本 LMC 曲线和短期边际成本 SMC 曲线相交于均衡点 E_1；d 曲线和 D 曲线相交于 I 点，即市场供求相等；企业获得利润，其利润量相当于图中的阴影部分面积。

由于生产集团内存在着利润，新的厂商就会被吸引进来。随着生产集团内企业数量的增加，在市场需求规模不变的条件下，每个企业所面临的市场销售份额都会减少。相应地，代表性企业的份额需求曲线 D 便向左下方平移［如图 7-11（a）中左边的箭头所示］，从而使企业原有的均衡点 E_1 的位置受到扰动。当企业为建立新的均衡而降低价格时，d 曲线便沿着 D 曲线也向左下方平移［如图 7-11（a）中右边的箭头所示］。而且，由于新厂商的加入使得市场竞争加剧，所以，单个厂商的 d 需求曲线会变得更平坦一些［如图 7-11（b）所示］。这种 D 曲线和 d 曲线不断地向左下方移动的过程，一直要持续到不再有新厂商加入为止。也就是说，一直要持续到生产集团内的每个厂商的利润都为零为止。最后，厂商在图 7-11（b）中的 E_2 点实现长期均衡。

在代表性企业的长期均衡产量 $\bar{Q}$ 上，SAC_2 曲线和 SMC_2 曲线表示生产 $\bar{Q}$ 产量的最优生产规模；MR 曲线、LMC 曲线和 SMC_2 曲线相交于同一均衡点 E_2，即有 $MR=LMC=SMC$；d 曲线与 LAC 曲线相切于 LAC 曲线与 SAC_2 曲线的切点 J，即有 $AR=LAC=SAC$，厂商的超额利润为零；D 曲线与 d 曲线也相交于 J 点，即意味着市场上的供求相等。

以上分析了代表性企业由盈利到利润为零的长期均衡的实现过程，至于代表性企业由亏损到利润为零的长期均衡的实现过程，其道理是一样的，只是表现为生产集团内一部分原有厂商退出的一个相反的过程而已。对这一过程的分析此处从略。

总而言之，垄断竞争厂商的长期均衡条件为：

$$MR=LMC=SMC \tag{7.11}$$

$$AR=LAC=SAC \tag{7.12}$$

在长期均衡的产量上，垄断竞争厂商的利润为零，且存在一个 d 需求曲线和 D 需求曲线的交点。

五、垄断竞争的多余生产能力

在此，我们先介绍理想的产量和垄断竞争厂商的多余生产能力这两个概念，可利用图 7-12 来说明。

在图 7-12 中，d_m 曲线代表垄断竞争厂商所面临的 d 需求曲线，d_p 曲线代表完全竞争厂商所面临的 d 需求曲线。由于垄断竞争厂商所面临的 d_m 需求曲线是向右下方倾斜的，所以，在长期均衡利润等于零时，d_m 曲线只能与 LAC 曲线相切于 LAC 曲线最低点的左边如 A 点。设想，如果该企业是一个完全竞争企业，那么，在长期均衡利润等于零时，完全竞争厂商所面临的水平的 d_p 需求曲线必定与 LAC 曲线相切于 LAC 曲线的最低点 C。比较

图 7-12 中的 A 点和 C 点，不难发现，A 点所对应的产量 Q_A 小于 C 点所对应的产量 Q_C。**西方经济学家一般把完全竞争企业在长期平均成本 LAC 曲线最低点上的产量称作理想的产量，把实际产量与理想产量之间的差额称作多余的生产能力。** 由图中可见，垄断竞争厂商的长期均衡产量 Q_A 小于理想的产量 Q_C，多余的生产能力为 Q_AQ_C。

垄断竞争厂商的多余生产能力 Q_AQ_C 可以分解为两个部分，它们分别是 Q_AQ_B 和 Q_BQ_C。其中，Q_AQ_B 表示垄断竞争厂商在长期均衡点上没有在已经建立的由 SAC_m 曲线所代表的生产规模的最低平均总成本 B 点上进行生产，或者说，企业没有充分地利用现有的生产设备。Q_BQ_C 表示垄断竞争厂商在长期均衡点上没有建立一个由 SAC_p 曲线所代表的能够产生最低平均总成本的生产规模进行生产，或者说，垄断竞争厂商没有

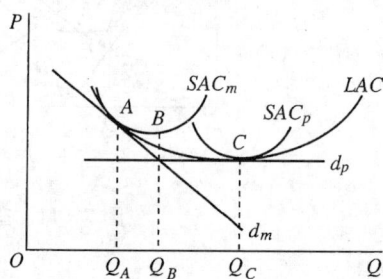

图 7-12　垄断竞争和多余的生产能力

更多地使用社会资源，以扩大生产规模，将生产的平均总成本降到最低水平即 LAC 曲线的最低点 C。

垄断竞争理论的创始人之一张伯伦认为：如果经济中存在着以产品差别为基础的价格竞争，企业可以在一定程度上通过改变自己产品的销售量来影响商品价格，即企业的需求曲线是向右下方倾斜的，则垄断竞争企业在长期均衡点上必然存在着相对于 LAC 曲线最低点的产量（如图中 Q_C）而言的多余的生产能力（如图中的 $Q_A Q_C$）。张伯伦还指出，这种多余的生产能力可以理解为垄断竞争市场为产品的多样化（即产品差异）所付出的代价。

也有的经济学家指出，垄断竞争模型中厂商的实际产量小于理想的产量，反映在现实经济生活中就是生产某些相似产品的小规模的企业过于拥挤，如过分稠密的汽车加油站和零售店。垄断竞争厂商的多余生产能力表明垄断竞争生产集团内的厂商数量过多，因此，厂商的数量应该减少，单个厂商的生产规模应该扩大，生产的平均总成本也会由此而下降。

六、垄断竞争厂商的供给曲线

在垄断竞争市场上，不存在具有规律性的供给曲线。其原因如在上一节已经指出的那样，在厂商所面临的需求曲线向右下方倾斜的情况下，厂商的产量和价格之间不存在一一对应的关系，因此，找不到垄断竞争厂商和生产集团的具有规律性的供给曲线。

七、非价格竞争

在垄断竞争市场上，厂商之间既存在价格竞争，也存在非价格竞争。就价格竞争而言，它虽然能使一部分厂商得到好处，但从长期看，价格竞争会导致产品价格持续下降，最终使厂商的利润消失。因此，非价格竞争便成为垄断竞争厂商普遍采取的另一种竞争方式。

在垄断竞争市场上，由于每一个厂商生产的产品都是有差别的，所以，垄断竞争厂商往往通过改进产品品质、精心设计商标和包装、改善售后服务以及进行广告宣传等手段，来扩大自己产品的市场销售份额，这就是非价格竞争。在完全竞争市场，由于每一个厂商生产的产品都是完全同质的，所以，厂商之间不可能存在非价格竞争。

垄断竞争厂商进行非价格竞争，仍然是为了获得最大的利润。进行非价格竞争是需要花费成本的。例如，改进产品性能会增加生产成本，增设售后服务网点需要增加投入，广告宣传的费用也是相当可观的。厂商进行非价格竞争所花费的总成本必须小于由此所增加的总收益，否则，厂商是不会进行非价格竞争的。很显然，边际收益等于边际成本的利润最大化原则，对于非价格竞争仍然是适用的。

经济学家对于非价格竞争的评价是不尽相同的。有的经济学家认为，非价格竞争作为厂商之间相互竞争的一种形式，强化了市场的竞争程度，并且，非价格竞争的一些具体做法客观上满足了消费者的某些需要。也有一部分经济学家认为，非价格竞争增强了消费者对某些产品的依赖程度，从而使得厂商加强了对自己产品的垄断程度。

尤其，关于广告的作用这一问题，更是引起了经济学家的广泛关注。一般说来，经济学家认为，广告可以分为信息性广告和劝说性广告两类。就信息性广告而言，它提供了关于商品的比较充分的信息，有利于消费者作出最佳的购买决策，并节约了消费者的信息搜寻成本。而且，信息性广告之间的相互竞争，有利于经济资源的合理配置。相反，劝说性广告却很少能提供对消费者来说真正有用的信息。尽管劝说性广告也会增加厂商的销售量，但被诱导的消费者往往并不能够购买到自己实际上需要且真正满意的商品。在现实生活中，每一个广告宣传往往都既带有提供信息的成分，同时又带有劝说的成分。正因为如此，在评价广告的作用时要进行具体的分析。

第三节　寡　头

一、寡头市场的特征

寡头市场又被称为寡头垄断市场。它是指少数几家厂商控制整个市场的产品生产和销售的这样一种市场组织。寡头市场被认为是一种较为普遍的市场组织。在西方国家中不少行业都表现出寡头垄断的特点，例如，美国的汽车业、电气设备业、罐头行业等，都被少数几家企业所控制。

形成寡头市场的主要原因可以有：某些产品的生产必须在相当大的生产规模上运行才能达到最好的经济效益；行业中少数几家企业对生产所需的基本生产资源供给的控制；政府的扶植和支持；等等。由此可见，寡头市场的成因和垄断市场是很相似的，只是在程度上有所差别而已。寡头市场是比较接近垄断市场的一种市场组织。

寡头行业可按不同方式分类。根据产品特征，寡头行业可以分为纯粹寡头行业和差别寡头行业两类。在纯粹寡头行业中，厂商之间生产的产品没有差别。例如，可以将钢铁、水泥等行业看成是纯粹寡头行业。在差别寡头行业中，厂商之间生产的产品是有差别的。例如可以将汽车、冰箱等行业看成是差别寡头行业。此外，寡头行业还可按厂商的行动方式，区分为有勾结行为的（即合作的）寡头行业和独立行动的（即不合作的）寡头行业两种不同的类型。

寡头厂商的价格和产量决定是一个很复杂的问题。其主要原因在于：在寡头市场上，每个厂商的产量都在全行业的总产量中占一个较大的份额，从而每个厂商的产量和价格变动都会对其他竞争对手以至整个行业的产量和价格产生举足轻重的影响。正因为如此，每个寡头厂商在采取某项行动之前，都必须首先推测或掌握自己这一行动对其他厂商的影响以及其他厂商可能作出的反应，然后，才能在考虑到这些反应方式的前提下采取最有利的行动。所以，每个寡头厂商的利润都要受到行业中所有厂商的决策的相互作用的影响。寡头厂商的行为之间这种相互影响的复杂关系，使得寡头理论复杂化。一般说来，不知道竞争对手相互之间的反应方式，就无法建立寡头厂商的模型。或者说，有多少关于竞争对手相互之间的反应方式的假定，就有多少寡头厂商的模型，就可以得到多少不同的结果。因此，在西方经济学中，还没有某一个寡头市场模型可以对寡头市场的价格和产量决定作出一般的理论总结。

本节将介绍寡头市场理论中具有代表性的几个模型。

二、古诺模型

古诺模型是早期的寡头模型。它是由法国经济学家古诺于 1838 年提出的。古诺模型是只有两个寡头厂商的简单模型，该模型也被称为"双头模型"。古诺模型的结论可以很容易地推广到三个或三个以上的寡头厂商的情况中。

古诺模型分析的是两个出售矿泉水的生产成本为零的寡头厂商的情况。古诺模型的假定是：市场上只有 A、B 两个厂商生产和销售相同的产品，它们的生产成本都为零；它们共同面临的市场的需求曲线是线性的，A、B 两个厂商都准确地了解市场的需求曲线；A、B 两个厂商都是在已知对方产量的情况下，各自确定能够给自己带来最大利润的产量，即每一个厂商都是消极地以自己的产量去适应对方已确定的产量。

古诺模型的价格和产量的决定可以用图 7-13 来说明。

在图中，D 曲线为两个厂商共同面临的线性的市场需求曲线。由于生产成本为零，故图中无成本曲线。

在第一轮，A 厂商首先进入市场。由于生产成本为零，所以，厂商的收益就等于利润。A 厂商面临 D 市场需求曲线，将产量定为市场总容量的 $\frac{1}{2}$，即产量为 $OQ_1 = \frac{1}{2}O\bar{Q}$，将价格定为 OP_1，从而实现了最大的利润，其利润量相当于图中矩形 OP_1FQ_1 的面积（因为从几何意义上讲，该矩形是直角三角形 OPQ 中面积最大的内接矩形）。然后，B 厂商进入市场。B 厂商准确地知道 A 厂商在本轮留给自己的市场容量为 $Q_1\bar{Q} = \frac{1}{2}O\bar{Q}$，B 厂商也按相同的方式行动，生产它所面临的市场容量的 $\frac{1}{2}$，即产量为 $Q_1Q_2 = \frac{1}{4}O\bar{Q}$。此时，市场价格下降为 OP_2，B 厂商获得的最大利润相当于图中矩形 Q_1HGQ_2 的面积。而 A 厂商的利润因价格的下降而减少为矩形 OP_2HQ_1 的面积。

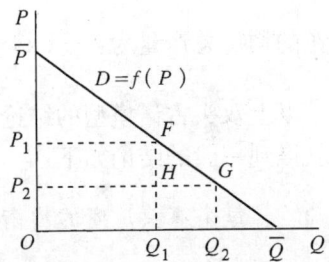

图 7-13　古诺模型

在第二轮，A 厂商知道 B 厂商在本轮中留给它的市场容量为 $\frac{3}{4}O\bar{Q}$。为了实现最大的利润，A 厂商将产量定为自己所面临的市场容量的 $\frac{1}{2}$，即产量为 $\frac{3}{8}O\bar{Q}$。与上一轮相比，A 厂商的产量减少了 $\frac{1}{8}O\bar{Q}$。然后，B 厂商再次进入市场。A 厂商在本轮留给 B 厂商的市场容量为 $\frac{5}{8}O\bar{Q}$，于是，B 厂商生产自己所面临的市场容量的 $\frac{1}{2}$，即产量为 $\frac{5}{16}O\bar{Q}$。与上一轮相比，B 厂商的产量增加了 $\frac{1}{16}O\bar{Q}$。

很清楚，在每一轮中，每个厂商都消极地以自己的产量去适应对方已确定的产量，来实现自己的最大利润。可以发现，在这样轮复一轮的过程中，A 厂商的产量会逐渐地减少，B 厂商的产量会逐渐地增加，最后，达到 A、B 两个厂商的产量都相等的均衡状态为止。在均衡状态中，A、B两个厂商的产量都为市场总容量的 $\dfrac{1}{3}$，即每个厂商的产量为 $\dfrac{1}{3}O\overline{Q}$，行业的总产量为 $\dfrac{2}{3}O\overline{Q}$。

因此，A厂商的均衡产量为[①]：

$$O\overline{Q}\Big(\frac{1}{2}-\frac{1}{8}-\frac{1}{32}-\cdots\Big)=\frac{1}{3}O\overline{Q}$$

B厂商的均衡产量为[②]：

$$O\overline{Q}\Big(\frac{1}{4}+\frac{1}{16}+\frac{1}{64}+\cdots\Big)=\frac{1}{3}O\overline{Q}$$

行业的均衡总产量为：$\dfrac{1}{3}O\overline{Q}+\dfrac{1}{3}O\overline{Q}=\dfrac{2}{3}O\overline{Q}$

以上双头古诺模型的结论可以推广。在以上假设条件下，令寡头厂商的数量为 m，则可以得到一般的结论如下：

$$\text{每个寡头厂商的均衡产量}=\text{市场总容量}\times\frac{1}{m+1} \tag{7.13}$$

$$\text{行业的均衡总产量}=\text{市场总容量}\times\frac{m}{m+1} \tag{7.14}$$

古诺模型也可用以下建立寡头厂商的反应函数的方法来说明。

在古诺模型的假设条件下，设市场的线性反需求函数为：

$$P=1\,500-Q=1\,500-(Q_A+Q_B) \tag{7.15}$$

式中，P 为商品的价格；Q 为市场的总需求量；Q_A 和 Q_B 分别为市场对 A、B 两个寡头厂商的产品的需求量，即 $Q=Q_A+Q_B$。

对于 A 寡头厂商来说，其利润等式为：

$$\begin{aligned}\pi_A&=TR_A-TC_A=P\cdot Q_A-0\text{（因为已假定 }TC_A=0\text{）}\\&=[1\,500-(Q_A+Q_B)]\cdot Q_A\end{aligned}$$

---

① A厂商的均衡产量为：

$$O\overline{Q}\Big(\frac{1}{2}-\frac{1}{8}-\frac{1}{32}-\cdots\Big)=O\overline{Q}\Big[1-\Big(\frac{1}{2}+\frac{1}{8}+\frac{1}{32}+\cdots\Big)\Big]$$

$$=O\overline{Q}\Big\{1-\frac{1}{2}\times\Big[1+\frac{1}{4}+\Big(\frac{1}{4}\Big)^2+\cdots\Big]\Big\}=O\overline{Q}\Big[1-\frac{1}{2}\times\Big(\frac{1}{1-\frac{1}{4}}\Big)\Big]$$

$$=O\overline{Q}\Big(1-\frac{2}{3}\Big)=\frac{1}{3}O\overline{Q}$$

② B厂商的均衡产量为：

$$O\overline{Q}\Big(\frac{1}{4}+\frac{1}{16}+\frac{1}{64}+\cdots\Big)=\frac{1}{4}O\overline{Q}\Big[1+\frac{1}{4}+\Big(\frac{1}{4}\Big)^2+\cdots\Big]$$

$$=\frac{1}{4}O\overline{Q}\Big(\frac{1}{1-\frac{1}{4}}\Big)=\frac{1}{3}O\overline{Q}$$

$$=1\,500Q_A-Q_A{}^2-Q_AQ_B$$

A 寡头厂商利润最大化的一阶条件为[1]：

$$\frac{\partial \pi_A}{\partial Q_A}=1\,500-2Q_A-Q_B=0$$

$$Q_A=750-\frac{Q_B}{2} \tag{7.16}$$

(7.16) 式就是 A 寡头厂商的反应函数，它表示 A 厂商的最优产量是 B 厂商的产量的函数。也就是说，对于 B 厂商的每一个产量 Q_B，A 厂商都会作出反应，确定能够给自己带来最大利润的产量 Q_A。

类似地，对于 B 寡头厂商来说，有

$$\pi_B=1\,500Q_B-Q_B^2-Q_AQ_B$$

$$\frac{\partial \pi_B}{\partial Q_B}=1\,500-2Q_B-Q_A=0$$

$$Q_B=750-\frac{Q_A}{2} \tag{7.17}$$

(7.17) 式是 B 寡头厂商的反应函数，它表示 B 厂商的最优产量是 A 厂商的产量的函数。

联立 A、B 两寡头厂商的反应函数 (7.16) 式和 (7.17) 式，便得到如下方程组：

$$\begin{cases} Q_A=750-\dfrac{Q_B}{2} \\ Q_B=750-\dfrac{Q_A}{2} \end{cases}$$

由此方程组得到 A、B 两厂商的均衡产量解：$Q_A=500$，$Q_B=500$。

可见，每个寡头厂商的均衡产量是市场总容量的三分之一，即有：

$$Q_A=Q_B=\frac{1\,500}{3}=500$$

行业的均衡总产量是市场总容量的三分之二，即有：

$$Q_A+Q_B=2\times\frac{1\,500}{3}=1\,000$$

将 $Q_A=Q_B=500$ 代入市场反需求函数 (7.15) 式，可求得市场的均衡价格：

$$P=500$$

以上的方法可以在图 7-14 中得到说明。图中的横轴 OQ_A 和纵轴 OQ_B 分别表示 A、B 两个寡头厂商的产量；所以，A、B 两个寡头厂商的反应函数是线性的。图中两条反应曲线的交点 E 对应的就是古诺模型的均衡解。在均衡点 E 上，A、B 两个寡头厂商的均衡

---

[1] 在此略去了二阶条件。下面对寡头厂商 B 的分析同样如此。

产量都是 500 单位。①

三、斯塔克伯格模型

斯塔克伯格模型由德国学者斯塔克伯格于 1934 年
提出。斯塔克伯格在他所建立的寡头厂商行为理论中，
提出了将寡头厂商的角色定位为"领导者"或"追随
者"的分析范式。根据此分析范式，前面的古诺模型中
两个寡头厂商之间的行为反应方式可以被理解为每一方
均为对方的追随者，因为它们每一方都是在消极地追随

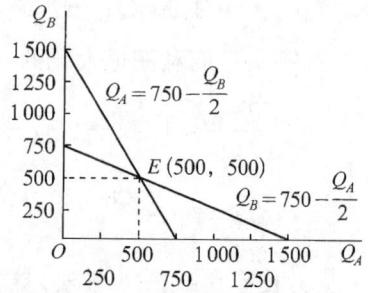

图 7-14　古诺模型和反应函数

（即适应）对方已确定的产量的前提下来选择自己的利润最大化产量的。一般说来，古诺
模型中互为追随者的两个厂商是势均力敌、实力相当的。而斯塔克伯格模型中的两个寡头
厂商，通常一个厂商为实力相对雄厚而处于支配地位的领导者（譬如是低生产成本的厂
商），而另一个厂商则为追随者（譬如是高生产成本的厂商），由此便构成了斯塔克伯格关
于寡头市场的"领导者—追随者"模型。

斯塔克伯格模型的基本假设条件是，在一个寡头行业中有两个厂商，它们生产相同的
产品，其中，一个寡头厂商是处于支配地位的领导者，另一个寡头厂商是追随者；另外，
与古诺模型一样，每个厂商的决策变量都是产量，即每个厂商都是通过选择自己的最优产
量来实现各自的最大利润。那么，在这样一种"领导者—追随者"行为模式中，作为领导
者的厂商和作为追随者的厂商各自会如何考虑并选择自己的行动呢？作为它们各自行为相
互作用结果的该寡头市场的均衡又是如何形成的呢？

首先考虑领导型厂商。既然是领导型厂商，这就意味着该厂商具有先走一步的优势，
而另一个厂商只能追随其后。很明显，作为领导型厂商，它能得到先出牌的好处即**先动优
势**。由于领导型厂商能先出牌即能首先决定自己的产量，所以，它一定会事先考虑到追随
型厂商对自己所选择的产量的反应，换言之，领导型厂商是在了解并考虑到追随型厂商对
自己所选择的产量的反应方式的基础上来决定自己的利润最大化行为决策的。这就是说，
领导型厂商是在知道追随型厂商反应函数的基础上来决定自己的利润最大化产量的。

再考虑追随型厂商。作为追随型厂商，它的行为方式便是在给定领导型厂商产量选择
的前提下来作出自己的利润最大化的产量决策。很清楚，追随型厂商是具有反应函数的。

总之，在斯塔克伯格的"领导者—追随者"模型中，追随型厂商具有反应函数，其反
应函数产生于给定领导型厂商产量条件下的追随型厂商利润最大化模型。而领导型厂商没
有反应函数，因为领导型厂商具有先动优势和支配地位，它不需要对追随型厂商的行为作
出任何的消极适应性反应。并且，在领导型厂商利润最大化模型中一定包含追随型厂商的
反应函数，这体现了领导型厂商一定是在了解追随型厂商对自己行为的反应方式的条件下
来选择自己的利润最大化产量的。

---

① 需要指出的是，本节古诺模型的结论，即（7.13）式和（7.14）式，只适合于生产成本为零的经典分析的场
合。至于生产成本大于零的一般情况，则需要根据具体的成本函数来求解。但是，无论在古诺模型中是否考虑生产成
本，它们分析的基本思想和方法都是一致的，都需要通过两个寡头厂商的反应函数来求得古诺模型解，即每一个寡头
厂商都是在对方已确定的产量的前提下来选择自己的利润最大化产量，这正是古诺模型基本性质的要求与体现。

下面用一个例题来说明斯塔克伯格模型的均衡解。

假定：某寡头市场上有两个厂商，它们生产相同的产品，其中，厂商 1 为领导者，其成本函数为 $TC_1 = 1.2Q_1^2 + 2$；厂商 2 为追随者，其成本函数为 $TC_2 = 1.5Q_2^2 + 8$（显然，领导者是低生产成本的厂商，追随者是高生产成本的厂商）。该市场的反需求函数为 $P = 100 - Q$，其中，$Q = Q_1 + Q_2$。

先考虑追随型厂商 2 的行为方式。厂商 2 的利润等式为

$$\begin{aligned}\pi_2 &= TR_2 - TC_2 \\ &= [100 - (Q_1 + Q_2)]Q_2 - (1.5Q_2^2 + 8) \\ &= 100Q_2 - Q_1Q_2 - 2.5Q_2^2 - 8\end{aligned}$$

追随型厂商 2 利润最大化的一阶条件是

$$\frac{\partial \pi_2}{\partial Q_2} = 100 - Q_1 - 5Q_2 = 0$$

由此得追随型厂商 2 的反应函数为

$$Q_2 = 20 - 0.2Q_1 \tag{7.18}$$

再考虑领导型厂商 1 的行为方式。厂商 1 的利润等式为

$$\begin{aligned}\pi_1 &= TR_1 - TC_1 \\ &= [100 - (Q_1 + Q_2)]Q_1 - (1.2Q_1^2 + 2)\end{aligned} \tag{7.19}$$

由于领导型厂商 1 是在知道追随型厂商 2 的反应函数的基础上来决定自己的利润最大化产量的，所以，要将厂商 2 的反应函数（7.18）式代入厂商 1 的利润等式（7.19）式。于是，厂商 1 的利润等式被改写为

$$\begin{aligned}\pi_1 &= \{100 - [Q_1 + (20 - 0.2Q_1)]\}Q_1 - (1.2Q_1^2 + 2) \\ &= 80Q_1 - 2Q_1^2 - 2\end{aligned}$$

领导型厂商 1 利润最大化的一阶条件是

$$\frac{\partial \pi_1}{\partial Q_1} = 80 - 4Q_1 = 0$$

由此，可得领导型厂商 1 的利润最大化的产量为 $Q_1 = 20$。将 $Q_1 = 20$ 代入追随型厂商 2 的反应函数（7.18）式，便得厂商 2 的利润最大化的产量 $Q_2 = 16$。于是，该寡头市场的斯塔克伯格模型的均衡产量解为

$$\begin{cases}Q_1 = 20 \\ Q_2 = 16\end{cases}$$

并且，可进一步得该市场的产品价格为 $P = 64$；具有先动优势的低生产成本的领导型厂商 1 的利润为 $\pi_1 = 798$，高生产成本的追随型厂商 2 的利润为 $\pi_2 = 632$。

四、价格领导模型

在寡头市场理论中，经济学家关注的一个问题是，寡头市场上的价格是如何决定的？准确地说，作为寡头厂商们行为之间相互作用结果的市场价格是如何决定的？在上面的斯塔克伯格模型中，寡头行业中的领导型厂商首先决定产量，其他追随型厂商则适应该产量。而实际上，领导型厂商也可以首先决定价格，其他追随型厂商则接受该价格。这种由领导型厂商决定市场价格的过程和结果，可以用下面的价格领导模型来解释。

为了简单起见，假定一个寡头市场上只有两个厂商：领导型厂商1和追随型厂商2，领导型厂商1首先决定市场价格；两个厂商提供的产量共同满足整个市场的需求。

在分析价格领导模型时，先要梳理清楚领导型厂商1和追随型厂商2之间的基本关系。其基本关系可以表述如下：第一，因为是由两个厂商的产量共同满足整个市场的总需求，所以，任何一个市场价格水平上的市场总需求量都可以分解为两部分，其中，一部分可以用领导型厂商1所面临的市场需求量来表示，另一部分可以用追随型厂商2所提供的产量来满足。第二，厂商1依靠自己在市场上的领导地位，首先根据自身利润最大化的原则 $MR=MC$ 来决定市场价格。不仅如此，领导型厂商1在确定市场价格时，一定能预测到厂商2对自己所提出的市场价格的反应，即预测到厂商2在给定市场价格下所提供的产量。处于追随地位的厂商2只能接受该价格，就如同在完全竞争市场上任何厂商都只能是一个被动的"价格接受者"一样，以 $P=MC$ 来决定产量，实现作为追随者的最大利润。

下面，利用图7-15来具体说明价格领导模型。

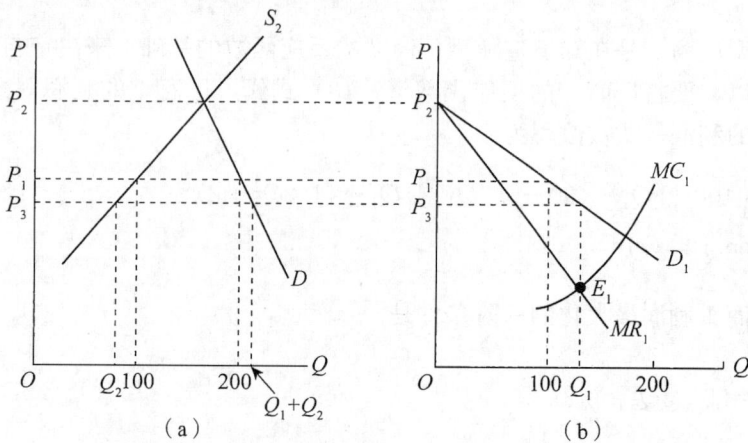

图7-15 价格领导模型

先说明图7-15（a）的框架。在图7-15（a）中，S_2 曲线表示追随型厂商2的供给曲线，D 曲线表示寡头市场的需求曲线。这两条线之间的关系如下：由于两个厂商的产量共同满足整个市场的总需求，而且领导型厂商1能预测到厂商2在给定市场价格下所提供的产量，所以，当市场价格为 P_1 时，整个市场的需求量为200，厂商1知道厂商2的供给量是100，那么，厂商1所面临的需求量为100（$=200-100$）；在很高的价格水平 P_2 处，厂商2提供的产量满足整个市场的总需求，厂商1所面临的需求量降为零。总之，从

图 7 - 15 （a）中的市场的需求曲线 D 和厂商 2 的供给曲线 S_2，可以方便地得到厂商 1 所面临的需求曲线，即图 7 - 15 （b）中的厂商 1 的需求曲线 D_1。

再具体分析图 7 - 15 （b）。在图 7 - 15 （b）中，厂商 1 所面临的需求曲线为 D_1，相应的边际收益曲线为 MR_1，边际成本曲线为 MC_1。处于领导地位的厂商 1 首先决定产品的价格，它根据自身利润最大化的原则 $MC_1 = MR_1$，选择的最优产量是 Q_1，最优的价格是 P_3，而这个价格 P_3 就是领导型厂商 1 所支配决定的市场价格。再看图 7 - 15 （a），给定领导型厂商 1 所决定的市场价格为 P_3 时，正如领导型厂商 1 所预期的那样，追随型厂商 2 被动地接受此价位，并根据自己的供给曲线，即根据 $P = MC$，将利润最大化的产量定为 Q_2；市场的总产量为 $Q_1 + Q_2$，刚好等于市场的总需求。

下面用一个例题来说明价格领导模型的均衡解。

假定：某寡头市场上有两个厂商，它们生产相同的产品，其中，厂商 1 为领导者，其成本函数为 $TC_1 = 1.2Q_1^2 + 6$；厂商 2 为追随者，其成本函数为 $TC_2 = 1.5Q_2^2 + 8$。该市场的需求函数为 $Q = 100 - 0.5P$。领导型厂商 1 首先决定产品的市场价格，然后追随型厂商 2 接受该价格。

先考虑追随型厂商 2 的行为方式。对于厂商 2 来说，它只能是接受厂商 1 所规定的产品价格 P，所以，厂商 2 的利润最大化的原则是 $MC_2 = P$，由此，可得 $3Q_2 = P$，并得厂商 2 的供给函数为：

$$S_2(P) = Q_2(P) = P/3 \qquad (7.20)$$

然后，考虑领导型厂商 1 的行为方式。由于在任何一个给定的市场价格水平厂商 1 所面临的市场需求量都等于市场总需求量减去厂商 2 所提供的产量，所以，领导型厂商 1 的需求函数为：

$$\begin{aligned} D_1(P) &= D(P) - S_2(P) \\ &= (100 - 0.5P) - P/3 \\ &= 100 - \frac{5}{6}P \end{aligned} \qquad (7.21)$$

并可得领导型厂商 1 的反需求函数为：

$$P = 120 - \frac{6}{5}Q_1 \qquad (7.22)$$

领导型厂商 1 的边际收益函数为：

$$MR_1 = 120 - \frac{12}{5}Q_1 \qquad (7.23)$$

于是，根据领导型厂商 1 实现自身利润最大化的原则 $MR_1 = MC_1$ 有 $120 - \frac{12}{5}Q_1 = 2.4Q_1$，由此得厂商 1 的最优产量为 $Q_1 = 25$。将 $Q_1 = 25$ 代入厂商 1 的反需求函数 （7.22） 式，可得领导型厂商 1 所决定的产品市场价格为 $P = 90$。再将 $P = 90$ 代入厂商 2 的供给函数 （7.20） 式，可得厂商 2 的最优产量为 $Q_2 = 30$。

五、斯威齐模型

斯威齐模型也被称为**弯折的需求曲线模型**。该模型由美国经济学家斯威齐于 1939 年提出。这一模型被用来解释一些寡头市场上的价格刚性现象。

该模型的基本假设条件是：如果一个寡头厂商提高价格，行业中的其他寡头厂商都不会跟着改变自己的价格，因而提价的寡头厂商的销售量的减少是很多的；如果一个寡头厂商降低价格，行业中的其他寡头厂商会将价格降到相同的水平，以避免销售份额的减少，因而该寡头厂商的销售量的增加是很有限的。

在以上的假设条件下可推导出寡头厂商的弯折的需求曲线。现用图 7-16 加以说明。图中有某寡头厂商的一条 dd 需求曲线和一条 DD 需求曲线，它们与上一节分析的垄断竞争厂商所面临的两条需求曲线的含义是相同的。dd 需求曲线表示该寡头厂商变动价格而其他寡头厂商保持价格不变时该寡头厂商的需求状况，DD 需求曲线表示行业内所有寡头厂商都以相同方式改变价格时该厂商的需求状况。假定开始时的市场价格为 dd 需求曲线和 DD 需求曲线的交点 B 所决定的 $\bar{P}$，那么，根据该模型的基本假设条件，该垄断厂商由 B 点出发，提价

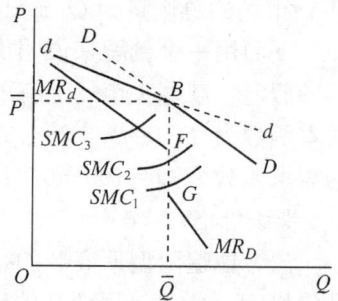

图 7-16　弯折的需求曲线模型

所面临的需求曲线是 dd 需求曲线左上方的 dB 段，降价所面临的需求曲线是 DD 需求曲线右下方的 BD 段，于是，这两段共同构成的该寡头厂商的需求曲线为 dBD。显然，这是一条弯折的需求曲线，折点是 B 点。这条弯折的需求曲线表示该寡头厂商从 B 点出发，在各个价格水平所面临的市场需求量。

由弯折的需求曲线可以得到间断的边际收益曲线。图中与需求曲线 dB 段所对应的边际收益曲线为 MR_d，与需求曲线 BD 段所对应的边际收益曲线为 MR_D，两者结合在一起，便构成了寡头厂商的间断的边际收益曲线，其间断部分为垂直虚线 FG。

利用间断的边际收益曲线，便可以解释寡头市场上的价格刚性现象。只要边际成本 SMC 曲线的位置变动不超出边际收益曲线的垂直间断范围，寡头厂商的均衡价格和均衡数量就都不会发生变化。譬如，在图中的边际收益曲线的间断部分 FG，当 SMC_1 曲线上升到 SMC_2 曲线的位置时，寡头厂商根据 $MR = SMC$ 的原则仍将均衡价格和均衡产量保持在 $\bar{P}$ 和 $\bar{Q}$ 的水平。除非成本发生很大变化，如成本上升使得边际成本曲线上升到 SMC_3 曲线的位置，才会影响均衡价格和均衡产量水平。

有的西方经济学家认为，虽然弯折的需求曲线模型为寡头市场较为普遍的价格刚性现象提供了一种解释，但是该模型并没有说明具有刚性的价格本身，如图中的价格水平 $\bar{P}$ 是如何形成的。这是该模型的一个缺陷。

六、寡头厂商的供给曲线

如同垄断厂商和垄断竞争厂商一样，寡头厂商面临的需求曲线也是向右下方倾斜的，寡头厂商的均衡产量和均衡价格之间也不存在——对应关系，所以，不存在寡头厂商和行

业的具有规律性的供给曲线。此外，再考虑到寡头厂商之间的行为的相互作用的复杂性，建立寡头厂商和市场的具有规律性的供给曲线就更困难了。

（专栏 7-1 "石油价格和石油输出国组织"，请读者扫描本书封面二维码获取。）

第四节　不同市场的比较

本节将对不同市场的经济效益进行比较。在此，高的经济效益表示对资源的充分利用或能以最有效的生产方式进行生产；低的经济效益表示对资源的利用不充分或没有以最有效的方式进行生产。不同市场组织下的经济效益是不相同的，市场组织的类型直接影响经济效益的高低。西方经济学家通过对不同市场条件下厂商的长期均衡状态的分析得出结论：完全竞争市场的经济效益最高[①]，垄断竞争市场较高，寡头市场较低，垄断市场最低。可见，市场的竞争程度越高，则经济效益就越高；反之，市场的垄断程度越高，则经济效益就越低。其具体分析如下。

在完全竞争市场条件下，厂商的需求曲线是一条水平线，而且，厂商的长期利润为零，所以，在完全竞争厂商达到长期均衡时，水平的需求曲线与 LAC 曲线相切于 LAC 曲线的最低点；产品的均衡价格最低，它等于最低的长期平均成本；产品的均衡产量最高。（关于完全竞争厂商的长期均衡可见图 6-12。）在不完全竞争市场条件下，厂商的需求曲线是向右下方倾斜的。厂商的垄断程度越高，需求曲线就越陡峭；垄断程度越低，需求曲线就越平坦。在垄断竞争市场上，厂商的长期均衡利润为零，所以，在垄断竞争厂商达到长期均衡时，向右下方倾斜的、相对比较平坦的需求曲线与 LAC 曲线相切于 LAC 曲线的最低点的左边；产品的均衡价格比较低，它等于生产的平均成本；产品的均衡产量比较高；企业存在着多余的生产能力。（关于垄断竞争厂商的长期均衡可见图 7-11 和图 7-12。）在垄断市场上，厂商在长期内获得利润，所以，在垄断厂商达到长期均衡时，向右下方倾斜的、相对比较陡峭的需求曲线与 LAC 曲线相交；产品的均衡价格最高，且高于生产的平均成本；产品的均衡数量最低。（关于垄断厂商的长期均衡可见图 7-5。）设想，垄断厂商若肯放弃一些利润，价格就可以下降一些，产量就可以增加一些。在寡头市场上，没有统一的寡头厂商均衡模型。一般认为，寡头市场是与垄断市场比较接近的市场组织，在长期均衡时，寡头厂商的产品的均衡价格比较高，产品的均衡数量比较低。

除此之外，西方经济学家认为，一个行业内的厂商在长期均衡时是否实现了价格等于长期边际成本即 $P=LMC$，也是判断该行业是否实现了有效的资源配置的一个条件。商品的市场价格 P 通常被看成商品的边际社会价值，商品的长期边际成本 LMC 通常被看成商品的边际社会成本。当 $P=LMC$ 时，商品的边际社会价值等于商品的边际社会成本，它表示资源在该行业得到了有效的配置。倘若不是这样，当 $P>LMC$ 时，商品的边际社会价值大于商品的边际社会成本，它表示相对于该商品的需求而言，该商品的供给是不足的，应该有更多的资源被转移到该商品的生产中来，以使这种商品的供给增加，价格下

---

① 关于完全竞争市场的经济效率，本书第九章将进行更深入的分析。

降，最后使该商品的边际社会价值等于商品的边际社会成本，这样，社会的境况就会变得好一些。

在完全竞争市场，在厂商的长期均衡点上有 $P=LMC$，它表明资源在该行业得到了有效的配置。在不完全竞争市场，在不同类型的厂商的长期均衡点上都有 $P>LMC$，它表示资源在这些非竞争行业生产中的配置是不足的。尤其在垄断市场，独家厂商所维持的低产高价，往往使得资源配置不足的现象更为突出。

以上是西方经济学家在不同市场组织的经济效益比较问题上的基本观点。此外，西方经济学家对这一问题的研究还涉及以下几个方面。

关于垄断市场与技术进步的关系。有的西方经济学家认为，垄断厂商会阻碍技术进步。因为垄断厂商只要依靠自己的垄断力量就可以长期获得利润，所以，垄断厂商往往缺乏技术创新的动力，甚至为了防止潜在竞争对手的新技术和新产品对其垄断地位造成的威胁，还有可能通过各种方式阻碍技术进步。但也有不少西方经济学家认为，垄断是有利于技术进步的。这是因为，一方面，垄断厂商利用高额利润所形成的雄厚经济实力，有条件进行各种科学研究和重大的技术创新，并将成果运用于生产过程；另一方面，垄断厂商可以利用自己的垄断地位，在长期内保持由于技术进步而带来的更高的利润。这些经济学家还认为，关于垄断有利于技术进步的观点，在一定程度上对寡头厂商也是适用的。

关于规模经济。西方经济学家认为，对不少行业的生产来说，只有大规模的生产，才能获得规模经济的好处，而这往往只有在寡头市场和垄断市场条件下才能做到。不能设想，无数个如同完全竞争行业或垄断竞争生产集团内的企业，可以在有效率的水平上经营钢铁生产和铁路运输等。

关于产品的差别。西方经济学家认为，在完全竞争市场条件下，所有厂商的产品都是完全相同的，它无法满足消费者的各种偏好。在垄断竞争市场条件下，众多厂商之间的产品是有差别的，多样化的产品使消费者有更多的选择自由，可满足不同的需要。但是，产品的一些虚假的非真实性的差别，也会给消费者带来损失。在产品差别这一问题上，产品差别寡头行业也存在与垄断竞争生产集团类似的情况。

关于广告支出。西方经济学家认为，垄断竞争市场和产品差别寡头市场的大量广告，有的是有用的，因为它们为消费者提供了信息。但是，过于庞大的广告支出会造成资源的浪费和抬高销售价格，再加上某些广告内容过于夸张和具有太大的诱导性，这些都是于消费者不利的。

（专栏 7 - 2 "垄断与竞争：电信业的改革"，请读者扫描本书封面二维码获取。）

第五节 结 束 语

本章要点可以归结如下：

（1）垄断市场中只有一个厂商，垄断厂商的需求曲线就是市场的需求曲线。垄断厂商的需求曲线是向右下方倾斜的，它表示垄断厂商可以通过销售量的调整来控制或操纵市场价格。垄断厂商的平均收益曲线与需求曲线重合，边际收益曲线位于平均收益曲线的下方；且有 $MR = P\left(1 - \dfrac{1}{e_d}\right)$。垄断厂商关于需求曲线和收益曲线的这些特征，对于其他非完全竞争市场结构中的厂商也都是适用的，只要这些厂商对市场价格有或多或少的控制力度，那么，这些厂商的需求曲线就是向右下方倾斜的。

（2）在短期，垄断厂商在既定的生产规模下，通过对产量和价格的调整来实现 $MR = SMC$ 的利润最大化原则。在厂商 $MR = SMC$ 的短期均衡点上，其利润可以大于零，或者小于零，或者等于零。当厂商的利润小于零（即亏损）时，厂商需要根据平均收益 AR 与平均可变成本 AVC 的大小的比较，来决定是否继续生产（其决定原则与完全竞争厂商短期生产时的分析相同，在此从略）。

在长期，由于垄断厂商是通过选择最优的生产规模来实现 $MR = LMC$ 的利润最大化原则的，所以，垄断厂商长期均衡的利润总是大于短期均衡的利润。

（3）由于垄断厂商的需求曲线是向右下方倾斜的，所以，在考虑垄断厂商的供给曲线时会发生一个价格对应几个产量，或者一个产量对应几个价格的情况。鉴于此，我们说，垄断厂商没有供给曲线，因为厂商的供给曲线要求商品的价格与供给量存在一一对应的关系。这一结论对于所有的非完全竞争厂商都是适用的，即所有的非完全竞争厂商也都没有供给曲线，这是因为所有非完全竞争厂商的需求曲线都是向右下方倾斜的。

（4）价格歧视分为一级、二级和三级价格歧视。一级价格歧视指厂商对每一单位的商品都按照消费者所愿意支付的最高价格出售。二级价格歧视指厂商对同种商品的不同消费数量收取不同的价格。一级和二级价格歧视分别使厂商全部和部分地攫取了消费者剩余，并将这部分消费者剩余转化为利润。但另一方面，一级和二级价格歧视实现了 $P = MC$ 的资源有效配置的原则。

三级价格歧视指厂商对同一种商品在不同的市场或者对不同的消费群体收取不同的价格。在实行三级价格歧视时，厂商根据 $MR_1 = MR_2 = MC$ 的原则来决定不同市场上的产量与价格。一般说来，在需求的价格弹性较大的市场上，厂商的定价较低；相反，在需求的价格弹性较小的市场上，厂商的定价较高。

（5）垄断竞争市场上既有竞争的因素，又有垄断的因素。垄断竞争厂商有两条向右下方倾斜的需求曲线：d 需求曲线是单个厂商独自变动价格时的需求曲线；D 需求曲线是市场上所有的厂商都以相同的方式改变价格时单个厂商的需求曲线。d 需求曲线和 D 需求曲线的交点意味着商品市场的供求相等。

在短期，当垄断竞争厂商实现 $MR = SMC$ 的短期均衡时，其利润可以大于零，或者小于零，或者等于零。当厂商的利润小于零（即亏损）时，厂商同样需要根据平均收益 AR 与平均可变成本 AVC 的比较，来决定是否继续生产。此外，在垄断竞争厂商的短期均衡产量上，一定存在 d 需求曲线和 D 需求曲线的一个交点，以表示商品市场上供求相等。

在长期，垄断竞争厂商通过选择最优的生产规模来实现 $MR = LMC$ 的利润最大化原则。由于在垄断竞争市场上，厂商进出行业是比较容易的，所以，长期均衡时厂商的利润一定等于零，即垄断竞争厂商的 d 需求曲线与 LAC 曲线相切。此外，在垄断竞争厂商的长期均衡产量上，同样一定存在着 d 需求曲线和 D 需求曲线的一个交点，以表示商品市场的供求相等。

（6）垄断竞争厂商长期均衡时的产量小于完全竞争厂商长期均衡时的理想产量，这种现象被称为多余的生产能力，即单个垄断竞争厂商尚留有多余的生产能力没有得到利用。其原因在于：由于垄断竞争行业内厂商的数量过多，每个厂商的规模都过小，因此，每个厂商都不能充分利用多余的生产能力。设想，如果垄断竞争行业内的厂商数量能够减少，每个厂商的规模都能够扩大，即每个厂商都能够充分利用多余的生产能力，那么，厂商的平均成本将会下降，产量将会提高。但事实上，垄断竞争行业的产品多样化，使得行业内的厂商数量必然是很多的。

（7）在寡头市场上，寡头厂商之间的行为是相互影响的。古诺模型说明了寡头市场上每一个寡头都消极地以自己的行动来适应其他竞争对手的行动时的均衡，或者说，该模型分析了寡头厂商之间反应函数的相互作用及其结果。斯塔克伯格模型分析了处于"领导者—追随者"关系中的两个寡头厂商各自追求利润最大化产量的决定问题。价格领导模型阐述了寡头市场上领导型厂商决定市场价格的过程和结果。斯威齐模型利用弯折的需求曲线和间断的边际收益曲线解释了寡头市场上的价格刚性。

在本章中，西方学者考察了垄断、寡头和垄断竞争这三种不完全竞争市场的产量和价格的决定，并进一步结合完全竞争市场，对不同市场组织下的经济效益进行了比较。本章的内容具有积极的意义，但也存在着缺点。积极的意义可以被归结为两点：

第一，和完全竞争市场相比，不完全竞争市场不能实现最有效率的资源分配，其中垄断分配资源的效率最低。这一结论为西方国家的反垄断政策、对垄断管制的政策提供了理论根据。西方反垄断政策和对垄断的管制具有大量的文献和资料，构成西方经济学中的一个分支。在这里我们不可能对它详加论述，然而，必须指出其中一个突出之点，即：尽管反垄断政策一直在执行，然而，西方世界的生产集中程度越来越严重。这表明，反垄断政策的成果非常有限。

随着我国市场经济的推进，我国也陆续制定了一系列有关市场竞争的立法。在这一方面[1]，我国有必要借鉴西方的理论与经验。

第二，本章所涉及的垄断市场组织与技术进步的关系、产品的差别对消费者的影响、规模经济和垄断的关系、广告对消费者的影响等内容，也有一定的参考价值。

本章的内容也有两个很大的缺点：

第一，西方学者仅把对垄断的研究限制在纯粹的经济领域，而闭口不谈它在政治上的作用。事实上，在现代西方社会中，垄断集团凭借着它们巨大的经济实力，已经在许多方面，特别是在政治领域中施加重大的影响。如果把垄断集团当做一个国家，而把它的年销售额看成它的国内总产值（GDP），那么，在20世纪80年代末，埃克森石油公司和美孚石油公司顺次与墨西哥和韩国的GDP不相上下。[2] 雄厚的经济力量使得它们能控制新闻媒介、研究机关、社会组织、政治团体、院外集团，并通过这些机构来施加政治影响。关于这些，实际的事例经常在新闻报道中出现，这里不再列举。

---

① 吴汉洪．西方寡头市场理论与中国市场竞争立法．北京：经济科学出版社，1998.

② 罗斯吉勒．外资在贫穷国家的神话与现实．纽约：普拉格出版社，1989：3-4.

西方学者有时也以科研领域的分工来为他们限于经济领域的研究进行辩解。当然，研究方面的分工是应该容许的，但是，无论如何，西方经济学家规避垄断的政治作用的研究至少应该表明，他们的研究成果是不全面的。

第二，在本章的垄断竞争市场中，西方学者把与垄断很少相关甚至完全没有关系的"产品差别"当做导致垄断的决定性因素。这种对垄断形成的原因的分析在很大程度上是违反事实的。例如，一方面，服装产品有很大的差别，而服装行业的垄断程度却比较轻微。另一方面，不同品种的石油之间的差别较小，然而，在世界范围内，石油行业几乎毫无例外地为垄断集团所控制，前面提到的埃克森石油公司和美孚石油公司便是显著的例子。事实上，垄断企业所生产的往往是标准化产品，因此，垄断程度越高，流行的产品之间的差别就越小。

因此，强调"产品差别"导致垄断的说法至少起着误导的作用，使得人们对垄断产生的真正原因形成错觉。正如一位西方学者所说："确实，阅读了垄断竞争的经典著作的读者必然会感觉到，我们社会所面临的垄断问题主要是由街头上的小杂货店而不是由大钢铁公司所造成的。"[①]

总之，生产集中发展到一定的阶段，就会引起垄断，而垄断的庞大的经济力量又会在政治上造成强烈的影响。只有这一已经为过去和现在的事实所证实的结论才是我们应该理解垄断问题的关键。

---

① 鲁斯希尔德. 价格理论和寡头//美国经济学会. 价格理论论文集. 霍姆伍德：伊尔文公司，1952：444.

第八章

生产要素价格的决定

前述各章讨论了消费商品（或称为产品）的价格和数量的决定。这一部分内容通常被看成是所谓的"价值"理论。由于讨论的范围局限于产品市场本身，所以它对价格决定的论述并不完全。首先，它在推导产品需求曲线时，假定消费者的收入水平是既定的，但并未说明收入水平是如何决定的；其次，它在推导产品供给曲线时，假定生产要素（简称要素）的价格是既定的，但并未说明要素价格是如何决定的。由于消费者的收入水平在很大程度上取决于其拥有的要素价格和使用量，故价格理论的上述两点不完全性可以概括为它缺乏对要素价格和使用量决定的解释。为了弥补这个不足，需要研究**生产要素市场**。本章前三节讨论完全竞争厂商和市场的**要素需求**理论，后面各节分析其供给方面及要素价格的决定。因为要素的价格和使用量是决定消费者收入水平的重要因素，所以要素价格理论在西方经济学中又被看成所谓的"分配"理论。于是，从产品市场转到生产要素市场也意味着从价格理论转到分配理论。

第一节 完全竞争厂商使用生产要素的原则

一、完全竞争厂商

以前分析产品市场时，曾经给完全竞争市场和完全竞争厂商下过一个定义（参见第六章第二节）。在那里，完全竞争产品市场被描述为具有如下特点：大量的具有完全信息的买者和卖者买卖完全相同的产品。显然，这种完全竞争厂商实际上只是"产品市场上的完全竞争厂商"。一旦从产品市场的分析扩展到产品市场加要素市场，则仅仅是产品市场完全竞争就不足以说明厂商的完全竞争性，还必须要求要素市场是完全竞争的。

和完全竞争产品市场一样，**完全竞争要素市场**的基本性质可以描述为：要素的供求双方人数都很多；要素没有任何区别；要素供求双方都具有完全的信息；要素可以充分自由地流动；等等。显然，完全满足这些要求的要素市场在现实生活中也是不存在的。

本章讨论完全竞争条件下要素价格的决定，并把同时处于完全竞争产品市场和完全竞争要素市场中的厂商称为**完全竞争厂商**。按照这个规定，**不完全竞争厂商**包括如下三种情况：第一，在产品市场上完全竞争，但在要素市场上不完全竞争；第二，在要素市场上完全竞争，但在产品市场上不完全竞争；第三，在产品市场和要素市场上都不完全竞争。

二、完全竞争厂商的要素使用原则

这里假定，完全竞争厂商只使用一种生产要素、生产单一产品、追求最大限度的利润。在这些假定下，我们首先论述一般西方经济学教材关于完全竞争厂商使用生产要素的一般原则。利润最大化要求任何经济活动的"边际收益"和"边际成本"都必须相等。这一点不仅适用于产品数量的决定，而且适用于要素使用量的决定。只不过在这两种决定中，它们的"边际收益"和"边际成本"的含义有所不同。而由于不同的含义，"边际收益"（或"边际成本"）又有不同的名称。这一点在学习分配论时应当引起注意。

下面先来考察厂商使用要素的"边际收益"。

1. 使用要素的"边际收益"——边际产品价值

在介绍完全竞争产品市场理论的第六章第二节中，我们曾遇到过一种厂商的收益函数，它等于产品产量与产品价格的乘积，用公式可表示为：

$$R(Q) = Q \cdot P \tag{8.1}$$

式中，R（或该节中的 TR）、Q 和 P 分别为厂商的总收益、产量和产品价格。在上述公式中，产品价格 P 是既定常数。这是因为，在完全竞争条件下，产品买卖双方数目很多且产品毫无差别，故任何一个厂商单独增加或减少其产量都不会影响产品价格。换句话说，产品价格与单个厂商的产量多少没有关系。由于产品价格固定不变，厂商的收益便可以被看成取决于另一个因素，即产量。因此，总收益 R 被看成是产量 Q 的函数。由收益函数求收益对产量的一阶导数即得所谓边际收益。边际收益表示厂商增加一单位产量所增加的收益。

现在把讨论从产品市场向要素市场方面深入一步。在产品市场分析中，收益只被看成是产量的函数而与生产要素无关。一旦转入要素市场，则应进一步看到，产量本身又是生产要素的函数。设完全竞争厂商使用的生产要素为劳动 L，则使用一定量的劳动要素将创造出一定量的产量。要素与产量之间的这种数量关系，我们知道就是所谓的生产函数：

$$Q = Q(L) \tag{8.2}$$

该式是第四章中（4.1）式或（4.2）式的简化形式。若将上式代入（8.1）式，则可以将收益看成生产要素的（复合）函数：

$$R(L) = Q(L) \cdot P \tag{8.3}$$

由于仍然是局限于讨论完全竞争的情况，上式中的产品价格仍然是固定不变的常数。

下面考虑收益函数的一阶导数。在产品市场理论中，收益是产量的函数。因此，收益可以对产量求导数。我们知道，收益对产量的导数就是所谓产品的边际收益 MR。而在完全竞争条件下，这个边际收益等于产品的价格，即 $MR = P$。现在研究的是生产要素的使用问题。在要素市场理论中，收益成了要素的（复合）函数。因此，为了求得要素的边际收益，必须以要素为自变量求取导数。求得的导数是什么呢？根据（8.3）式可知，这个导数为 $MP \cdot P$。式中，第一个因子 MP 就是以前讨论过的要素的**边际产品**（又称边际产量或边际生产率），即：

$$MP = \frac{\mathrm{d}Q(L)}{\mathrm{d}L}$$

它表示增加使用一个单位要素所增加的产量。要素的边际产品 MP 与既定产品价格 P 的乘积 $MP \cdot P$ 显然就表示增加使用一单位要素所增加的收益。这就是完全竞争厂商使用生产要素的"边际收益"。为了与前面的产品的边际收益概念相区别，通常把使用要素的"边际收益"叫做**边际产品价值**，并用 VMP 表示。于是有：

$$VMP = MP \cdot P \tag{8.4}$$

它表示在完全竞争条件下，厂商增加使用一个单位要素所增加的收益。这里再次强调，应特别注意边际产品价值 VMP 与产品的边际收益 MR 的区别：产品的边际收益或者简称边际收益通常是对产量而言的，故称为产品的边际收益；边际产品价值则是对要素而言的，是要素的边际产品价值。

由于要素的边际产品 MP 是产量对要素的导数，故它也是要素的函数。为了表示这层意思，有时也把它写成 $MP(L)$。根据所谓"边际生产力递减规律"，该函数曲线向右下方倾斜，即：随着要素使用量的增加，其边际产品将不断下降。更进一步，要素的边际产品价值 VMP 也是要素的函数，也可以写成 $VMP(L)$，并且，由于产品价格 P 为正的常数，边际产品价值曲线显然也与边际产品曲线一样向右下方倾斜。

表 8-1 给出了某个只使用劳动要素的厂商的边际产品价值的部分数据。图 8-1 则是根据表 8-1 中的这部分数据而绘制的。在图中，横轴表示劳动要素的数量 L，纵轴表示边际产品 MP 和边际产品价值 VMP。由图可见，边际产品价值曲线与边际产品曲线一样均向右下方倾斜，但二者的位置不同。一般来说，边际产品价值曲线位置的高低取决于两个因素，即要素的边际产品函数 $MP(L)$[①] 和产品价格 P。随着价格水平的上升或要素的边际产品的上升，边际产品价值曲线将向右上方移动。反之亦然。边际产品价值函数与边际产品函数的相对位置关系则取决于产品价格是大于 1 还是小于或等于 1。如果产品价格大于 1（如上例中 $P = 2$），则对于给定的某个要素数量，边际产品价值大于边际产品，因

---

① 边际产品函数变动不同于边际产品量变动。前者表现为边际产品曲线的移动，它由要素数量以外的原因的变化引起；后者表现为沿着边际产品曲线的运动，它由要素数量本身的变化引起。这里的意思与第二章讨论的需求（或供给）的变动和需求量（或供给量）的变动类似。

而整条边际产品价值曲线高于边际产品曲线。如果产品价格小于1，则情况恰好相反，边际产品价值曲线将位于边际产品曲线的下方。特别是，当产品价格恰好等于1时，边际产品价值退化为边际产品，两条曲线完全重合。

表 8-1　　　　　　　　　　　厂商的边际产品和边际产品价值

要素数量 L	边际产品 MP	产品价格 P	边际产品价值 $VMP=MP \times P$
1	10	2	20
2	9	2	18
3	8	2	16
4	7	2	14
5	6	2	12
6	5	2	10
7	4	2	8
8	3	2	6
9	2	2	4
10	1	2	2

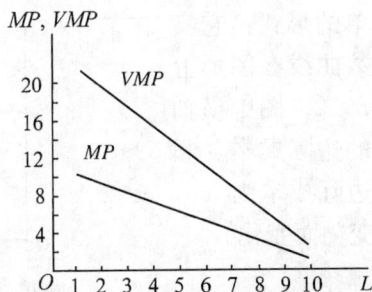

图 8-1　厂商的边际产品和边际产品价值

2. 使用要素的"边际成本"——要素价格

本书第五章曾专门讨论过厂商的成本函数。不过在那里，成本函数是表示厂商的成本与产量水平之间的各种关系，或简言之，成本仅被看成产量的函数：

$$C=C(Q) \tag{8.5}$$

但是，由于产量本身又取决于所使用的生产要素的数量，故成本也可以直接表示为生产要素的函数。这一函数即为在第五章中所提到过的成本方程。根据成本方程便可以得到要素使用的成本概念。若设所使用的劳动要素的价格即工资为 w，则使用要素的成本就可表示为：

$$C=w \cdot L \tag{8.6}$$

即成本等于要素价格和要素数量的乘积。式中，要素价格 w 是既定不变的常数。这是因

217

为，在完全竞争条件下，要素买卖双方数量很多且要素毫无区别，任何一个厂商单独增加或减少其要素购买量都不会影响要素价格。换句话说，要素价格与单个厂商的要素使用量没有关系。由于要素价格为既定常数，使用要素的"边际成本"即成本函数对要素的导数恰好就等于劳动的价格：

$$\frac{dC(L)}{dL} = w \tag{8.7}$$

它表示完全竞争厂商增加使用一单位生产要素所增加的成本。容易理解（8.7）式的含义，例如，设劳动的价格为固定的每小时 5 元，则厂商每增加使用一小时劳动就需要且仅需要付出 5 元的成本。于是它所使用的要素的"边际成本"为 5 元。与边际产品价值的情况一样，这里应特别注意的是，本章使用的成本和边际成本概念不同于第五章的相应概念。关键的区别在于，在论述产品市场的第五章中，成本是作为产量的函数，而在论述要素市场的本章中，成本是作为要素的函数。正是这一不同引起了边际成本在两种情况下的不同表现形式：在第五章中，边际成本是指增加一单位产品所增加的成本，是所谓产品的边际成本；而在本章中，它指增加一单位要素所增加的成本，是所谓要素使用的边际成本。

由于使用要素的成本被看成是要素数量的函数，故它对要素的导数即使用要素的边际成本亦是要素数量的函数。不过在完全竞争条件下，这个函数采取了最为简单的形式：它实际上是一个常数。因此，该函数曲线在图形上表现为一条水平直线。参见图 8-2。图中横轴为要素数量，纵轴为使用要素的边际成本。假定劳动的价格从而使用劳动的边际成本为 w_0，则 w_0 不随着劳动使用量 L 的变化而变化。

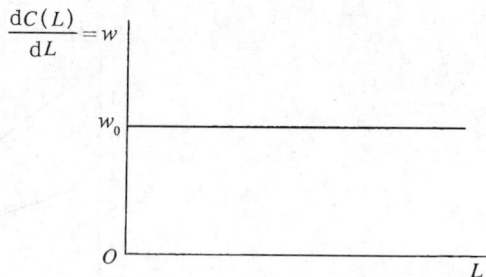

3. 使用要素的原则

厂商使用要素的原则是利润最大化这个一般原则在要素使用问题上的具体化，它可以简单地表述为：使用要素的"边际成本"和相应的"边际收益"相等。根据上面的讨论，在完全竞争条件下，厂商使用要素的边际成本等于要素价格 w，而使用要素的边际收益是所谓的边际产品价值 VMP，因此，**完全竞争厂商使用要素的原则**可以表示为：

$$VMP = w \tag{8.8}$$

或者

$$MP \cdot P = w \tag{8.9}$$

当上述原则或条件被满足时，完全竞争厂商达到了利润最大化，此时使用的要素数量为最优要素数量。

为了更好地理解这个原则，不妨先来考察 $VMP \neq w$ 时的情况。如果 $VMP > w$，则增加使用一单位生产要素所带来的收益就会大于所引起的成本，于是厂商将决定增加要素的

图 8-2 使用要素的边际成本

使用以提高利润。随着要素使用量的增加，要素的价格不变，而要素边际产品从而边际产品价值将下降，从而最终使 $VMP=w$；反之，如果 $VMP<w$，则减少使用一单位要素所损失的收益就会小于所节省的成本，因而厂商将决定减少要素的使用以提高利润。随着要素使用量的减少，要素的边际产品从而边际产品价值将上升，最终也将达到 $VMP=w$。总的来说，不论是 VMP 大还是 w 大，只要二者不相等，厂商都未达到利润最大化，现有要素使用量都不是最优数量，厂商都将改变（增加或减少）要素使用量。只有当 $VMP=w$，即边际产品价值恰好等于要素价格时，厂商的要素使用量才使利润达到了最大。

也可以用数学方法推导上述要素使用原则。假设 π 代表完全竞争厂商的利润，它是要素 L 的函数，则由利润的定义可有：

$$\pi(L)=P \cdot Q(L)-w \cdot L \tag{8.10}$$

为了达到利润最大化[①]，必须使

$$\frac{\mathrm{d}\pi(L)}{\mathrm{d}L}=P\left[\frac{\mathrm{d}Q(L)}{\mathrm{d}L}\right]-w=0$$

即

$$P\left[\frac{\mathrm{d}Q(L)}{\mathrm{d}L}\right]=w$$

而这便是

$$VMP=w$$

（专栏 8-1 "要素需求和产品供给"，请读者扫描本书封面二维码获取。）

第二节　完全竞争厂商对生产要素的需求曲线

完全竞争厂商对生产要素 L 的需求函数反映的是：在其他条件不变时，完全竞争厂商对要素 L 的需求量与要素价格 w 之间的关系。这个关系容易用要素需求表来表示。表 8-2 是只使用一种生产要素的某个完全竞争厂商的要素需求表。该表与表 8-1 相比，增加了表示要素价格的最后一栏。其中，要素价格也与产品价格一样是既定不变的常数——不因要素数量的变化而变化。为了保证利润达到最大化，厂商使用的要素量必须使要素价格与要素的边际产品价值相等。因此，要素需求表表 8-2 中最后一栏与倒数第二栏的数字完全一样。现在给定一个要素价格，例如为 100，为了使要素使用量达到最优，边际产品价值亦必须为 100，而与边际产品价值 100 相对应的要素数量为 1。因此，要素价格为 100 时，要素需求量为 1。同样地，给定另外一个要素价格，例如为 50，由表 8-2 可以找到另外一个相对应的要素需求量是 6。依此类推。表 8-2 的最后一栏和第一栏合起来就表示厂商的**要素需求曲线**。

[①]　这里只讨论利润最大化的一阶条件（即必要条件），而假定二阶条件（即充分条件）已经满足。

表 8-2 完全竞争厂商的要素需求表

要素数量 L	边际产品 MP	产品价格 P	边际产品价值 VMP = MP × P	要素价格 w
1	10	10	100	100
2	9	10	90	90
3	8	10	80	80
4	7	10	70	70
5	6	10	60	60
6	5	10	50	50
7	4	10	40	40
8	3	10	30	30
9	2	10	20	20
10	1	10	10	10

要素需求函数还可以从（8.9）式中推导出来。为了更清楚地看出这一点，把（8.9）式稍稍改写如下：

$$P \cdot MP(L) = w \tag{8.11}$$

式中，$MP(L)$ 为边际产品，是要素的函数。由于产品价格 P 为既定常数，故上式显然确定了从要素价格 w 到要素使用量 L 的一个函数关系，即确定了完全竞争厂商对要素的一个需求函数。

为了说明这个函数的特点，假定一开始时，厂商使用的要素数量为最优数量，即（8.11）式已经满足。现在让要素价格 w 上升，于是有 $P \cdot MP(L) < w$。为了重新恢复均衡，厂商必须调整要素使用量 L，使 $MP(L)$ 从而 $P \cdot MP(L)$ 亦上升；而根据边际生产力递减这一性质，只有通过减少要素使用量才能达到这个目的。这样便得到了结论：**随着要素价格的上升，厂商对要素的最佳使用量即需求量将下降。**因此，完全竞争厂商的要素需求曲线与其边际产品价值曲线一样向右下方倾斜。

更进一步，利用要素使用原则（8.11）式还可以说明，在完全竞争条件下，厂商对单一要素的需求曲线将与其边际产品价值曲线完全重合。参见图 8-3。首先，已知（8.11）式左边边际产品价值是要素 L 的函数，它由图中向右下方倾斜的曲线 VMP 表示；其次，如果把公式右边的要素价格 w 也看成是 L 的函数，则它的形状就是一条水平线，这是因为，根据要素市场完全竞争的假定，无论单个厂商如何改变要素使用量，要素价格均不受影响。于是给定一个要素价格 w_0，就有一条水平直线（仍然用 w_0 表示）；最后，要素使用原则 $VMP = w$ 在图形上的表示就是 VMP 曲线与 w_0 曲线的交点 A。A 点表明，当要素价格为 w_0 时，要素需求量为 L_0。换句话说，边际

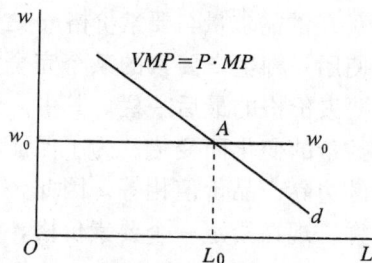

图 8-3 完全竞争厂商的要素需求曲线

产品价值曲线 VMP 上的 A 点亦是要素需求曲线上的一点。同样地，如果给定另外一个要素价格，则有另外一条水平直线与 VMP 相交于另外一点。根据同样的分析即知，新的交点也是需求曲线上的一点。于是，在使用一个生产要素（以及不考虑其他厂商的调整）的情况下，完全竞争厂商对要素的需求曲线与要素的边际产品价值曲线恰好重合。

应当指出的是，尽管要素的需求曲线与其边际产品价值曲线重合为一条线，但这同一条线在这两个场合的含义却是截然不同的。首先，它包含的变量的含义不同。作为边际产品价值曲线，它的 L 表示要素使用量，而作为要素需求曲线，这个 L 却是表示最优要素使用量或要素需求量；其次，它反映的函数关系也不同：在边际产品价值曲线场合，自变量为要素使用量 L，边际产品价值是要素使用量的函数，而在要素需求曲线场合，自变量却是要素价格 w，要素需求 L 是要素价格的函数。

由于要素需求曲线与边际产品价值曲线重合，故前者也与后者一样，将由于产品价格和边际产品函数这两个因素的变动而变动。注意到这一点有助于理解它们之所以重合的条件。要素需求曲线与要素的边际产品价值曲线重合意味着：当要素价格变化时，要素需求量是沿着一条既定的边际产品价值曲线而变化的（参见图 8-3）。这就要求，当要素价格变化时，要素的边际产品价值曲线不得随之改变；或者更进一步说，它的两个组成部分即要素的边际产品曲线和产品价格不得随之改变。否则，要素需求曲线必将"脱离"其边际产品价值曲线。例如，如果要素的边际产品曲线或产品价格随着要素价格的变化而变化，则给定一个要素价格 w_0，就有一条相应的边际产品价值曲线 VMP_0，而根据要素使用原则 $VMP_0 = w_0$，可得到一要素需求量 L_0。显然，(w_0, L_0) 点位于曲线 VMP_0 上。如果再给定另外一个要素价格 w_1，则有另外一条边际产品价值曲线 VMP_1 与之相应。再根据要素使用原则 $VMP_1 = w_1$，又可得到一要素需求量 L_1。显然，新点 (w_1, L_1) 位于新的曲线 VMP_1 上，而非原来的曲线 VMP_0 上。因此，要素需求曲线不再与某一条边际产品价值曲线重合。

由此可见，要素需求曲线等于边际产品价值曲线的结论实际上要依赖于两个"潜在假定"：第一，要素的边际产品曲线不受要素价格变化的影响；第二，产品价格不受要素价格变化的影响。一方面，如果局限于讨论只有一种生产要素的情况（如本章所假定的那样），则第一个假定自然满足[1]；另一方面，如果局限于讨论只有一个厂商进行生产调整，但并不考虑其他厂商调整的情况，则第二个假定自然满足。但是一旦扩大到考虑使用多种生产要素或者多个厂商调整行为，则上述假定就不再合理，从而不能再用边际产品价值曲线代表要素需求曲线。换句话说，在考虑共同使用多种要素以及多个厂商共同调整时，完全竞争厂商对要素 L 的需求曲线一般说来就不再等于该要素的边际产品价值曲线。由于本章假定只使用一种生产要素，下面只讨论多个厂商共同调整的情况对要素需求造成的影响。

---

① 如果除了劳动要素 L 之外，厂商还使用其他要素，如资本要素 K，则当资本和劳动这两种要素不是相互独立的，而是相互联系的（不论这种关系的性质如何，不论它们是相互补充的还是相互替代的）时，劳动价格的下降将使劳动的边际产品价值曲线上升。反之亦然。一般较高深的西方经济学教材往往有关于这方面的论述。在这本初级教材中，我们将略而不论。

第三节　从厂商的需求曲线到市场的需求曲线

前面已经说过，在一定的条件下，完全竞争厂商的要素需求曲线就是其要素的边际产品价值曲线。现在进一步讨论整个完全竞争市场的要素需求曲线。在这里，首先碰到的问题是：如何从单个厂商的要素需求曲线推导出市场的要素需求曲线？初看起来，似乎可以认为：既然单个厂商的要素需求曲线等于边际产品价值曲线，就可以通过简单加总市场上所有厂商的边际产品价值曲线而求得市场的要素需求曲线。然而，这是错误的。

上一节已经说明，单个的完全竞争厂商的要素需求曲线等于其边际产品价值曲线要有一定的条件。其中，一个条件是假定其他厂商均不进行调整。否则，厂商的要素需求曲线将"脱离"边际产品价值曲线。当我们从单个厂商转到研究整个市场的情况时，这个条件显然不再得到满足，因而单个厂商的边际产品价值曲线不再代表其要素需求曲线，它们的简单加总也不再代表整个市场的要素需求曲线。

下面首先考虑使用同一种生产要素的多个厂商同时调整的情况，并研究在此种情况下某单个厂商（例如厂商 m）对要素 L 的需求曲线。在研究使用一种要素的完全竞争厂商 m 的要素需求曲线时，如果不考虑其他厂商的调整活动，则要素价格的变化就不会影响产品的价格，从而不会改变要素的边际产品价值曲线。其理由如下：设要素价格发生变化，根据其他厂商均不调整的假定，要素价格变化只引起厂商 m 的要素需求量和使用量的变化，从而只引起它的产品数量的变化。由于厂商 m 是产品市场上的完全竞争者，故其产量变化并不能改变产品的价格。如果允许其他厂商也进行调整，则情况将完全不同。现在要素价格变动不仅引起厂商 m，而且引起所有其他厂商的要素需求量和使用量，从而其产量的变动。尽管在完全竞争条件下，单个厂商的产量变化不影响价格，但全体厂商的产量都变化时却不是如此。要素价格变化所引起的全体厂商的产量变动将改变产品的供给曲线，从而在产品市场需求量不变时，将改变产品的市场价格。产品价格的改变再反过来使每一个厂商从而厂商 m 的边际产品价值曲线发生改变。于是，厂商 m 的要素需求曲线也不再等于其边际产品价值曲线。

我们利用图 8-4 来推导多个厂商同时调整情况下厂商 m 的要素需求曲线。在图 8-4 中，横轴为要素数量，纵轴为要素价格。设给定初始要素价格为 w_0，相应地有一个产品价格 P_0，从而有一条边际产品价值曲线 $P_0 \cdot MP$。根据该曲线可确定 w_0 下的要素需求量 L_0，于是 $H(L_0, w_0)$ 点即为所求需求曲线上的一点。如果这时没有其他厂商的调整，则整条需求曲线就可以看成是 $P_0 \cdot MP$。假定让要素价格下降到 w_1，则要素需求量就应增加到 L_2。但现在由于其他厂商也进行调整，因此要素价格下降使 L 的边际产品价值曲线向左

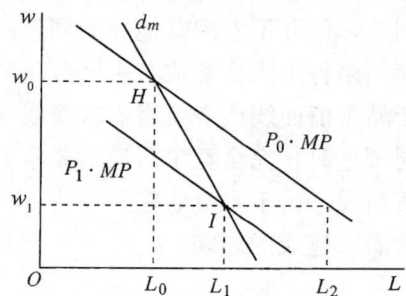

图 8-4　多个厂商调整时 m 的
要素需求曲线

下方移动，例如移到 $P_1 \cdot MP$，从而在要素价格 w_1 下，L 的需求量不再是 L_2，而是稍稍更少一些的 L_1。于是又得到要素需求曲线上一点 $I(L_1, w_1)$。

重复上述过程，可以得到其他与 H、I 性质相同的点。将这些点连接起来，即得到多个厂商调整情况下厂商 m 对要素 L 的需求曲线 d_m。d_m 表示经过多个厂商相互作用的调整即经过行业调整之后得到的第 m 个厂商的要素需求曲线，可简称为行业调整曲线。一般来说，d_m 曲线仍然是向右下方倾斜的，但比边际产品价值曲线要陡峭一些。

到目前为止，我们所讨论的一直仍然是完全竞争市场上单个厂商的要素需求曲线。紧接着的一个工作就是把要素的需求理论从单个厂商推广到整个市场。不过，如果已经求得了在行业调整情况下的每个单个厂商的要素需求曲线 d_m，则整个市场的要素需求曲线不难从中推得。

例如，假定完全竞争要素市场中包含 n 个厂商（n 是一个很大的数）。其中，每个厂商经过行业调整后的要素需求曲线分别为 $d_1, d_2, \cdots, d_n$，整个市场的要素需求曲线 D 可以看成是所有这些厂商的要素需求曲线的简单水平相加，即：

$$D = \sum_{m=1}^{n} d_m \tag{8.12}$$

特别是，如果假定这 n 个厂商的情况均一样，即：

$$d_1 = d_2 = \cdots = d_n$$

则市场的要素需求曲线就是：

$$D = \sum_{m=1}^{n} d_m = n \cdot d_m$$

式中，d_m 可以是任何一个厂商的要素需求曲线。参见图 8-5。图 8-5 包括两个子图。图 8-5（a）是某单个厂商的要素需求曲线 d_m，图 8-5（b）是市场的要素需求曲线 D。当要素价格为 w_0 时，该厂商的要素需求量为 L_0，整个市场的要素需求量为 $n \cdot L_0$。（假定所有 n 个厂商的情况完全相同）。

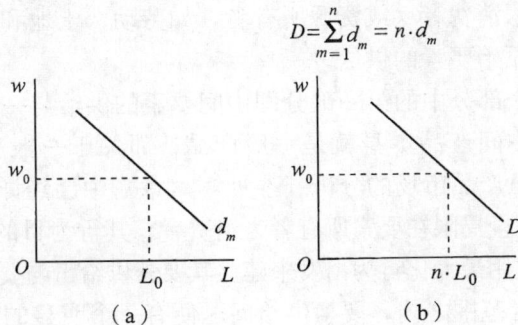

图 8-5　单个厂商和整个市场的要素需求曲线

在上面推导市场的要素需求曲线的过程中，特别应当注意的是，被简单地水平相加的是每个厂商的"真正的"要素需求曲线，即是在考虑了多个厂商共同行动所引起的全部调整之后得到的行业调整曲线 d_m，而不能是边际产品价值曲线 $P \cdot MP$。

第四节　对供给方面的概述

前面三节从要素使用者角度讨论了要素的需求。现在要转到要素所有者方面来研究要素的供给，并把要素的供给和需求结合起来，得出要素价格和使用量的决定理论，从而完成对要素市场的分析。

一、要素所有者、最大化行为和供给问题

如前所述，所谓从要素使用者角度讨论要素需求，就是从要素使用者即生产者或厂商的利润最大化行为出发，来研究其对要素的需求量是如何随着要素价格的变化而变化的。与此相仿，可以把要素供给研究看成是从要素所有者的最大化行为出发来分析其对要素的供给量是如何随着要素价格的变化而变化的。因此，首先要问的问题是：谁是要素的供给者？什么是要素供给者的最大化行为？

我们知道，在西方经济学的要素需求理论中，要素使用者是"单一"的，即是生产者或厂商，因而其行为目标也是"单一"的，即追求利润的最大化。转到供给方面之后，问题稍稍复杂一些：要素所有者既可以是生产者，也可以是消费者。生产者生产许多将要再次投入生产过程的"中间产品"或"中间生产要素"（如钢材、车床等），因而是中间要素的所有者；消费者则向市场提供"原始生产要素"（如劳动、土地和资本等），因而是原始要素的所有者。由于要素所有者的身份不同，因而它们的行为目的也不相同。按照西方学者的假定，生产者和消费者的行为目的分别是利润最大化和效用最大化。

要素所有者及其行为目标的不一致自然会影响到对要素供给的分析。最重要的影响便是要素供给原则肯定不会再像要素需求原则那样一致，因为不同的行为目标将导出不同的行为原则，进而影响诸如分析的方法、形式甚至某些结论等等。因此，从理论上来说，要素供给理论须分成两个并列的部分分别加以讨论：根据生产者的利润最大化行为讨论其对中间要素的供给，根据消费者（或资源所有者，如劳动、土地和资本等的所有者）的效用最大化行为讨论其对原始要素的供给。

但是，在上述两个部分中的第一部分即中间要素的供给与一般产品的供给并无任何区别，因为中间要素即中间产品本身就是一般产品，而关于一般产品的供给理论在产品市场，特别是在完全竞争产品市场的分析（参见第六章）中已经详细讨论过，因此本章关于要素供给的讨论可以完全局限在要素所有者为消费者、其行为目的为效用最大化这一范围之内，即是从消费者的效用最大化行为出发来建立其要素供给量与要素价格之间关系的理论。

一旦局限在消费者范围之内，要素供给问题便有一个明显的特点：消费者拥有的要素数量（简称为资源）在一定时期内总是既定不变的。例如，消费者拥有的时间一天只有 24 小时，其可能的劳动供给不可能超过这个数；又例如，消费者拥有的土地也是固定的，比如说为 2 公顷，则他可能的土地供给也只有这么多；再例如，消费者拥有的收入每日为 500 元，则他不可能储蓄（即供给资本）得比这更多；等等。

由于资源是既定的，消费者只能将其拥有的全部既定资源的一部分（当然，这部分可以小到 0，也可能大到等于其资源总量）作为生产要素来提供给市场。全部既定资源中除去供给市场的生产要素外，剩下的部分可称为"保留自用"（或简称为"自用"）的资源。因此，所谓要素供给问题可以看成是：消费者在一定的要素价格水平下，将其全部既定资源在"要素供给"和"保留自用"两种用途上进行分配以获得最大效用。

二、要素供给原则

1. 效用最大化条件

怎样才能使效用达到最大呢？显然，在这里为获得最大的效用必须满足如下条件：**作为"要素供给"的资源的边际效用要与作为"保留自用"的资源的边际效用相等**。如果要素供给的边际效用小于保留自用的边际效用，则可以将原来用于要素供给的资源转移一单位到保留自用上去从而增大总的效用。之所以能够如此是因为，减少一单位要素供给所损失的效用要小于增加一单位保留自用资源所增加的效用；反之，如果要素供给的边际效用大于保留自用的边际效用，则可以反过来，将原来用于保留自用的资源转移一单位到要素供给上去。根据同样的道理，这样改变的结果亦将使总的效用增大。最后，由于边际效用是递减的，上述调整过程可以最终达到均衡状态，即要素供给的边际效用和保留自用的边际效用相等。

2. 要素供给的边际效用

剩下来的问题是：什么是要素供给的效用（及边际效用）？什么是自用资源的效用（及边际效用）？显然，把资源作为生产要素供给市场本身对消费者来说并无任何效用。消费者之所以供给生产要素是为了获得收入。正是因为这种要素带来的收入具有效用，因此，要素供给的效用是所谓"间接效用"：要素供给通过收入而与效用相联系。假设要素供给增量（例如劳动供给增量）为 ΔL，由此引起的收入增量为 ΔY，而由收入增量引起的效用增量为 ΔU，则：

$$\frac{\Delta U}{\Delta L} = \frac{\Delta U}{\Delta Y} \cdot \frac{\Delta Y}{\Delta L}$$

取极限即得：

$$\frac{dU}{dL} = \frac{dU}{dY} \cdot \frac{dY}{dL} \tag{8.13}$$

式中，dU/dL 即为要素供给的边际效用，它表示要素供给量增加一单位所带来的消费者效用增量[①]；dU/dY 和 dY/dL 则分别为收入的边际效用和要素供给的边际收入。因此，（8.13）式表示：要素供给的边际效用等于要素供给的边际收入与收入的边际效用的乘积。

一般来说，单个消费者不过是要素市场上的众多要素所有者之一，即它是要素市场上的完全竞争者。它多提供或少提供一点要素供给量并不影响要素的市场价格。或者说，它所面临的要素需求曲线是一条水平线。在这种情况下，要素的边际收入显然就等于要素的

---

① 这里略去了可能存在的所谓要素供给的"边际负效用"。

价格，即有：

$$\frac{dY}{dL} = w$$

于是（8.13）式简化为：

$$\frac{dU}{dL} = w \cdot \frac{dU}{dY} \tag{8.14}$$

这便是完全竞争条件下消费者要素供给的边际效用公式。

如果消费者不是要素市场上的完全竞争者，则要素供给的边际效用表达式当然仍然为一般形式的（8.13）式。

3. 自用资源的边际效用

与要素供给提供间接效用相比，自用资源的情况稍稍复杂一些：它既可带来间接效用，亦可带来直接效用，而且更为重要的是带来直接效用。例如，拿消费者拥有的时间资源来说，如果不把时间用于劳动（即不作为劳动要素去供给市场），则可以将它用于做家务、看电影或干脆休息。显然，自用时间在这里是通过不同的途径产生效用的。在第一种情况下，它节省了本来需请别人来帮忙做家务的昂贵开支，因而和要素供给一样，可以说是间接地带来了效用，即通过节约开支相对增加收入从而间接增加效用；在后两种情况下，它则直接地增加了消费者的效用，因为它直接地满足了消费者的娱乐和健康的需要。

为了分析的简单方便起见，以后假定自用资源的效用都是直接的，即不考虑类似于上述时间可以用来干家务这类现象。若用 l 表示自用资源数量，则自用资源的边际效用就是效用增量与自用资源增量之比的极限值 dU/dl，它表示增加一单位自用资源所带来的效用增量。

4. 要素供给原则的推导

借助于上面指出的要素供给的间接效用和自用资源的直接效用概念，可以将效用最大化条件表示为[1]：

$$\frac{dU}{dl} = \frac{dU}{dY} \cdot w \tag{8.15}$$

或

$$\frac{dU/dl}{dU/dY} = w \tag{8.16}$$

如果考虑有所谓"收入的价格" w_y，则显然有 $w_y = 1$。于是可以将（8.16）式写成：

$$\frac{dU/dl}{dU/dY} = \frac{w}{w_y} \tag{8.17}$$

上式左边为资源与收入的边际效用之比，右边则为资源和收入的价格之比。这个公式与产品市场分析中的效用最大化公式是完全一致的（参见第三章第三节和第四节）。

---

① 这里假定存在众多的消费者提供相同的生产要素。

上述要素供给原则可以推导如下：设消费者拥有的单一既定资源总量为$\bar{L}$，资源价格（亦即要素价格）为w，在该要素价格下，消费者的自用资源量为l，从而其要素供给量为$\bar{L}-l$，从要素供给中得到的收入为$Y=w(\bar{L}-l)$。消费者的效用来自两个方面，即自用资源和要素供给的收入，故效用函数可写为$U=U(Y,l)$。消费者在既定资源数量条件下决定资源在要素供给和保留自用两种用途之间的分配，故约束条件（即预算线）为$(\bar{L}-l)+l=\bar{L}$，或者，改写成收入与要素供给量的关系即得：$Y+w\cdot l=w\cdot\bar{L}$。于是消费者的要素供给问题可以表述为：

在约束条件$Y+w\cdot l=w\cdot\bar{L}$下使效用函数$U=U(Y,l)$达到最大。

对该问题求解即得利润最大化条件，亦即要素供给原则（8.16）式。①

三、无差异曲线分析

与第三章的情况一样，上面关于要素供给原则的讨论也可以利用无差异曲线的分析工具来进行说明。

参见图8-6。在图中，横轴l表示自用资源的数量，纵轴Y表示要素供给所带来的收入。因此，图中每一点均代表一个收入Y和自用资源l的组合。U_0、U_1和U_2是消费者的三条无差异曲线。在同一条曲线上，不同的点代表着相同的效用水平。与通常的无差异曲线一样，在这里，U_0、U_1和U_2也被假定为向右下方倾斜和凸向原点。这意味着，收入和自用资源都是"好商品"，多多益善，并且它们的重要程度均随着数量的增加而下降；此外，较高的无差异曲线代表着较高的效用，即：$U_2>U_1>U_0$。

再设消费者在初始时拥有$\bar{L}$单位的既定资源（比如每天24小时）和$\bar{Y}$单位的非要素收入（例如为财产收入），即他处于图中E点的位置。如果消费者将其全部初始资源$\bar{L}$都作为生产要

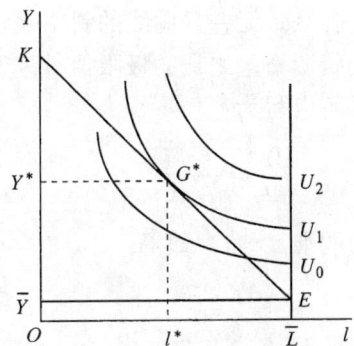

图8-6　要素供给的原则：无差异曲线分析

---

① 求要素供给原则的数学方法可以论述如下：设消费者即要素所有者的效用函数为：

$$U=U(Y,l)$$

受到的限制条件为：

$$Y+w\cdot l=w\cdot\bar{L}$$

令　　　$f=U(Y,l)+\lambda(Y+w\cdot l-w\cdot\bar{L})$

在这里，λ为拉格朗日乘数。于是新函数f的一阶条件为：

$$\partial f/\partial Y=\partial U/\partial Y+\lambda=0$$

$$\partial f/\partial l=\partial U/\partial l+\lambda w=0$$

$$\partial f/\partial\lambda=Y+w\cdot l-w\cdot\bar{L}=0$$

假设二阶条件能够得到满足，解上面联立方程中的前两个即可以求得要素供给原则（8.16）式。

素供给市场，则所得到的要素收入就是 $\overline{L} \cdot w$（w 为要素价格），从而其拥有的全部收入（要素收入加上非要素收入）就是 $K = \overline{L} \cdot w + \overline{Y}$。于是连接点 E 和纵轴上 K 点的直线显然就是该消费者的预算线。

消费者现在的问题是：在预算约束之下选择最优（即使效用量最大）的收入 Y 和自用资源 l 的组合。这个最优组合当然就是预算线与无差异曲线 U_1 的切点 G^* 的组合（这里的逻辑与第三章中的消费者选择理论完全相同）。换句话说，消费者的效用最大化行为是在初始的全部资源 $\overline{L}$ 中，保留数量为 l^* 的资源自用，而将其余的 $(\overline{L} - l^*)$ 部分作为生产要素供给市场以获得收入，从而使自己的收入从初始的 $\overline{Y}$ 增加到 Y^*。

由图可知，最优点 G^* 必须满足如下条件：无差异曲线的斜率等于预算线的斜率。

预算线的斜率容易推得，它等于：

$$-\frac{K - \overline{Y}}{\overline{L}} = -\overline{L} \cdot \frac{w}{\overline{L}} = -w$$

即预算线的斜率是要素价格的相反数。①

什么是无差异曲线的斜率呢？从形式上看，无差异曲线的斜率可以表示为收入增量与自用资源增量之比的极限值 $\mathrm{d}Y/\mathrm{d}l$，即收入对自用资源的导数。于是，最优点 G^* 的必要条件可以写为：

$$\frac{\mathrm{d}Y}{\mathrm{d}l} = -w$$

两边同乘（−1）即得：

$$-\frac{\mathrm{d}Y}{\mathrm{d}l} = w \tag{8.18}$$

上式左边可称为资源供给的边际替代率，它表示：消费者为增加一单位自用资源所愿意减少的收入量；而右边的要素价格可以看成是消费者为增加一单位自用资源所必须放弃的收入量。因此，（8.18）式的含义是：消费者为增加一单位自用资源所愿意减少的收入量要等于必须减少的收入量。

如果假定效用可以用基数来衡量，则资源供给的边际替代率 $-\mathrm{d}Y/\mathrm{d}l$ 可以表示为自用资源和收入的边际效用之比②：

---

① 一般说来，预算线的斜率应等于要素价格与收入价格之比的相反数，即等于 $-w/w_y$，其中，w_y 表示收入的价格。但收入的价格按定义等于 1，故预算线的斜率在这里就简化为 $-w$。

② 设要素所有者的效用函数为：

$U = U(Y, l)$

其全微分为：

$\mathrm{d}U = (\partial U / \partial Y) \cdot \mathrm{d}Y + (\partial U / \partial l) \cdot \mathrm{d}l$

由于在无差异曲线上有 $\mathrm{d}U = 0$，故：

$(\partial U / \partial Y) \cdot \mathrm{d}Y + (\partial U / \partial l) \cdot \mathrm{d}l = 0$

解之即得：

$-\mathrm{d}Y / \mathrm{d}l = (\partial U / \partial l) / (\partial U / \partial Y)$

$$-\frac{\mathrm{d}Y}{\mathrm{d}l}=\frac{MU_l}{MU_Y}$$

将上式代入（8.18）式即得到前面在基数效用基础上得到的要素供给原则（8.16）式。

四、要素供给问题

现在回到图 8-6 中来进一步考察要素供给问题。显而易见，消费者的要素供给量等于资源总量与最优自用资源量之差 $\bar{L}-l^*$。式中，$\bar{L}$ 为固定不变的常数，l^* 则取决于无差异曲线与预算线的切点 G^* 的位置。在给定偏好即无差异曲线不变（以及非要素收入 $\bar{Y}$ 不变）的条件下，l^* 又取决于预算线的斜率，即要素价格 w。反过来说，在消费者的初始非要素收入、初始资源数量以及偏好均既定不变的条件下，则给定一个要素价格，就有一个要素供给量。这正是我们所力图确定的要素供给量与要素价格之间的关系。

参见图 8-7。与图 8-6 一样，图 8-7 中横轴 l 和纵轴 Y 亦分别为消费者的自用资源和收入；U_0、U_1 和 U_2 为三条无差异曲线，E 点为消费者的初始状态。如果要素价格为 w_0，则将全部资源都作为要素供给市场时，全部收入就等于 $K_0=\bar{L}\cdot w_0+\bar{Y}$。于是预算线为 EK_0。如果要素价格上升，例如上升到 w_1 和 w_2，则将全部资源作为要素供给的全部收入将分别为 $K_1=\bar{L}\cdot w_1+\bar{Y}$ 和 $K_2=\bar{L}\cdot w_2+\bar{Y}$，从而相应的预算线分别为 EK_1 和 EK_2。换句话说，随着要素价格的上升，预算线将绕着初始状态点 E 顺时针旋转，反之亦然。随着预算线绕着 E 点顺时针旋转，它与既定的无差异曲线簇的切点亦不断变化。所有这些切点的集合为曲线 PEP，可称之为**价格扩展线**。价格扩展线 PEP 反映了自用资源数量 l（以及要素收入）如何随着要素价格的变化而变化，从而反映了要素供给量（它等于固定资源总量减去自用资源数量）如何随着要素价格的变化而变化，即要素供给曲线关系。

从价格扩展线得到要素供给曲线的方法如下：给定要素价格 w_0，由图 8-7 可知，预算线为 EK_0，从而，最优自用资源量为 l_0，要素供给量为 $(\bar{L}-l_0)$，于是得到要素供给曲线上一点 $(\bar{L}-l_0,\ w_0)$，参见图 8-8 中的 A 点；设要素价格上升到 w_1，再上升到 w_2，则预算线分别为 EK_1 和 EK_2，从而最优自用资源量下降到 l_1，再下降到 l_2，于是要素供给量上升到 $(\bar{L}-l_1)$，再上升到 $(\bar{L}-l_2)$。于是又得到要素供给曲线上的两点：$(\bar{L}-l_1,\ w_1)$ 和 $(\bar{L}-l_2,\ w_2)$，参见图 8-8 中的 B 点和 C 点。重复以上做法可以得到与 A 点、B 点和 C 点具有同样性质的其他点。将所有这些点连接起来即得要素的供给曲线。

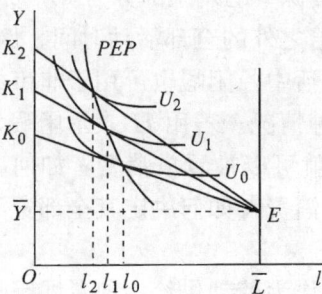

图 8-7　价格扩展线

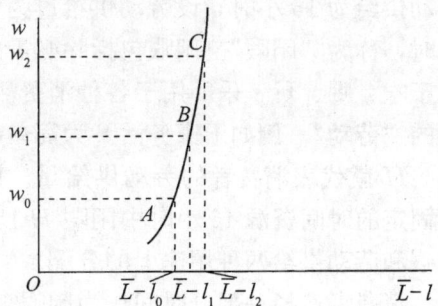

图 8-8　要素供给曲线

值得注意的是，在图 8-8 以及图 8-7 中给出的要素供给曲线具有向右上方倾斜的正斜率性质，这只是作为例子说明要素供给曲线如何从消费者行为理论中推出，并不意味着要素供给曲线总是向右上方倾斜的。事实上，要素供给曲线可以向右上方倾斜，也可以垂直，甚至可以向右下方倾斜。其形状究竟如何取决于无差异曲线的形状（以及初始状态的情况）。或者更具体地说，其形状取决于消费者效用函数 $U=U(Y,l)$ 的特点。一般而言，在效用函数 U 中，自变量的第一项（Y）表明，收入 Y 与要素本身的特点并无关系：无论是什么要素带来的收入都被假设为是一样的，只要其数量相同，就有一样的效用；但效用函数中自变量的第二项自用资源（例如现在的 l）却可能因为其性质不同而对效用的影响大相径庭。有些东西保留下来即足以增加效用，例如时间资源就是如此；另外一些东西保留下来却未必能增加效用，或者即使能增加效用，其效果也微不足道，可以忽略不计，例如不存在其他用途的土地就可能属于此类情况；还有一些东西保留下来不仅不能增加效用，反而会减少效用，例如收入。保留收入意味着减少当前的消费，从而减少当前的效用。因此，无差异曲线形状之区别，从而要素供给曲线形状之不同，实际上与要素的特点有关。鉴于此，下面我们将针对不同种类的要素分别讨论其要素供给方面的特点。首先讨论劳动要素，然后分析土地和资本。劳动、土地和资本恰好是西方经济学在传统上按职能划分的三种生产要素。

第五节　劳动供给曲线和工资率的决定

一、劳动和闲暇

劳动供给涉及消费者对其拥有的既定时间资源的分配。说消费者拥有的时间资源是既定的具有两层含义。首先，每天只有 24 小时，这是不会改变的；其次，在这固定的 24 小时之中，有一部分必须用于睡眠而不能挪作他用。必需的睡眠时间虽不是绝对地不变，但对于特定的消费者而言，短期内不会变化很大。如果将必需的睡眠时间挪作他用，则消费者的满足程度即效用以及劳动生产力都将受到很大的影响。为了方便起见，这里假定消费者每天必须用于睡眠的时间是 8 小时。因此，消费者可以自由支配的时间资源每天为固定的 24－8＝16 小时。

由上述假定，消费者可能的劳动供给只能来自 16 小时之中，而不能超过它。其最大劳动供给为 16 小时。设劳动供给量为 6 小时，则全部时间资源中的剩余部分为 16－6＝10 小时，称为"闲暇"。闲暇包括除必需的睡眠时间和劳动供给之外的全部活动时间。例如，用于吃、喝、玩、乐即用于各种消费活动的时间。在现实生活中，闲暇也可用于非市场活动的"劳动"，例如干家务活。为简单起见，这里不考虑这种情况。若用 H 表示闲暇，则 $16-H$ 就代表消费者的劳动供给量。因此，劳动供给问题就可以被看成消费者如何决定其固定的时间资源 16 小时中闲暇 H 所占的部分，或者说，消费者如何决定其全部资源在闲暇和劳动供给两种用途上的分配。

消费者选择一部分时间作为闲暇来享受，选择其余时间作为劳动供给。前者即闲暇直接增加了效用，后者则可以带来收入，通过将收入用于消费再增加消费者的效用。因此，就实质而言，消费者并非在闲暇和劳动二者之间进行选择，而是在闲暇和劳动收入之间进行选择。或者更一般地说，是在自用资源和收入之间进行选择。显然，上一节讨论的模型完全适合用来分析目前的问题。

二、劳动供给曲线

参见图 8-9 和图 8-10。先看图 8-9。图中横轴 H 表示闲暇，纵轴 Y 与以前一样表示收入。消费者的初始状态点 E 现在表示的是非劳动收入 $\bar{Y}$ 与时间资源总量 16 小时的组合。假定劳动的价格即工资为 w_0，则最大可能的收入（劳动收入加非劳动收入）为 $K_0 = 16w_0 + \bar{Y}$。于是消费者在工资 w_0 条件下的预算线为连接初始状态点 E 与纵轴上 K_0 点的直线 EK_0。EK_0 与无差异曲线 U_0 相切，切点为 A。与 A 点对应的最优闲暇量为 H_0，从而劳动供给量为 $(16-H_0)$。于是得到**劳动供给曲线**（参见图 8-10）上的一点 a $(16-H_0, w_0)$。

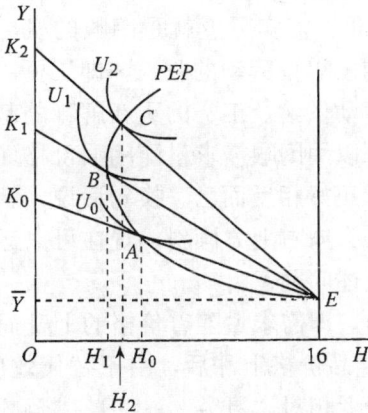

图 8-9　时间资源在闲暇和劳动
　　　　供给之间的分配

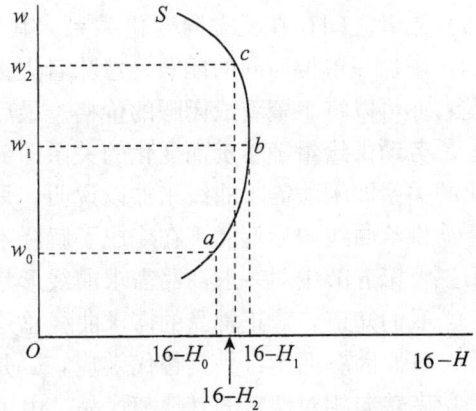

图 8-10　消费者的劳动供给曲线

再回到图 8-9。现在让劳动的价格上升到 w_1，再上升到 w_2，则消费者的预算线将绕着初始状态点 E 顺时针旋转到 EK_1 和 EK_2，其中 $K_1 = 16w_1 + \bar{Y}$，$K_2 = 16w_2 + \bar{Y}$。预算线 EK_1 和 EK_2 分别与无差异曲线 U_1 和 U_2 相切，切点分别为 B 和 C。均衡点 B 和 C 对应的最优闲暇量分别为 H_1 和 H_2，从而相应的劳动供给量分别为 $(16-H_1)$ 和 $(16-H_2)$。现又得到劳动供给曲线（参见图 8-10）上的两点：b $(16-H_1, w_1)$、c $(16-H_2, w_2)$。

重复上述过程，可得到图 8-9 中类似于 A 点、B 点和 C 点的其他点。将这些点连接起来，即得到图 8-9 中的价格扩展线 PEP；相应地，在图 8-10 中可得到类似于 a 点、b 点和 c 点的其他点，将所有这些点连接起来，即得到消费者的劳动供给曲线 S。

与一般的供给曲线不同，图 8-10 描绘的劳动供给曲线具有一个鲜明的特点，即它具有一段"向后弯曲"的部分。当工资较低时，随着工资的上升，消费者为较高的工资所吸引将减少闲暇，增加劳动供给量。在这个阶段，劳动供给曲线向右上方倾斜。但是，工资上涨对劳动供给的吸引力是有限的。当工资上涨到 w_1 时，消费者的劳动供给量达到最大。此时如果继续增加工资，劳动供给量非但不会增加，反而会减少。于是劳动供给曲线从工资 w_1 处起开始向后弯曲。

劳动供给曲线的这个特点也可以从图 8-9 中消费者随工资变化对闲暇的需求量的变化中看出。由图可知，随着工资的上升，从而预算线在纵轴的截距的上升，消费者的闲暇需求量是先减后增的，即从 H_0 减少到 H_1，然后又增加到 H_2。在时间资源总量既定时，这当然意味着劳动供给量是先增后减的，即从 $16-H_0$ 增加到 $16-H_1$，然后又减少到 $16-H_2$。

三、替代效应和收入效应

劳动供给曲线为什么会向后弯曲？为了解释这个问题，我们换一个角度来看劳动供给、劳动的价格即工资以及它们之间的关系。首先，可以将劳动供给看成闲暇需求的反面。因为在时间资源总量给定的条件下，劳动供给的增加就是闲暇需求的减少；反之亦然。二者之间存在反方向变化关系。其次，劳动的价格即工资实际上就是闲暇的机会成本：增加一单位时间的闲暇，意味着失去本来可以得到的一单位劳动的收入，即工资。于是，亦可以将工资看成闲暇的价格。最后，在上述关于劳动供给及工资的重新解释的基础上，劳动供给量随工资而变化的关系即劳动供给曲线便可以用闲暇需求量随闲暇价格而变化的关系即闲暇需求曲线来加以说明，只不过后者与前者正好相反而已。换句话说，解释劳动供给曲线向后弯曲现在变成了解释闲暇需求曲线为什么向右上方倾斜。现在可以运用第三章第五节中对一般商品需求曲线形状的讨论来回答上述问题了。

我们知道，对正常品的需求曲线总是向右下方倾斜的，即需求量随着价格的上升而下降。其原因有两个：一是替代效应，二是收入效应。正常品价格上涨后，由于替代效应，消费者转向相对便宜的其他替代品；由于收入效应，消费者相对"更穷"一些，以至减少对正常品的购买。就一般的正常品而言，替代效应和收入效应共同作用使其需求曲线向右下方倾斜。

现在来考虑闲暇商品的情况。对闲暇商品的需求亦受到替代效应和收入效应两个方面的影响。先看替代效应。假定闲暇的价格即工资上涨，于是，相对于其他商品而言，闲暇这个商品现在变得更加"昂贵"了（其机会成本上升了）。于是消费者减少对它的"购买"，而转向其他替代品。因此，由于替代效应，闲暇需求量与闲暇价格反方向变化。这一点与其他正常品一样。再来看收入效应。在这里，闲暇商品完全与众不同。在假定其他条件不变时，对一般商品来说，价格上升意味着消费者的实际收入下降，但闲暇价格的上升却相反，意味着实际收入的上升。因为消费者此时享有同样的闲暇即提供同样的劳动量可以获得更多的收入。随着收入的增加，消费者将增加对商品的消费，从而亦增加对闲暇商品的消费。结果，由于收入效应，闲暇的需求量与闲暇价格的变化方向相同。这样一来，在一般正常品场合在同一方向起作用的替代效应和收入效应，在闲暇商品场合却起着相反的作用。因此，随着闲暇价格的上升，闲暇的需求量究竟是下降还是上升取决于这两种效应的大小。如果替代效应大于收入效应，则闲暇的需求量随着其价格的上升而下降；反之，如果收入效应大于替代效应，则闲暇的需求量随着其价格的上升而上升。这就意味着劳动供给曲线向后弯曲。

那么，闲暇价格变化的收入效应会不会超过替代效应？对一般商品（不仅是正常品，还包括一部分劣等品）来说，收入效应通常要小于替代效应。消费者消费的商品有很多种，而每一种只占消费者预算的很小部分，而且有很相近的替代品。因此，单种商品价格变动通常对消费者收入并不造成很大影响，却非常容易引起消费者的替代行为。例外的情况仅是所谓的吉芬品。现在讨论到闲暇商品，情况却有所不同。消费者的收入的大部分可能来自劳动供给（当然还有一部分非劳动收入）。假定其他因素不变，闲暇价格即工资的上升会大大提高消费者的收入水平。因此，闲暇价格变化的收入效应较大。如果原来的工资即闲暇价格较低，则此时工资稍稍上涨的收入效应不一定能抵消、当然更谈不上超过替代效应，因为此时的劳动供给量亦较小，从而由工资上涨引起的整个劳动收入增量（它等于工资增量与劳动供给量之乘积）并不很大；但如果工资已经处于较高水平（此时劳动供给量也相对较大），则工资上涨引起的整个劳动收入增量就很大，从而可以超过替代效应。于是劳动供给曲线在较高的工资水平上开始向后弯曲。

所有这一切，用一般的语言来说就是：在工资的提高使人们富足到一定的程度以后，人们会更加珍视闲暇。因此，当工资达到一定高度而又继续提高时，人们的劳动供给量不但不会增加，反而会减少。

四、劳动的市场供给曲线和均衡工资的决定

将所有单个消费者的劳动供给曲线水平相加，即得到整个市场的劳动供给曲线。尽管许多单个消费者的劳动供给曲线可能会向后弯曲，但劳动的市场供给曲线却不一定也是如此。在较高的工资水平上，现有的工人也许提供较少的劳动，但高工资也会吸引新的工人进来，因而总的市场劳动供给一般还是随着工资的上升而增加，从而市场劳动供给曲线仍然是向右上方倾斜的。

由于要素的边际生产力递减和产品的边际收益递减，要素的市场需求曲线通常总是向右下方倾斜。劳动的市场需求曲线也不例外。将向右下方倾斜的劳动需求曲线和向右上方倾斜的劳动供给曲线综合起来，即可决定均衡工资水平。参见图 8-11。图中劳动需求曲线 D 和劳动供给曲线 S 的交点是劳动市场的均衡点。该均衡点决定了均衡工资为 w_0，均衡劳动数量为 L_0。因此，均衡工资水平由劳动市场的供求曲线决定，且随着这两条曲线的变化而变化。劳动供给曲线位置的变化显然有如下几个原因。第一，非劳动收入即财富：较大的财富增强了消费者保留时间以自用的能力，从而减少了他的劳动供给。第二，社会习俗：例如某些社会中不容许妇女参加工作而只能做家务。改变这个习俗将大大增加劳动供给。第三，人口：人口的总量及其年龄、性别构成显然对劳动供给有重大影响。

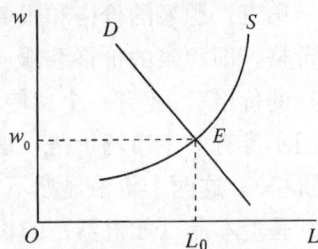

图 8-11　均衡工资的决定

第六节　土地的供给曲线和地租的决定

经济学上的土地，泛指一切自然资源，其特点被描述为"原始的和不可毁灭的"。说它是原始的，是因为它不能被生产出来；说它是不可毁灭的，是因为它在数量上不会减少。土地数量既不能增加也不能减少，因而是固定不变的。或者也可以说，土地的"**自然供给**"是固定不变的，它不会随着**土地价格**的变化而变化。①

当然，如果土地价格合适，人们可以沿海岸造陆地、变沙漠为良田，从而"创造"出土地；而如果人们采用一种会破坏土壤肥力的方式耕种，则土地也有"毁灭"的可能。不过，为简单起见，这里不考察土地数量的这些变化，而明确假定它为既定不变的，并在该假定下考察土地的"市场供给"（注意不是自然供给）的情况。

一、土地、土地供给和土地价格

在正式讨论土地（以及资本）的供给之前，有几个概念需要首先明确。

第一，生产要素服务的源泉和生产要素服务本身。生产要素服务的源泉不同于生产要素服务本身。例如，劳动服务的源泉是人类或劳动者，但劳动服务却是用"人—时"（或代表劳动者在某个特定时期工作的其他单位）来衡量的；同样，土地是土地服务的源泉，但该生产要素服务本身却是用"公顷—年"（即使用 1 公顷土地 1 年）之类的单位来衡量的。类似的区别也适用于资本，比如，建筑物和机器作为源泉也不同于它们所提供的服务。

第二，源泉的供给（以及需求）和服务的供给（以及需求）。源泉的供求是指卖和买生产要素服务的"载体"；服务的供求则是指卖和买生产要素服务本身而非其"载体"。有些生产要素服务的源泉及服务本身都可以在市场中交易，例如，土地和资本；有些生产要素则不能，例如劳动。劳动服务可以被买卖，但劳动服务的源泉（即人类自身）却不能被买卖，至少在现在的文明社会是这样。②

第三，源泉的价格和服务的价格。如果源泉和服务二者均可在市场上交易，则就有两个价格，即源泉的价格和服务的价格。例如，就土地而言，有一个"1 公顷土地（即源泉）的价格"，还有一个"使用 1 公顷土地 1 年（即服务）的价格"。再如建筑物和机器，它们本身有一个市场价格（即源泉的价格），还有一个使用它们一定时间的价格（即服务的价格）。这两个价格显然不同，因而有加以区分的必要。生产要素服务的源泉的价格，特别是资本品（如机器）的价格，系由它们的市场供求曲线决定，其过程与前面已经论述过的商品价格的决定大致相同。我们在分配论中不再重复。因此，分配论中所论述的是生产要素服务价格的决定。劳动是一个例外。由于只有劳动服务能够买卖，因此，只有一个价格，即劳动服务的价格。

---

① 实际上也可以说，劳动的"自然供给"是固定不变的，即它不会随着劳动价格的变化而变化，至少在短期内是如此。在长期中，经济因素会通过影响出生率和死亡率来改变劳动的自然供给。
② 在历史上曾经有过买卖奴隶（即劳动者）的现象。

为明确起见，假定下面讨论的土地、土地供给及土地价格（资本、资本供给及资本价格）均是指土地服务、土地服务的供给及土地服务的价格（资本服务、资本服务的供给以及资本服务的价格）。其中，土地服务的价格称为地租①（资本服务的价格称为利息）。

由于劳动是一个例外，只有劳动服务能够买卖，只存在劳动服务的价格即工资，故在上一节中，没有对劳动服务的源泉和劳动服务等也作类似上述的区分。在谈到劳动供给和劳动价格时，它必定是指劳动服务的供给和劳动服务的价格，不会引起任何误解。

二、土地的供给曲线

前面说过，土地的自然供给即自然赋予的土地数量是（或者假定是）固定不变的：它不会随着土地价格即地租的变化而变化。现在要考虑土地的市场供给情况：它是否也与土地价格没有关系呢？

为了回答这个问题，下面仍然从分析单个土地所有者的行为开始。

假定土地所有者是消费者，从而其行为目的是效用最大化。它所用的土地数量在一定时期内也是既定的和有限的。和前一节分析的劳动者一样，土地所有者现在要解决的问题是：如何将既定数量的土地资源在保留自用和供给市场这两种用途上进行分配以获得最大的效用？

与供给劳动的情况类似，供给土地本身不直接增加效用。土地所有者供给土地的目的是获得土地收入，而土地收入可以用于各种消费目的，从而增加效用。因此，土地所有者实际上是在土地供给所可能带来的收入与自用土地之间进行选择。于是土地所有者的效用函数可以写为：

$$U=U(Y, q)$$

式中，Y 和 q 分别为土地收入和自用土地数量。

现在的问题是：自用土地是如何增加土地所有者的效用的呢？显然，如果不用来供给市场，则土地可以用来建造花园或高尔夫球场等等。土地的这些消费性使用当然会增加土地所有者的效用，就像劳动者场合的闲暇的作用一样。不过一般来说，土地的消费性使用只占土地的一个很微小的部分，不像时间的消费性使用占全部时间的一个较大的部分。如果假定不考虑土地的消费性使用这个微小部分，即不考虑土地所有者自用土地的效用，则

---

① 既然资本和土地这类生产要素具有两种价格，那么，对于一个使用它的厂商而言，究竟是购买它合算，还是租用它合算？答案是，在完全竞争的条件下，二者的结果相同。这里加以简要说明。

如果某台机器的市场价格（源泉的价格）为 P，使用寿命为 n 年，年折旧额为 D，n 年后的价值为 0，每年能为厂商带来的收益为 R，市场利息率为 r，则该机器的源泉价格的现值是：

$$V=\frac{R-D}{1+r}+\frac{R-D}{(1+r)^2}+\cdots+\frac{R-D}{(1+r)^n}$$

如果 $P>V$，即市场价格高于机器将带来的收益的现值，那么，购置机器不合算，厂商便租用它。在完全竞争的情况下，这会使 P 下降，一直到 $P=V$ 时为止。

如果 $P<V$，即市场价格低于机器将带来的收益的现值，那么，租用机器不合算，厂商便购买它。在完全竞争的情况下，这会使 P 上升，一直到 $P=V$ 时为止。

结果是：购买与租用机器没有差别。

自用土地的边际效用等于 0，从而效用函数简化为：

$$U = U(Y) \tag{8.19}$$

换句话说，效用只取决于土地收入而与自用土地数量的大小无关。在这种情况下，为了获得最大效用就必须使土地收入达到最大（因为效用总是收入的递增函数），而为了使土地收入最大又要求尽可能地多供给土地（假定土地价格总为正）。由于土地所有者拥有的土地为既定的，例如为 $\bar{Q}$，故他将供给 $\bar{Q}$ 量的土地——无论土地价格 R 是多少。因此，土地供给将在 $\bar{Q}$ 的位置上垂直，参见图 8-12。

同样的结论也可以通过无差异曲线分析方法得到，参见图 8-13。在图中，横轴 q 表示自用土地数量，纵轴 Y 为土地收入。土地所有者的初始状态点 E 表明，它的非土地收入为 $\bar{Y}$，拥有的全部土地数量为 $\bar{Q}$。两条预算线 EK_0 和 EK_1 分别对应于土地价格为 R_0 和 R_1 的两种情况，即 $K_0 = \bar{Q} \cdot R_0 + \bar{Y}$，$K_1 = \bar{Q} \cdot R_1 + \bar{Y}$。图中真正特殊的地方是其无差异曲线：它们均为水平直线，例如 U_0 和 U_1。无差异曲线为水平直线表示土地所有者的效用只取决于土地收入，与自用土地数量无关。例如在水平直线 U_0 上，每一点的收入均相等，故它们是无差异的，尽管它们的自用土地数量不同。同样，高位的无差异曲线表示较高的效用，即 $U_1 > U_0$，这是因为前者的收入大于后者。显然，无差异曲线簇的这种特殊形状就是（8.19）式效用函数的形象表示，或者说，是土地没有自用用途假定的形象表示。

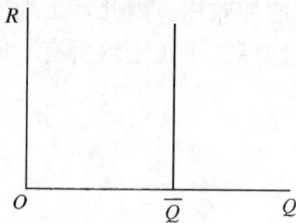

图 8-12　土地的供给曲线　　　　　图 8-13　土地供给的无差异曲线分析

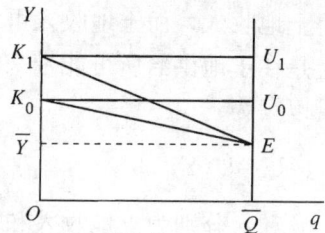

水平的无差异曲线簇显然表明：无论土地价格如何变化，最优的自用土地数量总为 0，从而土地供给量总为 $\bar{Q}$，即等于土地所有者拥有的全部土地资源。例如，设土地价格为 R_0，预算线为 EK_0，此时的最大效用组合点或均衡点显然为 K_0 点，因为这是在预算约束 EK_0 条件下所能达到的最大效用 U_0 的点。与 K_0 相对应，最优自用资源为 0，从而土地供给量为 $\bar{Q}$；再设土地价格上升到 R_1，预算线变为 EK_1，最大效用组合点为 K_1 点，但与 K_1 点相对应的最优自用资源仍然为 0，从而土地供给量仍然为 $\bar{Q}$。换句话说，土地供给量总是为 $\bar{Q}$，与土地价格的高低无关，于是**土地供给曲线垂直**。

值得注意的是，在上面的讨论中，之所以得到土地供给曲线垂直的结论，并不是因为自然赋予的土地数量是（或假定是）固定不变的，而是因为我们假定了土地只有一种用途即生产性用途，而没有自用用途。如果土地只有生产性用途，则它对该用途的供给曲线当然是垂直的。事实上，这个结论不仅适用于土地，同样适用于任何其他要素。我们可以作出下面的一般性陈述：任意一种资源，如果只能（或假定只能）用于某种用途，而无其他用途，则该资源对该种用途的供给曲线就一定是垂直的。借用机会成本的概念则可以这样说：任意一种资源，如果它在某种用途上的机会成本等于 0，则它对该种用途的供给曲线就垂直；即使该资源价格下降，它也不会转移到其他方面（因为无利可得），即它的供给量不会减少。例如，考虑某些土地资源，如果它们只能用来种玉米，则它们对种玉米的供给曲线就垂直，种玉米土地的价格下降不会减少它们的供给量；又例如，考虑某些高度专业化的劳动，如果这些劳动只适用于某个特殊的生产，则当劳动时间无自用价值时，它对该生产的供给曲线就垂直，当劳动时间有自用价值时，供给曲线在劳动价格大于其自用价值时垂直。由此又可得到更加一般的结论：任意一种资源对其用途的供给曲线在其机会成本水平之上垂直。

由此可见，土地数量本身的固定不变并不能说明土地供给曲线垂直。要使（用于生产的）土地供给曲线垂直，必须假定土地没有自用用途，没有自用价值，或者说，假定土地在生产性使用上的机会成本等于 0。这个假定显然并不完全符合实际，因为土地对土地所有者确实有某些消费性用途，尽管这些用途相对于其拥有的全部土地数量来说也许很小。如果将土地的自用价值也考虑进来，则土地的供给曲线就可能不再那么垂直，而是略微向右上方倾斜。此外，如果土地除了一种用途之外还有其他用途，比如，农业土地可以被用来盖厂房、修道路等等，则在农用土地的价格下降以后，用于种植农作物的土地可能就会减少——一部分原来用于农业的土地会转移到现在相对而言更加有利可图的盖厂房或修道路上。这样，具有多种用途的土地的供给曲线就会向右上方倾斜，甚至就会和一般商品的供给曲线没有差别。

当然，利用另一种办法也可以得到土地供给曲线垂直的结论，那就是，我们不是像上面那样考虑用于生产目的的土地供给，而是考虑所谓用于一切目的的土地供给，即既包括生产性使用也包括消费性自用的土地供给，则在这种情况下，土地的供给就等于供给市场和"供给"给土地所有者自身的两部分之和，于是，它是真正固定不变的了，即土地价格的变化只能改变这两个部分的相对大小，但显然不能改变其总和。不过这样一来，我们可以按同样的逻辑认为其他资源的供给曲线也是垂直的。例如，我们可以将闲暇也看成劳动的一种方式，于是全部劳动供给分为供给市场和自用的两部分。这样定义的劳动供给显然也是固定的，它不因劳动价格变化而变化。显而易见，这种解释对经济分析并无多大用处。

真正有意义的供给总是指为市场目的而提供的供给，不包括自用部分。我们的分析将遵循这个"原则"。

三、使用土地的价格和地租的决定

将所有单个土地所有者的土地供给曲线水平相加，即得到整个市场的土地供给曲线。再将向右下方倾斜的土地的市场需求曲线与土地供给曲线结合起来，即可决定使用土地的均衡价格。参见图 8-14。图中土地需求曲线 D 与土地供给曲线 S 的交点是土地市场的均衡点。该均衡点决定了土地

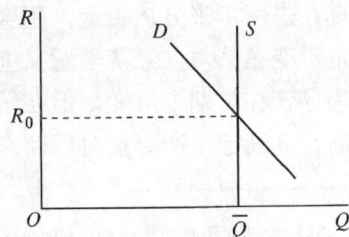

图 8-14　土地服务的均衡价格

服务的均衡价格 R_0。特别是，如果假定土地没有自用价值，则单个土地所有者的土地供给曲线为垂直线，故市场的土地供给曲线亦为垂直线。

当土地供给曲线垂直时，它与土地需求曲线的交点所决定的土地服务的价格具有特殊意义：它常常被称为"地租"[1]。参见图 8-15 中的 R_1。由于此时土地的供给曲线垂直且固定不变，故地租完全由土地的需求曲线决定，而与土地的供给曲线无关：它随着需求曲线的上升而上升，随着需求曲线的下降而下降。如果需求曲线下降到 D'，则地租将消失，即等于 0。

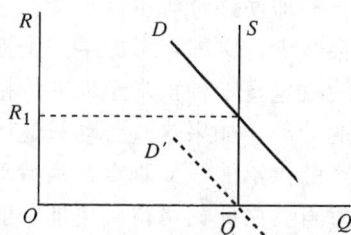

图 8-15 地租及其原因

根据上述地租决定理论，可以给出一个关于地租产生的解释。假设一开始时，土地供给量固定不变，为 $\bar{Q}$，对土地的需求曲线为 D'，从而地租为 0；现在由于技术进步使土地的边际生产力提高，或人口增加使粮食需求增加从而粮食价格上涨，对土地的需求曲线便开始向右移动，从而地租开始出现。因此，可以这样来说明地租产生的（技术）原因：地租产生的根本原因在于土地的稀少，供给不能增加；如果给定了不变的土地供给，则地租产生的直接原因就是土地需求曲线的右移。土地需求曲线右移是因为土地的边际生产力提高或土地产品（如粮食）的需求增加从而粮价提高。如果假定技术不变，则地租就由于土地产品价格的上升而产生，且随着产品价格的上涨而不断上涨。

四、租金、准租金和经济租金

根据地租的概念，西方学者又对它从几个方向进一步发展。

1. 租金

按照上面的定义，地租是当土地供给固定时土地服务的价格，因而地租只与固定不变的土地有关。但在很多情况下，不仅土地可以被看成是固定不变的，而且许多其他资源可以被看成是固定不变的，例如某些人的天赋才能，就很有些像土地一样，其供给是自然固定的。这些固定不变的资源也有相应的服务价格。这种服务价格显然与土地的地租非常类似。为与特殊的地租相区别，可以把这种供给数量同样固定不变的一般资源的服务价格叫做"租金"[2]。换句话说，地租是当所考虑的资源为土地时的租金，而租金则是一般化的地租。

2. 准租金

现在进一步来分析租金。租金以及特殊的地租均与资源的供给固定不变相联系。这里的固定不变显然对（经济学意义上的）短期和长期都适用。但是，在现实生活中，有些生产要素尽管在长期中可变，但在短期中却是固定的。例如，由于厂商的生产规模在短期不能变动，其固定生产要素对厂商来说就是固定供给的：它不能从现有的用途中退出而转到

---

[1] 有的人把地租看成土地服务的价格，有的人则将固定供给要素的价格称为"租金"。本书遵循后一种意见，但用地租专指土地供给固定时使用土地的价格，而将租金留给一般的固定供给要素。

[2] 有时，租金一词被用来泛指一般资源的服务价格，而不管该资源的供给如何。

收益较高的其他用途中，也不能从其他相似的生产要素中得到补充。这些要素的服务价格在某种程度上也类似于租金，通常被称为"**准租金**"。所谓准租金就是对供给量暂时固定的生产要素的支付，即固定生产要素的收益。

准租金可以用厂商的短期成本曲线来加以分析。参见图 8-16。其中 MC、AC 和 AVC 分别表示厂商的边际成本、平均总成本和平均可变成本。假定产品价格为 P_0，则厂商将生产 Q_0。这时的总可变成本为面积 $OGBQ_0$，它代表了厂商对生产 Q_0 所需的可变生产要素量必须作出的支付。固定要素得到的则是剩余部分 GP_0CB。这就是准租金。

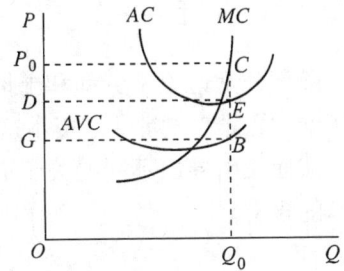

图 8-16 准租金

如果从准租金 GP_0CB 中减去总固定成本 $GDEB$，则得到经济利润 DP_0CE。可见，准租金为总固定成本与经济利润之和。当经济利润为 0 时，准租金便等于总固定成本。当然，准租金也可能小于总固定成本——当厂商有经济亏损时。

3. 经济租金

再回到租金是固定供给要素的服务价格这个定义上来。固定供给意味着，要素价格的下降不会减少该要素的供给量。或者更进一步，要素收入的减少不会减少该要素的供给量。据此，也可以将租金看成这样一种要素收入：其数量的减少不会引起要素供给量的减少。有许多要素的收入尽管从整体上看不同于租金，但其收入的一部分却可能类似于租金，亦即如果从该要素的全部收入中减去这一部分，并不会影响要素的供给。我们将这一部分要素收入称做"**经济租金**"。

经济租金的几何解释类似于所谓的生产者剩余。参见图 8-17。图中要素供给曲线 S 以上、要素价格 R_0 以下的阴影区域 AR_0E 为经济租金。要素的全部收入为 OR_0EQ_0。但按照要素供给曲线，要素所有者为提供 Q_0 量要素所愿意接受的最低要素收入是 $OAEQ_0$。因此，阴影部分 AR_0E 是要素的"超额"收益，即使去掉，也不会影响要素的供给量。

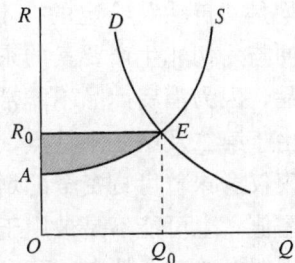

图 8-17 经济租金

经济租金的大小显然取决于要素供给曲线的形状。供给曲线越是陡峭，经济租金部分就越大。特别是，当供给曲线垂直时，全部要素收入均变为经济租金，它恰好等于租金或地租（回忆租金及地租的定义）。由此可见，租金实际上是经济租金的一种特例，即当要素供给曲线垂直时的经济租金，而经济租金则是更为一般的概念，它不仅适用于供给曲线垂直的情况，也适用于供给曲线不垂直的一般情况。在另一个极端上，如果供给曲线成为水平的，则经济租金便完全消失。

总之，经济租金是要素收入（或价格）的一个部分，该部分并非为获得该要素于当前使用中所必需，它代表着要素收入中超过其在其他场所可能得到的收入部分。简言之，经济租金等于要素收入与其机会成本之差。

*第七节 资本的供给曲线和利息的决定

前面分别讨论了劳动和土地两种生产要素。现在考虑与它们并列的第三种生产要素，即所谓"资本"要素①。资本这个词在不同的场合，因为不同的需要，被解释成不同的东西，从而又引导出不同的关于资本的理论。因此，有必要先来说明一下本节中所要分析的资本的含义。

一、资本和利息

1. 资本

在日常生活中，资本常常被看成一个包罗万象的东西：它代表着一个经济系统的所有有形资源，包括劳动人口以及一切有用之物。例如，消费品（住房、家具等）、生产资料（工厂、机器等），甚至现金余额和自然资源如土地。显而易见，这个关于资本的"概念"并不适合我们在此分析的目的。如果将此作为定义，则资本不再是与劳动及土地并列的生产要素（因为它包括了后两者），甚至不再是生产要素（因为它包括了消费商品）。

作为与劳动和土地并列的一种生产要素，资本的独特特点可以概括如下：第一，它的数量是可以改变的，即它可以通过人们的经济活动生产出来；第二，它之所以被生产出来，是为了以此而获得更多的产品和劳务；第三，它是作为投入要素，即通过被用于生产过程来得到更多的产品和劳务的。

由于第一个特点，资本便与其他两个生产要素即土地和劳动区别开来了。因为土地和劳动均是"自然"给定的，不能由人们的经济活动生产出来②；由于第二及第三个特点，资本便与一切非生产要素的东西区别开来了。例如，由于第二个特点，它不同于普通的消费商品，因为消费商品不能带来更多的产品和劳务，其价值仅等于自身而不能增值；再例如，由于第二及第三个特点，它甚至不同于单纯的储蓄，因为在现代社会中，单纯的储蓄本身仅仅意味着可贷资金的增加，如果这些资金并不实际贷出，则不能增值；即使贷出，从而增值，也可能不是被用于生产过程。

根据上述三个特点，可以将资本定义为：由经济制度本身生产出来并被用作投入要素以便进一步生产更多的产品和劳务的物品。

2. 利息

一方面，作为生产要素服务的源泉，资本本身具有一个市场价格，即所谓资本价值。例如，一台机器、一幢建筑物在市场上可按一定价格出售。另一方面，资本也与土地和劳动等其他要素一样，可以在市场上被租借（注意不是出售）出去。因此，作为生产要素服务，资本服务也有一个价格，即使用资本的价格，或者说，资本所有权所得到的价格。这

---

① 将资本看成与劳动和土地并列的一种生产要素的做法存在许多问题。实际上很难将它们截然分开。例如，现代社会的劳动力并非"原始"的劳动力，而是所谓"人力资本"；土地同样包含了人类的生产活动在内。

② 前面指出过，土地等要素也不是绝对地不能被经济活动"创造"出来。

个价格通常被称为利率，并用 r 来表示。

例如，一台价值为 1 000 元的机器被使用一年得到的收入为 100 元。用这个年收入除以机器本身的价值即得到该机器每单位价值服务的年收入：$100/1\ 000 = 10\%$。这就是该机器服务的价格或（年）利率：$r = 10\%$。

由此可见，资本服务的价格或利率等于资本服务的年收入与资本价值之比。用公式表示即为：

$$r = \frac{Z}{P} \qquad\qquad (8.20)$$

式中，Z 为资本服务的年收入；P 为资本价值。

如果在使用资本的这一年里，资本价值本身发生了变化（即资本增值或者贬值），例如，在上面的例子中，机器的市场价格在一年中上升或下降了，则在计算利率时应当将这个资本价值增量部分与资本服务的收入放在一起看待。因此，利率的决定公式应修改为：

$$r = \frac{Z + \Delta P}{P} \qquad\qquad (8.21)$$

式中，ΔP 为资本价值增量，它可以大于、等于或小于 0。

对于不同的资本来说，它们的价值或者年收入可能并不相同，但资本服务的年收入与资本价值的比率却有趋于相等的趋势。例如，设资本 A 具有较高的利率，则人们将购买它，从而它的市场价格即资本价值被抬高，于是根据（8.21）式，它的利率将下降。这个过程将一直继续下去，直到 A 的利率与其他资本的利率相等时为止。

二、资本的供给

现在根据上面给出的资本定义来讨论资本的供给问题：以效用最大化为目的的资本所有者如何向市场供给资本要素？由资本的定义可知，资本与土地及劳动的一个根本区别在于：资本的数量是可以变化的，即它可以被人们的经济活动创造出来，而土地和劳动则是"自然给定"的。这个根本区别使得资本的供给问题完全不同于土地和劳动的供给问题。在有关土地和劳动的场合，所要研究的是资源所有者如何对既定的土地或劳动在要素供给和保留自用之间进行选择。尽管对单个人来说，他可以通过购买例如土地来增加其所拥有的土地数量，但这同时也意味着，其他人拥有的土地数量相应地减少了。因此，从整个社会来看，这种买卖行为并没有改变总的土地数量。除非买卖双方的土地自用价值有很大差别，否则土地所有权的转移本身并不会对土地的市场供给状况产生任何影响。

资本的情况就完全不同了：单个人完全可以在不影响其他人资本拥有量的情况下增加自己的资本资源。这就是"储蓄"，即保留其收入的一部分不用于当前的消费。当一个人进行储蓄而非消费时，他就增加了自己拥有的资本数量。他可以自己生产新资本，例如孤岛上的鲁滨逊为织一张网而放弃某些当前消费；此外，他也可以购买资本的所有权，如股票、债券等等。后一种方式在现代社会中更为常见。当储蓄者购买股票或债券时，其他人则得到一笔所需要的资金去建造厂房和机器等新资本。无论如何，单个人的资本数量由于储蓄而增加，或者相反，由于负储蓄而减少。

因为资源所有者拥有的资本数量是可变的，故现在面临的不再是单一的既定资本的供给问题，而首先是如何确定最优的资本拥有量的问题。只有在确定了最优资本拥有量之后，才可以讨论这个既定最优量的供给问题。这后一个问题与土地及劳动的供给问题并无二致，均涉及既定资源在要素供给和自用用途之间的分配。如果假定资本的自用价值等于 0（这个假定与土地自用价值为 0 相比并不更加不符合实际），则既定资本资源的供给也是固定的，其供给曲线为一条垂直线。至于前一个问题，即最优资本拥有量问题实际上就是确定最优储蓄量的问题。假定资源所有者的原有资本存量为 K_0，最优资本量为 K^*，则当 $K_0 < K^*$ 时，资源所有者将通过储蓄来增加其资本拥有量，以达到最优水平；反之则进行负储蓄。因此，资源所有者的资本供给问题现在归结为如何将既定收入在消费和储蓄两方面进行分配的问题。

更进一步分析，资源所有者进行储蓄从而增加资本拥有量，其目的是什么呢？与提供劳动和土地一样，其目的当然也是将来能够得到更多的收入，从而有可能在将来进行更多的消费。这样一来，既定收入如何在消费和储蓄之间分配的问题，又可以看成在现在消费和未来消费之间的选择。于是我们面临的是所谓消费者的**长期消费决策**问题。

长期消费决策与第三章讨论的同一时期在不同商品之间的选择并无多大区别。为了分析的简单起见，假定只有一种商品，只有今年和明年两个时期，并且消费者可以将商品借出或借入。在这些假定之下，长期消费决策可以用图 8-18 来说明。在图中，横轴 C^0 代表今年消费的商品量，纵轴 C^1 代表明年消费的商品量。U_1、U_2 和 U_3 是消费者的三条无差异曲线。无差异曲线在这里表示的是给消费者带来同等满足的今年消费的商品量和明年消费的商品量的各种组合，它与普通的无差异曲线一样，也是向右下方倾斜的，且凸向原点，并且较高位的无差异曲线代表较高的效用。无差异曲线向右下方倾斜表明，为了保证总的效用水平不变，减少今年的消费量就必须用增加明年的消费量来弥补，反之亦然。无差异曲线凸向原点表明，今年消费对明

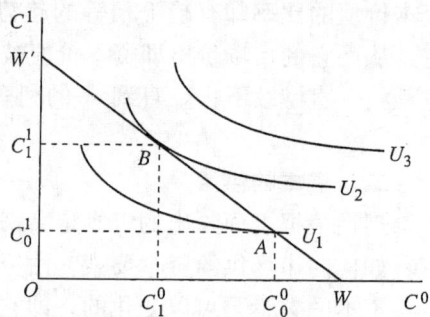

图 8-18　长期消费决策

年消费的"边际替代率"递减，因为随着今年消费量的提高，从而明年消费量的下降，今年消费的"边际效用"下降，而明年消费的"边际效用"则上升，于是今年消费替代明年消费的能力将下降。

再来看预算线 $W'W$。假定消费者今年得到的商品量（或收入）为 C_0^0，明年将得到的商品量（或收入）为 C_0^1。① 于是消费者的初始状态可以用图中的 A 点（C_0^0, C_0^1）表示。显而易见，A 点是预算线上的一点。处于 A 点的消费者可以借出一部分他今年的商品，也可以借入一部分别人今年的商品。如果再假定他所面临的市场利率为 r，则他减少一单位商品的今年消费就可以增加 $(1+r)$ 单位商品的明年消费。换句话说，预算线的斜率必为 $-(1+r)$，其中负号说明预算线是向右下方倾斜的。因此，预算线具备两个特点。第一，它必须

---

① 这里不考虑不确定性，即认为消费者明年肯定得到 C_0^1。

经过初始状态点 A；第二，它的倾斜程度由市场利率 r 完全确定，随着 r 的上升而愈加陡峭。将这两个特点综合在一起，即得如下结论：随着利率的上升，预算线将绕着初始状态点 A 顺时针旋转；反之亦然。最后，如果消费者将明年的商品均提前到今年消费，则他今年可能有的最大消费就是：

$$W = C_0^0 + \frac{C_0^1}{1+r}$$

它由预算线与横轴的交点表示。该点决定了预算线与纵轴之间水平方向的距离。

消费者的均衡位置当然是在预算线与无差异曲线 U_2 的切点 B，即他的长期最优消费决策：今年消费 C_1^0，明年消费 C_0^1。比较一下初始状态 A 与均衡状态 B 即知，处于 A 点的消费者尽管今年拥有的商品量为 C_0^0，但却决定只消费其中的一部分即 C_1^0，而将另一部分（$C_0^0 - C_1^0$）储蓄起来，并按利率 r 借出去①，从而能够在明年将消费从 C_0^1 提高到 C_1^1。

于是，由以上分析可知，给定一个市场利率 r，消费者今年有一个最优的储蓄量从而贷出量。② 如果进一步令利率变化，例如，设市场利率提高，则预算线将绕着初始点 A 顺时针旋转，从而将与另一无差异曲线相切，得到另一个均衡点及另一个最优储蓄量和贷出量。将不同利率水平下消费者的最优储蓄量画在图 8－19 上，就得到一条储蓄或贷款供给曲线。在图中，横轴 S 表示储蓄或贷款供给。一般来说，随着利率的上升，人们的储蓄也会被诱使增加，从而曲线向右上方倾斜。但与劳动供给曲线时的情况相同，当利率处于很高的水平上时，储蓄或贷款供给曲线亦可能出现向后弯曲的现象。

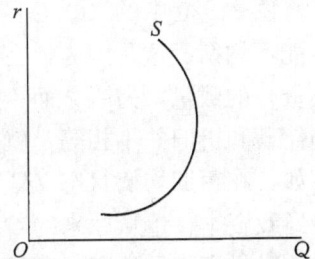

图 8－19　储蓄或贷款供给曲线

三、资本市场的均衡

由以上讨论可知，资本数量的变化是储蓄的结果。但储蓄是一个"流量"，要通过储蓄来显著地改变资本"存量"通常需要相当长的时间。如同涓涓细流不断流入一个大水库，需经过一段相当长的时间才能显著改变水库的水位。从短期来看，储蓄当然还是在增加资本，但增加的数量与原有的庞大资本存量相比可能微不足道。特别是，如果从一个非常短的时期，例如就从一个"时点"来考察，则储蓄流量就趋向于零，而资本存量固定不变。为了分析的方便起见，我们假定储蓄在短期中对资本数量不产生影响，即短期中资本存量固定不变。

由于假定资本数量在短期中为既定的，又由于以前已经假定了资本的自用价值为零，故资本的短期供给曲线是一条垂直线。例如，设一开始时，资本数量为 Q_1。于是，相应的短期资本供给曲线就是 $S_1 S_1$。参见图 8－20。垂直的短期资本供给曲线表明，在短期中，资本供给 Q 与利率 r 的高低无关。资本的需求曲线 D 当然仍是向右下方倾斜的。资本的需求曲

---

① 单个消费者的借贷行为并不影响市场利率。

② 另一些消费者可能进行负储蓄或借入，如果其初始状态在预算线上 B 点以上部分。

线 D 和短期供给曲线 S_1S_1 的交点决定了短期均衡利率水平为 r_1，资本数量为 Q_1。

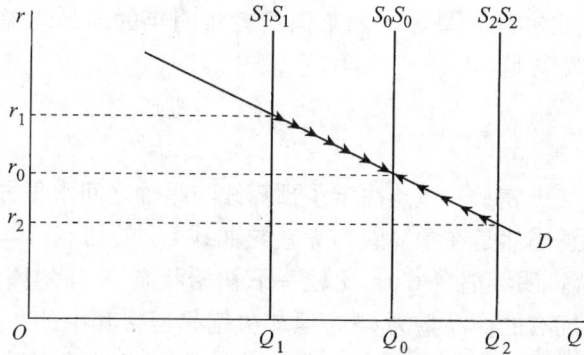

图 8 - 20　资本市场的均衡

图 8 - 20 中的 (Q_1, r_1) 是资本市场的短期均衡状态。从长期来看，它可能均衡，也可能不均衡。这是因为，在短期均衡 (Q_1, r_1) 上，一方面，利率 r_1 决定了储蓄（从而投资）的数量，另一方面，短期资本存量 Q_1 决定了折旧的数量。如果由 (Q_1, r_1) 决定的储蓄和折旧并不相等，就会出现不等于零的净投资，从而资本存量就会随之发生变化。例如，在短期均衡状态 (Q_1, r_1)，如果储蓄大于折旧，就存在正的净投资，正的净投资将导致资本存量从原来的 Q_1 水平上增加；反之，如果储蓄小于折旧，就存在负的净投资，负的净投资将导致资本存量从原来的 Q_1 水平上减少。由此可见，尽管 Q_1 在短期中是均衡的，但在长期中却可能并不均衡。只有当某个短期均衡的利率和资本存量所决定的储蓄和折旧正好相等时，这个短期均衡才同时也是长期均衡。

现在来看资本市场是如何从短期均衡走向长期均衡的。假定在一开始时的短期均衡状态 (Q_1, r_1) 是利率相对较高而资本存量相对较低。相对较高的利率意味着相对较高的储蓄，相对较低的资本存量意味着相对较低的折旧。于是，在 (Q_1, r_1) 上，储蓄大于折旧，即净投资大于零。净投资大于零导致资本存量增加。这意味着，从长期来看，短期资本供给曲线将沿着资本的需求曲线 D 从原来的 S_1S_1 向右移动（参见图 8 - 20 中沿 D 曲线指向右下方的箭头）。随着短期资本供给曲线的向右移动，利率将下降而资本存量将增加，结果，储蓄相应下降而折旧相应增加①，原先的储蓄与折旧的差距会缩小。这个过程将一直继续下去，直到储蓄与折旧之间的差距缩小到零，即二者趋于相等为止。设短期资本供给曲线右移到 S_0S_0 时，储蓄恰好等于折旧，则 S_0S_0 与资本需求曲线 D 的交点 (Q_0, r_0) 既表示资本市场的短期均衡，也表示它的长期均衡。在 (Q_0, r_0) 上，由于储蓄和折旧恰好相等，净投资为零，故资本存量将稳定在 Q_0 的水平上不再变化，资本市场达到了长期均衡。除非资本的需求曲线上移或者人们对未来消费的偏好增强，利率 r_0 和资本数量 Q_0 将维持不变。

反过来，如果假定一开始时的短期资本供给曲线为图 8 - 20 中的 S_2S_2，短期均衡状

---

① 这里假定在所讨论的范围内储蓄供给曲线没有向后弯曲。

态为（Q_2，r_2），此时，利率相对较低而资本存量相对较高。一方面，由于利率相对较低，故储蓄和投资也相对较低；另一方面，由于资本存量相对较高，故折旧也相对较高。于是，在（Q_2，r_2）上有储蓄小于折旧，即存在着负的净投资。负的净投资导致资本存量减少。这意味着，从长期来看，短期资本供给曲线将从原来的 S_2S_2 沿着资本的需求曲线 D 向左移动（参见图中沿 D 曲线指向左上方的箭头）。随着短期资本供给曲线的向左移动，利率将上升而资本存量将下降，结果，储蓄相应增加而折旧相应减少，原先的储蓄与折旧的差距会缩小。这个过程将一直继续下去，直到储蓄与折旧趋于相等为止。换句话说，短期资本供给曲线同样会左移到 S_0S_0。

（专栏 8-2 "美国的要素收入"，请读者扫描本书封面二维码获取。）

第八节　洛伦兹曲线和基尼系数

到此为止，我们已经分析了西方经济学分配论中的要素价格决定理论。生产要素价格的决定理论是分配论的一个重要部分，但并不构成分配论的全部内容。除了包括要素价格决定之外，分配论还包括收入分配的不平等程度等等。为了研究国民收入在国民之间的分配，美国统计学家 M. O. 洛伦兹提出了著名的**洛伦兹曲线**。洛伦兹首先将一国总人口按收入由低到高排序，然后考虑收入最低的任意百分比人口所得到的收入百分比，例如，收入最低的 20％人口、40％人口等所得到的收入比例分别为 3％、7.5％等（参见表 8-3），最后，将这样得到的人口累计百分比和收入累计百分比的对应

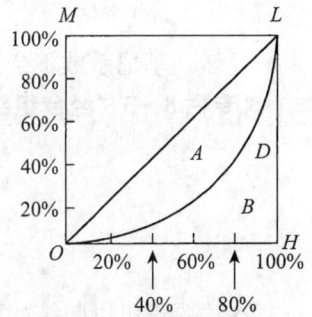

图 8-21　洛伦兹曲线

关系描绘在图形上，即得到洛伦兹曲线。参见图 8-21。图中横轴 OH 表示人口（按收入由低到高分组）的累计百分比，纵轴 OM 表示收入的累计百分比，ODL 为该图的洛伦兹曲线。由该曲线（或表 8-3）可知，在这个国家中，收入最低的 20％人口所得到的收入仅占总收入的大约 3％，而收入最低的 80％人口所得到的收入还不到总收入的一半！

表 8-3　　　　　　　　　　　　　　收入分配资料

人口累计	收入累计
0％	0％
20％	3％
40％	7.5％
60％	29％
80％	49％
100％	100％

显而易见，洛伦兹曲线的弯曲程度具有重要意义。一般来说，它反映了收入分配的不

平等程度。弯曲程度越大,收入分配越不平等;反之亦然。特别是,如果所有收入都集中在某个人手中,而其余人口均一无所获,则收入分配达到完全不平等,洛伦兹曲线成为折线 OHL;而如果任一人口百分比均等于其收入百分比,从而人口累计百分比等于收入累计百分比,则收入分配就是完全平等的,洛伦兹曲线成为通过原点的45°线 OL。

一般来说,一个国家的收入分配,既不是完全不平等的,也不是完全平等的,而是介于两者之间;相应的洛伦兹曲线,既不是折线 OHL,也不是45°线 OL,而是像 ODL 那样向横轴凸出,尽管凸出的程度有所不同。收入分配越不平等,洛伦兹曲线就越是向横轴凸出,从而它与完全平等线 OL 之间的面积就越大。因此,可以将洛伦兹曲线与45°线之间的部分 A 叫做"不平等面积";当收入分配达到完全不平等时,洛伦兹曲线成为折线 OHL,OHL 与45°线之间的面积 A+B 就是"完全不平等面积"。不平等面积与完全不平等面积之比,称为**基尼系数**,是衡量一个国家贫富差距的标准。若设 G 为基尼系数,则:

$$G = \frac{A}{A+B}$$

显然,基尼系数不会大于1,也不会小于0,即有 $0 \leq G \leq 1$。
(专栏 8-3 "经合组织成员国的基尼系数",请读者扫描本书封面二维码获取。)

第九节 结 束 语

本章要点可以归结如下:

(1)厂商使用生产要素的目的是实现利润的最大化。为了达到利润的最大化,厂商必须让自己使用要素的"边际收益"和"边际成本"正好相等。

(2)对完全竞争厂商来说,它使用要素的"边际收益"等于边际产品价值(要素的边际产品和产品价格的乘积),而"边际成本"等于要素价格。于是,完全竞争厂商使用要素的原则是:边际产品价值等于要素价格。由完全竞争厂商的要素使用原则可以推导出它对要素的需求曲线。该需求曲线向右下方倾斜,即要素需求量随着要素价格的下降而增加。

(3)劳动供给问题可以被看成消费者如何决定其拥有的既定时间资源在闲暇和劳动供给两种用途上的分配。单个消费者的劳动供给曲线一般向右上方倾斜,即他的劳动供给量将随着工资的增加而增加;但在很高的工资水平上,也可能随着工资的增加而减少。此时,即出现劳动供给曲线"向后弯曲"。

(4)土地的"自然供给"是固定不变的。土地的"市场供给"在假定不考虑自用土地的效用时也是固定不变的。在这种情况下,土地的供给曲线就是一条垂直线。但是,在考虑土地的自用效用或者土地具有多种用途的情况下,土地的供给曲线也会向右上方倾斜。

(5)资本是由经济制度本身生产出来并被用作投入要素以便进一步生产更多产品和劳务的物品。资本供给问题首先是确定最优资本拥有量的问题。最优资本拥有量实际上可以被看成是最优储蓄量的问题。确定最优储蓄量又可以被看成是在当前消费和将来消费之间进行选择的问题。

按照西方经济学的要素理论，生产要素的价格取决于其需求曲线和供给曲线的交点。要素需求曲线上的每一点都表示要素的边际产品价值等于要素价格，要素供给曲线上的每一点都表示要素供给所带来的收入的效用等于要素自用的效用。因此，要素供求曲线的交点从而要素价格应当同时等于要素的边际产品价值和要素自用的效用。更进一步说，按照西方经济学的观点，要素的边际产品价值就是要素在生产上的"贡献"，而要素自用的效用又可以被看成是要素不自用即要素供给的"负效用"。这样一来，西方经济学家们就得出结论说：要素所有者是按照要素的贡献大小得到要素的价格即报酬的，而它之所以得到该报酬，是因为它提供要素时遭受了等值的"负效用"的损失，因而需要得到补偿。

对于西方经济学的分配论，可以提出一系列质疑。结合本章的内容，在这里提出其中四点：

第一，边际生产率分配论不能成立。本章第二节说明，生产要素的边际生产率（如 $MP(L)$）系根据生产函数求得的，而生产函数所包括的变量又必须用实物单位加以表示。例如，产品（Q）可用重量、长度、容积、个数等表示；劳动（L）可用日、小时等表示；土地可用公顷或其他面积单位表示。

然而，资本却找不到一个大致适用的实物单位。首先提出疑问的英国经济学家罗宾逊夫人指出，资本代表一组形状不同、功能各异的实物，如化肥、车床、拖拉机、通信工具、运输器材等。既然它们缺乏一个共同的单位，那么生产函数中的资本（K）也就无法加以衡量，从而也就找不到资本的边际生产率。这样，边际生产率分配论赖以成立的 $MP(K)$＝利息的说法就无从建立。[①]

必须指出，货币在这里不能被用作衡量单位。这里之所以不能将货币作为衡量资本的单位，原因在于：用货币单位来衡量实物资本不外乎是找出它的货币价值，而实物资本的货币价值在西方经济学中被认为是它的预期收益的现值的总和。[②] 例如，假定有一台车床，其使用寿命为两年，两年后即一文不值。假设该车床第一年和第二年能带来的预期收益顺次为 R_1 元和 R_2 元，那么它第一年和第二年的预期收益的现值顺次为 $R_1/(1+r)$ 元和 $R_2/(1+r)^2$ 元。因此，该车床的货币价值为两年的预期收益现值的总和：

$$\text{车床的货币价值}=\frac{R_1}{1+r}+\frac{R_2}{(1+r)^2}$$

式中，r 代表利息率。由此可见，要想找出实物资本的货币价值，必须首先知道利息率（或利息）的大小，然后才能计算出资本的边际生产率。既然如此，如何还能像边际生产率分配论那样，用计算出来的资本的边际生产率去决定已知的利息率的高低呢？

针对这一问题以及经济增长论的有关问题，西方经济学界展开了长达数年之久的"两个剑桥的争论"。参加争论的一方是以罗宾逊夫人为代表的英国剑桥大学的学者，另一方是以萨缪尔森和索洛为代表的位于美国剑桥的麻省理工学院的学者。

---

① 罗宾逊．生产函数和资本理论．经济研究评论，1953—1954：81-106.

② 琼斯．现代经济增长引论．纽约：麦格劳-希尔公司，1976：126-127.

争论的胜利似乎偏向罗宾逊夫人一方①，至少可以说是没有结果的②。目前，资本衡量的问题已经成为无人问津的悬案。尽管这样，边际生产率分配论仍然在西方经济学的教科书中广泛流行。

我们并不反对生产函数和由此得到的边际生产率。它们至少在理论上是客观存在的，而且是很有用的概念。我们所反对的是那些根据这些概念形成的一些武断的说法，边际生产率分配论就是其中之一。

第二，姑且不去追究资本衡量问题。一方面，按照边际生产率分配论，资本的需求曲线和供给曲线相交于均衡点。这时，利息等于资本的边际产品价值，即它对生产的贡献。另一方面，从供给方面来看，利息又等于资本家不自己享用资本而承受的"负效用"。

在均衡时，劳动者得到工资作为补偿，因为他牺牲了闲暇或休息，由于从事生产而吃苦受累，从而承受了"负效用"。这是有目共睹的事实，并不需要加以特别的解释。然而，为什么资本家由于不自用资本而承受"负效用"？西方学者对此必须加以说明。

首先提出解释的是与马克思同时代的牛津大学教授西尼尔。西尼尔说，资本家由于"节欲"而遭受负效用。然而，这里的问题是吃苦受累可以创造产品，而坐在那里"节欲"是什么东西也制造不出来的。马克思把西尼尔的说法称为"用阿谀的词句来替换经济学的范畴。如此而已"③。以后的马歇尔很可能嫌"节欲"的字眼太刺目，使用了"等待"的名词，意思是说，资本家不自用资金，而把它投入企业，目的在于取得利息，即等待利息在将来取得更多的消费。因此，他遭受了"等待"的负效用。由于"等待"同样不能创造产品，所以名词的改变解决不了问题。由于"节欲"和"等待"的含义似乎过于牵强附会，所以目前流行的西方经济学教科书既不明确使用"节欲"，也不使用"等待"，而是对资本家的负效用问题采取敷衍了事的办法，不作明确的回答。

事实说明，资本家是否进行投资或投资的多寡根本与"节欲"或"等待"无关。家财万贯的资本家的投资决策不会影响他的消费水平。如果资本家的投资与消费有关，二者的关系甚至会恰恰相反。资金越雄厚的资本家一般投资越多，生活水平也越高，从而进行的"节欲"或"等待"就越少。

第三，收入分配理论牵涉到对不同的社会人群或阶级的收入作出评价的问题，即以经济学的术语来解释各种人群的收入是否正当或公平合理的问题。因此，它含有强烈的时代意识色彩。西方学者承认，收入分配理论的作用在于从该理论中提炼出"特点，用以解释各种人群或阶级的收入的社会意义"④。

因此，时代意识的差别会使得形成不同的收入分配理论。在西方经济学中，除了边际生产率分配论以外，至少还存在着两种分配论，即古典的和新剑桥学派的分配论，从而，正如西方学者所承认的那样，并不存在"一个为经济学者普遍接受的分配论"⑤。边际生产率分配论不过是目前最流行的一种而已。

第四，撇开所有的否定边际生产率分配论的意见，姑且承认它是正确的，那么，它仍

① 罗宾逊. 序言//克赖格尔. 政治经济学的重建：2版. 伦敦：麦克米伦公司，1978：IX.
② 布劳. 剑桥的革命——成功还是失败了. 伦敦：公共事务研究所，1975.
③ 马克思. 资本论：第一卷. 2版. 北京：人民出版社，2004：689.
④⑤ 沙玛尼. 微观经济理论. 纽约：布莱克威尔公司，1987：459.

然是一个不完整的理论，因为一个完整的分配论不但要像边际生产率分配论那样，能够解释在一定的社会条件下各种人群或阶级得到不同收入的理由，而且要说明一定的社会条件得以形成的原因。以此而论，马克思主义的分配论要比边际生产率分配论远为完整，因为前者除了解释不同阶级的收入来源以外，还说明了造成不同阶级收入的社会条件是如何形成的。

本章的结束语对边际生产率分配论虽然持有否定的意见，但并不否定该理论所包含的供求曲线决定工资、利息和地租的内容，因为作为生产要素的价格，三者在市场经济中必须由供求的力量决定，至少在表面现象上是如此。我们所否定的仅仅是该理论对供求曲线的解释。

第九章

一般均衡论和福利经济学

到目前为止，我们所讨论的全部理论均属于**局部均衡**分析的范畴。局部均衡分析研究的是单个（产品或要素）市场；其方法是把所考虑的某个市场从相互联系的构成整个经济体系的市场全体中"取出"来单独加以研究。在这种研究中，该市场商品的需求和供给仅仅被看成是其本身价格的函数，其他商品的价格则被假定不变，而这些不变价格的高低只影响所研究商品的供求曲线的位置；所得到的结论是：该市场的需求和供给曲线共同决定了市场的均衡价格和均衡数量。

现在要进一步将局部均衡分析发展为**一般均衡**分析，即要将所有相互联系的各个市场看成一个整体来加以研究。在一般均衡分析中，每一商品的需求和供给都不仅取决于该商品本身的价格，而且取决于所有其他商品（如替代品和互补品）的价格。每一商品的价格都不能单独地决定，而必须和其他商品价格联合决定。当整个经济的价格体系恰好使所有商品都供求相等时，市场就达到了一般均衡。

本章要着重讨论的问题是：在市场经济体系中，这种一般均衡状态是否存在？如果存在，它又是否具有经济效率？前一个问题自然是一般均衡论的对象，后一个问题则属于福利经济学的内容。

第一节　一般均衡

一、局部均衡和一般均衡

以前曾经碰到过不同市场之间的相互作用、相互影响问题。例如，我们知道，就产品市场而言，某种产品 A 的价格上升将引起其替代品 B 和互补品 C 的需求曲线分别右移和左移，从而使 B 和 C 的价格分别上升和下降。如果再进一步分析下去，则 B 和 C 的价格变化一方面会继续影响它们各自的替代品和互补品的价格，另一方面又会反过来影响产品 A 的价格…… 于是，某种产品价格的变化将波及许多其他产品市场。同样地，就要素市场而言，某种要素 f 的价格变化亦将改变其替代要素和互补要素的需求曲线从而改变它们的价格。进一步分析，则这些替代要素和互补要素的价格变化也会继续影响它们各自的替代要素和互补要素价格的变化，并反过来影响初始要素 f 的价格…… 于是，某种要素价格的变化也将波及许多其他要素市场。最后，产品市场和要素市场之间也是相互联系、相互影响的：产品价格的提高将提高相应要素的需求曲线，而要素价格的提高则将降低相应产品的供给曲线，如此等等。

为了更好地理解整个经济体系中各个不同市场的相互作用过程，还是先考察一个简化的市场经济情况。在该经济中，总共包括四个市场，即两个要素市场、两个产品市场。为方便起见，假定第一个要素市场为原油市场，第二个要素市场为煤市场，煤为原油的替代要素，第一个产品市场是汽油市场，汽油以原油为投入要素，第二个产品市场为小汽车市场，小汽车是汽油的互补品。

现在假定，所有市场在刚开始的时候均处于均衡状态。参见图 9-1。图 9-1 由图 9-1（a）、图 9-1（b）、图 9-1（c）和图 9-1（d）四个子图构成，它们分别代表原油、煤、汽油和小汽车市场。在每一子图中，初始状态均由供求曲线 S 和 D 给出，相应的均衡价格和均衡产量均由 P_0 和 Q_0 表示（当然，不同市场中的 P_0 和 Q_0 表示的是不同的产品或要素，并且其数值大小亦不一定相同）。

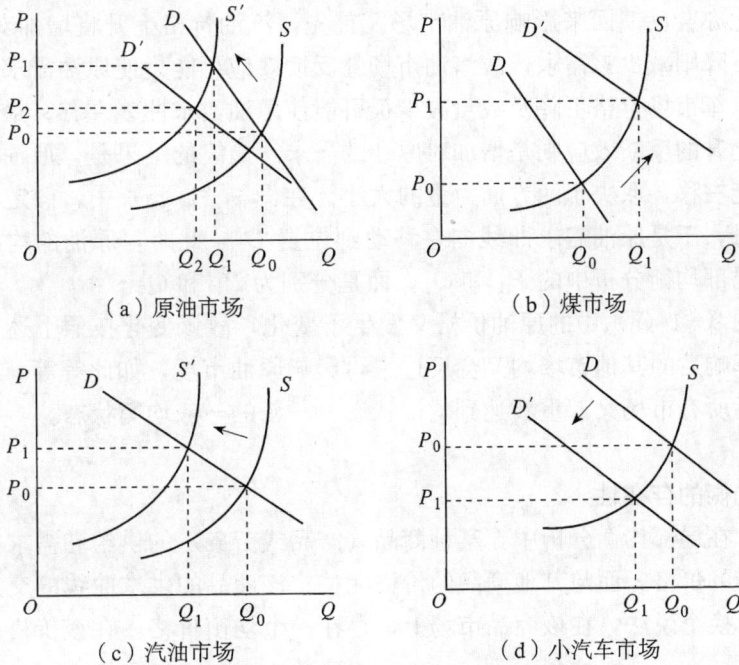

（a）原油市场　　　　　　　　　（b）煤市场

（c）汽油市场　　　　　　　　　（d）小汽车市场

图 9-1　市场之间的相互关系

我们从图 9-1（a）开始考察。假定原油的供给由于某种非价格因素的影响而减少，即它的供给曲线从原来的 S 向左移动，例如，左移到 S'。根据以前的局部均衡分析，供给曲线移到 S' 将使原油的价格上升到 P_1，原油产量则下降到 Q_1。如果不考虑各个市场之间的相互依赖关系，则这就是全部的结果：P_1 和 Q_1 分别为新的均衡价格和均衡数量。

但是，一旦我们从局部均衡分析上升到一般均衡分析，情况就不再相同。原油市场的价格变化将打破其他市场的原有均衡，从而引起它们的调整；而其他市场的调整又会反过来进一步影响原油市场，从而最终的原油均衡价格和数量并不一定就是 P_1 和 Q_1。

首先来看图 9-1（c）即产品市场——汽油市场。原油是汽油的投入要素。投入要素的价格上升就是汽油的成本增加，于是，汽油的供给将减少。换句话说，原油价格的上涨使得汽油的供给曲线向左移动，例如移到 S'。S' 与原来的需求曲线相交决定了汽油的新均衡价格为 P_1，新均衡产量为 Q_1。

其次讨论图 9-1（b）即另一个要素市场——煤市场。由于原油和煤互为替代品，故原油价格的上升造成煤的需求的增加，即煤的需求曲线从 D 向右移到 D'，从而均衡价格上升到 P_1，均衡产量增加到 Q_1。

最后来看图 9-1（d）即另一个产品市场——小汽车市场。小汽车和汽油是所谓的互补品。在图 9-1（c）中的汽油的市场价格上升之后，其互补品即小汽车的需求将减少。换句话说，小汽车的需求曲线由于汽油价格上升而向左移动，例如左移到 D'。结果小汽车的均衡价格下降到 P_1，均衡产量减少到 Q_1。

到此为止，已经讨论了原油市场供给减少从而原油价格上升对所有其他市场的影响：其产品汽油的价格上升、其替代品煤的价格上升，以及小汽车的价格下降。所有这些其他市场价格的变化亦会反馈回来影响原油市场。首先，汽油价格上升将增加对原油的需求，而汽油数量的下降则减少该需求，故汽油市场的反馈效应可能是使原油需求曲线左移或右移；其次，小汽车市场价格下降及数量减少很可能使原油需求曲线左移；最后，煤市场价格上升及数量上升的反馈效应则是增加对原油的需求。最终的结果是，原油的需求曲线可能左移，也可能右移，取决于两方面力量的大小。在图 9-1（a）中，假定左移的力量超过了右移的力量，于是原油需求曲线向左移动到位置 D'。此时，原油的均衡价格和数量不再分别等于局部均衡分析中的 P_1 和 Q_1，而是分别为 P_2 和 Q_2。

由于现在图 9-1（a）中的原油价格又发生了变化，故该变化按照上述分析又会影响其他市场，受影响后的其他市场均又会反过来再影响原油市场，如此等等。一直继续调整下去，直到最后所有市场又都重新达到均衡状态——新的**一般均衡状态**。

二、一般均衡的存在性

我们知道，在局部均衡分析中，某种商品（产品或劳务）的供给和需求被假定为只取决于该商品本身的价格，而与其他商品的价格无关；该商品的供求曲线的交点决定了它的均衡价格，或者换个说法，在该商品市场上，存在一个均衡价格，在该价格上，该商品的供求恰好相等。

但是，由上一小节的讨论可知，任何一种商品的供给和需求实际上不仅取决于该商品本身价格的高低，而且取决于许多其他商品价格的高低。因此，每种商品的供求均可以被看成是所有价格即所谓价格体系的函数。① 与局部均衡分析相似的一个问题便是：是否存在一组均衡价格，在该价格体系中，所有商品的供求均相等呢？这就是所谓**一般均衡的存在性**问题。

法国经济学家里昂·瓦尔拉斯在经济学说史上最先充分地认识到一般均衡问题的重要性。他第一个提出了一般均衡的数学模型并试图解决一般均衡的存在性问题。除此之外，他还对**一般均衡的唯一性、稳定性及最优性**等问题作过探索。瓦尔拉斯的一般均衡体系是按照从简单到复杂的路线一步步建立起来的。他首先撇开生产、资本积累和货币流通等复杂因素，集中考察所谓交换的一般均衡。在解决了交换的一般均衡之后，他加入更加现实的假定——商品是生产出来的，从而讨论了生产（以及交换）的一般均衡。但是，生产的一般均衡仍然不够"一般"，它只考虑了消费品的生产而忽略了资本品的生产和再生产。因此，瓦尔拉斯进一步提出其关于"资本积累"的第三个一般均衡模型。他的最后一个模型是"货币和流通理论"，考虑了货币交换和货币窖藏的作用，从而把一般均衡理论从实物经济推广到了货币经济。

尽管瓦尔拉斯最先认识到一般均衡问题的重要性，但他关于一般均衡存在性的证明却是错误的。按照瓦尔拉斯的看法，由于在所有市场的供给和需求都相等的均衡条件中，独立的方程数目与变量数目相等，故一般均衡的存在是有保证的。②

尽管瓦尔拉斯计算方程数目和变量数目的方法是相当不能令人满意的，但它在很长的时间里被人们所接受，无人提出疑问。这种情况直到 20 世纪二三十年代之后才有所改变。后来的西方经济学家利用集合论、拓扑学等数学方法，在相当严格的假定条件下证明：一般均衡体系存在着均衡解，而且，这种均衡可以处于稳定状态，并同时满足经济效率的要求。这些假设条件有：任何厂商都不存在规模报酬递增；每一种商品的生产都至少必须使用一种原始生产要素；任何消费者所提供的原始生产要素都不得大于它的初始存量；每个消费者都可以提供所有的原始生产要素；每个消费者的序数效用函数都是连续的；消费者的欲望是无限的；无差异曲线凸向原点；等等。总之，在一定的假设条件全部得到满足时，一般均衡体系就有均衡解存在。③

三、实现一般均衡的"试探过程"

即使在理论上确实存在着一般均衡状态，即存在着一组价格，能使每一个市场的供求都相等，还有一个问题需要解决：实际的经济体系是否会达到这个一般均衡状态呢？

如果现行价格恰好为均衡价格，使得所有市场都达到供求一致，则在这种情况下，实

---

① 如果商品 A 的供求与商品 B 的价格无关，则可以认为在 A 的供求函数中，B 的价格前面的系数为零。

② 瓦尔拉斯的论证逻辑显然是错误的。例如，下述两个联立的独立方程恰好也只有两个未知数：

$$x+y=1$$
$$x+y=-1$$

但它显然无解，因为这两个方程是不相容的。

此外，即使方程组有解，还存在如下问题，即所得解是否有经济意义？例如，方程 $x^2=-1$ 有一个解 i，但 i 为虚数单位，并无经济意义。在许多情况下，甚至负数也没有经济意义。例如价格等就不能为负数。

③ 由于关于一般均衡存在性的现代证明都要涉及高深的、复杂的数学工具，详细的论述将超出本书的范围。

际经济体系当然就处于一般均衡状态不再变化。但是，如果现行价格并不等于均衡值呢？这时，麻烦就可能出现：实际的交易可能会发生在"错误"的价格水平上。交易者并不知道均衡价格在什么水平上；或者，他们可以通过价格的不断调整来确定均衡状态，但这种调整过程也许需要很长的时间，在其完成之前不能保证不发生交易。一旦发生"错误"的交易，则西方经济学的一般均衡体系就未必能成立。

为了避免上述困难，瓦尔拉斯假定，在市场上存在一位"拍卖人"。该拍卖人的任务是寻找并确定能使市场供求一致的均衡价格。他寻找均衡价格的方法如下：首先，他随意报出一组价格，家户和厂商根据该价格申报自己的需求和供给。如果所有市场供求均一致，则他就将该组价格固定下来，家户和厂商就在此组价格上成交；如果供求不一致，则家户和厂商可以抽回自己的申报，而不必在错误的价格上进行交易。拍卖者则修正自己的价格，报出另一组价格。改变价格的具体做法是：当某个市场的需求大于供给时，就提高该市场的价格，反之，则降低其价格。这就可以保证新的价格比原先的价格更加接近均衡价格。如果新报出的价格仍然不是均衡价格，则重复上述过程，直到找到均衡价格为止。这就是瓦尔拉斯体系中达到均衡的所谓"试探过程"。

第二节　经济效率

一、实证经济学和规范经济学

前面讨论的无论是局部均衡还是一般均衡，主要都属于所谓**实证经济学**的部分。实证经济学研究实际经济体系是怎样运行的，它对经济行为作出有关的假设，根据假设分析和陈述经济行为及其后果，并试图对结论进行检验。例如，西方经济学从一系列假定出发说明了整个经济体系在理论上存在所谓一般均衡状态，即存在一组使得所有商品的供求都恰好相等的价格。[①]　这就是实证经济学。

从"实证"的角度来看，经济学对经济现象的研究至少包括如下三个方面。

第一是"描述"，即回答"是什么"的问题。描述性经济学的任务主要是把有关经济现象的数据整理和汇编起来，用这些经过处理之后已经"井然有序"的数据来描述经济现象的一些重要特征。例如，对市场行为的分析常常就是从对市场结构的描述开始的：在该市场中，有多少数量的厂商？它们的规模有多大？生产的产品是完全相同的还是略有差异？等等。

第二是"解释"，即回答"为什么"的问题。解释性经济学的主要任务是通过对已知经济现象的分析来说明隐藏在其背后的原因。例如，某种商品的市场价格上升，是已知的经济现象；对该现象的解释则可能是：该商品的需求增加，或者该商品的供给减少，或者需求增加和供给减少同时存在。可以说，经济学教科书的"主体"就是由此类解释性理论构成的。

第三是"预测"，即回答"会如何"的问题。预测性经济学的主要任务是根据理论和

---

① 注意，"在理论上存在"意味着必须满足该理论赖以成立的很多苛刻的假设条件。

假设去发现原来未知的经济现象。预测性经济学与解释性经济学非常相似。从形式上看，预测是对未知现象的推断，而解释是对已知现象的说明。这里，所谓"未知现象"，既可以是尚未发生过的，也可以是已经发生但尚未被研究者知晓的。如果解释针对的不是已知现象而是未知现象，则解释也就具有了预测的性质。不过，对未知现象的预测并非原来意义（真正意义）上的解释。原来意义上的解释是发现已知现象背后的原因，而预测要发现的却是未知现象本身（当然连带地也包括未知现象背后的原因）。这些未知现象的存在可以根据现有的理论和假设推断出来。

但是，除了"是什么"（以及"为什么"和"会如何"）的问题之外，西方经济学家还试图回答"应当是什么"（以及"应当如何"）之类的问题，即他们试图从一定的社会价值判断标准出发，根据这些标准，对一个经济体系的运行进行评价，并进一步说明一个经济体系应当怎样运行，以及为此提出相应的经济政策。这些便属于所谓**规范经济学**的内容。例如，尽管西方经济学说明了一般均衡的存在，但这种一般均衡状态是否对整个社会是"最优"的呢？即是否还存在其他更好的经济状态，在这些状态下，每个人从而整个社会的"福利"要更大一些呢？这些都牵涉到优劣、好坏的问题，即价值判断的问题。对这些问题的研究属于规范经济学。

本章剩余部分所讨论的福利经济学就是一种规范经济学。具体来说，福利经济学是在一定的社会价值判断标准条件下，研究整个经济的**资源配置**与个人福利的关系，特别是市场经济体系的资源配置与福利的关系，以及与此有关的各种政策问题。换句话说，福利经济学研究要素在不同厂商之间的最优分配以及产品在不同家户之间的最优分配。简言之，福利经济学研究资源的最优配置。

二、判断经济效率的标准

如何判断各种不同的资源配置的优劣，以及确定所有可能的资源配置中的最优资源配置呢？为了回答这个问题，先来考虑如下的简单情况：假定整个社会只包括两个人，如甲和乙，且只有两种可能的资源配置状态，如 A 和 B。甲和乙在 A 和 B 之间进行选择，是状态 A 优于状态 B，还是相反，状态 B 优于状态 A？或者，状态 A 与状态 B 二者无差异？

对于每一个单个人如甲或乙，假定他可以在两种资源配置状态 A 和 B 中作出明确的选择，即他或者认为 A 优于 B，或者认为 A 劣于 B，或者认为 A 与 B 无差异。三者必居其一。因此，单个人甲对 A 和 B 的选择具有如下三种可能：

$$A > B \qquad A \sim B \qquad A < B$$

式中，符号"$>$"、"$\sim$"和"$<$"分别表示甲的三种看法，即"优于"、"无差异于"和"劣于"。同样地，单个人乙对 A 和 B 的选择也具有如下三种可能，即：

$$A >' B \qquad A \sim' B \qquad A <' B$$

式中，符号"$>'$"、"$\sim'$"和"$<'$"分别表示乙的"优于"、"无差异于"和"劣于"三种看法。

现在的问题是，从社会（即由甲和乙两个人构成的社会）的观点来看，这两种资源配置状态 A 和 B 孰优孰劣呢？如果甲和乙持有同样的看法，即都认为 A 优于 B（或 A 劣于

B，或 A 与 B 无差异），则自然也可认为，从社会的观点看，亦有 A 优于 B（或 A 劣于 B，或 A 与 B 无差异）。可惜的是，这种情况并不总是出现。特别是，当一个社会包括许多单个人的时候，要使所有这些单个人的意见完全一致几乎是不可能的。具体讨论如下。

由于甲有三种可能的选择，乙也有三种可能的选择，因此从整个社会来看就存在九种可能的选择情况：

1. $A > B$，$A >' B$　　2. $A > B$，$A \sim' B$　　3. $A > B$，$A <' B$

4. $A \sim B$，$A >' B$　　5. $A \sim B$，$A \sim' B$　　6. $A \sim B$，$A <' B$

7. $A < B$，$A >' B$　　8. $A < B$，$A \sim' B$　　9. $A < B$，$A <' B$

这九种可能的选择情况，按甲和乙的不同态度可分为三大类型。第一类型是甲和乙的意见完全相反。这包括上述第 3 种和第 7 种两种情况；第二类型是甲和乙的意见完全相同，这包括第 1 种、第 5 种和第 9 种三种情况；第三类型是甲和乙的意见基本一致。这包括剩余的第 2 种、第 4 种、第 6 种和第 8 种四种情况。

首先来看第一类型。如甲和乙的意见完全相反，则是否能够从社会的角度对状态 A 和 B 的优劣作出明确的说明？这里显然遇到了麻烦。除非能够假定甲的意见（或者乙的意见）无关紧要，从而可以不加考虑，否则不能判断 A 与 B 的优劣。换句话说，在这种情况下，从社会的观点看，状态 A 与 B 是"不可比较的"，即没有任何"客观"的标准对它们进行判断。

如果去掉不可比较的第一类型的两种情况，则剩下的其余两大类型共七种情况均可看成是可以比较的。就第二类型而言，甲和乙的看法完全一致，此时自然可以认为甲和乙两人的共同看法就代表了社会的看法。因此，第 1 种、第 5 种和第 9 种这三种情况分别意味着从社会的角度看，A 优于、无差异于及劣于 B。

在第三类型中，甲和乙的看法基本一致，但不是完全一致。不过，在这种情况下，也可能由个人的观点形成社会的看法。例如，我们以其中的第 2 种情况为例。此时有 $A > B$、$A \sim' B$，即甲认为 A 优于 B，而乙认为二者无差异。这表明，如果让资源配置状态从 B 变动到 A，则从整个社会来看，这种改变至少使得甲的状况变好，而没有使乙的状况变坏。也就是说，这种变动的净结果是增进了甲的福利，从而也增进了社会的福利。因此，在第 2 种情况下，可以得到的结论是：社会认为 A 优于 B。第三类型中其余第 4 种、第 6 种和第 8 种等情况亦可按上述方法进行同样的分析。

将以上所说总结起来，便有可能得到两人社会在两种可能的资源配置状态中的一种选择标准：

如果两人中至少有一人认为 A 优（或劣）于 B，而没有人认为 A 劣（或优）于 B，则从社会的观点看，亦有 A 优（或劣）于 B。如果两人都认为 A 与 B 无差异，则从社会的观点看，亦有 A 与 B 无差异。

显而易见，上述结论不只适用于两人社会在两种可能的资源配置中进行选择的简单情况，它也可以很容易地被推广到多人社会在多种资源配置状态中进行选择的一般情况。社会的选择标准只需稍作变动，内容如下（其中 A 与 B 是任意两种状态）：

如果至少有一人认为 A 优于 B，而没有人认为 A 劣于 B，则认为从社会的观点看亦

有 A 优于 B。

这就是所谓的帕累托最优状态标准，简称为**帕累托标准**。

利用帕累托最优状态标准，可以对资源配置状态的任意变化作出"好"与"坏"的判断：如果既定的资源配置状态的改变使得至少有一个人的状况变好，而没有使任何人的状况变坏，则认为这种资源配置状态的变化是"好"的；否则认为是"坏"的。这种以帕累托标准来衡量为"好"的状态改变被称为**帕累托改进**。更进一步，利用帕累托标准和帕累托改进，可以定义所谓"最优"资源配置，即：如果对于某种既定的资源配置状态，所有的帕累托改进均不存在，即在该状态上，任意改变都不可能使至少一个人的状况变好而又不使任何人的状况变坏，则称这种资源配置状态为**帕累托最优状态**。换言之，如果对于某种既定的资源配置状态，还存在帕累托改进，即在该状态上，还存在某种（或某些）改变可以使至少一个人的状况变好而不使任何人的状况变坏，则这种状态就不是帕累托最优状态。

帕累托最优状态又被称做**经济效率**。满足帕累托最优状态就是具有经济效率的；反之，不满足帕累托最优状态就是缺乏经济效率的。例如，如果产品在消费者之间的分配已经达到这样一种状态，即任何重新分配都会至少降低一个消费者的满足水平，那么，这种状态就是最优的或最有效率的状态。同样地，如果要素在厂商之间的配置已经达到这样一种状态，即任何重新配置都会至少降低一个厂商的产量，那么，这种状态就是最优的或最有效率的状态。

第三节　交换的帕累托最优条件

本节开始论述达到帕累托最优状态所必须满足的条件。这些条件被称为**帕累托最优条件**。它包括**交换的最优条件**、**生产的最优条件**以及**交换和生产的最优条件**。本节先讨论交换的最优条件。

首先还是考虑两种既定数量的产品在两个单个消费者之间的分配问题，然后将所得的结论推广到一般情况。

假定两种产品分别为 X 和 Y，其既定数量为 $\bar{X}$ 和 $\bar{Y}$，两个消费者分别为 A 和 B。下面用一种叫做埃奇渥斯盒状图的工具来分析这两种产品在两个消费者之间的分配。参见图 9-2。盒子的水平长度表示整个经济中第一种产品 X 的数量 $\bar{X}$，盒子的垂直高度表示第二种产品 Y 的数量 $\bar{Y}$。O_A 为第一个消费者 A 的原点，O_B 为第二个消费者 B 的原点。从 O_A 水平向右测量消费者 A 对第一种产品 X 的消费量 X_A，垂直向上测量他对第二种产品 Y 的消费量 Y_A；从 O_B 水平向左测量消费者 B 对第一种产品 X

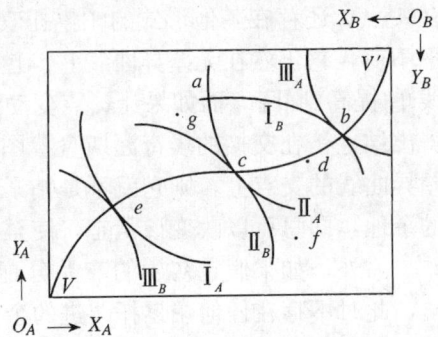

图 9-2　交换的帕累托最优

的消费量 X_B，垂直向下测量他对第二种产品 Y 的消费量 Y_B。

现在考虑盒中的任意一点，如 a 点。a 点对应于消费者 A 的消费量（X_A，Y_A）和消费者 B 的消费量（X_B，Y_B）。下式成立：

$$X_A + X_B = \overline{X}$$
$$Y_A + Y_B = \overline{Y}$$

(9.1)

换句话说，盒中任意一点确定了一套数量，表示每一个消费者对每一种产品的消费，且满足(9.1)式。因此，盒子(包括边界)确定了两种产品在两个消费者之间的所有可能的分配情况。特别是，在盒子的垂直边上的任意一点，表明某个消费者不消费 X，在盒子的水平边上的任意一点，表明某个消费者不消费 Y。

现在的问题是，在埃奇渥斯盒中的全部可能的产品分配状态中，哪一些是帕累托最优状态呢？为了分析这一点，需要在埃奇渥斯盒状图中加入消费者偏好的信息，即加入每个消费者的无差异曲线。一方面，由于 O_A 是消费者 A 的原点，故 A 的无差异曲线向右下方倾斜且向 O_A 点凸出。图中，I_A、II_A 和 III_A 是消费者 A 的三条代表性无差异曲线。其中，III_A 代表较高的效用水平，而 I_A 代表较低的效用水平。一般来说，从 O_A 点向右移动，标志着消费者 A 的效用水平提高。另一方面，由于 O_B 是消费者 B 的原点，故 B 的无差异曲线向右下方倾斜，且向 O_B 点凸出。图中，I_B、II_B 和 III_B 是消费者 B 的三条代表性无差异曲线。其中，值得注意的是，III_B 代表较高的效用水平，而 I_B 代表较低的效用水平。一般来说，从 O_B 点向左移动，标志着消费者 B 的效用水平提高。

现在在埃奇渥斯盒状图中任选一点表示两种产品在两个消费者之间的一个初始分配。例如，选择一点 a。由于假定效用函数是连续的，故 a 点必然处于消费者 A 的某条无差异曲线上，同时也处于消费者 B 的某条无差异曲线上，即消费者 A 和 B 分别有一条无差异曲线经过 a 点。因此，这两条无差异曲线或者在 a 点相交，或者在 a 点相切。假定两条无差异曲线在 a 点相交（如图 9-2 所示，a 点是无差异曲线 II_A 和 I_B 的交点）。容易看出，a 点不可能是帕累托最优状态。这是因为，通过改变该初始分配状态，例如从 a 点变动到 b 点，则消费者 A 的效用水平从无差异曲线 II_A 提高到 III_A，而消费者 B 的效用水平并未变化，仍然停留在无差异曲线 I_B 上。因此，在 a 点仍然存在帕累托改进的余地。当然，在 a 点，还存在其他形式的帕累托改进。例如，从 a 点变动到 c 点，则消费者 A 的效用水平不变，它仍然在无差异曲线 II_A 上，但消费者 B 的效用水平却得到了提高：从无差异曲线 I_B 提高到 II_B。而如果让 a 点变动到 d 点，则消费者 A 和 B 的效用水平均会提高。由此得出结论：在交换的埃奇渥斯盒状图中，任意一点，如果它处在消费者 A 和 B 的两条无差异曲线的交点上，则它就不是帕累托最优状态，因为在这种情况下，总存在帕累托改进的余地，即总可以改变该状态，使至少一个人的状况变好而没有人的状况变坏。

另外，如果假定初始的产品分配状态处于两条无差异曲线的切点如 c 点，则容易看出，此时不存在任何帕累托改进的余地，即它们均为帕累托最优状态。改变 c 点的状态只有如下几种可能：向右上方移到消费者 A 较高的无差异曲线上，则 A 的效用水平提高了，但消费者 B 的效用水平却下降了；向左下方移到消费者 B 的较高的无差异曲线上，则 B 的效用水平提高了，但消费者 A 的效用水平却下降了；剩下来的唯一一种可能则是消费者 A

和 B 的效用水平都降低。例如，从 c 点移到 g 点或 f 点，都属此种情况。由此可得结论：在交换的埃奇渥斯盒状图中，任意一点，如果它处在消费者 A 和 B 的两条无差异曲线的切点上，则它就是帕累托最优状态，并被称为交换的帕累托最优状态。在这种情况下，不存在帕累托改进的余地，即任何改变都不能使至少一个人的状况变好而没有人的状况变坏。

无差异曲线的切点不只是 c 点一个。b 点和 e 点以及其他许多未在图 9-2 中画出的点也都是无差异曲线的切点，从而都代表帕累托最优状态。所有无差异曲线的切点的轨迹构成曲线 VV'，叫做**交换的契约曲线**（或**效率曲线**），它表示两种产品在两个消费者之间的所有最优分配（即帕累托最优状态）的集合。

应当指出，在交换的帕累托最优集合中，即在交换的契约曲线 VV' 上，两个消费者的福利分配具有不同的情况。当我们沿着 VV' 曲线从 e 点移到 c 点时，消费者 A 通过牺牲消费者 B 的利益而状况变好；反之亦然。根据帕累托标准，我们不能说 VV' 曲线上的任何点比曲线上的其他点都要更好一些。例如，我们不能说 c 点比 e 点代表更好的分配。根据帕累托标准，它们是不可比较的，因为从 e 点移到 c 点（或者相反）使一个人的状况变好，却使另一个人的状况变坏。我们所能够说的仅仅是，给定任何不在曲线 VV' 上的点，总存在比它更好的点，而这些点在曲线 VV' 上。

如果社会具有明显的关于福利分配的偏好，例如，假设经济处于 e 点，而社会宁愿以牺牲消费者 B 的利益使消费者 A 更好一些，比如说，宁愿要 c 点而非 e 点，则根据这个分配偏好，社会将使经济沿着曲线 VV' 从 e 点移到 c 点。这是从帕累托最优状态集合中，根据社会的分配偏好选择其中的某些状态。

从交换的帕累托最优状态可以得到交换的帕累托最优条件。我们知道，交换的帕累托最优状态是无差异曲线的切点，而无差异曲线的切点的条件是在该点上两条无差异曲线的斜率相等。本书第三章第二节已经说明：无差异曲线的斜率的绝对值又叫做两种产品的边际替代率（更准确地说，是产品 X 代替产品 Y 的边际替代率）。因此，交换的帕累托最优状态的条件可以用边际替代率的术语来表示：要使两种产品 X 和 Y 在两个消费者 A 和 B 之间的分配达到帕累托最优状态，则对于这两个消费者来说，这两种产品的边际替代率必须相等。如设对于消费者 A 和 B 来说，X 代替 Y 的边际替代率分别用 MRS_{XY}^A 和 MRS_{XY}^B 来表示，则交换的帕累托最优状态条件的公式就是：

$$MRS_{XY}^A = MRS_{XY}^B \tag{9.2}$$

为了说明上面的边际条件，可以举一个数字例子来帮助加深理解。假定在初始的分配中，消费者 A 的边际替代率 MRS_{XY}^A 等于 3，消费者 B 的边际替代率 MRS_{XY}^B 等于 5。一方面，这意味着 A 愿意放弃 1 单位的 X 来交换不少于 3 单位的 Y。因此，A 若能用 1 单位 X 交换到 3 单位以上的 Y 就增加了自己的福利。另一方面，B 愿意放弃不多于 5 单位的 Y 来交换 1 单位的 X。因此，B 若能用 5 单位以下的 Y 交换到 1 单位的 X 就增进了自己的福利。由此可见，如果消费者 A 用 1 单位 X 交换 4 单位 Y，而消费者 B 用 4 单位 Y 交换 1 单位 X，则他们两个人的福利都得到了提高。只要两个消费者的边际替代率不相等，上述这种重新分配（使某些消费者状况变好而不使其他消费者状况变坏）就总是可能的，就总存在帕累托改进的余地。换句话说，当边际替代率不相等时，产品的分配未达到帕累托最优。

第四节　生产的帕累托最优条件

本节的讨论与上节非常相似。上节交换的帕累托最优研究了两种既定数量的产品在两个消费者之间的分配情况，本节生产的帕累托最优则要研究两种既定数量的要素在两个生产者之间的分配情况。假定这两种要素分别为 L 和 K，其既定数量为 $\bar{L}$ 和 $\bar{K}$，两个生产者分别为 C 和 D。于是要素 L 和 K 在生产者 C 和 D 之间的分配状况亦可以用埃奇渥斯盒状图来表示。参见图 9-3。盒子的水平长度表示整个经济中第一种要素 L 的数量 $\bar{L}$，盒子的垂直高度表示第二种要素 K 的数量 $\bar{K}$。O_C 为第一个生产者

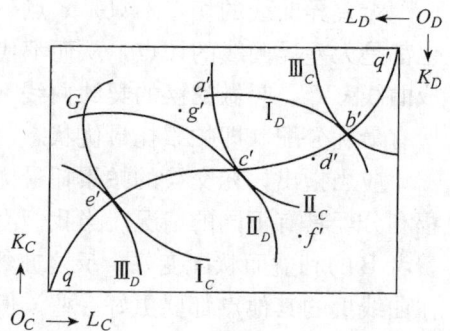

图 9-3　生产的帕累托最优

C 的原点；O_D 为第二个生产者 D 的原点。从 O_C 水平向右测量生产者 C 对第一种要素的生产消费量 L_C，垂直向上测量它对第二种要素的生产消费量 K_C；从 O_D 水平向左测量生产者 D 对第一种要素 L 的生产消费量 L_D，垂直向下测量它对第二种要素 K 的生产消费量 K_D。

考虑盒中任意一点如 a' 点。a' 点对应于生产者 C 的生产消费量 $(L_C，K_C)$ 和生产者 D 的生产消费量 $(L_D，K_D)$。很明显，下式成立：

$$L_C+L_D=\bar{L}$$
$$K_C+K_D=\bar{K}$$
(9.3)

即盒中任意一点确定了两种要素在两个生产者之间的所有可能的分配情况。

在埃奇渥斯盒中的全部可能的要素分配状态中，哪一些是帕累托最优状态呢？为此，在盒中加入每个生产者的生产函数的信息，即其等产量曲线。一方面，由于 O_C 是生产者 C 的原点，故 C 的等产量曲线如 I_C、II_C 和 III_C 所示。其中 III_C 代表较高的产量水平，I_C 代表较低的产量水平。一般说来，从 O_C 点向右移动，标志着生产者 C 的产量水平提高。另一方面，由于 O_D 是生产者 D 的原点，故 D 的等产量曲线如 I_D、II_D 和 III_D 所示。其中，值得注意的是，III_D 代表较高的产量水平，I_D 代表较低的产量水平。一般说来，从 O_D 点向左移动，标志着生产者 D 的产量水平提高。

现在在埃奇渥斯盒中任选一点如 a' 点。由于假定生产函数是连续的，故 a' 点必然处于生产者 C 和 D 的等产量曲线的交点或切点上。假定 a' 点是等产量曲线的交点（如图 9-3 所示，a' 点是等产量曲线 II_C 和 I_D 的交点）。容易看出，a' 点不可能是帕累托最优状态。这是因为，通过改变该初始分配状态，例如让 a' 点变动到 b' 点，则生产者 C 的产量水平从等产量曲线 II_C 提高到 III_C，而生产者 D 的产量水平并未变化，仍然停留在等产量

曲线 I_D 上。因此，在 a' 点仍然存在帕累托改进的余地。此外，让 a' 点变动到 c' 点，则生产者 C 的产量未提高，但生产者 D 的产量却提高了。如果让 a' 点变动到 d' 点，则生产者 C 和 D 的产量均会提高。由此得出结论：在生产的埃奇渥斯盒状图中，任意一点，如果它处在生产者 C 和 D 的两条等产量曲线的交点上，则它就不是帕累托最优状态。

另外，如果假定初始的要素分配状态处于两条等产量曲线的切点如 c' 点，则容易看出此时不存在任何帕累托改进的余地，即它们均为帕累托最优状态。改变 c' 点的状态只有如下几种可能：向右上方移到生产者 C 较高的等产量曲线上，则生产者 D 的产量水平会下降；向左下方移到生产者 D 较高的等产量曲线上，则生产者 C 的产量水平会下降；剩下的唯一一种可能则是使生产者 C 和 D 的产量水平都降低。例如，从 c' 点移到 g' 点和 f' 点，都属此种情况。由此可得结论：在生产的埃奇渥斯盒状图中，任意一点，如果它处在生产者 C 和 D 的两条等产量曲线的切点上，则它就是帕累托最优状态，并被称为生产的帕累托最优状态。

等产量曲线的切点不只是 c' 点一个，b' 点和 e' 点等也都是等产量曲线的切点，从而也都是帕累托最优状态。所有等产量曲线的切点的轨迹构成曲线 qq'。qq' 曲线叫做**生产的契约曲线**（或效率曲线），它表示两种要素在两个生产者之间的所有最优分配（即帕累托最优）状态的集合。

与交换的契约曲线一样，在生产的契约曲线上，即在生产的帕累托最优集合中，两个生产者的福利分配也具有不同的情况。当我们沿着 qq' 曲线从 e' 点移到 c' 点时，生产者 C 通过牺牲生产者 D 的利益而状况变好；反之亦然。根据帕累托标准，它们是不可比较的。我们所能够说的仅仅是，给定任何不在曲线 qq' 上的点，总存在比它更好的点，而这些点在曲线 qq' 上。

从生产的帕累托最优状态可以得到生产的帕累托最优条件。生产的帕累托最优状态是等产量曲线的切点，而等产量曲线的切点的条件是在该点上，两条等产量曲线的斜率相等。本书第四章第三节已经说明，等产量曲线的斜率的绝对值又叫做两种要素的边际技术替代率（更准确地说，是要素 L 代替要素 K 的边际技术替代率）。因此，生产的帕累托最优状态的条件可以用边际技术替代率的术语来表示：要使两种要素 L 和 K 在两个生产者 C 和 D 之间的分配达到帕累托最优状态，则对于这两个生产者来说，这两种要素的边际技术替代率必须相等。如设对于生产者 C 和 D 来说，L 代替 K 的边际技术替代率分别用 $MRTS_{LK}^C$ 和 $MRTS_{LK}^D$ 来表示，则生产的帕累托最优状态条件的公式就是：

$$MRTS_{LK}^C = MRTS_{LK}^D \tag{9.4}$$

可以举一个简单的数字例子来说明上述最优条件。假定在初始的分配中，生产者 C 的边际技术替代率 $MRTS_{LK}^C$ 等于 3，生产者 D 的边际技术替代率 $MRTS_{LK}^D$ 等于 5。一方面，这意味着 C 愿意放弃 1 单位的 L 来交换不少于 3 单位的 K。因此，C 若能用 1 单位 L 交换到 3 单位以上的 K，就增进了自己的福利。另一方面，D 愿意放弃不多于 5 单位的 K 来交换 1 单位的 L。因此，D 若能以 5 单位以下的 K 交换到 1 单位的 L，就增进了自己的福利。由此可见，如果生产者 C 用 1 单位 L 交换 4 单位 K，而生产者 D 用 4 单位 K 交换 1 单位 L，则他们两个人的福利都得到了提高。只要两个生产者的边际技术替代率不相等，上述这种重新分配（使某些生产者状况变好而不使其他生产者状况变坏）就总是可能的。

第五节　交换和生产的帕累托最优条件

一、问题和假定

第三节讨论交换的帕累托最优条件，第四节讨论生产的帕累托最优条件，现在要将交换和生产这两个方面综合起来，讨论交换和生产的帕累托最优条件。应当注意的是：交换和生产的最优条件并不是将交换的最优条件和生产的最优条件简单地并列起来。交换的最优只是说明消费是最有效率的；生产的最优只是说明生产是最有效率的。两者的简单并列，只是说明消费和生产分开来看时各自独立地达到了最优，但并不能说明，当将交换和生产综合起来看时，也达到了最优。这一点在下面将会看得很清楚。

为了把交换和生产结合在一起加以论述，我们将在前两节中分别研究它们时所作的那些假定也合并如下，即假定整个经济只包括两个消费者 A 和 B，他们在两种产品 X 和 Y 之间进行选择，以及只包括两个生产者 C 和 D，他们在两种要素 L 和 K 之间进行选择以生产两种产品 X 和 Y。为了方便起见，假定 C 生产 X，D 生产 Y。并且假定消费者的效用函数亦即无差异曲线簇为给定不变的，生产者的生产函数即等产量曲线簇为给定不变的。下面先从生产方面开始讨论，再过渡到消费问题，最后推出交换和生产的帕累托最优条件。

二、生产可能性曲线

1. 从生产契约曲线到生产可能性曲线

由以上假定，现在的生产问题是两个生产者 C 和 D 在两种要素 L 和 K 之间进行选择，分别生产两种产品 X 和 Y。根据第四节，可以用生产的埃奇渥斯盒状图的工具加以分析。回到图 9-3。我们知道图中的生产契约曲线 qq' 代表了所有生产的帕累托最优状态的集合。具体说来，生产契约曲线 qq' 上的每一点均表示两种投入在两个生产者之间的分配为最优，即表示最优投入。但是，仔细观察起来却发现，生产契约曲线还向我们提供了另一有用的信息，即在该曲线上的每一点也都表示了一定量投入要素在最优配置时所能生产的一对最优的产出：曲线上的每一点均为两个生产者的等产量曲线的切点，故它同时处在（两个生产者的）两条等产量曲线上，从而代表了两种产品的产量；这两种产出还是帕累托意义上的最优产出，即此时要增加某一产出的数量，就不得不减少另一种产出的数量。

例如，考虑图 9-3 中生产契约曲线上的一点 c'。它是两条等产量曲线 II_C 和 II_D 的切点。如果设 II_C 所表示的产出 X 的数量为 X_1，II_D 所表示的产出 Y 的数量为 Y_1，则 c' 点就表示最优产出量 (X_1, Y_1)。同样地，生产契约曲线上的另外一点 e' 是等产量曲线 I_C 和 III_D 的切点。如果设 I_C 和 III_D 所表示的产出分别为 X_2 和 Y_2，则 e' 点就表示最优产出量 (X_2, Y_2)。遍取生产契约曲线上的每一点，可得到相应的所有最优产出量。

现在考虑上述所有最优产出量的集合的特点。参见图 9-4。图中横轴表示最优产出量中 X 的数量，纵轴表示最优产出量中 Y 的数量。利用图 9-4，可以画出最优产出量的轨迹。例如，对应于图 9-3 中生产契约曲线上的 c' 点，最优产出量为 (X_1, Y_1)，该产出量在图 9-4 中就是图中的 c'' 点。同样地，对应于生产契约曲线上的 e' 点，最优产出量为 $(X_2，Y_2)$，该产出量在图 9-4 中就是 e'' 点。将生产契约曲线上的每一点均通过这种方法"变换"到图 9-4 中，便得到曲线 PP'。曲线 PP' 通常称作**生产可能性曲线**（或**产品转换曲线**）。显而易见，生产可能性曲线 PP' 就是最优产出量集合的几何表示。

2. 生产可能性曲线的特点

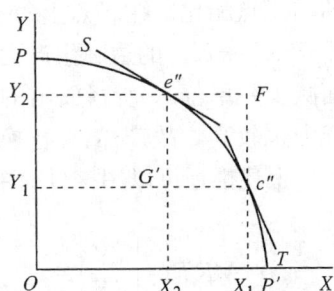

图 9-4 中的生产可能性曲线 PP' 具有两个特点：第一，它向右下方倾斜；第二，它向右上方凸出。第一个特点容易解释。从生产的契约曲线可知，当沿着该曲线运动时，一种产出的增加必然伴随着另一种产出的减少，即在最优产出量中，两种最优产出的变化是相反的。例如，当我们从 e'' 点移到 c'' 点时，X 的产出增加了，但 Y 的产出却下降了。这种反方向变化说明了两种最优产出之间的一种"转换"关系，即可以通过减少某种产出数量来增加另一种产出数量。这也正是生产可能性曲线又被称为产品转换曲线的原因。如果设产出 X 的变动量为 ΔX，产出 Y 的变动量为 ΔY，则它们的比率的绝对值 $|\Delta Y/\Delta X|$ 可以衡量 1 单位产品 X 转换为产品 Y 的比率。该比率的极限则被定义为产品 X 对产品 Y 的**边际转换率**（MRT），亦即：

$$MRT = \lim_{\Delta X \to 0} \left| \frac{\Delta Y}{\Delta X} \right| = \left| \frac{dY}{dX} \right|$$

图 9-4 生产可能性曲线

换句话说，**所谓产品的边际转换率就是生产可能性曲线的斜率的绝对值。**

现在来看生产可能性曲线的第二个特点：向右上方凸出。如果借用产品的边际转换率这个概念，则可以将生产可能性曲线的第二个特点描述为：产品的边际转换率递增。例如，在图 9-4 中，当 X 的数量为 X_2 时，相应的边际转换率等于生产可能性曲线上 e'' 点的切线 S 的斜率的绝对值，而当 X 的数量增加到 X_1 时，相应的边际转换率等于 c'' 点的切线 T 的斜率的绝对值。显而易见，T 的斜率的绝对值要大于 S 的斜率的绝对值。因此，随着产品 X 数量的增加，X 转换为 Y 的边际转换率也在增大。

为什么产品的边际转换率是递增的呢？原因在于要素的边际报酬在递减。[①] 为方便起见，我们将生产的埃奇渥斯盒状图中的两种生产要素 L 和 K "捆"在一起，看成一种要素，比如称它为要素（$L+K$），并假定该要素在产品 X 和 Y 生产上的边际报酬是递减的。为什么存在产品的边际转换率，或者为什么产品 X 可能转换成产品 Y？因为通过减少产出 X，可以"释放"出一部分要素（$L+K$），而释放出的这部分要素（$L+K$）可以用来生产产出 Y。由此，c'' 点的产品的边际转换率高于 e'' 点可能有如下两个原因。第一，在 c'' 点减少一单位 X 所释放出的要素（$L+K$）要比在 e'' 点同样减少一单位 X 所释放出的要素（$L+K$）多；第二，在 c'' 点释放出的每一单位要素（$L+K$）所生产的产出 Y 要比在 e'' 点释放出的每一单位要素（$L+K$）所生产的产出 Y 多。如果假定要素（$L+K$）的边际生

---

① 除了边际报酬递减的原因外，还有其他原因，如生产产品时所使用的要素的比例的差异等。

产力递减，则上述两个原因就都存在。对应于 c'' 点的是较多的 X 和较少的 Y，对应于 e'' 点的则正好相反，是较多的 Y 和较少的 X。因此，一方面，要素（$L+K$）在 c'' 点上生产 X 的边际生产力要小于在 e'' 点上的情况，即与 e'' 点相比，在 c'' 点上生产一单位 X 需要用更多的要素（$L+K$），这意味着，在 c'' 点上减少一单位 X 生产所释放出的投入要素（$L+K$）较多；另一方面，要素（$L+K$）在 c'' 点上生产 Y 的边际生产力要大于在 e'' 点上的情况，即与 e'' 点相比，在 c'' 点上每一单位要素（$L+K$）生产的产出 Y 要更多。由此可见，由于要素（$L+K$）的边际生产力递减，在较高的 X 产出水平从而较低的 Y 产出水平上，一方面减少一单位 X 所释放出的要素较多，另一方面所释放出的每一要素生产 Y 的边际生产力也较高，故产品 X 替换产品 Y 的边际转换率也较高。

上述推理可以用符号简单推导如下。首先将产品的边际转换率公式稍稍变动为：

$$MRT = \left| \frac{dY}{dX} \right| = \left| \frac{dY}{d(L+K)} \cdot \frac{d(L+K)}{dX} \right| = \left| \frac{\frac{dY}{d(L+K)}}{\frac{dX}{d(L+K)}} \right|$$

式中，（$L+K$）为单独一种要素；$dY/d(L+K)$ 和 $dX/d(L+K)$ 分别为要素（$L+K$）生产 Y 和 X 的边际生产力。随着产出 X 的增加，从而产出 Y 的减少，$dX/d(L+K)$ 减小，而 $dY/d(L+K)$ 增大，从而

$$\left| \frac{dY}{dX} \right| = \left| \frac{dY}{d(L+K)} \cdot \frac{d(L+K)}{dX} \right|$$

即产品的边际转换率增大。这就证明了边际转换率递增，从而生产可能性曲线向右上方凸出这条性质。

3. 生产不可能性区域和生产无效率区域

图 9 - 4 中的生产可能性曲线 PP' 将整个产品空间分为三个互不相交的组成部分：曲线 PP' 本身，曲线 PP' 右上方区域，以及曲线 PP' 左下方区域。一方面，由于生产可能性曲线上每一点均表示在现有资源（$\bar{L}$，$\bar{K}$）和技术条件下整个经济所能达到的最大产出组合，故在生产可能性曲线右上方的区域实际上是在目前条件下所不可能达到的区域，即在现有资源和技术条件下，不可能生产出例如点 $F(X_1, Y_2)$ 那样的产出组合。因此，右上方区域是所谓"生产不可能性区域"。另一方面，在生产可能性曲线左下方的区域则是"生产无效率区域"，也就是说，如果经济处于该区域中，则它还没有达到其可能有的最大产出。例如，在生产可能性曲线左下方的一点 G'，其所对应的产量为 X_2 和 Y_1。由于在生产的埃奇渥斯盒状图 9 - 3 中，X_2 的产出由等产量曲线 I_C 表示，Y_1 的产出由等产量曲线 II_D 表示，故 G' 点就对应于等产量曲线 I_C 和 II_D 的交点，即图 9 - 3 中的 G 点。G 点不是等产量曲线的切点，不在生产契约曲线上，故不是生产的帕累托最优状态，其投入要素的配置不是最优的，从而它所代表的产出量也不是最优的。通过重新配置投入要素，例如，让图 9 - 3 中的 G 点沿等产量曲线 I_C 移到 e' 点，则产出 X 没有变化，但产出 Y 增加到等产量曲线 III_D 所代表的较高水平。在图 9 - 4 中，这相当于 G' 点向上垂直移动到 e'' 点。如果让图 9 - 3 中的 G 点沿等产量曲线 II_D 移到 c' 点，则产出 Y 没有变化，但产出 X 增加到由等产量曲线 II_C 所代表的较高水平。在图 9 - 4 中，这相当于从 G' 点向右

水平移动到 c'' 点。如果让图 9-3 中的 G 点沿等产量曲线 I_C 和 II_D 之间的任一路线移到 e' 和 c' 两点之间的生产契约曲线上，则这相当于在图 9-4 中让 G' 点沿任一路线移动到 e'' 点和 c'' 点之间的生产可能性曲线上。如果允许缺乏效率的"浪费性"生产，即把生产可能性曲线左下方区域亦看成可行的生产范围，则全部可行生产范围就是闭（包括边界在内）的区域 $OPP'O$。这样一来，可以给生产可能性曲线另外一个解释，即它是生产可能性区域的"边界"，或简单地叫做生产可能性边界。

4. 生产可能性曲线的变动

生产可能性曲线位置的高低取决于投入要素的数量和技术状况。我们知道，生产可能性曲线上任意一点都表示在既定要素数量和技术状况条件下所可能生产的最大产出组合。如果要素数量或者技术状况发生了变化，则可能生产的最大产出组合就可能发生变化，从而生产可能性曲线的位置就可能发生变化，如图 9-5 所示。假定初始的资源数量和技术状况所确定的生产可能性曲线为 $P'P'$。$P'P'$ 上任意一点均表示在既定条件下经济所可能生产的最大产出组合。考虑 $P'P'$ 上的 c' 点。与 c'

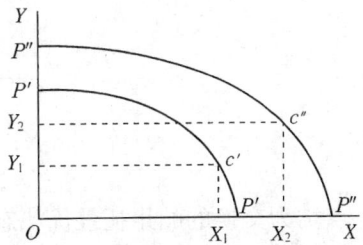

图 9-5　生产可能性曲线的变动

点对应的产出组合 $(X_1，Y_1)$ 就是所有可能的最大产出组合中的一种。现在假定资源数量增加了，则在 X 和 Y 的生产上均有更多的资源，于是 X 和 Y 的最大产量均有增加。假定增加的资源数量以某种方式分配到 X 和 Y 这两种生产上，使得 X 和 Y 的最大产出组合增加到 $(X_2，Y_2)$。于是在原来条件下得到的生产可能性曲线 $P'P'$ 上的 c' 点现在在新的资源数量增加条件下移到了 c'' 点 $(X_2，Y_2)$。同样地，如果假定技术进步，则亦有如此效果。实际上，资源数量增加和技术进步，不仅使 c' 点向右上方移动，而且使原生产可能性曲线上的其他点亦向右上方移动。这意味着，由于资源数量增加和技术进步，生产可能性曲线本身开始向右上方移动，例如移到了 $P''P''$ 的位置。

（专栏 9-1 "生产可能性曲线：从个人到社会"，请读者扫描本书封面二维码获取。）

三、生产和交换的帕累托最优条件

在详细地讨论了生产可能性曲线的情况之后，我们来研究如何利用该曲线将生产和交换两个方面综合在一起，从而得到生产和交换的帕累托最优条件。参见图 9-6。首先，在图中的生产可能性曲线上任选一点，例如为 B 点。一方面，由生产可能性曲线的性质可知，B 点是生产契约曲线上的一点，故满足生产的帕累托最优条件。另一方面，B 点表示一对产出的最优组合，即图 9-6 中生产和交换的最优组合 $(\overline{X}，\overline{Y})$。如果从 B 点出发分别引一条垂直线到 $\overline{X}$ 和一条水平线到 $\overline{Y}$，则得到一个矩形 $A\overline{Y}B\overline{X}$。该矩形恰好与第三节中引入的交换的埃奇渥斯盒状图相同：它的水平长度和垂直高度分别表示两种产出的给定数量 $\overline{X}$ 和 $\overline{Y}$。如果设 A 点和 B 点分别为消费者 A 和 B 的原点，则该矩形中任意一点也都表示既定产出 $\overline{X}$ 和 $\overline{Y}$ 在两个消费者之间的一种分配。于是，我们可将第三节中的全部讨论都照搬到这里来。

按照第三节的分析，埃奇渥斯盒状图 $A\overline{Y}B\overline{X}$ 中的交换契约曲线为 VV'。VV' 上的任意

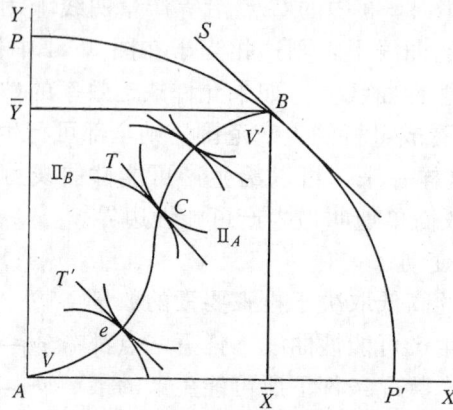

图 9-6　生产和交换的最优

一点均为交换的帕累托最优状态。因此，给定生产契约曲线上一点，即给定一个生产的帕累托最优状态，现在有一条交换的契约曲线，即有无穷多个交换的帕累托最优状态与之对应。在这无穷多个交换的帕累托最优状态中，任意一点例如 C 点都表示交换在单独来看时已经处于最优状态，但并不一定表示在与生产联合起来看时亦达到了最优状态。下面利用产品的边际转换率和边际替代率这两个概念来加以说明。

在图 9-6 中，生产可能性曲线上 B 点的切线 S 的斜率绝对值是产品 X 在该点上转换为产品 Y 的边际转换率 MRT，交换契约曲线上的 C 点是无差异曲线 II_A 和 II_B 的切点。II_A 和 II_B 的共同切线 T 的斜率绝对值是产品 X 在该点上替代产品 Y 的边际替代率 MRS。切线 S 和 T 可能平行，也可能不平行，即产品的边际转换率与边际替代率可能相等，也可能不相等。如果边际转换率与边际替代率不相等，则可以证明这时并未达到生产和交换的帕累托最优状态。我们举例说明如下。假定产品的边际转换率为 2，边际替代率为 1，即边际转换率大于边际替代率。边际转换率等于 2 意味着生产者通过减少 1 单位 X 的生产可以增加 2 单位的 Y。边际替代率等于 1 意味着消费者愿意通过减少 1 单位 X 的消费来增加 1 单位 Y 的消费。在这种情况下，如果生产者少生产 1 单位 X，从而少给消费者 1 单位 X，但多生产 2 单位 Y，则从多增加的 2 单位 Y 中拿出 1 单位给消费者即可维持消费者的满足程度不变，从而多余的 1 单位 Y 就代表了社会福利的净增加。这就说明了如果产品的边际转换率大于边际替代率，则仍然存在帕累托改进的余地，即仍未达到生产和交换的帕累托最优状态。

同样可以分析产品的边际转换率小于边际替代率的情况。例如假定产品的边际转换率为 1，边际替代率为 2。此时如果生产者减少 1 单位 Y 的生产，从而少给消费者 1 单位 Y，但多生产 1 单位 X，则从多增加的 1 单位 X 中拿出半个单位 X 给消费者即可维持消费者的满足程度不变，从而多余的半个单位 X 就代表了社会福利的净增加。这就说明了，如果产品的边际转换率小于边际替代率，则仍然存在帕累托改进的余地，即仍然未达到生产和交换的帕累托最优状态。

给定生产可能性曲线上的一点 B 和与 B 点相对应的交换契约曲线上的一点 C，只要 B 点的产品的边际转换率不等于 C 点的产品的边际替代率，则 C 点就仅表示交换的帕累托最优状态，而非生产和交换的帕累托最优状态。由此即得生产和交换的帕累托最优条件：

$$MRS_{XY} = MRT_{XY} \tag{9.5}$$

即产品的边际替代率等于边际转换率。例如，在图 9-6 中的交换契约曲线上，e 点的边际替代率与生产可能性曲线上 B 点的边际转换率相等，因为过 e 点的无差异曲线的切线 T' 与过 B 点的生产可能性曲线的切线 S 恰好平行。因此，e 点满足生产和交换的帕累托最优条件。

四、总结

本节的讨论可以总结如下：给定两种生产要素的既定数量 $\bar{L}$ 和 $\bar{K}$（及两个生产者），则以 $\bar{L}$ 和 $\bar{K}$ 可构造一个生产的埃奇渥斯盒状图。在生产的埃奇渥斯盒状图中加进两个生产者的生产函数即等产量曲线。由等产量曲线切点的轨迹可得到生产的契约曲线 qq'。qq' 上任一点满足生产的帕累托最优条件。此外，qq' 上任一点表示一个最优的产出组合 $(X，Y)$。所有最优产出组合的轨迹即为生产可能性曲线 PP'。在生产可能性曲线上任选一点 B，就给定了一个最优产出组合 $(\bar{X}，\bar{Y})$。以 $\bar{X}$ 和 $\bar{Y}$ 可构造一个交换的埃奇渥斯盒状图。在交换的埃奇渥斯盒状图中加进两个消费者的效用函数即无差异曲线，则由这些无差异曲线切点的轨迹可得到交换的契约曲线 VV'。VV' 上任意一点都满足交换的帕累托最优。如果 VV' 上有一点，如 e 点，其边际替代率恰好等于生产可能性曲线 PP' 上 B 点的边际转换率，则此时 e 点亦满足生产和交换的帕累托最优。

第六节　完全竞争和帕累托最优状态

本章的第一节说明了完全竞争经济在一定的假定条件下，存在着一般均衡状态。接下来的几节又描述了经济的帕累托最优状态。现在自然要问：竞争的均衡与帕累托最优状态之间是什么关系呢？西方经济学的回答包括如下两个关于福利经济学的基本定理，即福利经济学第一和第二定理。

一方面，福利经济学第一定理声称：在一定的条件下，任何的竞争性市场均衡都是帕累托最优的，或者说，任何的竞争性市场都将导致资源的帕累托有效配置。关于这个定理，有两点需要注意。第一是它成立的条件，其中包括完全竞争、完全信息、没有外部性、没有规模经济等。如果没有这些条件，则定理的结论就不一定能够成立，或者说，市场机制就不一定能够导致资源的帕累托有效配置。第二是它的结论。即使所要求的条件都能够得到满足，根据福利经济学第一定理，所得到的结果也只是帕累托意义上的资源有效配置，即得到的是这样一种资源配置，对该配置的任何改变都不会使某个人状况变好而不使其他人状况变坏。但是，正如前面说过的，帕累托意义上的资源有效配置，并不一定就是真正意义上的"社会最优"，因为后者还要考虑许多其他因素，如收入的分配状况等。换句话说，对"社会最优"来说，尽管帕累托有效配置是"必要"的——因为非帕累托有效配置意味着低效率，但却不是"充分"的——例如，帕累托有效配置并不一定意味着"公平"的收入分配。实际上，存在着无穷多种可能的帕累托有效配置，其中包括了极不公平的收入分配情况。如果竞争性的市场导致的是这些极不公平的帕累托有效配置，则它显然就不是社会真正需要的结果。

另一方面，福利经济学第二定理则声称：在一定的条件（这些条件包括消费者的偏好和生产者的技术都具有凸性等）下，任何的帕累托有效配置都可以通过一套竞争性的市场价格以及某个恰当的收入分配状态来实现。与第一定理相比，第二定理的政策含义要更强一些，因为根据这个定理，政府可以在无穷多的帕累托有效配置中，选择某个"社会最优"（如具有"公平分配"性质）的配置，并通过市场机制和某个恰当的收入分配状态来实现它——其中，那个恰当的收入分配状态可以通过改变初始的收入分配状态来达到。这里存在的问题是，由于政府不了解所有人的消费偏好和所有企业的生产函数等，故它并不一定知道以及即使知道了也不一定能够实现那个恰当的收入分配状态。

早在两百多年前，亚当·斯密就曾断言：人们在追求自己的私人目的时，会在一只"看不见的手"的指导下，实现增进社会福利的社会目的。每一个人所考虑的都不是社会利益，而是他自身的利益。但是，他对自身利益的研究自然会或不如说必然会引导他作出最有利于社会的选择。所以，每一个人都受一只"看不见的手"的指导，去尽力达到一个并非他本意想达到的目的。当代西方经济学家提出的关于福利经济学的基本定理把亚当·斯密的上述思想进一步发展成了一个更加精致的**"看不见的手"**的原理：给定一些理想条件，单个家户和厂商在完全竞争经济中的最优化行为将导致资源的帕累托有效配置和社会福利的最大化。

下面对竞争性市场导致帕累托有效配置（即福利经济学第一定理）的情况做些具体说明。

首先将帕累托最优条件综合表述如下。尽管前几节是在两个消费者、两种产品、两个生产者、两种投入要素的简单情况下推导出这些条件的，但它们显然也适用于多个消费者、多种产品、多个生产者、多种要素的一般情况。

1. 交换的最优条件

任何两种产品的边际替代率对所有的消费者都相等。用公式表示即是：

$$MRS_{XY}^A = MRS_{XY}^B \qquad (9.2)$$

式中，X 和 Y 为任意两种产品；A 和 B 为任意两个消费者。

2. 生产的最优条件

任何两种要素的边际技术替代率对所有生产者都相等。用公式表示即是：

$$MRTS_{LK}^C = MRTS_{LK}^D \qquad (9.4)$$

式中，L 和 K 为任意两种要素；C 和 D 为任意两个生产者。

3. 生产和交换的最优条件

任何两种产品的边际替代率都等于它们的边际转换率。用公式表示即是：

$$MRS_{XY} = MRT_{XY} \qquad (9.5)$$

式中，X 和 Y 为任意两种产品。

当上述三个边际条件均得到满足时，称整个经济达到了帕累托最优状态。

现在考虑在完全竞争经济中，帕累托最优状态是如何实现的。我们知道，完全竞争经济在一些假定条件下存在着一般均衡状态，即存在一组价格，使得所有产品的需求和供给都恰好相等（这里不考虑自由产品）。设这一组均衡价格为 P_X，P_Y，$\cdots$，P_L，P_K，$\cdots$。式中，P_X，P_Y，$\cdots$分别表示产品 X，Y，$\cdots$的均衡价格；P_L，P_K，$\cdots$分别表示要素 L，K，$\cdots$的价格。在完全竞争条件下，每个消费者和每个生产者均是价格的接受者，他们将在既定的价格条件下实现自己的效用最大化和利润最大化。换句话说，均衡价格体系 P_X，P_Y，$\cdots$，P_L，P_K，$\cdots$对所有消费者和生产者均是相同的。首先来看消费者的情况。任意一个消费者例如 A 在完全竞争经济中的效用最大化条件是对该消费者来说，任意两种产品的边际替代率都等于这两种产品的价格比率（参见第三章第三节），即有：

$$MRS_{XY}^{A} = \frac{P_X}{P_Y} \tag{9.6}$$

同样地，其他消费者如 B 在完全竞争条件下的效用最大化条件亦是对 B 而言，任意两种产品的边际替代率都等于这两种产品的价格比率，即：

$$MRS_{XY}^{B} = \frac{P_X}{P_Y} \tag{9.7}$$

由（9.6）式和（9.7）式即得到：

$$MRS_{XY}^{A} = MRS_{XY}^{B}$$

这就是交换的帕累托最优条件（9.2）。因此，在完全竞争经济中，产品的均衡价格实现了交换的帕累托最优状态。

其次来看生产者的情况。在完全竞争经济中，任意一个生产者例如 C 的利润最大化条件之一是对该生产者来说，任意两种要素的边际技术替代率都等于这两种要素的价格比率（参见第五章第二节）即有：

$$MRTS_{LK}^{C} = \frac{P_L}{P_K} \tag{9.8}$$

同样地，其他生产者如 D 在完全竞争条件下的利润最大化条件亦是对 D 而言，任意两种要素的边际技术替代率都等于这两种要素的价格比率，即：

$$MRTS_{LK}^{D} = \frac{P_L}{P_K} \tag{9.9}$$

由（9.8）式和（9.9）式即得到：

$$MRTS_{LK}^{C} = MRTS_{LK}^{D}$$

这就是生产的帕累托最优条件（9.4）。因此，在完全竞争经济中，要素的均衡价格实现了生产的帕累托最优状态。

最后来看生产者和消费者综合在一起的情况。现在的问题是要说明完全竞争经济如何满足生产和交换的帕累托最优状态，即在完全竞争条件下，产品的边际转换率是如何与边际替代率相等的。为此，先对产品的边际转换率再作一点解释。我们知道，产品 X 对产

品 Y 的边际转换率就是:

$$MRT_{XY} = \left| \frac{\Delta Y}{\Delta X} \right|$$

它表示增加 $|\Delta X|$ 就必须减少 $|\Delta Y|$,或者,增加 $|\Delta Y|$ 就必须减少 $|\Delta X|$。因此,$|\Delta Y|$ 可以被看成是 X 的边际成本(机会成本);另一方面,$|\Delta X|$ 也可以被看成是 Y 的边际成本。如果用 MC_X 和 MC_Y 分别代表产品 X 和 Y 的边际成本,则产品 X 对产品 Y 的边际转换率可以定义为两种产品的边际成本的比率:

$$MRT_{XY} = \left| \frac{\Delta Y}{\Delta X} \right| = \frac{MC_X}{MC_Y} \tag{9.10}$$

现在容易说明完全竞争均衡的帕累托最优性质了。在完全竞争中,生产者利润最大化的条件是产品的价格等于其边际成本,于是有:

$$P_X = MC_X \qquad P_Y = MC_Y$$

即有:

$$\frac{MC_X}{MC_Y} = \frac{P_X}{P_Y} \tag{9.11}$$

再由消费者效用最大化条件:

$$MRS_{XY}^A = \frac{P_X}{P_Y} \tag{9.6}$$

即得:

$$MRT_{XY} = \frac{P_X}{P_Y} = MRS_{XY} \tag{9.12}$$

式中,MRS_{XY} 表示每一个消费者的共同的边际替代率。(9.12)式即是生产和交换的帕累托最优条件。因此,在完全竞争经济中,产品的均衡价格实现了生产和交换的帕累托最优状态。

（专栏 9-2 "铅笔自述和价格机制",请读者扫描本书封面二维码获取。）

第七节　社会福利函数

一、效用可能性曲线

完全竞争经济在一定的假定条件下可以达到帕累托最优状态,即满足帕累托最优的三个条件。但是,帕累托最优的三个条件并不是对资源最优配置的完整描述,因为它没有考虑收入分配问题。实际上,存在无穷多个同时满足所有三个帕累托最优条件的经济状态,其中甚至可以包括收入分配的极端不平等情况。

我们知道,在图 9-6 中,生产可能性曲线 PP' 上任意一点均代表着生产的帕累托最优状态。在曲线 PP' 上任给一点如 B 点,等于给定了一个最优产出组合如 $(\bar{X}, \bar{Y})$。以该产出组合可构造一个交换的埃奇渥斯盒状图,从而得到一条交换的契约曲线 VV'。曲线

VV'上任意一点均代表交换的帕累托最优状态，在曲线VV'上还存在一点如e点，在该点上两条相切的无差异曲线的共同斜率恰好等于生产可能性曲线上B点的斜率，从而e点还满足生产和交换的帕累托最优状态。由此可知，按上述方法得到的e点同时满足所有三个帕累托最优状态。

现在进一步对e点加以考察。e点是两条无差异曲线的切点，而这两条相切的无差异曲线分别代表着两个消费者 A 和 B 的两个效用水平。如果我们用U_A^e和U_B^e来分别表示消费者 A 和 B 在e点的效用水平，则e点实际上对应着一个效用水平组合（U_A^e，U_B^e）。由于e点是满足所有三个帕累托最优条件的，故它所对应的一个效用水平组合（U_A^e，U_B^e）可以被看成是"最优"效用水平组合。

仿照上述，如果我们在生产可能性曲线PP'上另选一点如B'点，则可以得到一点e'满足帕累托最优的三个条件。再由e'点得到一个最优效用水平组合（$U_A^{e'}$，$U_B^{e'}$）。这样一来，我们就在生产可能性曲线和最优效用水平组合之间建立起了一种对应关系。给定生产可能性曲线上的一点，可以得到一个最优效用水平组合。显而易见，由于生产可能性曲线上的点有无穷多个，因此同时满足三个帕累托最优条件的最优效用组合也有无穷多个。现在要问，这所有的最优效用水平组合之间具有什么样的关系呢？

容易看出，在满足全部帕累托最优条件的情况下，消费者 A 的效用水平与消费者 B 的效用水平的变化方向一定是正好相反的。要提高某个消费者的效用水平，就必须降低另一个消费者的效用水平。如果不是这样，则总可以通过某种重新安排，使某个消费者的状况变好而不使其他消费者的状况变坏。换句话说，还存在帕累托改进的余地。这表明并非所有帕累托最优条件均被满足。

由于在最优效用水平组合中，两个消费者的效用水平反方向变化，故它们之间的关系可以用图 9-7 中向右下方倾斜的一条曲线UU'来表示。图中横轴U_A代表消费者 A 的效用水平，纵轴U_B代表消费者 B 的效用水平。曲线UU'被称为**效用可能性曲线**。它代表消费者所有最优效用水平组合的集合，说明了在一个消费者的效用水平给定之后，另一个消费者所可能达到的最大效用水平。例如，在图 9-7 中，给定消费者 A 的效用水平为U_A^e，则消费者 B 的效用水平为U_B^e，它们的组合由e点表示。值得注意的是，除了效用可

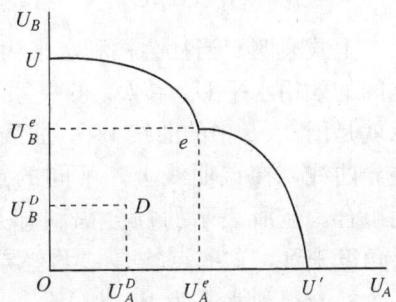

图 9-7 效用可能性曲线

能性曲线向右下方倾斜这一性质之外，无法知道更多的其他性质，例如它的位置及凹凸性等等。特别是，由于效用水平的高低本来就是一个序数概念，而不能用基数来测量，故用来表示效用水平的数值是"随意"的——只要我们用大的数字代表较大的效用即可。这意味着在图 9-7 中，效用可能性曲线UU'的位置和凹凸性都是"随意"的。

和生产可能性曲线的情况相仿，效用可能性曲线UU'亦将整个效用空间划分为三个互不相交的组成部分。在UU'右上方的区域，是在既定资源和技术条件下所无法达到的，故可以看成是"效用不可能"区域；而在UU'左下方的区域，则是"无效率"区域：在既定的资源和技术条件下，经济没有达到它可能达到的最优效用水平组合。例如在该区域的D

点，代表着效用水平组合 (U_A^D, U_B^D)。它显然缺乏效率。如果能够重新配置资源，就能够使经济从 D 点移到效用可能性曲线上的 e 点，从而使两个消费者的效用水平均得到提高。"无效率"点的存在或者是由于交换的无效率，或者是由于生产的无效率，或者是由于生产和交换的无效率，即是由于三个帕累托最优条件中有一个或两个或三个未得到满足。

如果将所有的无效率点都看成是可能的经济状态，则所有可能的效用水平组合的集合就是封闭（包括边界）的区域 $OUU'O$。由此可以给效用可能性曲线另外一个解释，即它是效用可能性区域的"边界"，故亦称为效用可能性边界。福利经济学的目的是要在效用可能性区域中寻找一点或一些点，使社会福利达到最大；帕累托最优条件仅仅告诉我们，社会福利必须在该效用可能性区域的边界上，即在效用可能性曲线上达到，但并没有告诉我们，究竟在效用可能性曲线上的哪一点或哪些点上达到。

二、社会福利函数和最大社会福利

为了解决上述问题，需要知道在效用可能性曲线上每一点所代表的社会福利的相对大小，或者更一般地说，需要知道效用可能性区域或整个效用空间中每一点所代表的社会福利的相对大小：这就是所谓的**社会福利函数**。社会福利函数是社会所有个人的效用水平的函数。因此，在我们的两人社会中，社会福利函数 W 可以写成：

$$W = W(U_A, U_B) \tag{9.13}$$

给定上式，由一个效用水平组合 (U_A, U_B) 可以求得一个社会福利水平。如果我们固定社会福利水平为某个值，例如令 $W = W_1$，则社会福利函数成为：

$$W_1 = W(U_A, U_B) \tag{9.14}$$

上式表明，当社会福利水平为 W_1 时两个消费者之间的效用水平 U_A 和 U_B 的关系。该关系的几何表示就是图 9-8 中的曲线 W_1。曲线 W_1 被称为社会无差异曲线，在该曲线上，不同的点代表着不同的效用组合，但所表示的社会福利却是一样的。故从社会角度来看，这些点均是"无差异的"。同样地，如果令社会福利水平为 W_2 和 W_3，亦可以得到相应的社会无差异曲线 W_2 和 W_3。通常假定这些社会无差异曲线与单个消费者的无差异曲线一样，亦是向右下方倾斜且凸向原点的，并且较高位的社会无差异曲线代表较高的社会福利水平。

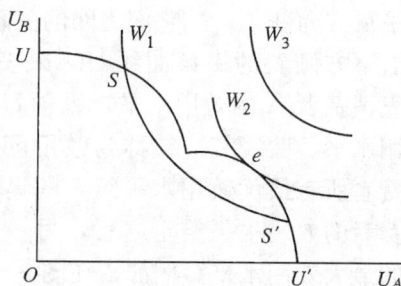

图 9-8　最大社会福利

有了社会福利函数即社会无差异曲线，则结合效用可能性曲线 UU' 即可决定最大的社会福利，参见图 9-8。最大社会福利显然在效用可能性曲线 UU' 和社会无差异曲线 W_2 的切点 e 上达到。这一点被叫做"限制条件下的最大满足点"。这是能导致最大社会福利的生产和交换的唯一点。之所以叫做限制条件下的最大满足点，是因为它不容许为任何可能值，即不能任意选择，而要受到既定的生产资源、生产技术条件等的限制。UU' 曲线和社会无差异曲线 W_1 交于 S 点和 S' 点。这两点所代表的社会福利都低于 W_2，因而不是最大的社会福利；W_3 是比 W_2 更高的社会无差异曲线，因而代表更大的社会福利，但这种更大的社会福利超出了效用可能性曲线，也就是超出了现有条件下所能够达到的最大水平。

如果确实存在上述所谓社会福利函数，则可以在无穷多的帕累托最优状态中进一步确定那些使社会福利最大化的状态。果真做到了这一点，则资源配置问题便可以被看成是彻底解决了。例如，假定按照图9-8，社会福利在e点达到最大。这个e点同时表明三个帕累托最优条件均被满足，即它对应于图9-6中的e点。作为图9-6中的e点，一方面它表明了既定产出在两个消费者之间的最优分配状况，即消费者A消费X_A、Y_A量的产品，消费者B消费X_B、Y_B量的产品；另一方面它又与生产可能性曲线PP'上的B点相对应，从而与生产的埃奇渥斯盒状图9-3中生产契约曲线上的一点b'相对应。b'点表明了既定投入要素在两个生产者之间的最优分配状况，即生产者C消费L_C、K_C量的要素，生产者D消费L_D、K_D量的要素。于是，假定整个经济可得的要素总量为$\bar{L}$和$\bar{K}$，则按如下办法配置资源即可使整个社会福利达到最大：将要素总量在C和D两个生产者之间如此分配，使C得到L_C、K_C，D得到L_D、K_D，从而生产出产品$\bar{X}$、$\bar{Y}$；再将产品产量在A和B两个消费者之间如此分配，使A得到X_A、Y_A，使B得到X_B、Y_B。

由此可见，彻底解决资源配置问题的关键在于社会福利函数。社会福利函数究竟存不存在呢？换句话说，能不能从不同个人的偏好中合理地形成所谓的社会偏好呢？可惜的是，阿罗在1951年在相当宽松的条件下证明了这是不可能的。这就是有名的**"不可能性定理"**。

三、不可能性定理

阿罗意识到，所谓形成社会福利函数，就是在已知社会所有成员的个人偏好次序的情况下，通过一定的程序，把各种各样的个人偏好次序归结为单一的社会偏好次序。这是否总能做到呢？阿罗用较高深的数学证明，在能被一般人接受的条件下，这是不可能做到的。下面举例加以说明。

考虑这样一个社会，其中包括三个人，分别用1、2和3代表。这三个人在三种社会状态a、b和c之间进行选择。假定每一个人在各种社会状态上的偏好都是严格的，即没有人在任意两个状态之间感到无差异。每个人的偏好都具有"可传递性"，即如果他偏好a甚于b，偏好b又甚于c，那么，他必然会偏好a甚于c。在这里，我们把某个人的某个特定的偏好次序记为$(a,b,c)_i$，$i=1$，2，3，表示第i个人偏好a甚于b、偏好b又甚于c。这意味着下述三个成对的偏好次序，即$(a,b)_i$、$(a,c)_i$、$(b,c)_i$。一个特定的社会偏好次序则表示为$[a,b,c]$，它意味着社会偏好a甚于b、偏好b又甚于c，即包括三个成对的社会偏好次序：$[a,b]$、$[a,c]$、$[b,c]$。现在假定单个人的偏好次序分别为$(a,b,c)_1$、$(b,c,a)_2$、$(c,a,b)_3$，并按照这些偏好对每一对可能的社会状态进行投票；社会的偏好次序则按"大多数规则"从这些单个人投票中得出。

首先对a和b两种社会状态进行投票。根据上面假定的单个人偏好次序，投票结果应为：

$$(a,b)_1、(b,a)_2、(a,b)_3$$

于是，按大多数规则，社会偏好次序就是$[a,b]$。

其次考虑社会状态b和c。我们有：

$$(b,c)_1、(b,c)_2、(c,b)_3$$

于是，按大多数规则，社会偏好次序为 $[b,c]$。

最后是 a 和 c。各个个人的偏好次序为：

$$(a,c)_1、(c,a)_2、(c,a)_3$$

于是，按大多数规则，社会偏好次序为 $[c,a]$。

于是，整个投票结果是：社会偏好 a 甚于 b、偏好 b 甚于 c、偏好 c 甚于 a！显而易见，这种所谓的"社会偏好次序"包含内在的矛盾，因为它缺乏次序的基本要求，即"可传递性"。如果具有"可传递性"，那么，当社会偏好 a 甚于 b、偏好 b 又甚于 c 时，就应该偏好 a 甚于 c。因此，在上述给定的具有"可传递性"的单个人偏好类型中，按照投票的大多数规则，不能得出合理的社会偏好次序。换句话说，此时不存在社会福利函数。

上面是就某一种特定的个人偏好类型，即相互冲突的 $(a,b,c)_1$、$(b,c,a)_2$ 和 $(c,a,b)_3$，说明按照投票的大多数规则不能形成社会的偏好次序。这当然不是说，在任何情况下都不能从个人偏好次序形成社会偏好次序。恰好相反，如果我们重新给定个人的偏好类型，或者改变大多数规则，则完全有可能形成社会的偏好次序。例如，如果我们用"独裁"规则代替大多数规则，则独裁者的个人偏好就成为"社会"的偏好；又例如，如果我们用完全一致的个人偏好类型代替上述相互冲突的类型，例如，假设个人偏好为：

$$(a,b,c)_1、(a,b,c)_2、(a,b,c)_3$$

则按照大多数规则亦可形成确定的社会偏好次序 $[a,b,c]$。

但是，上述两种情况存在很大局限性。"独裁"规则可以从任何的个人偏好类型中形成"社会"偏好次序，但这样形成的"社会"偏好次序并不能真正地反映社会的偏好，假定个人偏好类型完全一致也是完全不现实的。社会福利函数应当适用于所有类型的个人偏好情况，而不应仅仅适用于完全一致的情况。但是，就一般情况而言，我们有阿罗的不可能性定理[1]：

在非独裁的情况下，不可能存在适用于所有个人偏好类型的社会福利函数。[2]

四、惯性和均衡的多样性

前面说过，西方学者认为，在完全竞争的条件下，互利的自愿交易可以导致帕累托最优。然而，在现实经济中，由于存在各种各样的"摩擦"，帕累托最优状态并不一定真的能够达到，或者即使能够达到，也不一定就是真正意义上的社会最优。下面举几个例子

---

[1] 阿罗的不可能性定理有时也被称为"福利经济学第三定理"。

[2] 更具体地说，阿罗认为，任何一个合理的社会福利函数起码必须满足如下要求：

第一，其定义域不受限制，即它适用于所有可能的个人偏好类型。

第二，非独裁，即社会偏好不以一个人或少数人的偏好来决定。

第三，帕累托原则，即如果所有个人都偏好 a 甚于 b，则社会偏好 a 甚于 b。

第四，无关变化的独立性。这一要求可简单理解为：只要所有个人对 a 与 b 的偏好不变（不管对例如 a 与 c 的偏好如何变化），则社会对 a 与 b 的偏好就不变。

阿罗证明了：满足上述四个条件且具有可传递性偏好次序的社会福利函数不存在。

（第十一章中将有更多事例的说明）。

1. 惯性

要能够从初始的低效率状态变动到帕累托最优状态，经济主体必须对自己当前所处的状态以及通过变化可能达到的状态具有充分的认识——他要确切地知道，与当前的状态相比，变化后的状态对自己是更加有利，还是更加不利，或者"无差异"。然而，在复杂的现实生活中，人们对这一点并不是那么有把握：他们也许无法在不同的经济状态之间进行比较，也许无法对某项改变的结果作出准确的估计，或者即使"预期"某项改变可能对自己有好处，但也知道这种预期是有"风险"的，即不能完全排除出现相反结果的可能性。在这种情况下，经济主体的行为往往就是"维持现状"。这就是所谓的初始状态的"惯性"。初始状态的惯性意味着：由于改变的结果是不确定的，即使初始状态是低效率的，它也可能会长期持续下去。

2. 均衡的多样性

前面曾经说过，在存在社会福利函数的条件下，可以确定所谓"社会"的最优状态——它就是社会无差异曲线与效用可能性曲线的切点。但是，进一步考察，社会福利函数（从而社会无差异曲线）取决于环境、制度、文化、信仰、道德、风俗、习惯等诸多因素。当这些因素不同（或者当这些因素变化）时，社会福利函数就可能不同，从而社会的最优状态也可能不同。下面是几种典型的情况（假定每个社会都只由 A、B 两个成员组成）。

（1）加法型社会福利函数。

如果一个社会强调的是所有成员的效用总和（而非其分配），则它的社会福利函数就可以写成如下的加法形式：

$$W(x)=U_A(x)+U_B(x)$$

式中，x 表示所消费的商品数量，$W(x)$ 表示社会福利，它等于社会成员 A 的效用 U_A 加上社会成员 B 的效用 U_B。加法型社会福利函数也叫做功利主义的社会福利函数。它的社会无差异曲线如图 9-9（a）所示。例如，令 $W=W_1$（W_1 为某一大于零的常数），则根据功利主义的社会福利函数有：$U_B=W_1-U_A$。换句话说，U_B 是 U_A 的一个"线性"函数，故它在图 9-9（a）中可表示为标有 W_1 的直线型社会无差异曲线。加法型社会福利函数或直线型社会无差异曲线意味着，社会福利的大小只取决于社会成员的效用总和，而与其分配无关。换句话说，无论是穷人还是富人，其效用的增加对社会福利的贡献都是一样的。

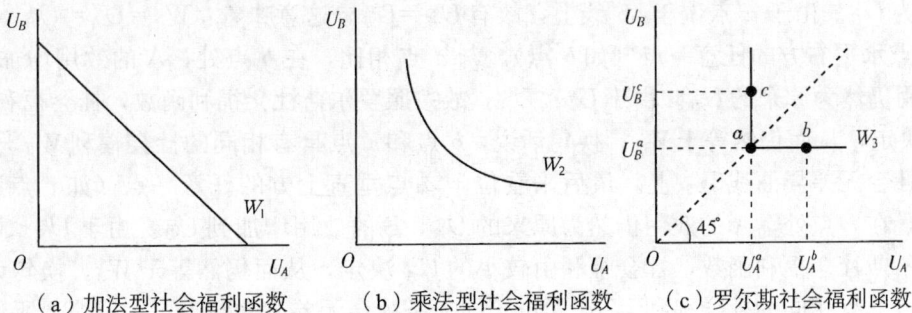

（a）加法型社会福利函数　　（b）乘法型社会福利函数　　（c）罗尔斯社会福利函数

图 9-9　各种社会福利函数和社会无差异曲线

（2）乘法型社会福利函数。

如果一个社会比功利主义更加重视收入的分配和平等问题，则它的社会福利函数就可能具有如下的乘法形式：

$$W(x) = U_A(x) \cdot U_B(x)$$

乘法型社会福利函数也叫做贝努利-纳什社会福利函数。它的社会无差异曲线如图 9-9（b）所示。例如，令 $W = W_2$（W_2 为某一大于零的常数），则根据贝努利-纳什社会福利函数有：$U_B = W_2/U_A$。换句话说，U_B 是 U_A 的一个"反比例"函数，故它在图 9-9（b）中可表示为标有 W_2 的双曲线型社会无差异曲线。乘法型社会福利函数或双曲线型社会无差异曲线意味着，当社会成员的效用总量给定时，分配越是平等，社会福利就越大，反之，分配越不平等，社会福利就越小。例如，设 U_A 和 U_B 的总和为 10，则当效用的分配绝对平等（$U_A = 5$、$U_B = 5$）时，乘法型社会福利函数达到最大，即有：

$$W = U_A \cdot U_B = 5 \times 5 = 25$$

而当效用的分配从平等变得不平等时，乘法型社会福利函数就会变小。例如，当 $U_A = 6$、$U_B = 4$ 时有：

$$W = U_A \cdot U_B = 6 \times 4 = 24 < 25$$

特别是，当效用的分配绝对不平等（$U_A = 10$、$U_B = 0$）时，乘法型社会福利函数达到最小，即有：

$$W = U_A \cdot U_B = 10 \times 0 = 0$$

（3）罗尔斯社会福利函数。

与加法型和乘法型的社会福利函数相比，罗尔斯社会福利函数更加重视提高社会上状况最差的那些人的生活水平。它可以写成：

$$W = \min(U_A, U_B)$$

其几何表示如图 9-9(c)中标有 W_3 的直角 L 形社会无差异曲线所示。为了说明这一点，我们令 $W = W_3$（W_3 为某一大于零的常数）。于是，由罗尔斯社会福利函数可知：当 $U_A < U_B$ 时，有 $W_3 = U_A$；当 $U_A = U_B$ 时，有 $W_3 = U_A = U_B$；当 $U_A > U_B$ 时，有 $W_3 = U_B$。先来看直角 L 形曲线 W_3 的直角顶点 a。在 a 点处，社会成员 A 的效用为 U_A^a，社会成员 B 的效用为 U_B^a。由于 a 点位于 45°线上，故有 $U_A^a = U_B^a$。这意味着：$W_3 = U_A^a = U_B^a$。再来看位于 a 点水平右方的任意一点（如 b 点）。与 a 点相比，在 b 点处，A 的效用增加到 U_A^b，B 的效用仍然为原来的 U_B^a。由于 $U_B^a < U_A^b$，故按照罗尔斯社会福利函数，社会福利由较小的 U_B^a 决定，从而仍然等于 W_3。换句话说，b 点和 a 点具有相同的社会福利 W_3，即位于同一条社会无差异曲线 W_3 上。最后来看位于 a 点垂直上方的任意一点（如 c 点）。与 a 点相比，在 c 点处，A 的效用仍然为原来的 U_A^a，B 的效用增加到 U_B^c。由于 $U_A^a < U_B^c$，故按照罗尔斯社会福利函数，社会福利由较小的 U_A^a 决定，从而仍然等于 W_3。换句话说，c 点和 a 点具有相同的社会福利 W_3，即位于同一条社会无差异曲线 W_3 上。综上所述可知，与罗尔斯社会福利函数相对应的社会无差异曲线确实为直角 L 形。

显而易见，当社会福利函数不同时，社会的最优状态也不相同。例如，在图 9 - 10 中，UU' 是整个社会的效用可能性曲线，W_1、W_2 和 W_3 分别代表与加法型、乘法型和罗尔斯社会福利函数相对应的社会无差异曲线。W_1、W_2 和 W_3 分别与 UU' 在 f、g 和 h 点处相切。这意味着，加法型社会福利函数条件下的社会最优状态为 f 点，乘法型社会福利函数条件下的社会最优状态为 g 点，罗尔斯社会福利函数条件下的社会最优状态为 h 点。从效率的角度来看，f、g 和 h 点都满足帕累托最优的要求，但从分配的角度来看，g 点比 f 点更加平等，h 点

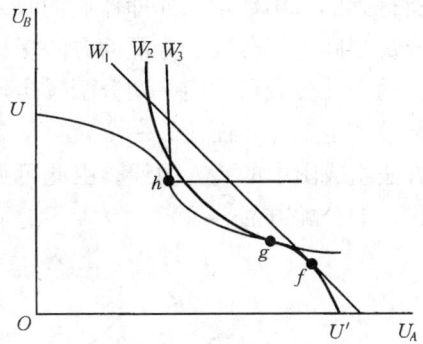

图 9 - 10 均衡的多样性

又比 g 点和 f 点更加平等。这意味着，即使每个人都具有相同的利己动机，但由于环境、社会成规等不同，自由竞争的市场经济也可能会导致不同的结果。

第八节 效率与公平

到目前为止，本书所论述的主要是效率问题。然而，除了效率之外，公平常常也是一个社会所追求的目标。在本节中，为明确起见，效率被理解为资源的更加优化的配置，公平被理解为收入的更加平等的分配。需要说明的是，尽管公平问题非常重要，但到目前为止，西方经济学在究竟如何定义和实现公平以及如何解决公平与效率之间的矛盾等方面，仍然没有提供一个令人满意的答案。

一、效率与公平的矛盾

西方学者认为，效率与公平这两个目标有时是相互促进的。例如，加强对低收入劳动者的教育和培训就能够一举两得：它既可以提高这些劳动者的生产效率，又可以改善整个社会的收入分配。然而，不容否认的是，在很多情况下这两个目标却是相互矛盾的：一方面，为了提高效率，有时必须忍受更大程度的不平等；另一方面，为了增进公平，有时又必须牺牲更多的效率。社会常常不得不面临一个困难的选择："是要更高的效率呢，还是要更大程度的公平？"如何在效率与公平之间进行权衡，找到二者在不同条件下的最优组合，是经济学需要解决的一个重大现实问题。

效率与公平的矛盾可以从两个方面来说明。首先，效率的提高并不一定意味着公平的增进。伴随着效率的提高，收入分配的状况既可能得到改善，也可能保持不变，甚至可能进一步恶化。其次，公平的增进也不一定有利于效率的提高。随着分配的改善，经济效率可能会提高，也可能会下降。

1. 缺乏公平的效率提高

为了说明在提高效率的过程中，收入分配方面可能发生的各种变化，考虑一个只由两人组成的简单"社会"。参见图 9 - 11。在图中，横轴 1 和纵轴 2 分别表示这两个社会成员

所得到的产出数量，亦即他们的收入。该社会可能生产的最大产量为 Q。Q 要在两个社会成员之间进行分配。分配的方法多种多样，可以是非常平等的，例如，把全部的产出数量在两个社会成员之间平均分配，也可以是非常不平等的，例如，让某个人得到产出的绝大部分甚至全部，而让另一个人只得到很少一部分，甚至完全得不到。全部可能的收入分配方法组成图中的 QQ 曲线。由此可见，QQ 曲线上的每一点都是最有效率的，区别只在于收入的分配方面。

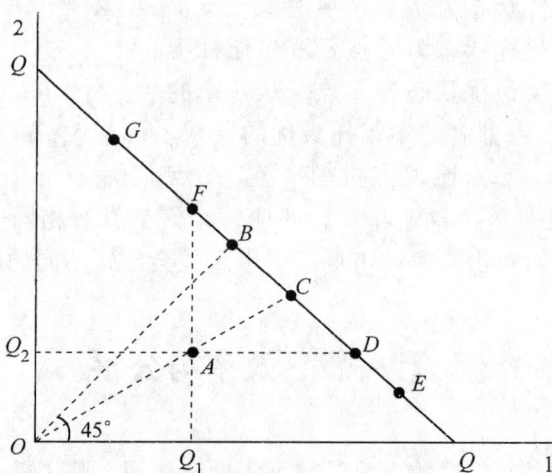

图 9-11　伴随效率提高的分配变化

假定该社会实际的"生产—分配"情况由图中的 A 点表示。A 点意味着，第一个人得到的产出数量为 Q_1，第二个人得到的产出数量为 Q_2。于是，整个社会的产出数量为 Q_1+Q_2。仔细观察可以发现，A 点具有两个特点。第一，在 A 点上，有 $Q_1 > Q_2$，即第一个人所得到的要大于第二个人所得到的，说明该社会的分配不是绝对平等的；第二，在 A 点上，有 $Q_1+Q_2 < Q$，即现实的产出数量小于可能的最大产出数量，说明该社会的生产不是最有效率的。

提高经济的效率意味着增加产出的数量。在图 9-11 中，这就是从状态 A 向 QQ 曲线移动。从效率的观点来看，QQ 曲线上的任意一点都要比 A 点更好。例如，当我们从 A 点向 B 点或 C 点的方向移动时，每一个人的收入都随之增加。又例如，当我们从 A 点向 D 点或 F 点的方向移动时，一个人的收入不变，而另一个人的收入增加。上述两种情况都是所谓的"帕累托改进"，因为在这两种情况下，都至少有一个人的状况变好，而没有一个人的状况变坏。最后，当我们从 A 点向 E 点或 G 点的方向移动时，一个人的收入增加，但另一个人的收入减少。由于增加的收入要大于减少的收入，故如果让收入增加的人拿出一部分来"补偿"收入减少的人，则每个人的收入仍然都可以增加。这种情况被称为所谓的"潜在的帕累托改进"。之所以是"潜在"的帕累托改进，是因为它必须在"补偿"之后才可以成为实际的帕累托改进。

尽管从效率的观点来看，QQ 曲线上的每一点都要比初始的 A 点更好，但从公平的观点来看，就不一定是如此了。伴随效率的提高，收入分配的状况会发生各种各样的不同变化。图 9-11 给出了四种有代表性的情况。

（1）从 A 点向 B 点移动：分配随着效率的提高而改善。

从图 9－11 中可以看到，在 B 点上，产出的分配是完全平等的，因为 B 点位于过原点的 45°线上，从而它到横轴和纵轴的距离相等。因此，经济状态从 A 点向 B 点移动表明收入的分配状况将随着效率的提高而不断地得到改善。特别是，当经济状态移动到 B 点时，社会既实现了最大程度的效率，也实现了最大程度的平等。从这个意义上说，B 点是最优的效率与公平的结合。

（2）从 A 点向 C 点移动：分配随着效率的提高而不变。

C 点正好位于从原点向 A 点引出的射线上。由过原点的射线的性质可以知道，此时两个社会成员所得到的产出数量将总是保持着同样比例的变化。因此，当经济状态从 A 点向 C 点移动时，尽管经济效率在不断提高，但收入分配状况却没有任何改变，即既没有变得更好，也没有变得更坏。不过，如果按照所谓的"罗尔斯标准"[①]，这种情况也可以看成是收入分配的改善。罗尔斯认为，政府的目标应当是使社会上状况最坏的那些人的福利达到最大。这意味着，当社会上状况最坏的人的收入提高时，即可认为收入分配的状况得到了改善。在图 9－11 中，当经济状态从 A 点变化到 C 点时，收入最低的第二个人的收入是增加的，故它代表了收入分配状况的改善。实际上，按照罗尔斯标准，从 A 点变化到 QQ 曲线上位于 F 点和 D 点之间的任何一点，都意味着收入分配的改善。

（3）从 A 点向 D 点或 E 点移动：分配随着效率的提高而恶化。

在前一种情况下，即当经济状态从 A 点向 D 点移动时，第一个人的收入增加，第二个人的收入不变。效率提高的好处完全由第一个人得到。第二个人的状况虽然没有绝对的下降，但却有了相对的下降。在后一种情况下，即当经济状态从 A 点向 E 点移动时，第一个人的收入增加，第二个人的收入减少。第二个人的状况不仅有相对的下降，而且有绝对的下降。无论是哪一种情况，由于第一个人的收入本来就比较多，故收入的分配将朝着加剧不平等的方向进一步发展。值得注意的是，在第二种情况下，即当经济从 A 点变化到 E 点时，如果只考虑经济的效率，则这种变化是"好"的，但是，如果同时考虑到效率和公平两个方面，则这种变化是好是坏就难以断言了——尽管与 E 点相比，A 点在效率上要更低一些，但更加公平一些。有时，社会可能宁愿选择 A 点而不是 E 点。这涉及公平与效率之间的权衡。

（4）从 A 点向 F 点或 G 点移动：分配随着效率的提高而先改善后恶化。

在前一种情况下，即当经济状态从 A 点向 F 点移动时，第二个人的收入增加，第一个人的收入不变。效率提高的好处将完全由第二个人得到。在后一种情况下，即当经济状态从 A 点向 G 点移动时，第二个人的收入增加，第一个人的收入减少。由于在 A 点的初始状态上，第二个人的收入要少于第一个人的收入，故这种收入分配的变化在一开始时会帮助第二个人赶上第一个人，起到缩小收入差距、改善分配状况的作用。但是，在第二个人的收入已经赶上了第一个人之后，这种收入分配的变化就会走向反面，加大不平等的程度。

在以上的四种情况中，除了第一种情况以外，其余的三种情况都说明，随着经济效率

---

① J. 罗尔斯. 正义论. 麻省剑桥：哈佛大学出版社，1977.

的提高，收入分配的状况可能会不变、恶化或者是先改善而后恶化。由此可见，效率的提高并不能够自然而然地改善收入的分配。

2. 缺乏效率的公平增进

在某些情况下，收入的平等化可能会有助于效率的提高。例如，过低的工资不仅会影响工人的工作态度，而且会影响他们的工作能力，因为在过低的工资水平下，他们无法享受到起码的教育和保健服务。在这种情况下，如果能够提高工人的工资水平，从而改善收入的分配状况，就能够提高他们的生产效率，从而提高整个社会的生产效率。

然而，在另外一些情况下，收入的平等化不仅不能够提高而且会降低经济的效率。平等化的效率损失包括两个方面。一个是直接的效率损失，它是为获得更大程度的平等而不得不支出的各种费用；另一个是间接的效率损失，它产生于平等化本身所带来的各种"反刺激"效应。

（1）平等化的直接效率损失。

和其他社会目标一样，"公平"也不是免费就可以得到的。为了增进社会的平等，改善收入的分配，就必须建立一套制度来把富人的一部分收入"转移"到穷人手里，就必须建立专门的机构、购买专门的设备、雇用专门的人员来做这件事。所有这一切都要耗费大量的资源。这些为收入转移而消耗的资源就是平等化的直接的效率损失——因为它们本来可以用于增加社会的生产，提高经济的效率。

（2）平等化的间接效率损失。

平等化的直接效率损失涉及的只是社会为了得到更大程度的平等而花费的努力。这一部分损失一般来说数量较小，也比较容易测量。和直接的效率损失相比，平等化的间接的效率损失问题要更加重要，也更加复杂。所谓间接的效率损失是指，平等化本身所可能造成的对劳动、储蓄和投资等经济活动的各种"反刺激"效应。举一个极端的例子：如果收入的分配是绝对平均的，即不管每一个人的干劲有多大、成绩如何，最后所得到的收入都完全一样，那么就很难保证人们工作、储蓄和投资的积极性。即使是那些较小的平等化努力，也仍然会扭曲市场经济中的"努力—报酬"机制，从而影响人们工作、储蓄和投资的积极性。显而易见，如果把所有这些反刺激效应的影响加在一起，则不仅其数量巨大，而且难以精确度量。

我们知道，税收和转移支付是政府改善收入分配的两个最重要的手段。但是，无论税收还是转移支付，它们的反刺激效应都是非常明显的。以对劳动、资本等生产要素征收的税收为例。在这种情况下，税收就在雇主支付给生产要素的报酬和生产要素实际得到的报酬之间拉开了差距：它一方面提高雇主支付的成本，从而减少雇主对生产要素的需求，另一方面又减少生产要素所得到的收入，从而减少它们的供给，结果都会导致产出数量的下降。

在供给方面控制生产的有两个重要的相对价格，一是所谓的"闲暇价格"，二是当前消费的价格。它们都受到税收的影响。在税率提高以后，当前的收入会下降，这意味着闲暇的相对价格会下降，引诱人们从工作转向闲暇；同样，随着税率的提高，人们预期的通过现在储蓄和投资而在未来可能得到的收入（如利息和利润）也会下降。换句话说，就是当前消费的相对价格会下降。这将导致人们多消费、少储蓄、少投资。相反，如果减税，人们就会反过来从闲暇转向工作，从消费转向储蓄和投资。由此可见，税率的高低会影响人们对"干不干"（工人劳不劳动、企业投不投资）的选择。

税率的高低不仅会影响"干不干"，而且会影响"在哪里干"：是参加政府"看得见"的合法经济活动呢，还是进入地下经济？人们愿意从事合法经济活动是因为它的市场大、效率高，可以得到更加优厚的报酬。如果税收负担过重，超过了合法经济的好处，人们就会转入地下经济。合法经济—地下经济之间的替代降低了生产的效率，同时也减少了政府的税收。

"在哪里干"不仅包括在合法经济和地下经济之间的选择，而且包括在合法经济内部的各种经济活动之间的选择。即使税率之高还不足以使人们转入地下，也可能使人们从较高水平的生产转向较低水平的生产。在累进税结构中，非技术工人会由于成为半技术工人而蒙受损失，半技术工人会由于成为技术工人而蒙受损失，最后，技术工人会由于成为企业家而蒙受损失。在投资方面也存在这样的问题。例如，高税率可能使得投资活动从风险投资转向一般投资，因为"高风险—高回报"的风险投资受累进税的影响要更大一些。

税率变动不仅造成被征税对象的变动，而且这种影响是连锁的和累积的。下面这个例子有点极端，但却非常生动地说明了这种连锁和累积影响的作用。如果对专业足球队征收100％的税收，它就会立刻消失。随着足球队的消失，足球杂志和足球报纸也会跟着消失，甚至电视机的销售量也会大大下降。足球专家们只得另谋职业。足球迷们原来多干活有一个目的，就是挣钱看球赛。现在既然已经无球可看，他们便也减少工作。还不止如此。足球事业关系到人民的福利，因而是必不可少的。高额税收扼杀了私人球队，政府只好自己雇用球员，组织球队。结果，足球运动从私人的活动变成了政府的活动。但是，政府经营被西方学者认为具有较低的效率和较高的成本，所以运动尽管是恢复了，经济效率却损失了。

二、"效率优先"和"兼顾公平"

如何解决效率与公平之间的矛盾？对此，西方学者并无一致的答案。然而，大体说来，他们较为普遍的一个思路是"效率优先、兼顾公平"。

1. 效率优先

所谓效率优先，就是在决定收入分配的问题上，首先考虑效率，把效率当做决定收入分配的第一位的因素。经济效率高，所得到的收入也高；反之，经济效率低，所得到的收入也低。只是在保证效率的基础上，再考虑兼顾公平的问题。

那么，怎样才能做到效率优先呢？就是要让市场机制在收入分配领域里充分地发挥作用，即要让市场的供求关系决定各种生产要素的价格，决定收入的分配，也就是要承认个人的天赋能力的差别、承认后天努力的差别、承认努力结果（这些结果可能包含了纯粹运气的作用）的差别，总之，承认一切合法和合理的差别，并把这些差别与它们的结果即收入联系起来。在这里，所谓"合理"的和"合法"的差别就是指上述由个人的"天赋"、"努力"或"运气"之类的因素造成的差别，而不包括利用各种非法手段造成的差别。

按照西方经济学的观点，只有在竞争性的市场经济中决定收入的分配才可以使各种经济资源达到最优的配置，才可以使经济的效率达到最大。任何对市场机制的不必要的和不恰当的干预都只能起到妨碍资源优化配置和降低经济效率的作用。市场机制通过奖勤罚懒、优胜劣汰的办法,刺激人们去努力工作、储蓄和投资。如果没有这一机制,社会就要寻找其他的替代办法。比如,积极鼓励"奉献精神",或者强制要求"完成任务",等等。然而,在目前的社会发展阶段上,这些替代的办法至多也只能暂时地适用于少数社会成员,而不能长期适用于大多数社会成员。

下面以劳动市场中的工资决定为例来加以说明。参见图 9-12。图中的横轴 N 表示劳动的数量,纵轴 w 表示实际的工资。向右下方倾斜的 D_N 是劳动需求曲线。本书第八章说明,劳动需求曲线之所以向右下方倾斜,是因为劳动的边际产品递减同时产品的边际收益也递减。由于这一点,企业只有在较低的工资水平上才愿意雇用较多的劳动量。向右上方倾斜的 S_N 是劳动供给曲线。本书第八章也已经说明,劳动供给曲线之所以向右上方倾斜,是因为劳动成本递增。由于这一点,工人只有在较高的工资水平上才愿意提供较多的劳动量。劳动需求曲线 D_N 与劳动供给曲线

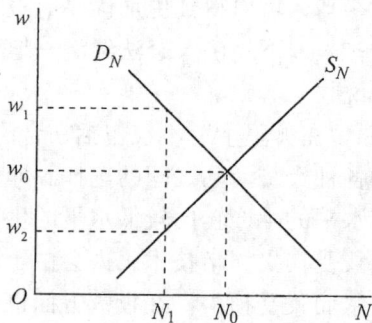

图 9-12 效率优先的收入分配

S_N 的交点决定了市场均衡的就业和工资分别为 N_0 和 w_0。这里的 w_0 就是由市场机制决定的劳动价格,它决定了工人的收入水平。

按照西方经济理论,由市场决定的工资水平 w_0 是最有效率的。可以从两个方面来说明这一点。首先,可以从均衡工资 w_0 上看。在 w_0 上,劳动的需求量和供给量恰好相等,都等于 N_0,实际的就业量既不过剩,也不短缺。其次,还可以从均衡就业 N_0 上看。在就业量 N_0 上,劳动需求曲线的高度和劳动供给曲线的高度也是相等的,都等于 w_0。劳动需求曲线的高度代表劳动的"边际收益",劳动供给曲线的高度代表劳动的"边际成本"。因此,在均衡的就业量 N_0 上,劳动的"边际收益"恰好等于劳动的"边际成本",从而社会所得到的好处达到了最大。

现在来看政府干预劳动市场的结果。一方面,如果政府认为上述的均衡工资 w_0 太低,而用法律规定一个最低的工资 w_1,则我们立刻就会发现,在 w_1 上,资源的最优配置被破坏了:在 w_1 上,劳动供给曲线位于劳动需求曲线的右方,即劳动供给大于劳动需求。但是,实际的就业量是由较小的一方即劳动需求决定的,它等于 N_1。于是,这就出现了大量的公开的和非自愿的失业。此外,在 N_1 上,我们看到,劳动需求曲线的高度要高于劳动供给曲线的高度。这意味着,劳动的"边际收益"要大于劳动的"边际成本"。在这种情况下,如果能够降低工资,从而增加就业数量,就能够增加社会的福利。但是,由于工资是法律规定的,不得低于 w_1,这种本来可以得到的社会福利只好被牺牲掉了。

另一方面,如果政府认为均衡工资 w_0 太高,它也可能会制定一个最高工资,例如为 w_2。由图 9-12 可以清楚地看到,与前面的最低工资一样,这种最高工资也会导致同样的效率低下的结果。唯一的区别是,在这种情况下,失业从前面的公开的和非自愿的变成了隐蔽的和"自愿"的。

2. 兼顾公平

效率优先不是不要公平。在坚持效率优先的条件下,还必须兼顾公平。为了做到效率优先、兼顾公平,需要做好以下几方面的工作。

（1）减少和消除不合理的收入。

首先是要减少和消除那些不合乎市场经济要求的不合理的甚至不合法的收入。按照西方经济学的看法，这些不合理和不合法的收入分配，并不是实行市场经济的结果；恰恰相反，它们是市场经济不健全的表现，是对市场经济正常运行的破坏。这些不合理和不合法的收入是导致收入分配差距过大的一个重要原因。特别值得提醒注意的是，这些不合理、不合法的收入不仅严重恶化了收入的分配，而且会引起群众的不满，导致社会的不稳定，影响经济效率的提高。因此，减少和消除这些不合理和不合法的收入，既可以改善收入的分配，同时也可以起到提高经济效率的作用。

（2）促进机会均等。

机会的均等意味着公平的竞争，意味着所有参加竞争的人在赛跑之前都位于同一条起跑线上。如果在比赛时，允许一部分人先跑几步，那就不是机会均等，而是机会不均等。机会的不均等表明竞赛本身就是不公平的。机会的不均等可能来自如下几个方面。第一，天生能力的差别，例如，由于天生的体能或智力方面的不同而引起的能力差别；第二，家庭背景的差别，例如，出身于富裕家庭的子女能够比出身于贫穷家庭的子女受到更多和更好的教育；第三，社会待遇的差别，例如，有些人（特别是女性）可能在就业和受教育问题上受到各种公开的或隐蔽的歧视。当然，与真正的体育比赛不同，要制定一条明确的机会均等的起跑线并非一件容易之事。比如，抽象地看，由于天生能力、家庭背景和社会待遇等不同而带来的个人差异，都属于机会的不均等，但人们仍然会觉得，这三者之间还是有一定的区别的。一些人可以承认天生差别的合理性，但却可能不大赞同依靠家庭关系来获得成功。至于歧视待遇，则更是大多数人所反对的。

收入的不平等既可以在机会均等的基础上产生，也可以在机会不均等的基础上产生。相比较而言，由于机会不均等而造成的收入不平等要显得更加"不公平"一些。这是因为，如果人们是在同一条起跑线上同时起跑的，那么，无论最后的名次如何，其结果至少在道义上是无可指责的。然而，如果人们在起跑前所处的位置就不一样，则这种比赛就很难称得上是一种真正的比赛了。

在现实生活中，一个机会比较均等的社会常常意味着其收入的分配也比较平等。反之，机会的不均等则常常扩大收入不平等的程度。实际上，在很多情况下，收入的不平等主要反映的是机会的不均等。这样，消除机会的不均等就成了改善收入分配的一条重要途径。不仅如此，很多的机会不均等也是影响经济效率的重要障碍。例如，贫穷家庭中的子女常常不能得到基本的教育。这对整个社会来说，就是一种人力资源的损失，它导致了整个经济的低效率。因此，和前面所说的消除不合理、不合法的收入一样，在一定程度上纠正机会的不均等，往往也能够一举两得，即同时增进社会平等和经济效率。

为了促进机会的均等，至少有以下几项工作可以去做。首先是争取在就业机会方面有更大程度的平等。换句话说，就是要禁止在就业问题上的歧视，特别是对女性的歧视。比如，就大学毕业生来说，女性常常比男性更难找到合适的工作。其次是争取在受教育机会方面有更大程度的平等。不仅要普及小学教育，而且要努力普及中学教育，还要创造条件（例如建立各种奖学金和贷学金制度）使得那些成绩优秀的学生能够上大学，而不会因为暂时付不起学费就被拒之门外。最后是争取更大的共享信息的机会均等。许多的收入不均等和机会不均等，最后都可以溯源到信息的不均等。因此，向广大人民群众特别是贫穷人口和贫穷地区提供最广泛的就业、教育、科技与市场等方面的信息，也是改善收入分配的一条重要途径。

（3）限制某些行业、某些个人的垄断性收入。

由于政府的特许，或者由于其他原因，如规模报酬递增等等，在经济中常常会出现许多的垄断企业。这些垄断企业，无论是在生产上，还是在分配上，都有其内在的"缺陷"。一方面，根据西方理论，垄断意味着低效率。与竞争性厂商相比，垄断厂商的价格过高、产量过低。于是，消费者花费了更多的收入却只能购买到更少的商品。整个社会的福利无疑受到了损害。此外，垄断厂商生产的成本也较高，不像竞争性厂商那样位于平均成本曲线的最低点。另一方面，垄断又意味着不公平。垄断厂商凭借其垄断地位，通过限制其他厂商"进入"同一行业，限制了其他厂商的竞争，从而能够获得巨额的垄断利润。某些行业的个人收入增长过快、收入水平偏高的现象有相当一部分就是发生在这些垄断性行业。

垄断既缺乏效率，又缺乏公平，因此，政府有必要对它进行干预。比如，为了保证公平，政府可以为垄断企业制定一个"公平价格"。在该价格水平上，垄断企业的平均收益和平均成本恰好相等，结果，垄断利润将不再存在。与没有政府干预条件下的垄断价格相比，这个公平价格不仅可以改善收入的分配，而且可以提高生产的效率。

（4）实现生存权利和消灭贫穷。

贫穷是收入分配中的一个特殊问题。贫穷讲的是在收入分配的阶梯上处于最底层的那一部分人的情况。这些人需要把收入的绝大部分甚至全部都用来购买基本的生活必需品。其中最贫穷者甚至倾其所有也仍然难以维持自己与家庭成员的生存和健康。

贫穷的存在不仅大大影响了收入分配状况的改善，而且它本身就是一个严重的经济和社会问题。一个健全和理智的社会是不能坐视它的一部分成员陷于困境而不闻不问的。此外，由于贫穷，许多人得不到适当的保健和教育，更不用说从容地为长远利益来考虑储蓄和投资了。这就在很大程度上影响了整个经济效率的提高。

因此，向贫穷宣战至少有三个方面的意义。第一，它通过直接减少陷于贫穷的人口数量，提高了这一部分人的福利水平。第二，它通过增加贫穷人口的收入，改善了整个社会的收入分配状况。实际上，就改善收入分配而言，提高那些处于最底层的人的收入是最重要的也是最有效的方法。第三，它通过向贫穷人口提供更多和更好的保健、教育等等，提高了他们的生产效率，并进而提高了整个经济的效率。

三、收入再分配的具体措施

1. 税收政策

税收是政府用来改变收入分配状况的一个重要手段。税收的再分配作用包括如下两个方面。第一，它通过对不同的人征收不同数量的税收而直接地改变收入的分配。第二，它通过改变市场的相对价格而间接改变收入的分配。一方面，税收会引起生产要素的价格例如工资或利润的变化，从而影响个人和家庭的福利；另一方面，税收又会引起一般商品的价格的变化，同样也影响个人和家庭的福利。

考察一个国家的税收制度对收入分配的影响，需要注意三个问题。首先，应当把重点放在整个税收制度上，即放在所有税种上，而不是只放在某一个或几个特殊的税种上。例如，一个国家的个人所得税可能是有利于改善收入分配的，但并不能由此得出结论说，这个国家的整个税收制度也是有利于改善收入分配的，因为可能还存在其他种类的税收，起着相反的作用。这些起相反作用的税收的负面影响可能正好抵消甚至可能超过个人所得税的好处，结果使得整个税收制度对收入分配不起作用或者起到不好的作用。

其次，需要分析各种税收的真正"归宿"。所谓税收的归宿，就是指真正支付税收款项、承受税收负担的人。对于个人所得税来说，纳税人和税收归宿基本上是一回事，但是对于许多其他种类的税收（例如销售税、公司利润税等）来说，就不一定也是如此了。名义上的纳税人并不一定就是最后真正支付税收的人。在许多情况下，纳税人可以把税收"转嫁"到别人身上。这种转嫁的能力取决于税收的性质、纳税人和负税人的特点。例如，作为一种销售税，香烟税常常是对生产香烟的企业而非对吸烟者个人征收的。但是，由于吸烟者对香烟的需求价格弹性很小，生产香烟的企业可以很容易地通过价格上涨的办法把大部分香烟税转嫁到吸烟者身上。

最后，在弄清了各种税收的真正归宿之后，接下来需要考虑的就是整个税收制度的"累进"性质。其一，如果随着收入的增加，税收在收入中所占的比例变得越来越大，它就是累进税。使某种税收成为累进税的最简单方法就是让这种税收的税率随着收入水平的提高而提高。其二，如果随着收入的增加，税收在收入中所占的比例变得越来越小，它就是累退税。其三，如果随着收入的增加，税收在收入中所占的比例保持不变，它就是比例税。不同性质的税收对收入分配的影响是不相同的。累进税可以改善收入的分配，促进平等，累退税则正好相反，会进一步拉大收入分配的差距。比例税对收入的分配状况则基本上没有什么影响。当然，通过比例税（以及其他税）征收的税收可以用于政府的转移支付，或用于举办公共事业，从而对收入分配产生影响。

不同种类的税收，其累进性质是不同的。个人所得税常常是累进的，因为它的税率随着收入水平的提高而提高。其他种类的税收则相对比较复杂。比如，销售税初看起来对富人和穷人都是"一视同仁"的，因为每一个消费者都在应税商品上花费同样一个百分比的税收。然而，这种表面上的比例税实际上却是累退的！这是因为，一般来说，穷人要在消费上支出其收入的较大部分，而富人则只在消费上支出其收入的较小部分，所以穷人缴纳的销售税在他们的收入中所占的比重要远远超过富人。由此可见，表面上具有比例性质的销售税会起着扩大收入差距的作用。

一个国家的个人所得税可能是累进的，起着改善收入分配的作用，但其他种类的税收却可能不是如此。整个税收制度到底是累进的还是累退的，对收入分配的影响到底是正的还是负的，取决于所有税收种类的综合作用。美国的一项研究认为，在 1966—1985 年期间，美国的个人所得税尽管是累进的，但全部的税收负担却大体上是成比例的，即每个美国人缴纳的全部税收占其收入的比例大体相同。例如，美国 1985 年的数据表明，就全部税收占收入的比例而言，收入最低的 10% 的家庭大约为 22%，收入最高的 10% 的家庭大约为 25%。① 整个税收制度有一点累进，但累进的程度很轻。由此可见，美国在上述时期内收入分配的变化主要不是来自税收方面。

2. 政府支出

与税收相比，政府的支出计划在改善收入分配的问题上似乎应当有更大的作为。然而，即使是在这一方面，同样也有必要细致地来分析各种不同的政府支出计划所可能具有的不同的收入分配效应。

有些政府支出项目明显地不利于收入分配的改善。例如，政府债券的利息支付就是如此。在大多数情况下，来自利息的收入主要都落到了高收入阶层的手中，因而它是加剧收入不平等的因素之一。

也有一些政府的补助计划初看起来好像对穷人有利，但其实不然。例如，让我们设想政府对汽油的消费实行补贴。由于穷人也要消费汽油，所以他们无疑会从政府的补贴中得到好处。但是，穷人对汽油的消费可能远远少于更加富裕的阶层。如果最穷的 40% 的家庭只消费 20% 的市场出售的汽油，那么这意味着，政府对穷人每补贴 1 元钱，收入较高的家庭就可以得到 4 元钱的补贴！显而易见，这种对汽油的政府补贴计划不是缩小而是扩大了收入的不平等。

在西方社会，尽管确实存在着一些不利于收入分配的政府支出项目，但我们还是应该看到，政府支出在很多方面能够明显地改善收入分配状况。这些方面包括：

- 对基本食品消费的补助计划。
- 公共卫生（如饮水卫生、营养、保健等）计划。
- 初等和中等教育（如小学、普通中学、各类职业中学等）计划。
- 关于退休、伤残、失业人员的社会保障计划。
- 农业发展（如灌溉、水土保持、农村交通等）计划。
- 落后地区发展计划。

上述这些政府支出项目常常能够在一定程度上提高贫穷人口和贫困地区的实际收入水平，降低整个社会的收入不平等程度。

3. 其他措施

政府除了利用各种税收和支出手段来直接地改变收入分配之外，还可以通过价格控制、重新分配产权等来间接地达到同一个目的。②

西方政府对价格的管制有多种形式，其中包括关税、最低工资法、农产品价格支持、加速折旧、工资—价格控制，等等。与政府的税收和支出计划一样，政府对价格的管制也会影响市场的价格结构，并通过这种影响来改变收入的分配状况。由于市场价格的变化，一些人得到了好处，一些人受到了损失。例如，提高某种产品的关税，会增加该种产品的国内生产者的收入，同时又会伤害国内消费者的利益。又例如，实施最低工资法可以增加仍在工作的低工资工人的收入，但会减少那些由于实施该法而失业的工人的收入。总之，价格控制的收入分配效应是不容忽视的。

---

① 凯斯，费尔．经济学原理．北京：中国人民大学出版社，2010.
② 税收和政府支出也有间接影响收入分配的作用。由于篇幅所限，本书没有涉及这一点。

政府重新分配产权的形式也是多种多样的。例如，政府放宽原先较严的对捕鱼的限制、颁布污染控制的标准、颁布食品卫生标准、禁止在某些场合做香烟广告，等等。与价格控制相比，重新分配产权对再分配的影响常常要更加猛烈。重新分配产权实际上已经不再是仅仅影响市场的价格结构，而是已经具有所谓改变"游戏规则"的性质。

第九节 结 束 语

本章要点可以归结如下：

（1）一般均衡分析是把所有相互联系的各个市场看成一个整体。在一般均衡分析中，每一商品的需求和供给都不仅取决于该商品本身的价格，而且取决于所有其他商品（如替代品和互补品）的价格。当整个经济的价格体系恰好使所有商品的供求都相等时，市场就达到了一般均衡。实际经济体系的一般均衡被假定为通过"拍卖人"的"试探过程"来达到。

（2）帕累托最优状态的标准是：如果至少有一人认为 A 优于 B，而没有人认为 A 劣于 B，则认为从社会的观点看，亦有 A 优于 B。以帕累托最优状态标准来衡量为"好"的状态改变称为帕累托改进。如果对于某种既定的资源配置状态，所有的帕累托改进都不存在，则就达到了帕累托最优状态。帕累托最优状态被认为是经济最有效率的状态。

（3）帕累托最优状态要满足三个条件。交换的最优条件：对于任意两个消费者来说，任意两种产品的边际替代率都相等；生产的最优条件：对于任意两个生产者来说，任意两种产品的边际技术替代率都相等；交换和生产的最优条件：任意两种产品的边际替代率与边际转换率都相等。在完全竞争条件下，帕累托最优的三个条件均能得到满足。

（4）社会福利函数是社会上所有个人的效用水平的函数。如果存在社会福利函数，则从社会福利函数可以得到社会无差异曲线。社会无差异曲线与效用可能性曲线的切点代表了可能达到的最大社会福利。但是，阿罗不可能性定理说明，在非独裁的情况下，不可能存在适用于所有个人偏好类型的社会福利函数。

总的说来，本章可以说是微观经济学论证"看不见的手"原理的最后一个环节。它包括了两个重要的部分，即一般均衡论和福利经济学。对这两个部分，可以分别提出几个值得思考的问题：

一般均衡理论试图证明：供求相等的均衡不但可以存在于单个的市场，而且可以同时存在于所有的市场。这个理论是整个西方经济学的一个必不可少的部分，即西方微观经济学论证"看不见的手"原理的一个必要环节。它之所以是一个必要的环节，是因为个别市场的均衡状态被西方学者认为具有一系列的"优点"，只有当社会上所有的市场都处于均衡状态，即处于一般均衡时，这些"优点"才能实现，从而才具有现实的意义。关于个别市场处于均衡状态时的"优点"，如消费者得到最大的满足（效用）、厂商能以最优的生产要素组合来进行生产等等，以前各章已经加以论述。除此之外，西方学者还认为，当社会上所有的市场都处于均衡状态时，社会能进一步得到更多的"好处"。本章的福利经济学即在于说明这一点。

一般均衡论的证明要依赖于一些极为苛刻的假设条件才能成立。这些假设条件在资本主义的现实经济生活中往往并不存在。在这里，我们举出经常出现于西方文献中的三个例子。

　　第一个例子，完全竞争的假设。我们已经说过，现实世界中不存在这种市场。

　　第二个例子，回避规模报酬递增的假设。在现实世界中，虽然存在着规模报酬递减和不变的情况，但规模报酬递增的事例大量存在。事实上，规模报酬递增的情况很可能占有决定性的地位；世界各国的企业的规模不断扩大的事实似乎可以证实这一点；企业扩大规模正是为了取得规模报酬递增的有利之处。因此，排除规模报酬递增情况的假设不但不符合事实，而且和事实背道而驰。

　　第三个例子，拍卖人的假设。瓦尔拉斯均衡和现在的一般均衡论都依赖于这一假设，才能保证均衡价格的存在。其原因之一在于：这一假设条件意味着，在拍卖人最终喊出能使市场供求相等的价格以前，当他喊出能使供求逐步趋向于相等的调节价格时，参与交易的人只能报出他们愿意出售和购买的数量，但不能据此进行实际的交易。这一限制是必要的。因为一般均衡论要求一切市场在同一时间达到供求相等的均衡状态。①

　　如果容许参与交易的人在非均衡价格下进行交易，那么就不能保证一切市场在同一时间达到均衡状态，从而也就不能保证一般均衡的实现。例如，在面粉市场，假设瓦尔拉斯的均衡价格为每千克 2 元，这个均衡价格是谁（包括拍卖者在内）都不知道的。当拍卖人喊出的价格达到每千克 1 元时，一部分面粉厂商可能愿意出售 50 000 千克。如果容许它们出售，则目前面粉的市场价格为 1 元。这时，其他的面粉厂商就会形成误解或"期望"，认为面粉的价格不会再高于 1 元，因此，它们纷纷出售。这样，它们的收入会比在均衡价格时要少，从而它们支付给面粉工人的工资也要少于均衡工资。由于收入减少，面粉工人购买其他物品的数量也会减少，从而其他厂商得到的收入会降低；以如此的方式，减少的过程会继续下去。在这种情况下，没有理由来保证，经济制度会走向原有的瓦尔拉斯均衡。②

　　从以上三个例子中可以看到，既然一般均衡论赖以成立的假设条件脱离现实已经达到了很严重的程度，那么，该理论根据这些假设条件所取得的成果也必然是脱离现实的。关于这一点，西方学者承认，一般均衡理论好像一座富丽堂皇的宫殿，它能满足人们的幻想，却不能有助于居住问题的解决。英国剑桥大学经济学者克赖格尔写道："无论那个不应被假设的拍卖者是否出现，'看不见的手'都和许多宗教中的幽灵一样，只有相信它的存在，才能存在。"③

　　尽管如此，许多西方经济学的教科书仍然避而不谈一般均衡论的虚构的假设条件，并且任意夸大该理论的现实意义。对此，著名的英国经济学家卡尔多写道："均衡（指一般均衡。——引者）理论已经达到这样一个阶段，在这样一个阶段中，纯理论家们已经成功地（也许是顺便地）证明：该理论的含义不可能在现实中存在。但是，他们还未能把这一

　　① 穆尔堡. 经济理论的社会限度. 纽约：劳特利奇出版公司，1995：64.
　　② 沙玛尼. 微观经济理论. 纽约：布莱克威尔公司，1987：515-518.
　　③ 克赖格尔. 政治经济学的重建. 2 版. 伦敦：麦克米伦公司，1978：14.

信息传达给教科书的作者们，或传达到教室中去。"① 另一位在一般均衡论上很有声望的剑桥大学教授哈恩说："给一般均衡论造成困难的该理论的朋友们是某些教科书的作者。他们的教科书使一般均衡论的敌人从这些教科书中找出无穷尽的任意和夸大的论断，并对这些论断进行连篇累牍的攻击。这些朋友们的罪状是对一般均衡论机械地加以运用并且显然没有真正地理解它。"② 对此，初学者特别要加以注意。

福利经济学的目的在于说明：完全竞争模型可以导致帕累托最优状态，即对整个社会来说是配置资源的最优状态。从这一部分的内容中，可以找到三个值得我们思考的问题。

第一，沿袭功利主义的传统，西方学者只能根据效用量的多少来判别优劣。由于不同人的效用量的多少是无法加以比较的，所以西方学者不得不使用帕累托最优状态作为判别牵涉到两个人以上的群体的福利标准。然而，关于帕累托标准，我们应该注意到下列两点：

（1）帕累托最优状态假设每个人得到的效用量都是相互独立的，即个人的效用量不受其他人的影响。例如，一个人在吃窝窝头时，不会因为旁边的人吃红烧肉而感到嘴馋，从而减少他从窝窝头中得到的效用。否则，从两个人都吃窝窝头到一个人吃窝窝头、另一个人吃红烧肉就不能被认为是帕累托状态的改善，因为吃窝窝头的那个人的效用已经减少了。简言之，帕累托标准要求人们没有"红眼病"。

（2）帕累托最优状态可以为任何一种分配比例进行辩护。例如，当两个人分享数量固定的（如 10 个）包子时，任何一种分配比例都符合帕累托最优状态，这是因为，由于包子的数量是固定的，所以不论分配的比例如何，一个人都不能在不减少另一个人的包子的条件下得到更多的包子。

第二，在操作上，帕累托标准适用的范围受到很大的限制，而这一限制使这种标准难以解决大多数的实际问题。为了说明这一点，考察图 9-13。

图 9-13 表示在一个由 A 和 B 两人组成的社会中，两个人的效用量的各种不同组合的情况。在 e 点，A 和 B 的效用量顺次为 U_A^e 和 U_B^e。通过 e 点，有两条用虚线表示的垂直线和水平线。这两条虚线把该图区分为四个区域，我们称之为左上、左下、右上和右下的区域。

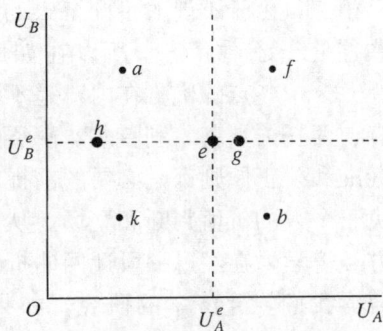

图 9-13 帕累托标准应用范围的限制

很明显，如果将帕累托状态作为判别优劣的标准，那么，处于右上区域的任何点（包括虚线在内）都优于 e 点，因为该区域的任何点都符合在不减少一个人的效用的条件下使另一个人的效用量增加。例如在 g 点，U_B 虽然保持不变，U_A 却有所增加。在 f 点，U_A、U_B 都有所增加。而处于左下区域的任何点（包括虚线在内）都劣于 e 点，因为该区域内的任何点都表示两个人的效用都在减少，如 k 点所示；或者，如该区域的边缘的虚线上的点所表示的那样，在

① 鲍斯金. 经济学与人类福利. 纽约：学术出版社，1979：1240.
② 拜尔，克里斯多尔. 经济理论的危机. 纽约：基本图书出版社，1981：126.

一个人的效用量不变的情况下，另一个人的效用却减少了。例如，h 点即是其中的一点。因此，帕累托标准只适用于 e 点的右上区域和左下区域。

然而，在 e 点的左上区域和右下区域（不包括虚线在内），就无法用帕累托标准来判别优劣；因为在这两个区域中，一个人的效用增加，另一个人的效用却减少。例如在 a 点，U_B 增加而 U_A 减少；在 b 点，情况则相反。在这种场合，无法用帕累托标准来判别这些点是优于还是劣于 e 点。

针对这一问题，西方学者提出了一些解决办法，但主要由于无法对不同人的效用量加以比较，这些办法并不能解决问题。例如，剑桥大学教授卡尔多提出的办法是，从 e 点移动到 a 点，如果 B 的效用量的增加给 B 带来的好处大于 A 的效用量的减少给 A 带来的坏处，而 B 又能使 A 对此表示同意，即好坏相抵而有余，那么，便可据此认为，整个社会得到的效用量有所增加，从而 a 点优于 e 点。① 这里的问题是：在一个效用最大化的利己社会中，A 不可能对此表示同意。卡尔多所做的不过是用"同意"的办法来掩盖由于无法对 A 和 B 的效用量加以比较而造成的困难。

必须指出，一个人效用增加、另一个人效用减少的事例代表人与人之间的利益发生矛盾的情况，而在现实中需要判别优劣的往往是这种情况。例如累进的所得税不利于富人而有利于穷人；是否推行这种所得税的征收理应取决于它是否能提高社会福利，而恰恰在这些必须解决问题的场合，帕累托标准不能发生作用。与此相反，在那些连普通人都能判别优劣的问题上，如人民的生活水平普遍提高的情况，或者，如在不影响沿海地区经济增长速度的前提下加速发展内地的经济，即某些人得到的效用不变而另一些人的效用增加的情况，帕累托标准偏偏又可以适用。对此，一位西方学者写道："把经济分析限制于这种情况，即限制于无须加以判别的情况，就是把经济分析置于不可能发生作用的狭隘领域。"② 由此可见，帕累托标准的实用价值是很有限的。

第三，由于不能对不同个人的效用加以比较，又由于在利己的社会中各个人的经济利益往往处于矛盾状态，所以在如此的条件下，要想建立一个社会福利函数（包括判别图 9-13 中各点的优劣在内）是不可能的。有鉴于此，研究福利经济学的西方学者，如伯格森、西托夫斯基、利特尔、萨缪尔森等人最终认为，在建立社会福利函数的问题上，道德标准和公正原则都是必要的前提，而我们知道，道德标准和公正原则又在很大的程度上取决于个人的价值判断和立场。从这里可以看到，标榜实证主义、以摆脱价值判断自诩的西方经济学，在经过一段迂回曲折的研究道路之后，又回到价值判断的立场上来。这一事实告诉我们，经济学的研究，如果要想对现实问题产生导向作用，价值判断是不能避免的。

以建立社会福利函数而论，社会主义似乎比资本主义更加容易达到目的，因为在前者的条件下，个人经济利益的共同之处要远多于后者。

---

① 为了简化论述，这里略去卡尔多提出的办法所引起的一些经济技术问题。参见穆尔堡．经济理论的社会限度．纽约：劳特利奇出版公司，1995：70-72.

② 穆尔堡．经济理论的社会限度．纽约：劳特利奇出版公司，1995：70.

第十章

博弈论初步

　　经济主体之间的相互关系有两种重要的类型。其一，某经济主体的行为对其他经济主体不会产生任何影响，或者，即使有影响，其影响也微不足道，完全可以忽略不计。在这种情况下，该经济主体在决定自己行动的时候，就无须考虑其他经济主体的反应。本书第三章讨论的消费者行为、第六章讨论的完全竞争厂商行为、第七章第一节和第二节讨论的垄断厂商和垄断竞争厂商的行为，均属此类。其二，某经济主体的行为对其他经济主体有重要的和显著的影响。在这种情况下，该经济主体在采取行动之前，就必须考虑这一行动对其他经济主体的影响，以及由此而引起的其他经济主体的反应。本书第七章第三节中讨论的寡头行为，即是如此。当然，相互影响不仅存在于寡头之间，也广泛地存在于其他经济领域，甚至政治、外交和军事等方面。在这种相互作用、相互影响的环境中如何科学地进行决策呢？回答这个问题就是博弈论的任务。

第一节　博弈论和策略行为

　　博弈论是研究在策略性环境中如何进行策略性决策和采取策略性行动的科学。这里，策略性环境是指，每个人进行的决策和采取的行动都会对其他人产生显著的影响；策略性决策和策略性行动是指，每个人都要根据其他人的可能反应来决定自己的决策和行动。它们不同于非策略性的环境、决策和行动。在非策略性环境中，每个人在制定决策和采取行动时，都无须考虑这些决策和行动对其他人的影响以及由此而引起的其他人的反应。

　　根据上述定义，博弈论显然是分析寡头厂商行为的一个恰当工具。例如，寡头市场是典型的策略性环境。在该市场中，寡头厂商的行为相互影响；寡头厂商的行动和决策是典型的策略性行动和策略性决策——每个寡头厂商都需要了解其他厂商对自己所要采取的行动的可能反应，并根据这些可能反应，制定自己的决策和采取最有利的行动。

任何一个博弈都具有三个基本的要素，即参与人、参与人的策略和参与人的支付。所谓**参与人**（或称局中人），就是在博弈中进行决策的主体，如个人、企业甚至国家。参与人通过在博弈中选择最优的决策和行动来使自己的目标函数（如效用或利润）达到最大。在任何一个博弈中，都至少有两个参与人。有时，我们也可以引入一个虚拟的参与人。例如，在考虑出门是否带雨伞的博弈中，就可以把"天气"看成一个虚拟的参与人。虚拟参与人通常以一种纯机械的方式采取行动，如"天气"在特定的时点上以特定的概率随机选择"天晴"还是"下雨"。

所谓**参与人的策略**，指的是一项规则，根据该规则，参与人在博弈的每一时点上决定如何行动。每一个参与人都至少应有两个可供选择的策略。这是因为，如果只有一个策略，就没有选择的必要了。当然，我们也可以把只有一个策略的情况看成是博弈的一种特例。

所谓**参与人的支付**则是指，在所有参与人都选择了各自的策略且博弈已经完成之后，参与人所得到的结果（如效用或利润）。[①]在一个博弈中，在所有的参与人都选择了自己的策略之后，就得到一个策略组合；对于任意一个策略组合，每一个参与人都会得到一个支付；所有这些参与人的支付合在一起，即构成相对于这个策略组合的支付组合。

从博弈的三要素角度，可以对博弈进行一些简单的分类。例如，根据参与人的数量，可分为二人博弈和多人博弈；根据参与人拥有的策略的数量，可分为有限博弈和无限博弈；根据参与人的支付情况，可分为零和博弈和非零和博弈，或者常和博弈和非常和博弈。[②] 此外，根据参与人是否能够达成有效的协议，可分为合作博弈和非合作博弈；根据参与人是否了解有关博弈的所有信息（如所有参与人的策略和支付等），可分为完全信息博弈和不完全信息博弈；根据参与人在策略的实施上是否具有"同时性"，可分为静态博弈（或同时博弈）和动态博弈（或序贯博弈）。如果综合考虑最后两个有关信息和时间的划分标准，则可以得到如下四种基本的博弈类型，即完全信息静态博弈、完全信息动态博弈、不完全信息静态博弈和不完全信息动态博弈。

本章主要讨论的是参与人为两个、每个参与人都只有两个策略的完全信息博弈。其中，第二节和第三节分别讨论完全信息静态博弈的两种情况，即纯策略均衡和混合策略均衡[③]，第四节讨论完全信息动态博弈。如前所述，静态博弈是参与人同时进行决策或行动的博弈，动态博弈是参与人的决策和行动有先有后的博弈。在这里，所谓的"同时"或"先后"主要是看参与人在决策时是否已经知道其他参与人的决策，而并不一定取决于物

[①] "支付"的英文原文是"payoffs"。将"payoffs"译为"支付"，似有不妥。实际上，"payoffs"在这里的含义是"结局"，而且，这个"结局"指的是"得到"，而不是"付出"。

[②] 如果一个博弈的每一个支付组合的所有支付之和都恰好为零，则该博弈就是所谓的零和博弈，否则为非零和博弈；如果一个博弈的每一个支付组合的所有支付之和都恰好相同，则该博弈就是所谓的常和博弈，否则为非常和博弈。

[③] 纯策略均衡和混合策略均衡是相对而言的。在本章第三节讨论混合策略博弈时，我们将对它们的含义及二者之间的关系作出具体的说明。

理意义上的时间。例如，在一个博弈中，即使所有参与人的决策在时间上都不相同，但如果每一个参与人在决策之前都并不知道其他参与人的决策，则该博弈仍被看成是"同时"的。

（专栏 10-1 "中国历史上的博弈故事：齐王赛马"，请读者扫描本书封面二维码获取。）

第二节　完全信息静态博弈：纯策略均衡

一、例子：寡头博弈

我们从熟悉的寡头博弈的例子开始。假定在某个寡头市场上，只有甲、乙两个厂商。每个厂商都有合作和不合作两个可供选择的策略。如果两个厂商都采取合作的策略（例如，组成卡特尔，且均按照卡特尔的协议行事），则分别可得到 5 和 6 个单位的支付；如果两个厂商都采取不合作的策略（例如，像古诺模型中假定的那样），则分别只得到 2 和 3 个单位的支付；如果甲厂商采取合作的策略而乙厂商采取不合作的策略（如前者遵守卡特尔的协议价格，后者违背卡特尔的协议价格，秘密地降价），则采取合作策略的甲厂商得到 1 个单位的支付，采取不合作策略的乙厂商得到 5 个单位的支付；最后，如果甲厂商采取不合作的策略而乙厂商采取合作的策略，则采取不合作策略的甲厂商得到 7 个单位的支付，采取合作策略的乙厂商得到 1 个单位的支付。

二、支付矩阵

对上述这样一个只有两人参加且两人同时进行决策的简单博弈（所谓"二人同时博弈"），可以用一个以二元数组为元素的矩阵（被称为**博弈矩阵**或**支付矩阵**）来描述和分析①（参见表 10-1）。矩阵的左边表示甲厂商的策略，即合作或不合作，上边表示乙厂商的策略，也是合作或不合作，矩阵中四个单元格里的数字组合分别表示博弈的四个结果即支付，其中，每一个数字组合的第一个数字是甲厂商得到的支付（简称甲厂商的支付），第二个数字是乙厂商得到的支付（简称乙厂商的支付）。例如，当甲厂商选择合作、乙厂商也选择合作时，结果得到矩阵左上角单元格里的数字组合（5，6），其中，第一个数字 5 是甲厂商的支付，第二个数字 6 是乙厂商的支付；当甲厂商选择合作、乙厂商选择不合作时，结果是矩阵右上角单元格里的数字组合（1，5），其中，第一个数字 1 是甲厂商的支付，第二个数字 5 是乙厂商的支付；如此等等。

容易看到，表 10-1 的支付矩阵可以一分为二，即拆成两个"小"的子支付矩阵。其中，一个为甲厂商的支付矩阵，由原矩阵每一单元格中的第一个数字组成，另一个为乙厂商的支付矩阵，由原矩阵每一单元格中的第二个数字组成。实际上，整个支付矩阵可以被看成就是由这两个厂商的子支付矩阵合并而成的。

---

① 描述三人博弈则需要一个"立体"的矩阵。

表 10 - 1   寡头博弈：合作与不合作

		乙厂商的策略	
		合作	不合作
甲厂商的策略	合作	5, <u>6</u>	1, 5
	不合作	<u>7</u>, 1	2, <u>3</u>

在由表 10 - 1 给出的二人博弈中，甲厂商和乙厂商都有合作和不合作两个策略，合起来看，两个厂商共有四个策略组合，即（合作，合作）、（合作，不合作）、（不合作，合作）、（不合作，不合作），其中，每一个括号里的前一项都是甲厂商的策略，后一项都是乙厂商的策略。

现在的问题是：在这四个策略组合中，哪一个会是最终的结果呢？

三、条件策略和条件策略组合

我们先来看甲厂商的决策。首先，如果乙厂商选择合作，则甲厂商最好选择不合作，因为此时它选择不合作得到的支付为 7，而选择合作得到的支付只有 5。因此，不合作是甲厂商此时的最优策略。我们把甲厂商在乙厂商选择合作条件下的最优策略即不合作叫做甲厂商的条件优势策略（或相对优势策略），简称**条件策略**，把与甲厂商的这一条件策略相联系的策略组合即（不合作，合作）叫做甲厂商的条件优势策略组合（或相对优势策略组合），简称**条件策略组合**。

这里需要注意的是，条件策略不同于条件策略组合。前者是参与人在给定条件下（如其他参与人已经作出选择时）的相对优势策略，后者则是包括参与人的条件策略以及这些条件在内的相对优势策略组合。例如，设在乙厂商选择合作的条件下，甲厂商选择不合作，则不合作就是甲厂商（在乙厂商选择合作的条件下）的一个条件策略，而与此相联系的甲厂商的条件策略组合可以表示为（不合作，合作）。同理，设在甲厂商选择合作的条件下，乙厂商也选择合作，则合作就是乙厂商（在甲厂商选择合作的条件下）的一个条件策略，而与此相联系的乙厂商的条件策略组合可以表示为（合作，合作）。[①]

其次，如果乙厂商选择不合作，则甲厂商最好也选择不合作，因为此时它选择不合作得到的支付为 2，而选择合作得到的支付只有 1。因此，甲厂商在乙厂商选择不合作条件下的最优策略即不合作是甲厂商的另一个条件策略，与这一条件策略相联系的策略组合（不合作，不合作）是甲厂商的另一个条件策略组合。

由此可见，在表 10 - 1 的模型中，甲厂商有两个条件策略，即当乙厂商选择合作时选择不合作，当乙厂商选择不合作时也选择不合作，与此相联系，也有两个条件策略组合，即（不合作，合作）和（不合作，不合作）。

再来看乙厂商的决策。一方面，如果甲厂商选择合作，则乙厂商最好也选择合作，因为此时它选择合作得到的支付为 6，而选择不合作得到的支付只有 5。换句话说，乙厂商

---

① 此外，也请注意条件策略与策略以及条件策略组合与策略组合的区别。

在甲厂商选择合作时的条件策略是合作，与该条件策略相联系的条件策略组合为（合作，合作）。另一方面，如果甲厂商选择不合作，则乙厂商最好也选择不合作，因为此时它选择不合作得到的支付为3，而选择合作得到的支付只有1。换句话说，乙厂商在甲厂商选择不合作时的条件策略是不合作，与这一条件策略相联系的条件策略组合为（不合作，不合作）。因此，在表10－1的模型中，乙厂商有两个条件策略，即当甲厂商选择合作时选择合作，当甲厂商选择不合作时选择不合作，与此相联系，也有两个条件策略组合，即（合作，合作）和（不合作，不合作）。

四、纳什均衡

综上所述，在表10－1的二人同时博弈模型中，甲厂商有两个条件策略和与此相联系的两个条件策略组合，乙厂商也有两个条件策略和与此相联系的两个条件策略组合，合起来共有四个条件策略和四个条件策略组合。条件策略或条件策略组合具有一个非常重要的性质，即它代表了博弈中某个参与人在某个条件下的均衡状态。例如，在甲厂商的第一个条件策略组合（不合作，合作）上，甲厂商的选择即不合作是最优的，因而，它没有单独改变策略的倾向，尽管此时乙厂商有可能单独改变自己的策略；再例如，在乙厂商的第一个条件策略组合（合作，合作）上，乙厂商的选择即合作是最优的，因而，它没有单独改变策略的倾向，尽管此时甲厂商有可能单独改变自己的策略。

由此可以想到，如果要让甲厂商和乙厂商同时都不再有单独改变策略的倾向，其要求必然是，它们的条件策略组合应当恰好相同。例如，在表10－1中，（不合作，不合作）既是甲厂商的条件策略组合，也是乙厂商的条件策略组合，故在该策略组合上，甲厂商和乙厂商都没有单独改变策略的倾向。

除了（不合作，不合作）之外，在表10－1中，其他的策略组合都不能使两个厂商同时不存在单独改变策略的倾向。例如，（合作，合作）尽管是乙厂商的条件策略组合，从而，乙厂商在该组合处不会单独改变策略，但却不是甲厂商的条件策略组合，从而，甲厂商在该组合上仍然有单独改变策略的倾向。又例如，（不合作，合作）尽管是甲厂商的条件策略组合，从而，甲厂商在该组合上不会单独改变策略，但却不是乙厂商的条件策略组合，从而，乙厂商在该组合上仍然有单独改变策略的倾向。最后，（合作，不合作）既不是甲厂商的条件策略组合，也不是乙厂商的条件策略组合，从而，在该组合上，两个厂商都有单独改变策略的倾向。

当两个厂商的条件策略组合恰好相同，从而，两个厂商都不再有单独改变策略的倾向时，整个博弈就达到了均衡。①博弈均衡是博弈各方最终选取的策略组合，是博弈的最终结果，是博弈的解。这种均衡有一个专门的名称，叫"纳什均衡"。更加严格一点说，**所谓纳什均衡，指的是参与人的这样一种策略组合，在该策略组合上，任何参与人单独改变策略都不会得到好处。**或者换个说法：如果在一个策略组合中，当所有其他人都不改变策略时，没有人会改变自己的策略，则该策略组合就是一个纳什均衡。

---

① 与消费者均衡和生产者均衡等一样，在博弈均衡中，均衡一词也意味着缺乏变化的趋势：若假定其他因素不变，则博弈各方就都不再有改变策略的动机。

在纳什均衡的定义中，有两个问题需要注意。第一，"单独改变策略"。这是指任何一个参与人在所有其他人都不改变策略的情况下改变自己的策略。其他人也同时改变策略的情况不在考虑之列。第二，"不会得到好处"。这是指任何一个参与人在单独改变策略之后自己的支付不会增加。它包括两种情况：支付减少或者支付不变。我们这里假定，在后面这种情况下（即支付不变时），由于存在改变的成本和风险，参与人也不愿意单独改变策略。例如，设某厂商原来的支付为1，单独改变策略后的支付仍然为1，则该厂商就不会单独进行这种改变。至于在某个参与人单独改变策略之后，其他参与人的支付会如何变化，也不在纳什均衡的考虑之列。

对于表10-1中只有甲厂商和乙厂商两个参与人的同时博弈来说，纳什均衡可以更加具体地表示为这样一个策略组合，在该策略组合中，前一个策略是甲厂商（在乙厂商选择后一个策略时）的条件策略，后一个策略是乙厂商（在甲厂商选择前一个策略时）的条件策略。

显而易见，在表10-1中，策略组合（不合作，不合作）（即甲厂商和乙厂商都选择不合作）是一个纳什均衡。这是因为，在该策略组合上，无论哪个厂商都不会单独地改变自己的策略——单独改变策略将导致支付的减少：如果甲厂商单独改变策略，即从不合作变为合作，则它的支付就会从原来的2减少到1；同样，如果乙厂商单独改变策略，即从不合作变为合作，则它的支付就会从原来的3减少到1。

除了（不合作，不合作）之外，在表10-1中，剩下的策略组合都不是纳什均衡。例如，（合作，合作）不是纳什均衡。这是因为，在该策略组合上，甲厂商会单独改变策略，即从合作变为不合作，通过这一改变，它的支付将从原来的5增加到7（此时，乙厂商不会单独改变策略）。又例如，策略组合（不合作，合作）也不是纳什均衡。这是因为，在该策略组合上，乙厂商会单独改变策略，即从合作变为不合作，通过这一改变，它的支付将从原来的1增加到3（此时，甲厂商不会单独改变策略）。再例如，（合作，不合作）仍然不是纳什均衡。这是因为，在该策略组合上，甲厂商会单独改变策略，即从合作变为不合作，通过这一改变，它的支付将从原来的1增加到2；同时，乙厂商也会单独改变策略，即从不合作变为合作，通过这一改变，它的支付将从原来的5增加到6。

（专栏10-2"军备竞赛"，请读者扫描本书封面二维码获取。）

五、寻找纳什均衡的方法——条件策略下划线法

上述确定博弈均衡（或不均衡）的方法可以更加直观也更加方便地表示为所谓的"**条件策略下划线法**"。首先是用下划线来表示甲厂商的条件策略。例如，当乙厂商选择合作时，甲厂商的条件策略是不合作，此时，它得到的支付是矩阵左下角单元格中的第一个数字7。于是，我们在这个7的下面画一条线，并用这个下面带线的数字 7 来表示甲厂商的条件策略（在乙厂商选择合作时选择不合作），用包含这个 7 的支付组合（7，1）来表示甲厂商的条件策略组合（不合作，合作）。① 再例如，当乙厂商选择不合作时，甲厂商的条件策略是不合作，此时，它得到的支付是矩阵右下角单元格中的第一个数字2。我们在这

---

① 再次提醒注意：在（不合作，合作）中，第一个策略不合作是甲厂商的选择，第二个策略合作则是乙厂商的选择。

个 2 的下面画一条线，并用这个下面带线的数字 2 来表示甲厂商的条件策略（在乙厂商选择不合作时选择不合作），用包含这个 2 的支付组合（2，3）来表示甲厂商的条件策略组合（不合作，不合作）。

　　其次是用下划线来表示乙厂商的条件策略。例如，当甲厂商选择合作时，乙厂商的条件策略是合作，此时，乙厂商的支付是矩阵左上角单元格中的第二个数字 6。我们在这个 6 的下面画一条线，用以表示乙厂商的条件策略（在甲厂商选择合作时选择合作），并用包含这个 6 的支付组合（5，6）来表示乙厂商的条件策略组合（合作，合作）。再例如，当甲厂商选择不合作时，乙厂商的条件策略是不合作，此时，乙厂商的支付是矩阵右下角单元格中的第二个数字 3。我们在这个 3 的下面画一条线，用以表示乙厂商的条件策略（在甲厂商选择不合作时选择不合作），并用包含这个 3 的支付组合（2，3）来表示乙厂商的条件策略组合（不合作，不合作）。

　　最后是确定博弈的均衡。一旦把甲厂商和乙厂商的所有条件策略都用下划线法表示出来，确定博弈均衡的任务就变得非常简单——只要找到在两个数字之下都画线的单元格即可。与这些单元格相对应的策略组合就是所要求的均衡策略组合。例如，在右下方单元格中的两个数字即 2 和 3 之下都画有线，故与该单元格对应的策略组合（不合作，不合作）是一个均衡。除此之外，其他单元格中的两个数字之下没有都画线，故与这些单元格对应的策略组合都不是均衡的。

　　到此，我们可以把确定博弈均衡（或不均衡）的方法更加简单地描述为如下的五个步骤。第一，把整个的支付矩阵分解为甲厂商的支付矩阵和乙厂商的支付矩阵。例如，在表 10-1 中，这两个厂商的（子）支付矩阵分别为：

$$\text{甲厂商的支付矩阵} = \begin{pmatrix} 5 & 1 \\ \underline{7} & \underline{2} \end{pmatrix} \qquad \text{乙厂商的支付矩阵} = \begin{pmatrix} \underline{6} & 5 \\ 1 & \underline{3} \end{pmatrix}$$

　　第二，**在甲厂商的支付矩阵中，找出每一列的最大者**（每列的最大者可能不止一个），并在其下画线。例如，在上面甲厂商的支付矩阵中，第一列的后一个数字 7 是该列最大的，第二列的后一个数字 2 是该列最大的，故应该在它们的下面画线。

　　第三，**在乙厂商的支付矩阵中，找出每一行的最大者**（每行的最大者也可能不止一个），并在其下画线。例如，在上面乙厂商的支付矩阵中，第一行的前一个数字 6 是该行最大的，第二行的后一个数字 3 是该行最大的，故应该在它们的下面画线。

　　第四，将已经画好线的甲厂商的支付矩阵和乙厂商的支付矩阵合并起来，得到如下整个的（有下划线的）支付矩阵：

$$\text{甲、乙两个厂商的共同的支付矩阵} = \begin{pmatrix} 5, & \underline{6} & 1, & 5 \\ \underline{7}, & 1 & \underline{2}, & \underline{3} \end{pmatrix}$$

　　第五，在带有下划线的整个的支付矩阵中，找到两个数字之下均画有线的支付组合，则由该支付组合代表的策略组合就是均衡的策略组合。除此之外，其余支付组合代表的策略组合都不是均衡的。例如，在上面甲、乙两个厂商的共同的支付矩阵中，右下角的支付组合为（2，3），它的两个数字之下均画有线，因此，该支付组合代表的策略组合即（不合作，不合作）是均衡的策略组合。除此之外，其余支付组合如（5，6）、（1，5）和（7，1）代表的策略组合即（合作，合作）、（合作，不合作）和（不合作，合作）都不是均衡的。①

关于下划线法可以总结如下：在一个单元格中，如果两个数字之下均画有线，则两个参与人都没有单独改变策略的动机，因为这两个数字分别是列最大值和行最大值；如果两个数字之下均没有线，则两个参与人都有单独改变策略的动机，因为这两个数字分别不是列最大值和行最大值；如果两个数字中一个下面有线另一个下面没线，则有线的数字所代表的参与人没有单独改变策略的动机，没线的数字所代表的参与人有单独改变策略的动机。

借助下划线法，不仅可以确定一个纯策略静态博弈中的纳什均衡和非纳什均衡，而且可以描绘从非纳什均衡走向纳什均衡的具体路径。例如，在表 10-1 中，假定一开始时，甲厂商和乙厂商的策略都是合作，从而，相应的支付组合为支付矩阵左上角单元格中的（5，6）。由于在该支付组合中，第一个数字下没有下划线而第二个数字下有下划线，故甲厂商会改变自己的策略，即从原来的合作改为不合作，而乙厂商不会改变自己的策略，即保持原来的合作不变，从而得到支付矩阵左下角单元格中的支付组合，即（7，1）。由于在该支付组合中，第一个数字下有下划线而第二个数字下没有下划线，故甲厂商不会改变自己的策略，即保持不合作不变，而乙厂商会改变自己的策略，即从合作变为不合作，从而得到支付矩阵右下角单元格中的支付组合，即（2，3）。由于在该支付组合中，两个数字下都有下划线，故甲厂商和乙厂商都不会改变自己的策略，即都将保持不合作的策略不变。

又例如，在表 10-1 中，假定一开始时，甲厂商的策略为合作、乙厂商的策略为不合作，从而，相应的支付组合为支付矩阵右上角单元格中的（1，5）。由于在该支付组合中，两个数字下都没有下划线，故甲厂商和乙厂商都会改变自己的策略，即甲厂商从原来的合作改为不合作，乙厂商从原来的不合作改为合作，从而得到支付矩阵左下角单元格中的支付组合，即（7，1）。再根据与上面同样的讨论，由该支付组合出发，最后可得到支付矩阵右下角单元格中的支付组合（2，3）。

六、纳什均衡的存在性、唯一性、稳定性和最优性

1. 存在性

在完全信息静态博弈中，（纯策略的）纳什均衡既可能存在，也可能不存在。②表 10-1 给出的是纳什均衡存在的例子。不存在纳什均衡的例子则可以参看表 10-2。在表 10-2 中，首先，策略组合（上，左）不是纳什均衡。在该组合上，甲厂商单独改变策略可以使自己的支付从 4 增加到 7。其次，策略组合（上，右）不是纳什均衡。在该组合上，乙厂商改变策略可以使自己的支付从 1 增加到 6。再次，策略组合（下，左）不是纳什均衡。在该组合上，乙厂商改变策略可以使自己的支付从 3 增加到 8。最后，策略组合（下，右）不是纳什均衡。在该组合上，甲厂商改变策略可以使自己的支付从 2 增加到 9。若采用条件策略下划线法，则可以看到，在表 10-2 中，没有一个单元格中的两个数字之下均

---

① 读者在熟悉上述五个步骤之后，即可以通过"心算"直接由表 10-1 得到答案，而不必再一步一步地写出每个厂商的支付矩阵以及它们的共同的支付矩阵等等。

② 后面将会看到，在完全信息静态博弈中，尽管纯策略的纳什均衡可能不存在，但混合策略的纳什均衡却总是存在的。

被画线。

在不存在纯策略纳什均衡的表10-2中，两个厂商对策略的选择会出现一种永不停歇的周期状态。例如，设一开始时，支付组合为支付矩阵中左上角的（4，6）。由于在（4，6）中，只有第一个数字下没有画线，故只有甲厂商改变自己的策略，结果得到左下角的支付组合（7，3）。又由于在（7，3）中，只有第二个数字下没有画线，故只有乙厂商改变自己的策略，结果得到右下角的支付组合（2，8）。再由于在（2，8）中，只有第一个数字下没有画线，故只有甲厂商改变自己的策略，结果得到右上角的支付组合（9，1）。最后，由于在（9，1）中，只有第二个数字下没有画线，故只有乙厂商改变自己的策略，结果回到了一开始时的左上角的支付组合（4，6）。

表10-2　　　　　　　　　没有纳什均衡的完全信息静态博弈

		乙厂商的策略	
		左	右
甲厂商的策略	上	4, 6	9, 1
	下	7, 3	2, 8

2. 唯一性

在完全信息静态博弈中，如果纳什均衡存在，则它既可能是唯一的，也可能是不唯一的。表10-1给出的是只有一个纳什均衡的例子。多重纳什均衡的例子则可以参看表10-3。根据下划线法容易看到，在表10-3中，与左上角和右下角两个单元格相对应的策略组合即（上，左）和（下，右）都是纳什均衡。首先，（上，左）是一个纳什均衡，因为在该策略组合上，甲厂商和乙厂商都不会单独改变策略——甲厂商单独改变策略将导致自己的支付从5减少到4，乙厂商单独改变策略将导致自己的支付从6减少到4。其次，（下，右）也是一个纳什均衡，因为在该策略组合上，甲厂商和乙厂商也不会单独改变策略——甲厂商单独改变策略将导致自己的支付从2减少到1，乙厂商单独改变策略将导致自己的支付从3减少到1。除此之外，其他的策略组合即（上，右）和（下，左）都不是纳什均衡。在前一个策略组合（上，右）中，甲厂商和乙厂商都有单独改变策略的动机——甲厂商单独改变策略可以使自己的支付从1增加到2，乙厂商单独改变策略可以使自己的支付从4增加到6；在后一个策略组合（下，左）中，甲厂商和乙厂商也都有单独改变策略的动机——甲厂商单独改变策略可以使自己的支付从4增加到5，乙厂商单独改变策略可以使自己的支付从1增加到3。

表10-3　　　　　　　　　存在多重纳什均衡的完全信息静态博弈

		乙厂商的策略	
		左	右
甲厂商的策略	上	5, 6	1, 4
	下	4, 1	2, 3

当纳什均衡不存在或不唯一时，我们无法对博弈的最终结果作出肯定的说明。例如，在前一种情况下，博弈是否还有所谓的最终结果本身就是一个问题；或者，即使还存在所谓的最终结果，用什么样的办法来找到它也还需要进一步研究。在后一种情况下，尽管我们知道最终的结果应当是多个均衡中的某一个，但却无法知道究竟是哪一个。为了解决这些问题，我们需要更多的分析工具。

3. 稳定性

在完全信息静态博弈中，如果纳什均衡存在，则它既可能是稳定的，也可能是不稳定的。 表 10-1 中的纳什均衡是稳定的，而表 10-3 中的纳什均衡则是不稳定的。如前所述，一方面，在表 10-1 中，从任何一个非均衡的支付组合 [无论是（5，6），还是（7，1），或者（1，5）] 出发，最终都会调整到均衡的支付组合，即（2，3）。这意味着，在表 10-1 中，唯一的纳什均衡及其相应的支付组合（2，3）是稳定的。另一方面，在表 10-3 中，从任何一个非均衡的支付组合 [如（4，1）或（1，4）] 出发，最后都不会调整到均衡的支付组合，即（5，6）和（2，3）。例如，设一开始时的支付组合为左下角的非均衡的（4，1），则由于在该支付组合中，两个数字下都没有画线，故两个厂商都将改变自己的策略，结果得到右上角的非均衡支付组合（1，4）。同样，如果假定一开始时的支付组合为右上角的非均衡的（1，4），则由于在该支付组合中，两个数字下都没有画线，故两个厂商都将改变自己的策略，结果得到左下角的非均衡支付组合（4，1）。这意味着，在表 10-3 中，两个纳什均衡及其相应的支付组合（5，6）和（2，3）都是不稳定的。

在存在多个纳什均衡的条件下，稳定均衡和不稳定均衡也可能同时出现。例如，我们把表 10-3 的右上角单元格中的第一个数字由 1 改为 2 之后得到表 10-4。

表 10-4 稳定和不稳定的纳什均衡

		乙厂商的策略	
		左	右
甲厂商的策略	上	<u>5</u>, <u>6</u>	2, 4
	下	4, 1	<u>2</u>, <u>3</u>

在表 10-4 中，纳什均衡仍然是两个，相应的支付组合仍然为（5，6）和（2，3），但现在第一个支付组合（5，6）是稳定的，而第二个支付组合（2，3）是不稳定的。这是因为，现在从任何一个非均衡的支付组合出发，最后都会调整到均衡的支付组合（5，6）。例如，设一开始时的支付组合为左下角非均衡的（4，1）。由于在该支付组合上两个数字都没有下划线，故两个厂商都将改变自己的策略，结果得到右上角非均衡的支付组合（2，4）。由于在该支付组合中，只有第二个数字没有下划线，故只有乙厂商改变自己的策略，结果得到左上角均衡的支付组合（5，6）。这意味着，在表 10-4 中，均衡的支付组合（5，6）是稳定的，而（2，3）是不稳定的。

4. 最优性

在完全信息静态博弈中，如果纳什均衡存在，则它既可能是最优的，也可能不是最优的。 例如，在表 10-3 中，有两个纳什均衡，即（上，左）和（下，右），尽管其中的第一个纳什均衡（上，左）是最优的——因为与它相对应的支付组合（5，6）大于所有的其他支付组合，但第二个纳什均衡（下，右）却不是最优的——因为与它相对应的支付组合（2，3）小于与第一个纳什均衡相对应的支付组合（5，6）。又例如，在表10-1中，尽管只有一个纳什均衡，即（不合作，不合作），但它也不是最优的——因为与它相对应的支付组合为（2，3），同样劣于与策略组合（合作，合作）相对应的支付组合（5，6）。

七、纳什均衡和社会福利

我们已经知道，完全信息静态博弈的纳什均衡既可能是最优的，也可能不是最优的。但需要强调指出的是，这里所说的纳什均衡的"最优"或"非最优"仅仅是对博弈的参与人而非整个社会而言的。对参与人的最优（或非最优）并不一定意味着对整个社会来说也最优（或非最优）。在下面的两个例子中，前一个（即"囚徒困境和寡头合作的不稳定性"）的纳什均衡尽管不利于博弈的参与人，但有利于整个社会，后一个（即"广告大战"）的纳什均衡则既不利于博弈的参与人，也不利于整个社会。

1. 囚徒困境和寡头合作的不稳定性

常常被用来说明不具有最优性质的纳什均衡的一个著名例子是在博弈论发展史上曾起过重要作用的所谓**"囚徒困境"**。

张三和李四以前曾抢过银行，后来在一次偷汽车的时候被抓住了。警察把他们隔离起来关押，并分开进行审问。警察向他们每个人分别提出以下的交易：现在，你偷了汽车，我们可以关你1年。但是，如果你承认你和你的同伙前不久抢了银行，而你的同伙却拒不承认，那么，我们就把你放了，而你的同伙则要被关20年；反之，如果你拒不承认，而你的同伙招供了，那么你的同伙就可以获得自由，而你则要被关20年。不过，如果你和你的同伙都承认了前不久抢银行的事情，那么就把你们两人都关8年。

在这种情况下，张三和李四如何决策呢？显然，对张三和李四两个人来说，最好的结果是两个人都不坦白，因为两个人都不坦白，每个人都只坐1年牢。总共坐牢时间是2年。其他无论是哪种情况，总的坐牢时间都要超过2年。

但是，张三和李四会不会都拒不坦白呢？不会的。一方面，因为张三会想：对我来讲，最好的结果是李四不坦白而我坦白。如果李四不坦白而我坦白，那我就不用坐牢了。但是，李四也可能坦白。如果李四坦白了，我怎么办呢？我最好还是坦白。因为如果我不坦白，就要坐20年牢，而坦白了，只要坐8年牢。因此，不管李四是不是坦白，我最好都坦白。

另一方面，李四也同样会这样想：如果张三不坦白，那我最好坦白，这样，我就自由了，而如果张三坦白了，我最好还是坦白，这样只坐8年牢，否则要坐20年牢。因此，不管张三坦不坦白，我最好都坦白。

因此，张三和李四的决策都是坦白。结果两个人都坐8年牢。总共坐牢时间是16年。这个结果要比两个人都不坦白、都坐1年牢要坏得多。由此可见，在有些情况下，每个人都追求自己的利益，可能既不能给自己带来好处，也不能给别人带来好处。因此，"看不见的手"在这里失灵了。

以上所述可以更正式地用表10-5的支付矩阵来讨论。在表10-5中，由下划线法容易看到，首先，纳什均衡是存在的。例如，当张三和李四均采取坦白的策略时，他们得到左上角单元格中的支付组合即（－8，－8）（这里，－8 表示坐 8 年牢，下同）。由于这两个数字都有下划线，故张三和李四都没有单独改变策略的动机。换句话说，（坦白，坦白）是这个博弈的纳什均衡。其次，（坦白，坦白）是表 10－5 中唯一的纳什均衡。这是因为，在与其他策略组合相对应的支付组合中，都不存在两个数字均具有下划线的情况，从而，在这些情况下，张三和李四两人中，至少有一个人有单独改变自己策略的动机。再次，这个唯一的纳什均衡是稳定的。这是因为，无论一开始时张三和李四采取什么样的策略，即无论一开始时他们的支付组合是在哪一个单元格里，最后都会调整到（坦白，坦白）的策略组合，从而，都会调整到左上角单元格中的支付组合。最后，这个唯一的纳什均衡不是最优的，因为与右下角单元格中的支付组合（－1，－1）相比，（－8，－8）的结果要更差。总之，在表 10－5 的囚徒困境博弈中，只有唯一一个稳定的非最优纳什均衡。这意味着，在该博弈中，对参与人来说，结果并不是最优的。当然，这种所谓的"困境"只是对囚徒而言的，对公共安全来说则是有利的。

表 10－5 囚徒困境

		李四的策略	
		坦白	不坦白
张三的策略	坦白	<u>－8</u>，<u>－8</u>	<u>0</u>，－20
	不坦白	－20，<u>0</u>	－1，－1

"囚徒困境"的例子也可以用来很好地解释寡头市场的一个重要特征，即寡头厂商之间合作的不稳定性。例如，在前面的表 10－1 的寡头博弈中，甲和乙两个厂商均采取合作策略的支付组合为左上角的（5，<u>6</u>），优于均采取不合作策略的右下角的支付组合（2，3），但是，如前所述，在（5，<u>6</u>）中，第一个数字没有下划线，故甲厂商会改变自己的策略，从而得到左下角的支付组合（7，1），而在（7，1）中，第二个数字没有下划线，故乙厂商又会改变自己的策略，从而最终得到的仍然是右下角的"不好"的支付组合（2，3）。总之，在表 10－1 的博弈模型中，寡头厂商之间既有勾结起来进行合作的动机，又常常会为了各自的利益而破坏这种合作，最终导致都处于不利的境地。与囚徒困境的情况一样，寡头之间这种合作（如共谋垄断）的不稳定性尽管对参与人不利，但有利于促进竞争，从而提高整个社会的福利。

2. 广告大战

可口可乐和百事可乐是一对"老冤家"。100 多年来，两家公司不断地相互攻击，上演了一幕又一幕的广告大战。表 10－6 说明了它们不得不"互掐"的"苦衷"，以及因这种"互掐"而导致的资源浪费（表中的数字当然都是虚构的）。

设在某个饮料市场上只有可口可乐和百事可乐两家公司。每家公司都面临着做广告和不做广告两种选择。如果两家公司都不做广告，则它们都可以得到较高的利润 10；如果两家公司都做广告，则由于需要支出广告费用，它们都只能得到较低的利润 7；如果一家公司做广告而另外一家公司不做广告，则做广告的公司可以得到更高的利润 12，不做广告的公司只能得到更低的利润 5。

表 10 - 6		广告博弈	
		百事可乐的策略	
		做广告	不做广告
可口可乐的策略	做广告	<u>7</u>, <u>7</u>	<u>12</u>, 5
	不做广告	5, <u>12</u>	10, 10

首先，容易看到，在表 10 - 6 的广告博弈中，有一个且只有一个纳什均衡（做广告，做广告），即两家公司都做广告，相应的支付组合为左上角的（7，7）。其次，由于（7，7）劣于右下角的支付组合（10，10），故对两家公司来说，纳什均衡（做广告，做广告）不是最优的。最后，纳什均衡（做广告，做广告）是稳定的。例如，设一开始时的策略组合为（做广告，不做广告），即可口可乐做广告、百事可乐不做广告，从而，支付组合为右上角的（12，5）。由于在该支付组合中，只有第二个数字没有下划线，故只有百事可乐会改变自己的策略，即从原来的不做广告改为做广告，从而回到两家公司都做广告的纳什均衡。

在表 10 - 6 中，对可口可乐和百事可乐来说也存在合作不稳定的困境：如果它们都不做广告，则支付组合为（10，10），要优于它们都做广告的支付组合（7，7）。这意味着它们有可能通过勾结达成都不做广告的协议。然而，即使它们真的达成了都不做广告的协议，这个协议也会很容易地被它们自己所破坏。例如，假定可口可乐和百事可乐达成协议都不做广告，即策略组合为（不做广告，不做广告），从而，支付组合为右下角的（10，10），但由于在该支付组合中，两个数字都没有下划线，故两家公司都会改变自己的策略，即从原来的都不做广告改为都做广告，从而最终还是回到纳什均衡。

与表 10 - 5 的囚徒困境和表 10 - 1 的寡头博弈不同的是，在表 10 - 6 的广告大战中，纳什均衡不仅对参与人不是最优的——因为它们没有得到都不做广告的更好的结果，而且对整个社会不是最优的——因为在很大程度上，可口可乐和百事可乐之间的广告竞争是一种纯粹的资源浪费。

*第三节　完全信息静态博弈：混合策略均衡

本节首先讨论纯策略纳什均衡不存在时的混合策略纳什均衡。通过这一讨论我们将会发现，**即使纯策略纳什均衡不存在，相应的混合策略纳什均衡也总会存在**。其次讨论纯策略纳什均衡存在时的混合策略均衡。通过这一讨论我们将会发现，**纯策略纳什均衡往往作为特例被包括在混合策略纳什均衡中**。

一、不存在纯策略均衡时的混合策略均衡

1. 混合策略

我们已经知道，在表 10 - 2 中，所有的策略组合都不是纳什均衡。但是，我们也知道，在该表中，所有参与人对策略的选择都是"确定"的，即总是以 100％ 的可能性来选择某个策略。这意味着，当某个参与人在选择某个策略的时候，他不能再同时又选择其他策

略。例如，当甲厂商选择"上"策略时，它不能同时又选择"下"策略；当乙厂商选择"左"策略时，它不能同时又选择"右"策略。

当参与人对策略的选择是"确定"的时，相应的条件策略也是"确定"的。例如，在表10-2中，甲厂商的条件策略可以表示为：当乙厂商选择"左"时，甲厂商选择"下"；当乙厂商选择"右"时，甲厂商选择"上"。但是，实际上，这些条件可以更加具体地表示为：当乙厂商"确定"地选择"左"时，甲厂商"确定"地选择"下"；当乙厂商"确定"地选择"右"时，甲厂商"确定"地选择"上"。因此，这里的条件策略也具有"确定"的性质。

最后，当参与人的条件策略是"确定"的时，最终的博弈均衡（如果有的话）也是"确定"的。例如，在本章一开始给出的表10-1中，（不合作，不合作）是一个确定的纳什均衡。这个纳什均衡意味着，甲厂商最终将"确定"地选择不合作策略，同时，乙厂商最终也将"确定"地选择不合作策略。

然而，在现实生活中，人们对策略的选择常常并不像前面所说的那样"非此即彼"，而是会以一定的可能性来选择某个策略，又以另外的可能性选择另外一些策略。例如，在表10-2中，甲厂商以0.6的可能性选择上策略、以0.4的可能性选择下策略，乙厂商以0.3的可能性选择左策略、以0.7的可能性选择右策略。

在这种情况下，甲厂商选择的就不再是原来的单纯的策略"上"或"下"，而是一种"混合"的策略，即以0.6的概率选择上策略、以0.4的概率选择下策略，或者不如说，选择的是一个概率向量（0.6，0.4），其两个分量分别是甲厂商选择它的两个策略"上"或"下"的可能性；乙厂商选择的也不再是原来的单纯的策略"左"或"右"，而同样是一种"混合"的策略，即以0.3的概率选择左策略、以0.7的概率选择右策略，或者说，选择的也是一个概率向量（0.3，0.7），其两个分量分别是乙厂商选择它的两个策略"左"或"右"的可能性。

我们把甲厂商和乙厂商原来的策略（如"上""下""左""右"等）叫做**"纯"策略**，把它们赋予这些纯策略的概率向量如（0.6，0.4）和（0.3，0.7）叫做**"混合"策略**。当然，甲厂商和乙厂商也可以赋予其纯策略其他的概率向量。例如，设甲厂商分别以 p_1 和 p_2 的概率选择策略"上"和"下"，乙厂商分别以 q_1 和 q_2 的概率选择策略"左"和"右"。在这种情况下，甲厂商和乙厂商的混合策略就分别为（p_1，p_2）和（q_1，q_2）。这里，由于 p_1、p_2 和 q_1、q_2 都是概率，故必须满足：$0 \leqslant p_1$，p_2，q_1，$q_2 \leqslant 1$，且 $p_1 + p_2 = 1$，$q_1 + q_2 = 1$。

由于 p_1、p_2 和 q_1、q_2 可以在0和1之间任意取值（当然要满足 $p_1 + p_2 = 1$ 以及 $q_1 + q_2 = 1$ 的条件），故与原来的纯策略不同，现在的混合策略不再是有限的，而成为无限的，同样，混合策略组合也不再是有限的，而成为无限的。由此可以看到，尽管在一个博弈中，纯策略可以是有限的，但以有限的纯策略为基础的混合策略却一定是无限的。这一无限性源于概率取值的无限性。

在赋予纯策略以概率之后，表10-2就可以重新写成表示混合策略博弈的表10-7。如上所述，在表10-7中，甲厂商和乙厂商的纯策略分别为"上""下"和"左""右"，与这些纯策略相应的混合策略分别为（p_1，p_2）和（q_1，q_2），其含义是，甲厂商以 p_1 和 p_2 的概率分别选择策略"上"和"下"，乙厂商以 q_1 和 q_2 的概率分别选择策略"左"和"右"。

表 10-7　　　　　　　　　不存在纯策略纳什均衡的混合策略模型

			乙厂商的策略	
			q_1	q_2
			左	右
甲厂商的策略	p_1	上	4, <u>6</u>	<u>9</u>, 1
	p_2	下	<u>7</u>, 3	2, <u>8</u>

2. 混合策略组合

当甲厂商和乙厂商的混合策略分别为（0.6，0.4）和（0.3，0.7）时，它们的组合可以记为（（0.6，0.4），（0.3，0.7））。这就是所谓的"**混合策略组合**"。为了与混合策略组合相区别，可以把甲厂商和乙厂商原来的策略组合如（上，左）和（下，右）等叫做**纯策略组合**。

和纯策略组合不同，甲厂商和乙厂商的混合策略组合是一个概率向量组合，其中，每一个概率向量都是相应参与人的一个混合策略。例如，当甲厂商以 0.6 的可能性选择上策略、以 0.4 的可能性选择下策略，乙厂商以 0.3 的可能性选择左策略、以 0.7 的可能性选择右策略，从而，它们的混合策略分别为概率向量（0.6，0.4）和（0.3，0.7）时，相应的混合策略组合为概率向量组合（（0.6，0.4），（0.3，0.7））。

更加一般地，如果甲厂商和乙厂商的混合策略分别为概率向量（p_1，p_2）和（q_1，q_2），则相应的混合策略组合为概率向量组合（（p_1，p_2），（q_1，q_2））。

3. 期望支付

我们知道，在纯策略博弈中，对于每一个策略组合（在该组合中，每一项都是相应参与人所选定的一个策略），存在一个支付组合，组合中的每一项都是相应参与人在该策略组合条件下所得到的支付。例如，在表 10-2 中，当甲厂商选择上策略、乙厂商选择左策略，从而策略组合为（上，左）时，甲厂商的支付为 4，乙厂商的支付为 6。

类似地，在混合策略博弈中，对于每一个混合策略组合，也都存在一个支付组合，其中，每一项也都是相应参与人在该混合策略组合条件下所得到的支付。不过，由于现在每个参与人都是以一定的概率来选择其纯策略，故相应的支付也就成了所谓的"**期望支付**"，即支付的期望值。例如，在表 10-7 中，当甲厂商的混合策略为（p_1，p_2）、乙厂商的混合策略为（q_1，q_2），从而相应的混合策略组合为（（p_1，p_2），（q_1，q_2））时，甲厂商得到支付 4 的可能性为 $p_1 \cdot q_1$、得到 9 的可能性为 $p_1 \cdot q_2$、得到 7 的可能性为 $p_2 \cdot q_1$、得到 2 的可能性为 $p_2 \cdot q_2$。于是，甲厂商的期望支付可以计算得：

$$E_{甲} = p_1 \cdot q_1 \cdot 4 + p_1 \cdot q_2 \cdot 9 + p_2 \cdot q_1 \cdot 7 + p_2 \cdot q_2 \cdot 2$$

同理，乙厂商的期望支付可以计算得：

$$E_{乙} = p_1 \cdot q_1 \cdot 6 + p_1 \cdot q_2 \cdot 1 + p_2 \cdot q_1 \cdot 3 + p_2 \cdot q_2 \cdot 8$$

注意：由于 p_1、p_2 和 q_1、q_2 可以在 0 和 1 之间任意取值（但需要满足 $p_1 + p_2 = 1$ 和 $q_1 +$

$q_2=1$ 的条件），故这里的期望支付组合（$E_甲$，$E_乙$）也有无穷多个，而不是像表 10 - 2 中的支付组合只有四个。

4. 条件混合策略

利用上述计算期望支付的公式可以求得甲厂商和乙厂商的**条件混合策略**（即具有相对优势的混合策略）。为方便起见，我们先将 $p_2=1-p_1$ 和 $q_2=1-q_1$ 代入上面关于 $E_甲$ 和 $E_乙$ 的表达式并整理得：

$$
\begin{aligned}
E_甲 &= 4p_1q_1+9p_1(1-q_1)+7(1-p_1)q_1+2(1-p_1)(1-q_1) \\
&= 4p_1q_1+9p_1-9p_1q_1+7q_1-7p_1q_1+2-2q_1-2p_1+2p_1q_1 \\
&= 7p_1-10p_1q_1+5q_1+2 \\
&= p_1(7-10q_1)+5q_1+2
\end{aligned} \tag{10.1}
$$

$$
\begin{aligned}
E_乙 &= 6p_1q_1+p_1(1-q_1)+3(1-p_1)q_1+8(1-p_1)(1-q_1) \\
&= 6p_1q_1+p_1-p_1q_1+3q_1-3p_1q_1+8-8q_1-8p_1+8p_1q_1 \\
&= 10p_1q_1+8-5q_1-7p_1 \\
&= 5q_1(2p_1-1)-7p_1+8
\end{aligned} \tag{10.2}
$$

现在来看甲厂商的条件混合策略。我们知道，甲厂商的条件策略是甲厂商在乙厂商选择某个既定策略时所选择的可以使其支付达到最大的策略。相应地，甲厂商的条件混合策略可以定义为：甲厂商在乙厂商选择某个既定的混合策略（q_1，q_2）时所选择的可以使其期望支付达到最大的混合策略（p_1，p_2）；具体到（10.1）式来说就是：甲厂商在乙厂商选择某个既定的 q_1 时所选择的可以使 $E_甲$ 达到最大的 p_1。

由（10.1）式显而易见，当 $7-10q_1>0$，亦即 $q_1<0.7$ 时，为了使 $E_甲$ 达到最大，应当让 p_1 尽可能地大，但 p_1 最大不能大于 1，于是有 $p_1=1$；当 $7-10q_1<0$，亦即 $q_1>0.7$ 时，为了使 $E_甲$ 达到最大，应当让 p_1 尽可能地小，但 p_1 最小不能小于 0，于是有 $p_1=0$；最后，当 $7-10q_1=0$，亦即 $q_1=0.7$ 时，$E_甲=5q_1+2$，与 p_1 完全无关，于是，p_1 可以取任何值，即有 $p_1=[0，1]$。这里，$p_1=[0，1]$ 表示 p_1 可以在 0 和 1 之间取任何值（包括 0 和 1）。

综上所述，当甲厂商的期望支付由（10.1）式给出时，其条件混合策略可以表示为[①]：

$$
p_1=
\begin{cases}
1 & q_1<0.7 \\
[0，1] & q_1=0.7 \\
0 & q_1>0.7
\end{cases} \tag{10.3}
$$

再来看乙厂商的条件混合策略。由（10.2）式显而易见，当 $2p_1-1>0$，亦即 $p_1>0.5$ 时，为了使 $E_乙$ 达到最大，应当让 q_1 尽可能地大，但 q_1 最大不能大于 1，于是有 $q_1=1$；当 $2p_1-1<0$，亦即 $p_1<0.5$ 时，为了使 $E_乙$ 达到最大，应当让 q_1 尽可能地小，但 q_1 最小不能小于 0，于是有 $q_1=0$；最后，当 $2p_1-1=0$，亦即 $p_1=0.5$ 时，$E_乙=$

---

① 条件混合策略常常被称为"反应函数"。但是，应当注意的是，条件混合策略不同于我们通常所理解的函数。普通的函数要求：给定一个自变量的值，有唯一一个函数值与之对应；而在（10.3）式所描述的条件混合策略中，给定一个 $q_1=0.7$，却有 $p_1=[0，1]$，即有无穷多个 p_1 与之对应。

$-7p_1+8$，与 q_1 完全无关，于是，q_1 可以取任何值，即有 $q_1 =$ [0，1]。这里，$q_1 =$ [0，1] 也表示 q_1 可以在 0 和 1 之间取任何值。于是，当乙厂商的期望支付由（10.2）式给出时，其条件混合策略可以表示为：

$$q_1 = \begin{cases} 0 & p_1 < 0.5 \\ [0,1] & p_1 = 0.5 \\ 1 & p_1 > 0.5 \end{cases} \tag{10.4}$$

5. 混合策略的纳什均衡

现在已经知道，在表 10-7 的混合策略博弈中，甲厂商和乙厂商的条件混合策略分别由（10.3）式和（10.4）式确定。有了条件混合策略，就可以进一步确定**混合策略的纳什均衡**。参见图 10-1。

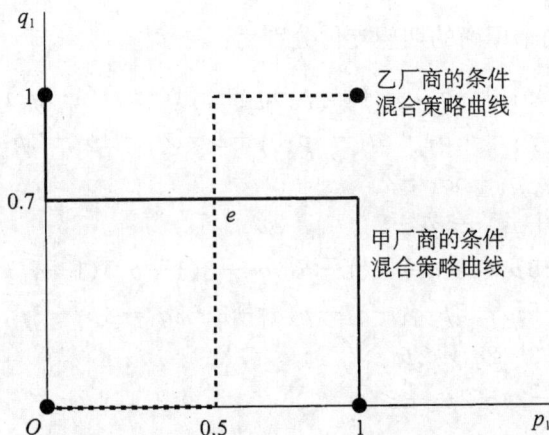

图 10-1 不存在纯策略均衡时的混合策略均衡

在图中，横轴和纵轴分别表示概率 p_1 和 q_1，实线曲线为甲厂商的条件混合策略曲线，虚线曲线为乙厂商的条件混合策略曲线（黑圆点代表曲线的端点）。两条曲线的交点 e 代表了表 10-7 中混合策略博弈的纳什均衡。更加具体一点说，与交点 e 相对应的两个概率分别为 $p_1 = 0.5$ 和 $q_1 = 0.7$，从而，$p_2 = 0.5$ 和 $q_2 = 0.3$，于是，混合策略的纳什均衡可表示为：$((p_1, p_2), (q_1, q_2)) = ((0.5, 0.5), (0.7, 0.3))$。换句话说，当甲厂商选择混合策略 (0.5, 0.5)、乙厂商选择混合策略 (0.7, 0.3) 时，博弈达到了均衡。此时，甲厂商没有单独改变的倾向，即不会偏离混合策略 (0.5, 0.5)，这是因为，当乙厂商的混合策略为 (0.7, 0.3) 时，甲厂商选择 (0.5, 0.5) 的混合策略恰好能够使它的期望支付达到最大；同时，乙厂商也没有单独改变的倾向，即不会偏离混合策略 (0.7, 0.3)，这是因为，当甲厂商的混合策略为 (0.5, 0.5) 时，乙厂商选择 (0.7, 0.3) 的混合策略也恰好能够使它的期望支付达到最大。在图 10-1 中，除了 e 点或混合策略组合 ((0.5, 0.5), (0.7, 0.3)) 之外，其他任何点或混合策略组合都不是纳什均衡。

从本节的讨论可以看到，在完全信息静态博弈中，尽管纯策略的纳什均衡有可能不存在，但相应的混合策略的纳什均衡有可能存在。事实上，我们有如下的"存在性"定理：

在每一个参与人都只有有限多个纯策略的博弈中，至少存在一个混合策略纳什均衡。

二、只有一个纯策略均衡时的混合策略均衡

上一小节中求解混合策略纳什均衡的方法不仅适用于纯策略纳什均衡不存在的情况（如表 10-7 所示的例子），而且适用于纯策略纳什均衡存在的情况。在后面这种情况下，我们还会看到，纯策略纳什均衡将作为特例被包含在相应的混合策略纳什均衡中。

我们知道，本章一开始给出的表 10-1 是一个纯策略博弈模型。它有一个纯策略纳什均衡，即（不合作，不合作）。现在来求解它的混合策略纳什均衡。仍然假定甲厂商的混合策略为（p_1，p_2）、乙厂商的混合策略为（q_1，q_2），即甲厂商分别以 p_1 和 p_2 的概率选择合作和不合作、乙厂商分别以 q_1 和 q_2 的概率选择合作和不合作（参见表 10-8）。

在这种情况下，两个厂商的期望支付分别为：

$$\begin{aligned}
E_甲 &= 5p_1q_1 + p_1(1-q_1) + 7(1-p_1)q_1 + 2(1-p_1)(1-q_1) \\
&= 5p_1q_1 + p_1 - p_1q_1 + 7q_1 - 7p_1q_1 + 2 - 2q_1 - 2p_1 + 2p_1q_1 \\
&= -p_1 - p_1q_1 + 5q_1 + 2 \\
&= -p_1(1+q_1) + 5q_1 + 2
\end{aligned}$$

$$\begin{aligned}
E_乙 &= 6p_1q_1 + 5p_1(1-q_1) + (1-p_1)q_1 + 3(1-p_1)(1-q_1) \\
&= 6p_1q_1 + 5p_1 - 5p_1q_1 + q_1 - p_1q_1 + 3 - 3q_1 - 3p_1 + 3p_1q_1 \\
&= 3p_1q_1 + 3 - 2q_1 + 2p_1 \\
&= q_1(3p_1 - 2) + 2p_1 + 3
\end{aligned}$$

表 10-8　　　　　　　　　存在唯一一个纯策略纳什均衡的混合策略模型

			乙厂商的策略	
			q_1	q_2
			合作	不合作
甲厂商的策略	p_1	合作	5, <u>6</u>	1, 5
	p_2	不合作	<u>7</u>, 1	<u>2</u>, <u>3</u>

于是，甲厂商的条件混合策略可写为：

$$p_1 = 0 \qquad 0 \leqslant q_1 \leqslant 1$$

这是因为，无论 q_1 在区间 [0, 1] 取何值，为了使 $E_甲$ 达到最大，p_1 总是越小越好。乙厂商的条件混合策略则可写为：

$$q_1 = \begin{cases} 0 & p_1 < 2/3 \\ [0, 1] & p_1 = 2/3 \\ 1 & p_1 > 2/3 \end{cases}$$

图 10 - 2 是上述条件混合策略的几何表示。与之前相同，图中的实线曲线和虚线曲线分别为甲厂商和乙厂商的条件混合策略曲线。两条曲线的交点只有原点。交点为原点意味着 p_1 和 q_1 都等于 0，从而 p_2 和 q_2 都等于 1。它表示与原点相对应的混合策略组合为 $((p_1，p_2)，(q_1，q_2))=((0，1)，(0，1))$，即两个厂商都是以 0 的概率选择合作、以 1 的概率选择不合作。这恰好就是纯策略组合（不合作，不合作）。由此可见，原来的纯策略博弈中的纳什均衡现在被作为特例包括到了混合策略纳什均衡之中。

值得注意的是，由于在图 10 - 2 中，除了原点之外，不存在任何其他的交点，从而不存在任何其他的混合策略纳什均衡，故在这种情况下，混合策略博弈的均衡与纯策略博弈的均衡恰好完全相同，即都是（不合作，不合作）。

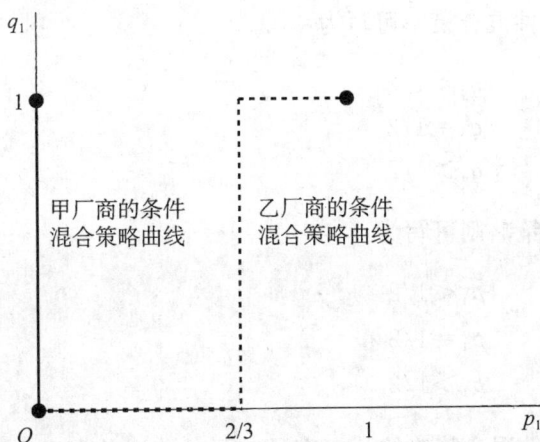

图 10 - 2　存在唯一一个纯策略纳什均衡时的混合策略均衡

三、具有多个纯策略均衡时的混合策略均衡

本章第二节的表 10 - 3 给出的是一个具有多重纯策略纳什均衡的博弈模型：它有两个纯策略纳什均衡，即与左上角和右下角两个单元格相对应的策略组合（上，左）和（下，右）。为了求解相应的混合策略纳什均衡，我们仍然假定甲厂商的混合策略为 $(p_1，p_2)$、乙厂商的混合策略为 $(q_1，q_2)$，即甲厂商分别以 p_1 和 p_2 的概率选择上和下，乙厂商分别以 q_1 和 q_2 的概率选择左和右（参见表 10 - 9）。

表 10 - 9　　　　　　　　　　存在两个纯策略纳什均衡的混合策略模型

			乙厂商的策略	
			q_1	q_2
			左	右
甲厂商的策略	p_1	上	<u>5</u>, <u>6</u>	1, 4
	p_2	下	4, 1	<u>2</u>, <u>3</u>

在这种情况下，两个厂商的期望支付分别为：

$$E_甲 = 5p_1q_1 + p_1(1-q_1) + 4(1-p_1)q_1 + 2(1-p_1)(1-q_1)$$
$$= 5p_1q_1 + p_1 - p_1q_1 + 4q_1 - 4p_1q_1 + 2 - 2q_1 - 2p_1 + 2p_1q_1$$
$$= -p_1 + 2p_1q_1 + 2q_1 + 2$$
$$= p_1(-1 + 2q_1) + 2q_1 + 2$$

$$E_乙 = 6p_1q_1 + 4p_1(1-q_1) + (1-p_1)q_1 + 3(1-p_1)(1-q_1)$$
$$= 6p_1q_1 + 4p_1 - 4p_1q_1 + q_1 - p_1q_1 + 3 - 3q_1 - 3p_1 + 3p_1q_1$$
$$= 4p_1q_1 + p_1 - 2q_1 + 3$$
$$= 2q_1(2p_1 - 1) + p_1 + 3$$

于是，甲厂商的条件混合策略可写为：

$$p_1 = \begin{cases} 0 & q_1 < 1/2 \\ [0,1] & q_1 = 1/2 \\ 1 & q_1 > 1/2 \end{cases}$$

乙厂商的条件混合策略则可写为：

$$q_1 = \begin{cases} 0 & p_1 < 1/2 \\ [0,1] & p_1 = 1/2 \\ 1 & p_1 > 1/2 \end{cases}$$

图 10-3 是上述条件混合策略的几何表示。两条曲线共有三个交点，即原点、e_1 点和 e_2 点。与之前一样，原点意味着 p_1 和 q_1 都等于 0，从而 p_2 和 q_2 都等于 1。它表示，与原点相对应的混合策略组合为 $((p_1, p_2), (q_1, q_2)) = ((0, 1), (0, 1))$，即甲和乙两个厂商分别以 0 的概率选择上和左、分别以 1 的概率选择下和右。这恰好就是纯策略组合（下，右）。e_2 点意味着 p_1 和 q_1 都等于 1，从而 p_2 和 q_2 都等于 0。它表示，与 e_2 点相对应的混合策略组合为 $((p_1, p_2), (q_1, q_2)) = ((1, 0), (1, 0))$，即甲和乙两个厂商分别以 1 的概率选择上和左、分别以 0 的概率选择下和右。这恰好就是纯策略组合（上，左）。由此可见，原来的两个纯策略博弈中的纳什均衡现在同样被作为特例包括到了混合策略纳什均衡之中。除此之外，在图 10-3 中，还有一个不同于纯策略纳什均衡的混合策略均衡，即 e_1 点。e_1 点意味着 p_1 和 q_1 都等于 0.5，从而 p_2 和 q_2 亦都等于 0.5。它表示，与 e_1 点相对应的混合策略组合为 $((p_1, p_2), (q_1, q_2)) = ((0.5, 0.5), (0.5, 0.5))$，即甲和乙两个厂商都是以 0.5 的概率分别选择上和左以及分别选择下和右。

四、具有无穷多个混合策略均衡的博弈

我们已经知道，具有任意有限多个纯策略的博弈至少存在一个混合策略纳什均衡。那么，至多呢？至多可以多到无穷多个。参见表 10-10。

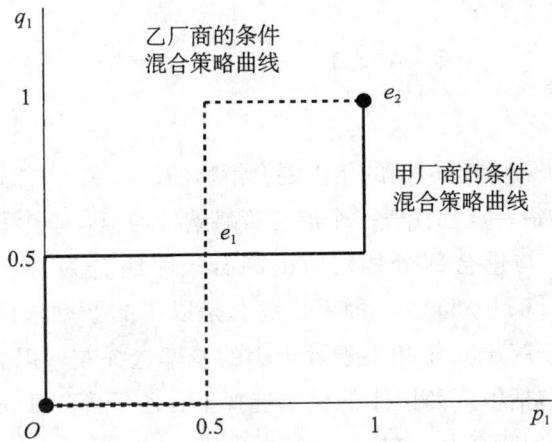

图 10-3 存在两个纯策略纳什均衡时的混合策略均衡

表 10-10   存在无穷多个混合策略纳什均衡的混合策略模型

			乙厂商的策略	
			q_1	q_2
			左	右
甲厂商的策略	p_1	上	<u>5</u>, <u>7</u>	4, <u>7</u>
	p_2	下	3, <u>8</u>	<u>6</u>, 2

在这种情况下,两个厂商的期望支付分别为:

$$E_甲 = 5p_1q_1 + 4p_1(1-q_1) + 3(1-p_1)q_1 + 6(1-p_1)(1-q_1)$$
$$= 5p_1q_1 + 4p_1 - 4p_1q_1 + 3q_1 - 3p_1q_1 + 6 - 6q_1 - 6p_1 + 6p_1q_1$$
$$= 4p_1q_1 - 2p_1 - 3q_1 + 6$$
$$= 2p_1(2q_1 - 1) - 3q_1 + 6$$

$$E_乙 = 7p_1q_1 + 7p_1(1-q_1) + 8(1-p_1)q_1 + 2(1-p_1)(1-q_1)$$
$$= 7p_1q_1 + 7p_1 - 7p_1q_1 + 8q_1 - 8p_1q_1 + 2 - 2q_1 - 2p_1 + 2p_1q_1$$
$$= -6p_1q_1 + 5p_1 + 6q_1 + 2$$
$$= 6q_1(-p_1 + 1) + 5p_1 + 2$$

相应地,甲厂商的条件混合策略为:

$$p_1 = \begin{cases} 0 & q_1 < 1/2 \\ [0,1] & q_1 = 1/2 \\ 1 & q_1 > 1/2 \end{cases}$$

311

乙厂商的条件混合策略为：

$$q_1 = \begin{cases} 1 & 0 \leqslant p_1 < 1 \\ [0,1] & p_1 = 1 \end{cases}$$

参见图 10-4。甲厂商和乙厂商的条件混合策略曲线在 e_1 点之上和 e_2 点之下的线段部分重合——重合部分的每一点都代表一个混合策略纳什均衡，整个重合部分代表了无穷多个混合策略纳什均衡。与重合部分相对应的混合策略组合为 $((p_1，p_2)，(q_1，q_2)) = ((1，0)，([0.5，1]，[0，0.5)))$，即甲厂商总是以 1 的概率选择上（以 0 的概率选择下）、乙厂商总是以大于等于 0.5 和小于等于 1 的概率选择左（以大于等于 0 和小于 0.5 的概率选择右）。其中包括甲厂商以 1 的概率选择上、乙厂商以 1 的概率选择左。这正好是该博弈的纯策略纳什均衡（上，左）。

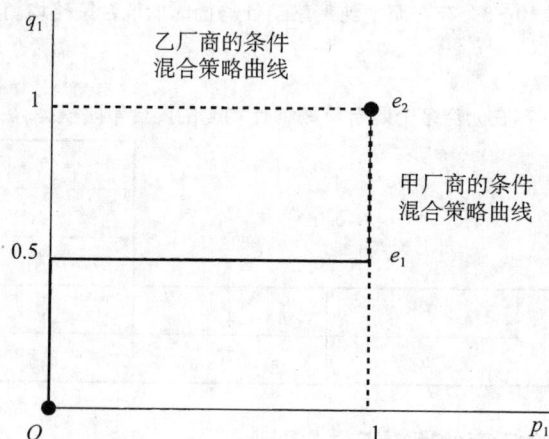

图 10-4 存在无穷多个混合策略纳什均衡时的混合策略均衡

第四节 完全信息动态博弈

前两节讨论了博弈的一种重要类型，即参与人同时选择各自策略的完全信息静态博弈。如前所述，这里的"同时"并不一定就是物理意义上的同时。在博弈论中，即使不同的参与人进行决策的时间各不相同，但只要每一个参与人在确定自己的策略的时候并不知道其他参与人所选择的策略，则相应的博弈就可以被看成是所谓的同时博弈。本节要讨论的是另外一种重要的博弈类型，即所谓的"完全信息动态博弈"。在完全信息动态博弈中，参与人的决策有先有后，特别是，后行动的参与人可以观察到先行动的参与人已经采取了的策略。

一、例子：竞争者—垄断者博弈

考虑一个既有的垄断者（简称垄断者）和一个潜在的竞争者（简称竞争者）之间的博弈。在该博弈中，竞争者先决策：他决定进入还是不进入由垄断者独霸的市场；垄断者后决策：他根据竞争者的行动决定对其"容忍"（如维持原来的垄断价格，不对竞争者进行任何威胁）还是"抵抗"（如为防止竞争者的可能进入而预先实施降价威胁）。换句话说，在该博弈中，竞争者有两个策略，即进入和不进入，垄断者也有两个策略，即容忍和抵抗。因此，总共有四个策略组合，即（进入，容忍）、（进入，抵抗）、（不进入，容忍）、（不进入，抵抗）。在每一个策略组合中，第一项都是竞争者（即先行动者）的策略，第二项都是垄断者（即后行动者）的策略。例如，第二个策略组合（进入，抵抗）意味着竞争者决定进入、垄断者（在竞争者决定进入的条件下）决定抵抗。每一个策略组合都将导致一对参与人的支付。具体假定如下：一方面，在竞争者决定进入时，如果垄断者的对策是容忍，则竞争者和垄断者各得到支付1和4，如果垄断者的对策是抵抗，则相应的支付分别为-2和2；另一方面，在竞争者决定不进入时，如果垄断者的对策是容忍（即维持垄断价格），则竞争者和垄断者得到的支付分别为0和5，如果垄断者的对策是抵抗（即实施降价），则相应的支付分别为0和3。

二、博弈树

前面我们看到，在描述和分析完全信息静态博弈时，支付矩阵是非常有用的。与此不同，对于完全信息动态博弈，更加方便也更加自然的是使用一种叫做"**博弈树**"的工具。[①]博弈树模型又称为扩展式博弈模型，以博弈树来描述的完全信息动态博弈又叫做**扩展型博弈**。参见图10-5。

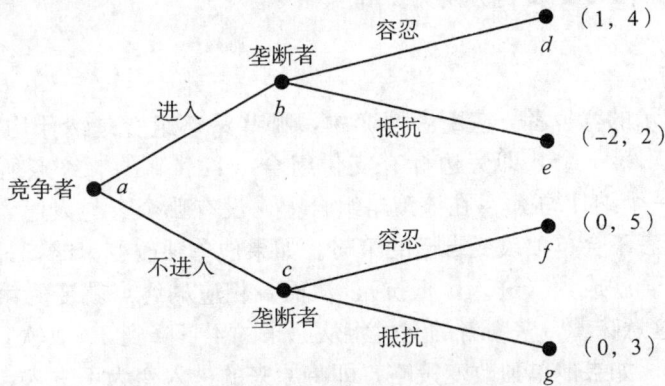

图10-5 竞争者—垄断者博弈

在图10-5中，博弈树自左向右伸展（当然，也可以视方便让博弈树向任何方向伸展）。它由一些"点"和"线段"（以及标在这些点和线段旁边的文字和数字）组成。其中，点包括"起点"（前面没有任何线段的点，如a点）、"中间点"（前后都有一些线段的点，如b、c点）和"终点"（后面没有任何线段的点，如d、e、f、g点）；点与点之间由线段连接；在点和线段旁边的文字和数字则进一步说明了它们各自的具体含义。

"起点"又叫做"初始决策点"，通常只有一个。起点是博弈树的"根"，是完全信息动态博弈开始的地方，是博弈的最先行动者进行决策的地方。在我们上面的例子中，由于是竞争者先决策，故我们在初始决策点a的旁边标上"竞争者"，表示初始决策点属于竞

---

① 当然，也可以用博弈树来描述完全信息静态博弈，用支付矩阵来描述完全信息动态博弈。

争者。从初始决策点出发，有向右伸展的两条线段，分别表示竞争者可以采取的两个行动或策略。例如，上面一条线段表示竞争者的"进入"决策，下面一条线段表示竞争者的"不进入"决策。两条线段分别通向两个"中间点"b和c。中间点又叫做"中间决策点"，通常至少应有两个。在上面的例子中，由于我们假定在竞争者的初始决策之后紧跟着的是垄断者的决策，故这些中间决策点都属于垄断者。于是，我们在这些中间决策点的旁边标上"垄断者"，表示它们是垄断者做决策的地方。由于垄断者也有两个策略，即"容忍"和"抵抗"，故从垄断者的每一个（中间）决策点出发，又可以向右延伸出两条线段，分别表示"容忍"和"抵抗"两个策略。最后，表示垄断者的容忍和抵抗策略的线段都通向博弈的"终点"。[①]终点是博弈结束的地方。与起点和中间点不同，终点不是决策点：它既不是初始决策点，也不是中间决策点。因此，终点不属于任何参与人（终点的旁边没有标注任何参与人）。终点有两层含义。第一，它代表博弈的一个策略组合——从起点开始导向某个终点的所有线段按先后次序排列的一个组合。例如，最上面的终点（d点）表示的策略组合是（进入，容忍），即竞争者先选择进入、垄断者然后选择容忍。第二，它代表与某个策略组合相应的一个支付组合——在每一个终点的旁边，有一对用圆括号围住的数字，其中，第一个数字是先行动者的支付，第二个数字是后行动者的支付。例如，在我们上面的例子中，最上面的终点旁边的（1，4）表示，在竞争者和垄断者的策略组合为（进入，容忍）时，他们得到的支付分别为1和4。

三、纳什均衡

在图10-5表示的竞争者—垄断者博弈中，哪些策略组合是纳什均衡呢？容易看到，（自上而下数起的）第一个［即旁边标有支付组合（1，4）的］终点所代表的策略组合（进入，容忍）是一个纳什均衡。[②]在该策略组合上，没有哪个参与人愿意单独改变自己的策略。首先，垄断者不会单独改变自己的策略。如果他单独改变策略，即将原来的容忍变为抵抗，则策略组合就成为（进入，抵抗），从而，相应的终点就变为第二个，支付组合变为（-2，2）。这意味着，垄断者的支付将从原来的4下降到2。其次，竞争者也不会单独改变自己的策略。如果他单独改变策略，即将原来的进入变为不进入，则策略组合就成为（不进入，容忍），从而，相应的终点变为第三个，支付组合变为（0，5）。这意味着，竞争者的支付将从原来的1下降到0。

在图10-5中，除了（进入，容忍）是纳什均衡外，其余的策略组合都不是纳什均衡。首先，由第二个终点代表的策略组合（进入，抵抗）不是纳什均衡——此时，垄断者单独改变策略将使自己的支付从2提高到4，竞争者单独改变策略将使自己的支付从-2提高到0；其次，由第三个终点代表的策略组合（不进入，容忍）不是纳什均衡——此时，竞争者单独改变策略将使自己的支付从0提高到1；最后，由第四个终点代表的策略组合（不进入，抵抗）不是纳什均衡——此时，垄断者单独改变策略将使自己的支付从3提高到5。

---

① 在更复杂的完全信息动态博弈中，从一个中间决策点出发的线段也可能导向另外一个中间决策点，而不是直接导向博弈的终点。

② 在博弈树中，一个纳什均衡代表着一条均衡的路径。例如，纳什均衡的策略组合（进入，容忍）代表了从起点a出发经由进入和容忍两条线段而达到终点d的一条均衡路径。

与完全信息静态博弈的情况一样，在完全信息动态博弈中，纳什均衡也可能不止一个——尽管在图10-5的竞争者—垄断者博弈模型中，只有一个纳什均衡。例如，考虑下面图10-6的情侣博弈。在图中，作为情侣一方的男方首先决策。他有两个策略，即去看足球比赛，或去看芭蕾演出。作为后决策者的女方也有同样的两个策略：看足球和看芭蕾。于是，他们总共有四个策略组合，即（足球，足球）、（足球，芭蕾）、（芭蕾，足球）、（芭蕾，芭蕾），相应的支付向量分别为（2，1）、（0，0）、（−1，−1）、（1，2）。例如，当策略组合为（足球，足球），即男方先选择足球，女方然后也选择足球时，支付向量为（2，1），即男方得到的支付为2，女方得到的支付为1。

不难看到，在图10-6的情侣博弈中，有两个纳什均衡，一个是（足球，足球），即男方先选择足球，女方然后也选择足球，另一个是（芭蕾，芭蕾），即男方先选择芭蕾，女方然后也选择芭蕾。

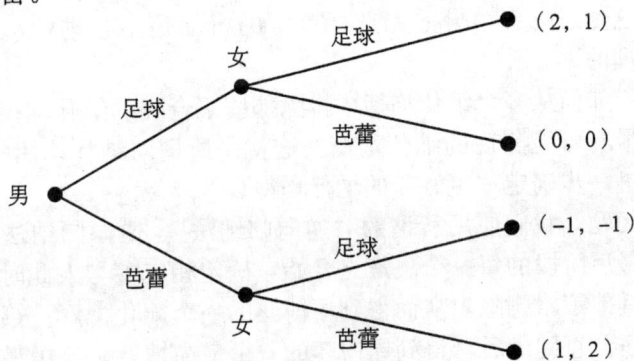

图 10-6　情侣博弈

首先，策略组合（足球，足球）是一个纳什均衡。此时，如果女方单独改变策略，则策略组合变为（足球，芭蕾），女方的支付将从原来的1下降到0；如果男方单独改变策略，则策略组合变为（芭蕾，足球），男方的支付将从原来的2下降到−1。于是，无论女方还是男方，都没有单独改变策略的动机。

其次，策略组合（芭蕾，芭蕾）也是一个纳什均衡。此时，如果女方单独改变策略，则策略组合变为（芭蕾，足球），女方的支付将从原来的2下降到−1；如果男方单独改变策略，则策略组合变为（足球，芭蕾），男方的支付将从原来的1下降到0。于是，无论女方还是男方，也都没有单独改变策略的动机。

除此之外，剩下的两个策略组合即（足球，芭蕾）和（芭蕾，足球）都不是纳什均衡。对于策略组合（足球，芭蕾），女方有单独改变策略的动机——通过这一改变她可以将支付从0提高到1；男方也有单独改变策略的动机——通过这一改变他也可以将支付从0提高到1。对于策略组合（芭蕾，足球），女方有单独改变策略的动机——通过这一改变她可以将支付从−1提高到2；男方也有单独改变策略的动机——通过这一改变他也可以将支付从−1提高到2。

四、纳什均衡的精炼：逆向归纳法

在存在多重纳什均衡的场合，有一些纳什均衡似乎很不合理。例如，在图10-6的情侣博弈中，男方先选择芭蕾，女方然后也选择芭蕾，即策略组合（芭蕾，芭蕾）是一个纳什均衡。但是，这个均衡有点奇怪，因为它要求男方先选择芭蕾而非足球。那么，男方为什么不先选择足球呢？图 10 - 6 显露出的信息是，他可能有这样的担心：一旦他先选择足球，女方就可能会报复性地选择芭蕾。例如，女方也许会威胁男方说：如果你选择足球，我就选择芭蕾，宁愿两败俱伤。如果女方真的这样做，则当男方选择足球（以及女方报复性地选择芭蕾）时，得到的支付就是 0，反而小于他选择芭蕾（从而女方也选择芭蕾）时得到的 1。

但是，仔细思考一下就会知道，男方的这种担心其实没有必要。这是因为，如果男方真的先选择足球，根据图 10 - 6，女方出于自身利益的考虑，一定也会选择足球而非芭蕾——她此时选择足球的支付为 1，大于选择芭蕾的支付 0。由此可见，男方对女方采取报复行动的担心其实并无必要，或者说，女方的威胁（如果他选择足球，则她就选择芭蕾）是不可信的。这也意味着，男方先选择芭蕾的行动是不合理的，从而纳什均衡（芭蕾，芭蕾）是不合理的。

现在的问题是：如何从多个纳什均衡中排除那些不合理的纳什均衡，或者如何在所有的纳什均衡中找到最有可能实现的纳什均衡？这就是所谓**对纳什均衡的"精炼"**，即要从众多的纳什均衡中进一步确定"更好"的纳什均衡。

为了解决这个问题，我们使用所谓的"逆向归纳法"。**逆向归纳法**包括两个步骤。第一步，先从博弈的最后阶段的每一个决策点开始，确定相应参与人此时所选择的策略，并把参与人所放弃的其他策略删除，从而得到原博弈的一个简化博弈；第二步，对简化博弈重复第一步骤的程序，直到最后，得到原博弈的一个最简博弈。这个最简博弈，就是原博弈的解。

例如，我们用逆向归纳法来求解图 10 - 6 的情侣博弈。我们已经知道，在这个博弈中，有两个纳什均衡，即（足球，足球）和（芭蕾，芭蕾）。那么，在这两个纳什均衡中，哪一个更加可能成为博弈的最终结果呢？

首先来看最后阶段即女方的决策。一方面，如果男方选择足球，则女方当然选择足球——选择足球的支付为 1，大于选择芭蕾的支付 0。于是，我们可以将图中最后阶段的四条线段中的第二条以及它们后面的终点和支付组合全部删除（为方便起见，这里只做象征性的"删除"，即只把相应的线段从原来的"实线"改为"虚线"——参见下面的图 10 - 7 和图 10 - 8）。另一方面，如果男方选择芭蕾，则女方当然选择芭蕾——选择芭蕾的支付为 2，大于选择足球的支付 -1。于是，我们又可以将图中最后阶段的四条线段中的第三条（以及它后面的终点和支付组合）删除。

在删除了如上所述的两条线段（以及它们后面的终点和支付组合）之后，我们便得到一个与图 10 - 6 等价的简化模型。参见图 10 - 7。注意：在简化模型图 10 - 7 中，我们只需要关注其"实线"部分，因为"虚线"及其后面的点和支付组合是已经被删除的部分。在这种情况下，女方的选择已经完全由男方的选择所决定：如果男方选择足球，则女方也选择足球；如果男方选择芭蕾，则女方也选择芭蕾。因此，我们现在可以进入到前一决策阶段，考察男方的选择。由图 10 - 7 显而易见，男方的最优选择是足球——选择足球的支付为 2，大于选择芭蕾的支付 1。于是，我们可以像上面那样，把图 10 - 7 中第一阶段的两条线段中的第二条（以及它后面的点、线段和支付组合）删除。

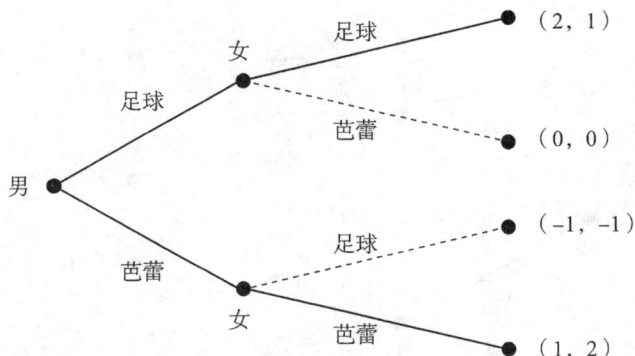

图 10-7 简化的情侣博弈（1）

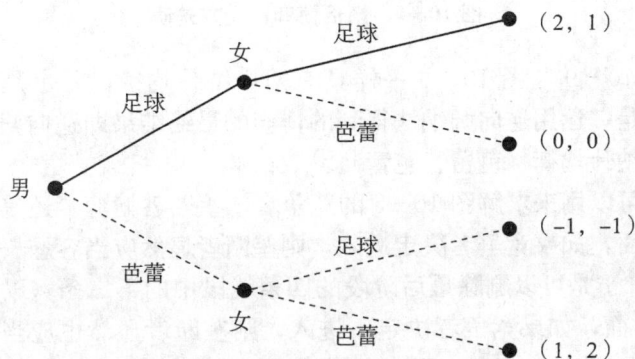

图 10-8 简化的情侣博弈（2）

在进行了如上所述的删除之后，剩下的是一个与图 10-7 从而图 10-6 等价的最简单模型。参见图 10-8。该图（实线部分）可以被看成是图 10-6 的情侣博弈模型的解：男方选择足球、女方选择足球，即最优策略组合为（足球，足球），相应的支付组合为（2，1），即男方得到 2，女方得到 1。我们把由图 10-8（实线部分）表示的经由逆向归纳法倒推得到的最优策略组合（足球，足球）称为"逆向归纳策略"。显而易见，逆向归纳策略恰好就是我们前面已经说过的存在于图 10-6 情侣博弈中的两个纳什均衡之一。实际上，逆向归纳策略总是纳什均衡，尽管纳什均衡并不一定也是逆向归纳策略。

在上面对情侣博弈的讨论中，我们可以看到一个十分有趣的结果：尽管在该博弈中，有两个纳什均衡，即（足球，足球）和（芭蕾，芭蕾），前者对男方更加有利，后者对女方更加有利，但是，由于男方是先行动者，通过逆向归纳法得到的最终结果就是对男方更加有利的纳什均衡，即（足球，足球），而对女方更加有利的纳什均衡（芭蕾，芭蕾）则被排除了。这个例子生动地说明了一类重要的现象，即所谓的"先动优势"——先行动者的得益大于后行动者。

如果我们把上述的情侣博弈改为女方先行动，则逆向归纳的结果就是对女方更加有利的纳什均衡（芭蕾，芭蕾），而对男方更加有利的纳什均衡将被排除。参见图 10-9。与图 10-6 相比，图 10-9 的不同之处是把男方先动改成了女方先动；此外还需注意，由于现在是女方先动，故图中的支付组合中，第一个数字表示女方的支付，第二个数字表示男方的支付。

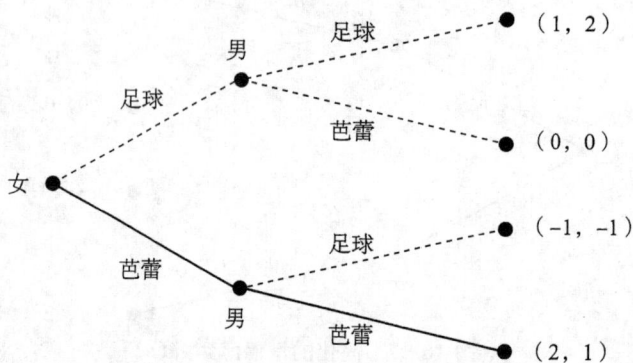

图 10-9　情侣博弈：女方先动

容易看到，图 10-9 与图 10-6 一样具有两个纳什均衡，即也是（足球，足球）和（芭蕾，芭蕾），但是，运用逆向归纳法得到的博弈的最终结果即逆向归纳策略却是更加有利于女方的那一个纳什均衡（芭蕾，芭蕾）。①

逆向归纳法也可以用来求解图 10-5 的竞争者—垄断者博弈。还是先来看最后阶段的垄断者决策。一方面，如果竞争者决定进入，则垄断者显然应当容忍——容忍的支付为 4，大于抵抗的支付 2。于是可以删除最后阶段的四条线段中的第二条（以及它后面的终点和支付组合）。另一方面，如果竞争者决定不进入，则垄断者显然也应当容忍——容忍的支付为 5，大于抵抗的支付 3。于是又可以删除最后阶段的四条线段中的第四条（以及它后面的终点和支付组合）。

删除上述两条线段（以及它们后面的终点和支付组合）之后，便得到如图 10-10 所示的简化的竞争者—垄断者博弈模型。在这个简化的博弈中，竞争者显然应当选择进入——选择进入的支付为 1，大于不进入的支付 0。于是又可删除第一阶段的两条线段中的第二条（以及它后面的点、线段和支付组合）。

最后剩下来的是与图 10-10 从而图 10-5 等价的图 10-11。该图（实线部分）可以被看成是图 10-5 的竞争者—垄断者博弈模型的解：竞争者选择进入、垄断者选择容忍，即最优策略组合为（进入，容忍），相应的支付组合为（1，4），即竞争者得到 1，垄断者得到 4。这里，我们再次看到，由图 10-11 中实线部分表示的逆向归纳策略（进入，容忍）就是我们前面已经说过的存在于图 10-5 竞争者—垄断者博弈中的那个唯一的纳什均衡。

值得注意的是，完全信息动态博弈和完全信息静态博弈有一个重要的区别：当博弈是"同时"的时候，如果出现多重纳什均衡，常常无法确定最终实现的是哪一个纳什均衡，但是，当博弈是"有先有后"的时候，即使纳什均衡是多重的，往往也能够从中确定一个最终的均衡。这是因为，与完全信息静态博弈相比，完全信息动态博弈提供了更多的信息——关于参与人决策秩序的信息。

___

① 应当提醒注意的是，先动者并不总是具有优势。在有些博弈中，先动反而会具有劣势。

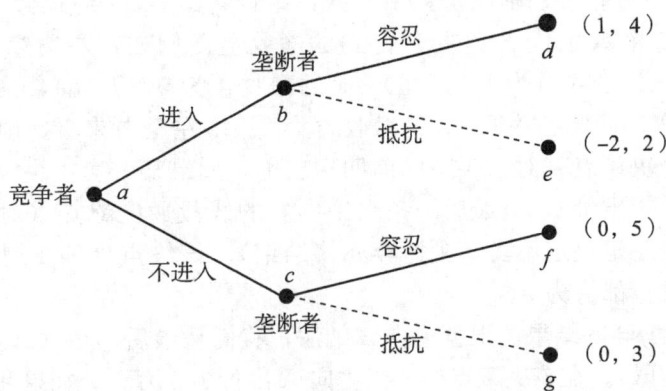

图 10-10　简化的竞争者—垄断者博弈（1）

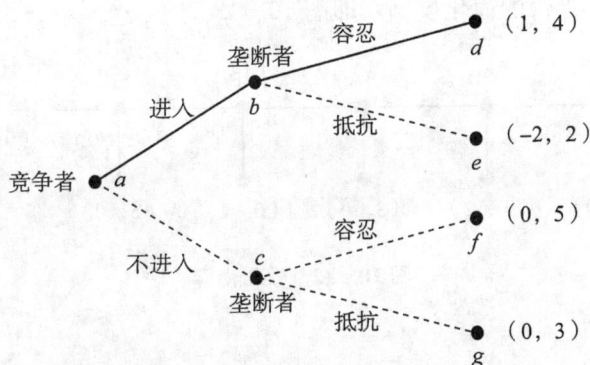

图 10-11　简化的竞争者—垄断者博弈（2）

五、精炼的纳什均衡与效率

我们在第二节中曾经看到，对参与人来说，完全信息静态博弈的纳什均衡并不一定是最优的。同样，在完全信息动态博弈中，亦有类似的结果。特别是，对参与人来说，由逆向归纳法"精炼"出来的完全信息动态博弈的纳什均衡也不一定是有效率的。

考虑某房屋买卖市场。在该市场中，只有一个买主，但有 A 和 B 两个卖主。假定两个卖主各有一套完全相同的住宅要出售，且他们可以接受的最低价格都是 100 万元。买主先向卖主 A 出价 101 万元，如果 A 不接受，就转向卖主 B，出价 102 万元，如果 B 也不接受，则再转向 A，出价 103 万元，如此等等，每次出价都比之前一次出价多 1 万元，直到最后向 A 出价 105 万元，如果此时 A 仍然不接受，则就终止交易。现在要问：在这种情况下，卖主 A 和 B 应当如何决策？

上述情形可以用一种特殊的博弈树即图 10-12 的所谓"蜈蚣博弈"来表示。该博弈从左至右共有五个决策点。每个决策点都标有一对由数字和字母构成的组合，如"1A""2B"……这里，"1A"表示第 1 轮由 A 做决策、"2B"表示第 2 轮由 B 做决策……由每个决策点出发，都有一条垂直向下的线段和一条水平向右的线段，分别代表"卖"和"不卖"两个决策。每条垂直向下的线段都通向一个"终点"（因为卖意味着博

319

弈结束）。终点之下有一个包括两个数字的支付组合，其中，第一个数字代表卖主 A 得到的净收益，第二个数字代表卖主 B 得到的净收益。例如，左边第一个支付组合为（1，0），意味着 A 的净收益为 1（万元）、B 的净收益为 0（万元），第二个支付组合为（0，2），意味着 A 的净收益为 0、B 的净收益为 2。由左至右来看，前四条水平向右的线段都通向下一个决策点（对于买主的前四次出价，如果某个卖主决定不卖，则买主就转向另一个卖主继续出价），但最后一条水平向右的线段通向终点（对于买主的最后一次出价，如果卖主还是决定不卖，则博弈亦将结束），该终点处的支付组合为（0，0），即两个卖主的净收益都将为 0。

现在来看这个博弈的结果。根据逆向归纳法，我们从最后一个（即右边倒数第一个）标有 5A 的决策点开始。在该决策点处，买主向 A 出价 105 万元。如果此时 A 决定卖，就可以得到净收益 5，如果决定不卖，则只能得到净收益 0，故 A 的决策自然是卖。于是，我们可以将图 10-12 中最右边表示不卖的水平线段以及它后面的终点和支付组合均删除，结果得到与图 10-12 等价的简化模型，即图 10-13。

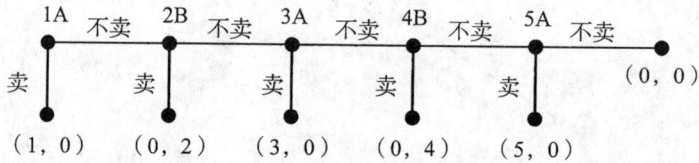

图 10-12　蜈蚣博弈

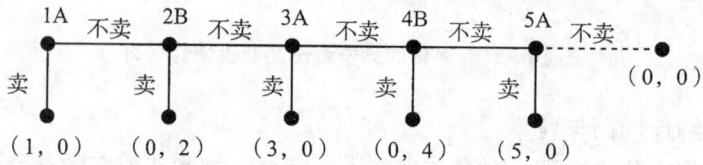

图 10-13　简化的蜈蚣博弈（1）

接着来看图 10-13 的倒数第二个决策点 4B。在该决策点处，买主向 B 出价 104 万元。如果此时 B 决定卖，就可以得到净收益 4 万元，如果决定不卖，则只能得到净收益 0——因为根据前面的讨论，A 最后总是要卖的，而在 A 卖之后，B 的净收益就是 0，故 B 的决策自然也是卖。于是，我们又可以将图 10-13 中 4B 右边的水平线段和垂直线段及其相应的终点和支付组合均删除，结果得到与图 10-13（从而图 10-12）等价的又一个简化模型，即图 10-14。

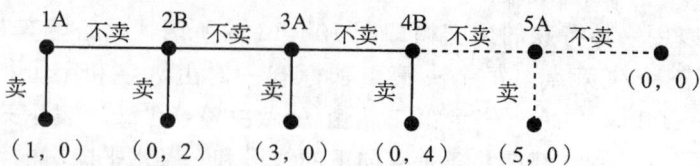

图 10-14　简化的蜈蚣博弈（2）

由上述讨论容易看到，在这一蜈蚣博弈中，每一个卖主在轮到自己做决策时，总是毫无例外地决定卖。依此类推即可知道，在该博弈的一开始，即左边第一个决策点 1A 处，卖主 A 也是决定卖。所以，这个博弈在一开始时就会以 A 决定卖而结束，相应的支付组合为（1，0），即 A 得到净收益 1，B 得到净收益 0。

动态的蜈蚣博弈有点类似于前面讨论过的静态的囚徒困境博弈：每个参与人在轮到自己选择时，总是决定"卖"，结果使得博弈"一开始就结束"。这意味着，参与人只能得到总共为 1 万元的净收益，而放弃了有可能得到更高净收益的机会。例如，在图 10 - 12 中，如果让博弈进行到 5A 时再"卖"，则总共得到的净收益就是 5 万元，远远超过通过逆向归纳法得到的 1 万元。

第五节　结　束　语

本章要点可以归结如下：

（1）博弈论是研究在策略性环境中如何进行策略性决策和采取策略性行动的科学。在策略性环境中，每一个人进行的决策和采取的行动都会对其他人产生影响。因此，每个人在进行策略性决策和采取策略性行动时，都要根据其他人的可能反应来决定自己的决策和行动。

任何一个博弈都具有三个基本的要素，即参与人、参与人的策略和参与人的支付。这里，参与人指的是在博弈中进行决策的个体，参与人的策略指的是一项规则，根据该规则，参与人在博弈的每一时点上选择如何行动，参与人的支付则是指，在所有参与人都选择了各自的策略且博弈已经完成之后，参与人获得的效用（或期望效用）。

（2）"完全信息静态博弈"是参与人同时进行决策或行动的博弈。在这种同时博弈中，在给定其他参与人的策略时，某个参与人的最优策略叫做该参与人的条件优势策略（简称条件策略），而包括该参与人的条件策略以及这些条件在内的所有参与人的策略组合叫做该参与人的条件优势策略组合（简称条件策略组合）。当所有参与人的条件策略组合恰好相同时，每一个参与人都不再有单独改变策略的倾向。此时，整个博弈就达到了均衡。该均衡叫做"纳什均衡"。换句话说，所谓纳什均衡，指的是参与人的这样一种策略组合，在该策略组合上，任何参与人单独改变策略都不会得到好处。

对于一个简单的"二人完全信息静态博弈"，可以用一个以二元数组为元素的支付矩阵来表示，并用"条件策略下划线法"来确定它的纳什均衡。具体步骤如下：第一，把整个博弈的支付矩阵分解为两个参与人的支付矩阵；第二，在第一个（即位于整个博弈矩阵左方的）参与人的支付矩阵中，找出每一列的最大者，并在其下画线；第三，在第二个（即位于整个博弈矩阵上方的）参与人的支付矩阵中，找出每一行的最大者，并在其下画线；第四，将已经画好线的两个参与人的支付矩阵合并起来，得到带有下划线的整个博弈的支付矩阵；第五，在带有下划线的整个的支付矩阵中，找到两个数字之下均画有线的支付组合。由该支付组合代表的策略组合就是博弈的纳什均衡。

（3）在完全信息静态博弈中，参与人原来的策略叫做"纯策略"，他们赋予这些纯策略的概率向量叫做"混合策略"。所有参与人的混合策略的组合构成"混合策略组合"。混合策略组合与参与人的支付的乘积之和为参与人的期望支付。在其他参与人的混合策略确定之后，某个参与人选择的可以使自己的期望支付达到最大的混合策略是该参与人的条件混合策略（其几何表示为"条件混合策略曲线"）。不同参与人的条件混合策略曲线的"交点"就是混合策略条件下的纳什均衡。

（4）完全信息动态博弈是参与人的决策和行动有先有后的博弈。描述完全信息动态博弈的更加方便也更加自然的工具是"博弈树"。博弈树由"点"（包括"起点""中间点""终点"）、连接点的"线段"以及标在这些点和线段旁边的文字和数字组成。在博弈树中，一个纳什均衡代表一条均衡的路径。在该均衡路径上，没有哪个参与人愿意单独改变自己的策略。

在完全信息动态博弈中，可能存在多个纳什均衡的情况。在多个纳什均衡中，有些可能并不合理。所谓对纳什均衡的"精炼"，就是要从众多的纳什均衡中进一步确定"更好"的纳什均衡。纳什均衡的精炼方法通常是使用所谓的"逆向归纳法"，具体包括两个步骤。第一步，先从博弈的最后阶段的每一个决策点开始，确定相应参与人此时所选择的策略，并把参与人所放弃的其他策略删除，从而得到原博弈的一个简化博弈；第二步，再对简化博弈重复步骤一的程序，直到最后，得到原博弈的一个最简博弈。这个最简博弈，就是原博弈的解；而在存在多重纳什均衡时，它就是对纳什均衡的精炼。

博弈论是一种数学方法，其本身的正确性是不容置疑的。它在经济学中的应用，特别是在寡头市场的应用已经取得了大量的成果。然而，也必须指出，这些成果基本上是在解释的方面，如对于寡头行为的解释。但是，它对于如何解决寡头的弊端这一问题还未能提出有效的方案和对策，而研究经济学的目的归根到底还是在于提供解决问题的方案。

与其他西方经济学的理论一样，博弈论也将"自利"和"理性"作为自己的基础。然而，在该基础上推导出来的结果却并不一定总是符合实际。例如，考虑如下的同时博弈：A、B两个旅客买了同样的花瓶，但在托运时摔坏了，于是向航空公司索赔。航空公司的回答是，请他们在100元以内写下花瓶的价格，如果两个价格一样，就按该价格赔，如果两个价格不一样，就按较低的价格赔，并对写得低的人奖励2元，对写得高的人罚款2元。这个博弈的解是什么呢？如果A、B两人都写100，则两人都会得到100，但是，A会想，如果B写100，那我应当写99，因为这样可以得到99+2=101，而B又会想，如果A写99，我应当写98，如此等等，于是，最后两人都写0！这个结果显然并不符合实际。

因此，迄今为止，博弈论方法在经济学上的应用所取得的真正有实效的成果可以说仍然是有限的。

第十一章

市场失灵和微观经济政策

在第九章的结束语中，我们曾经指出，前述各章的西方微观经济学部分的主旨在于论证所谓"看不见的手"的原理，即：完全竞争市场经济在一系列理想化假定条件下，可以导致整个经济达到一般均衡，导致资源配置达到帕累托最优状态。但是，这个原理并不真正适用于现实的资本主义经济：由于完全竞争市场以及其他一系列理想化假定条件并不是现实资本主义经济的真实写照，因此，西方学者认为，在现实资本主义经济中，"看不见的手"的原理一般来说并不成立，帕累托最优状态通常不能得到实现。换句话说，现实的资本主义市场机制在很多场合不能导致资源的有效配置。这种情况被称为所谓"**市场失灵**"。

本章将分别论述市场失灵的几种情况，即**不完全竞争、外部影响、公共物品、不完全信息**以及相应的**微观经济政策**。

第一节　不完全竞争

我们知道，要使资源配置达到帕累托最优状态，必要条件之一是完全竞争。因此，在各种各样的不完全竞争（如垄断、寡头和垄断竞争）的情况下，市场就会出现失灵，而且，市场偏离完全竞争的程度越大，其失灵的程度也就越大。因此，本节以导致市场失灵程度最大的垄断为例，说明不完全竞争如何导致市场失灵以及政府如何通过微观经济政策来克服由不完全竞争导致的市场失灵。

一、垄断与低效率

首先来看某代表性的垄断厂商的利润最大化情况。参见图 11-1。图中横轴表示产量，纵轴表示价格。曲线 D 和 MR 分别为该厂商的需求曲线和边际收益曲线。此外，为简单起见，假定平均成本和边际成本相等且固定不变，它们由图中水平直线 $AC=MC$ 表示。垄断厂商的利润最大化原则是边际成本等于边际收益。因此，垄断厂商的利润最大化产量为 q_m。在该产量水平上，垄断价格为 P_m。显然，这个价格高于边际成本。

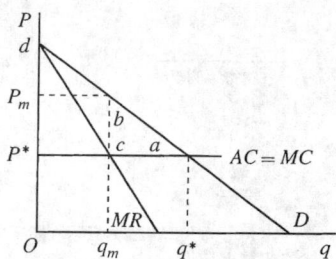

图 11-1　垄断和低效率

　　显而易见，上述垄断厂商的利润最大化状况并没有达到帕累托最优状态。在利润最大化产量 q_m 上，价格 P_m 高于边际成本 MC，这表明，消费者愿意为增加额外一单位产量所支付的数量超过了生产该单位产量所引起的成本。因此，存在帕累托改进的余地。例如，假设消费者按照既定的垄断价格 P_m 购买了垄断产量 q_m。现在进一步考虑，是否可以有某种方式使垄断厂商和消费者的状况都变好？如果让垄断厂商再多生产一单位产量，让消费者以低于垄断价格但高于边际成本的某种价格购买该单位产量，则垄断厂商和消费者都从中得到了好处：垄断厂商的利润进一步提高，因为最后一单位产量给它带来的收益大于它支出的成本；消费者的福利进一步提高，因为它实际上对最后一单位产量的支付低于它本来愿意的支付（本来愿意的支付用需求曲线的高度衡量，即它等于垄断价格）。

　　垄断产量和垄断价格不满足帕累托最优条件。那么，帕累托最优状态在什么地方达到呢？在 q^* 的产量水平上达到。在 q^* 的产量水平上，需求曲线与边际成本曲线相交，即消费者为额外一单位产量的意愿支付等于生产该额外产量的成本。此时，不再存在任何帕累托改进的余地。因此，q^* 是帕累托意义上的最优产出。如果能够设法使产量从垄断水平 q_m 增加到最优水平 q^*，则就实现了帕累托最优。一种可能的方法是：垄断厂商同意生产产量 q^*，并在等于边际成本的价格 P^* 上出售该产量；这样做的结果是垄断厂商的利润下降了 $(P_m-P^*)\cdot q_m$。为了弥补其损失，消费者之间达成一项协议，共同给予垄断厂商至少等于该损失的一揽子支付。在给予这一揽子支付之后，消费者的福利与垄断条件下的情况相比，仍然有所改善，因为垄断厂商将价格从 P_m 降到 P^* 给消费者带来的全部好处是被叫做消费者剩余的那一部分，即区域 P_mbaP^*。这个部分超过了垄断厂商的利润损失部分 $(P_m-P^*)\cdot q_m$。超过的部分为区域 abc 的面积。区域 abc 就是当产量从垄断的 q_m 增加到最优的 q^* 时所产生的全部收益。这个收益可以在垄断厂商和消费者之间进行适当的分配，从而使双方都得到好处。

　　那么，在实际中，为什么均衡产量不是发生在帕累托最优状态 q^* 上呢？原因在于，垄断厂商和消费者之间以及消费者本身之间难以达成相互满意的一致意见。例如，垄断厂商和消费者之间在如何分配增加产出所得到的收益问题上可能存在很大分歧，以至无法达成一致意见；又例如，消费者本身之间在如何分摊弥补垄断厂商利润损失的一揽子支付问题上也不能达成一致意见；最后，还可能无法防止某些消费者不负担一揽子支付而享受低价格的好处，即无法防止"**搭便车者**"。由于存在上述这些困难，实际上得到的通常便是低效率的垄断情况。

　　上述关于垄断情况的分析，也适用于垄断竞争或寡头垄断等其他非完全竞争的情况。实际上，只要市场不是完全竞争的，只要厂商面临的需求曲线不是一条水平线，而是向右下方倾斜的，则厂商的利润最大化原则就是边际收益等于边际成本，而不是价格等于边际成本。当价格高于边际成本时，就出现了低效率的资源配置状态。而由于协议的各种困难，潜在的帕累托改进难以得到实现，于是整个经济便偏离了帕累托最优状态，在均衡时资源配置是低效率的。

二、寻租理论

根据传统的经济理论，垄断尽管会造成低效率，但这种低效率的经济损失从数量上来说相对很小。例如，在图 11-1 中，完全竞争厂商的产量为 q^*，价格为 P^*，经济利润为 0，消费者剩余为 adP^*，总的经济福利（生产者的经济利润加上消费者剩余）也等于 adP^*；垄断厂商的产量为 q_m，价格为 P_m，经济利润为 bcP^*P_m，消费者剩余为 bdP_m，总的经济福利为 bcP^*d。二者相比，垄断的总经济福利减少了，但减少的数量较小，仅仅等于图中的小三角形 abc。

然而，从 20 世纪 60 年代后期以来，西方一些经济学家开始认识到，上述传统的垄断理论可能大大低估了垄断的经济损失。按照他们的看法，传统垄断理论的局限性在于，它着重分析的是垄断的"结果"，而不是获得和维持垄断的"过程"。一旦把分析的重点从垄断的结果转移到获得和维持垄断的过程上，就会很容易发现，垄断的经济损失不再仅仅包括图 11-1 中那块被叫做"无谓损失"（deadweight loss）的小三角形 abc，而是要大得多，它还要包括图 11-1 中垄断厂商的经济利润即 bcP^*P_m 的一部分，或者全部，甚至可能更多。这是因为，为了获得和维持垄断地位从而享受垄断的好处，厂商常常需要付出一定的代价。例如，向政府官员行贿，或者雇用律师向政府官员游说，等等。这种为获得和维持垄断地位而付出的代价与三角形 abc 一样也是一种纯粹的浪费：它不是用于生产，没有创造出任何有益的产出，完全是一种"非生产性的寻利活动"。这种非生产性的寻利活动被概括为所谓的**"寻租"**活动：为获得和维持垄断地位从而得到垄断利润（亦即垄断租金）而进行的活动。

寻租活动的经济损失到底有多大呢？就单个的寻租者而言，他愿意花费在寻租活动上的代价不会超过垄断地位可能给他带来的好处；否则就不值得了。因此，从理论上来说，单个寻租者的寻租代价要小于或者等于图 11-1 中的垄断利润或垄断租金 bcP^*P_m。在很多情况下，由于争夺垄断地位的竞争非常激烈，寻租代价常常要接近甚至等于全部的垄断利润。这意味着，即使局限于考虑单个的寻租者，其寻租损失也往往大于传统垄断理论中的"无谓损失"三角形。如果进一步考虑整个寻租市场，问题就更为严重。在寻租市场上，寻租者往往不止一个，单个寻租者的寻租代价只是整个寻租活动的经济损失的一部分。整个寻租活动的全部经济损失等于所有单个寻租者寻租活动的代价的总和。而且，这个总和还将随着寻租市场竞争程度的不断加强而不断增大。显而易见，整个寻租活动的经济损失要远远超过传统垄断理论中的**"无谓损失"**三角形。

三、对垄断的公共管制

垄断常常导致资源配置缺乏效率。此外，垄断利润通常也被看成是不公平的。这就使得有必要对垄断进行政府干预。政府对垄断的干预是多种多样的。这里先来讨论政府对垄断价格和垄断产量的管制。

参见图 11-2。图中反映的是某垄断厂商的情况。曲线 $D=AR$ 和 MR 分别是它的需求曲线（从而平均收益曲线）和边际收益曲线。曲线 AC 和 MC 分别是其平均成本曲线和边际成本曲线。注意，这里回到平均成本曲线和边际成本曲线的一般形状，而不是图 11-1 中的水平直线。特别是，这里的平均成本曲线具有向右上方倾斜的部分。在没有管制的条件下，垄断厂商生产其利润最大化产量 q_m，并据此确定垄断价格 P_m。这种

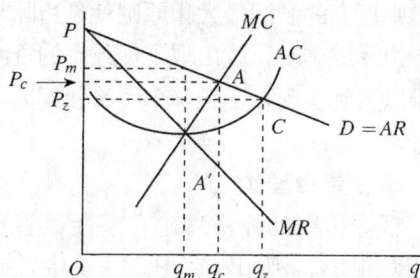

图 11-2　对垄断的管制：递增成本

垄断均衡一方面缺乏效率，因为在垄断产量 q_m 上，价格高于边际成本；另一方面缺乏"公平"，因为在 q_m 上，垄断厂商获得了超额垄断利润，即经济利润不等于 0，或者说，全部利润大于正常利润。现在考虑政府的价格管制。政府应当制定什么样的价格为好呢？如果政府的目标是提高效率，则政府应当将价格定在 P_c 的水平上。当价格为 P_c 时，垄断厂商面临的需求曲线现在成为 P_cAD，从而边际收益曲线为 P_cA 和 $A'MR$。于是最大化产量为 q_c。在该产量水平上，价格恰好等于边际成本。于是实现了帕累托最优。

显然，当政府将价格定为 P_c，从而实现了帕累托最优时，垄断厂商仍然可以得到一部分经济利润，即为平均收益 P_c 超过平均成本 AC 的部分。如果政府试图制定一个更低的"公平价格"以消除经济利润，则该价格须为 P_z。在价格被定为 P_z 时，产量为 q_z。此时，平均收益恰好等于平均成本。因此，P_z 可称为零经济利润价格。但是，现在出现了另一个问题，即在零经济利润价格水平上，帕累托最优条件被违反了：此时边际成本高于价格。因此，按帕累托效率而言，在垄断情况下，产量太低、价格太高，而在零经济利润的情况下，正好相反：价格太低、产量太高。

图 11-2 反映的是平均成本曲线具有向右上方倾斜部分的垄断情况。现在考虑平均成本曲线不断下降的所谓自然垄断情况，参见图 11-3。在图中，由于平均成本曲线 AC 一直下降，故边际成本曲线 MC 总位于其下方。在不存在**政府管制**时，垄断厂商的产量和价格分别为 q_m 和 P_m。当政府管制价格为 P_c 时，产量为 q_c，达到帕累托效率。但是，如果要制定零经济利润价格 P_z，则在这种情况下，P_z 不是低于 P_c，

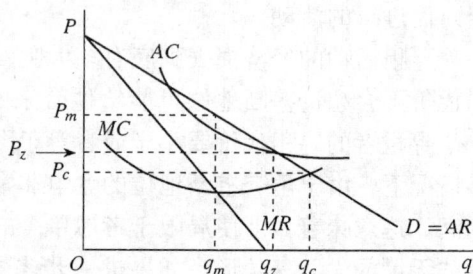

图 11-3　对垄断的管制：递减成本

而是要稍高一些。值得注意的是，在自然垄断场合帕累托最优价格 P_c 和最优产量 q_c 上，垄断厂商的平均收益小于平均成本，从而出现亏损！因此，在这种情况下，政府必须补贴垄断厂商的亏损。

（专栏 11-1 "美国对自然垄断的管制"，请读者扫描本书封面二维码获取。）

四、反托拉斯法

政府对垄断的更加强烈的反应是制定反垄断法或**反托拉斯法**。西方很多国家都不同程

度地制定了反托拉斯法，其中，最为突出的是美国。这里以美国为例做一概括介绍。

19世纪末20世纪初，美国企业界出现了第一次大兼并。正如列宁在《帝国主义论》中所指出的那样，结果形成了一大批经济实力雄厚的大企业。这些大企业被叫做"垄断"厂商或托拉斯。这里的"垄断"不只局限于指一个企业控制一个行业的全部供给的"纯粹"的情况，而且包括几个大企业控制一个行业的大部分供给的情况。按照这一定义，美国的汽车工业、钢铁工业、化学工业等都属于垄断市场。垄断的形成和发展深刻地影响到美国社会各个阶级和阶层的利益。

从1890年到1950年，美国国会通过了一系列法案，反对垄断。其中包括**《谢尔曼法》**（1890）、**《克莱顿法》**（1914）、**《联邦贸易委员会法》**（1914）、**《罗宾逊-帕特曼法》**（1936）、**《惠特-李法》**（1938）和**《塞勒-凯弗维尔法》**（1950），统称反托拉斯法。在其他西方国家中也先后出现了类似的法律规定。

美国的这些反托拉斯法规定，限制贸易的协议或共谋、垄断或企图垄断市场、兼并、排他性规定、价格歧视、不正当的竞争或欺诈行为等，都是非法的。例如，《谢尔曼法》规定：任何以托拉斯或其他形式进行的兼并或共谋，任何限制州际或国际的贸易或商业活动的合同，均属非法；任何人垄断或企图垄断，或同其他个人或多人联合或共谋垄断州际或国际的一部分商业和贸易的，均应被认为是犯罪。违法者要受到罚款和（或）判刑。《克莱顿法》修正和加强了《谢尔曼法》，禁止不公平竞争，宣布导致削弱竞争或造成垄断的不正当做法为非法。这些不正当的做法包括价格歧视、排他性或限制性契约、公司相互持有股票和董事会成员相互兼任。《联邦贸易委员会法》规定：建立联邦贸易委员会作为独立的管理机构，授权防止不公平竞争以及商业欺骗行为，包括禁止虚假广告和商标等。《罗宾逊-帕特曼法》宣布卖主为消除竞争而实行的各种形式的不公平的价格歧视为非法，以保护独立的零售商和批发商。《惠特-李法》修正和补充了《联邦贸易委员会法》，宣布损害消费者利益的不公平交易为非法，以保护消费者。《塞勒-凯弗维尔法》补充了《谢尔曼法》，宣布任何公司购买竞争者的股票或资产从而实质上减少竞争或企图造成垄断的做法为非法。《塞勒-凯弗维尔法》禁止一切形式的兼并，包括横向兼并、纵向兼并和混合兼并。这类兼并指大公司之间的兼并和大公司对小公司的兼并，而不包括小公司之间的兼并。

美国反托拉斯法的执行机构是联邦贸易委员会和司法部反托拉斯局。前者主要反对不正当的贸易行为，后者主要反对垄断活动。对犯法者可以由法院提出警告、罚款、改组公司直至判刑。

第二节　外部影响

一、外部影响及其分类

到目前为止，我们讨论的微观经济理论，特别是其中的"看不见的手"的原理，要依赖于一个隐含的假定，即不存在所谓的**"外部影响"**。这里，外部影响是指，某一经济主体的经济行为对社会上其他人的福利造成了影响，但并没有为此承担后果。然而，在实际经济中，这个假定往往并不能够成立。一方面，在很多时候，某个人（生产者或消费者）

的一项经济活动会给社会上其他成员带来好处，但他自己却不能由此而得到补偿。此时，这个人从其活动中得到的利益（即所谓的"私人利益"）就小于该活动所带来的全部利益（即所谓的"社会利益"，包括这个人和其他所有人所得到的利益）。这种性质的外部影响被称为所谓"外部经济"。根据经济活动的主体是生产者还是消费者，外部经济可以分为"生产的外部经济"和"消费的外部经济"。另一方面，在很多时候，某个人（生产者或消费者）的一项经济活动会给社会上的其他成员带来危害，但他自己却并不为此支付足够抵偿这种危害的成本。此时，这个人为其活动所付出的成本（即所谓的"私人成本"）就小于该活动所造成的全部成本（即所谓的"社会成本"，包括这个人和其他所有人所付出的成本）。这种性质的外部影响被称为所谓"外部不经济"。外部不经济也可以视经济活动主体的不同而分为"生产的外部不经济"和"消费的外部不经济"。

1. 生产的外部经济

当一个生产者采取的经济行动对他人产生了有利的影响，而自己却不能从中得到报酬时，便产生了生产的外部经济。生产的外部经济的例子有很多。例如，一个企业对其所雇用的工人进行培训，而这些工人可能转到其他单位去工作。该企业并不能从其他单位索回培训费用或得到其他形式的补偿。因此，该企业从培训工人中得到的私人利益就小于该活动的社会利益。

2. 消费的外部经济

当一个消费者采取的行动对他人产生了有利的影响，而自己却不能从中得到补偿时，便产生了消费的外部经济。例如，当某个人对自己的房屋和草坪进行保养时，他隔壁的住户也从中得到了不用支付报酬的好处。此外，一个人对自己的孩子进行教育，把他们培养成更值得信赖的公民，这显然也使其隔壁的住户甚至整个社会都得到了好处。

3. 生产的外部不经济

当一个生产者采取的行动使他人付出了代价而又未给他人以补偿时，便产生了生产的外部不经济。生产的外部不经济的例子也有很多。例如，一个企业可能因为排放脏水而污染了河流，或者因为排放烟尘而污染了空气。这种行为使附近的人们和整个社会都遭受了损失。再如，一个企业可能因生产的扩大而造成交通拥堵及对风景的破坏，等等。

4. 消费的外部不经济

当一个消费者采取的行动使他人付出了代价而又未给他人以补偿时，便产生了消费的外部不经济。和生产者造成污染的情况类似，消费者也可能造成污染而损害他人。吸烟便是一个明显的例子。吸烟者的行为危害了被动吸烟者的身体健康，但并未为此支付任何代价。此外，这方面的例子还有在公共场所随意丢弃果皮、瓜壳，等等。

上述各种外部影响可以说是无所不在、无时不在的。尽管就每一个单个生产者或消费者来说，他造成的外部经济或外部不经济对整个社会也许微不足道，但所有这些消费者和生产者加总起来，所造成的外部经济或不经济的总的效果将是巨大的。例如，由于生产扩大而引起的污染问题现在已经严重到危及人类自身生存环境的地步了。

二、外部影响和资源配置失当

各种形式的外部影响的存在造成了一个严重后果：完全竞争条件下的资源配置将偏离

帕累托最优状态！换句话说，即使假定整个经济仍然是完全竞争的，但由于存在着外部影响，整个经济的资源配置也不可能达到帕累托最优状态。"看不见的手"在外部影响面前失去了作用。

为什么外部影响会导致资源配置失当？原因非常简单。例如，我们先来考察外部经济的情况。假定某个人采取某项行动的私人利益为 V_p，该行动所产生的社会利益为 V_s。由于存在外部经济，故私人利益小于社会利益：$V_p < V_s$。如果这个人采取该行动所遭受的私人成本 C_p 大于私人利益而小于社会利益，即有 $V_p < C_p < V_s$，则这个人显然不会采取这项行动，尽管从社会的角度看，该行动是有利的。显而易见，在这种情况下，帕累托最优状态没有得到实现，还存在帕累托改进的余地。如果这个人采取这项行动，则他所受的损失为 $(C_p - V_p)$，社会上其他人由此而得到的好处为 $(V_s - V_p)$。由于 $(V_s - V_p)$ 大于 $(C_p - V_p)$，故可以从社会上其他人所得到的好处中拿出一部分来补偿行动者的损失。结果是使社会上的某些人的状况变好而没有任何人的状况变坏。一般而言，在存在外部经济的情况下，私人活动的水平常常要低于社会所要求的最优水平。

再来考察外部不经济的情况。假定某个人采取某项活动的私人成本和社会成本分别为 C_p 和 C_s。由于存在外部不经济，故私人成本小于社会成本：$C_p < C_s$。如果这个人采取该行动所得到的私人利益 V_p 大于其私人成本而小于社会成本，即有 $C_p < V_p < C_s$，则这个人显然会采取该行动，尽管从社会的角度看，该行动是不利的。显而易见，在这种情况下，帕累托最优状态也没有得到实现，也存在帕累托改进的余地。如果这个人不采取这项行动，则他放弃的好处即损失为 $(V_p - C_p)$，但社会上其他人由此而避免的损失却为 $(C_s - C_p)$。由于 $(C_s - C_p)$ 大于 $(V_p - C_p)$，故如果以某些方式重新分配损失，就可以使每个人的损失都减少，亦即使每个人的"福利"都增大。一般而言，在存在外部不经济的情况下，私人活动的水平常常要高于社会所要求的最优水平。

图 11-4 具体说明了在完全竞争条件下，生产的外部不经济是如何造成社会资源配置失当的（其他类型的外部影响亦可同样分析）。图中水平直线 $D = MR$ 是某竞争厂商的需求曲线和边际收益曲线，MC 则为其边际成本曲线。由于存在着生产上的外部不经济（例如生产造成的污染），故社会的边际成本高于私人的边际成本，从而边际社会成本曲线位于边际私人成本曲线的上方，它由虚线 $MC + ME$ 表示。虚线 $MC + ME$ 与边际私人成本曲线 MC 的垂直距离，亦即 ME，可以被看成所谓边际外部不经济，即由于厂商增加一单位生产而引起的社会其他人所增加的成本。竞争厂商为追求利润最大化，将其产量定在价格（亦即其边际收益）等于其边际成本处，即为 X^*；但使社会利益达到最大的产量应当

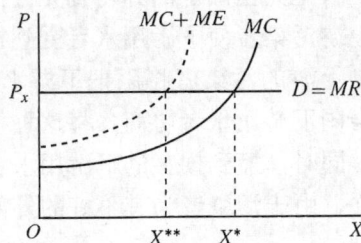

图 11-4 资源配置失当：生产的外部不经济

使社会的边际收益（可以被看成价格）等于社会的边际成本，即应当为 X^{**}。因此，生产的外部不经济造成产品生产过多，超过了帕累托效率所要求的水平 X^{**}。

为什么在存在外部影响的条件下，潜在的帕累托改进不能得到实现呢？原因仍然与第一节所提出的那些因素有关。以上述生产的外部不经济如污染问题为例，如果污染涉及面较小，即污染者只对少数其他人的福利造成影响，则此时污染者和这少数受害者可能在如何分配"重新安排生产计划"所得到的好处问题上不能达成协议；如果污染涉及面较大，即污染的受害者众多，则此时污染者和受害者以及受害者之间要达成协议就更加困难。特别是在这种情况下，很难避免"搭便车者"。此外，在很多情况下，有关污染问题的法律也很难明确，例如，污染者是否有权污染？有权进行多大污染？受害者是否有权要求赔偿？等等。最后，即使污染者与受害者有可能达成协议，但由于通常是一个污染者面对众多受害者，因而污染者在改变污染水平上的行为就像一个垄断者。在这种情况下，由外部影响产生的垄断行为也会破坏资源的最优配置。

三、有关外部影响的政策

如何纠正由外部影响所造成的资源配置不当？西方微观经济学理论提出如下政策建议：

第一，使用税收和津贴。对造成外部不经济的企业，国家应该征税，其数额应该等于该企业给社会其他成员造成的损失，从而使该企业的私人成本恰好等于社会成本。例如，在生产污染的情况下，政府向污染者征税，其税额等于治理污染所需要的费用。反之，对造成外部经济的企业，国家则可以采取津贴的办法，使得企业的私人利益与社会利益相等。无论是何种情况，只要政府采取措施使得私人成本和私人利益分别与相应的社会成本和社会利益相等，则资源配置便可达到帕累托最优状态。

第二，使用企业合并的方法。例如，一个企业的生产影响到另外一个企业。如果影响是正的（外部经济），则第一个企业的生产就会低于社会最优水平；反之，如果影响是负的（外部不经济），则第一个企业的生产就会超过社会最优水平。但是如果把这两个企业合并为一个企业，则此时的外部影响就"消失"了，即被"内部化"了。合并后的单个企业为了自己的利益将把自己的生产确定在其边际成本等于边际收益的水平上。而由于此时不存在外部影响，故合并企业的成本与收益就分别等于社会的成本与收益。于是资源配置达到帕累托最优状态。

第三，使用规定财产权的办法。在许多情况下，外部影响之所以导致资源配置失当，是由于财产权不明确。如果财产权是完全确定的并得到充分保障，则有些外部影响就可能不会发生。例如，某条河流的上游污染者使下游用水者受到损害。如果给予下游用水者以使用一定质量水源的财产权，则上游的污染者将因把下游水质降到特定质量之下而受罚。在这种情况下，上游污染者便会同下游用水者协商，将这种权利从他们那里买过来，然后再让河流受到一定程度的污染。同时，遭到损害的下游用水者也会使用他出售污染权而得到的收入来治理河水污染。总之，由于污染者为其不好的外部影响支付了代价，故其私人成本与社会成本之间不存在差别。

四、科斯定理

上述对付外部影响的最后一种办法，即规定财产权的政策，可以被看成是更加一般化的所谓**科斯定理**[①]的特例，甚至连税收和津贴这种方法也可以被看成是科斯定理的一个具体运用。

关于科斯定理，科斯本人并没有一个明确的说法，其他西方经济学家则给出了许多不同的表达方式。虽然这些表达方式大体上是相同的，但仍然存在着细微的差别。下面是一种比较流行的说法：

只要财产权是明确的，并且其交易成本为零或者很小，则无论在开始时将财产权赋予谁，市场均衡的最终结果都是有效率的。

为了说明这一"定理"，我们举一个具体的数字例子。假设有一个工厂，它的烟囱冒出的烟尘使得居住于工厂附近的 5 户居民所洗晒的衣服受到污染，由此造成的损失为每户 75 元，从而 5 户的损失总额为 $75 \times 5 = 375$ 元。再假设存在着两种治理污染的办法：一是在工厂的烟囱上安装一个除尘器，其费用为 150 元；二是给每户居民提供一架烘干机，使他们不需要到外面去晒衣服。烘干机的费用为每户 50 元，5 户的成本总和是 250 元。显而易见，在这两种解决办法中，第一种的成本低，因而代表着最有效率的解决方案。这种最有效率的解决方案在西方经济学中就被称为帕累托最优状态。

按照科斯定理的含义，在上面的例子中，不论给予工厂以烟囱冒烟的权利，还是给予 5 户居民以晒衣服不受烟尘污染的权利（即上述的财产所有权的分配），只要工厂与 5 户居民协商时其协商费用（即上述的交易成本）为零或者很小，那么，市场机制（即自由进行交易）总是可以得到最有效率的结果（即采用安装除尘器的办法）。

为什么会如此呢？按照科斯等西方经济学家的解释，如果把排放烟尘的财产所有权给予工厂，即工厂有权排放烟尘，那么，5 户居民便会联合起来，共同给工厂的烟囱义务安装一个除尘器，因为除尘器的费用只有 150 元，远远低于 5 架烘干机的费用 250 元，更加低于未装除尘器时晒衣服所受到的烟尘之害（375 元）。而如果把晒衣服不受烟尘之害的财产权给予 5 户居民，那么，工厂便会自动地给自己安装除尘器，因为在居民具有不受污染之害的财产权的条件下，工厂就有责任解决污染问题，而在两种解决污染的办法中，安装除尘器的费用较低。因此，科斯定理宣称，只要交易成本为零或者很小，则不论财产权归谁，自由的市场机制总会找到最有效率的办法，从而达到帕累托最优状态。

当然，科斯定理的结论只有在交易成本为零或者很小的情况下才能得到。如果不是这样，结果就会不同。例如，假设在工厂具有排放烟尘的财产权的条件下，如果 5 户居民联合起来共同行动的费用很大，例如为 125 元，那么，为了共同行动给工厂安装除尘器，他们的总支出就是 $125 + 150 = 275$ 元。在这种情况下，5 户居民便会各自去购买一架烘干机，因为这样做总共只需要花费 250 元。然而，这却不是一个最有效率的结果。

在科斯提出以他的名字命名的定理之前，西方经济学家一般认为，市场机制这一"看不见的手"只有在不存在外部影响的情况下才会起作用。如果存在外部影响，市场机制就无法导致资源的最优配置。科斯定理的出现则进一步强调了"看不见的手"的作用。按照这个定理，只要那些假设条件成立，外部影响等就不可能导致资源配置不当。或者换个说

---

① H. 科斯. 社会成本问题. 法学和经济学杂志，1960，3（10）.

法，在所给条件下，市场力量足够强大，总能够使外部影响"内部化"，从而仍然可以实现帕累托最优状态。

为什么财产权的明确和可转让具有这样大的作用呢？按照西方学者的解释，其原因在于，明确的财产权及其转让可以使得私人成本（或利益）与社会成本（或利益）趋于一致。若以图 11-4 的生产污染问题为例，则科斯定理意味着，一旦所需条件均被满足，污染者的边际私人成本曲线 MC 就会趋于上升，直到与边际社会成本曲线 $MC+ME$ 完全重合，从而污染者的利润最大化产量将从 X^* 下降到社会最优产量水平 X^{**}。

具体说明如下。将财产权（例如开发河流的权利）明确赋予某人，并假定该权利可以自由买卖，则财产权对所有者来说就是一件有价值的特殊"商品"。特别是在生产污染的例子中，财产权（即污染权或不被污染权）就是一种有价值的特殊"生产要素"。这种要素与资本和劳动一样，无论是生产者从市场上买到的，还是生产者自身原来就拥有的，都是生产成本的一部分。如果是从市场上买到的，毫无疑问便构成成本的一部分。如果是自身原来就拥有的，则可以出售而获得收益。如果不出售而自己用于生产，则遭受的是本可出售而获益的机会成本。因此，在这种情况下，生产者生产产品时就存在两种成本：一种是生产产品本身的成本，与其相对应的边际成本就是图 11-4 中的（生产的）边际私人成本曲线 MC，可称之为生产的边际成本；另一种是使用财产权所遭受的成本或机会成本，以及相应的使用财产权的边际成本。生产者的总成本应当是这两种成本之和。如果将使用财产权的边际成本加到生产的边际成本上，则总的边际私人成本曲线就要从 MC 向上移动，从而利润最大化产量就要从 X^* 向左边减少。在完全竞争条件下的理想均衡状态中，可以期望加入使用财产权的边际成本之后所得到的总的边际私人成本与边际社会成本相一致，从而私人最优产量与社会最优产量相一致。

运用科斯定理解决外部影响问题在实际中并不一定真的有效。有以下几个难题。第一，资产的财产权是否总是能够明确地加以规定？有的资源，例如空气，在历史上就是大家均可使用的共同财产，很难将其财产权具体分派给谁；有的资源的财产权即使在原则上可以明确，但由于不公平问题、法律程序的成本问题等也变得实际上不可行。第二，已经明确的财产权是否总是能够转让？这就涉及信息充不充分的问题以及买卖双方不能达成一致意见的各种原因，如谈判的人数太多、交易成本过高、谈判双方都能使用策略性行为，等等。第三，明确的财产权的转让是否总能实现资源的最优配置？显然，在这个过程中完全有可能得到这样的结果：它与原来的状态 X^* 相比有所改善，但并不一定恰好为 X^{**}。此外，还应该指出，分配财产权会影响收入分配，而收入分配的变动可以造成社会不公平，引起社会动乱。在社会动乱的情况下，就谈不上解决外部影响的问题了。

第三节　公共物品和公共资源

一、排他性与竞用性

到目前为止，讨论的对象主要是所谓的**"私人物品"**，即那些在普通的市场上常见的物品，例如，用于吃的水果、用于穿的衣服，以及火车上的座位，等等。私人物品具有两个鲜明的特点。第一是"**排他性**"：只有对商品支付价格的人才能够使用该商品；第二是"**竞用性**"①：如果某人已经使用了某个商品（如某一火车座位），则其他人就不能再同时使用该商品。实际上，市场机制只有在具备上述两个特点的私人物品的场合才真正起作用，才有效率。

然而，在现实的经济中，还存在着许许多多不满足排他性或竞用性特点的物品。如果一件物品不具有排他性，即无法排除一些人"不支付便使用"，则它毫无疑问就会带来外部影响，并造成市场机制的失灵。"国防"和"海鱼"是缺乏排他性的两个生动例子。一个公民即使拒绝为国防付费，也可以享受国防的好处；同样，我们也很难阻止渔民自由地在公海上捕捞海鱼。"国防"和"海鱼"的区别在于"竞用性"方面。一方面，容易看到，国防除了不具有排他性之外，同时也不具有竞用性。例如，新生人口一样享受国防提供的安全服务，但原有人口对国防的"消费"水平不会因此而降低。从某种程度上讲，道路和电视广播等也与国防一样既不具有排他性也不具有竞用性。在达到一定点之前，道路上多一辆汽车不会妨碍原有汽车的行驶；某个人打开电视广播同样不会影响其他人收听。② 另一方面，"海鱼"则毫无疑问是具有"竞用性"的：当某个人捕捞到一些海鱼时，其他人所可能捕捞到的海鱼数量就减少了。

通常把国防这样一类既不具有排他性也不具有竞用性的物品叫做**公共物品**③，而把海鱼这样一类不具有排他性但却具有竞用性的物品叫做**公共资源**。④ 公共物品和公共资源可以被看成是外部影响造成市场机制失灵的两个特殊例子。除了私人物品、公共物品和公共资源之外，还有一些物品只有排他性、没有竞用性，如有线电视。有线电视显然具有排他性——因为只有付费的人才可以观看，但并不具有竞用性——因为某个人观看不会影响其他人观看。这些只有排他性而没有竞用性的物品常常被称为"俱乐部物品"（参见表 11-1）。俱乐部物品由于不具有消费上的竞用性，其边际成本几乎为零，故常常由自然垄断企业供给。⑤

表 11-1 物品的性质和分类

		竞用性	
		有	无
排他性	有	私人物品	俱乐部物品
	无	公共资源	公共物品

① 这里的"竞用性"（rivalness）过去常常被译为"竞争性"。我们在这里译为前者，以便和一般意义上的"竞争性"（competitiveness）相区别。

② 当然，与国防的非排他性和非竞用性相比，道路和电视广播在程度上要稍微"轻"一些。例如，原则上可以对使用道路（以及收听电视广播）者收费，尽管这样做有时成本很大；又例如，道路的使用只是在一定的限度之内才是非竞用的，超过这一定的限度，就会出现拥挤现象，从而不再是非竞用的。

③ 不要把公共物品与政府提供的物品相混淆。政府确实提供国防、法制、环境保护等不具有排他性和竞用性的物品，但同时也提供其他一些物品或服务，如养老金、失业补助、邮政服务以及某些与私人企业所生产的完全相同的东西。这些物品或服务显然不同于公共物品。

④ 读者应注意，在西方经济学的文献和教科书中，公共物品（public goods）和公共资源（common resource）这两个概念的定义比较混乱，不同的人有不同的说法；同时，国内对这两个名词的翻译也不大一致。

⑤ 像高速公路这样的俱乐部物品（club goods），由于（在一定的限度内）没有竞用性，有时会出现"拥挤"现象，但由于排他性，故可通过收费等措施来加以克服。

二、公共物品

1. 公共物品的最优数量

我们先来回顾一下私人物品最优数量的决定。为简单起见，假定社会上只有 A 和 B 两个消费者，他们对商品的需求曲线分别由 D_A 和 D_B 表示。商品的市场供给曲线为 S，参见图 11-5（a）。由于所讨论的是私人物品，故将消费者 A 与 B 的需求曲线 D_A 和 D_B 水平相加即得到某市场需求曲线 D。市场需求曲线 D 与供给曲线 S 的交点决定了该私人物品的均衡数量 Q_0 和均衡价格 P_0。这个均衡数量 Q_0 显然就是该私人物品的最优数量。这是因为在这个产量水平上，每个消费者的边际收益恰好等于商品的边际成本。我们知道，供给曲线代表了每个产量（供给量）水平上的边际成本，需求曲线代表了每个产量（需求量）水平上的边际收益。故当供给量为 Q_0 时，边际成本为 Q_0H；而在价格为 P_0 时，消费者 A 和 B 的需求量分别为 C 和 F，再根据需求曲线 D_A 和 D_B，相应的边际收益为 CE 和 FG。由图可知，$CE=FG=Q_0H$，即每个消费者的边际收益均等于边际成本。

现在来看公共物品的情况。参见图 11-5（b）。与私人物品的讨论一样，我们仍然假定每个消费者对公共物品的需求曲线都是已知的，为 D_A 和 D_B，公共物品的市场供给曲线为 S。如何从个人的需求曲线形成市场的需求曲线呢？这里的关键之处在于公共物品的市场需求曲线不是个人需求曲线的水平相加，而是它们的垂直相加。之所以如此，原因在于公共物品消费上的非竞用性特点。一方面，由于消费上的非竞用性，每个消费者消费的都是同一个商品总量，因而每一消费者的消费量都与总消费量相等；另一方面，对这个总消费量所支付的全部价格，却是所有消费者支付的价格的总和。例如，设公共物品的数量为图 11-5（b）中的 R，消费者 A 和 B 的消费量于是都是 R。当 A 和 B 的消费量均为 R 时，他们所愿意支付的价格按各自的需求曲线分别为 L 和 N。因此，当消费量为 R 时，消费者 A 和 B 所愿意支付的价格之和就是 $L+N=T$。

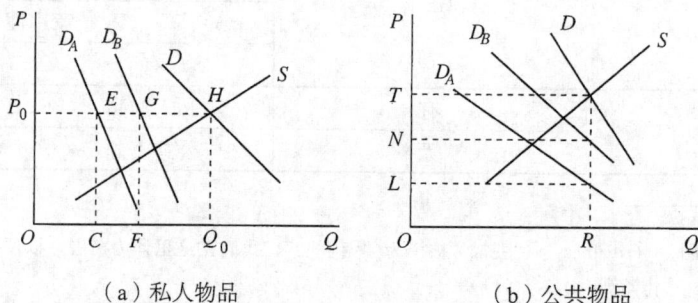

（a）私人物品　　　　　　　（b）公共物品

图 11-5　私人物品和公共物品的最优数量

有了公共物品的市场供求曲线，则公共物品的均衡数量即可确定，这就是市场供求曲线交点所指示的 R。实际上，这个均衡数量 R 也代表着公共物品的最优数量。要解释这一点并不困难。当公共物品数量为 R 时，根据供给曲线，公共物品的边际成本为 T，而根据消费者的需求曲线，A 和 B 的边际收益分别为 L 和 N，从而总的社会的边际收益为 $L+N=T$。于是，社会的边际收益等于边际成本，公共物品数量达到最优。这里值得注意的是，公共物品的最优标准与私人物品的最优标准不完全相同。在私人物品场合，最优标准是每个消费者的边际收益与边际成本相等。而在公共物品场合，最优标准是每个消费者的边际收益之和与边际成本相等。这个区别仍然根源于是否具有消费的竞用性这个基本特点。

2. 公共物品与市场失灵

上面在假定每个消费者对公共物品的需求曲线均存在且已知的条件下，讨论了公共物品的最优数量的确定。但是，许多西方经济学家认为，这种讨论并没有多大的实际意义。原因是公共物品的需求曲线是虚假的。首先，单个消费者通常并不很清楚自己对公共物品的需求价格，更不用说去准确地陈述他对公共物品的需求与价格的关系；其次，即使单个消费者了解自己对公共物品的偏好程度，他也不会如实地说出来。为了少支付价格或不支付价格，消费者会低报或隐瞒自己对公共物品的偏好。他们在享用公共物品时都想当"搭便车者"，想不支付成本就得到利益。由于单个消费者对公共物品的需求曲线不会自动显示出来，故我们无法将它们加总来得到公共物品的市场需求曲线并进而确定公共物品的最优数量。

尽管我们实际上难以通过公共物品的供求分析来确定它的最优数量，但却可以有把握地说，市场本身提供的公共物品通常将低于最优数量，即市场机制分配给公共物品生产的资源常常会不足。我们知道，在竞争的市场中，如果是私人物品，则市场均衡时的资源配置是最优的。生产者之间的竞争将保证消费者面对的是等于商品的边际成本的同样的价格，消费者则在既定的商品产出量上展开竞争。某个消费者消费一单位商品的机会成本就是在市场价格上卖给其他消费者的同样一单位商品，故没有哪个消费者会得到以低于市场价格的价格买到商品的好处。但是，如果是公共物品，情况将完全不同。任何一个消费者消费一单位商品的机会成本总为零。这意味着，没有任何消费者要为他所消费的公共物品去与其他任何人竞争。因此，市场不再是竞争的。如果消费者认识到他自己消费的机会成本为零，他就会尽量少支付给生产者以换取消费公共物品的权利。如果所有消费者均这样行事，则消费者们支付的数量就将不足以弥补公共物品的生产成本。结果便是低于最优数量的产出，甚至是零产出。

3. 公共物品和成本—收益分析

公共物品的生产和消费问题不能由市场上的个人决策来解决。因此，必须由政府来承担起提供公共物品的任务。政府如何来确定某公共物品是否值得生产以及应该生产多少呢？在这里，西方经济学家经常提到的一个重要方法是成本—收益分析。

成本—收益分析是用来评估经济项目或非经济项目的。它首先估计一个项目所需花费的成本以及它所可能带来的收益，然后对二者加以比较，最后根据比较的结果决定该项目是否值得。公共物品也可以被看成是一个项目，并运用**成本—收益分析**方法来加以讨论。如果评估的结果是该公共物品的收益大于或至少等于其成本，则它就值得生产，否则便不值得。

（专栏 11－2 "全球公共物品：清除太空垃圾"，请读者扫描本书封面二维码获取。）

三、公共资源

从上述对公共物品的分析中可知，一种物品，如果不具有排他性，则每个人出于自己的利益考虑，都会尽可能多地去利用它。据说在这种情况下，如果该物品又具有竞用性的特点，即是所谓的**"公共资源"**，则它可能很快就会被过度地使用，从而造成灾难性的后果。下面我们以被西方学者经常使用的**"公地的悲剧"**[①] 为例来说明公共资源所面临的这种困境。

考虑这样一个乡村，村里有一块公共土地，村民们在这块公地上放牧奶牛。我们的问题是：在这块公地上放牧的最优奶牛数量是多少？实际放牧的奶牛数量又是多少？下面的分析将表明：如果每一个村民都能够毫无限制地使用公地，则实际的均衡奶牛数量将远远超过它的最优水平。由此引起的后果就是：公地将由于长期的超载放牧而日益衰落。这就是所谓的"公地的悲剧"。

先来看公地上的最优放牧量的决定。对这个问题的回答显然取决于整个乡村集体在奶牛放牧上的边际收益和边际成本。我们把乡村集体的边际收益和边际成本分别叫做"边际社会收益"和"边际社会成本"。如果放牧奶牛的边际社会收益超过了相应的边际社会成本，则这意味着，增加放牧的奶牛数量能够给整个乡村带来更多的好处；反之，如果放牧奶牛的边际社会收益小于相应的边际社会成本，则这意味着，减少放牧的奶牛数量对整个乡村来说更加有利。对整个乡村来说，最优的（也就是能够使得整个乡村的利润达到最大的）放牧量应当使得边际社会收益恰好等于边际社会成本。

我们用 x 来表示公地上放牧的奶牛的数量。为简单起见，假定每头奶牛每天可生产牛奶 1 千克。于是，x 头奶牛每天总共可生产牛奶 x 千克。设牛奶的需求函数为：

$$P = a - bx$$

式中，P 为牛奶的市场价格；a 和 b 均为大于零的常数。于是，放牧 x 头奶牛的总社会收益（TR_S）和边际社会收益（MR_S）分别为：

$$TR_S = P \cdot x = ax - bx^2$$

$$MR_S = TR_S' = [ax - bx^2]' = a - 2bx$$

再设购买一头奶牛需要花费 1 000 元钱，并假定这就是喂养奶牛的所有支出。于是，放牧 x 头奶牛的总社会成本（TC_S）和边际社会成本（MC_S）分别为：

$$TC_S = 1\,000x$$

$$MC_S = TC_S' = 1\,000$$

使整个乡村的利润达到最大的条件是边际社会收益 MR_S 等于边际社会成本 MC_S，即：

$$a - 2bx = 1\,000$$

解之即得公地的最优放牧量 x^*：

$$x^* = \frac{a - 1\,000}{2b}$$

---

① 哈丁. 公地的悲剧. 科学, 1968, 162.

现在来看公地的实际放牧量（亦即均衡放牧量）的决定。这个乡村果真能够按照上述使整个乡村集体的利润达到最大的条件来确定其实际的放牧量吗？在两种情况下，可以做到这一点。一种情况是该乡村作出集体决策来规定在公地上放牧的奶牛数量。任何个人都不得超过所规定的数量进行放牧。在这种情况下，只要所规定的放牧数量恰好等于 x^*，并且乡村能够以有力的措施来保证这些规定得到切实的贯彻执行，则结果就是最优的。另一种情况是乡村的公地由某个个人所有。在这种情况下，公地的所有者就能够像乡村集体作出决策时那样对进入公地放牧的奶牛数量进行限制：他可以购买恰当数量的奶牛来实现自己的利润最大化。由于在这种情况下，公地的利益就是公地所有者的个人利益，故此时使公地所有者利润最大化的放牧量也就是公地的最优放牧量。

但是，如果对公地的使用没有明确的规定，也不存在乡村的集体决策，则结果就可能不是最优的。如果放任村民们自由地和不受任何限制地在公地上免费放牧，就会上演一场"公地的悲剧"，即实际的奶牛放牧量将会大大超过其最优的水平。结果，公地的草场将由于不断的长期的超载放牧而不断地被破坏、被损坏，日益凋零和衰落下去。

为什么缺乏限制的自由放牧会造成如此的后果呢？这是因为，如果每一个村民都可以无限制地自由使用公地，则他就会根据自己的（注意，不是乡村集体的）利润最大化考虑而行事。也就是说，他将把自己的放牧数量确定在边际私人收益和边际私人成本相等的地方。按照前面的假定，每个村民个人的边际私人成本很清楚，就是他购买一头奶牛时支付的价格 1 000 元。这一点与乡村集体的边际社会成本是一致的。但是，边际私人收益是什么呢？它会不会与乡村集体的边际社会收益一致呢？如果也是一致的，则个人的行为就将完全与集体的行为一样，也就不会有什么"公地的悲剧"了。可惜的是，并没有这样的好事。

假定某个村民决定增加一头奶牛。这个行动意味着整个乡村放牧的奶牛总量和生产的牛奶总量增加了。牛奶总量的增加将导致牛奶的市场价格下降。牛奶市场价格的下降不仅使该村民的边际私人收益下降，而且使整个乡村的边际社会收益下降。但是，相比较而言，整个乡村的边际社会收益下降的程度要更大一些。这是因为，当一个村民决定增加自己的奶牛数量从而使牛奶的市场价格下降时，不仅他自己生产的牛奶的价格以及边际收益下降了，而且其他村民生产的牛奶的价格以及边际收益也下降了。但是，该村民在计算自己的边际私人收益时，却只需要考虑自己产品的价格下降以及收益损失，而无须考虑其他村民产品的价格下降以及收益损失。而我们在计算价格下降对整个乡村的社会收益的影响时，则不仅要考虑该村民的私人收益的损失，还要考虑所有其他村民的私人收益的损失。因此，随着某个村民的放牧量的增加，该村民的边际私人收益的下降幅度比整个乡村的边际社会收益的下降幅度要小。二者之间的差别的大小则取决于该村民拥有的奶牛数量在整个乡村的奶牛总量中所占的比例。一方面，这个比例越大，则边际私人收益与边际社会收益的差别就越小。特别是，当该村民拥有的奶牛数量的比例达到 100%，亦即乡村的全部奶牛都归该村民所有时，他的边际私人收益就等于边际社会收益——因为此时他增加放牧量不会给其他村民造成损失。另一方面，该村民拥有的奶牛数量的比例越小，则边际私人收益与边际社会收益的差别就越大。特别是，当该村民新增加的那头奶牛就是他唯一的一头奶牛时，边际私人收益与边际社会收益的差别达到最大。实际上，他的边际私人收益此时将等于放牧奶牛的平均收益！

例如，我们用 x_1 表示某个典型村民拥有的奶牛数量，x_2 表示其余村民拥有的奶牛数量。此时，牛奶的需求函数就可重写如下：

$$P = a - b(x_1 + x_2)$$

式中，$x_1 + x_2 = x$。如果用 TR_p 和 MR_p 分别表示典型村民的总私人收益和边际私人收益，则有：

$$TR_p = p \cdot x_1 = ax_1 - b(x_1 + x_2)x_1$$

$$MR_p = TR'_p = a - bx_2 - 2bx_1 = a - b(x - x_1) - 2bx_1 = a - bx - bx_1$$

这里，边际私人收益 MR_p 是总私人收益 TR_p 对 x_1 的导数。

由于边际私人成本和边际社会成本一样，也等于 1 000，故典型村民的私人利润最大化条件为：

$$a - bx - bx_1 = 1\ 000$$

令 $x_1 = kx$（$0 \leqslant k \leqslant 1$）。这里，$k$ 表示典型村民拥有的奶牛数量 x_1 在整个乡村拥有的奶牛总量 x 中所占的比例。k 越小，意味着典型村民拥有的奶牛数量占整个乡村的奶牛总量的比例越小。特别是，当 k 趋向于零时，表明典型村民拥有的奶牛数量相对于整个乡村奶牛总量来说小到可以忽略不计。将 $x_1 = kx$ 代入上式即得：

$$a - bx - bkx = 1\ 000$$

解之即可得实际放牧量 x^{**}：

$$x^{**} = \frac{a - 1\ 000}{(1 + k)b}$$

比较这里的实际放牧量 x^{**} 和前面的最优放牧量

$$x^* = \frac{a - 1\ 000}{2b}$$

可得如下结论：

首先，当 $k = 1$（$x_1 = x$、$x_2 = 0$），即当典型村民拥有乡村的全部奶牛时，有：

$$x^{**} = \frac{a - 1\ 000}{2b} = x^*$$

这表明，当某个村民拥有乡村的全部奶牛（它意味着公地完全归该村民所有）时，实际的放牧量将等于最优的放牧量。

其次，当 $0 < k < 1$（$0 < x_1 < x$、$0 < x_2 < x$），即当典型村民拥有乡村的部分奶牛时，有：

$$x^{**} = \frac{a - 1\ 000}{(1 + k)b} > \frac{a - 1\ 000}{2b} = x^*$$

这表明，当每个村民都只拥有乡村的部分奶牛（它意味着公地不归任何人所有且不存在任何对放牧量的控制）时，实际的放牧量就会超过最优的放牧量。

最后，当 $k=0$（$x_1=0$、$x_2=x$），即当典型村民拥有的奶牛数量相对于整个乡村的奶牛总量来说小到可以忽略不计时，有：

$$x^{**}=\frac{a-1\,000}{b}=2x^{*}$$

这表明，在极端情况下，即当所有的村民都是如同上述的典型村民，从而每个村民拥有的奶牛数量相对于整个乡村的奶牛总量均可以忽略不计时，公地上的实际放牧量将达到最大：该实际放牧量大大超过了最优放牧量，为后者的 2 倍。

由此可见，正是边际私人收益和边际社会收益的差别造成了"公地的悲剧"：当个人决定增加奶牛的数量时，他仅仅是把他个人所可能得到的收益（边际私人收益）与奶牛的成本 1 000 元（边际私人成本）相比较，而忽略了这样一个事实，即他所增加的奶牛将使得所有其他村民放牧奶牛的收益均下降。也就是说，他忽略了他增加奶牛的社会代价。由于每个个人都忽略他个人行为的社会代价，结果就是公地上的奶牛放牧量增加得太多。

对"公地的悲剧"这个例子，应该指出：它并不能说明，对土地的个人所有优于集体所有；因为这个例子也同样可以说明，在对土地的使用明确作出规定时或在集体决策下，"公地的悲剧"不会出现。此外，集体所有还可以避免各种"私地的悲剧"。例如，在一片公有的海滩上，每个人都可以享受到海浴和观海的乐趣。但是，如果私人拥有该海滩并圈起了篱笆，则大家的乐趣会因之而被剥夺。

四、公共选择理论

对公共物品（以及公共资源）的处理涉及与政府行为有关的"集体选择"。所谓**集体选择**，就是所有的参加者都依据一定的规则通过相互协商来确定集体行动方案的过程。**公共选择理论**则特别注重研究那些与政府行为有关的集体选择问题。

1. 集体选择的规则

（1）一致同意规则。所谓一致同意规则，是指一项集体行动方案只有在所有参加者都认可的情况下才能够实施。这里的"认可"意味着赞成或者至少不反对。换句话说，在一致同意规则下，每一个参加者都对将要达成的集体决策拥有否决权。例如，联合国安理会的任何议案都必须得到五个常任理事国的一致认可才可实施。如果有一个反对，则相关议案即被否决。由于每一个参加者都拥有否决权，任何一个有可能损害某些参加者利益的集体行动方案都会被否决，于是，一致同意规则便具有如下优点：第一，能够充分地保证每一个参加者的利益；第二，可以避免发生"搭便车"的行为；第三，如果能够达成协议，则协议将是帕累托最优的。一致同意规则的缺点则在于：达成协议的成本常常太大，在许多情况下甚至根本就无法达成协议。

（2）多数规则。所谓多数规则，是指一项集体行动方案必须得到所有参加者中的多数认可才能够实施。这里的多数，可以是简单多数，即超过总数的一半，也可以是比例多数，如达到总数的三分之二以上。美国国会、州和地方的立法常常使用简单多数规则，但在弹劾和罢免总统、修改宪法时，则采取三分之二的比例多数规则。与一致同意规则相比，多数规则的协商成本较低，也更加容易达成协议。多数规则存在的问题是：第一，它忽略了少数派的利益。由多数派赞成通过的集体协议强迫少数派也要服从。第二，可能出现"收买选票"的现象。这是因为，在多数规则的条件下，单个参加者的选择对最终的结果影响不大，具有可忽略性，从而一部分选民有可能不重视自己的选举权。这样一来，选举就有可能被利益集团所操纵：利益集团通过一定的小的代价来收买那些不重视自己选举权而打算不投票或投弃权票的选民，让他们按利益集团的意愿投票。第三，在多数规则下，最终的集体选择结果可能不是唯一的。不同的投票秩序会导致不同的集体选择结果，使社会成员作出前后不一致甚至可能相互矛盾的决策。这就是所谓的周期多数现象。[①]

（3）加权规则。一个集体行动方案对不同的参加者会有不同的重要性。于是，可以按照重要性的不同，给参加者的意愿"加权"，即分配选举的票数。相对重要的，拥有的票数就较多，否则就较少。所谓加权规则，就是按实际得到的赞成票数（而非人数）的多少来决定集体行动方案。

（4）否决规则。这一规则的具体做法如下：首先让每个参加对集体行动方案投票的成员提出自己认可的行动方案，汇总之后，再让每个成员从中否决自己所反对的那些方案。这样一来，最后剩下的没有被否决的方案就是所有成员都可以接受的集体选择结果了。如果有不止一个方案留了下来，就再借助于其他投票规则（如一致同意规则或多数规则等等）来进行选择。否决规则的优点是显而易见的，因为经过这一规则筛选之后留下来的集体行动方案都将是帕累托最优的。

2. 最优的集体选择规则

上面所说的各种集体选择规则都是有利有弊的。这就产生了如何确定最优的集体选择规则的问题，即按照什么样的规则来进行集体选择，才能保证所得到的结果是最有效率的？在这方面，西方公共选择理论家们提出了两个主要的理论模型。

（1）成本模型。按照这一模型，任何一个集体选择规则都存在性质完全不同的两类成本。一类叫做决策成本，指的是在该规则下通过某项集体行动方案（亦即作出决策）所花费的时间与精力。集体决策的形成需要参加者之间进行不同程度的讨价还价。随着人数的不断增加，讨价还价行为发生的可能性将成倍增大，从而决策成本也将成倍增加。另一类叫做外在成本，指的是在该规则下通过的某项集体行动方案与某些参加者的意愿不一致而给他们带来的损失。当通过的某项集体行动方案与某些参加者个人的实际偏好一致时，这些参加者个人承担的外在成本就等于零；而当两者不一致时，他们承担的外在成本就大于零。显而易见，随着这种不一致的人数的增加和程度的提高，外在成本的总量也将增加。不同的集体选择规则的决策成本和外在成本的大小是不一样的。例如，与一致同意规则相比，多数规则的决策成本可能较低，因为容易作出决策，但外在成本却可能较高，因为决策的结果可能和很多人的意愿不一致。决策成本和外在成本之和叫做相互依赖成本。最优集体选择规则的成本模型的结论是，理性的经济人将按最低的相互依赖成本来决定集体选择的规则。

（2）概率模型。与成本模型不同，寻找最优集体选择规则的概率模型并不是追求社会

---

① 参见第九章第七节第三小节关于阿罗不可能性定理的说明。

相互依赖成本的最小化，而是力图使集体决策的结果偏离个人意愿的可能性达到最小。根据这一模型，最好的集体选择规则就是那种能使上述偏离可能性达到最小的规则。西方一些公共选择理论家证明，按照这一标准，集体选择中的多数规则是一种比较理想的规则。

3. 政府官员制度的效率

按照公共选择理论，政府官员制度是指那种由通过选举产生的、被任命的以及经过考试而录用的政府官员来管理政治事务的制度。总的来说，这种政府官员制度的效率是比较低的。其原因如下：

首先是缺乏竞争。政府的各个部门都是某些特殊服务的垄断供给者。没有任何其他的机构可以替代这些政府部门的工作。由于缺乏竞争，政府部门的效率一般都比较低下。此外，由于缺乏竞争对手，人们常常甚至无法判断政府部门的成本即每年的财政支出是否太多，或者它们的产出即所提供的服务是否太少，即很难准确地判定政府部门的效率。

其次是机构庞大。政府官员一般不会把利润最大化（或者成本最小化）作为自己的主要目标，因为他们很难把利润直接占为己有。政府官员追求的主要是规模（亦即官员机构）的最大化，因为规模越大，官员们的地位就越高，权力就越大，得到进一步提升的机会就越多。

最后是成本昂贵。政府官员会千方百计地增加自己的薪金，改善工作条件，减轻工作负担，从而不断地提高他们的服务的成本，导致浪费的极大化。

公共选择理论认为，解决政府官员制度低效率的主要途径是引入竞争机制。具体做法是：第一，使公共部门的权力分散化。分散有利于减少垄断的成分。例如，可以把过于庞大的公共机构分解成几个较小的、有独立预算的机构。第二，由私人部门承包公共服务的供给。由政府投资的公共服务，并不一定必须由政府来生产。例如，街道清扫、垃圾处理、消防、教育、体检等公共服务的生产都可以实行私有化。第三，在公共部门和私人部门之间展开竞争。如果允许私人部门和公共部门一样提供公共服务，则它们之间就会展开竞争，竞争将提高公共部门的效率。第四，加强地方政府之间的竞争。地方政府的权力不仅受到公民选票的制约，而且受到居民自由迁移的制约。当一个地方政府的公共服务的成本（税收）太高而质量太低时，居民就可能迁移到其他地区去。居民的迁出会减少当地政府的税收。因此，地方政府之间的竞争也可以促使它们提高效率。

第四节　信息的不完全和不对称

一、信息、信息的不完全和不对称

和普通商品一样，信息也是一种很有价值的资源，它能够提高经济主体的效用和利润。例如，消费者如果知道商品的质量，就能够避开那些质次价高的东西；生产者如果了解市场的需求，就能够提供恰到好处的供给。

和普通商品不同，信息在"质"和"量"上又有其独特的性质。

首先，从质的方面看，信息有点类似于我们前面讨论过的"公共物品"。信息显然不具有竞用性，因为信息可以被许多人同时利用。信息在一定程度上也可以说没有排他性：

信息的最初所有者当然可以封锁信息，秘而不宣，但是，一旦信息被卖出去之后，他就很难阻止信息的买主再向其他人传播。

其次，从量的方面看，确定信息的价值大小也不像确定普通商品的价格那样简单。人们常常采用比较的方法来计算信息的价值：获得新的信息可能会促使经济主体改变自己的决策，而决策的改变又可能导致预期收益的变化，于是可以用预期收益的变化来确定这一新增信息的价值。下面用一个具体的例子加以说明。

某鲜鱼零售商考虑为明天的销售而进货。它的鱼池的容量有限，最多只能进货 800 千克鲜鱼。鲜鱼的进货价格是每千克 6 元，而明天的销售价格则是不确定的。为简单起见，假定明天鲜鱼的销售价格只存在如下两种情况：有 50% 的可能性行情很好，价格为每千克 8 元，此时，每进货和销售一千克鲜鱼可盈利 2 元；也有 50% 的可能性行情不好，价格为每千克 4 元，此时，每进货和销售一千克鲜鱼会亏损 2 元。现在要问：在信息完全和信息不完全的情况下，该零售商将如何决定自己的进货计划？相应的预期利润又是多少？

首先来看信息完全的情况。完全的信息意味着，零售商能够事先确切地知道明天的鲜鱼销售价格，从而可以据此制订正确的进货计划：如果确知明天行情好，价格为每千克 8 元，则今天就把进货量定在最大，即 800 千克，这样，赚得的利润就是 $2 \times 800 = 1\,600$（元）；如果确知明天行情不好，价格为每千克 4 元，则今天就把进货量定在最小，即 0 千克，这样，赚得的利润就是 0 元（$-2 \times 0 = 0$）。由于明天的行情好和不好的可能性均为 50%，故在信息完全的条件下，零售商的预期利润为：

$$50\% \times 1\,600 + 50\% \times 0 = 800 \text{（元）}$$

现在来看信息不完全对零售商的预期利润的影响。当信息不完全时，零售商无法事先确切地知道明天的鲜鱼销售价格。在这种情况下，它如何决定自己的进货计划呢？容易证明，此时零售商无论进货多少，预期利润都是 0 元。例如，我们假定零售商进货 x 千克鲜鱼。如果明天行情好，鲜鱼的销售价格为每千克 8 元，则可盈利 $2x$ 元；如果明天行情不好，鲜鱼的销售价格为每千克 4 元，则会亏损（$-2x$）元。于是，在信息不完全的条件下进货 x 千克鲜鱼的预期利润就等于：

$$50\% \times (2x) + 50\% \times (-2x) = 0 \text{（元）}$$

用零售商在信息完全情况下的预期利润减去其在信息不完全情况下的预期利润，即可求得（对该零售商而言的）完全信息的价值：

$$800 - 0 = 800 \text{（元）}$$

由此可见，信息的作用是：减少经济主体的决策风险和失误，从而提高他的预期收益。正是由于这个原因，人们需要信息，并乐意出钱出力去搜寻和购买它。在上面的例子中，鲜鱼零售商愿意花费不超过 800 元的代价去获得关于明天鲜鱼销售情况的完全信息。

完全竞争模型的一个重要假定是完全信息，即市场的供求双方对于所交换的商品具有充分的信息。例如，消费者充分地了解自己的偏好函数，了解在什么地方、什么时候存在何种质量的以何种价格出售的商品；生产者充分地了解自己的生产函数，了解在什么地方、什么时候存在何种质量的以何种价格出售的投入要素；等等。完全信息的假定（以及其他一些关于完全竞争市场的假定）保证了帕累托最优状态的实现。

显而易见，上述关于完全信息的假定并不符合现实。在现实经济中，信息常常是不完全的，甚至是很不完全的。在这里，信息不完全不仅是指那种绝对意义上的不完全，即由于认识能力的限制，人们不可能知道在任何时候、任何地方发生的或将要发生的任何情况，而且是指"相对"意义上的不完全，即市场经济本身不能够生产出足够的信息并有效地配置它们。这是因为，作为一种有价值的资源，信息不同于普通的商品。人们在购买普通商品时，先要了解它的价值，看看值不值得买。但是，购买信息商品却无法做到这一点。人们之所以愿意出钱购买信息，是因为还不知道它，一旦知道了它，就没有人会愿意再为此进行支付。这就出现了一个难题：卖者让不让买者在购买之前就充分地了解所出售的信息的价值呢？如果不让，则买者就可能因为不知道究竟值不值得而不去购买它；如果让，则买者又可能因为已经知道了该信息而不去购买它。在这种情况下，要能够做成"生意"，只能靠买卖双方的并不十分可靠的相互信赖：卖者让买者充分了解信息的用处，而买者则答应在了解信息的用处之后即购买它。显而易见，市场的作用在这里受到了很大的限制。

进一步分析起来还会发现，不同的经济主体缺乏信息的程度往往是不一样的。市场经济的一个重要特点是，产品的卖方一般要比产品的买方对产品的质量有更多的了解。例如，出售二手汽车的卖主要比买主更加了解自己汽车的缺陷；出售"风险"的投保人要比保险公司更加了解自己所面临风险的大小[①]；出售劳动的工人要比雇主更加了解自己劳动技能的高低。上述种种情况都是所谓**"信息不对称"**的具体表现，即有些人比其他人拥有更多的相关信息。

在信息不完全和不对称的情况下，市场机制有时就不能很好地起作用。例如，由于缺乏足够的信息，生产者的生产可能会带有一定的"盲目"性：有些产品生产过多，而另一些产品又生产过少；消费者的消费选择也可能会出现"失误"，比如购买了一些有害健康的"坏"商品，而错过了一些有益健康的"好"商品。更坏的情况是，由于缺乏足够的信息，有些重要的市场甚至可能根本就无法产生，或者即使产生，也难以得到充分的发展。下面以不同市场上的信息不完全和不对称为例，具体说明各种情况下的市场失灵问题。

二、信息与商品市场

在现实的经济生活中，存在着一些似乎与常规不一致的东西。例如，我们知道，如果降低某种商品的价格，对该商品的需求量就会增加，这是一般商品的需求规律——需求曲线向右下方倾斜。但是，当消费者掌握的市场信息不完全时，他们对商品的需求量就可能不随着价格的下降而增加，而是相反，随着价格的下降而减少。这时，就出现了所谓的**"逆向选择"**问题。又例如，我们知道，如果提高某种商品的价格，对该商品的供给量就会增加。这是一般商品的供给规律——供给曲线向右上方倾斜。但是，当生产者掌握的市

---

① 投保人和保险公司的关系很有意思。如果我们把保险市场看成是出售"保险"的市场，则投保人就是买方，他购买保险，而保险公司是卖方，它出售保险。但是，如果我们把保险市场看成是出售"风险"的市场，则关系就倒了过来：投保人是卖方，他出售自己的风险，而保险公司是买方，它购买投保人的风险。

场信息不完全时，他们对商品的供给量也可能不随着价格的上升而增加，而是相反，随着价格的上升而减少。这时，也出现了逆向选择的问题。总之，当商品的需求变化或者供给变化出现异常时，我们就遇到了逆向选择问题。对于市场机制来说，逆向选择的存在是一个麻烦，因为它意味着市场的低效率，意味着市场的失灵。[①]

考虑某种商品例如 X 商品市场。在以前分析完全竞争市场（以及其他一些不完全竞争市场）时，我们并没有讨论商品的质量问题。现在假定，在 X 商品市场中，商品的质量不一，有的好些，有的差些。引入质量问题对我们以前的分析会有什么样的影响呢？如果消费者（以及其他人）具有完全的信息，则不会有什么影响。消费者会把不同质量的 X 看成是不同的商品。例如，把其中质量最好的看成是 X_1，把质量稍差一些的看成是 X_2，把质量更差一些的看成是 X_3，如此等等。对于不同质量的 X 商品，消费者愿意支付的价格当然不同，例如，对高质量商品愿意支付较高的价格。对于同一质量的商品，例如 X_1，价格越高，显然消费者将购买得越少。因此，消费者对任意一种质量的商品的需求曲线仍然是向右下方倾斜的。这就是说，即使考虑不同质量的商品，只要消费者的信息是完全的，我们的分析就不会与以前的完全竞争模型有什么不同。

现在来看不完全信息的后果。假定消费者只知道 X 商品有不同的质量，但并不具体知道其中哪一个质量高，哪一个质量低。在这种情况下，消费者如何进行判断呢？消费者可以根据生产者的商品保修期限的长短来判断。保修期限长常常意味着产品质量高，因为对于低质产品来说，较长的保修期是不划算的，它会大大提高维修成本。消费者也可以根据生产者的生产规模的大小来判断。大规模生产者的产品似乎要更加可靠一些，不会像"小本经营"者那样可能突然"消失"。

除了保修期限和生产规模之外，消费者还常常根据商品的价格来判断商品的"平均"质量。一方面，我们知道，随着某种商品价格的下降，市场上该商品的供给量就会减少。但是，在减少的供给量中，主要是那些质量较高的商品，而不是质量较低的商品，因为生产高质产品在较低价格之下将不再划算，其结果是，剩下来的商品的平均质量就会下降。另一方面，随着价格的上升，供给将增加，但主要增加的是那些质量更高一些的商品，因为现在生产它们也变得有利可图，其结果是，商品的平均质量上升了。总之，消费者有理由相信，随着某种商品价格的上升，该商品的平均质量也将上升，反之亦然。

图 11-6 描绘了商品的价格与其平均质量之间的关系。图中横轴 P 代表商品价格，纵轴 q 代表商品的平均质量。图中曲线 qc 为价格—质量曲线。价格—质量曲线的特点是向右上方倾斜，表示商品的平均质量将随着其价格的上升而上升。除此之外，该曲线还具有两个特点。一是它向上凸出，二是它与横轴的交点大于零。向上凸出意味着，尽管商品的平均质量是随着价格的上升而上升的，但上升的"速度"却越来越慢。换句话说，价格变动对平均质量的影响是"递减"的；与横轴的交点大于零意味着，在价格下降到零之前，平均质量就已经下降到"零"。

---

① 阿克洛夫最早分析了商品市场中的信息不完全及它给市场机制所造成的困难。参见他发表于 1970 年的著名论文《"柠檬"市场：质量的不确定性和市场机制》，载《经济学季刊》第 84 卷。"柠檬"一词在美国俚语中表示"残次品"或"不中用的东西"。

从商品的价格与其质量之间的关系，可以得到商品的价格与其所谓"价值"之间的关系，而从后面这种关系，就可以推导在消费者信息不完全条件下的商品需求曲线。消费者在购买商品时不仅要考虑它的价格，而且要考虑它的质量。一件商品，即使价格很低，如果质量太差，也不会有人问津；反之，如果价格较高，但质量很好，也值得购买。价格和质量这两个指标可以综合在一起构成一个新的指标，即每单位价格上的质量 q/P。这个指标可以叫做商品的"价值"。

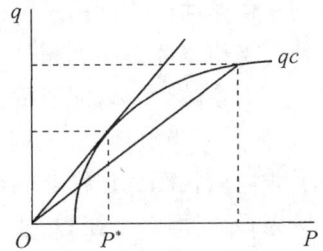

图 11-6 价格—质量曲线

消费者购买商品时要考虑他在该商品上支出的每单位价格所得到的质量，即要考虑该商品的"价值"。在不同的价格水平上，商品的平均质量是不同的，该平均质量与价格的比值即商品的"价值"也是不同的。在图 11-6 中，每一价格水平上的商品"价值" q/P 的几何表示是：价格—质量曲线在相应价格水平上的点到原点的连线的斜率。由图可见，这个连线的斜率在价格为 P^* 时达到最大。换句话说，商品的"价值"在一开始时随着价格的上升而上升，上升到最高点之后，再随着价格的上升而下降。

现在可以来看消费者的需求曲线了。消费者追求的是商品的最大"价值"。这个最大"价值"根据图 11-6 在价格为 P^* 时达到。因此，我们可以认为，消费者对商品的需求在价格为 P^* 时达到最大。当价格由 P^* 上升或者下降时，由于商品的"价值"都是下降的，故消费者对商品的需求量也将是下降的。由此，我们就得到了一条与以前所遇到的很不相同的需求曲线：它不再只是向右下方倾斜，而且包含一段向右上方倾斜的部分。需求曲线现在是向后弯曲的。这条向后弯曲的需求曲线在图 11-7 中表示为曲线 D。在图中，当纵轴代表的价格 P 恰好为 P^* 时，横轴的需求量 Q 达到最大，为 Q_d。当价格高于 P^* 时，需求曲线与通常的一样，向右下方倾斜，当价格低于 P^* 时，需求曲线出现"异常"，向右上方倾斜。

由于假定不完全信息只出现在消费者一方，故只有消费者的需求方面出现"异常"，生产者的供给方面仍然与以前一样，不会有任何变化。特别是，生产者的供给曲线将仍然是向右上方倾斜的。现在把向右上方倾斜的供给曲线与向后弯曲的需求曲线合在一起考虑市场的均衡情况。

供给曲线的位置有两种情况：它或者与需求曲线向右下方倾斜的部分相交，例如为图 11-7 中的 S_1，或者与需求曲线向右上方倾斜的部分相交，例如为图 11-7 中的 S_2。当供给曲线为 S_1，与需求曲线向右下方倾斜的部分相交时，结果就与以前一样，没有什么不同：市场均衡将出现在供求曲线的交点上，该交点决定了均衡的价格和产量分别为 P_1 和 Q_1。这里不存在任何的低效率市场失灵。但是，当供给曲线为 S_2，与需求曲线向右上方倾斜的部分相交时，结果将与以前大不相同。此时，尽管供求均衡时的价格为 P_2，但它却不是最优的价格。这是因为，如果我们把价格从 P_2 稍微提高一点，则根据需求曲线，就可以增加产量，而在较高的产量上，需求曲

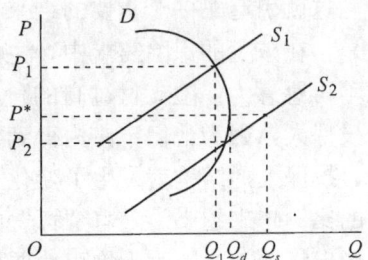

图 11-7 不完全信息与市场失灵

345

线高于供给曲线，即需求价格高于供给价格，消费者和生产者都将获得更大的利益。但是，价格也不能提高到超过 P^*。如果价格超过了 P^*，则根据需求曲线，产量不仅不增加，反而会减少，从而消费者和生产者的利益都将受到损失。因此，最优价格应当就是 P^*。但是，当价格为 P^* 时，我们却可以注意到，生产者的供给将大于消费者的需求！出现了非均衡状态。这种非均衡状态显然违背了帕累托最优标准。例如，当价格为 P^* 时，产量为 Q_d，但是，在 Q_d 上，需求价格超过了供给价格，这意味着，消费者愿意为最后一单位产品支付的价格超过了生产者生产最后一单位产品所花费的成本。也可以说，在产量 Q_d 上，社会的边际收益大于社会的边际成本。因此，从社会的角度来看，消费者在产品质量上的信息不完全导致了生产过低的产量。

三、信息与保险市场

以上说的是，在消费者的信息不完全的条件下，降低商品的价格不一定能够刺激对该商品的需求；同样，在生产者的信息不完全的条件下，提高商品的价格也不一定能够刺激该商品的供给。

我们以保险市场为例来加以说明。保险实际上是一种特殊的商品，它由专门的保险公司提供。这种特殊商品的价格就是保险费用。保险公司的信息也是不完全的。它对于投保人的情况既有所了解，又不很了解。例如，拿汽车保险来说，保险公司知道，在购买汽车保险的人当中，有一些人相对来说更加容易出事故。这些人开车时总是漫不经心，有时还喜欢喝一点酒，等等。保险赔偿主要就是被支付给了这些人。如果保险公司能够事先从投保人中区分出易出事故者，它就可以提高这些"高危"人群的保险价格，用来弥补可能的损失。但可惜的是，这一点很难做到。漫不经心的开车者不会自动向保险公司承认自己的弱点，喜欢酒后开车的人则会千方百计对保险公司隐瞒。保险公司所能做的不过是"亡羊补牢"：在续签保险合同时，提高那些已经出过事故的人的保险价格。

问题还不仅仅局限于此。对保险公司来说，更坏的情况是，那些最容易出事故的开车人常常也是购买保险最积极的人！保险公司不知道他们的底细，但他们自己知道自己的底细。他们知道自己出事故的可能性比较大，因而更加需要保险公司的帮助，也愿意接受较高的费用。与此不同，那些一直谨慎驾驶的人，也知道自己的"优点"——出事故的可能性较小。这些"好"的投保人购买保险的心情就不如"坏"的投保人那么迫切，也不像后者那么愿意为保险支付高费用。

这就引起了一个重要的结果：提高保险价格当然会减少人们对保险这种商品的需求，但是，在减少的保险需求中，主要的却是那些相对"好"的投保人对保险的需求，他们现在不再愿意为保险支付过高的价格，而在留下来的投保人中，主要的则是那些相对"坏"的投保人，因为他们宁愿为得到保险支付更高一些的价格。这样一来，随着保险价格的上升，投保人的结构就发生了变化："坏"的投保人所占的比例越来越大，"好"的投保人所占的比例越来越小。随着"坏"的投保人的比例越来越大，保险公司对每一投保人的平均赔偿也将增加，因为平均赔偿要取决于出事故的平均概率的大小。如果为简单起见，假定保险公司的全部成本就是对投保人所遭受损失的赔偿，而不考虑例如工作人员的工资等其他成本，则在这种情况下，保险公司的平均损失就等于它的平均赔偿。由此便可得到这样的结论：保险公司的平均损失将随着保险价格的提高而提高。特别是，当保险价格在较高水平上继续提高时，投保人的结构会急剧恶化，从而平均损失会急剧上升，超过上升的保险价格所带来的好处。

从保险价格与平均损失之间的关系可以了解到保险供给的特殊性质。一方面，如果保险价格过低，经营保险肯定亏损，保险公司将不再愿意提供保险；另一方面，如果保险价格过高，经营保险也会发生亏损，保险公司也不会愿意提供保险。由此可以推出一个结论：存在一个对保险公司来说"最优"的保险价格，当保险价格恰好等于该价格时，保险供给量达到最大。如果让保险价格从这个最优水平开始上升，保险供给量就将不是增加，而是下降！

实际上，在保险市场中，信息的不完全性不仅会"扭曲"保险市场的供给者即保险公司的行为，而且会"扭曲"保险市场的需求者即投保人的行为。在保险公司很难了解到投保人的具体情况的条件下，"保险"这种商品往往会诱发投保人的**"败德"行为**：在没有购买到保险以前，那些潜在的投保人总是小心翼翼地提防着风险，随时随地准备采取避免风险的行动，以尽量减少由于风险出现而可能导致的损失，因为在这种情况下，风险所造成的损失是完全由他"自负"的；然而，一旦购买了保险，这些投保人往往就变得"粗心大意"起来，不再像以前那样谨慎，因为此时出现风险的损失不再只由投保人自己来承担，而是要由保险公司承担一部分甚至全部。从保险公司的角度来看，投保人的这种"败德"行为，就是它们所面临的**"道德风险"**。在信息不完全的时候，投保人的"败德"行为或保险公司所面临的"道德风险"会进一步造成市场机制的困难。实际上容易看出，这不过是我们在前面所分析过的"外部影响"的又一个例证。

四、信息与劳动市场

在劳动市场上，招聘者应该实行什么样的工资策略呢？是用较低的工资来降低经营的成本，还是用较高的工资来吸引高效率人才？一句话，什么是招聘者的最优工资策略？

对这个问题的回答在很大程度上取决于劳动市场的性质。和其他市场一样，劳动市场的一个典型特点也是信息不完全。其中一个重要的方面是招聘者的信息不完全。招聘者对应聘者的情况既有所了解又不很了解。招聘者知道，不同的应聘者具有不同的工作效率，有的高些，有的低些，但却不知道究竟哪一个或者哪一些人的效率高，哪一个或者哪一些人的效率低。招聘者可以通过面谈、审查简历、看推荐信等方法来尽可能多地了解应聘者的情况。这些做法尽管有所帮助，但无论如何都不能真正确定应聘者效率的实际高低。招聘者也可以对决定雇用的人员规定一个试用期。如果在试用期中发现应聘者的表现并不令人满意，就可以及时解聘他们。不过，这种补救措施的作用也不会很大。无论解聘如何及时，已经造成的损失都是无法挽回的，而且，雇用有用人才的机会也可能已经丧失，不会再来。

信息不完全对招聘者行为的影响是很重要的。如果招聘者能够真正了解应聘者，他就会设定不同的工资水平来招收具有不同工作效率的应聘者，即用高工资招聘高效率者，用低工资招聘低效率者。总之，他会力图做到使所支付的工资与从相应应聘者身上得到的回报相等。但是，招聘者实际上并不能够真正了解每一个具体的应聘者，更无法做到使工资与回报相等。在这种情况下，招聘者常常只好对所有的（或至少是很大一批数量的）应聘者"一视同仁"，即用相同的工资水平来招聘他们。

现在的问题是，招聘者如何来确定这个"一视同仁"的工资水平呢？招聘者当然知道，如果他降低工资，应聘者的数量肯定就会减少。但是，他还会发现，在由于低工资而减少的应聘者中，主要的是那些工作效率较高的人，而不是工作效率较低的人。这是因为，工作效率较高的人明白自己的"价值"，认为不值得为低工资而工作；而工作效率较低的人也清楚自己的底细，尽管工资低一些，还是愿意接受。这样一来，工资下降的结果就是应聘队伍结构的变化：高效率应聘者所占比例不断下降，低效率应聘者所占比例不断上升。这种应聘队伍结构的变化意味着什么呢？它当然意味着整个应聘队伍的平均效率的下降。反过来说，如果招聘者提高工资，应聘者的数量就会增加，而在这些增加的应聘者中主要可能是一些工作效率较高的人才，这些人认为现在的高工资才值得他们应聘，结果整个应聘队伍的平均效率就上升了。

由此可见，在招聘者所出的工资水平与应聘者的平均效率之间存在着一个同方向变化的关系：平均效率随着工资水平的下降而下降，反之亦然。进一步研究这个关系还会发现，它具有如下两个特点：一个特点是，当工资水平下降到一个很低的水平（但仍然大于零）时，平均效率就可能已经下降到"零"——因为此时应聘者的数量将减少到零。即使是那些工作效率很低的人也会认为这样的工资水平太低了，从而拒绝应聘。另一个特点是，随着工资水平的不断提高，尽管应聘者的平均效率也在不断提高，但提高的"速度"却是越来越慢的，也就是说，工资增加对平均效率的影响是"递减"的。例如，当工资处于较低的水平时，应聘队伍的平均效率较低，仍在应聘队伍之外的高效率人才也较多，故此时提高工资水平吸引高效率人才参聘能够较大程度地提高平均效率；但是，当工资水平已经处于较高的水平时，情况就不一样了。一方面，应聘队伍的平均效率比以前高了许多，另一方面，仍在"局外观光"的高效率人才比以前少了许多，故此时继续提高工资水平对平均效率的影响也将比以前小许多。

招聘者在招聘时不仅要考虑所支付的工资水平，而且要考虑应聘者的工作效率。一个应聘者，即使要求的工资很低，如果工作效率更差，也不会有人问津；反之，如果应聘者要求的工资很高，但其工作效率更高，也值得雇用。工资和效率这两个指标可以综合在一起构成一个新的指标，即每单位工资水平上的效率。这个指标可以叫做**"工资效率"**。于是，招聘者在招聘时要考虑的就是他在所支付的每单位工资上能够得到的效率，即"工资效率"。招聘者在招聘中追求的显然就是最大的工资效率，而不是别的什么东西。

五、信息不完全和激励机制：委托—代理问题

在现实经济中，**委托—代理关系**是非常普遍的，例如，雇主和雇员，股东和经理，医院和医生，被告和律师，等等。在这些例子中，前者是"委托人"，后者是"代理人"。委托人委托代理人处理与自己有关的一些事务，并支付相应的报酬。但是，由于代理人的利益往往与委托人的利益并不一致（有时甚至可能完全不同），因此，对委托人来说，一个至关重要的问题就是：如何确保代理人按照自己的要求行事？这就是所谓的**委托—代理**

问题。

如果委托人对代理人的行为及其可能造成的后果有充分的了解，即具有完全的信息，则解决委托—代理问题就不会有太大的困难：他可以与代理人订立一份详细的合同，规定代理人应尽的责任，并对代理人的行为进行严格的监督，如果发现代理人有违约之处，即按照合同规定对其实施处罚。在这种情况下，委托—代理关系就不会出现严重的问题。但是，在现实生活中，委托人对代理人的情况往往缺乏足够的了解：委托人很难有足够的时间和精力来监视代理人的一举一动；即使有这样的时间和精力，也可能缺乏必要的知识和能力；更何况，在许多场合，监督本身也许都不可能。在这种信息不完全、委托人无法对代理人的行为进行直接"监控"的条件下，委托人有什么办法能够确保代理人不偷懒、不耍滑、严格按照合同的规定来为自己的利益服务呢？

实际上，委托—代理问题也可以被看成是一种"外部影响"：代理人不按合同规定尽责尽力而偷懒或"干私活"的行为对委托人造成了损害，但却没有对这种损害进行补偿（或因这种损害而受到惩罚）。和其他的外部影响一样，由于信息不完全而引起的委托—代理问题也会给市场机制的正常运行带来困难，从而造成低效率的结果。

解决委托—代理问题的一个方法是采用"木马计"：委托人把自己的利益"植入"代理人的利益之中，或者"搭载"到代理人的利益之上，这样，当代理人为自己的利益而采取行动时，他同时也就是在为委托人的利益服务了。下面是"木马计"的两个例子，一个涉及股东和经理的关系，另一个涉及雇主和雇员的关系。

1. 股东—经理：股票期权计划

许多现代公司的所有权和经营权往往都是分离的。这种情况下的委托—代理问题就是：如何确保公司经营者（经理）的行为符合公司所有者（股东）的利益？

所谓股票期权计划，就是公司给予它的经营者在一定的时间期限内按照某个既定的价格购买一定数量的本公司股票的权利。例如，某个公司于 2003 年 1 月 1 日推出的股票期权计划可能是：允许本公司的高级管理人员在以后 10 年中的任何时候均按 2003 年 1 月 1 日的市场价格购买不超过 10 000 股的本公司股票。这里值得注意的是，公司给予其经营者的不是现金报酬，也不是股票本身，而是一种权利，根据这种权利，经营者可以购买本公司的股票。

股票期权计划对企业经营者具有两个方面的激励作用。一个叫做"报酬激励"，另一个叫做"所有权激励"。

股票期权的"报酬激励"是在经营者购买股票之前发挥作用的。在股票期权计划下，如果公司经营得好，公司股票的价格就能够不断地上涨，经营者就可以通过行使股票期权计划所赋予的权利（即购买既定价格和数量的公司股票）而获得可观的收益；反之，如果公司经营得不好，股票价格就不能够上涨，有时甚至会下跌，在这种情况下，经营者就可以放弃股票期权计划所赋予的特权而避免遭受损失。总之，股票期权向企业的经营者提供了一个没有任何风险的获利机会。

前面所举的某公司的例子可以用来更加具体地说明股票期权的作用。假定在开始推出股票期权计划的 2003 年 1 月 1 日，该公司股票的市场价格为 5 元。再假定由于经营有方，经过 5 年之后，即在 2008 年 1 月 1 日，股票价格上涨到 15 元。此时，拥有股票期权的公司高级管理人员就可以按 2003 年 1 月 1 日的每股 5 元的价格购进，并按 2008 年 1 月 1 日的每股 15 元的价格卖出总共 10 000 股的本公司股票。在这种情况下，每买卖一股股票可以赚取 10 元钱，买卖全部所允许的 10 000 股股票则可以赚取总共 10 元×10 000＝100 000元钱！当然，如果预计公司的股票还会进一步升值，则这些高级管理人员也可以决定暂时不买，而等到股票价格上升到更高水平以后再买，从而获得更大的收益。由此可见，只要公司的股票能够不断地升值，股票期权计划就可以给公司的高级管理人员带来丰厚的报酬。而如果公司经营状况不佳，股票价格不断下跌，比如跌到每股 3 元，则每购买一股股票就要损失 2 元钱。在这种情况下，公司高级管理人员显然将放弃他们所拥有的股票期权。

从以上例子可以看到，股票期权计划给予企业经营者的实际上只是一种获利的可能性。要使这种可能性变为现实性，还需要这些经营者积极地负起责任来，通过不断地改善经营管理来实现公司资产的不断增值，实现股票价格的不断升值。这样一来，股票期权计划就通过"报酬激励"机制把经营者的行为引导到与公司所有者的利益相一致的轨道上来了。

另外，股票期权的"所有权激励"则是在经营者购买了股票之后发挥作用的。一旦经营者购买了公司的股票，他们也就处于和普通股东同样的地位了：他们现在也成了企业的所有者。作为企业的所有者，他们的目的当然也是（或至少有一部分是）实现利润的最大化，实现资产的保值增值。于是，股票期权计划又通过"所有权激励"机制保证了经营者的行为与所有者的利益相一致。

2. 雇主—雇员：工资报酬计划

考虑如下的雇主—雇员关系。雇主雇用雇员为自己进行生产。雇主的目的是使自己的利润达到最大，但结果到底如何则要取决于雇员的努力程度及其他一些无法预知和控制的随机因素，如机器和零部件的质量等等。一方面，如果不考虑随机因素的干扰，则雇主的利润将随着雇员努力程度的提高而增加；另一方面，如果雇员的努力程度不变，则雇主的利润会随着随机因素的影响而变化。表 11-2 对此做了简单的概括。

表 11-2　　　　　　　　　　　　　　雇主的利润　　　　　　　　　　　　　单位：元

	运气差	运气好
偷　懒	10 000	20 000
不偷懒	20 000	40 000

表 11-2 假定，雇员的努力程度只有两种情况：偷懒或者不偷懒；随机因素的影响也只有两种情况：运气差和运气好，并且，这两种情况出现的概率相同，都是二分之一。雇员可以决定偷懒或者不偷懒。这两种行为对雇主的利润有不同的影响。一方面，如果雇员决定偷懒，则雇主的利润在运气差的情况下为 10 000 元，在运气好的情况下为 20 000 元；另一方面，如果雇员决定不偷懒，则雇主的利润在运气差和运气好的两种情况下分别为 20 000 元和 40 000 元。从表 11-2 所给的这些数字中可以看到，雇主的信息是不充分的。雇主只有在最后的结果是 10 000 元或 40 000 元利润的情况下，才

能够对雇员的努力程度作出准确的判断：如果是 10 000 元，可以断定雇员是偷懒，反之，如果是 40 000 元，可以断定雇员没有偷懒。但是，当利润为 20 000 元时，雇主就无法判断雇员到底是偷懒了还是没有偷懒。一方面，即使雇员偷懒，但如果运气好，利润照样可以达到 20 000 元；另一方面，即使雇员不偷懒，但如果运气不好，利润也最多只能有 20 000 元。在现实的经济中，由于存在着各种各样的复杂的干扰因素，这种无法断定雇员努力程度的情况是相当普遍的。雇主方面的这种信息不完全，使得雇员有可能为了自己的利益而偷懒。

与雇主不同，雇员为雇主干活是为了得到一份工资收入。但是，干活不仅意味着失去闲暇，还意味着工作时的种种单调乏味、紧张疲劳甚至不愉快，这些都是雇员提供劳动的成本。显而易见，雇员的劳动成本在偷懒和不偷懒两种情况下是不同的。为简单起见，假定雇员的劳动成本在偷懒时为 0 元，在不偷懒时为 10 000 元。雇员的目标是使工资收入减去劳动成本之后的差额（即净收益）达到最大。

现在来看雇主如何解决他所面对的委托—代理问题。从表 11 - 2 中可以看到，对雇主来说，最有利的结果当然是雇员不偷懒。这是因为，如果雇员偷懒，雇主的期望利润（未扣除工资）只有：

$$\frac{1}{2} \times 10\ 000 + \frac{1}{2} \times 20\ 000 = 15\ 000\ （元）$$

而如果雇员不偷懒，这一期望利润（未扣除工资）可以高达：

$$\frac{1}{2} \times 20\ 000 + \frac{1}{2} \times 40\ 000 = 30\ 000\ （元）$$

现在的问题是，雇主如何确保雇员不偷懒呢？如果雇主的信息是完全的，即雇主能够随时监视雇员的行为，他就可以把工资报酬与雇员的努力程度直接联系起来。在这种情况下，雇员无法偷懒，否则就要面临罚款甚至被解雇的危险。但是，一旦雇主方面存在着如表 11 - 2 所示的信息不完全，他就无法有效地监控雇员的行为，无法再把工资与雇员的努力程度直接挂钩，而只能把它与可观察的生产结果（表 11 - 2 中的利润）相联系。在这种情况下，不同的报酬形式（或"激励机制"）可以改变雇员的行为——从不偷懒变为偷懒，或者相反，从偷懒变为不偷懒。于是，雇主就有必要设计和采用"好"的激励机制，以确保雇员的行为与自己的要求相一致（在表 11 - 2 的例子中，就是要保证雇员不偷懒）。下面我们来看一下在三种不同的激励机制下雇员的行为。

（1）固定工资。

假定雇主支付给雇员 12 000 元的固定工资（其他数量的固定工资也一样）。在这种情况下，雇员为了自己的利益最大化，肯定会采取偷懒的行为。这是因为，如果他偷懒，他的净收益就是 12 000 元（此时的劳动成本为 0 元），而如果他不偷懒，净收益只有 12 000 - 10 000 = 2 000（元）。其中，减去的 10 000 元是不偷懒时的劳动成本。于是，在固定工资的条件下，雇员肯定偷懒。在雇员偷懒的条件下，雇主只能得到较低的预期净利润（扣除工资之后）：

$$\left(\frac{1}{2}\times 10\ 000+\frac{1}{2}\times 20\ 000\right)-12\ 000=3\ 000(元)$$

而在雇员不偷懒的情况下，他的预期净利润本来可以高达：

$$\left(\frac{1}{2}\times 20\ 000+\frac{1}{2}\times 40\ 000\right)-12\ 000=18\ 000(元)$$

由此可见，固定工资导致了低效率。

（2）奖勤罚懒。

与固定工资的情况相比，通过对不偷懒的行为进行鼓励，则可以使雇主和雇员双方都得到好处。例如，假定雇主给雇员制订如下的报酬计划：

"如果利润不超过 20 000 元，则工资为 0 元；如果利润达到 40 000 元，则工资为 24 000 元。"

在这种情况下，雇员偷懒的结果就是工资等于 0 元。因为在偷懒的条件下，无论运气好坏，利润都不会超过 20 000 元。由于雇员偷懒的工资为 0 元，同时其劳动成本也为 0 元，故其净收益等于 0 元。而雇员不偷懒的预期工资收入是：

$$\frac{1}{2}\times 0+\frac{1}{2}\times 24\ 000=12\ 000(元)$$

减去不偷懒的劳动成本 10 000 元之后，净收益等于 2 000 元。于是，雇员出于自身利益的考虑会决定不偷懒。此时，雇主的预期利润也比固定工资时大大增加：

$$\frac{1}{2}\times(20\ 000-0)+\frac{1}{2}\times(40\ 000-24\ 000)=18\ 000(元)$$

（3）利润分享。

下面的"利润分享"计划也可以起到与"奖勤罚懒"相同的激励作用：

"当利润低于 18 000 元时，工资为 0 元；当利润高于 18 000 元时，超过部分即作为工资给予雇员。"

此时，如果雇员偷懒，他的预期工资收入是：

$$\frac{1}{2}\times 0+\frac{1}{2}\times(20\ 000-18\ 000)=1\ 000(元)$$

其净收益也为 1 000 元（因为偷懒的劳动成本为 0 元）。而如果雇员不偷懒，则其预期工资收入为：

$$\frac{1}{2}\times(20\ 000-18\ 000)+\frac{1}{2}\times(40\ 000-18\ 000)=12\ 000(元)$$

减去不偷懒的劳动成本 10 000 元之后，净收益为 2 000 元。由此可见，在上述利润分享的情况下，雇员出于自身利益的考虑将决定不偷懒。这样，雇主的预期收益就能确保为 18 000元，与前面"奖勤罚懒"时完全一样。

当然，这里所举出的例子都是非常简单化的情况，其目的仅仅在于说明激励机制有助于解决委托—代理问题。

六、信誉和信息调控

信息的不完全和不对称带来了许多问题。市场机制本身可以解决其中的一部分问题。例如，为了利润的最大化，生产者必须根据消费者的偏好进行生产，否则，生产出来的商品就可能卖不出去。生产者显然很难知道每个消费者的偏好的具体情况。不过，在市场经济中，这一类信息的不完全并不会影响他们的正确决策——因为他们知道商品的价格。只要知道了商品的价格，就可以由此计算生产该商品的边际收益，从而就能够确定他们的利润最大化产量。

通过市场机制本身来解决信息不完全和不对称问题的另外一个方法是建立"信誉"。在信息不完全和不对称的情况下，如果没有其他的约束机制，市场就会到处充斥劣质的产品。这是因为，一方面，消费者知道，生产和销售产品的企业比自己更加了解商品的质量，因而就有可能利用这一信息优势来进行欺骗，即生产一些成本较低的劣质产品，并把它们拿到市场上来以次充好，以获得更大的利润。基于这种认识，消费者只愿意对企业提供的商品支付较低的价格。另一方面，由于消费者只愿意支付较低的价格，企业也不愿意生产成本较高的优质产品。这样一来，结果当然就是劣质产品把优质产品逐出市场。

幸运的是，由于存在着诸多的约束因素，现实的市场并没有糟糕到如上所述的地步。其中一个就是"信誉"。所谓信誉，可以被看成是消费者对企业行为的一种主观评价。消费者根据自己购买和消费某种产品的亲身体验以及来自其他消费者的"忠告"或别的因素，对生产和销售该产品的企业的诚信（或欺瞒）程度作出判断，并根据这种判断来决定以后是否会购买该企业的产品。

一般来讲，当买卖双方的关系相对固定时，信誉机制比较容易建立。在这种情况下，企业只要欺骗某个消费者一次，就可能永远失去这一消费者，甚至有可能失去更多的消费者。反之，如果是一次性的、流动性的买卖，交易结束之后，双方可能永远也不会再碰面，则建立信誉机制就比较困难，因为在这种情况下，对企业来说，"回头客"本来就不存在，也用不着担心受骗者会向其他消费者揭发自己的不是。不过，即使是在后面这种场合，信誉机制有时也可以起到一定的作用。以遍布世界的麦当劳为例。当你待在家里时，你也许并不愿意经常去麦当劳。但是，当你出差到一个陌生的地方时，去麦当劳也许就是一个不错的决定。街头那家名叫"张三"的饭馆提供的饭菜也许更有风味，但你无法肯定。你唯一能够肯定的是，这里的麦当劳和你家乡的麦当劳是完全一样的。因为麦当劳的产品全球都一样，去那里用餐用不着担心受骗。于是，通过这样的"标准化"，市场在一些"一锤子"买卖的场合也可以建立起信誉机制。

信誉在解决信息不完全和不对称问题上所起的最重要的作用就是"区分市场"。信誉使由于信息不完全和不对称而搞得混乱不堪的市场变得清晰分明起来。信誉好的商品意味着质量高，信誉差的商品意味着质量低。在"区分市场"的同时，信誉也使得"高质高价"成为可能：质量高的产品价格就高，反之则低。"高质高价"鼓励了生产和销售优质产品的企业，同时也惩罚了生产和销售劣质产品的企业——它们的产品被打上劣质的烙印，无法再冒充优质产品。总之，信誉提高了企业诚信的收益和欺骗的成本。

但是，市场机制并不能够解决所有的信息不完全和不对称问题。在这种情况下，政府就有必要在信息方面进行调控。信息调控的目的主要是保证消费者和生产者能够得到充分和正确的市场信息，即提高市场的"透明度"，以便他们能够作出正确的选择。例如，就保护消费者方面来说，常见的政府措施包括这样一些规定：发行新股票或新债券的公司必须公布公司的有关情况、产品广告上不得有不合乎实际的夸大之辞、某些产品必须有详细的使用说明书、香烟包装上必须标明"吸烟有害健康"的字样，等等。

第五节　结　束　语

本章要点可以归结如下：

（1）市场机制一般只能保证资源配置的边际私人收益和边际私人成本相等，而无法保证边际社会收益和边际社会成本相等。当边际社会收益和边际社会成本不相等时，对整个社会而言，资源的配置就没有达到最有效率的状态。这就是市场失灵。

（2）垄断是市场失灵的一个重要原因。垄断超额利润的存在说明在该行业中资源配置得太少。为了追求和维护垄断地位而花费的代价是一种纯粹的浪费，是社会的净损失。这种非生产性的寻利活动被概括为所谓的"寻租"活动。政府对付垄断的办法包括限制垄断价格和反垄断法等。

（3）"外部影响"是造成市场机制低效率的又一个重要原因。从社会的角度看，私人活动的水平在存在"好"的外部影响时往往太低，而在存在"坏"的外部影响时又往往过高。对付外部影响通常有三个办法。一是税收和津贴；二是企业合并；三是"明确财产权"。最后这个办法的依据是"科斯定理"：只要财产权是明确的，而且交易成本很小，则无论把财产权赋予谁，市场都是有效率的；但是，这一办法存在很多的问题。

（4）市场机制主要是在私人物品的场合起作用，而不适用于公共物品。由于在公共物品场合存在着"搭便车"之类的现象，市场机制提供的产品数量往往太少。因此，政府有必要承担起提供公共物品的任务。

（5）在现实的经济生活中，常常存在着信息的不完全和不对称。在这种情况下，市场机制的作用也受到很大的限制。市场机制本身只能够解决一部分信息不足的问题。因此，需要政府在信息方面进行调控，以保证消费者和生产者能够得到充分和正确的信息，以便作出正确的选择。

本章的主旨在于说明：现实生活中的四项事实破坏了完全竞争赖以存在的基础。这四项事实即本章前四节所论述的垄断、外部影响、公共物品和信息的不完全性；由于它们对完全竞争的破坏，所以资本主义的资源配置不能够达到理想的最优状态，即存在着市场失灵的情况。这时，为了尽可能地达到最优状态，国家必须执行微观经济政策来对此加以弥补。"政府有时能改善市场运行的后果"被西方学者称为经济学的十大原则之一。① 上述种种也许会引起读者的误解，从而认为：虽然完全竞争的理想状态系以严格的假设条件为前提，但是，只要执行微观经济政策来弥补假设条件的缺陷，资本主义的市场经济仍然可以达到或接近帕累托的最优状态。事实当然不是这样，下面将加以说明。

完全竞争依赖许多假设条件，其中有很多是非常严格的。例如，完全竞争假设商品具有无限的可分割性，这就是说，一台机器可以被分割成很多同样的微型机器。稍有数学基础的读者当然知道，如果没有这一假设，微积分的方法便不能被用来论证理想状态的存在。因此，无限分割的假设条件是论证所必需的。这就是说，理想状态赖以成立的一个或数个条件已经无可补救地被破坏了。处于这种情况下，本章所论证的四种政策能否使资本主义的市场经济达到或接近帕累托最优状态？根据西方经济学的"次优理论"②，答案是否定的。

全面论述"次优理论"已经超出本书的范围，但是，我们可以引用"次优理论"的结论来说明为什么答案是否定的。

"次优理论"的结论写道："不存在任何**先验的**方法来对某些帕累托最优状态的假设条件得以满足而另一些假设条件不能满足的各种事例加以判别。更具体地说：在不能全部满足假设条件的情况下，满足较多的条件的事例并不必然，也不可能优越于满足较少条件的事例。"③

我们在上面举例说过，商品可以被无限分割的假设条件是无法满足的。这就是说，资本主义市场经济不能完全满足帕累托最优状态的全部条件。既然如此，根据"次优理论"，即使本章所介绍的四种"失灵"现象得以用政策完全弥补，即增加了四个被满足的条件，也不能证明其后果要优越于不执行政策的后果，即少满足四个条件的后果。因此，即使微观经济政策有效，也不能证实资本主义会趋向于帕累托最优状态。

本章的结束语之所以提到"次优理论"，只是想避免使读者误解，认为微观经济政策的执行可以使西方社会达到或接近帕累托最优状态。在说明这一误解的同时，我们并不否定某些微观政策在现实经济生活中的有效性。以本章所论述的四项政策而论，针对外部影响、公共物品和信息不完全性的政策，我们认为都已经取得了一定的成果。然而，反垄断政策却应该说是失败的，或者至少没有取得显著的成功，因为西方世界的企业规模的不断扩大是有目共睹的事实。例如，1997 年，美国波音公司与麦道公司的合并使得美国仅有一家制造大型客机的厂商，它与欧洲的空中客车公司成为整个世界的同一行业中最大的两家企业。虽然二者之间也有竞争，但垄断的现象也是明显的。

---

① 曼昆．经济学原理．7 版．纽约：德里顿公司，2014.

②③ 李普赛，兰卡斯特．次优的一般理论．经济研究评论，1956—1957，24：11-32.

第六节　微观经济学结束语

由于本章是微观经济学的最后一章，所以除了本章的结束语以外，还有必要对整个微观经济学的理论体系加以总结。

一、微观经济学的结论

本书第二章图2-1已经对微观理论体系作一鸟瞰。结合该图，这一体系可以被分解为下列六点内容：

第一，图中的消费者出于利己的动机，支付商品（如茶叶）的价格，从所购买的商品中获得最大的效用，即最大的满足；这便是本书第三章的内容。

第二，通过图上方的产品市场（茶叶市场）的供求关系，消费者支付的价格变为企业家的收入；对此，本书第二章已经加以论述。

第三，在完全竞争的条件下出于利己的动机，为了获得最大的利润，企业家必然要使他的（茶叶的）产量处于价格＝边际成本的水平。

第四，在完全竞争的长期均衡的情况下（即企业家不能再取得超额利润时），价格＝边际成本＝平均成本，这时，企业家必然以最低的成本进行（茶叶的）生产；第三和第四两点均由本书第四章、第五章和第六章三章加以论述。

第五，平均成本是企业家支付给生产要素的报酬，等于工资、利润（或利息）和地租的总和，三者分别补偿劳动、资本和土地在生产（茶叶）上所作出的贡献；关于这一切，我们在第八章中已经加以论述。

第六，把上述五点综合起来，图中所描述的社会能以最低的成本进行（茶叶或任何其他产品的）生产，来使消费者得到最大的满足，资本家得到最大的利润，生产要素得到各自在生产上所做的贡献作为报酬。该社会已经达到如此满意的状态，以致在不减少任何成员的福利的情况下，无法再增加任何一个成员的福利。这一状态被称为帕累托最优状态，而完全竞争的模型可保证经济制度达到这一状态。第九章所涉及的就是这些问题。

上面的六点表明，帕累托最优状态显然是一个理想的状态。关于这一状态，西方经济学最流行的一本教科书写道："整个经济社会是有效率的；只有使其他人的处境变坏才能使任何人的处境变好。"[1] 甚至有一位西方学者称帕累托最优状态为"天堂般的"状态。[2]

在这里，应该注意的是，帕累托最优状态是由具有利己心的各种人共同造成的，包括企图取得最大效用的消费者、以最大利润为目标的企业家以及想要领取最高报酬的生产要

---

① 萨缪尔森，诺德豪斯 . 经济学 . 19 版 . 纽约：麦格劳-希尔公司，2009.

② 弗格森 . 微观经济理论 . 3 版 . 霍姆伍德：伊尔文公司，1972：490.

素的所有者。这些具有利己心的个人，通过竞争的作用，却能造成代表最优境界的帕累托最优状态。整个微观经济学的完全竞争模型的主要目的就在于论证这一点。

虽然为现实所逼，西方学者承认本章所论述的市场失灵的各种情况，但是，他们又声称，微观经济政策可以弥补市场失灵的不足之处。这种说法，正如上面说过的那样，在意识形态上，起着相当大的误导作用。它可以造成一种印象：资本主义似乎可以通过微观经济政策来矫正现实的市场机制的缺点，从而达到接近"理想社会"的状态。

早在200多年以前，西方经济学的鼻祖亚当·斯密就已经提出了"看不见的手"的原理。斯密写了一段被广为引用的著名的话："每人都在力图应用他的资本，来使其生产品得到最大的价值。一般地说，他并不企图增进公共福利，也不知道他所增进的公共福利为多少。他所追求的仅仅是他个人的安乐，仅仅是他个人的利益。在这样做时，有一只看不见的手引导他去促进一种目标，而这种目标绝不是他所追求的东西。由于追逐他自己的利益，他经常促进了社会利益，其效果要比他真正想促进社会利益时所得到的效果为大。"① 这段文字普遍被称为是斯密的"看不见的手"原理。

在这里，斯密的"看不见的手"一般被认为是就资本主义的市场而言的。按照这一解释，斯密这段话的意思不外乎是：以利己心为动力的资本主义制度可以通过市场机制的作用来使整个社会得到最大的福利。把斯密"看不见的手"原理的内容和现代微观经济学的结论相比较，后者可以说是对前者的注解。萨缪尔森写道："现代经济学的最大成就之一便是理解亚当·斯密的论点（指'看不见的手'原理。——引者）的准确含义。"② 这一成就在意识形态中的作用是什么？对此，一位西方学者写道："一直到目前，斯密断言资本主义市场制度的'看不见的手'能够协调一切人的自私行动并且导致生产资料'最优的'配置的说法构成在意识形态上维护资本主义的最完备的基础。"③ 由此可见，在意识形态上，现代微观经济学不过是斯密的"原理"在目前的表现形式。

二、微观经济学组成部分的共同的局限性

微观经济学的每一个组成部分都有它自己独有的局限性。例如，作为西方经济学价值论基础的效用论把体现人与人之间生产关系的价值说成表示人与物之间关系的效用。又例如，作为西方经济学分配论核心内容的边际生产率分配论不过是早已被马克思彻底批判过的萨伊"三位一体"公式的翻版。关于各个组成部分的独特的局限性，我们已经在本书有关各章的结束语中加以简要说明。在这里，我们仅仅论述各个组成部分的共同局限性。从这些共同的局限性中，我们能够看到，从整个体系看来，微观经济学的结论是很难成立的。

第一，一个纯粹由个人利己动机出发而不遵守某种最基本道德标准的市场经济是不可能达到帕累托最优状态的。因为在这种情况下，市场经济中就可以出现欺诈和道德败

---

① 亚当·斯密. 国富论：下册. 伦敦：丹特公司，1955：246.
② 萨缪尔森，诺德豪斯. 经济学. 19版. 纽约：麦格劳-希尔公司，2009.
③ 亨特，施瓦茨. 对经济理论的批判. 伦敦：企鹅出版社，1972：168.

坏的行为，从而使帕累托最优状态不能实现。关于这一点，本书第十一章第四节已经提供了一些事例。21世纪初出版的一本专门研究这一问题的专著的结论写道："在参与者不受道德约束的条件下，商品配置不可能达到帕累托最优的均衡状态。简言之，经济效率只能在有道德的条件下才可能存在。"① 在这里，必须注意：所有这一切并不否定利己心是市场经济的一种动力，而仅仅是说，单凭利己动机，市场经济不可能达到帕累托最优状态。

第二，微观经济学的各个组成部分都建立在一系列不符合事实的假设条件之上。既然假设条件不符合事实，其结论当然也不能成立。例如，在上面效用论的论述中已经指出，消费者被假设为能够判别不同商品的各种组合的优劣。这就是说：对消费者而言，他可以判别2千克面包、1千克土豆的组合比1千克面包、2千克土豆的组合带来较大、较小还是相同的效用。如果一个社会仅有两种产品，如面包和土豆，判别不同组合的优劣也许是可能的。然而，在现实生活中，社会上存在的产品种类绝不止两个。即使在物质条件很差的社会中，其产品种类也远远不止于此。在这样的情况下，要想判别种类繁多的产品的各种不同组合的优劣显然是不可能的，更不用说产品种类成千上万的现代化社会。又例如，拿生产函数中提到的厂商可以自由无阻与不受损失地进入和退出任何行业来说，这一假设条件同样不符合事实。现代化的生产几乎使任何一种产品的生产都必须具备独特的设备、技术和管理才能。在这样的要求之下，厂商不但不能自由无阻地进入某一行业，甚至根本没有进入某些行业的可能。即使有可能进入和退出某一行业，厂商也必须为此支付一笔相当庞大的费用。在目前的资本主义社会中，由于垄断企业生产规模庞大，进入某一行业往往需要数量惊人的资本。此外，垄断组织对许多行业都加以严密的控制。这些情况使得进入和退出某一行业更加困难。拿美国的汽车业来说，由于石油价格高昂，一向以生产大型轿车为主的美国汽车业受到日本小型汽车的严重打击。为了转产小型汽车以便和日本相竞争，美国的汽车业已经投入一笔相当可观的转产费用并且需要一段调整生产的时间。这一事例表明，仅仅转移同一行业的生产的品种已经要付出昂贵的代价，完全改变行业的费用则将更高。完全竞争模型所作出的自由无阻与不受损失地进入和退出某一行业的假设是不符合事实的。

微观经济学具有很多与上述类似的严格的假设条件。由于这些假设条件不符合事实，微观经济学据此而得到的美化资本主义制度的结论当然是不能成立的。

上一节提到的西方经济学界的"次优理论"进一步表明了难以符合事实的严格的假设条件给微观经济学美化资本主义的结论所带来的严重影响。"次优理论"证明：假如微观经济学的完全竞争模型具有十个假设条件，其中一个受到破坏，其余九个得到满足，那么，该模型并不会推导出它所预期的美化资本主义的结论的十分之九。要想得到这一"次优状态"，必须在不能满足一个假设条件的情况下改变其他一些条件。这就意味着：一个不符合事实的假设条件便能使整个完全竞争模型垮台。既然该模型具有许多不能满足的假

---

① 舒尔茨. 经济效率的道德条件. 剑桥：剑桥大学出版社，2001：117-118.

设条件，那么它所预期的美化资本主义的结论显然是无法证实的。

第三，即使抛开严格的假设条件的问题不谈，微观经济学的各个组成部分所企图论证的也不过是一些脱离任何特殊生产关系的抽象的理论。消费者选择理论所企图论证的是：任何一个具有一定收入的人都必然要使他的收入能换取最大的满足以及实现换取最大满足的条件。这一结论可以适用于任何社会，因为任何社会的人，如果持有一定量的收入，都必然要尽量使他的收入能够换取最大的满足。生产理论的目的在于证明：任何处于竞争状态下的企业经理人员都必然要使他的成本降到最低点以及实现做到这一点的条件。这一结论同样可以适用于各种不同的生产方式，不但可以适用于简单商品生产和资本主义社会，而且在抽象的意义上可以适用于社会主义社会。上面的厂商理论企图得出的结论是：如果目的在于获取最大利润，那么，厂商必然要把生产推进到边际收益和边际成本相等之点。这一结论显然可以脱离任何一个具体的生产方式而独立存在，因为既然利润是产品的卖价减去它的成本后的差额，那么，正像本书第六章第二节已经做过的那样，简单的微积分的推导可以证明：边际收益和边际成本相等是利润最大化的必要条件。至于分配论，如果该理论可以被认为也进行了论证，它的论证所依据的理由无非是：在任何情况下能存在的事物都是合理的。由于在资本主义制度下，资本家能按资本取得收入，所以资本便据此而被认为能创造价值。由此可见，微观经济学的各个组成部分所企图证明的不过是一些各种生产方式所共有的，从而也是能脱离任何特殊生产关系而存在的抽象理论。

对于这种脱离特殊生产关系的抽象理论，马克思指出："总之，一切生产阶段所共有的、被思维当做一般规定而确定下来的规定，是存在的，但是所谓一切生产的**一般条件**，不过是这些抽象要素，用这些要素不可能理解任何一个现实的历史的生产阶段。"① 马克思的论断固然是就经济学所研究的"生产的一般条件"而言的，但这一论断也适用于微观经济学的各个组成部分。这一论点不但适用于不同社会的事物，也适用于日常生活中的情况。例如，要想判别一个具体的人，不能用一般的个人所具有的共同之点（如一个鼻子、两个耳朵等）来做到这一点，而必须指出该人的特点。然而，微观经济学的各个组成部分所企图证明的仅仅是脱离任何特殊的生产方式都可以存在的抽象理论，因此，这些抽象理论不能被用来解释任何一种生产方式的现实情况，包括资本主义的现实情况在内。

第四，尽管微观经济学的各个组成部分所包含的论点不能解释任何一种生产方式的现实，然而，西方学者却往往利用这些论点来对资本主义的现实加以说明。

由于资本主义的现实不能用微观经济学的各个组成部分的内容来加以解释，所以西方经济学的解释和资本主义的现实情况之间存在着明显的矛盾之处。例如，厂商理论的结论之一是：为了获取最大限度的利润，资本家必然要把生产推进到边际收益等于边际成本之点，或价格等于边际成本之点。这一定价公式在西方经济学中占有非常重要的地位。例如，我们已经看到，西方学者之所以能证明完全竞争模型能够导致帕累托最优状态，其基

---

① 马克思恩格斯文集：第八卷.北京：人民出版社，2009：12.

础便是价格等于边际成本的公式。关于这样一个重要的公式，西方学者也承认，实际的价格并不是按照这个来决定的："对事实的观察表明，厂商很少根据边际收益和边际成本的相等来决定价格。"[①] 我们在第六章第九节的结束语中也引用过一位颇为知名的西方学者赖斯特的话：西方国家的学生向他们的老师提出抗议，因为他们的作为企业主的爸爸并不像老师们所说的，"按照边际收益和边际成本相等来求得最大利润"[②]。

这种理论与事实相背离的后果是严重的。按照另一位颇为知名的西方学者埃克纳的意见，这种背离甚至使西方经济学不能算作科学。他写道："为什么经济学还不是科学？正式的答案是：虽然不能用事实来证实它的几个关键性的命题，但是，经济学还是继续根据这些命题而进行争辩。具有很少或根本没有事实根据的关键命题是：（1）每一个家庭都具有一系列反映该家庭对两种物品的偏好的向原点凸出的无差异曲线；（2）一系列代表生产任何一种产品所需要的劳动和其他投入品的有连续性或平滑的等产量曲线；（3）存在于经济中任何一个部门的一系列向上倾斜的供给曲线；（4）存在于生产过程中的一切投入品的一系列的边际物质产品曲线，特别是'资本'投入品的一系列的边际物质产品曲线。这四个命题构成经济理论的新古典学派的核心，从而构成萨缪尔森和希克斯所形成的新古典综合派的微观经济学的那一半。"[③]

由于以上四个原因，从整个理论体系来看，微观经济学所企图论证的资本主义是理想社会的说法不能成立，它不过代表美化资本主义的意识形态。

三、为什么有各种局限性的理论体系却具有可取之处

综上所述，就微观经济学的各个部分的共同局限性来看，它的整个理论体系是不能成立的。既然如此，为什么这个理论体系却存在着可取之处？下面是我们对于这一问题的答案。

第一，微观经济学所使用的"边际"的概念和微积分学所使用的"导数"的概念存在着相当密切的联系。我们知道，在 19 世纪 70 年代兴起的边际效用学派的理论是和马克思主义政治经济学相对立的，因此，"边际"的概念成为资产阶级的意识形态上的武器，但这并不能证明"边际"的概念是毫无用处的。在过去，虽然帝国主义曾经使用飞机和炸弹来侵略我国，但是，这并不能证明飞机和炸弹本身是完全无用的东西。如果用于造福人类，二者显然可以起到良好的作用。"边际"的概念也是如此。[④]

从本书的微观经济学部分中可以看到，"边际"的概念和微积分学中的"导数"的概念是非常接近的，后者不过是前者的极限，而在概略性的应用中，二者可以被当做相同的事物。这一事实使得微积分学可以很方便地被应用于微观经济学中。

---

① 萨缪尔森，诺德豪斯．经济学．19 版．纽约：麦格劳-希尔公司，2009.
② 赖斯特．关于工资—就业问题的边际分析的缺陷．美国经济评论，1946（36）.
③ 埃克纳．为什么经济学还不是科学．纽约：夏普公司，1983：8.
④ 在这里，我们谈论"边际"概念的有用性质，目的仅在于说明：为什么性质错误的微观经济学的组成部分却有可取之处。我们认为，在把微积分学应用于经济问题时，社会主义国家的经济工作者并不需要使用"边际"的概念，因为他们可以直接使用"导数"的概念，其含义远比"边际"明确。

微积分是很有用的数学方法，特别在取得最优值的问题上更是如此。例如，在本书的论述中可以看到：西方经济学者在消费者选择理论、生产理论和厂商理论中，都给自己提出了不同的问题。他们提出的问题依次为：既然具有一定收入的消费者必然要以既定的收入换取最大的效用，那么，取得最大效用的条件是什么？既然处于竞争状态的资本家必然要把生产成本压缩到最低点，那么，把生产成本压缩到最低点的条件是什么？既然厂商经营的目的是获取最大利润，那么，厂商获得最大利润的条件又是什么？

关于上述三个问题及其答案，我们已经指出了它们共同的问题所在。我们指出，由于假设条件严格、脱离了任何特殊的生产关系、明显地违背了资本主义的现实情况，所以这些问题及其答案都与微观经济学研究的对象（资本主义）无关，从而，微观经济学的结论不能成立。

但是，我们也可以看到，上述第一个问题是在收入的约束下寻求最优（最大）效用的问题，第二个问题是在产量的约束下寻求最优（最低）成本的问题，第三个问题是在不受约束的条件下寻求最优（最大）利润的问题。它们的答案都代表使用微积分学中寻求最优值的办法所得到的结果。

由此可见，微观经济学的上述三个组成部分的部分内容可以被认为是根据一系列的假设条件用微积分学的寻求最优值的方法推导出来的结果。它们之所以是错误的，原因并不在于逻辑推理有任何不精确之处，而在于西方经济学者把根据许多难以实现的假设条件推导出来的抽象结果应用于资本主义社会，以便通过这种应用来美化资本主义制度。换言之，这里的错误并不在于他们所使用的寻求最优值的微积分学的方法，而在于他们对由此得到的结论不恰当地加以应用。从这里可以看出有各种局限性的微观经济学的各个组成部分仍有可取之处的原因所在。微观经济学的各个组成部分的结果是不符合现实的，但是，它所使用的微积分学的寻求最优值的方法却是经济研究的有用工具。

在经济工作中，经常出现寻求最优值的问题。交通应当遵循最短的途径；投资应取得最大的效果；在完成规定的生产任务中，工厂企图把成本压缩到最小的程度；当原材料的消耗为一定量时，人们也试图从其中获得最大的产量；甚至整个社会都应该以最小的代价换取最大的效果。凡此种种都是寻求最优值的问题的例证，而微积分学正是解决这种问题的有用方法之一。因此，我们应该看到：在其内容向我们提供如何把寻求最优值的方法应用于经济问题的例证的限度内，微观经济学仍然包含着有用的东西。

第二，我们正在建设有中国特色的社会主义市场经济，以市场经济而论，它与资本主义有一定限度的共同之处。上面已经指出，微观经济学的各个组成部分主要研究脱离任何特殊生产关系的抽象理论；正因为如此，这些理论既不完全适用于任何特殊的生产方式，也不完全脱离任何特殊的生产方式。因此，在市场经济的范畴内与资本主义有共同之处的我国社会主义的市场经济和微观经济学的某些部分的内容存在着一定程度的关联之处。由此可见，在有关联的限度内，微观经济学的内容具有值得我们借鉴的地方。例如，它可以比较具体地告诉我们，在市场经济中，分散经营和决策的个体如何通过供求关系，使得他们的经济行为大体上取得协调一致。

综上所述，西方的微观经济学具有双重性质。一方面，在整个理论体系上，它不但存在很多的局限，而且是美化资本主义的意识形态。另一方面，它的部分具体内容也有值得我国的社会主义市场经济借鉴之处。

根据这一结论，我们便有理由来形成我们对西方微观经济学所应持有的态度，即：由于微观经济学的双重性质，我们在整个理论体系上，要否定它的美化资本主义的意识形态，而与此同时，在具体的部分内容上，应看到它值得借鉴的地方。只有这样，才能达到"洋为中用"的目的，即：利用它的有用之处，而与此同时，又避免它所带来的负面作用。

"西方经济学"数字学习平台简介

　　您是否还在为如何丰富课堂的教学资源而奔忙，是否还在为没有庞大的试题库、案例库而苦恼，是否还在为如何监控学生的知识点掌握情况而殚精竭虑……

　　您是否还在为没有自学资料而烦恼，是否还在为如何了解自己的知识点掌握情况而焦虑，是否还在为如何获取一流名校名师的教学资料和素材而束手无策，是否还在为如何通过期末考试而烦恼，是否还在为考研而烦恼……

　　中国人民大学出版社整合国内最优秀的教学资源，倾全力开发的"西方经济学"数字学习平台将会最大限度地消除您的烦恼。在我们的平台上，

　　教师将可以：

　　享受一流丰富的教学资源，教学质量轻松监控，为学生提供精彩一流的西经课程。

　　拥有西经数字教材、知识点列表、名师教学 PPT、名师教学视频、试题库、预制作业、试卷等资源。

　　拥有开设课程、设定上课学生范围的权利。

　　拥有学生学习进度监控、学生知识点掌握情况监控、作业测试安排、成绩管理、在线答疑和讨论等多项权限。

　　学生将可以：

　　拥有精彩丰富的学习资源和考试考研必备利器，享受一流名师的教学辅导。

　　拥有西经数字教材、知识点列表、名师教学 PPT、名师教学视频等资源。

　　拥有个人知识点掌握情况监控、学习进度监控、成绩管理、在线答疑和讨论等多项权限。

　　请使用浏览器打开网址 http://www.rdyc.cn，登录"西方经济学"数字学习平台，平台的帮助系统能很好地让您详细了解平台的功能及协助您很好地掌握相关的使用流程。

　　如果您想试用，请与我们联系。

　　电话：010-62515969

　　QQ：2380306335

　　E-mail：service-rdyc@rucdigit.com

教学支持说明

为秉承中国人民大学出版社对教材类产品一贯的教学支持，我们将向采纳本书作为教材的教师免费提供教学课件。为确保此资源仅为教师教学所使用，烦请填写（字迹清晰）如下信息调查表，并寄至北京市海淀区中关村大街甲 59 号文化大厦 1506 室中国人民大学出版社经济分社收，邮编：100872；或传真至（010）62514775。我们收到后将尽快发送教学课件。

证　明

兹证明＿＿＿＿＿＿＿＿大学＿＿＿＿＿＿＿＿系/院＿＿＿＿学年（学期）开设的课程，采用中国人民大学出版社出版的＿＿＿＿＿＿＿＿＿＿＿＿＿＿（作者/书名）为主要教材。任课教师为＿＿＿＿，学生＿＿＿＿个班，共＿＿＿＿人。

学生层次：

本科低年级　本科高年级　研究生　MBA　EMBA　在职培训

联系电话：

E-mail：

联系地址：

邮政编码：

系/院主任：＿＿＿＿（签字）

（系/院办公室章）

＿＿年＿＿月＿＿日

中国人民大学出版社经济分社

北京市海淀区中关村大街甲 59 号文化大厦 1506 室　100872

联系电话：010-62513572

传真：010-62514775

E-mail：gaoxiaofei11111@sina.com

《西方经济学》（第七版）配套数字教辅资源列表（本教辅仅向一线任课教师免费提供）

资源名称	资源内容
习题答案	教材课后习题答案
案例汇总	教材之外的 200 余个案例
教学 PPT	教学用课件
精美 PPT	用 PPT 动画将西方经济学中经典的图表生动地表现出来，同时加入大量的资料、漫画、案例、视频等教学素材
知识结构图	各章知识点的结构图
教材原图汇总	教材中所有图形的高分辨率图片

教学支持说明

中国人民大学出版社经济分社与经管之家（原人大经济论坛，网址：http：// www.jg.com.cn）于 2007 年结成战略合作伙伴后，一直以来都以种种方式服务、回馈广大读者。

为了更好地服务于教学一线的任课教师与广大学子，现中国人民大学出版社经济分社与经管之家作出决定，凡使用中国人民大学出版社经济分社教材的读者，填写以下信息调查表后，发送电子邮件或者邮寄或者传真给我们，经过认证后，我们将会向教师读者赠送经管之家论坛币 200 个，向学生读者赠送经管之家论坛币 50 个。

教师信息表	学生信息表
姓名：	姓名：
大学：	所读大学：
院系：	所读院系：
教授课程：	所读专业：
联系电话：	入学年份：
E-mail：	QQ 等联系方式：
论坛 ID：	E-mail：
使用教材：	论坛 ID：
论坛识别码（请抄下面的识别码）：	使用教材：
	论坛识别码（请抄下面的识别码）：

我们的联系方式：

E-mail：gaoxiaofei11111@sina.com

邮寄地址：北京市海淀区中关村大街甲 59 号文化大厦 1506 室经济分社，100872

传真号：010－62514775

附：经管之家（原人大经济论坛，http：//www.jg.com.cn）简介

经管之家

——国内最大的经济、管理、金融、统计类在线教育网站

经管之家（http：//www.jg.com.cn）于 2003 年成立，致力于推动经济学科的进步，传播优秀教育资源，做最好的经管教育。目前已经发展成国内最大的经济、管理、金融、统计类在线教育平台，也是国内最活跃和最具影响力的经济类网站。

1. 拥有国内经管类教育网站最多的关注人数，注册用户近千万，访问群体遍布高校、行政机关和企事业单位。

2. 是国内最丰富的经管类教育资源共享与发布平台；拥有丰富的经济金融数据库以及全面的经管统计类培训和教学相关软件。

3. 拥有完善的教辅系统，主要为经管类教师和学生提供备课与学习资料，包括案例库、题库和期刊信息大全。

只要您是经管类行业的学习者、研究者和从业者，这里就能满足您的需求。

每个经济人都应该有个论坛账号！

论坛识别码：pinggu＿com＿1501511＿8899768

高鸿业《西方经济学》(第七版) 教材、教辅书列表

书名	作者	ISBN	定价	出版日期	简介
西方经济学（微观部分·第七版）	高鸿业等	978-7-300-24876-9	42.00	2018-1	微观部分教材
西方经济学（宏观部分·第七版）	高鸿业等	978-7-300-24877-6	42.00	2018-1	宏观部分教材
西方经济学（第七版）	高鸿业等	978-7-300-25315-2	82.00	2018-1	合订本教材
微观经济学（第七版）	高鸿业等	978-7-300-25257-5	52.00	2018-2	配套有数字学习平台
宏观经济学（第七版）	高鸿业等	978-7-300-25259-9	52.00	2018-2	配套有数字学习平台
微观经济学原理	高鸿业等	978-7-300-15546-3	24.00	2012-6	高鸿业微观经济学教材简明版
宏观经济学原理	高鸿业等	978-7-300-15545-6	24.00	2012-6	高鸿业宏观经济学教材简明版
经济学原理	高鸿业等	978-7-300-15543-2	48.00	2012-6	高鸿业西方经济学教材简明版
经济学基础	高鸿业等	978-7-300-16920-0	32.00	2013-1	高鸿业西方经济学基础版
高鸿业西方经济学（第六版）典型题题解	高鸿业等	978-7-300-20386-7	35.00	2015-1	含教材课后习题答案，另增加了较多的有代表性的题目及其解答，共 500 余道题目
经济学沙盘实验教程	马丽、高峻峰	978-7-300-21152-7	18.00	2015-7	配套于"经济学沙盘模拟实验"，模拟宏观和微观经济经营过程，营造真实的经济环境
高鸿业版《西方经济学》（微观部分·第六版）学习手册	王海滨等	978-7-300-20071-2	32.00	2014-10	精析西经微观部分各知识点，供学生自学提高
高鸿业版《西方经济学》（宏观部分·第六版）学习手册	王海滨等	978-7-300-20963-0	32.00	2015-3	精析西经宏观部分各知识点，供学生自学提高
西方经济学·微观部分习题册（第二版）	王海滨等	978-7-300-23689-6	38.00	2017-1	1 000 道左右微观题目，供学生练习
西方经济学·宏观部分习题册（第二版）	王海滨等	978-7-300-24234-7	42.00	2017-7	1 000 道左右宏观题目，供学生练习
微观经济学习题集	张顺	978-7-300-20388-1	29.80	2015-1	1 000 道左右微观题目，供学生练习
宏观经济学习题集	张顺	978-7-300-21168-8	32.00	2015-6	1 000 道左右宏观题目，供学生练习

图书在版编目（CIP）数据

西方经济学．微观部分/高鸿业主编；教育部高教司组编．—7 版．—北京：中国人民大学出版社，2018.1
21 世纪经济学系列教材
ISBN 978-7-300-24876-9

Ⅰ.①西…　Ⅱ.①高…　②教…　Ⅲ.①西方经济学-高等学校-教材　②微观经济学-高等学校-教材
Ⅳ.①F091.3 ②F016

中国版本图书馆 CIP 数据核字（2017）第 200750 号

普通高等教育"十一五"国家级规划教材
21 世纪经济学系列教材
西方经济学（微观部分·第七版）
组编　教育部高教司
主编　高鸿业
Xifang Jingjixue（Weiguan Bufen Di－qi Ban）

出版发行	中国人民大学出版社			
社　　址	北京中关村大街 31 号		**邮政编码**	100080
电　　话	010－62511242（总编室）			010－62511770（质管部）
	010－82501766（邮购部）			010－62514148（门市部）
	010－62515195（发行公司）			010－62515275（盗版举报）
网　　址	http://www.crup.com.cn			
	http://www.ttrnet.com（人大教研网）			
经　　销	新华书店			
印　　刷	北京密兴印刷有限公司		**版　次**	1996 年 2 月第 1 版
规　　格	185mm×260mm　16 开本			2018 年 1 月第 7 版
印　　张	29.5　插页 1		**印　次**	2018 年 1 月第 1 次印刷
字　　数	622 000		**定　价**	42.00 元（含习题本）

MICROECONO

普通高等教育"十一五"国家级规划教材

21世纪经济学系列教材

西方经济学

习题本 （微观部分·第七版）

组　编　教育部高教司

主　编　高鸿业

编写者　刘文忻（北京大学）　冯金华（上海财经大学）

尹伯成（复旦大学）　吴汉洪（中国人民大学）

中国人民大学出版社

·北京·

目 录

第一章

引　论

略

第二章

需求、供给和均衡价格

一、简答题

1. 下列事件对 x 商品的需求有何影响？

（1）x 商品的生产厂商投入大量资金做广告宣传。

（2）生产 x 商品的工人的工资增加了。

（3）y 商品是 x 商品的替代品，y 商品的价格下降了。

（4）消费者的收入增加了。

2. 下列事件对棉花供给有何影响？

（1）气候恶劣导致棉花歉收。

（2）种植棉花所需的化肥的价格上升。

（3）政府对种植棉花的农户实施优惠政策。

（4）棉花价格上升。

3. 已知某一时期内某商品的需求函数为 $Q^d = 50 - 5P$，供给函数为 $Q^s = -10 + 5P$。

（1）求均衡价格 P_e 和均衡数量 Q_e，并作出几何图形。

（2）假定供给函数不变，由于消费者的收入水平提高，需求函数变为 $Q^d = 60 - 5P$。求出相应的均衡价格 P_e 和均衡数量 Q_e，并作出几何图形。

（3）假定需求函数不变，由于生产技术水平提高，供给函数变为 $Q^s = -5 + 5P$。求出相应的均衡价格 P_e 和均衡数量 Q_e，并作出几何图形。

（4）利用（1）、（2）和（3），说明静态分析和比较静态分析的联系与区别。

（5）利用（1）、（2）和（3），说明需求变动和供给变动对均衡价格与均衡数量的影响。

4. 假定某社区的音乐会门票价格是由市场力量决定的，其需求与供给情况如表2-1所示。

表2-1　　　　　　　　　　　　　　需求与供给表

价格（元）	需求量（张）	供给量（张）
20	1 400	800
40	1 100	800
60	800	800
80	500	800
100	200	800

（1）画出相应的需求曲线和供给曲线。你发现供给曲线有什么特点？为什么？

（2）音乐会门票的均衡价格和均衡数量各是多少？

（3）该社区明年将增加一批新居民，这批新居民对社区音乐会门票的需求情况如表2-2所示。

表2-2　　　　　　　　　　　　　　新增居民的需求表

价格（元）	需求量（张）
20	840
40	660
60	480
80	300
100	120

绘制将新老居民合在一起计算出的社区音乐会门票需求表。新的均衡价格和均衡数量各是多少？

（4）为了更好地满足新老居民对文化生活的需求，社区决定扩建音乐厅，由此将音乐会门票的供给增加到1 280张。届时，音乐会门票的均衡价格和均衡数量又将各是多少？

5. 每逢春节来临，一些新鲜蔬菜的价格就会有所上升，譬如蒜苗、西红柿、黄瓜、豆角等。试利用供求曲线图说明其原因。

6. 图 2-1 中有三条线性的需求曲线 AB、AC 和 AD。

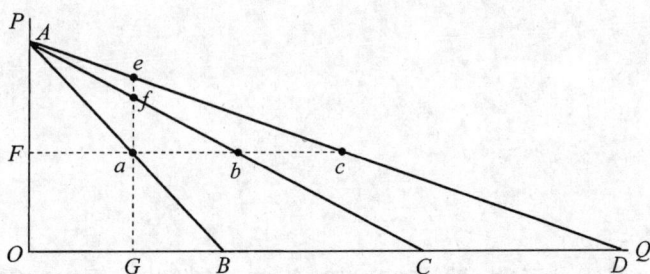

图 2-1

(1) 比较 a、b、c 三点的需求的价格点弹性的大小。
(2) 比较 a、e、f 三点的需求的价格点弹性的大小。

7. 利用图 2-2 比较需求的价格点弹性的大小。

（1）在图 2-2（a）中，两条线性需求曲线 D_1 和 D_2 相交于 a 点。试问：在交点 a，这两条直线型需求曲线的需求的价格点弹性相等吗？

（2）在图 2-2（b）中，两条曲线型的需求曲线 D_1 和 D_2 相交于 a 点。试问：在交点 a，这两条曲线型需求曲线的需求的价格点弹性相等吗？

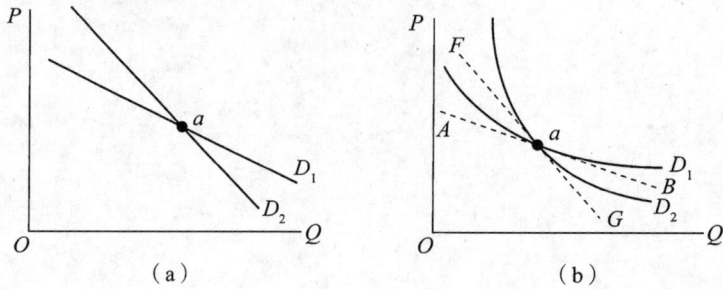

图 2-2

二、计算题

1. 假定表 2-3 是需求函数 $Q^d = 500 - 100P$ 在一定价格范围内的需求表。

表 2-3   某商品的需求表

价格（元）	1	2	3	4	5
需求量	400	300	200	100	0

（1）求出价格 2 元和 4 元之间的需求的价格弧弹性。

（2）根据给出的需求函数，求 $P=2$ 元时的需求的价格点弹性。

（3）根据该需求函数或需求表作出几何图形，利用几何方法求出 $P=2$ 元时的需求的价格点弹性。它与（2）的结果相同吗？

2. 假定表 2 - 4 是供给函数 $Q^s = -2 + 2P$ 在一定价格范围内的供给表。

表 2 - 4   某商品的供给表

价格（元）	2	3	4	5	6
供给量	2	4	6	8	10

（1）求出价格 3 元和 5 元之间的供给的价格弧弹性。

（2）根据给出的供给函数，求 $P = 3$ 元时的供给的价格点弹性。

（3）根据该供给函数或供给表作出几何图形，利用几何方法求出 $P = 3$ 元时的供给的价格点弹性。它与（2）的结果相同吗？

3. 假定某消费者关于某种商品的消费数量 Q 与收入 M 之间的函数关系为 $M = 100Q^2$。
求：当收入 $M = 6\,400$ 时的需求的收入点弹性。

4. 假定需求函数为 $Q = MP^{-N}$，其中 M 表示收入，P 表示商品价格，$N(N > 0)$ 为常数。
求：需求的价格点弹性和需求的收入点弹性。

5. 假定某商品市场上有 100 个消费者，其中，60 个消费者购买该市场 $\frac{1}{3}$ 的商品，且每个消费者的需求的价格弹性均为 3；另外 40 个消费者购买该市场 $\frac{2}{3}$ 的商品，且每个消费者的需求的价格弹性均为 6。

求：按 100 个消费者合计的需求的价格弹性系数是多少？

6. 假定某消费者的需求的价格弹性 $e_d = 1.3$，需求的收入弹性 $e_M = 2.2$。求：

（1）在其他条件不变的情况下，商品价格下降 2% 对需求数量的影响。

（2）在其他条件不变的情况下，消费者收入提高 5% 对需求数量的影响。

7. 假定在某市场上 A、B 两厂商是生产同种有差异的产品的竞争者；该市场对 A 厂商的需求曲线为 $P_A=200-Q_A$，对 B 厂商的需求曲线为 $P_B=300-0.5Q_B$；两厂商目前的销售量分别为 $Q_A=50$，$Q_B=100$。求：

(1) 目前 A、B 两厂商的需求的价格点弹性 e_{dA} 和 e_{dB} 各是多少？

(2) 如果 B 厂商降价使得 B 厂商的需求量增加为 $Q'_B=160$，同时使竞争对手 A 厂商的需求量减少为 $Q'_A=40$，那么，A 厂商的需求的交叉价格弹性 e_{AB} 是多少？

(3) 如果 B 厂商追求销售收入最大化，那么，你认为 B 厂商的降价是一个正确的行为选择吗？

8. 假定某商品的需求的价格弹性为 1.6，现售价格为 $P=4$。

求：该商品的价格下降多少，才能使得销售量增加 10％？

9. 假定小李的两个消费场景如下:

(1) 当话剧门票价格为 120 元时，小李打算买两张话剧门票。但事实上话剧门票价格上涨为 180 元，于是小李决定放弃看话剧。求小李关于话剧门票需求的价格弹性。

(2) 小李在某公司上班，公司附近只有一家可供用餐的快餐店。当每份套餐的价格为 8 元时，小李每天中午都在该快餐店用餐；当每份套餐的价格上涨为 12 元时，他仍然每天中午都在该快餐店用餐。求小李关于快餐需求的价格弹性。

(3) 对小李的两个消费场景而言，为什么 (1) 和 (2) 结果相差甚远?

三、论述题

1. 利用图阐述需求的价格弹性的大小与厂商的销售收入之间的关系，并举例加以说明。

2. 利用图 2-3（即教材中第 19 页的图 2-1）简要说明微观经济学的理论体系框架。

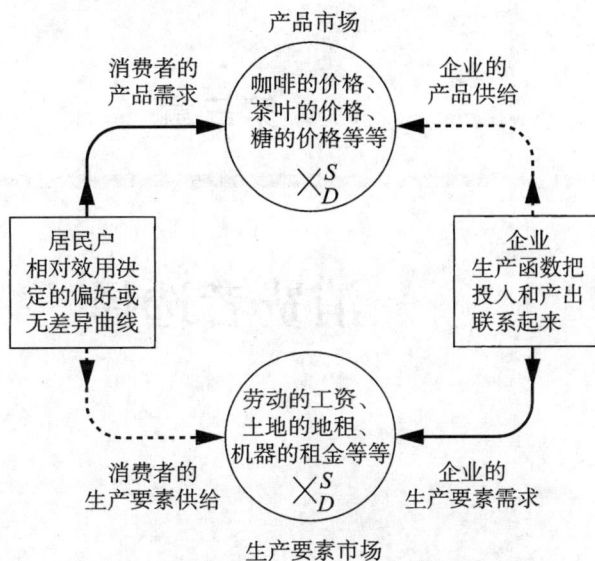

图 2-3　产品市场和生产要素市场的循环流动图

第三章

消费者选择

一、简答题

1. 已知一件衬衫的价格为 80 元，一份肯德基快餐的价格为 20 元，在某消费者关于这两种商品的效用最大化的均衡点上，一份肯德基快餐对衬衫的边际替代率 MRS 是多少？

2. 假设某消费者的均衡如图 3-1 所示。其中，横轴 OX_1 和纵轴 OX_2 分别表示商品 1 和商品 2 的数量，线段 AB 为消费者的预算线，曲线 U 为消费者的无差异曲线，E 点为效用最大化的均衡点。已知商品 1 的价格 $P_1 = 2$ 元。

(1) 求消费者的收入。

(2) 求商品 2 的价格 P_2。

(3) 写出预算线方程。

(4) 求预算线的斜率。

(5) 求 E 点的 MRS_{12} 的值。

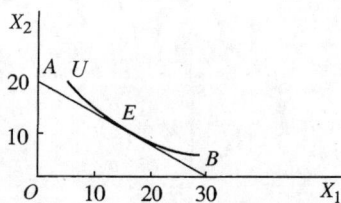

图 3-1 某消费者的均衡

3. 对消费者实行补助有两种方法：一种是发给消费者一定数量的实物补助，另一种是发给消费者一笔现金补助，这笔现金额等于按实物补助折算的货币量。试用无差异曲线分析法，说明哪一种补助方法能给消费者带来更大的效用。

4. 假设某商品市场上只有 A、B 两个消费者，他们的需求函数各自为 $Q_A^d = 20 - 4P$ 和 $Q_B^d = 30 - 5P$。

（1）列出这两个消费者的需求表和市场需求表。

（2）根据（1），画出这两个消费者的需求曲线和市场需求曲线。

5. 某消费者是一个风险回避者，他面临是否参与一场赌博的选择：如果他参与这场赌博，他将以 5% 的概率获得 10 000 元，以 95% 的概率获得 10 元；如果他不参与这场赌博，他将拥有 509.5 元。那么，他会参与这场赌博吗？为什么？

二、计算题

1. 已知某消费者关于 X、Y 两商品的效用函数为 $U=\sqrt{xy}$，其中 x、y 分别为对商品 X、Y 的消费量。

(1) 求该效用函数关于 X、Y 两商品的边际替代率表达式。

(2) 在总效用水平为 6 的无差异曲线上，若 $x=3$，求相应的边际替代率。

(3) 在总效用水平为 6 的无差异曲线上，若 $x=4$，求相应的边际替代率。

(4) 该无差异曲线的边际替代率是递减的吗？

2. 已知某消费者每年用于商品 1 和商品 2 的收入为 540 元，两商品的价格分别为 $P_1=20$ 元和 $P_2=30$ 元，该消费者的效用函数为 $U=3X_1X_2^2$，该消费者每年购买这两种商品的数量应各是多少？每年从中获得的总效用是多少？

3. 假定某消费者的效用函数为 $U=x_1^{\frac{3}{8}}x_2^{\frac{5}{8}}$，两商品的价格分别为 P_1、P_2，消费者的收入为 M。求该消费者关于商品 1 和商品 2 的需求函数。[①]

———————————

① 本章习题中出现的"需求函数"均指将消费者关于商品的需求数量表示为收入和价格的函数。

4. 假定某消费者的效用函数为 $U = q^{0.5} + 3M$，其中，q 为某商品的消费量，M 为收入。求：

（1）该消费者关于该商品的需求函数。

（2）该消费者关于该商品的反需求函数。

（3）当 $p = \dfrac{1}{12}$、$q = 4$ 时的消费者剩余。

5. 设某消费者的效用函数为柯布-道格拉斯类型的，即 $U = x^{\alpha} y^{\beta}$，商品 x 和商品 y 的价格分别为 P_x 和 P_y，消费者的收入为 M，α 和 β 为常数，且 $\alpha + \beta = 1$。

（1）求该消费者关于商品 x 和商品 y 的需求函数。

（2）证明当商品 x 和 y 的价格以及消费者的收入均以相同的比例变化时，消费者对两商品的需求量维持不变。

（3）证明消费者效用函数中的参数 α 和 β 分别为商品 x 和商品 y 的消费支出占消费者收入的份额。

6. 假定肉肠和面包卷是完全互补品。人们通常以一根肉肠和一个面包卷为比率做一个热狗，并且已知一根肉肠的价格等于一个面包卷的价格。

（1）求肉肠的需求的价格弹性。

（2）求面包卷对肉肠价格的需求的交叉弹性。

（3）如果肉肠的价格是面包卷的价格的两倍，那么，肉肠的需求的价格弹性和面包卷对肉肠价格的需求的交叉弹性各是多少？

7. 已知某消费者的效用函数为 $U = X_1 X_2$，两商品的价格分别为 $P_1 = 4$，$P_2 = 2$，消费者的收入为 $M = 80$。现在假定商品 1 的价格下降为 $P_1 = 2$。求：

（1）由商品 1 的价格 P_1 下降导致的总效应，使得该消费者对商品 1 的购买量发生多少变化？

（2）由商品 1 的价格 P_1 下降导致的替代效应，使得该消费者对商品 1 的购买量发生多少变化？

（3）由商品 1 的价格 P_1 下降导致的收入效应，使得该消费者对商品 1 的购买量发生多少变化？

8. 某消费者消费两种商品 X 和 Y，假定无差异曲线在各点的斜率的绝对值均为 $\frac{y}{x}$，x、y 为两商品的数量。

（1）说明每一种商品的需求数量均不取决于另一种商品的价格。

（2）证明每一种商品的需求的价格弹性均等于 1。

（3）证明每一种商品的需求的收入弹性均等于 1。

（4）每一种商品的恩格尔曲线的形状如何？

三、论述题

1. 根据基数效用论者关于消费者均衡的条件：

（1）如果 $\frac{MU_1}{P_1} \neq \frac{MU_2}{P_2}$，消费者应该如何调整两种商品的消费数量？为什么？

（2）如果 $\frac{MU_i}{P_i} \neq \lambda$，其中常数 λ 表示不变的货币的边际效用，消费者应该如何对该种商品 i 的消费数量进行调整？为什么？

2. 基数效用论者是如何推导需求曲线的？

3. 用图说明序数效用论者对消费者均衡条件的分析，以及在此基础上对需求曲线的推导。

4. 分别用图分析正常品、劣等品和吉芬品的替代效应与收入效应，并进一步说明这三类商品的需求曲线的特征。

5. 我国一些城市生活和生产的用电激增，导致用电紧张，电力供给不足。请设计一种方案供政府来缓解或消除这一现象，并回答以下问题：

（1）这种措施对消费者剩余有什么影响？

（2）这种措施对生产资源的配置会产生哪些影响？

（3）这种措施对消费者收入会产生什么影响？政府又可以做些什么？

第四章

生产技术

一、简答题

1. 如何准确区分生产的短期和长期这两个基本概念?

2. 下面是一个一种可变生产要素的短期生产函数的产量表（见表 4-1）。

表 4-1

可变要素的数量	可变要素的总产量	可变要素的平均产量	可变要素的边际产量
1		2	
2			10
3	24		
4		12	
5	60		
6			6
7	70		
8			0
9	63		

（1）在表中填空。

（2）该生产函数是否表现出边际报酬递减？如果是，是从第几单位的可变要素投入量开始的？

22

3. 区分边际报酬递增、不变和递减的情况与规模报酬递增、不变和递减的情况。

4. 假设生产函数 $Q= \min\{5L，2K\}$。
（1）作出 $Q=50$ 时的等产量曲线。
（2）推导该生产函数的边际技术替代率函数。
（3）分析该生产函数的规模报酬情况。

5. 已知柯布-道格拉斯生产函数为 $Q＝AL^{\alpha}K^{\beta}$。请讨论该生产函数的规模报酬情况。

6. 如果一个生产函数呈规模报酬不变，那么，该生产函数的边际技术替代率是否一定是不变的？为什么？

7. 如何区分固定投入比例的生产函数与具有规模报酬不变特征的生产函数？

二、计算题

1. 已知生产函数 $Q=f(L,K)=2KL-0.5L^2-0.5K^2$，假定厂商目前处于短期生产，且 $\bar{K}=10$。

（1）写出在短期生产中该厂商关于劳动的总产量 TP_L 函数、关于劳动的平均产量 AP_L 函数和关于劳动的边际产量 MP_L 函数。

（2）分别计算当劳动的总产量 TP_L、劳动的平均产量 AP_L 和劳动的边际产量 MP_L 各自达到最大值时厂商的劳动投入量。

（3）什么时候 $AP_L=MP_L$？它的值又是多少？

2. 已知生产函数为 $Q=\min\{2L,3K\}$。求：

(1) 当产量 $Q=36$ 时，L 与 K 值分别是多少？

(2) 如果生产要素的价格分别为 $P_L=2$，$P_K=5$，则生产 480 单位产量时的最小成本是多少？

3. 假设某厂商的短期生产函数为 $Q=35L+8L^2-L^3$。求：

(1) 该企业的平均产量函数和边际产量函数。

(2) 如果企业使用的生产要素的数量为 $L=6$，是否处于短期生产的合理区间？为什么？

4. 已知生产函数 $Q=AL^{1/3}K^{2/3}$。判断：

(1) 在长期生产中，该生产函数的规模报酬属于哪一种类型？

(2) 在短期生产中，该生产函数是否受边际报酬递减规律的支配？

5. 令生产函数 $f(L,K)=\alpha_0+\alpha_1(LK)^{\frac{1}{2}}+\alpha_2K+\alpha_3L$，其中 $0\leqslant\alpha_i\leqslant1,i=0,1,2,3$。

（1）当满足什么条件时，该生产函数表现出规模报酬不变的特征？

（2）证明：在规模报酬不变的情况下，相应的边际产量是递减的。

6. 假定某厂商的短期生产函数为 $Q=f(L,\overline{K})$，给定生产要素价格 P_L、P_K 和产品价格 P，且利润 $\pi>0$。

证明：该厂商在短期生产的第一阶段不存在利润最大化点。

7. 已知某厂商的固定投入比例的生产函数为 $Q=\min\{2L,3K\}$。

（1）令 $P_L=1$，$P_K=3$。求厂商为了生产 120 单位产量所使用的 K、L 值以及最小成本。如果要素价格变化为 $P_L=4$，$P_K=2$，厂商为了生产 120 单位产量所使用的 K、L 值以及最小成本又是多少？请予以比较与说明。

（2）令 $P_L=4$，$P_K=3$。求 $C=180$ 时的 K、L 值以及最大产量。

8.已知某厂商使用 L 和 K 两种要素生产一种产品,其固定替代比例的生产函数为 $Q=4L+3K$。

（1）作出等产量曲线。

（2）边际技术替代率是多少?

（3）讨论其规模报酬情况。

（4）令 $P_L=5$，$P_K=3$。求 $C=90$ 时的 K、L 值以及最大产量。

（5）令 $P_L=3$，$P_K=3$。求 $C=90$ 时的 K、L 值以及最大产量。

（6）令 $P_L=4$，$P_K=3$。求 $C=90$ 时的 K、L 值以及最大产量。

（7）比较（4）、（5）和（6），你得到什么结论?

三、论述题

1. 用图说明短期生产函数 $Q = f(L, \overline{K})$ 的 TP_L 曲线、AP_L 曲线和 MP_L 曲线的特征及其相互之间的关系。

2. 假定某厂商的生产技术给定，在该生产技术下可以采用四种生产方法来生产 2 000 单位产量，如表 4 - 2 所示。

表 4 - 2

生产方法	劳动使用量	资本使用量
方法 A	100	600
方法 B	160	500
方法 C	165	700
方法 D	90	700

(1) 请剔除表 4 - 2 中无效率的生产方法。

(2) "生产方法 B 是最有效率的。因为它所使用的资源总量最少，只有 660 单位。"你认为这种说法正确吗？为什么？

(3) 在（1）中剔除了无效率的生产方法后，你能在余下的生产方法中找出有效率的生产方法吗？请说明理由。

3. 比较第三章消费者选择中的无差异曲线分析法与本章生产函数中的等产量曲线分析法。

成 本

一、简答题

1. 表 5-1 是一个关于短期生产函数 $Q = f(L, \overline{K})$ 的产量表。

表 5-1　　　　　　　　　　短期生产的产量表

L	1	2	3	4	5	6	7
TP_L	10	30	70	100	120	130	135
AP_L							
MP_L							

（1）在表中填空。

（2）根据（1），在一幅坐标图上作出 TP_L 曲线，在另一幅坐标图上作出 AP_L 曲线和 MP_L 曲线。（提示：为了便于作图与比较，TP_L 曲线图的纵坐标的刻度单位通常大于 AP_L 曲线图和 MP_L 曲线图。）

（3）根据（1），并假定劳动的价格 $w = 200$，完成下面的相应的短期成本表，即表 5-2。

表 5-2　　　　　　　　　　短期生产的成本表

L	Q	$TVC = w \cdot L$	$AVC = \dfrac{w}{AP_L}$	$MC = \dfrac{w}{MP_L}$
1	10			
2	30			
3	70			
4	100			
5	120			
6	130			
7	135			

（4）根据表 5-2，在一幅坐标图上作出 TVC 曲线，在另一幅坐标图上作出 AVC 曲线和 MC 曲线。（提示：为了便于作图与比较，TVC 曲线图的纵坐标的单位刻度通常大于 AVC 曲线图和 MC 曲线图。）

（5）根据（2）、（4），说明短期生产曲线和短期成本曲线之间的关系。

2. 假定某企业的短期成本函数是$TC(Q)=Q^3-5Q^2+15Q+66$。

(1) 指出该短期成本函数中的可变成本部分和不变成本部分。

(2) 写出下列相应的函数：$TVC(Q)$、$AC(Q)$、$AVC(Q)$、$AFC(Q)$和$MC(Q)$。

3. 图 5-1 是某厂商的 LAC 曲线和 LMC 曲线图。

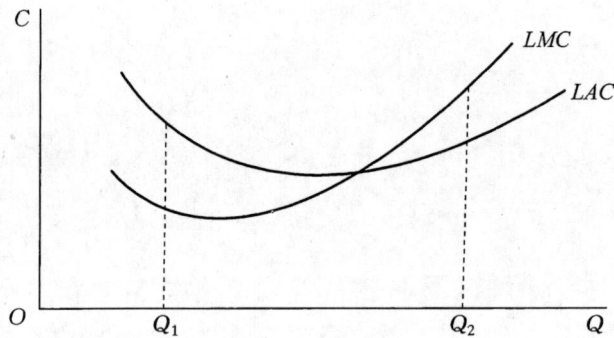

图 5-1　成本曲线

请分别在 Q_1 和 Q_2 的产量上画出代表最优生产规模的 SAC 曲线和 SMC 曲线。

4. 短期平均成本 SAC 曲线与长期平均成本 LAC 曲线都呈现出 U 形特征。请问：导致它们呈现这一特征的原因相同吗？为什么？

二、计算题

1. 假定某厂商短期生产的平均成本函数为 $SAC(Q) = \dfrac{200}{Q} + 6 - 2Q + 2Q^2$。

求：该厂商的边际成本函数。

2. 已知某企业的短期总成本函数是 $STC(Q) = 0.04Q^3 - 0.8Q^2 + 10Q + 5$，求最小的平均可变成本值。

3. 假定某厂商短期生产的边际成本函数为 $SMC = 3Q^2 - 30Q + 100$，且生产 10 单位产量时的总成本为 1 000。求：

（1）固定成本的值。

（2）总成本函数、总可变成本函数，以及平均成本函数、平均可变成本函数。

4. 假定某厂商短期生产的边际成本函数为 $SMC(Q) = 3Q^2 - 8Q + 100$，且已知当产量 $Q = 10$ 时的总成本 $STC = 2\,400$，求相应的 STC 函数、SAC 函数和 AVC 函数。

5. 假定生产某产品的边际成本函数为 $MC = 110 + 0.04Q$。

求：当产量从 100 增加到 200 时总成本的变化量。

6. 已知生产函数为

(a) $Q=5L^{\frac{1}{3}}K^{\frac{2}{3}}$；

(b) $Q=\dfrac{KL}{K+L}$；

(c) $Q=KL^2$；

(d) $Q=\min\{3L,K\}$。

求：（1）厂商长期生产的扩展线方程。

（2）当 $P_L=1$，$P_K=1$，$Q=1\,000$ 时，厂商实现最小成本的要素投入组合。

7. 已知某企业的生产函数为 $Q=L^{\frac{2}{3}}K^{\frac{1}{3}}$，劳动的价格 $w=2$，资本的价格 $r=1$。求：

（1）当成本 $C=3\,000$ 时，企业实现最大产量时的 L、K 和 Q 的均衡值。

（2）当产量 $Q=800$ 时，企业实现最小成本时的 L、K 和 C 的均衡值。

8. 假定在短期生产的固定成本给定的条件下，某厂商使用一种可变要素 L 生产一种产品，其产量 Q 关于可变要素 L 的生产函数为 $Q(L) = -0.1L^3 + 2L^2 + 20L$。求：

（1）该生产函数的平均产量为极大值时的 L 使用量。

（2）该生产函数的平均可变成本为极小值时的总产量。

9. 假定在短期生产的固定成本给定的条件下，某厂商使用一种可变要素 L 生产一种产品，其短期总成本函数为 $STC = 5Q^3 - 18Q^2 + 100Q + 160$。

求：当产量 Q 为多少时该成本函数开始呈现出边际产量递减特征？

10. 已知生产函数 $Q=K^{0.5}L^{0.5}$。令 $P_L=1$，$P_K=2.25$，且在短期中有 $\overline{K}=4$。

（1）推导短期总成本、平均成本和边际成本函数。

（2）证明：当短期平均成本达到最小值时，短期平均成本等于短期边际成本。

11. 假定某厂商的需求函数为 $Q=100-P$，平均成本函数为 $AC=\dfrac{120}{Q}+2$。

（1）求该厂商实现利润最大化时的产量、价格以及利润量。

（2）如果政府对每单位产品征税 8 元，那么，该厂商实现利润最大化时的产量、价格以及利润量又是多少？与（1）中的结果进行比较。

三、论述题

1. 试画图说明短期成本曲线相互之间的关系。

2. 有人认为,"既然长期平均成本 LAC 曲线是无数条短期平均成本 SAC 曲线的包络线,它表示在长期对于所生产的每一个产量水平厂商都可以将平均成本降到最低,那么,长期平均成本 LAC 曲线一定与所有的短期平均成本 SAC 曲线相切于各 SAC 曲线的最低点。"你认为这句话正确吗?请说明理由。

3. 请说明决定长期平均成本 LAC 曲线形状和位置的因素。

第六章

完全竞争市场

一、简答题

1. 请区分完全竞争市场条件下单个厂商的需求曲线、单个消费者的需求曲线以及市场的需求曲线。

2. 为什么完全竞争厂商是"市场价格的接受者"？既然如此，完全竞争市场的价格还会变化吗？

3. 你认为花钱做广告宣传是完全竞争厂商获取更大利润的营销手段吗？

4. 完全竞争厂商的短期供给曲线与短期生产的合理区间之间有什么联系？

二、计算题

1. 已知某完全竞争行业中单个厂商的短期成本函数为 $STC=0.1Q^3-2Q^2+15Q+10$。

（1）求当市场上产品的价格为 $P=55$ 时，厂商的短期均衡产量和利润。

（2）当市场价格下降为多少时，厂商必须停产？

（3）求厂商的短期供给函数。

2. 某完全竞争厂商的短期边际成本函数为 $SMC = 0.6Q - 10$，总收益函数为 $TR = 38Q$，且已知产量 $Q = 20$ 时的总成本为 $STC = 260$。

求该厂商利润最大化时的产量和利润。

3. 假定某完全竞争行业内单个厂商的短期总成本函数为 $STC = Q^3 - 8Q^2 + 22Q + 90$，产品的价格为 $P = 34$。

（1）求单个厂商实现利润最大化时的产量和利润量。

（2）如果市场供求变化使得产品价格下降为 $P = 22$，那么，厂商的盈亏状况将如何？如果亏损，亏损额是多少？（保留整数部分。）

（3）在（2）的情况下，厂商是否还会继续生产？为什么？

4. 假定某完全竞争厂商的短期总成本函数为 $STC = 0.04Q^3 - 0.4Q^2 + 8Q + 9$，产品的价格 $P = 12$。求该厂商实现利润最大化时的产量、利润量和生产者剩余。

5. 已知某完全竞争的成本不变行业中单个厂商的长期总成本函数为 $LTC = Q^3 - 12Q^2 + 40Q$。试求：

（1）当市场的产品价格为 $P = 100$ 时，厂商实现 $MR = LMC$ 时的产量、平均成本和利润。

（2）该行业长期均衡时的价格和单个厂商的产量。

（3）当市场的需求函数为 $Q = 660 - 15P$ 时，行业长期均衡时的厂商数量。

6. 已知某完全竞争的成本递增行业的长期供给函数为 $LS = 5\,500 + 300P$。试求：

（1）当市场需求函数为 $D = 8\,000 - 200P$ 时，市场的长期均衡价格和均衡产量。

（2）当市场需求增加、市场需求函数为 $D = 10\,000 - 200P$ 时，市场的长期均衡价格和均衡产量。

（3）比较（1）、（2），说明市场需求变动对成本递增行业的长期均衡价格和均衡产量的影响。

7. 已知某完全竞争市场的需求函数为 $D = 6\,300 - 400P$，短期市场供给函数为 $SS = 3\,000 + 150P$；单个企业在 LAC 曲线最低点的价格为 6，产量为 50；单个企业的成本规模不变。

（1）求市场的短期均衡价格和均衡产量。

（2）判断（1）中的市场是否同时处于长期均衡，求行业内的厂商数量。

（3）如果市场的需求函数变为 $D' = 8\,000 - 400P$，短期供给函数为 $SS' = 4\,700 + 150P$，求市场的短期均衡价格和均衡产量。

（4）判断（3）中的市场是否同时处于长期均衡，并求行业内的厂商数量。

（5）判断该行业属于什么类型。

（6）需要新加入多少企业，才能提供由（1）到（3）所增加的行业总产量？

8. 在一个完全竞争的成本不变行业中单个厂商的长期成本函数为$LTC=Q^3-40Q^2+600Q$，该市场的需求函数为$Q^d=13\,000-5P$。求：

(1) 该行业的长期供给曲线。

(2) 该行业实现长期均衡时的厂商数量。

9. 已知完全竞争市场上单个厂商的长期成本函数为$LTC=Q^3-20Q^2+200Q$，市场的产品价格为$P=600$。

(1) 该厂商实现利润最大化时的产量、平均成本和利润各是多少？

(2) 该行业是否处于长期均衡？为什么？

(3) 该行业处于长期均衡时每个厂商的产量、平均成本和利润各是多少？

(4) 判断（1）中的厂商是处于规模经济阶段，还是处于规模不经济阶段。

10. 假定某完全竞争行业有 100 个相同的厂商，单个厂商的短期总成本函数为 $STC = Q^2 + 6Q + 20$。

（1）求市场的短期供给函数。

（2）假定市场的需求函数为 $Q^d = 420 - 30P$，求该市场的短期均衡价格和均衡产量。

（3）假定政府对每一单位商品征收 1.6 元的销售税，那么，该市场的短期均衡价格和均衡产量是多少？消费者和厂商各自负担多少税收？

11. 假定某完全竞争市场的需求函数为 $Q^d = 68 - 4P$，行业的短期供给函数为 $Q^s = -12 + 4P$。

（1）求该市场的短期均衡价格和均衡产量。

（2）在（1）的条件下，该市场的消费者剩余、生产者剩余和社会总福利分别是多少？

（3）假定政府对每一单位商品征收 2 元的销售税，那么，该市场的短期均衡价格和均衡产量是多少？此外，消费者剩余、生产者剩余和社会总福利的变化又分别是多少？

三、论述题

1. 为什么完全竞争厂商的短期供给曲线是 SMC 曲线上等于和大于 AVC 曲线最低点的部分？

2. 画图说明完全竞争厂商长期均衡的形成及其条件。

3. 利用图说明完全竞争市场的福利最大化，并利用图分析价格管制和销售税的福利效应。

第七章

不完全竞争市场

一、简答题

1. 根据图 7-1 中线性需求曲线 d 和相应的边际收
益曲线 MR，试求：

（1）A 点所对应的 MR 值。

（2）B 点所对应的 MR 值。

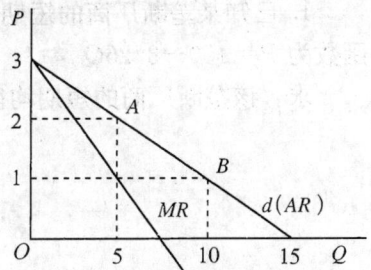

图 7-1

2. 图 7-2 是某垄断厂商的长期成本曲线、需求曲线和收益曲线。试在图中标出：

（1）长期均衡点及相应的均衡价格和均衡产量。

（2）长期均衡时代表最优生产规模的 SAC 曲线和 SMC 曲线。

（3）长期均衡时的利润量。

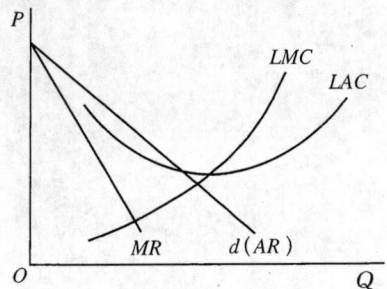

图 7-2

3. 为什么垄断厂商实现 $MR=MC$ 的利润最大化均衡时，总有 $P>MC$？你是如何理解这种状态的？

二、计算题

1. 已知某垄断厂商的短期总成本函数为 $STC=0.1Q^3-6Q^2+140Q+3\,000$，反需求函数为 $P=150-3.25Q$。

求：该垄断厂商的短期均衡产量与均衡价格。

2. 已知某垄断厂商的短期总成本函数为 $STC = 0.6Q^2 + 3Q + 2$,反需求函数为 $P = 8 - 0.4Q$。

（1）求该厂商实现利润最大化时的产量、价格、收益和利润。

（2）求该厂商实现收益最大化时的产量、价格、收益和利润。

（3）比较（1）和（2）的结果。

3. 已知某垄断厂商的反需求函数为 $P = 100 - 2Q + 2\sqrt{A}$，总成本函数为 $TC = 3Q^2 + 20Q + A$，其中，A 表示厂商的广告支出。

求：该厂商实现利润最大化时 Q、P 和 A 的值。

4. 已知某垄断厂商利用一个工厂生产一种产品，其产品在两个分割的市场出售，它的成本函数为 $TC = 0.5Q^2 + 7Q$，两个市场的需求函数分别为 $Q_1 = 30 - 0.5P_1$，$Q_2 = 100 - 2P_2$。

（1）求当该厂商实行三级价格歧视时，它追求利润最大化前提下的两市场各自的销售量、价格，以及厂商的总利润。（保留整数部分。）

（2）求当该厂商在两个市场上实行统一的价格时，它追求利润最大化前提下的销售量、价格，以及厂商的总利润。（保留整数部分。）

（3）比较（1）和（2）的结果。

5. 假定某垄断厂商生产两种相关联的产品，其中任何一种产品需求量的变化都会影响另一种产品的价格，这两种产品的市场需求函数分别为 $P_1=120-2Q_1-0.5Q_2$，$P_2=100-Q_2-0.5Q_1$。这两种产品的生产成本函数是相互独立的，分别为 $TC_1=50Q_1$，$TC_2=0.5Q_2^2$。求该垄断厂商关于每一种产品的产量和价格。

6. 假定某垄断厂商生产一种产品，其总成本函数为 $TC=0.5Q^2+10Q+5$，市场的反需求函数为 $P=70-2Q$。

（1）求该厂商实现利润最大化时的产量、产品价格和利润量。

（2）如果要求该垄断厂商遵从完全竞争原则，那么，该厂商实现利润最大化时的产量、产品价格和利润量又是多少？

（3）试比较（1）和（2）的结果，你可以得出什么结论？

7. 已知某垄断竞争厂商的长期总成本函数为 $LTC = 0.001Q^3 - 0.51Q^2 + 200Q$；如果该产品的生产集团内的所有厂商都按相同的比例调整价格，那么，每个厂商的份额需求曲线（即教材第 195 页图 7-9 中的 D 曲线）为 $P = 238 - 0.5Q$。求：

（1）该厂商长期均衡时的产量与价格。

（2）该厂商长期均衡时主观需求曲线（即教材第 195 页图 7-9 中的 d 曲线）上的需求的价格点弹性值。（保留整数部分。）

（3）如果该厂商的主观需求曲线（即教材第 195 页图 7-9 中的 d 曲线）是线性的，推导该厂商长期均衡时的主观需求函数。

8. 在某垄断竞争市场，代表性厂商的长期总成本函数为 $LTC = 5Q^3 - 200Q^2 + 2\,700Q$，反需求函数为 $P = 2\,200A - 100Q$。

求长期均衡时代表性厂商的产量和产品价格，以及 A 的数值。

9. 某寡头行业有两个厂商，厂商 1 的成本函数为 $C_1 = 8Q_1$，厂商 2 的成本函数为 $C_2 = 0.8Q_2^2$，该市场的反需求函数为 $P = 152 - 0.6Q$。

求该寡头市场的古诺模型解。（保留一位小数。）

10. 某寡头行业有两个厂商，厂商 1 为领导者，其成本函数为 $C_1 = 13.8Q_1$，厂商 2 为追随者，其成本函数为 $C_2 = 20Q_2$，该市场的反需求函数为 $P = 100 - 0.4Q$。

求该寡头市场的斯塔克伯格模型解。

11. 某寡头厂商的广告对其需求的影响为：

$$P = 88 - 2Q + 2\sqrt{A}$$

对其成本的影响为：

$$C = 3Q^2 + 8Q + A$$

式中，A 为广告费用。

（1）求在无广告的情况下，利润最大化时的产量、价格与利润。

（2）求在有广告的情况下，利润最大化时的产量、价格、广告费用和利润。

（3）比较（1）与（2）的结果。

12. 假定某寡头市场有两个厂商生产同种产品，市场的反需求函数为 $P=100-Q$，两厂商的成本函数分别为 $TC_1=20Q_1$，$TC_2=0.5Q_2^2$。

(1) 假定两厂商按古诺模型行动，求两厂商各自的产量和利润量，以及行业的总利润量。

(2) 假定两厂商联合行动组成卡特尔，追求共同利润最大化，求两厂商各自的产量和利润量，以及行业的总利润量。

(3) 比较（1）与（2）的结果。

13. 假定某寡头厂商面临一条弯折的需求曲线，产量在 0～30 单位范围内时需求函数为 $P=60-0.3Q$，产量超过 30 单位时需求函数为 $P=66-0.5Q$；该厂商的短期总成本函数为 $STC=0.005Q^3-0.2Q^2+36Q+200$。

(1) 求该寡头厂商利润最大化的均衡产量和均衡价格。

(2) 假定该厂商成本增加，导致短期总成本函数变为 $STC=0.005Q^3-0.2Q^2+50Q+200$，求该寡头厂商利润最大化的均衡产量和均衡价格。

(3) 对以上（1）和（2）的结果作出解释。

三、论述题

1. 试述古诺模型的主要内容和结论。

2. 弯折的需求曲线模型是如何解释寡头市场上的价格刚性现象的？

第八章

生产要素价格的决定

一、简答题

1. 说明生产要素理论在微观经济学中的地位。

2. 试述完全竞争厂商及市场在存在和不存在行业调整情况下的要素需求曲线。

二、计算题

1. 设一厂商使用的可变要素为劳动 L，其生产函数为：

$$Q = -0.01L^3 + L^2 + 38L$$

式中，Q 为每日产量，L 为每日投入的劳动小时数，所有市场（劳动市场及产品市场）都是完全竞争的，单位产品价格为 0.10 美元，小时工资为 5 美元，厂商要求利润最大化。问厂商每天要雇用多少小时劳动？

2. 已知劳动是唯一的可变要素，生产函数为 $Q = A + 10L - 5L^2$，产品市场是完全竞争的，劳动价格为 W，试说明：

(1) 厂商对劳动的需求函数。

(2) 厂商对劳动的需求量与工资反方向变化。

(3) 厂商对劳动的需求量与产品价格同方向变化。

3. 某完全竞争厂商雇用一个劳动日的价格为 10 元，其生产情况如表 8 - 1 所示。当产品价格为 5 元时，他应雇用多少个劳动日？

表 8 - 1

劳动日数	3	4	5	6	7	8
产出数量	6	11	15	18	20	21

4. 某劳动市场的供求曲线分别为 $D_L = 4\,000 - 50W$，$S_L = 50W$。请问：

(1) 均衡工资为多少？

(2) 假如政府对工人提供的每单位劳动征税 10 美元，则新的均衡工资为多少？

(3) 实际上对单位劳动征收的 10 美元税收由谁支付？

(4) 政府征收到的税收总额为多少？

5. 某消费者的效用函数为 $U=lY+l$，其中，l 为闲暇，Y 为收入（他以固定的工资率出售其劳动所获得的收入）。求该消费者的劳动供给函数。他的劳动供给曲线是不是向上倾斜的？

6. 一厂商生产某产品，其单价为 15 元，月产量为 200 单位，产品的平均可变成本为 8 元，平均不变成本为 5 元。试求准租金和经济利润。

三、论述题
1. 试述消费者的要素供给原则。

2. 如何从要素供给原则推导要素供给曲线？

3. 劳动供给曲线为什么向后弯曲？

4. 土地的供给曲线为什么垂直？

5. 试述资本的供给曲线。

6. "劣等土地上永远不会有地租"这一说法对吗?

7. 为什么说西方经济学的要素理论是庸俗的分配论?

8. 我们知道,完全竞争厂商的要素使用原则是 $MP \cdot P = W$。这里,P 和 W 分别是产品和要素的价格,MP 是要素的边际产品。试说明,在卖方垄断条件下,上述要素使用原则会发生哪些变化。

9. 我们知道，在产品市场上，垄断卖方的产品供给曲线是不存在的。试说明，在要素市场上，垄断买方的要素需求曲线也不存在。

10. 为什么说租金或地租是经济租金的一种特例？

11. 图 8-1 是某消费者的长期消费决策示意图。试说明其中各个符号、各条曲线以及整个图形的含义。

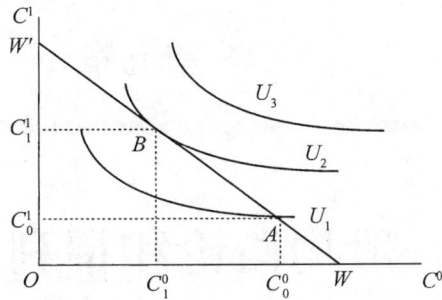

图 8-1

12. 图 8-2 是关于洛伦兹曲线的示意图。试根据该图，说明以下各项的含义。

(1) 45°线 OL。

(2) 曲线 ODL。

(3) 折线 OHL。

(4) 不平等面积。

(5) 完全不平等面积。

(6) 基尼系数。

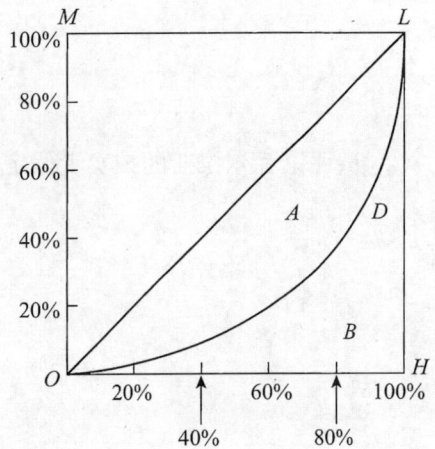

图 8-2

第九章

一般均衡论和福利经济学

一、简答题

1. 局部均衡分析与一般均衡分析的关键区别在什么地方？

2. 试评论瓦尔拉斯的拍卖者假定。

3. 试说明福利经济学在西方微观经济学中的地位。

4. 什么是帕累托最优？满足帕累托最优需要具备什么样的条件？

5. 为什么说交换的最优条件加生产的最优条件不等于交换和生产的最优条件？

6. 为什么完全竞争的市场机制可以导致帕累托最优状态？

7. 生产可能性曲线为什么向右下方倾斜？为什么向右上方凸出？

8. 阿罗的不可能性定理说明了什么问题?

9. 如果对于生产者甲来说，以要素 L 替代要素 K 的边际技术替代率等于 3，对于生产者乙来说，以要素 L 替代要素 K 的边际技术替代率等于 2，那么有可能发生什么情况?

10. 假定整个经济原来处于一般均衡状态，如果现在由于某种原因，商品 X 的市场供给增加，试考察:

(1) X 的替代品市场和互补品市场会有什么变化?

(2) 在生产要素市场上会有什么变化?

(3) 收入的分配会有什么变化?

二、计算题

1. 设某经济只有 a、b 两个市场。a 市场的需求和供给函数分别为 $Q_{da}=13-2P_a+P_b$ 和 $Q_{sa}=-4+2P_a$，b 市场的需求和供给函数分别为 $Q_{db}=20+P_a-P_b$ 和 $Q_{sb}=-5+4P_b$。

(1) 试求当 $P_b=1$ 时，a 市场的局部均衡。

(2) 试求当 $P_a=1$ 时，b 市场的局部均衡。

(3) $(P_a=1，P_b=1)$ 是否代表一般均衡？

(4) $(P_a=5，P_b=3)$ 是不是一般均衡价格？

(5) 一般均衡价格和一般均衡产量为多少？

2. 设某经济的生产可能性曲线满足如下的资源函数（或成本函数）：

$$c = (x^2 + y^2)^{\frac{1}{2}}$$

式中，c 为参数。如果根据生产可能性曲线，当 $x=3$ 时，$y=4$，试求生产可能性曲线的方程。

3. 设某经济的生产可能性曲线为

$$y = \frac{1}{2}(100 - x^2)^{1/2}$$

试说明：

（1）该经济可能生产的最大数量的 x 和最大数量的 y。

（2）生产可能性曲线向右下方倾斜。

（3）生产可能性曲线向右上方凸出。

（4）边际转换率递增。

（5）点（$x=6$，$y=3$）的性质。

4. 设 a、b 两个消费者消费 x、y 两种产品。两个消费者的效用函数均为 $u=xy$。消费者 a 消费的 x 和 y 的数量分别用 x_a 和 y_a 表示，消费者 b 消费的 x 和 y 的数量分别用 x_b 和 y_b 表示。e（$x_a=10$，$y_a=50$，$x_b=90$，$y_b=270$）是相应的埃奇渥斯盒状图中的一点。

（1）试确定：在 e 点处，消费者 a 的边际替代率。

（2）试确定：在 e 点处，消费者 b 的边际替代率。

（3）e 点满足交换的帕累托最优吗？

（4）如果不满足，应如何调整才符合帕累托改进的要求？

5. 设 c、d 两个生产者拥有 l、k 两种要素。两个生产者的生产函数分别为：

$$Q=2k+3l+lk \quad Q=20l^{1/2}k^{1/2}$$

生产者 c 使用的 l、k 的数量分别用 l_c、k_c 表示，生产者 d 使用的 l、k 的数量分别用 l_d、k_d 表示。两种要素的总量分别为 $\bar{l}$ 和 $\bar{k}$，即有：

$$l_c+l_d=\bar{l} \quad k_c+k_d=\bar{k}$$

试确定：

（1）生产者 c 的边际技术替代率。

（2）生产者 d 的边际技术替代率。

（3）用生产者 c 使用的 l_c、k_c 来表示的生产契约曲线。

（4）用生产者 d 使用的 l_d、k_d 来表示的生产契约曲线。

6. 设某经济只生产 x、y 两种产品。它们的生产函数分别为：

$$x = C_x^{1/2} \qquad y = \frac{1}{2} C_y^{1/2}$$

这里的 C_x、C_y 分别是用于生产 x、y 的资源（或成本）。全部资源的总量为 100。试求该经济的生产可能性曲线。

7. 设某经济的生产可能性曲线为

$$ax + by = c$$

式中，a、b 和 c 均大于 0。试回答：

(1) 该经济可能生产的最大数量的 x 和最大数量的 y 分别是多少？

(2) 该生产可能性曲线是向右下方倾斜的吗？

(3) 该生产可能性曲线是向右上方凸出的吗？

(4) 边际转换率是递增的吗？

(5) 点 $(x = b, y = c/b)$ 位于生产可能性曲线上吗？

8. 设某经济的生产可能性曲线为

$$(x+1)(y+1)=10$$

试说明：

(1) 该经济可能生产的最大数量的 x 和最大数量的 y。

(2) 生产可能性曲线的倾斜方向。

(3) 生产可能性曲线的凹凸方向。

(4) 边际转换率的变化方向。

(5) 点 $(x=3，y=1.5)$ 的性质。

9. 设某经济的生产可能性曲线和社会效用函数分别为

$$x^2+y^2=100 \quad u=xy$$

$a(x=6，y=8)$、$b(x=8，y=6)$ 是生产可能性曲线上的两点。试回答：

(1) a 点是不是一般均衡点？

(2) 如果不是，经济将向何方调整？

(3) b 点是不是一般均衡点？

(4) 如果不是，经济将向何方调整？

10. 设某经济的生产可能性曲线和社会效用函数分别为

$$y = \frac{1}{2} (100 - x^2)^{1/2} \quad u = (xy)^{1/2}$$

试回答：

（1）相对价格（$P_x = 1$，$P_y = 4$）是不是一般均衡价格？

（2）如果不是，相对价格将如何调整？

第十章

博弈论初步

一、简答题

1. 什么是纳什均衡？纳什均衡一定是最优的吗？

2. 在只有两个参与人且每个参与人都只有两个策略可供选择的情况下，纯策略的纳什均衡最多可有几个？为什么？

3. 在只有两个参与人且每个参与人都只有两个策略可供选择的情况下，纯策略的纳什均衡可能有三个。试举一例说明。

4. 在只有两个参与人且每个参与人都只有两个策略可供选择的情况下，如何找到所有的纯策略纳什均衡？

5. 设有 A、B 两个参与人。对于参与人 A 的每一个策略，参与人 B 的条件策略有没有可能不止一个？试举一例说明。

6. 如果无论其他人选择什么策略，某个参与人都只选择某个策略，则该策略就是该参与人的绝对优势策略（简称优势策略）。试举一例说明某个参与人具有某个优势策略的情况。

7. 混合策略博弈与纯策略博弈有什么不同？

8. 条件混合策略与条件策略有什么不同?

9. 混合策略纳什均衡与纯策略纳什均衡有什么不同?

10. 设某个纯策略博弈的纳什均衡是有限的。试问: 相应的混合策略博弈的纳什均衡会是无限的吗? 试举一例说明。

11. 在动态博弈中，纳什均衡与逆向归纳策略有什么不同？

二、论述题

1. 设某个纯策略博弈的纳什均衡不存在。试问：相应的混合策略博弈的纳什均衡会存在吗？试举一例说明。

2. 在下面简化的博弈树模型中（见图 10 - 1），确定纳什均衡和逆向归纳策略。

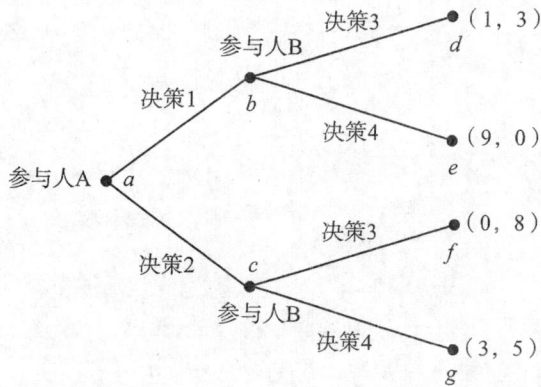

图 10 - 1

3. 用逆向归纳法确定下面的"蜈蚣博弈"的结果（见图 10 - 2）。在该博弈中，第 1 步是 A 决策：如果 A 决定结束博弈，则 A 得到支付 1，B 得到支付 0，如果 A 决定继续博弈，则博弈进入第 2 步，由 B 做决策。此时，如果 B 决定结束博弈，则 A 得到支付 0，B 得到支付 2，如果 B 决定继续博弈，则博弈进入第 3 步，又由 A 做决策，如此等等，直到最后，博弈进入第 9 999 步，由 A 做决策。此时，如果 A 决定结束博弈，则 A 得到支付 9 999，B 得到支付 0；如果 A 决定继续博弈，则 A 得到支付 0，B 得到支付 10 000。

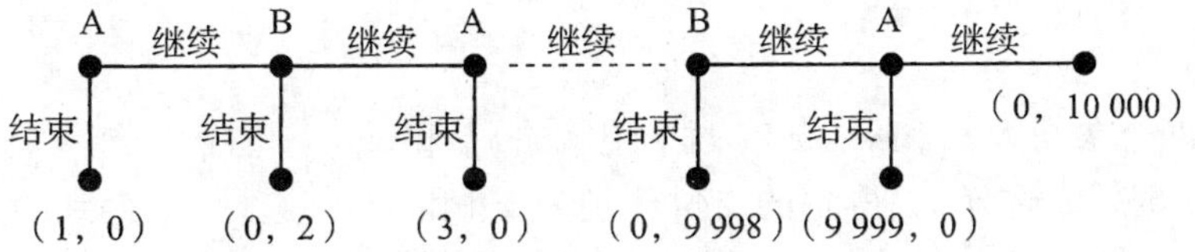

图 10 - 2

4. 在下面的情侣博弈中（见图 10 - 3），如果将第二个支付向量（0，0）改为（0，1.5），纳什均衡和逆向归纳策略会有什么变化？改为（0，1）呢？

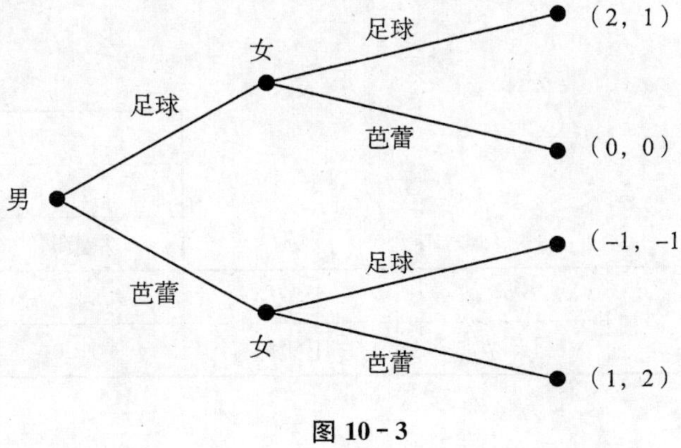

图 10 - 3

5. 在只有两个参与人且每个参与人都有三个策略可供选择的情况下，纯策略的纳什均衡最多可有几个？

6. 设有两个参与人 x 和 y。x 有两个纯策略 x_1 和 x_2，y 有两个纯策略 y_1 和 y_2。当 y 选择 y_1 和 y_2 时，x 选择 x_1 得到的支付分别为 x_{11} 和 x_{12}，选择 x_2 得到的支付分别为 x_{21} 和 x_{22}；当 x 选择 x_1 和 x_2 时，y 选择 y_1 得到的支付分别为 y_{11} 和 y_{21}，选择 y_2 得到的支付分别为 y_{12} 和 y_{22}。

(1) 试给出相应的博弈矩阵。

(2) 这种博弈矩阵的表示是唯一的吗？为什么？

7. 根据表 10-1 的二人同时博弈模型求：

(1) 参与人 A 与 B 的期望支付。

(2) 参与人 A 与 B 的条件混合策略。

(3) 纳什均衡。

表 10-1

A 的策略			B 的策略	
			q_1	$1-q_1$
			左策略	右策略
	p_1	上策略	3, 2	1, 1
	$1-p_1$	下策略	0, 0	2, 3

8. 根据表 10－2 的二人同时博弈模型求：

（1）参与人 A 与 B 的期望支付。

（2）参与人 A 与 B 的条件混合策略。

（3）纳什均衡。

表 10－2

			B 的策略	
			q_1	$1-q_1$
			左策略	右策略
A 的策略	p_1	上策略	3, 0	2, 1
	$1-p_1$	下策略	3, 2	1, 1

9. 根据图 10－4 的博弈树模型求：

（1）纳什均衡。

（2）逆向归纳策略。

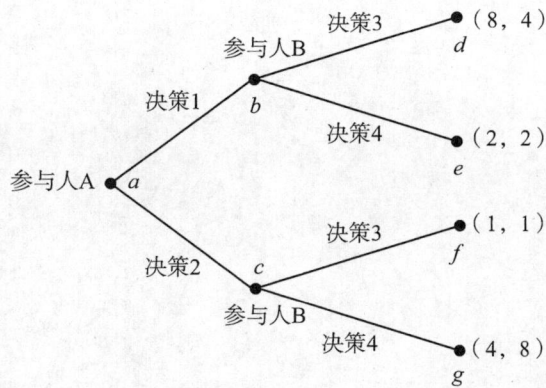

图 10－4

10. 根据图 10-5 的博弈树模型求：

（1）纳什均衡。

（2）逆向归纳策略。

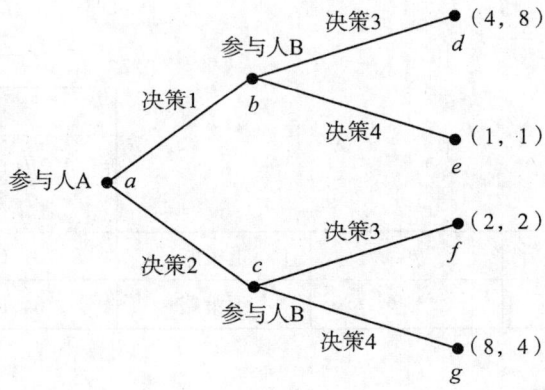

图 10-5

第十一章

市场失灵和微观经济政策

一、简答题

1. 垄断是如何造成市场失灵的?

2. 外部影响的存在是如何干扰市场对资源的配置的?

3. 公共物品为什么不能靠市场来提供?

4. 什么是公地的悲剧？

5. 什么是委托—代理问题？

6. 市场机制能够解决信息不完全和不对称问题吗？

二、计算题

1. 设一产品的市场需求函数为 $Q=500-5P$，成本函数为 $C=20Q$。试问：

（1）若该产品为一垄断厂商所生产，利润最大时的产量、价格和利润各为多少？

（2）要达到帕累托最优，产量和价格应为多少？

（3）社会纯福利在垄断性生产时损失了多少？

2. 在一个社区内有三个集团。它们对公共电视节目小时数 T 的需求曲线分别为：

$$W_1 = 100 - T$$
$$W_2 = 150 - 2T$$
$$W_3 = 200 - T$$

假定公共电视是一种纯粹的公共物品，它能以每小时 100 美元的不变边际成本被生产出来。

（1）公共电视有效率的小时数是多少？

（2）一个竞争性的私人市场会提供多少公共电视小时数？

3. 设一个公共牧场的成本是 $C = 5x^2 + 2\,000$，其中，x 是牧场上养的牛数。牛的价格为 $P = 800$ 元。

（1）求牧场净收益最大时的牛数。

（2）设该牧场有 5 户牧民，牧场成本由他们平均分担。这时牧场上将会有多少牛？这会引起什么问题？

4. 假设有 10 个人住在一条街上，每个人愿意为增加一盏路灯支付 4 美元，而不管已提供的路灯数量。若提供 x 盏路灯的成本函数为 $c(x) = x^2$，试求最优路灯安装盏数。

5. 假定一个社会由 A 和 B 两个人组成。设生产某公共物品的边际成本为 120，A 和 B 对该公共物品的需求分别为 $q_A = 100 - p$ 和 $q_B = 200 - p$。

（1）该公共物品的社会最优产出水平是多少？

（2）若该公共物品由私人生产，其产出水平是多少？

6. 假定某个社会有 A、B、C 三个厂商。A 的边际成本为 $MC = 4q_A$（q_A 为 A 的产出），其产品的市场价格为 $P = 16$ 元。此外，A 每生产一单位产品都将使 B 增加 7 元收益，使 C 增加 3 元成本。

（1）在竞争性市场中，A 的产出应是多少？

（2）社会最优的产出应是多少？

7. 一农场主的作物缺水。他需决定是否进行灌溉。若他进行灌溉，或者天下雨的话，作物带来的利润是 1 000 元，但若是缺水，利润只有 500 元。灌溉的成本是 100 元。农场主的目标是预期利润达到最大。

（1）如果农场主相信下雨的概率是 50%，他会灌溉吗？

（2）假如天气预报的准确率是 100%，农场主愿意为获得这种准确的天气信息支付多少费用？

8. 设某个养蜂场的蜂蜜产量为 h，生产成本为 $C_h = h^2/100$，蜂蜜的价格为 2 元。在养蜂场的附近有一个苹果园，其苹果产量为 a，生产成本为 $C_a = a^2/100 - h$，苹果的价格为 3 元。试问：

(1) 如果苹果园和养蜂场独立经营，它们的产量将各为多少？

(2) 如果苹果园和养蜂场合并起来，苹果和蜂蜜的产量各为多少？

9. 某小镇有 2 000 个人，第 i 个人的效用函数为 $u_i = x_i + \sqrt{y}$。这里，x_i 和 y 分别是第 i 个人消费的私人物品和公共物品。已知私人物品的价格是 1，公共物品的价格是 10。如果小镇上每个人的效用函数均相同、小镇的总效用等于每个人的效用之和，且小镇上所有人的总收入为 m（假定收入全部用于对私人物品和公共物品的消费），试求小镇的最优公共物品数量。

10. 设某企业的成本函数为 $C = Q^2 - 40Q$。它每生产 1 单位产品，自己可多得 12 元，整个社会可再多得 4 元。试问：

(1) 该企业的利润最大化产量是多少？

(2) 整个社会的帕累托最优产量是多少？

三、论述题

1. 图 11－1 是某垄断厂商的利润最大化模型。试说明：

（1）垄断厂商的利润最大化产量和价格。

（2）如果政府进行管制，政府制定的"效率"价格和产量应为多少？

（3）如果政府进行管制，政府制定的"公平"价格和产量应为多少？

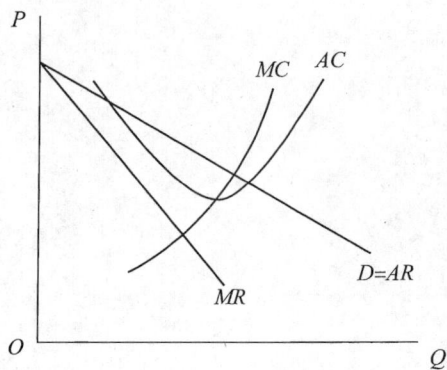

图 11－1

2. 垄断是否也有可能促进经济效率的提高？

3. 设某个人采取某项行动的私人利益和私人成本分别为 V_p 和 C_p，该行动所产生的社会利益和社会成本分别为 V_s 和 C_s。试用这些符号说明：

（1）外部经济的情况。

（2）外部不经济的情况。

（3）帕累托最优状态不能实现的情况。

4. 对污染的控制是否越严越好？